BERICHTE UND FORSCHUNGEN

JAHRBUCH
DES BUNDESINSTITUTS FÜR
KULTUR UND GESCHICHTE DER DEUTSCHEN
IM ÖSTLICHEN EUROPA

10/2002

BERICHTE UND FORSCHUNGEN

JAHRBUCH
DES BUNDESINSTITUTS FÜR
KULTUR UND GESCHICHTE
DER DEUTSCHEN IM ÖSTLICHEN EUROPA

BAND 10

2002

R. OLDENBOURG VERLAG MÜNCHEN 2002

Redaktion: Eckhard Grunewald

Die Deutsche Bibliothek - CIP-Einheitsaufnahme

Bundesinstitut für Kultur und Geschichte der Deutschen im östlichen Europa <Oldenburg>:
Berichte und Forschungen / Bundesinstitut für Kultur und Geschichte der Deutschen im östlichen Europa: Jahrbuch des Bundesinstituts für Kultur und Geschichte der Deutschen im östlichen Europa. - München : Oldenbourg.
ISSN 0945-2362
Erscheint jährlich. - Aufnahme nach Bd. 1. 1993
Bd. 1. 1993 -

Satz und Layout: Weiß & Partner, Oldenburg
Druck und Bindung: druckhaus köthen, Köthen

ISBN 3-486-56682-2
ISSN 0945-2362

Inhalt

Berichte und Forschungen 10 (2002), S. 7–26.

Krzysztof Ruchniewicz

Das Problem der Zwangsaussiedlung der Deutschen aus polnischer und deutscher Sicht in Vergangenheit und Gegenwart

Nach der Unterzeichnung der deutsch-polnischen Verträge vom 14.11.1990 (sog. Grenzvertrag) und 17.06.1991 (Vertrag über gute Nachbarschaft und freundschaftliche Zusammenarbeit) konnte es zunächst den Anschein haben, daß die Zwangsaussiedlung der Deutschen aus Polen in den letzten Kriegsmonaten und den ersten Nachkriegsjahren in Zukunft nicht mehr politisch instrumentalisiert werden würde und nunmehr ausschließlich die Historiker beider Länder interessieren dürfte. Erkannten doch beide Seiten im Vertrag vom November 1990 ausdrücklich an, daß „die gewaltigen Leiden, die dieser Krieg gebracht hat, darunter auch der Verlust der Heimat von vielen Deutschen und Polen infolge von Vertreibung oder Zwangsaussiedlung, Mahnung und Herausforderung zur Gestaltung friedlicher Beziehungen zwischen beiden Völkern und Staaten sind“[1].

Der Bundestagswahlkampf 1998 hat jedoch gezeigt, daß dem nicht so ist. Noch Ende Mai 1998 verabschiedete der Bundestag mit der Stimmenmehrheit von CDU und CSU eine Resolution unter der Überschrift „Vertriebene, Übersiedler und deutsche Minderheit sind Brücken zwischen Deutschland und seinen östlichen Nachbarn“. Darin war u. a. davon die Rede, daß die Vertreibung der Deutschen aus den ehemals deutschen Ostgebieten zu verurteilen sei. Die Lektüre dieses Dokuments konnte zu dem Ergebnis führen, daß erst in einem zukünftigen, vereinten Europa – dem Polen beitreten will – das Recht auf Freizügigkeit verwirklicht wird. Nach Meinung des Bundestages sind dies Elemente, die „bei der Überwindung der Folgen von Krieg und Vertreibung helfen können“[2]. Gerade diese letzte Bemerkung war in Polen höchst umstritten. Auch das polnische Parlament meldete sich in dieser Frage zu Wort. In einer Erklärung vom Juli 1998 stellte es fest, die Resolution des Bundestags enthalte Zweideutigkeiten. „Der Sejm“ – so heißt es weiter in der Erklärung – „hält eine europäische Zusammenarbeit, die das völkerrechtliche System nicht antastet, für die Grundlage einer dauerhaften und gerechten Friedensordnung. Insbesondere darf dabei die territoriale Ordnung in Mittel-

---

1 Traktaty polsko-niemieckie z 14.11.1990 i 17.6.1991 r. [Die deutsch-polnischen Verträge vom 14.11.1990 und 17.6.1991]. Magdeburg o. J., S. 13.

2 Wypędzeni, przesiedleńcy i mniejszości niemieckie są pomostem między Niemcami i ich wschodnimi sąsiadami [Vertriebene, Aussiedler und die deutschen Minderheiten sind eine Brükke zwischen Deutschland und seinen östlichen Nachbarn]. In: Ziemia Kłodzka 1998, Nr. 96, S. 37.

und Osteuropa, die nach dem Zweiten Weltkrieg entstanden und in den Verträgen zwischen Polen und Deutschland bestätigt worden ist, nicht angetastet werden"[3].

Um die negative Reaktion auf die Bundestagsresolution in Polen abzumildern, reiste die Bundestagspräsidentin Rita Süssmuth umgehend nach Warschau. Diese Resolution war nicht die einzige Stellungnahme, die in jener Zeit in Sachen Vertreibung aus der Bundesrepublik kam. Weitaus aggressiver und antipolnischer war der Tonfall des sog. „Berliner Appells" vom September des gleichen Jahres, den die CDU-Bundestagsabgeordnete und Vorsitzende des Vertriebenenverbandes, Erika Steinbach, an Polen und Tschechien richtete, ein Appell, den Prof. Anna Wolff-Powęska als opportunistisch, arrogant, zynisch, inkompetent, demagogisch und unverantwortlich bezeichnete[4]. Daß sich die Kohl-Regierung angesichts dieses Appells in Schweigen hüllte, löste in Polen große Verbitterung aus. Einen Satz aus diesem Appell möchte ich hier besonders hervorheben, weil sich meine weiteren Überlegungen unmittelbar daran anschließen. „Wir erwarten", schrieb Erika Steinbach, „daß ein der Wahrheit entsprechendes Bild der deutsch-polnischen Nachkriegsgeschichte gezeichnet wird, und daß die Vertreibung der Deutschen nicht mehr zu einer unvermeidlichen Notwendigkeit verfälscht wird"[5]. Wird in Polen tatsächlich noch immer ein falsches Bild der Zwangsaussiedlungen gepflegt, wie dies Erika Steinbach suggeriert? Wie sah dieses Bild in den vergangenen Jahrzehnten aus, und wodurch wurde es bestimmt? Bevor ich mich mit diesen Fragen beschäftige, möchte ich zeigen, wie die Thematik in der deutschen Historiographie behandelt wurde.

Das Phänomen der Zwangsaussiedlung der Deutschen aus Polen in der bundesdeutschen Historiographie vor 1989

Bereits zu Beginn der Aussiedlungsaktion erschienen in den westlichen Besatzungszonen Deutschlands in verschiedenen Publikationen Erinnerungen und Berichte von Ausgesiedelten und Flüchtlingen. Die eigentliche, wissenschaftliche Erforschung des Schicksals der aus Polen und anderen Regionen Mittel- und Osteuropas ausgesiedelten Deutschen begann jedoch erst nach der Gründung der Bundesrepublik, Anfang der 50er Jahre. 1948/49 entstanden Landsmannschaften, in denen sich die Ausgesiedelten zusammenschlossen. Die Bedeutung dieses Themas zeigt sich auch darin, daß die bundesdeutsche Regierung eigens ein „Vertriebenenministerium" einrichtete, das bis Ende der 60er Jahre arbeitete. Der Leiter dieses Ministeriums, Dr. Hans Lukaschek, berief 1951 eine Historikerkommission ein, deren Aufgabe es war, eine Dokumentation über die Vertreibung vorzubereiten. Zu diesem Zweck wurde eine große Menge Materialien zusammengetragen: vor allem

---

3 Oświadczenie Sejmu RP [Bekanntmachung des Sejms der Republik Polen]. In: Rzeczypospolita, Nr. 155 vom 4./5.7.1998, S. 3.

4 Anna Wolf-Powęska: Przemilczenia i prawdy [Tabus und Wahrheiten]. In: Gazeta Wyborcza, Nr. 220 vom 19./20.9.1998, S. 20.

5 Apel berliński [Der Berliner Appell]. Ebd.

Augenzeugenberichte, Antworten auf Umfragen, private Briefe, Zeitungen sowie amtliche Dokumente. Die Auswertung und Bearbeitung einer solchen Masse von Quellenmaterial war eine gewaltige Aufgabe für die deutsche Geschichtswissenschaft[6]. Die Dokumentation erschien zwischen 1954 und 1961 in mehreren Bänden[7]. Der erste Band widmete sich der Darstellung der Evakuierung, Flucht und schließlich der Zwangsaussiedlung der deutschen Bevölkerung aus den Gebieten östlich von Oder und Neiße. Daß sich diese Publikation auf die genannten Bereiche beschränkte, war zugleich ihre größte Schwäche. Der Leser erfuhr nichts darüber, wer diese Deutschen vor 1944 gewesen und wie sie etwa zum nationalsozialistischen Regime eingestellt waren. Weiterhin fehlte der Kontext der Ursachen des ganzen Prozesses, also der Kriegsausbruch und die nationalsozialistische Besatzungspolitik in Polen, die Vernichtung der polnischen Intellektuellen, ja der Versuch, dem polnischen Volk die Rolle von Heloten zuzuweisen – all dies waren Ursachen für die negative Einstellung der Polen gegenüber der betroffenen deutschen Bevölkerung. Zuweilen entstand in der Dokumentation jedoch der Eindruck, daß die Grausamkeiten des Krieges überhaupt erst mit der Zwangsaussiedlung der Deutschen begonnen hätten. Diese Publikation wurde mit der Zeit zu einer wichtigen Quellengrundlage für die Auseinandersetzung mit dieser Problematik. Das von der Kommission gesammelte Material, von dem nur ein Teil veröffentlicht werden konnte, wird heute im Bundesarchiv (Abteilung Lastenausgleichsarchiv Bayreuth) aufbewahrt. Die Materialien wurden später auch für die Erarbeitung weiterer Dokumentationen zu diesem Thema genutzt[8]. Die Einseitigkeit der „Dokumentation der Vertreibung" zeigt sich auch darin, daß man ausschließlich solche Zeugnisse heranzog, die das Verhalten von Polen, Russen und anderen Nationalitäten gegenüber den ausgesiedelten Deutschen negativ darstellten, was den Widerspruch einiger Historiker hervorrief. Ein „Göttinger Arbeitskreis" sammelte Berichte, die auch Hilfsbereitschaft und Mitgefühl für die Ausgesiedelten zeigten. So entstand die Publikation „Dokumente der Menschlichkeit", in der über 20 Erinnerungen und Zeugenberichte Hilfsleistungen von polnischer Seite dokumentierten[9].

---

6 Vgl. Martin Broszat: Massendokumentation als Methode zeitgeschichtlicher Forschung. In: Vierteljahreshefte für Zeitgeschichte 2 (1954) und Theodor Schieder: Die Vertreibung der Deutschen aus dem Osten als wissenschaftliches Problem. Ebd. 8 (1960). Siehe auch: Mathias Beer: Das Großforschungsprojekt „Dokumentation der Vertreibung der Deutschen aus Ost-Mitteleuropa" im Spannungsfeld von Politik und Zeitgeschichte. Ebd. 46 (1998).

7 Dokumentation der Vertreibung der Deutschen aus Ost-Mitteleuropa. In Verbindung mit Adolf Diestelkamp, Rudolf Laun, Peter Rassow, Hans Rothfels (ab Band I/3 auch Werner Conze) bearb. von Theodor Schieder. Hg. vom Bundesministerium für Vertriebene. Bonn 1954–1961 (ND München 1984). Der erste Band erschien unter dem Titel: „Die Vertreibung der deutschen Bevölkerung aus den Gebieten östlich der Oder-Neiße" und bestand aus drei Teilen (in den ersten beiden wurden Erinnerungen, im dritten Amtsakten veröffentlicht).

8 E. G. Lass: Die Flucht. Ostpreußen 1944/45. Bad Nauheim 1964; W. Schwarz: Die Flucht und Vertreibung. Oberschlesien 1945/46. Bad Nauheim 1956; R. O. Becker: Niederschlesien 1945. Die Flucht – Die Besetzung. Bad Nauheim 1965. Siehe ferner: Dokumente der Menschlichkeit aus der Zeit der Massenaustreibungen, ges. und hg. vom Göttinger Arbeitskreis. Kitzingen/Main o. J., S. 109–141.

9 Siehe ferner: Dokumente der Menschlichkeit (wie Anm. 8).

Hierbei muß erwähnt werden, daß diese Forschungen von der Bundesregierung gefördert wurden, der zwar an einer schnellen Integration dieser Personengruppe gelegen war, die aber gleichwohl das ganze Thema auch politisch nutzen wollte[10]. In dieser Zeit verbreitete sich auch die Bezeichnung „Vertreibung" bzw. „Vertriebene". Im Laufe der Zeit wurde dieser Begriff so erweitert, daß er die „Flüchtlinge" aus der DDR ebenso umfaßte wie Personen, die in späteren Jahren aus dem Osten in die Bundesrepublik kamen. Auch diesen Personen und ihren Kindern wurden bestimmte Leistungen zugesichert. Die Einstellung der Bundesregierung kann nicht weiter verwundern. Angesichts der gewaltigen Zahl von Ausgesiedelten im neugegründeten westdeutschen Staat wäre Desinteresse am Schicksal dieser Gruppe politisch überaus unklug gewesen. In diesem Zusammenhang sind auch die Organisationen der Ausgesiedelten nicht zu vergessen, die im Laufe der 50er Jahre zu einer bedeutenden „pressure group" wurden, die auf die Politik der Adenauer-Regierung Einfluß zu nehmen suchte. Neue Möglichkeiten für die Politik der Bundesrepublik sollten sich erst in den 60er Jahren eröffnen, als sich die internationale Lage entspannte und sich auch die Einstellung der Ausgesiedelten selbst gegenüber Polen wandelte. Davon zeugt z. B. die 1965 veröffentlichte Denkschrift der evangelischen Kirche in Deutschland mit dem Titel „Die Lage der Vertriebenen und das Verhältnis des deutschen Volkes zu seinen östlichen Nachbarn"[11].

Ende der 60er Jahre erarbeitete das Koblenzer Bundesarchiv im Auftrag des Innenministeriums eine Dokumentation über „Vertreibung und Vertreibungsverbrechen"[12]. In dieser Veröffentlichung wurde die Zahl der Opfer, einschließlich sog. ungeklärter Fälle, auf 2, 2 Mio. Menschen geschätzt. Die Angaben in dieser Dokumentation gaben in der Folgezeit Anlaß zu verschiedenen Behauptungen und Spekulationen.

In den folgenden Jahren nahm das Interesse an der Vertreibungsproblematik ab, was mit Veränderungen in den deutsch-polnischen Beziehungen einherging. In dieser Zeit kam es in der Bundesrepublik zu einem Regierungswechsel und in der Folge zur Realisierung der sog. Ostpolitik. Den Abschluß dieses Prozesses bildete die Unterzeichnung des Vertrags über die Normalisierung der Beziehungen zwischen der Volksrepublik Polen und der Bundesrepublik Deutschland im Dezember 1970. Eine neue Generation von Deutschen trat ins gesellschaftlich-politische Leben ein, die – wie es die bekannte deutsche Publizistin Helga Hirsch formulierte:

> Das Böse ausschließlich mit der Rechten assoziierte, die auf dem linken Auge blind war. Der Kommunismus erschien ihr schon dadurch geadelt, daß er das Hitler-Regime überlebt hatte. Daß sich hinter dem Antifaschismus der DDR und der UdSSR ein anderer Terror verbarg, schien ihr das kleinere Übel zu sein. Zwar lehnten wir als Generation

10 Vgl. Marion Franzioch: Die Heimatvertriebenen. Hemmnisse und Wege ihrer Integration. Mit einer kommentierten Bibliographie. Berlin 1987.

11 Die Denkschrift der Evangelischen Kirche in Deutschland. T. I/1: Frieden, Versöhnung und Menschenrechte. Gütersloh 1978, S. 77–133.

12 Vertreibung und Vertreibungsverbrechen 1945–1948. Bericht des Bundesarchivs vom 28. Mai 1974. Archivalien und ausgewählte Erlebnisberichte. Bonn 1989.

von 1968 – im Sinne Karl Jaspers' – die Kollektivschuldthese ab. *Konkret jedoch betrachteten wir die Vertreibung der deutschen Zivilbevölkerung aus Ostdeutschland als gerechte Strafe für die Verbrechen des nationalsozialistischen Regimes, die Übertragung von Schlesien und Ostpreußen an Polen als adäquate Form der Entschädigung.*[13]

Die Folgen dieser Einstellung ließen nicht lange auf sich warten. Ein Effekt des Warschauer Vertrags war die Bildung einer gemeinsamen Schulbuchkommission, deren Aufgabe die Prüfung der Schulbuchinhalte in beiden Ländern war, sowie die Erarbeitung gemeinsamer Empfehlungen. Eine dieser Empfehlungen war dem ‚Bevölkerungstransfer' gewidmet (Empfehlung 22); sie stimmte mit der in unserem Land herrschenden offiziellen Perspektive überein[14]. Vergeblich wird man in dieser Publikation etwas über die sog. wilden Aussiedlungen, über die Methoden ihrer Durchführung suchen. Auch über die Praktiken der Zwangsaussiedlung nach Potsdam wurde nichts gesagt. Die Arbeit der Kommission, und vor allem die von ihr erarbeiteten Empfehlungen, werden daher ständig vom Vertriebenenverband u. a. attackiert[15].

Eine Wiederbelebung der Forschung zu diesem Thema in der Bundesrepublik läßt sich erst in der ersten Hälfte der 80er Jahre beobachten. Dies hängt nicht nur mit dem Sieg der Christdemokraten bei den Bundestagswahlen 1983 zusammen, auch wenn diese Wende sicherlich mit ausschlaggebend dafür war, daß die Dokumentation über die Vertreibung der Deutschen aus den 50er Jahren eine Neuauflage erfuhr. Ein weiterer Anlaß war das Motto des Jahrestreffens der schlesischen Landsmannschaft im Jahr 1985: „Schlesien bleibt unser" (unter politischem Druck geändert in: „Schlesien bleibt unsere Zukunft im Europa freier Völker"). An diesem Treffen nahmen auch Spitzenpolitiker teil. Dies löste eine Protestwelle aus, galt diese Demonstration doch als ein Anachronismus. Ein Produkt dieses Widerstands war die von Wolfgang Benz herausgegebene Publikation „Die Vertreibung der Deutschen aus dem Osten. Ursachen, Ereignisse, Folgen", die eine objektive Darstellung der Ereignisse wie ihrer historischen Bedingungen anstrebte. Man bemühte sich auch, die polnische Position darzustellen oder zumindest zu skizzieren.

Der überwiegende Teil der vertriebenen Deutschen stammte aus den ehemaligen preußischen Ostprovinzen. Die Vertreibung dieser Menschen war die Folge der Fixierung der Oder-Neiße-Linie als neue Westgrenze Polens. Die Wiedererrichtung eines demokratisch regierten, selbständigen polnischen Staates war ein wesentliches Kriegsziel der Westmächte. Es muß in diesem Zusammenhang daran erinnert werden, daß die „polni-

---

13 Helga Hirsch: Vom schwierigen Umgang mit einem Thema, das die Geschichtsbilder scheinbar auf den Kopf stellt. Unveröffentlichtes Manuskript des Vortrags (Kopie im Besitz des Verfassers), gehalten am Historischen Instituts der Universität Wrocław am 22.10.1988 (Hervorhebung von mir, K. R.).

14 Zalecenia Komisji UNESCO PRL i RFN do podręczników szkolnych [Empfehlungen der UNESCO-Kommissionen der Volksrepublik Polen und der Bundesrepublik Deutschland für die Erstellung von Schulbüchern]. Hg. von Antoni Czubiński und Zbigniew Kulak. Poznań 1986.

15 Vgl. Die deutsch-polnischen Schulbuchempfehlungen in der öffentlichen Diskussion der Bundesrepublik Deutschland. Dokumentation. Eingel. und ausgew. von Wolfgang Jacobmeyer. Braunschweig 1979.

sche Frage" Europa schon viel länger beschäftigte als die „deutsche Frage". Das polnische Volks- und Staatsgebiet war innerhalb der letzten zweihundert Jahre viermal unter seinen Nachbarn aufgeteilt worden. Der 1945 wiedererrichtete polnische Staat wurde im Osten um 180.000 km² zugunsten der Sowjetunion verkleinert und im Westen dafür um 103.000 km² auf Kosten der Deutschen erweitert. Es fand also auch in Polen eine Ost-West-Verschiebung der Bevölkerung statt.[16]

Ein Jahr später fand in Göttingen eine Konferenz statt, die den bis dahin erreichten Forschungsstand zusammenfaßte[17]. In diesen Zeitraum fällt auch die Rede von Bundespräsident Richard von Weizsäcker aus Anlaß des 40. Jahrestages des Kriegsausbruchs, in der er die deutsche Gesellschaft an das Drama der Vertreibung erinnerte:

> Bei uns selbst wurde das Schwerste den Heimatvertriebenen abverlangt. Ihnen ist noch lange nach dem 8. Mai bitteres Leid und schweres Unrecht widerfahren. Um ihrem schweren Schicksal mit Verständnis zu begegnen, fehlt uns Einheimischen oft die Phantasie und auch das offene Herz.[18]

Gleichzeitig erinnerte er an das tragische Schicksal der östlichen Nachbarn Deutschlands, die unter der Nazi-Besatzung gelitten haben. Versöhnung und gute Nachbarschaft mit ihnen sollte die Hauptaufgabe deutscher Außenpolitik sein. Die gemeinsame Nachbarschaft verpflichte jedoch auch die andere Seite. „Es gilt", so schloß Weizsäcker, „daß beide Seiten sich erinnern und beide Seiten einander achten. Sie haben menschlich, sie haben kulturell, sie haben letzten Endes auch geschichtlich allen Grund dazu"[19].

Anscheinend hatte die langjährige Marginalisierung des Schicksals der Vertriebenen durch die Sozialdemokraten dazu geführt, daß dieses Thema weithin aus dem Blick verschwand. Das größere Interesse der Linken für die deutschen Verbrechen im Osten während des Zweiten Weltkriegs führte immerhin dazu, daß auch der Prozeß der Zwangsaussiedlung in einem etwas weiteren Kontext in den Blick rückte. Sicherlich hat zur Stagnation der Forschung in der Bundesrepublik auch mit beigetragen, daß die deutschen Historiker keinen Zugang zu polnischen Archiven hatten, und die ausschließliche Arbeit mit biographischen Materialien

---

16 Hellmuth Auerbach: Literatur zum Thema. Ein kritischer Überblick. In: Die Vertreibung der Deutschen aus dem Osten. Ursachen, Ereignisse, Folgen. Hg. von Wolfgang Benz. Frankfurt/Main 1995, S. 278.

17 Flüchtlinge und Vertriebene in der westdeutschen Nachkriegsgeschichte. Bilanzierung der Forschung und Perspektiven für die künftige Forschungsarbeit. Hg. von R. Schulze, D. von der Brelie-Lewien, H. Grebing. Hildesheim 1987.

18 Przemówienie prezydenta RFN Richarda von Weizsäckera wygłoszone w Bundestagu z okazji 40. rocznicy zakończenia II wojny światowej w Bonn 8.5.1985 r. [Rede des Präsidenten der Bundesrepublik Deutschland Richard von Weizsäcker vor dem Deutschen Bundestag in Bonn am 8.5.1985 anläßlich des 40. Jahrestages des Endes des Zweiten Weltkriegs]. In: Na drodze do współpracy i przyjaźni. Warszawa – Bonn 1945–1995. Wybór dokumentów i materiałów [Auf dem Weg zu Zusammenarbeit und Freundschaft. Warschau – Bonn 1945–1995. Auswahl von Dokumenten und Materialien]. Hg. von Mieczysław Tomala. Warszawa 1996, S. 133.

19 Ebd., S. 134.

der historischen Forschung enge Grenzen setzt. Erst in den 90er Jahren läßt sich ein erneutes Interesse für die Problematik beobachten.

Die Darstellung der Zwangsaussiedlung in der SBZ und in der DDR

Viele Jahre lang interessierte man sich in der DDR nicht für das Schicksal der Ausgesiedelten aus Polen, die immerhin – nach statistischen Daten von 1949 – ein Viertel der Bevölkerung dieses Staates ausmachten. Von Anfang an wurden sie – im Gegensatz zum Sprachgebrauch in der Bundesrepublik – als „Umsiedler" bezeichnet; an diesem Begriff hielt man bis zum Zusammenbruch der DDR 1989 fest. Bereits wenige Monate nach Kriegsende verfügte die sächsische Regierung z.B., daß ab sofort nur noch von Umsiedlern zu sprechen sei. Im September 1950 wurde ein „Gesetz über die weitere Verbesserung der Lage der ehemaligen Umsiedler" erlassen, daß dieser Gruppe das Recht auf ihre Heimat und die Pflege ihrer Kultur entzog. Daher wurde jeder Versuch, an den Ort der Herkunft zu erinnern, unter Strafe gestellt[20]. Sehr anschaulich beschrieb dies Ursula Höntsch-Harend in ihrem Buch „Wir Flüchtlingskinder". Während der Weihnachtsfeier 1945 in Emmendorf bei Wittenberg, wohin die Familie Höntsch nach der Zwangsaussiedlung aus Liegnitz gelangt war, kam es zu einem Streit zwischen Schlesiern und Kommunisten. Anlaß war das „Riesengebirgslied". Die Kommunisten hielten dies für eine Provokation und unterbrachen die Gesangsvorführung.

> Zwischendurch wurde wieder gesungen, einer stimmte auch das „Riesengebirgslied" an: „Blaue Berge, grüne Täler, mittendrin ein Häuslein klein, herrlich, dieses Stückchen Erde, denn ich bin ja dort daheim..." Bei der Zeile „Riesengebirge, deutsches Gebirge" war der kleine dicke Mann auf dem Podium unruhig geworden. Er fuhr sich ein paarmal mit dem Taschentuch über die Glatze, stand schließlich auf und rief: „Das ist verboten!". Da verstummten die Leute. Mutter aber wollte wissen, wer's verboten habe und wo das geschrieben stehe. Weil sie keine Antwort bekam, stimmte sie die zweite Strophe an, und einige sangen mit. Ihr war wohl der Schnaps schon in den Kopf gestiegen. Der Mann redete mit dem Bürgermeister, dann ging er.[21]

Der restliche Teil der Versammlung, schreibt die Autorin, verließ den Saal.

Viele Jahre lang wurde in der DDR keinerlei Forschung zur Zwangsaussiedlung der deutschen Bevölkerung aus Polen und zu ihrer Integration an den neuen Wohnorten durchgeführt[22]. Dafür gibt es verschiedene Ursachen. Die historische Forschung konzentrierte sich vor allem auf die politische Geschichte, die Darstellung des Verlaufs der sozialistischen Revolution im eigenen Staat, die Geschichte

20 Siehe ferner Mamfred Wille, Karlheinz Lau, Jörg Bernhard Bilke: Die Vertriebenen in Mitteldeutschland (Deutschlandpolitische Schriftenreihe 10). Bonn 1991.

21 Ursula Höntsch-Harend: Wir Flüchtlingskinder. 5. Aufl., Leipzig 1985, S. 188.

22 Die folgenden Informationen entnahm ich dem Werk: Sie hatten alles verloren. Flüchtlinge und Vertriebene in der sowjetischen Besatzungszone Deutschlands. Hg. von Manfred Wille, Johannes Hoffmann und Wolfgang Meinicke (Studien der Forschungsstelle Ostmitteleuropa an der Universität Dortmund 13). Wiesbaden 1993.

der Arbeiterbewegung sowie der regierenden SED. Forschungen zum Alltagsleben der DDR-Bürger waren ausgeschlossen. Die Erörterung des Aussiedlungsproblems hätte zudem unvermeidlich zu der Frage nach der Politik der UdSSR gegenüber Deutschland und der SBZ sowie dem Verhältnis der Polen gegenüber den Deutschen in den letzten Kriegsmonaten und der Periode der Zwangsaussiedlung geführt. Gewissenhafte historische Arbeit war im Hinblick auf die politische Situation nicht möglich. Offiziell wurden der Verlust der Ostgebiete und die Zwangsaussiedlung als Folge deutscher Kriegsverbrechen angesehen. Tatsächlich jedoch war nicht einmal die SED von der Berechtigung der in Potsdam gefaßten Beschlüsse in der Grenzfrage überzeugt. Ein deutlicher Hinweis darauf waren die Ereignisse im Zusammenhang mit dem Görlitzer Vertrag vom Juli 1950. Zur Unterzeichnung dieses Abkommens kam es in Wirklichkeit erst, nachdem Moskau Druck auf die SED-Führung ausgeübt hatte. Der DDR-Gesellschaft sollte jedoch eine geschönte Version präsentiert werden. Diese Pflicht übernahm einer der prominentesten zeitgenössischen Historiker, ein ehemaliger Wehrmachtsoffizier, Kriegsgefangener und Mitglied der in der UdSSR entstandenen „antifaschistischen" Organisation „Komitee Freies Deutschland" namens Felix-Heinrich Gentzen:

> Besonders die deutsche Arbeiterklasse begrüßt die Oder-Neiße-Grenze im eigensten Interesse und erkennt sie ehrlich als Friedensgrenze an. Diese Anerkennung, die den vitalen Interessen der deutschen und der polnischen Nation entspricht, wird nicht dadurch vermindert, daß die deutsche Bevölkerung ihre Wohnorte verlassen mußte. Diese Menschen haben, was die Deutsche Demokratische Republik betrifft, neue Wohnungen und eine gesicherte Existenz gefunden. Das schwere Los der Übersiedler, das einem Teil des deutschen Volkes widerfahren ist, ist eine Folge der ständigen Aggression Deutschlands gegen Polen, das das Recht hatte – im Hinblick auf die schrecklichen Opfer, welche die polnische Nation gebracht hat – nach dem Zusammenbruch des deutschen Faschismus Sicherheit zu verlangen. Diese Sicherheit der polnischen Nation bestand in einer grundlegenden und dauerhaften Schwächung der wirtschaftlichen und politischen Macht der reaktionären Kräfte Deutschlands, die sich in ihrer Aggressionspolitik stets auf die östlich von Oder und Neiße gelegenen Gebiete stützten. Diese Schwächung und – soweit möglich – die vollständige Vernichtung der Macht deutscher Monopolisten, Junker und Militaristen, liegt gleichermaßen im Interessen der deutschen Arbeiterklasse, wie der ganzen deutschen Nation, weil sich nur auf diese Weise der Frieden sichern läßt.[23]

Diese ideologisch motivierte Begründung der Oder-Neiße-Grenze hinderte die DDR-Regierung nicht daran, sie zur Realisierung eigener politischer Ziele zu in-

---

23 Felix Heinrich Gentzen: Refleksje historyczne na temat granicy pokoju na Odrze i Nysie [Historische Reflexionen über die Friedensgrenze an Oder und Neiße]. In: Ders.: Polskie ziemie zachodnie. Historyczne ziemie polskie. Wybór prac [Die polnischen Westgebiete. Historische polnische Gebiete. Ausgewählte Beiträge]. Katowice 1958, S. 74. Ursprünglich erschien der Aufsatz von Gentzen im Organ des ZK der SED „Einheit" 1955 (H. 9, S. 893–900). Vgl. auch: Die Oder-Neiße-Grenze eine Grenze des Friedens. Hg. von der Hauptabteilung Politisches Studium des Parteivorstandes der National-Demokratischen Partei Deutschlands. Berlin 1952; Roland Meister: Das Völkerrecht garantiert die Friedensgrenze an Oder und Neiße. Leipzig, Jena 1955; Paul Wandel: Wie es zur Oder-Neiße-Grenze kam. Berlin 1955.

strumentalisieren. Dies sollte im Verlauf des Polnischen Oktober 1956 besonders deutlich werden, als die DDR die Anerkennung der Grenze in Frage stellte und eine Reaktion von polnischer Seite provozierte[24].

Die Position der DDR-Historiographie gegenüber den Ausgesiedelten änderte sich auch in den nächsten Jahren nicht. Der Kalte Krieg, die Vertiefung der Verbindungen zur UdSSR sowie den Ländern des kommunistischen Blocks sowie die Isolierung der DDR auf der internationalen Bühne machten ein kritisches Herangehen an dieses Problem schlicht unmöglich. In der Veröffentlichung „DDR – Werden und Wachsen" findet man nur einen Satz zu diesem Thema, nämlich daß seinerzeit „Millionen Menschen obdachlos auf den Straßen irrten"[25]. Ähnlich lakonisch wird das Problem in der „Geschichte der Sozialistischen Einheitspartei Deutschlands"[26] abgehandelt. Es erschienen jedoch auch erste Arbeiten, die sich – wenn auch sehr begrenzt – mit den Zwangsaussiedlungen befaßten, genauer gesagt: mit der Integration der von ihnen betroffenen Bevölkerung in der DDR. Hier sind die Arbeiten von Horst Barthel zu erwähnen, der auf Basis statistischer Daten die Altersstruktur der „Übersiedler", ihre Verteilung auf die fünf Länder und ihren gesellschaftlichen Status aufzeigte[27]. In den 80er Jahren intensivierte sich die Forschung zu dieser Problematik; man beschäftigte sich mit ihr an der Magdeburger Pädagogischen Hochschule und an der Berliner Humboldt-Universität. Möglich wurde dies durch einen langsamen Einstellungswandel der Regierung gegenüber der DDR-Geschichte[28]. Immer deutlicher wurde die Forderung nach einem differenzierteren Bild der eigenen Geschichte, was die Frage der Zwangsaussiedlung einschloß[29].

Dabei muß erwähnt werden, daß auch DDR-Schriftsteller sich mit dem Schicksal der Ausgesiedelten beschäftigten, wie z. B. Johannes Bobrowski[30], Hildegard

---

24 Siehe ferner: Armin Mitter und Stefan Wolle: Untergang auf Raten. Unbekannte Kapitel der DDR-Geschichte. München 1995; Wlodzimierz Borodziej, Die Beziehungen Polen-DDR im Spiegel der Akten des polnischen Außenministeriums. In: Das Jahr 1956 in Osteuropa. Hg. von Hans Henning Hahn und Heinrich Olschowsky. Berlin 1996, S. 64–66; K. Ruchniewicz: Niemiecka Republika Demokratyczna wobec wydarzeń październikowych 1956 r. w Polsce [Die Reaktion der DDR auf die Ereignisse des Oktober 1956 in Polen]. In: Październik 1956 na Ziemiach Zachodnich i Północnych. Materiały seminarium naukowego Mierki k. Olsztyna, wrzesień 1996 r. [Der Oktober 1956 in den West- und Nordgebieten. Beiträge der wissenschaftlichen Konferenz in Mörken bei Allenstein, September 1996]. Hg. von Wojciech Wrzesiński. Wrocław 1997, S. 139–162; Zenobiusz Kozik: Niemcy w NRD a polskie kryzysy 1956 i 1980–81 [Die Deutschen in der DDR und die polnischen Krisen 1956 und 1980/81]. In: Piotrków Trybunalski 1998, S. 67.

25 DDR – Werden und Wachsen. Zur Geschichte der Deutschen Demokratischen Republik. Berlin 1974, S. 14–74.

26 Vgl. Geschichte der Sozialistischen Einheitspartei Deutschlands. Abriß. Berlin 1978, S. 77, 96 und 509.

27 Horst Barthel: Die wirtschaftlichen Ausgangsbedingungen der DDR. Zur Wirtschaftsentwicklung auf dem Gebiet der DDR 1945–1949/50. Berlin 1979.

28 Regine Just: Zur Lösung des Umsiedlerproblems auf dem Gebiet der DDR 1945 bis Anfang der fünfziger Jahre. In: Zeitschrift für Geschichtswissenschaft 1987, H. 11, S. 971–984, und Wolfgang Meinicke: Zur Integration der Umsiedler in die Gesellschaft 1945–1952. In: Zeitschrift für Geschichtswissenschaft 1988, H. 10, S. 867–878.

29 Meinicke: Integration (wie Anm. 28), S. 867.

30 J. Bobrowski: Levins Mühle. 34 Sätze über meinen Großvater. Berlin 1964.

Maria Rauchfuss[31], Christa Wolf[32], Werner Heiduczek[33], Armin Müller[34] und die bereits erwähnte Ursula Hönsch-Harend[35]. Von dem großen Interesse der Ausgesiedelten an diesen Büchern zeugen die Briefe, die an die Autoren gerichtet wurden[36].

Die Zwangsaussiedlung der Deutschen in Arbeiten polnischer Historiker vor 1989

Die Annexion der ehemaligen deutschen Ostgebiete durch Polen nach dem Zweiten Weltkrieg wurde als gewaltiger Erfolg der polnischen Politik gewertet. Die propagandistische Aktivität der kommunistischen Regierung in Polen, die die polnische Gesellschaft jahrelang davon zu überzeugen versuchte, daß man in alte Piastengebiete zurückgekehrt sei, blieb nicht folgenlos. Dies war eines der Propagandaelemente, die die polnischen Verluste im Osten – über die offiziell nicht gesprochen wurde – kompensieren und der aus diesen Gebieten ausgesiedelten polnischen Bevölkerung die Integration erleichtern sollte. Eine große Rolle spielte auch die Wahrnehmung der Zugewinne im Westen als Wiedergutmachung für die gewaltigen Verluste, die Polen während des Krieges hatte hinnehmen müssen. Für Deutsche war in der neuen Form des polnischen Staates kein Platz mehr. Nach den Schwierigkeiten mit den nationalen Minderheiten vor 1939 begannen die polnischen Kommunisten nun um so konsequenter, das Prinzip des Nationalstaats zu verwirklichen. Die Zwangsaussiedlung der Deutschen betrachtete man als Folge des Krieges und der Potsdamer Beschlüsse. Demnach hatten eigentlich die Alliierten über die endgültige Zwangsaussiedlung der deutschen Bevölkerung entschieden, die dann – dem Wunsch der Alliierten entsprechend – „geordnet" und „human" stattfand. Dies war die Position, die viele Jahre lang in der polnischen Historiographie und Publizistik beibehalten wurde. Noch Ende der 70er Jahre erschienen in der Zeitschrift „Polityka" ausgewählte Briefe von Deutschen, die in den ersten Nachkriegsjahren ausgesiedelt worden waren[37]. Diese Briefe waren in einer eigenen Aktenreihe im Archiv des Warschauer Außenministeriums aufbewahrt worden. Es handelt sich hierbei um typisches Propagandamaterial, das ausschließlich positive Beispiele für die Behandlung der deutschen Bevölkerung durch Polen wiedergibt. Begleitendes Bildmaterial – über 60 Fotos – zeigte den Ablauf der Aussiedlungsaktion, sowie die angebliche Zufriedenheit und Freude ausgerechnet der

31 H. M. Rauchfuss: Schlesisches Himmelreich. Leipzig 1968.

32 Ch. Wolf: Kindheitsmuster. Berlin 1976.

33 W. Heiduczek: Tod am Meer. Leipzig 1977.

34 U. Höntsch-Harendt: Wir Flüchtlingkinder. Halle, Leipzig 1985.

35 A. Müller: Der Puppenkönig und ich. Rudolstadt 1986.

36 Siehe ferner: Verlorenes Leben, verdrängte Geschichte. Ostdeutsche Autoren in Mitteldeutschland (1945–1995). In: Kulturpolitische Korrespondenz 1995, Nr. 63.

37 Piotr Lippóczy und Tadeusz Walichnowski: Przesiedlenie ludności niemieckiej z Polski po drugiej wojnie światowej w świetle dokumentów [Die Umsiedlung der deutschen Bevölkerung aus Polen nach dem Zweiten Weltkrieg im Licht der Archivalien]. Warszawa, Łódź 1982.

deutschen Bevölkerung angesichts der Aktion. Diese sollten auch die veröffentlichten Briefe belegen. Das Material wurde zudem in einer Anfang der 80er Jahre erschienen dokumentarischen Edition über die Zwangsaussiedlung verwendet[38].

Weder in der polnischen Propaganda noch in wissenschaftlichen Arbeiten wurde die Zwangsaussiedlung der Deutschen als „Vertreibung" bezeichnet. In den seit den 40er Jahren erschienenen polnischen Publikationen kann man statt dessen eine Vielzahl von Umschreibungen finden, wie „Repatriierung", „Migration", „Ausreise", „Rückkehr", „Exodus", „Abfluß", „Emigration", „Übersiedlung", „Aussiedlung", „Zwangsaussiedlung", und später auch „Transfer"[39]. Dieses Begriffschaos verweist auf einen Mangel an wissenschaftlicher Reflexion und an Austausch zwischen den Wissenschaftlern. Es lassen sich aber auch Gegenbeispiele zeigen, etwa ein Aufsatz von Krystyna Kersten aus dem Jahr 1963, in dem sich die Autorin für die Verwendung des Begriffs „Transfer" ausspricht[40]. Als „Transfer" definiert sie dabei „die freiwillige oder erzwungene, in jedem Fall aber endgültige und durchorganisierte Bevölkerungsverschiebung auf das Territorium eines anderen Staates, die aufgrund internationaler Absprachen durchgeführt wird. Angestrebt wird dabei die Schaffung ethnisch einheitlicher staatlicher Organismen [...]."

In den 60er Jahren erschienen die ersten seriösen Arbeiten zum Thema Zwangsaussiedlung. In den folgenden beiden Jahrzehnten nahm das Interesse der polnischen Wissenschaft jedoch wieder ab; seither beschäftigten sich in erster Linie Militärhistoriker mit dieser Frage. In einer Analyse der polnischen Veröffentlichungen unterschied Włodzimierz Borodziej drei Interpretationsmodelle[41]:

1. Das „minimalisierende" Modell
   Der „Abfluß" der Deutschen aus Polen wurde marginalisiert, lediglich als eine einzelne Fußnote zur Polonisierung der West- und Nordgebiete behandelt. Ein Beispiel dafür ist ein Sammelband über das Gebiet Stettin/Pommern in den Jahren 1945 bis 1965. Nur auf einer von insgesamt 718 Seiten findet man hier einige wenige Grundinformationen über die Zwangsaussiedlung der Deutschen[42].

2. Das „Potsdamer Modell"
   Es werden die Genese und die rechtliche Begründung der Zwangsaussiedlung aufgezeigt, die die Alliierten im Punkt 13 des Potsdamer Abkommens geregelt

---

38 Listy od Niemców [Briefe von Deutschen]. In: Polityka, Nr. 24 vom 16.6.1979.

39 Zit. nach: W. Borodziej: Historiografia polska o „wypędzeniu" Niemców [Die „Vertreibung" der Deutschen in der polnischen Historiographic]. In: Polska 1944/45–1989. Studia i Materiały [Studien und Materialien]. Bd. 2. Warszawa 1996, S. 251.

40 K. Kersten: Migracje powojenne w Polsce (Próba klasyfikacji i ogólna charakterystyka zewnętrznych ruchów ludności) [Migrationen der Nachkriegszeit in Polen (Versuch einer Klassifikation der Bevölkerungsbewegungen)]. In: Polska Ludowa. Bd. 2. Warszawa 1993, S. 8.

41 Nachfolgende Ausführungen fußen auf dem Aufsatz von Borodziej: Historiografia (wie Anm. 39), S. 255–259.

42 Vgl. Pomorze Szczecińskie 1945–1965 [Pommern 1945–1965]. Hg. von E. Dobrzycki, H. Lesiński und Z. Łaski. Poznań, Szczecin 1967. Siehe ferner: Ziemie Zachodnie w granicach macierzy. Drogi integracji [Die Westgebiete in den Grenzen des Mutterlands. Wege der Integration]. Poznań 1966; vgl. auch: Borodziej: Historiografia (wie Anm. 39), S. 256 Anm. 28.

haben. Man verweist auf das Fiasko des internationalen Minderheitenschutzsystems in der Zwischenkriegszeit, erörtert die Haltung der deutschen Minderheit vor 1939 und in den ersten Kriegsmonaten, schreibt über die Massenaussiedlung der polnischen Bevölkerung aus den dem Reich angeschlossenen Gebieten ins Generalgouvernement. Diese Fakten werden sodann in Zusammenhang gebracht mit der Forderung der Alliierten nach einer deutlichen Schwächung Deutschlands, deren Konsequenz die Entscheidung zur Zwangsaussiedlung der Deutschen gewesen sei. Diese sei „geordnet" und „human" durchgeführt worden. Beispiele für diese Interpretation liefern die Arbeiten von Józef Kokot[43] (1957), Krzysztof Skubiszewski[44] (1958) und Edmund Męclewski[45] (1971).

3. Das „Migrationsmodell"
   Hierbei wurde der Schwerpunkt auf die Darstellung des organisatorischen Ablaufs der Zwangsaussiedlung sowie ihrer demographischen Ergebnisse gelegt. Der rechtliche Hintergrund spielte keine wesentliche Rolle mehr. Es erschienen zahlreiche allgemeine Arbeiten zu diesem Themenbereich (z. B. Stanisław Banasiak[46], 1968), außerdem regionalgeschichtliche Arbeiten. Die dabei festgestellten Fakten, die statistische Bilanz der Zwangsaussiedlungen (Banasiak, Tadeusz Białecki[47]) und die Darstellung der Mechanismen der Aussiedlungsaktion in Niederschlesien (Bronisław Pasierb[48]) bildeten die Grundlage für spätere Forschungen.

Zweifellos war das durch die Anwendung dieser drei Interpretationsmodelle entstehende Bild der Zwangsaussiedlungen unvollständig, häufig sogar verfälschend. Sicherlich waren diese Mängel durch die Zensur bedingt, aber auch – und dies muß betont werden – durch die Selbstzensur der Autoren und universitären Forschungseinrichtungen. Ein Beispiel dafür ist die Arbeit von Stanisław Banasiak, die nicht in Druck gehen konnte. Die Universität Łódź stellte nur 60 kopierte Exemplare für Universitätsbibliotheken zur Verfügung und empfahl dringend, sie nicht einem breiteren Leserkreis zugänglich zu machen und auch keine Kopien daraus zu gestatten. Aus dem Text Banasiaks geht hervor, daß die polnische Verwaltung, vor allem auf unterer Ebene, sich häufig nicht an die Bestimmungen der internationalen Absprachen und die Verordnungen höherer Ebenen hielt und zahlreiche Übergriffe zuließ[49]. Ein weiteres Defizit der polnischen Arbeiten war, daß sie kei-

---

43 Józef Kokot: Logika Poczdamu [Die Logik von Potsdam]. Katowice 1957.

44 Krzysztof Skubiszewski: Wysiedlenie Niemców po II wojnie światowej [Die Aussiedlung der Deutschen nach dem Zweiten Weltkrieg]. Warszawa 1958.

45 Edmund Męclewski: Powrót Polski nad Odrę, Nysę Łużycką, Bałtyk [Die Rückkehr Polens an Oder, Lausitzer Neiße und Ostsee]. Warszawa 1971.

46 Vgl. Stanisław Banasiak: Przesiedlenie Niemców z Polski w latach 1945–1950 [Die Aussiedlung der Deutschen aus Polen in den Jahren 1945–1950]. Łódź 1968.

47 Banasiak (ebd.); Tadeusz Białecki: Przesiedlenie ludnooci niemieckiej z Pomorza Zachodniego po II wojnie swiatowej [Die Aussiedlung der deutschen Bevölkerung aus Pommern nach dem Zweiten Weltkrieg]. Poznań 1969.

48 Bronisław Pasierb: Migracja ludności niemieckiej z Dolnego Śląska w latach 1944–1947 [Die Migration der deutschen Bevölkerung aus Niederschlesien in den Jahren 1944–1947]. Wrocław, Warszawa, Kraków 1969.

49 Vgl. Borodziej: Historiografia (wie Anm. 39), S. 258.

ne deutschen Quellen benutzten und deutsche Daten, z. B. über Verluste bei der Zwangsaussiedlung, nicht mit polnischen Materialien verglichen. Sie wurden dafür häufig instrumentalisiert, um westdeutsche Veröffentlichungen über die „Vertreibung" zu kontern. In den polnischen Arbeiten finden wir auch keinerlei Reflexion über die Mitverantwortung der betroffenen Bevölkerung für den Nationalsozialismus sowie ihre Schutzlosigkeit hinter der Frontlinie. Ganz im Gegenteil – es hieß, daß diese Deutschen weiterhin gegen die Polen kämpfen wollten und daher für Polen gefährlich waren. Den deutschen Untergrund, insbesondere die „Aktion Werwolf", findet man in jeder der Arbeiten. Die Polen wurden dagegen in diesen Veröffentlichungen stets so positiv wie nur möglich dargestellt. Häufig wurde die Zwangsaussiedlung mit der Notwendigkeit erklärt, Ordnung zu schaffen. Die Haltung der polnischen Verwaltung gegenüber den Deutschen wurde als tadellos, ja mustergültig präsentiert. Auch wenn man bestimmte „Mißstände" bei der Durchführung der Aussiedlungsaktion aufdeckte, so wurden diese als Folgen der schwierigen wirtschaftlichen Situation Polens nach 1945 erklärt. Todesfälle sollten Folge objektiver Ursachen (Alter, Lebensmittel- und Medikamentenmangel) sein. Man verwies darauf, daß die Sterblichkeitsrate unter den Deutschen niedriger gewesen sei als die unter den repatriierten bzw. umgesiedelten Polen. Gewalt, Raub und Mord tauchen in der polnischen Literatur nicht auf. Ebenso wenig beschäftigte man sich mit der menschlichen Dimension des Phänomens Zwangsaussiedlung. Es wurde nicht über die Folgen des plötzlichen Herausgerissenwerdens aus der vertrauten Umgebung, das subjektive Unrechtsempfinden usw. reflektiert. Es ist jedoch anzumerken, daß diese Fragen auch bei der Beschäftigung mit der Umsiedlung von Polen aus dem Osten übergangen wurden. Die Resultate der Arbeiten hierzu wurden übrigens ebenso von der Zensur beeinträchtigt.

Man muß freilich auch an die wenigen Äußerungen des Mitgefühls für die ausgesiedelten Deutschen erinnern und an die Eingeständnisse ihrer ungerechten Behandlung, die vor 1989 ausgesprochen wurden. Eine wichtige Vorläuferfunktion hatte hier der Brief der polnischen Bischöfe an die deutschen Bischöfe vom November 1965, in dem die Autoren zu dem Schluß kamen, daß „die polnische Westgrenze an Oder und Neiße [...] für Deutschland eine äußerst bittere Frucht des letzten Massenvernichtungskriegs [ist] – zusammen mit dem Leid der Millionen von Flüchtlingen und vertriebenen Deutschen [...]." Das Bewußtsein schwerer Schuld auch auf polnischer Seite bewog die polnischen Bischöfe zu einem äußerst mutigen Schritt. „In diesem allerchristlichsten und zugleich sehr menschlichem Geist strecken wir unsere Hände zu Ihnen hin in den Bänken des zu Ende gehenden Konzils, gewähren Vergebung und bitten um Vergebung"[50]. Die kommunistischen Machthaber kritisierten die Botschaft der Bischöfe scharf und organisierten Kundgebungen, auf denen sie verurteilt wurde. Diese Aktivitäten wurden anfänglich von einem Teil der polnischen Gesellschaft, der den Brief der Bischöfe

50 Orędzie biskupów polskich do ich niemieckich braci w Chrystusie, Rzym, 18.11.1965 [Botschaft der polnischen Bischöfe an ihre deutschen Brüder in Christus, Rom, 18.11.1965]. In: Tomala (Hg): Na drodze (wie Anm. 18), S. 55 f.

ablehnte oder nicht verstand, unterstützt. Das Regime instrumentalisierte die Angelegenheit jedoch allzu offensichtlich für seinen politischen Kampf gegen die Kirche, wodurch es in der Gesellschaft an Glaubwürdigkeit verlor. Der nächste Schritt erfolgte erst fast 20 Jahre später, und auch er ging von einer Stelle aus, die mit der Regierung nichts zu tun hatte. Es war der mutige Text eines Oppositionellen – Jan Józef Lipski –, der während des Krieges der Untergrundarmee angehört hatte, mit dem Titel „Zwei Vaterländer, zwei Patriotismen". Er erschien nur in Emigrationszeitschriften bzw. Blättern des sog. zweiten Umlaufs. In ihm gestand der Autor offen ein, daß ein Teil der Polen für das Leid der Deutschen nach dem Zweiten Weltkrieg verantwortlich ist:

> Wir haben Anteil daran, daß Millionen Menschen die Heimat genommen wurde, von denen sich manche sicherlich durch die Unterstützung Hitlers schuldig gemacht haben, andere durch die passive Hinnahme seiner Verbrechen, wieder andere lediglich dadurch, daß sie sich nicht gerade durch einen heroischen Kampf gegen die schreckliche Terrormaschinerie ausgezeichnet haben – in einer Situation, in der ihr Staat Krieg führte. Das Böse, das uns zugefügt wurde, nicht einmal das schlimmste, kann allerdings keine Rechtfertigung für das Böse sein, daß wir selbst zugefügt haben.[51]

Daß auf die Schuld von Polen aufmerksam gemacht wurde, war ein beispielloser Vorgang. Das polnische Regime bezichtigte Lipski des Geschichtsrevisionismus. Nach Meinung eines Journalisten des Parteiorgans „Trybuna Ludu" ist der „von Lipski praktizierte Geschichtsrevisionismus Wasser auf die Mühlen jener Kräfte, die der eigenen Gesellschaft beweisen wollen, daß sich die Polen in der lebenswichtigen Frage der Unantastbarkeit ihrer Grenzen irgendwie doch auseinanderdividieren lassen, oder sich doch wenigstens zu irgendeiner ‚Diskussion' über dieses Thema hinreißen lassen"[52]. Dies ist beispielhaft dafür, daß jegliche kritische Meinung sofort mit einer angeblichen Infragestellung der polnischen Westgrenze gleichgesetzt wurde, was jedoch nicht im geringsten Lipskis Absicht war. Immerhin schloß sich ein signifikanter Teil der antikommunistischen Opposition in Polen seinen Thesen an; auch nach 1989 wurde von dieser noch oft auf Lipskis Text Bezug genommen.

Die Darstellung der Zwangsaussiedlung nach 1989 in Polen und im vereinten Deutschland

In dem Maße, wie sich Ende der 80er Jahre die Zensur abschwächte, konnte man in Polen auch ein steigendes Interesse für die Probleme der Zwangsaussied-

51 Jan Józef Lipski: Dwie ojczyzny – dwa patriotyzmy. Uwagi o megalomanii narodowej i ksenofobii Polaków [Zwei Heimatländer – zwei Patriotismen. Bemerkungen zum nationalen Wahn und zur Xenophobie der Polen]. In: Ders.: Powiedzieć sobie wszystko. Eseje o sąsiedztwie polsko-niemieckim [Einander alles sagen. Essays zur deutsch-polnischen Nachbarschaft]. Gliwice, Warszawa 1996, S. 43.

52 D. Luliński: Odwracanie historii [Die Umkehrung der Geschichte]. In: Trybuna Ludu, Nr. 274 vom 21./22.11.1991.

lung beobachten. Ein Besuch des westdeutschen Schriftstellers Horst Bienek veranlaßte die Redaktion der Zeitschrift „Polityka" zu einem Interview, in dem der Autor über seine Heimat Gleiwitz und die Zwangsaussiedlung berichtete. Einen Monat später erschien ein Interview mit dem Soziologen, Publizisten und ehemaligen Soldaten der polnischen „Heimatarmee" Andrzej Ziemilski, unter dem provozierenden Titel „Ich habe Horst Bienek ausgesiedelt". Zum ersten Mal konnten Leser in Polen etwas darüber erfahren, was ein Vertreter der Behörden bei der Entfernung von Deutschen empfand, und wie er heute darüber denkt. „Ich schäme mich nicht dessen, was ich getan habe", sagte Ziemilski, „nur dessen, wie ich es getan habe"[53].

Erst die Veränderungen im Ostblock 1989, die schließlich zum Sturz des ganzen kommunistischen Staatensystems führten, machten eine kritische Reflexion über die Geschichte nach 1945 möglich. Ein wichtiges Thema war dabei die Zwangsaussiedlung der Deutschen sowie die Einstellung des kommunistischen Regimes gegenüber der deutschen Minderheit. Man begann, bis dahin nicht zugängliche Archive zu öffnen. In der Presse erschienen kritische Artikel. Dabei fällt auf, daß es, zumindest anfangs, polnische Journalisten waren, die den größten Eifer bei der Aufdeckung der Wahrheit entwickelten. Ein beachtliches Echo fanden in Polen die Veröffentlichungen von Maria Podlasek aus dem Jahr 1995, die zuerst als Presseartikel und später auch in Buchform erschienen und die auf bis dahin in Polen kaum bekanntem dokumentarischen Material über die Vertreibung basierte[54]. Wie die Autorin das Material benutzte, mag aus der Sicht des Historikers eine Reihe von Zweifeln wecken, doch muß man anerkennen, daß Maria Podlasek das Thema mutiger anging, als dies die Historiker taten. Ihre Veröffentlichungen waren Mitte der 90er Jahre Anregung für eine breite Diskussion in der Presse, vor allem in „Polityka" und dem katholischen Wochenblatt „Tygodnik Powszechny". An ihr beteiligten sich nicht nur Wissenschaftler und Politiker, sondern auch gewöhnliche Bürger, oft auch Zeitzeugen. Die interessantesten Beiträge in dieser Diskussion wurden in einem Band zusammengefaßt, der auch in Deutsch vorliegt[55]. Es kam zu ersten Treffen und Diskussionen zum Thema Zwangsaussiedlung zwischen polnischen und deutschen Historikern, bei denen man sich häufig bemühte, das Thema in den weiteren Kontext der Nachkriegsereignisse einzuordnen, u. a. den der großen Migrationswelle, die verschiedene Nationen betraf. In diesem Zusammenhang

53 Wysiedlałem Horsta Bienka. Z socjologiem Andrzejem Ziemilskim rozmawia Adam Krzemiński [Ich habe Horst Bienek ausgesiedelt. Der Soziologe Andrzej Ziemilski im Gespräch mit Adam Krzemiński]. In: Polityka vom 16.4.1988.

54 Maria Podlasek: Wypędzenie Niemców z terenów na wschód od Odry i Nysy Łużyckiej. Relacje świadków [Die Vertreibung der Deutschen aus den Regionen östlich von Oder und Lausitzer Neiße. Berichte von Augenzeugen]. Warszawa 1995. Siehe ferner: dies.: Wypędzenie w świadomości Polaków [Die Vertreibung im Bewußtsein der Polen]. In: Polska w Europie. Zeszyt specjalny [Polen in Europa. Sonderheft]. Warszawa 1995, S. 79–98.

55 Przeprosić za wypędzenie? O wysiedleniu Niemców po II wojnie światowej [Soll man sich für die Vertreibung entschuldigen? Zur Aussiedlung der Deutschen nach dem Zweiten Weltkrieg]. Hg. von Klaus Bachmann und Jerzy Kranz. Kraków 1997. Deutsche Ausgabe: Verlorene Heimat. Die Vertreibungsdebatte in Polen. Hg. von K. B. und J. K. Bonn 1998.

ist besonders ein 1993 im Posener Instytut Zachodni veranstaltetes Seminar zu nennen, das unter dem Titel „Verlorene Heimat. Zwangsaussiedlung, Deportation und Umsiedlung als gemeinsame Erfahrung" stand. Daran nahmen Historiker, Literaturwissenschaftler und Soziologen aus Polen, Deutschland, Rußland und der Ukraine teil. Zwei Probleme beherrschten die Diskussionen dieses Seminars:

1. die Frage der Terminologie und der Streit um die Größenordnung der Transfers,
2. die emotionale Seite des Problems der Zwangsmigration und ihre Beziehung zu den Anforderungen der Wissenschaft[56].

Die Suche nach gemeinsamen Erfahrungselementen zeigte sich auch in anderen Projekten, die nicht unbedingt streng wissenschaftlichen Charakter hatten, wie z. B. in dem 1996 ausgeschriebenen Wettbewerb „Vertreibung aus dem Osten (1939–1959) – in den Erinnerungen von Polen, Deutschen und anderen Enterbten"[57] oder (zuletzt) in einer Initiative der polnischen Exilzeitschrift „Kultura" in Paris zum Erfahrungsaustausch zwischen Vertriebenen beider Nationalitäten[58]. Der erste wissenschaftliche Versuch, die Schicksale von Deutschen und Polen zu vergleichen, die aus ihrer jeweiligen „kleinen Heimat" ausgesiedelt wurden, ist eine Arbeit des deutschen Historikers Philipp Ther, welcher der jüngeren Generation zuzurechnen ist[59]. Man muß hier jedoch anmerken, daß die Mehrheit der polnischen Historiker gegen die Verwendung des Begriffs „Vertreibung" ist und für eine klare Differenzierung der verschiedenen Phasen dieses Prozesses plädiert[60].

---

56 Materialien dieser Konferenz erschienen 1996. Utracona ojczyzna. Przymusowe wysiedlenia, deportacje i przesiedlenia jako wspólne doswiadczenie [Verlorene Heimat. Zwangsaussiedlungen, Deportationen und Umsiedlungen als gemeinsame Erfahrung]. Hg. von Hubert Orłowski und Andrzej Sakson. Poznań 1996.

57 Wypędzeni ze Wschodu (1939–59) – we wspomnieniach Polaków, Niemców i innych wydziedziczonych [Aus dem Osten vertrieben (1939–59) – Erinnerungen von Polen, Deutschen und anderen Entwurzelten]. In: Karta 1996, Nr. 19, S. 153. Zu diesem Wettbewerb wurden insgesamt 214 Arbeiten eingereicht (98 schrieben die Deutschen, 115 die Polen, eine Arbeit schrieb ein Ukrainer). Die meisten Arbeiten behandelten eigene Erinnerungen an diese Zeit und waren durch verschiedene Dokumente ergänzt. Zu den Ergebnissen dieses Wettbewerbs siehe ferner: Rozmowa wypędzonych [Gespräch der Vertriebenen]. In: Karta 1997, Nr. 21, S. 146 f.

58 Vgl. Polska, Niemcy: co dalej? [Polen, Deutsche: was weiter?]. In: Kultura (Paris) 1998, H. 9, S. 72–78.

59 Philipp Ther: Deutsche und polnische Vertriebene. Gesellschaft und Vertreibungspolitik in der SBZ/DDR und in Polen 1945–1956. Göttingen 1998.

60 Vgl. beispielsweise die in dem Buch „Kompleks wypędzenia [Der Komplex der Vertreibung]" (unter der Redaktion von Włodzimierz Borodziej und Artur Hajnicz. Kraków 1998) veröffentlichten Aufsätze. Die polnischen Autoren dieser Texte benutzen nicht das Wort „Vertreibung", sondern „Aussiedlung" und „Zwangsaussiedlung". Siehe auch: Bernadetta Nitschke: Wysiedlenie ludności niemieckiej z Polski w latach 1945–1949. Zielona Góra 1999 (dt. Übers.: Vertreibung und Aussiedlung der deutschen Bevölkerung aus Polen 1945–1949 [Schriften des Bundesinstituts für Kultur und Geschichte der Deutschen im östlichen Europa 20]. München 2003).

Die Öffnung der Archive und die Möglichkeit zu ungehinderter Forschungsarbeit brachten schon bald viele wissenschaftliche Veröffentlichungen unterschiedlichen Umfangs und Charakters hervor, darunter Monographien[61] und auch Quellenausgaben[62]. Man kann durchaus sagen, daß die Zwangsaussiedlung der Deutschen zu einer Art Modethema geworden ist. Dadurch begann man auch, die Geschichte der sog. Wiedergewonnenen Gebiete in den ersten Nachkriegsjahren neu zu schreiben, die bis dahin zumindest teilweise mythologisiert worden war. Es erschienen auch erste Veröffentlichungen über Lager, in denen Deutsche interniert waren, z. B. in Lambsdorf (Łambinowice)[63]. Man begann, Konflikten zwischen der Kommandantur der Roten Armee und der polnischen Verwaltung mehr und mehr Aufmerksamkeit zu widmen. Man zeigte auch die Gegensätze zwischen den neuen polnischen Machthabern und der polnischen Gesellschaft in den West- und Nordgebieten auf. Ein Versuch, die bis dahin vorliegenden Forschungsergebnisse zu sammeln und neue Forschungen anzuregen, war das 1995/96 durchgeführte Projekt „Komplex wypędzenia". Im Rahmen dieses Projekts wurde eine Reihe von Seminaren in Polen und Deutschland veranstaltet, die sich mit verschiedenen Aspekten der Zwangsaussiedlung befaßten. Außerdem wurden Umfragen durchgeführt, um die Einstellung der Polen zur Zwangsaussiedlung der Deutschen zu erfassen. Eine Dokumentation dieses Unternehmens erschien im Jahre 1995[64].

Von großer Bedeutung für die Geschichtswissenschaft beider Länder ist zweifellos auch das Projekt unter Leitung von Prof. Włodzimierz Borodziej (Universität Warschau) und Prof. Hans Lemberg (Univ. Marburg). Sein Ziel ist die Zusammenstellung des wichtigsten polnischen Archivmaterials zum Thema Zwangsaussiedlung; diese erscheint in mehreren Bänden in polnischer und deutscher Fassung. Dadurch werden verschiedene, vor allem in Deutschland bisher nicht bekannte und ungenutzte Dokumente in die wissenschaftliche Diskussion eingebracht. Vielleicht wird dies mit der Zeit dazu führen, daß bestimmte Behauptungen, die in der deutschen Wissenschaft bisher als unumstößlich gelten, einer kritischen Prüfung

61 Vgl. Zbigniew Romanow: Ludność niemiecka na ziemiach zachodnich w latach 1945–1947 [Die deutsche Bevölkerung in den Westgebieten in den Jahren 1945–1947]. Słupsk 1992; Beata Ociepka: Niemcy na Dolnym Śląsku w latach 1945–1970 [Deutsche in Niederschlesien 1945–1970]. Wrocław 1994; Piotr Madajczyk: Przyłączenie Śląska opolskiego do Polski 1945–1948 [Die Angliederung des Oppelner Schlesien an Polen 1945–1948]. Warszawa 1996; Bernard Linek: „Odniemczanie" województwa śląskiego w latach 1945–1950 w świetle materiałów wojewódzkich [Die „Entdeutschung" der Wojewodschaft Schlesien 1945–1950 im Lichte der Archivalien der Wojewodschaft]. Opole 1997; Nitschke: Wysiedlenie (wie Anm. 50).

62 Stettin-Szczecin 1945–1946. Dokumente – Erinnerungen / Dokumenty – wspomnienia. Ostsee-Akademie Lübeck-Travemünde / Akademia Bałtycka Lubecka-Travemünde. Instytut Historii Uniwersytetu Szczecińskiego / Institut für Geschichte der Universität Stettin. Rostock 1994; Wysiedlenia Niemców i osadnictwo ludnosci polskiej na obszarze Krzyżowa-Świdnica (Kreisau-Schweidnitz) w latach 1945–1948. Wybór dokumentów [Die Aussiedlung der Deutschen und die Ansiedlung der polnischen Bevölkerung in der Region Kreisau-Schweidnitz in den Jahren 1945–1948. Ausgewählte Dokumente]. Unter der Redaktion von Karol Jonca. Wrocław 1997.

63 Edmund Nowak: Cień Łambinowic [Der Schatten von Lambsdorf]. Opole 1991.

64 Borodziej/Hajnicz (Red.): Kompleks wypędzenia (wie Anm. 50); siehe auch: Flucht und Vertreibung der Ostdeutschen und ihre Integration. In: Deutsche Studien 1995, Nr. 32, H. 126/127.

unterzogen werden. Von analoger Bedeutung wäre hier der Zugang zu sowjetischen Archivalien für die Erforschung des Schicksals der Polen im Osten[65].

Darüber hinaus ist es erforderlich, sich für eine stärkere allgemeine Aufklärung breiter Kreise der polnischen Bevölkerung über das Schicksal der Deutschen in Polen nach Kriegsende stark zu machen. Hier ist noch viel zu tun, denn in einer Umfrage gab 1996 die Hälfte der Befragten an, daß sie über die Zwangsaussiedlung der Deutschen überhaupt nichts wisse[66]. Diese Aufklärung bedeutet oft zugleich, den Bewohnern der westlichen und nördlichen Gebiete Polens die deutsche Vergangenheit ihrer Ortschaften zu vermitteln, die ihnen bisher meist nur marginal bewußt ist. Eine große Rolle spielt hier die Lokalpresse, die oftmals mit den ehemaligen Einwohnern zusammenarbeitet und deren Erinnerungen veröffentlicht, auch die an die Zwangsaussiedlung (z. B. „Ziemia Kłodzka"). 1995 organisierten das Kreuzberger Museum und das Instytut Śląski in Oppeln eine interessante Ausstellung unter dem Titel „Wach auf, mein Herz, und denke", die in mehreren Städten Polens und Deutschlands gezeigt wurde und sich eines regen Interesses erfreute. Ihr Gegenstand waren die Kulturbeziehungen zwischen Schlesien und Brandenburg in den letzten 200 Jahren. Im Katalog zur Ausstellung erschienen u. a. Texte über das Zusammenleben von Polen und Deutschen in den ersten Nachkriegsmonaten und über die Zwangsaussiedlung der Deutschen[67]. Eine weitere Gelegenheit zur kritischen Auseinandersetzung mit den deutsch-polnischen Beziehungen und der Frage der Zwangsaussiedlung bot die deutsch-polnische Ausstellung „Annäherungen – Deutsche und Polen 1945–1995", zu der ein Katalog mit Texten polnischer und deutscher Autoren erschien[68].

Eine gewisse Rolle kann hier auch die Belletristik spielen. In polnischer Übersetzung erschienen die Tetralogie von Horst Bienek und der Roman „Stunde der Frauen" von Christian Graf von Krockow. Hinweise auf die deutsche Geschichte

65 Als Ergebnis des Projekts von Borodziej und Lemberg erschien zuletzt: Daniel Boćkowski (Hg.): Niemcy w Polsce 1945–1950. Wybór dokumentów [Deutsche in Polen 1945–1950. Ausgewählte Dokumente]. Bd. 4: Pomorze Gdańskie i Dolny Śląsk [Pomerellen und Niederschlesien]. Warszawa 2001. Vgl. ferner: Stanisław Ciesielski: Masowe deportacje z ziem wschodnich II Rzeczypospolitej w latach 1940–1941 i losy deportowanych. Uwagi o stanie badań [Massendeportationen aus den Ostgebieten der 2. Polnischen Republik in den Jahren 1940–1941 und die Schicksale der Deportierten. Anmerkungen zum Forschungsstand]. In: Wschodnie losy Polaków [Die östlichen Schicksale der Polen]. Hg. von S. Ciesielski. Wrocław 1997, S. 85–116.

66 Vgl. ferner die Ergebnisse der von CBOS im Mai 1996 durchgeführten Meinungsumfrage unter dem Titel „Problem ‚wypędzenia' w świadomości społecznej Polaków [Die Frage der ‚Vertreibung' im Gesellschaftsbewußtsein der Polen]", die in Borodziej/Hajnicz (Red.): Kompleks wypędzenia (wie Anm. 50), S. 439–452, veröffentlicht wurden.

67 Gesellschaft für interregionalen Kulturaustausch, Berlin, Stowarzyszenie Instytut Śląski, Opole: „Wach auf, mein Herz, und denke". Zur Geschichte der Beziehungen zwischen Schlesien und Berlin-Brandenburg von 1740 bis heute / „Przebudź się, serce moje i pomyśl". Przyczynek do historii stosunków między Śląskiem a Berlinem-Brandenburgią od 1740 roku do dziś. Berlin, Opole 1995. Vgl. auch: Gesellschaft für interregionalen Kulturaustausch, Berlin, Muzeum Okręgowe w Jeleniej Górze: Wspaniały krajobraz. Artyści i kolonie artystyczne w Karkonoszach w XX w. / Die imposante Landschaft. Künstler und Künstlerkolonien im Riesengebirge im 20. Jahrhundert. Berlin, Jelenia Góra 1999.

68 Zblizenia – Annäherungen. Niemcy i Polacy 1945–1995. Warszawa 1996.

heute polnischer Städte und deutsche Schicksale finden sich auch in den Werken polnischer Schriftsteller der jüngeren Generation. Das beste Beispiel dürfte der auch ins Deutsche übertragene Roman „Tod in Danzig" („Hanemann") von Stefan Chwin sein, der in beiden Ländern sehr erfolgreich war. Eine polnische Übersetzung des letzten Buches von Helga Hirsch („Die Rache der Opfer") über die Lager für Deutsche in Polen in den Jahren 1945–1950 liegt inzwischen vor[69].

Ein Themenkomplex für sich sind die Änderungen in den Schulbüchern, in denen dem Verlauf der Nachkriegsmigrationen inzwischen mehr Raum gegeben wird, wenn auch hier noch vieles zu tun bleibt[70]. Man darf hoffen, daß die neuen Empfehlungen der deutsch-polnischen Schulbuchkommission zu den deutsch-polnischen Beziehungen im 20. Jahrhundert für die Lehrer bei der korrekten Vermittlung der Thematik eine Hilfe darstellen werden.

All diese Aktivitäten werden immer wieder von Politikern beider Länder unterstützt. Zum Glück haben sie kein Interesse mehr daran, gegenseitiges Mißtrauen oder gar Feindschaft zu schüren. Die Verträge von 1990/91 haben sich als gute Basis für die kritische Diskussion über die Vergangenheit der deutsch-polnischen Beziehungen erwiesen. Für die polnische Seite darf hier auch auf die Rede des polnischen Außenministers Bartoszewski vor Bundestag und Bundesrat zum 50. Jahrestages des Kriegsendes verwiesen werden. „Polen erlangt seine politische Souveränität wieder", so Bartoszewski damals. „Es erlangt auch seine geistige Souveränität wieder. Sein Maß ist das Empfinden moralischer Verantwortung für die ganze Geschichte, in der es – wie stets – helle und dunkle Seiten gibt. [...] Ich will offen sagen, daß wir die Einzelschicksale und das Leiden der unschuldigen Deutschen bedauern, die von den Kriegsfolgen betroffen waren und ihre Heimat verloren haben"[71]. Diese Worte, ausgesprochen von einem bekannten Historiker und Publizisten, von einer Persönlichkeit, die in Polen wie in Deutschland Autorität besitzt, die sowohl in Auschwitz als auch in stalinistischer Gefangenschaft gewesen ist, fanden in der Bundesrepublik ein großes Echo[72]. In Polen läßt sich eine deutlich positive Wahrnehmung der Deutschen beobachten, was auch für die ältere Generation gilt. Auch sie hält eine Aggression oder irgendeine von Deutschland ausgehende Bedrohung Polens nicht mehr für wahrscheinlich. Dazu haben die uneingeschränkten Kontakte zwischen Polen und Deutschen nach 1989 beigetragen, auch zwischen den ehemaligen und heutigen Bewohnern der betreffenden Gebiete. Die Gelegenheit zu Gesprächen, auch nur die kurze Bekanntschaft mit dem Schicksal des Anderen, seinem Unrechtsempfinden und seinem Leid, all dies

---

69 H. Hirsch: Die Rache der Opfer. Deutsche in polnischen Lagern 1944–1950. Berlin 1998.

70 Siehe ferner: K. Ruchniewicz: Deutschland und die deutsch-polnischen Beziehungen nach dem Zweiten Weltkrieg in polnischen Geschichtsschulbüchern. Eine kritische Bestandsaufnahme. In: Die Oder überqueren. Deutsch-polnische Begegnungen in Geschichte, Kultur und Lebensalltag. Hg. von Norbert H. Weber. Frankfurt/Main 1999, S. 230–241.

71 Wystąpienie min. Władysława Bartoszewskiego z okazji 50. rocznicy zakończenia wojny [Der Auftritt von Minister Władysław Bartoszewski anläßlich des 50. Jahrestages des Kriegsendes]. In: Dialog 1995, Nr. 1, S. 21.

72 Ebd.

führt dazu, daß schmerzliche und schwierige Fragen in einem anderen Licht erscheinen. „Ich habe Menschen kennen gelernt, die in unserer Stadt gelebt haben", erinnert sich eine polnische Einwohnerin der Hauptstadt Niederschlesiens. „Es stört mich nicht mehr, daß sie zu Wrocław Breslau sagen. Ich weiß, daß sie sich mit dieser Stadt sehr verbunden fühlen. Ich fühle mich auch sehr mit ihr verbunden und weiß, daß diese Stadt Teil meines Heimatlandes geworden ist". Ein anderer Pole, ebenfalls ein Bewohner Schlesiens, der 1945 aus den polnischen Ostgebieten gekommen ist, schrieb: „Die mächtige Walze der Geschichte ist über die Nationen gerollt, und hat die Grenzen der Staaten verändert. Die Geschichte nimmt keine Rücksicht auf den Schmerz, das Leiden der Menschen, egal ob er Pole ist, oder Deutscher"[73]. Sich die Gefühle und Erlebnisse der anderen Seite bewußt zu machen, ist der erste Schritt zu richtigem Verständnis.

Sicherlich müssen im Kontext der Zwangsaussiedlung noch viele Probleme bearbeitet werden. Man kann jedoch konstatieren, daß die grundlegende Arbeit bereits geleistet worden ist. Es ist dies heute weder ein neues noch ein besonders unangenehmes Thema mehr für polnische Historiker. Eine wichtige Aufgabe der Forschung ist es, diese Problematik nicht nur im Kontext der deutsch-polnischen Nachkriegserfahrungen zu betrachten, sondern im gesamteuropäischen Zusammenhang. Das 20. Jahrhundert läßt sich nämlich ohne Übertreibung als das Jahrhundert der Migration bezeichnen. Die seit Anfang des 20. Jahrhunderts andauernden Migrationsbewegungen sind mit der Zwangsaussiedlung der deutschen Bevölkerung aus Mittel- und Osteuropa nicht zu Ende gegangen. Auch heute sind wir Zeugen von Bevölkerungsmigrationen aus dem ehemaligen Jugoslawien, die die Erinnerung an die 40er Jahre lebendig werden lassen. Die Beschreibung dieser verschiedenen Migrationswellen, die Ermittlung ihrer Unterschiede und Ähnlichkeiten, wird für die Zukunft eine wichtige Forschungsaufgabe sein. Vielleicht werden die Erfahrungen aus dem deutsch-polnischen Dialog hier hilfreich sein.

73 Alfred Jahn: Z Kleparowa w świat szeroki... [Aus Kleparów in die weite Welt...]. Wrocław 1991, S. 176 f.

Berichte und Forschungen 10 (2002), S. 27–58.

Maciej Szukała

Stettiner Archivare und die „deutsche Ostforschung"

Die Korrespondenz zwischen Albert Brackmann und Adolf Diestelkamp in den Jahren 1935 bis 1941

Im Staatsarchiv Stettin (Archiwum Państwowe w Szczecinie) befindet sich eine Dokumentation, die ein Licht auf das Problem der Ostforschung in Pommern wirft. Einen Teil dieser Archivalien bildet die Korrespondenz zwischen Albert Brackmann und Adolf Diestelkamp, dem Direktor des Archivs in den Jahren 1935 bis 1945[1]. Die Ostforschung im weitesten Sinne, also bezogen auf den gesamten deutschen Osten, war eines der Haupttätigkeitsfelder der deutschen Geschichtsschreibung zur Zeit der Weimarer Republik und des Dritten Reiches[2]. Schon früh, seit Beginn des 19. Jahrhunderts, interessierten sich historische Gesellschaften in den preußischen Ostprovinzen lebhaft für die Geschichte ihrer Region, aber erst um die Wende zum 20. Jahrhundert, als die Landesgeschichte zur Universitätsdisziplin avancierte, befaßten sich mit ihr hauptamtliche Forscher[3]. Unmittelbar vor Ausbruch des Ersten Weltkrieges äußerte Otto Hoetzsch, Historiker und Slawist an der Universität Berlin, die Ansicht, die archäologische, historische und ethnographische Erforschung der preußischen Ostgebiete müsse zugleich das vitale politische und wirtschaftliche Interesse Deutschlands an dieser Region untermau-

---

1 Staatsarchiv Stettin, Dienstregistratur (im weiteren: APSz. D) Nr. 790, 792, 793.

2 Mit der allgemeinen Problematik der Ostforschung befassen sich zahlreiche Arbeiten. Zu erwähnen sind u. a.: Michael Burleigh: Germany turns eastwards. A study of Ostforschung in the Third Reich. Cambridge 1988; Michael Fahlbusch: Wissenschaft im Dienst der nationalsozialistischen Politik? Die „Volksdeutschen Forschungsgemeinschaften" von 1931 bis 1945. Baden-Baden 1999; Willi Oberkrome: Volksgeschichte. Methodische Innovation und völkische Ideologisierung in der deutschen Geschichtswissenschaft 1918–1945. Göttingen 1993; ferner der jüngst erschienene Sammelband von Matthias Weber (Hg.): Deutschlands Osten – Polens Westen. Vergleichende Studien zur geschichtlichen Landeskunde (Mitteleuropa – Osteuropa 2). Frankfurt/M. u. a. 2001; des weiteren: Klaus Zernack: „Deutschland und der Osten" als Problem der historischen Forschung in Berlin. In: Reimer Hansen / Wolfgang Ribbe (Hg.): Geschichtswissenschaft in Berlin im 19. und 20. Jahrhundert. Berlin, New York 1992, S. 571–593; Bernard Piotrowski: Propaganda i nauka niemiecka w III Rzeszy o Polsce i Europie wschodniej na przykładzie działalności berlińskiej Publikationsstelle [Deutsche Propaganda und Wissenschaft im Dritten Reich über Polen und Osteuropa am Beispiel der Tätigkeit der Berliner Publikationsstelle]. In: Studia Historica Slavo-Germanica 13 (1984), S. 129–162. – An dieser Stelle möchte ich mich bei Dr. Kurt Dröge vom Oldenburger Bundesinstitut für Kultur und Geschichte der Deutschen im östlichen Europa bedanken für die Hilfe bei der Beschaffung einiger Arbeiten, die das Thema Ostforschung behandeln.

3 Rembert Unterstell: Klio in Pommern. Die Geschichte der pommerschen Historiographie 1815–1845. Köln, Weimar, Wien 1996, S. 2.

ern[4]. Nach 1918 jedoch nahm die Ostforschung die spezifischen Züge einer politisierten Wissenschaft an. In dem Moment, als die Bestimmungen des Versailler Friedensvertrages die politische Existenz Deutschlands im Osten bedrohten, schwenkte die deutsche Geschichtsschreibung konsequent auf die Bahn der Ostforschung ein, und zwar in einem Ausmaß, das den Rahmen der klassischen Regionalgeschichte sprengte[5]. Die Forschung wurde also nach dem Ersten Weltkrieg zum ideologischen Instrument für die Rückforderung der durch die Entscheidung der Ententemächte verlorenen Gebiete[6]. In der neuen politischen Situation hatte sie zwei Aspekte. Einerseits befaßte man sich weiterhin mit interdisziplinären Fragen zur Geschichte der politischen, wirtschaftlichen und kulturellen Einflüsse der Deutschen im Osten, andererseits instrumentalisierte man die Forschung im Dienste einer Politik, die die Anerkennung der Ostgrenzen verweigerte[7]. Die Revision der Grenze zu Polen gehörte mithin für die Politiker der Weimarer Epoche zu den Staatszielen, was von vornherein jegliche Verständigung zwischen Berlin und Warschau ausschloß[8]. Die politische Situation setzte wissenschaftliche Forschungen über den Osten Europas in Gang, welche in Deutschland erheblich ideologisch geprägt waren. Dies bewirkte eine Reaktion von seiten Polens. An der 1919 gegründeten Universität in Posen/Poznań sowie an den später entstandenen Einrichtungen Instytut Bałtycki (Ostsee-Institut) und Instytut Zachodni (West-Institut) begannen einige Historiker, die überwiegend der nationalistischen Ideologie Roman Dmowskis[9] anhingen, den Kampf gegen die bis dahin dominierenden Thesen der deutschen Wissenschaft; es galt als patriotische Pflicht, Bedenken gegenüber den deutschen Auffassungen zu formulieren[10]. Die deutsche Wissenschaft indessen konnte sich zwar bei ihrer Polemik gegen die polnischen Ansätze auf eine große

---

4 Jörg Hackmann: „Der Kampf um die Weichsel". Die deutsche Ostforschung in Danzig von 1918 bis 1945. In: Zapiski Historyczne [Historische Anmerkungen] 58 (1993), S. 37–58, hier S. 37.

5 Herbert Ludat: Dzieje stosunków polsko-niemieckich w oświetleniu marksistowskim [Die Geschichte der deutsch-polnischen Beziehungen aus marxistischer Sicht]. In: Ders.: Słowianie – Niemcy – Europa [Slawen – Deutsche – Europa]. Gesammelte Schriften. Marburg, Poznań 2000, S. 278.

6 Eduard Mühle: „Utracony niemiecki wschód" w pamięci kulturowej nowo powstałej Republiki Federalnej Niemiec [„Der verlorene deutsche Osten" im kulturellen Gedächtnis der neu entstandenen Bundesrepublik Deutschland]. In: Z. Mazur (Hg.): Wspólne dziedzictwo? Ze studiów nad stosunkiem do spuścizny kulturowej na Ziemiach Zachodnich i Północnych [Gemeinsames Erbe? Aus Studien über die Beziehung zum kulturellen Vermächtnis in West- und Nordpolen]. Poznań 2000, S. 674; Jan Maria Piskorski: Herbert Ludat (1910–1993) – historyk Słowiańszczyzny Zachodniej i stosunków polsko-niemieckich. Posłowie [Herbert Ludat (1910–1993) – Historiker der westlichen slawischen Welt und der polnisch-deutschen Beziehungen. Ein Epilog]. In: Ludat: Słowianie (wie Anm. 5), S. 328. Dort findet sich eine Auswahl der neuesten Literatur zur Problematik der Ostforschung.

7 Hackmann: „Der Kampf..." (wie Anm. 4), S. 38.

8 B. Koszel: Mitteleuropa rediviva. Europa Środkowo- i Południowo-Wschodnia w polityce zjednoczonych Niemiec [Mitteleuropa rediviva. Ostmittel- und Südosteuropa in der Politik des vereinigten Deutschland]. Poznań 1999, S. 27 f.

9 Andrzej F. Grabski: Zarys historii historiografii polskiej [Abriß der Geschichte der polnischen Historiographie]. Poznań 2000, S. 177 f.

10 Herbert Ludat: Polski wkład do europejskiego obrazu historii [Der polnische Beitrag zum europäischen Geschichtsbild]. In: Ders.: Słowianie (wie Anm. 5), S. 304.

Tradition stützen, nämlich auf die aus dem 19. Jahrhundert datierende Disziplin der „Landesgeschichte“, doch wogen ungünstige Faktoren diese Vorteile auf, etwa die seit Leopold von Ranke erfolgte Konzentration universitärer Forschung auf das Gebiet der römisch-germanischen Geschichte[11]. In den wissenschaftlichen Diskussionen, die den Charakter politischer Polemiken annahmen, fiel nun den deutschen Staatsarchiven eine wichtige Rolle zu. Dort arbeitete wissenschaftlich ausgebildetes Personal, das zum Dienst am Staate verpflichtet war und über Aktenbestände verfügte, die für die Ostforschung hohen Wert besaßen.

Die zunächst unkoordinierten Aktivitäten im Bereich der Ostforschung erhielten eine systematische Form, als in den Jahren 1929–1936 Albert Brackmann (1871–1952), Professor an der Berliner Universität, das Amt des Generaldirektors der Preußischen Staatsarchive innehatte[12]. Brackmann war einer der hervorragendsten Kenner der polnischen Geschichte und der polnisch-deutschen Beziehungen; er gehörte zu den in der Ostforschung politisch besonders engagierten Universitätsprofessoren[13]. So schrieb er an den Slawisten Max Vasmer:

> Wir brauchen in erster Linie politisch denkende Historiker, und zwar nicht Spezialhistoriker für eine bestimmte Provinz oder ein bestimmtes Sachgebiet der Geschichte, sondern Vertreter der allgemeinen Geschichtswissenschaft, weil das politische Geschehen in der deutschen Grenzmark und die Entwicklung des Deutschtums in den Nachbarstaaten im Zusammenhange der deutschen Gesamtentwicklung verstanden werden will.[14]

Brackmann knüpfte die Übernahme des Amtes des Generaldirektors an die Bedingung, daß ein archivwissenschaftliches Institut zu schaffen sei. Im Jahre 1930 nahm das „Institut für Archivwissenschaft und geschichtswissenschaftliche Fortbildung“ seine Arbeit auf; Brackmann verstand es als eine Schule, die auf die praktische Ausübung des Archivarberufes vorbereitete, unter besonderer Berücksichtigung der Ostforschung. Das Studium der polnischen Sprache bildete eine der Prioritäten dieses Instituts[15], welches, so die preußische Regierung im Jahre 1932, die Abwehr der gefährlichen geistigen Offensive Polens zu leisten habe[16]. Auf dem 22. Archivarkongreß 1930 in Linz unterstreicht Brackmann die Notwendigkeit politischen Engagements für den Archivar; er führt aus, daß „der Archivar heutzutage eine Fülle von Aufgaben zu bewältigen hat, die in früheren Jahren nicht vorhanden waren, daß er stärker in das praktische Leben hineingezogen ist oder wer-

---

11 Ludat: Dzieje (wie Anm. 5), S. 277.

12 Mit der Tätigkeit Brackmanns als Generaldirektor der preußischen Archive befassen sich insbesondere: Torsten Musial: Staatsarchive im Dritten Reich. Zur Geschichte des staatlichen Archivwesens in Deutschland 1933–1945. Potsdam 1996, sowie Johanna Weiser: Geschichte der preußischen Archivverwaltung und ihrer Leiter. Von den Anfängen unter Staatskanzler von Hardenberg bis zur Auflösung im Jahre 1945. Köln, Weimar, Wien 2000.

13 Zernack: „Deutschland...“ (wie Anm. 2), S. 585.

14 Zit. nach Hackmann: „Der Kampf...“ (wie Anm. 4), S. 38.

15 Der Vorlesungsplan für das akademische Jahr Winter 1937/38 bis Winter 1938/39 sah 113 Stunden Polnischunterricht vor. Unter den 22 Fächern entfielen lediglich auf die Behandlung der „Geschichte des Archivwesens“ mehr Stunden, nämlich 128 (Geheimes Staatsarchiv, Berlin-Dahlem [im weiteren: GStA], I HA Rep. 178A, Generalia II, Nr. 42, Bl. 90).

16 Musial: Staatsarchive (wie Anm. 12), S. 25.

den wird, und daß er auch von der Problematik der heutigen Wissenschaft nicht unberührt geblieben ist. Die Zeiten sind vorbei, in denen der Archivar sich darauf beschränken konnte, sein Archiv in Ordnung zu halten und die weitere Entwicklung wird ihn voraussichtlich in steigendem Maße in die Welt hineinziehen. Diesen Verhältnissen gilt es, schon bei der Ausbildung des Nachwuchses Rechnung zu tragen."[17]

Das Programm dieser Forschungen wurde auf einer Sitzung schriftlich niedergelegt, die auf Initiative der Generaldirektion der Preußischen Staatsarchive am 15. Juli 1931 in Berlin stattfand. Unter anderem nahmen teil: Prof. Brackmann, Dr. Johannes Papritz; die Archivdirektoren: Prof. Otto Kaiser vom Reichsarchiv in Potsdam, Prof. Walter Recke aus Danzig, Dr. Adolf Brennecke (Zweiter Direktor in Berlin-Dahlem), Dr. Max Hein aus Königsberg, Dr. Wilhelm Dersch aus Breslau, Dr. Erich Randt aus Stettin; die Universitätsprofessoren: Otto Hoetzsch, Manfred Laubert und Max Vasmer sowie Ministerialräte aus den Abteilungen Polen und Kultur des Außenministeriums und aus dem Staatsministerium[18]. Brackmann stellte in einem vorab versandten vertraulichen Schreiben fest:

> Die preußische Archivverwaltung verspürt in den letzten Jahren eine steigende Flut polnischer Benutzungsgesuche, und nicht nur die Zahl, sondern auch die Art und näheren Umstände dieser Gesuche sind zum mindesten auffällig. Umfassende Themen werden gestellt, und die Arbeitszeit in den preußischen Archiven überdauert viele Monate. Den polnischen Forschern stehen dazu in reichlichem Maße Stipendien zur Verfügung, Beamte der staatlichen polnischen Archivverwaltung erhalten Urlaub bis zu einem halben Jahr.[19]

Das von polnischen Forschern in den preußischen Archiven gesammelte Material werde größtenteils für antideutsche Publikationen verwendet. Diesem regen und offenkundigen Treiben stelle sich die deutsche Seite, so Brackmann weiter, nicht sonderlich entgegen. Indessen hätten einer Umfrage der Archivverwaltung zufolge seit dem Krieg (gemeint ist der Erste Weltkrieg) lediglich sechs deutsche Forscher die Bestände polnischer Archive in Anspruch genommen. Diese geringe Anzahl deutscher Wissenschaftler sei, so vermutete Brackmann, auf Visa-Schikanen der polnischen Seite und auf Zugangsbeschränkungen für die Bestände zurückzuführen. In der Diskussion betonte der Direktor des Danziger Staatsarchivs, Walter Recke, die deutsche Seite habe wichtige Archivalien in ihrem Besitz, und dies sei ein Trumpf gegenüber Polen. Man müsse in der Frage des Zugangs polnischer Forscher zu deutschen Archivbeständen zu schärferen Bestimmungen gelangen, was aber nicht bedeute, daß Polen der Zugang zu den Archiven gänzlich untersagt werden solle: In jedem Falle müsse eine individuelle Entscheidung getroffen werden. Brackmann forderte, im Archiv der Grenzmark beim Geheimen Staatsarchiv in Berlin-Dahlem eine Personen-Kartei aller polnischen Wissenschaftler anzulegen sowie das polni-

17 Zit. nach Musial: Staatsarchive (wie Anm. 12), S. 24 f.
18 APSz. D Nr. 1102.
19 Ebd.

sche Schrifttum zu registrieren und auszuwerten. Hierzu müsse das Institut für Archivwissenschaft eine Gruppe von Historikern, die die polnische Sprache beherrschten, qualifizieren. Archivare an Standorten im Osten des Deutschen Reiches sollten sich, folgerte Brackmann, mit der Frage der polnisch-deutschen Beziehungen befassen, um auf die polnischen Argumente reagieren zu können. An Brackmann anknüpfend, betonte Prof. Max Vasmer, „der geistige Angriff der polnischen Wissenschaft auf Deutschland dokumentiere sich unverkennbar in der Begründung von Instituten mit offen zugegebenen Agitationszwecken wie zum Beispiel die Danziger Gesellschaft von Freunden der Wissenschaft“[20]. Dagegen wies Prof. Otto Hoetzsch darauf hin, daß die Basis des Instituts für Archivwissenschaft zu schmal sei, als daß es die Aufgaben der Ostforschung in großem Umfang übernehmen könnte. Dieser Probleme sollten sich vor allem die Universitäten annehmen, selbstverständlich in Zusammenarbeit mit dem erwähnten Institut. Brackmann entgegnete:

> Die erste Ausbildung soll selbstverständlich der Universität verbleiben. Deren Lehrerfolge in bezug auf polnische Geschichte und Sprache sind jedoch leider sehr gering. Meines Wissens gibt es an sämtlichen deutschen Universitäten kein Ordinariat für polnische Geschichte, zum schweren Schaden der deutschen Ostinteressen ist auch in absehbarer Zeit die Neubegründung eines solchen Ordinariats nicht zu erhoffen, und wenn auch an dem Werte eines erst kürzlich begründeten Ordinariates für afrikanische Sprachen oder des Ordinariats für iranische und keltische Philologie nicht gezweifelt werden soll, so muß doch darauf hingewiesen werden, daß Polen für uns mehr bedeutet als die afrikanischen Neger.[21]

In der lebhaften Diskussion beriet man wissenschaftliche Vorhaben zur Ostproblematik. Im Ergebnis einigte man sich auf einen Kreis von Themen, die die Staatsarchive in Zusammenarbeit mit Ostforschern anderer Einrichtungen bearbeiten sollten. Als grundlegende Fragestellungen waren vorgesehen: 1. Preußische Staatsverfassung und Administration in den östlichen Gebieten, die bis 1807 zu Preußen gehörten; 2. Deutschtum in Polen: Kolonisation, Germanisierung, Polonisierung, das Problem des Schwundes des deutschen Elements in Städten wie Krakau oder Warschau, der Rückgang der deutschen Kolonisation in Großpolen, das Kaschubenproblem, die Geschichte der deutschen Kultureinflüsse in Polen. Zudem wurden Quelleneditionen gefordert. Schließlich unterstrich man, daß nach einer gänzlichen Schließung deutscher Archive für Nutzer aus Polen und bei dem dann zu erwartenden analogen Handeln der polnischen Archive der größere Nachteil auf polnischer Seite läge[22]. In dieser letzten Angelegenheit riet das Außenministerium der Generalverwaltung preußischer Archive zu einem gänzlichen Verbot des Zugangs zu deutschen Archivbeständen für polnische Wissenschaftler; Brackmann hingegen sprach sich für ein behutsames Vorgehen aus[23]. Man kam

20 Ebd.
21 Ebd.
22 Ebd.
23 Ebd., Protokoll der Konferenz vom 7. Januar 1932.

überein, daß baldmöglichst ein Institut zu schaffen sei mit der Aufgabe, systematisch polnische historische, archäologische und ethnologische Untersuchungen zu dem polnisch-deutschen Grenzgebiet und benachbarten Regionen zu erfassen. Dieses Institut wurde im Jahre 1932 auf Initiative Brackmanns beim Geheimen Staatsarchiv in Berlin-Dahlem eingerichtet; es erhielt schließlich den Namen „Publikationsstelle“. Diese besaß partiell vertraulichen Charakter und war eng mit den Archiven und Instituten des Ostens verbunden, blieb aber außerhalb der Verwaltungsstruktur des Archivdienstes. Ihr Chef, Johannes Papritz, verkündete, daß angesichts des Propaganda-Angriffs der polnischen Wissenschaft „die deutsche Wissenschaft nicht länger Gewehr bei Fuß stehen“[24] könne. Die Publikationsstelle beschäftigte ca. 30 Mitarbeiter, darunter natürlich auch Archivare, deren Planstellen an ihren Heimatdienststellen verblieben[25]. Insgesamt wurden 531 Publikationen polnischer Historiker und Archäologen übersetzt. Man befaßte sich auch mit dem Schrifttum anderer slawischer Länder, allerdings in weit geringerem Umfang: So gab es bis zum Herbst 1941 lediglich 41 Übertragungen tschechischer Arbeiten. Die Übersetzungen waren für den dienstlichen Gebrauch deutscher Historiker und Archäologen bestimmt, die in ihren Arbeiten ausschließlich die Seitenzahlen der Originale angeben durften, welche in den maschinenschriftlichen Übersetzungen eigens angegeben waren. Auch war es in Veröffentlichungen nicht gestattet zu vermerken, daß man mit Übersetzungen der Publikationsstelle gearbeitet hatte. Das Institut führte ein Register derjenigen polnischen Staatsbürger, die wissenschaftliche, politische, gesellschaftliche oder wirtschaftliche Themen bearbeiteten, soweit diese Deutschland betrafen. Es wurden Karteien angelegt, in denen nicht nur biographische Daten, sondern auch charakterliche Eigenschaften der betreffenden Personen festgehalten wurden[26].

Brackmann war auch Vorsitzender der Norddeutschen Forschungsgemeinschaft, die seit 1935 die Bezeichnung „Nord- und Ostdeutsche Forschungsgemeinschaft“ (NOFG) trug. Diese Institution, die der Publikationsstelle zugeordnet war, beobachtete die wissenschaftlichen Trends im Ausland, befaßte sich mit der Verbreitung historisch-propagandistischer Literatur, sammelte Kartenmaterial der polnischen und der baltischen Region[27]. Stellvertreter Brackmanns in der NOFG war Hermann Aubin, Professor an der Breslauer Universität; er setzte sich mit Nachdruck für die geographische, historische und soziologische Erforschung der Völker

24 GStA, Rep. 92. Nachlaß Brackmann Nr. 81, Bl. 113.

25 Musial: Staatsarchive (wie Anm. 12), S. 55.

26 J. Baumgart: Tajna organizacja nauki niemieckiej [Eine Geheimorganisation der deutschen Wissenschaft]. In: Przegląd Zachodni 1947, Nr. 11–12, S. 969–980; ders.: Co tłumaczyła „Publikationsstelle“ [Was die „Publikationsstelle“ übersetzte]. In: Przegląd Zachodni 1948, Nr. 1, S. 44–63; außerdem Piotrowski: Propaganda (wie Anm. 2).

27 Henryk Olszewski: Historia nauki w upadku. Studium o historiografii i ideologii historycznej w imperialistycznych Niemczech [Die Geschichte einer Wissenschaft im Niedergang. Eine Studie zu Geschichtsschreibung und Geschichtsideologie im imperialistischen Deutschland]. Warszawa, Poznań 1982, S. 554–556; A. Kosiński: Polityczny profesor. In: Przegląd Zachodni 1947, Nr. 11–12, S. 980–992; Fahlbusch: Wissenschaft (wie Anm. 2), S. 178–181; auch: Weiser: Geschichte (wie Anm. 12), S. 11 ff., und Musial: Staatsarchive (wie Anm. 12), S. 21 ff.

und Staaten Nordosteuropas ein. So wurde auf Initiative Aubins und Papritz' das Periodikum „Jomsburg" ins Leben gerufen, dessen Titel auf den Mythos einer Wikinger-Siedlung auf der Insel Wollin Bezug nahm[28]. Aubin konzipierte in enger Zusammenarbeit mit dem Direktor des Breslauer Archivs, Wilhelm Dersch, eine Geschichte Schlesiens, die als Antwort gedacht war auf eine entsprechende Arbeit, die zum gleichen Thema, unter Aufsicht der Polnischen Akademie der Wissenschaften in Krakau, von einer durch Stanisław Kutrzeba geleiteten Forschungsgruppe vorbereitet wurde[29]. Ihre Hochzeit erlebte die NOFG unter den Nationalsozialisten, als die Ostforscher im polemischen Kampf mit polnischen Wissenschaftlern ihre Methoden ändern mußten. Anfänglich schien es, als bewirke die Machtübernahme Hitlers eine Verstärkung der revisionistischen Tendenzen gegenüber Polen; so dachte man noch in der ersten Hälfte des Jahres 1933. Aber schon im Sommer desselben Jahres zeigte sich ein neuer Kurs in den wissenschaftlichen Beziehungen zwischen Deutschland und Polen, und zwar in der Arbeit einer deutschen Historikergruppe unter Redaktion Brackmanns, die den Titel „Deutschland und Polen" trug und für den Internationalen Historiker-Kongreß in Warschau bestimmt war. Das Buch war gedacht als Versuch einer Darstellung der jahrhundertealten deutsch-polnischen Nachbarschaft. Im Vorwort wurde die Hoffnung auf Entwicklung der deutsch-polnischen Freundschaft geäußert. Die polnischen Historiker beurteilten das Werk als nicht objektiv. Auch in Deutschland warf man der Arbeit einen allzu versöhnlichen Ton gegenüber Polen vor[30]. Hitler jedoch wünschte für eine gewisse Zeitspanne freundschaftliche Beziehungen zu Poen. Der am 26. Januar 1934 abgeschlossene Nichtangriffsvertrag rief in deutschen Wissenschaftlerkreisen Irritationen hervor, besonders bei jenen, die sich seit 1918 um die ideologische Erschütterung der Ostgrenzen bemühten. Die Entspannung zwischen den Staaten war aber offenkundig. Aus vertraulichen deutsch-polnischen Dokumenten geht hervor, daß beide Seiten übereingekommen waren, auf gegenseitige Attacken in Rundfunk und Presse sowie in öffentlichen Versammlungen oder Verlautbarungen zu verzichten. Die beiderseitigen Reglementierungen des Handelsrechts wurden aufgehoben. Die polnische Seite verpflichtete sich, auf ihrem

---

28 Papritz schrieb über den Titel dieser neuen Zeitschrift: „Schließlich noch ein Wort über die Titelwahl. Von vornherein kam auf den Rat des Verlegers eine abgegriffene Bezeichnung wie etwa ‚Nord- und Osteuropäische Rundschau' als klang- und wirkungslos nicht in Betracht. Uns lag daran, einen Ausdruck für das geschichtliche Nebeneinander von Germanen und Slaven im nahen Osten zu finden. Die Jomsburg bildet eines der ersten Beispiele ihres Aufeinandertreffens. Sie steht am Anfang einer Entwicklung des Verhältnisses zwischen Germanen und Slaven, in der das Germanische das befruchtende Prinzip des Slavischen im Politischen wie im Kulturellen wurde. Daß der germanischen Jomsburg vor dem (noch dazu entstellenden) ‚Vineta', das zwar im Reich bekannter ist, den Vorzug verdiene, war uns unzweifelhaft. Im ganzen Norden und den geschichtlichen Kreisen des Ostens ist die ‚Jomsburg' ein lebendiger Begriff." (GStA, Rep. 92, Nachlaß Brackmann, Nr. 81, Vol. I k 73).

29 Andrzej Brożek: Problemy międzywojennego Śląska [Probleme Schlesiens in der Zwischenkriegszeit]. In: Stosunki polsko-niemieckie w historiografii [Das polnisch-deutsche Verhältnis in der Geschichtsschreibung]. Teil 3. Hg. von Jerzy Krasuski, Gerhard Labuda, Antoni Władysław Walczak. Poznań 1991, S. 76.

30 Bogusław Drewniak: Pomorze Gdańskie i problem tzw. korytarza [Das Danziger Pommern und das Problem des sog. Korridors]. In: Stosunki polsko-niemieckie (wie Anm. 29), S. 97.

Territorium die Verbreitung antinationalsozialistischer Emigrantenzeitschriften zu verbieten. In Deutschland wurden die Arbeiten Piłsudskis herausgegeben, und nach dessen Tod fand in Berlin eine große Trauerfeier statt, an der Hitler selbst teilnahm und die im Radio übertragen wurde. Integrationstreffen wurden veranstaltet mit Schriftstellern, Journalisten, Wissenschaftlern (darunter auch Archivaren), Frontkämpfern des Ersten Weltkrieges, den Pfadfindern und der Hitlerjugend[31]. In Deutschland wurden einige landsmannschaftliche Verbände aufgelöst, die die Basis konservativ-revisionistischer Zirkel, insbesondere auch der Deutschnationalen Volkspartei, gebildet hatten, unter anderem der Deutsche Ostmarkenverein. An ihrer Stelle gründete man eine Organisation mit der Bezeichnung „Bund des Deutschen Ostens" (B. D. O.), deren Programm sehr allgemein formuliert war und sich der ausdrücklichen Forderung einer Grenzrevision enthielt. Im Jahre 1938 schließlich, gegen Ende der Phase der guten Beziehungen zu Polen, wurde die in den Augen der Polen provokative Provinz „Grenzmark Posen-Westpreußen" aufgelöst[32].

Die von Amts wegen verordnete Entspannung zwischen den beiden Staaten ließ sich im totalitären Deutschland leichter bewerkstelligen als in Polen, wo der Nichtangriffsvertrag sehr kritisch aufgenommen wurde, besonders von der nationalistischen Presse. In deutschen Wissenschaftlerkreisen jedoch war man sicher, daß es sich bei der deutsch-polnischen Entspannung um ein Übergangsphänomen handle. Auf einer Sitzung der NOFG vom 6.–10. August 1934 in Kahlberg/Krynica Morska, an der 74 Ostforscher teilnahmen, darunter Brackmann, Aubin, Hoetzsch, Keyser, Hein, Oberländer und Randt, betonte Brackmann: „Die Grenzlandarbeit bedarf jetzt einer neuen Form, [...] Polemiken und Revisionsforderungen müssen wegfallen." Theodor Oberländer wies auf die Schwierigkeiten hin, die die neue Situation mit sich bringe: Wenn zehn Jahre lang das Wort „Korridor" nicht gebraucht werde, so sei „es schwer, nachher wieder mit der Propaganda zu beginnen"[33].

Die Verbesserung der Beziehungen zu Polen wirkte sich natürlich nicht abschwächend auf die Intensität der Ostforschung aus. In der NS-Zeit erfolgte eine schrittweise Ideologisierung der Archive als Institutionen, die nicht ohne Einfluß auf die Arbeit an den einzelnen Standorten blieb. Als Beispiel sei das Staatsarchiv in Stettin angeführt. Seit Erich Randt (1887–1948) im Jahre 1930 die Leitung übernommen hatte, war ein zunehmend intensives Engagement des Archivs für die Ostforschung und ihre politischen Aspekte zu beobachten[34]. Das Stettiner Archiv

---

31 Eugeniusz C. Król: Propaganda i indoktrynacja narodowego socjalizmu w Niemczech 1919–1945. Studium organizacji, treści, metod i technik masowego oddziaływania [Propaganda und Indoktrination des Nationalsozialismus 1919–1945. Untersuchung der Organisationen, des Inhalts, der Methoden und der Techniken der Massenbeeinflussung]. Warszawa 1999, S. 516 ff.

32 Aufgrund des Gesetzes vom 21. März 1938, das am 1. Oktober desselben Jahres in Kraft trat.

33 GStA I HA, Rep. 178 1.1, Nr. 1087 (2): Vertraulicher Bericht über die Tagung der Nordostdeutschen Forschungsgemeinschaft im Hotel Kaiserhof im Ostseebad Kahlberg vom 6.–10. August 1934.

34 Randt war, nachdem er Stettin verlassen hatte, Direktor des Staatsarchivs in Breslau. Zur Zeit der Besetzung Polens im Krieg leitete er den Zarząd Archiwów (Archivverwaltung) in Krakau,

betrieb neben der Ostforschung auch Sippenforschung. Nicht zufällig wurden unter Randts Leitung und anschließend unter seinem Nachfolger Adolf Diestelkamp Duplikate von Matrikelbüchern, Grundbücher, Hypothekenbücher in den Archivbestand aufgenommen, Materialien, die für genealogische Forschungen unverzichtbar sind. Derlei Untersuchungen stellten eine der Hauptaufgaben dar, die die Archive im Auftrage der „Reichsstelle für Sippenforschung" zu erfüllen hatten, eines Institutes, das zur Koordination der Rassenforschung ins Leben gerufen worden war[35]. Spiegelte die Rassenforschung die innenpolitische Situation in Deutschland nach der Machtübernahme der Nationalsozialisten wider, so war die Ostforschung eng verknüpft mit der Außenpolitik. Randt arbeitete intensiv mit der NOFG zusammen; auf seine Initiative hin publizierte das Jahrbuch „Baltische Studien", die Zeitschrift der Gesellschaft für pommersche Geschichte und Altertumskunde, die Randt zwischen 1933 und 1935 leitete, seit 1933 in der Rubrik „Forschungsberichte" unter dem Titel „Polonica" Rezensionen über Arbeiten polnischer Historiker von den Ostsee-Instituten in Thorn/Toruń und Gdingen/Gdynia sowie von der Universität Posen/Poznań[36]. Randt verfaßte die zwei ersten Jahrgänge der „Polonica". Dabei zitierte er zum Vergleich nicht selten deutsche Arbeiten, die sich mit einer vergleichbaren Problematik befaßten. Nachdem Randt nach Breslau gegangen war, wurden die „Polonica" bis 1940 von Hans Bellée (1889–1960) betreut, der damals in Berlin lebte. In den Jahren 1926–1932 hatte er im Stettiner Staatsarchiv gearbeitet und war später am Geheimen Staatsarchiv Berlin-Dahlem tätig[37]. Bellée war wie sein Vorgänger Randt darum bemüht, seine Rezensionen des polnischen Schrifttums kompetent und erschöpfend zu gestalten[38], ohne Aggressivität und im Geiste des Vertrages von 1934. Er war regulärer Mitarbeiter der Publikationsstelle und initiierte in deren Rahmen Forschungen zum Deutschtum

---

der 1941 umbenannt wurde in „Direktion der Archive des Generalgouvernements". Nach dem Krieg wurde Randt durch die Alliierten in Deutschland interniert, kam aber frei, weil polnische Archivare sich zu seinen Gunsten einsetzten. Randt informierte die Alliierten über die Orte, an denen nach Deutschland verbrachte polnische Archivbestände gelagert waren. Näheres zu Randts Tätigkeit in Krakau findet sich im Tagebuch des Archivars Artur Kamiński: Diariusz podręczny 1939–1945 [Tagebuch 1939–1945]. Warszawa 2001; desgleichen bei Sławomir Radoń: Dr Erich Randt w opinii archiwistów polskich [Dr. Erich Randt im Urteil polnischer Archivare]. In: Krakowski Rocznik Archiwalny 1 (1995), S. 126–141.

35 Adolf Diestelkamp: Das Staatsarchiv Stettin seit dem Weltkriege. In: Monatsblätter 52 (1938), S. 80 f.

36 Erich Randt: Polonica 1931–32. In: Baltische Studien, Neue Folge (im weiteren: BS, NF) 35 (1933), S. 296–309; ders.: Polonica 1932–33. In: BS, NF 36 (1934), S. 286–309; Hans Bellée: Polonica 1933–34. In: BS, NF 37 (1935), S. 287–294; ders.: Polonica 1934–35. In: BS, NF 38 (1936), S. 351–361; ders.: Polonica 1936–37. In: BS, NF 39 (1937), S. 303–318; ders.: Polonica 1937–38. In: BS, NF 40 (1938), S. 260–273; ders.: Polonica. In: BS, NF 41 (1939), S. 221–231; ders.: Polonica. In: BS, NF 42 (1940), S. 267–273.

37 Wolfgang Leesch: Die deutschen Archivare 1500–1945. Biographisches Lexikon. Bd. 2. München, London, New York, Paris 1992, S. 71.

38 Rezensiert wurden Arbeiten vieler polnischer Historiker, Archäologen und Sprachwissenschaftler. So besprach Bellée im Jahre 1939 u. a. die Arbeit „Magdeburg i Poznań [Magdeburg und Posen]" des damals 23jährigen Posener Wissenschaftlers Gerard Labuda und verglich sie mit A. Brackmanns Werk „Magdeburg als Hauptstadt des Ostens im frühen Mittelalter"; vgl. Hans Bellée: Polonica. In: BS, NF 41 (1939), S. 223 f.

in Schlesien, in der Grenzmark, in Ostpreußen, Polen und in den baltischen Staaten[39].

Der oben schon erwähnte Nachfolger Randts als Direktor des Stettiner Staatsarchivs, Adolf Diestelkamp (1900–1955)[40], gelangte gleichsam von Amts wegen zur Problematik der Ostforschung. Gebürtig aus Hannover, studierte er 1918–1922 Geschichte in Göttingen und Freiburg. Nach Abschluß des Studiums arbeitete er zunächst am Geheimen Staatsarchiv in Berlin-Dahlem, später dann, seit 1924, am Magdeburger Staatsarchiv. Im Jahre 1933 wurde er ans Stettiner Archiv versetzt, die Ernennung zu dessen Direktor erfolgte zwei Jahre später. Schon im Juli 1935 schlug Brackmann im Namen der NOFG Diestelkamp eine enge Zusammenarbeit bei wissenschaftlichen Publikationen zur Geschichte der Region vor; der Verein für das Deutschtum im Ausland und die pommersche Sektion des Bundes Deutscher Osten in Person ihres Vorsitzenden Dr. Schmidt wollten hierbei Unterstützung leisten[41]. Brackmann betonte, daß „das Staatsarchiv in Pommern ein gegebener Stützpunkt der landesgeschichtlichen Forschung ist und auch durch das weitverzweigte Pflegersystem der Gesellschaft für pommersche Geschichts- und Altertumskunde weitgehende Beziehungen in die Provinz besitzt"[42].

Brackmann regte u. a. folgende Untersuchungsschwerpunkte an:

> Die Kaschubenfrage; Das Verhältnis der Pommern zu den Polen in slavischer Zeit, im Mittelalter bis hin zur Gegenwart; Die Polen in Pommern im Jahre 1935; Siedlungsgeschichtliches; Lebensbilder von bedeutenden pommerschen Menschen z. B. auch von Kaschuben (Graf York v. Wartenburg); Verkehrspolitisches; Wirtschaftspolitisches; Volkskundliches; Sprachkundliches[43].

Diestelkamp war zur Zusammenarbeit bereit und unterstrich, daß „das Staatsarchiv-Stettin zusammen mit der Gesellschaft für pommersche Geschichte und Altertumskunde zweifelsohne als der Mittelpunkt nicht nur für die landesgeschichtliche Forschung ganz allgemein, sondern auch für die Behandlung der Ostprobleme unserer Provinz im besonderen zu betrachten ist"[44]. Im Lauf der weiteren Korrespondenz trug Brackmann Diestelkamp und Adolf Hofmeister, Professor an der Universität Greifswald, die Funktion von Gebietsvertretern der NOFG in Pommern an[45]. Diestelkamp traf sich persönlich mit Brackmann, um Einzelheiten der Zusammenarbeit abzusprechen, an der sich auch Hermann Bollnow (1906–1962), Historiker, Archäologe und Soziologe, sowie Otto Kunkel (1895–1984), Archäologe und Direktor des Pommerschen Landesmuseums in Stettin beteiligten

39 APSz. D Nr. 792.

40 Die Personalakte Diestelkamps liegt im APSz. D Nr. 1055 und 1055a. Eine Erinnerung an ihn verfaßte Otto Kunkel: Adolf Diestelkamp 30.I.1900–26.II.1955. In: BS, NF 43 (1955), S. 7–9; eine biographische Notiz bei Leesch: Archivare (wie Anm. 37), S. 119.

41 Anhang Nr. 1.

42 Ebd.

43 Ebd.

44 Anhang Nr. 2.

45 Vorschlag Brackmanns vom 25.05.1938 (Anhang Nr. 3).

(beide werden in der Korrespondenz erwähnt). Mit Kriegsausbruch war Diestelkamp weitgehend von der wissenschaftlichen Arbeit abgeschnitten, da er zur Wehrmacht eingezogen wurde. Während seiner kurzen Urlaubszeiten widmete er sich aber seinen früheren Interessen. Engster Mitarbeiter Diestelkamps auf dem Gebiet der Ostforschung war seit 1937 Fritz Morré (1912–1941)[46]. Morré ist eine besonders interessante Figur insofern, als er die jüngste Generation deutscher Archivare repräsentiert, die in den dreißiger Jahren des 20. Jahrhunderts in der Ostforschung arbeiteten. Morré war nicht nur ein solider Historiker und Archivar, sondern er besaß zudem das Temperament eines politischen Publizisten; das ist in zahlreichen Zeitschriftenartikeln von nicht selten propagandistischem Charakter dokumentiert. Die Bibliographie seiner Arbeiten enthält ungefähr 40 Positionen, darunter ein Buch und zwei umfangreiche Studien, veröffentlicht in den letzten sechs Jahren seines kurzen, nicht einmal dreißigjährigen Lebens[47].

Fritz Morré hatte seit 1930 an der Freiburger Universität Geschichte und Germanistik studiert und war ein Jahr später nach Wien gezogen, wo er sein Geschichtsstudium bei Prof. Otto Brunner fortsetzte und sich auf die Mediävistik spezialisierte unter besonderer Berücksichtigung derjenigen historischen Hilfswissenschaften, die auf den Beruf des Archivars vorbereiten. 1932 ging er an die Universität Berlin[48]. Dort wurde er in den Kreis der Schüler Brackmanns aufgenommen, welcher als Doktorvater eine wesentliche Rolle im wissenschaftlichen und beruflichen Leben Morrés spielte. Zugleich führte ihn Brackmann in die Archivarbeit ein, indem er ihn im akademischen Jahr 1934/35 an das bereits erwähnte Institut für Archivwissenschaft und geschichtswissenschaftliche Fortbildung vermittelte. Brackmann übte großen Einfluß auf die weltanschauliche Entwicklung seines Doktoranden aus, indem er ihm die Probleme der Ostforschung nahe brachte; auf diese Weise wurde Morré zu einem politisch engagierten Publizisten, der aber den Anspruch wissenschaftlicher Neutralität wahrte[49]. Im Februar 1935 verteidigte er seine Doktorarbeit, die die Verfassung des mittelalterlichen Regensburg zum Thema hatte. Vom 1. Juli des folgenden Jahres an war er Archivhilfsarbeiter am Geheimen Staatsarchiv in Berlin-Dahlem[50]. Zugleich stand er mit der Publikationsstelle

46 Näheres über Tätigkeit und Schaffen Morrés bei Maciej Szukała: Polityczne aspekty badań wschodnich na przykładzie działalności Fritza Morrégo z Archiwum Państwowego w Szczecinie [Die politischen Aspekte der Ostforschung am Beispiel der Tätigkeit Fritz Morrés vom Stettiner Staatsarchiv]. In: Szczecińskie Studia Historyczne 13 (2000), S. 55–67.

47 Materialien zu Morrés Tätigkeit und Schaffen liegen im APSz. D; insbesondere sind die zwei Hefte der Personalakte zu erwähnen sowie eine Mappe mit seinen Publikationen, außerdem Morrés Korrespondenz mit Adolf Diestelkamp, Gerhard Zimmermann und Roland Seeberg-Elverfeldt. Diese Briefe geben Rechenschaft über die Tätigkeit des Stettiner Archivs in den Jahren 1940–41. Einige Informationen über Leben und Wirken seines Großvaters stellte mir Dr. Jörg Morré bei einem Besuch in Stettin im Sommer 1999 zur Verfügung; in der späteren Korrespondenz übersandte er mir die maschinenschriftliche Skizze „Mein Großvater war ein Ostforscher".

48 Ein Lebenslauf Morrés (bis 1932) findet sich in dessen Dissertation „Ratsverfassung und Patriziat in Regensburg bis 1400". Berlin 1935, S. 46.

49 Der Maxime Brackmanns entsprechend: „Politische Zielsetzung, aber wissenschaftliche Methode" (zit. nach Morré: Ratsverfassung [wie Anm. 48]).

50 APSz. D Nr. 1059, Bl. 5, Personalakte Fritz Morré: Brief des Generaldirektors der Staatsarchive Prof. Brackmann vom 8. August 1936.

in Verbindung durch eine Tätigkeit für die NOFG[51]. Diese Zusammenarbeit währte bis zum Tode Morrés im Jahre 1941. In seinem Beruf stieg er relativ schnell auf. So wurde er im November 1936 zum Archivassistenten ernannt; hiermit verband er die Entscheidung, zum 1. April 1937 ans Staatsarchiv in Stettin zu wechseln[52]. Ein Jahr später erlangte er die Position eines Staatsarchivassessors[53], im September 1939 wurde er Staatsarchivrat[54]. Mit dieser letzten Beförderung übernahm Morré am 25. August 1939 auch das Direktorenamt am Stettiner Staatsarchiv, da, wie erwähnt, Adolf Diestelkamp zur Wehrmacht eingezogen wurde.

Im Sommer 1941 nahm Morré begeistert die Nachrichten von den deutschen militärischen Erfolgen im Osten auf. Im Herbst meldete er sich als Freiwilliger zur Wehrmacht und fiel am 21. November während der Belagerung Leningrads[55].

Die kurze berufliche Karriere Morrés fiel, wie dargestellt, in eine Phase der Politisierung der Staatsarchive bei gleichzeitiger Wahrung eines hohen Niveaus archivalischer Praxis und Theorie. Morré war durch seine überaus enge Zusammenarbeit mit der Publikationsstelle und der NOFG besonders in der Ostforschung engagiert. Schon als Student hatte er wie viele junge deutsche Intellektuelle mit Enthusiasmus die Machtübernahme der Nationalsozialisten begrüßt[56]. Hiervon zeugt ein kurzer Artikel aus dem Jahre 1933 mit dem Titel „Zur Ausbildung des zukünftigen Geschichtslehrers", in dem er das Bild des Geschichtslehrers in einer neuen historischen Epoche skizziert[57]. Morré betonte, eines der Ziele des neuen (nationalsozialistischen) Staates sei die Ausbildung des Geschichtsdozenten, der sich vor allem dem Studium der germanischen Vorgeschichte, der deutschen Ostkolonisation und der neuesten Geschichte widme. Forschungen zur Kolonisationsgeschichte der ostelbischen Gebiete seien, so Morré, eine „wichtige Waffe" im Kampf gegen die polnischen Territorialansprüche. Dieser Beitrag unterschied sich nicht allzusehr von vielen ähnlichen Aufsätzen jener Zeit und verdeutlichte trotz seines propagandistischen Tones das große Interesse des 21jährigen an der Thematik des deutschen Ostens. Zweifellos wird hier der Einfluß Brackmanns sichtbar, der damals Morrés Lehrmeister war. Später sollte ihn auch das Werk Hermann Aubins in seinen Bann ziehen[58]. Der Einfluß Brackmanns und Aubins fand seinen Nie-

51 Burleigh: Germany (wie Anm. 2), S. 91 (nach J. Morré).

52 APSz. D Nr. 1059, Bl. 18, Schreiben von Dr. Ernst Zipfel, dem Generaldirektor der Staatsarchive (Brackmanns Nachfolger seit Oktober 1936) vom 7. November 1936.

53 Ebd., Bl. 39.

54 Ebd., Bl. 84–85, Schreiben Zipfels vom 9. Oktober 1939.

55 Ein Nachruf auf Morré (APSz. D Nr. 1059a).

56 Er war Mitglied der SA seit 1931 und der NSDAP seit 1937 (Morré: Ratsverfassung [wie Anm. 48]).

57 In der Zeitschrift „Wissen und Dienst" 2 (1933), S. 52 f.

58 Morré bewunderte Werk und Wirken Aubins. In einer Rezension von dessen Arbeiten „Von Raum und Grenzen des deutschen Volkes. Studien zur Volksgeschichte" (Breslau 1938), „Zur Erforschung der deutschen Ostbewegung" (Leipzig 1939) und „Geschichtlicher Aufriß des Ostraums" (Berlin 1940) schrieb er: „Wir sehen in Hermann Aubin heute nicht nur einen der besten Kenner der geschichtlichen Entwicklung des Deutschtums im Ostraum, sondern auch einen der führenden Gelehrten auf dem Gebiete der deutschen Volksgeschichte überhaupt" (BS, NF 42 [1940], S. 366).

derschlag besonders in Morrés Interesse an den deutsch-polnischen Beziehungen und dem Verhältnis Polens zu anderen Ländern sowie an der zivilisatorischen Rolle Deutschlands im Osten. Er verfolgte aufmerksam die polnische und die deutsche Literatur zu Geschichte und Archäologie der pommerschen Grenzregion; dies spiegeln vornehmlich seine zahlreichen Rezensionen wider. Morrés Haltung der polnischen Geschichtsschreibung gegenüber war kritisch, ja polemisch; dies finden wir bestätigt in zahlreichen seiner Aufsätze und Besprechungen, wie z. B.: „Bücher des Ostens"[59], „Polens kulturelle Auslandspropaganda"[60], „Grenzfragen im Osten"[61], „Das Auslandspolentum"[62], „Eine englische Stimme zur deutsch-polnischen Grenzziehung nach dem Weltkriege"[63], „Polen und Ungarn"[64].

Morré befaßte sich auch mit Fragen der Nationalpsychologie; in der Besprechung eines Buches von Kurt Lück, dem Vertreter der deutschen Minderheit in Posen, über das Bild der Deutschen in der polnischen Literatur betonte er, beide Nationen seien in ihrer Mentalität einander fremd[65]. Zwei Jahre später, in einer von Grund auf veränderten politischen Situation, triumphierte er in den „Baltischen Studien": „Der unselige Korridor an Pommerns Grenze ist nicht mehr"[66]. Im selben Heft, das er verantwortlich redigierte, schrieb sein Kollege Hans Bellée, die polnische Geschichtswissenschaft sei in der kurzen Phase der Unabhängigkeit Polens gegen den deutschen Staat gerichtet gewesen[67]. Entsprechendes kann man auch von der damaligen deutschen Wissenschaft behaupten. Die Entstehung des polnischen Staates im Jahre 1918 war für die deutschen Wissenschaftler ein Faktum, mit dem sie sich die gesamten zwanzig Jahre der Zwischenkriegszeit hindurch nicht abfinden konnten. Polen wurde für sie zum meistgehaßten Symbol des Versailler Systems[68]. Andererseits konnte die polnische Westforschung, inspiriert durch

---

59 Bücher des Ostens. In: Das Bollwerk 1934, H. 1, S. 38 f.

60 Polens kulturelle Auslandspropaganda. In: Burschenschaftliche Blätter 1936, Nr. 11, S. 39–41.

61 Grenzfragen im Osten. In: Jahresberichte für deutsche Geschichte 11 (1935), S. 609–620, 12 (1936), S. 595–609, 13 (1937), S. 596–612.

62 Das Auslandspolentum. In: Nation und Staat 9 (1936), S. 565–578; 12 (1936), S. 754–759; 4 (1937), S. 203–221; 5 (1937), S. 292–312.

63 Eine englische Stimme zur deutsch-polnischen Grenzziehung nach dem Weltkriege. In: Jomsburg 1 (1937), S. 89–91.

64 Polen und Ungarn. In: Burschenschaftliche Blätter 1938, Nr. 10, S. 213–215.

65 Morré unterstrich in seiner Rezension der Lückschen Arbeit, daß die Fremdheit zwischen Polen und Deutschen von Schriftstellern wie Mickiewicz, Sienkiewicz, Reymont und Prus bestätigt werde und daß in den polnischen Publikationen nach dem Kriege (1. Weltkrieg) eine ganze Welle des Hasses sich über den westlichen Nachbarn ergossen habe (F. Morré: [Rez.:] K. Lück: Der Mythos vom Deutschen in der polnischen Volksüberlieferung und Literatur. Poznań 1938. In: BS, NF 40 [1938], S. 363 f.). Tomasz Szarota bemerkt in seiner Studie „Niemcy i Polacy. Wzajemne postrzegania i stereotypy [Deutsche und Polen. Gegenseitige Wahrnehmung und Stereotype]" (Warszawa 1996, S. 226), das Buch Lücks sei zweifellos eine Pionierleistung und in der Vielseitigkeit des zusammengetragenen Materials bahnbrechend. Ähnliche Bewunderung für den Forschergeist und die hohe Bildung Lücks äußert Król: Propaganda (wie Anm. 31), S. 524.

66 Fritz Morré: [Rez.:] F. Heiß (Hg.): Deutschland und der Korridor. Berlin 1939. In: BS, NF 42 (1940), S. 373.

67 Hans Bellée: Polonica. In: BS, NF 42 (1940), S. 267.

68 Olszewski: Historia (wie Anm. 27), S. 129.

die nationalistische Ideologie der „Endecja“ (Nationaldemokratische Partei), mit der deutschen Geschichtswissenschaft keine gemeinsame Plattform finden. Dieser Mangel an gegenseitigem Verständnis, dem auf polnischer Seite das Empfinden einer objektiven Bedrohung der westlichen Staatsgrenze zugrunde lag, auf deutscher Seite dagegen die völlige Undenkbarkeit der Anerkennung dieser Grenze, bewirkte in der Zwischenkriegszeit eine Politisierung der Geschichtswissenschaft in Deutschland wie in Polen, für die – deutscherseits – das Wirken des politisch engagierten Professors Albert Brackmann und der ihm unterstellten Archivare ein prägnantes Beispiel bietet.

Anhang

1.

Original, maschinenschriftlich
APSz. D Nr. 793

Nordostdeutsche
Forschungsgemeinschaft
Berlin-Dahlem, Archivstr. 12–14 Berlin-Dahlem, 26. Juli 1935.

Sehr geehrter Herr Staatsarchivdirektor!

Der Verein für das Deutschtum im Ausland und der Bund Deutscher Osten beabsichtigen eine Reihe von kleinen handlichen Schriften herauszugeben, die wissenschaftliche Forschungsergebnisse auf den Gebieten der Auseinandersetzung deutschen und fremden Volkstums innerhalb und ausserhalb der Reichsgrenzen, des geschichtlichen und gegenwärtigen Lebens der deutschen Grenzgebiete u. a. m. weiteren Kreisen zugänglich machen sollen, um dadurch die Verbreitung deutschen Kulturgutes im Interesse der deutschen Volksgemeinschaft und zur Abwehr fremder Eingriffe zu fördern. Die Nord- und Ostdeutsche Forschungsgemeinschaft hat hierbei die Aufgabe, das wissenschaftliche Material für diese Schriftenreihe vorzubereiten oder bei der Vorbereitung behilflich zu sein. Auch Pommern wird durch seine Grenzlage in diesen Aufgabenkreis einzubeziehen sein. Ich habe mich daher bereits an Herrn Dr. F. W. Schmidt, den Landesgruppenleiter des B. D. O. in Stettin, gewandt, der mir über die in Pommern schon geleistete und laufende Arbeit sehr ausführlichen Aufschluss gab und folgende Themen für künftige Bearbeitung nannte: „Die Kaschubenfrage; Das Verhältnis der Pommern zu den Polen in slavischer Zeit, im Mittelalter bis hin zur Gegenwart; Die Polen in Pommern im Jahre 1935; Siedlungsgeschichtliches; Lebensbilder von bedeutenden pommerschen Menschen z. B. auch von Kaschuben (Graf York v. Wartenburg); Verkehrspolitisches; Wirtschaftpolitisches; Volkskundliches; Sprachkundliches.“

Er empfahl mir weiter Herrn Professor Dr. Hofmeister als denjenigen, der an der Universität Greifswald bei der Herausgabe der geplanten Schriften zur Mitarbeit geeignet schiene.

Da jedoch das Staatsarchiv in Pommern ein gegebener Stützpunkt der landesgeschichtlichen Forschung ist und auch durch das weitverzweigte Pflegersystem der Gesellschaft für pommersche Geschichts- und Altertumskunde weitgehende Beziehungen in die Provinz besitzt, bitte ich auch Sie, mich bei diesen wichtigen Arbeiten der Nord- und Ostdeutschen Forschungsgemeinschaft zu unterstützen. Es wird sich zunächst darum handeln, die für eine Bearbeitung in handlichem Schrifttum dringlichen Fragen in der Provinz Pommern auch von Ihnen aus festzustellen und mir gleichzeitig Vorschläge bezüglich der eventuellen Bearbeiter zu machen.

Heil Hitler!
Ihr sehr ergebener
Brackmann.

2.

Kopie, maschinenschriftlich
APSz. D Nr. 793

Landesgeschichtliche Forschungsstelle der Provinz Pommern

Stettin, den 17. August 1935.
Karkutschstraße 13.

Hochverehrter Herr Generaldirektor!

Da mich Ihr Schreiben vom 26. v. Mts. in meinem Urlaub erreichte, ich außerdem aber noch gern vorher mit einigen Persönlichkeiten, die sich in Pommern mit den Ostproblemen beschäftigen, Rücksprache nehmen wollte, kann ich leider erst heute Ihrer Aufforderung, die für eine Bearbeitung in handlichem Schrifttum besonders dringlichen Probleme für unsere Provinz festzustellen, nachkommen.

Daß in der als Anlage überreichten Zusammenstellung die vor-, früh- und siedlungsgeschichtlichen Fragen besonders stark vertreten sind, findet seine Begründung ja ohne weiteres einmal in der großen Bedeutung, die diesen Problemen für die Provinz Pommern zukommt, zum anderen aber auch in der Intensität der Forschung, die gerade bei uns in letzter Zeit diesen Dingen ihr besonderes Augenmerk zugewandt hat. Während es sich ähnlich ebenfalls mit der Sprachgeschichte und der Volkskunde, für die bereits zahlreiche brauchbare Vorarbeiten vorliegen, verhält, liegen die Verhältnisse auf dem Gebiete der Wirtschaftsgeschichte (besonders der des 19. Jahrhunderts), die natürlich für den vorliegenden Zweck von nicht zu unterschätzender Wichtigkeit ist, erheblich schlechter, eine Tatsache, die sich in der Hauptsache durch den Mangel an wirtschaftsgeschichtlich geschulten und interessierten Forschern erklärt. Doch hoffe ich, ebenfalls nach dieser Richtung hin, in enger Zusammenarbeit mit der Industrie- und Handelskammer für den Regierungsbezirk Köslin in Stolp, die sich auf meine Aufforderung sofort freudig bereit erklärt hat, derartige, auch von ihr als dringend bezeichnete Forschungen in jeder Beziehung zu unterstützen, die Inangriffnahme wirtschaftsgeschichtlicher Studien der gedachten Art in die Wege leiten zu können.

Zum Schluß gestatte ich mir noch ergebenst zu bemerken, daß auch die von dem Landesgruppenleiter des B. D. O. Herrn Dr. Fr. W. Schmidt-Stettin nach dort gemachten Ausführungen vom 15. v. Mts. zum größten Teil auf Informationen des Unterzeichneten beruhen, wie ja überhaupt das Staatsarchiv-Stettin zusammen mit der Gesellschaft für pommersche Geschichte und Altertumskunde zweifelsohne als der Mittelpunkt nicht nur für die landesgeschichtliche Forschung ganz allgemein, sondern auch für die Behandlung der Ostprobleme unserer Provinz im besonderen zu betrachten ist.

Mit den verbindlichsten Empfehlungen und
Heil Hitler
Ihr ergebenster
Diestelkamp

3.

Original, maschinenschriftlich
APSz. D Nr. 790

Universitätsprofessor
Dr. A. Brackmann
Vorsitzender der
Nord- und Ostdeutschen
Forschungsgemeinschaft

Berlin-Dahlem, den 25. Mai 1938
Garystr. 40.

Sehr verehrter Herr Direktor!

Wie Sie wohl gehört haben, ist von den zuständigen Behörden eine Neuordnung der Forschungsgemeinschaft angeraten worden. Der alte Vorstand hat sich aufgelöst, und nach dem Führerprinzip steht neben dem Leiter der Forschungsgemeinschaft und seinem Stellvertreter ein Kreis von Beiräten, und zwar für jedes Gebiet ein Beirat und sein Stellvertreter. Da die Universität Greifswald nicht nur bei uns sondern auch bei den Behörden den dringenden Wunsch ausgesprochen hat, in dem Kreis vertreten zu sein, so haben wir Herrn Professor Adolf Hofmeister als Gebietsvertreter vorgeschlagen, der ja durch sein Alter und durch seine Arbeiten dafür wohl in erster Linie in Frage kam. Wir möchten aber neben ihm eine aktive und die Organisation vorwärts treibende Persönlichkeit haben und bitten Sie deshalb, neben ihm als Beirat in unseren Kreis einzutreten. Wir alle haben noch Ihre Organisation der Ostpommerntagung in angenehmster Erinnerung und würden uns sehr freuen, wenn Sie sich auch künftig um die Aufgaben und die Arbeit der Forschungsgemeinschaft bekümmern würden. Die Beiräte der Forschungsgemeinschaft haben meinem Vorschlage sämtlich beigestimmt.

Mit vielen Grüssen und Wünschen und
Heil Hitler!
Ihr
Brackmann

4.

Kopie, maschinenschriftlich
APSz. D Nr. 790

10. Juni [1938]

Hochverehrter Herr Generaldirektor!

Da ich bis Anfang d. Mts. eine militärische Übung abzuleisten hatte und daher von Stettin abwesend war, komme ich leider erst heute dazu, Ihnen auf Ihr Schreiben vom 25. v. Mts., für das ich Ihnen meinen verbindlichsten Dank ausspreche, zu antworten. Selbstverständlich bin ich gern bereit als Beirat neben Herrn Professor Dr. Hofmeister in die Forschungsgemeinschaft einzutreten, und ich brauche wohl nicht besonders zu versichern, daß ich nach besten Kräften bemüht sein werde, mich in Pommern für die Aufgaben und die Arbeit der Forschungsgemeinschaft tatkräftig einzusetzen. Im übrigen komme ich der von Ihnen an mich ergangenen ehrenvollen Aufforderung umso freudiger und bereitwilliger nach, als mir durch die Berufung in den Beirat der Forschungsgemeinschaft wieder einmal die Möglichkeit geboten wird, zu Ihnen in nähere persönliche Beziehungen zu treten und als Ihr Mitarbeiter an den großen Aufgaben unserer ostdeutschen Geschichtsforschung mitzuwirken.

Sehr gern würde ich Ihnen demnächst gelegentlich eines Aufenthalts in Berlin meinen Besuch machen, um mit Ihnen einige Fragen, die sich vor allem auf die Zusammenarbeit mit der Universität Greifswald beziehen, zu besprechen. Ich wäre Ihnen daher sehr zu Dank verbunden, wenn Sie mir eine kurze Mitteilung darüber zukommen ließen, wann ich Sie gegebenenfalls bis Anfang Juli in Berlin antreffen könnte.

Mit den verbindlichsten Empfehlungen und
Heil Hitler!
Ihr stets ergebenster
Diestelkamp

5.

Kopie, maschinenschriftlich
APSz. D Nr. 790

11. Juni [1938]

Hochverehrter Herr Generaldirektor!

Soeben hat sich entschieden, daß ich nächsten Dienstag (14. d. Mts.) nach Berlin kommen werde. Falls es Ihnen passen würde, könnte ich Ihnen in der Zeit von 11 bis 1 Uhr zur Verfügung stehen.

Um dementsprechend disponieren zu können, wäre ich Ihnen für eine baldgefällige kurze Nachricht sehr zu Dank verbunden.

Mit den verbindlichsten Empfehlungen und
Heil Hitler!
Ihr stets sehr ergebener
Diestelkamp

6.

Original, handschriftlich
APSz. D Nr. 790

Bad Brückenau Schloßhotel d. 13. 6. 38

Herrn Staatsarchivdirektor Dr. Diestekamp [!]
Stettin

Sehr verehrter, lieber Herr Diestelkamp,

Ihre Briefe vom 10. und 11. Juni sind mir nach hier nachgesandt, wo ich mich zum Kurgebrauch bis Anfang Juli aufhalte. Ich bedaure es sehr, daß ich Sie deshalb in Berlin nicht sprechen kann. Besonders nachdem Sie sich zu meiner Freude bereit erklärt haben, in die Forschungsgemeinschaft einzutreten, hätte ich Mancherlei mit Ihnen zu besprechen gehabt, namentlich was das Verhältnis zu Greifswald anbelangt. Nun müssen wir es auf eine spätere Zeit verschieben. Vielleicht kommen Sie noch einmal im Juli oder August nach Berlin, dann könnten wir die Besprechung nachholen. Ich danke Ihnen für die freundlichen Worte, die Sie in Ihren ersten Schreiben gefunden haben, und versichere Ihnen, daß auch ich mich freue, nunmehr wieder mit Ihnen in eine Arbeitsgemeinschaft zu kommen.

Mit herzlichen Grüßen
und Heil Hitler
stets
Ihr
Brackmann

7.

Kopie, maschinenschriftlich
APSz. D Nr. 790

15. Juni 38.

Hochverehrter Herr Generaldirektor!

Haben Sie verbindlichsten Dank für Ihre liebenswürdigen Zeilen vom 13. d. Mts., auf die ich Ihnen heute kurz mitteilen möchte, daß ich u. U. am 9. n. Mts. gelegentlich meiner Urlaubsreise nach Hannover bzw. am 25. Juli auf meiner Rückfahrt in der Lage wäre, in Berlin ein oder zwei Züge zu überschlagen und zu Ihnen nach Dahlem herauszukommen; denn ich halte es doch für außerordentlich wichtig, daß wir möglichst bald die Pommern besonders berührenden Fragen der Nord-Ostdeutschen Forschungsgemeinschaft besprechen, vor allem auch im Hinblick auf die Zusammenarbeit mit der Universität Greifswald. Sollte Ihnen also einer dieser Tage für meinen Besuch genehm sein, so bitte ich Sie zu gegebener Zeit ergebenst um kurze diesbezügliche Mitteilung.

Indem ich Ihnen einen guten Erfolg Ihrer Kur in Brückenau wünsche, bin ich
mit den verbindlichsten Empfehlungen und
Heil Hitler!
Ihr stets ergebenster
Diestelkamp

8.

Original, maschinenschriftlich
APSz. D Nr. 790

Universitätsprofesor
Dr. A. Brackmann

Berlin-Dahlem, den 8. Juli 1938
Garystr. 40

Sehr verehrter Herr Diestelkamp!

Auf Ihre Mitteilung vom 30. Juni möchte ich nach meiner Rückkehr nach Berlin Ihnen nur kurz mitteilen, dass ich Ihnen am 25. Juli vormittags gern zu Verfügung stehe. Vielleicht rufen Sie mich nach Ihrer Ankunft an, (Tel. 76 21 84) damit wir einen Ort der Besprechung verabreden können.

Mit den besten Wünschen für eine gute Erholung
und Heil Hitler!
Stets Ihr
Brackmann

9.

Kopie, maschinenschriftlich
APSz. D Nr. 790

6. August [193]8

Hochverehrter Herr Generaldirektor!

Nachdem ich hier wieder eingetroffen war, habe ich sofort mit Herrn Museumsdirektor Dr. Kunkel die Angelegenheit der Wollinveröffentlichung, soweit Herr Professor Hofmeister daran beteiligt ist, besprochen. Bei dieser Gelegenheit erfuhr ich nun, daß Herr Hofmeister mit den Mitteln von Herrn Kunkel bereits den größten Teil seines Quellenheftes zum Vineta-Problem in Fahnen (26) hat absetzen lassen, daß aber seit mehr als einem Jahr trotz stärksten Drängens von Seiten des Herrn Kunkel nichts weiter in dieser Angelegenheit geschehen ist. Herr Kunkel ist nun über dieses Verhalten so indigniert, daß er, wie er mir jetzt erklärte, von sich aus nunmehr nichts weiter unternehmen wird, um Herrn Hofmeister zur Vollendung dieses Quellenheftes zu veranlassen. Das gleiche gilt für die Darstellung, die Herr Hofmeister für Ihre Sammlung übernommen hat. Es wäre daher m. E. doch zu erwägen, ob man nicht versucht, einen anderen Bearbeiter hierfür zu finden, wenn Herr Hofmeister nicht bis zu einem bestimmten Termin, den Sie ihm ja setzen wollten, sein Manuskript abgeliefert hat. Und zwar könnte u. U. Herr Studienrat Dr. Bollnow in Anklam, der sich ja ebenfalls seit Jahren mit den gleichen Problemen befaßt hat, hier einspringen. Wie mir Herr Kunkel sagte, würde Herr Bollnow wahrscheinlich auch zusagen, und es wäre auf diese Weise wenigstens die Gewähr geboten, daß wir in absehbarer Zeit den Wollinband herausbringen könnten. Näheres wird man ja am besten noch zu gegebener Zeit besprechen, denn jetzt kam es mir lediglich darauf an, Ihnen kurz von Obigem Kenntnis zu geben.

Und nun hätte ich noch eine große Bitte an Sie, für deren Erfüllung Sie mich zu besonderem Dank verpflichten würden.

Ich würde nämlich sehr gern im kommenden Winter in der Gesellschaft für pommersche Geschichte und Altertumskunde einen weitere Kreise interessierenden Vortrag halten lassen, der sich ganz allgemein mit einigen besonders wichtigen Ostproblemen befaßt und dabei gleichzeitig gewisse wenn auch nur lockere Beziehungen zu unserer Provinz aufweisen müßte. An und für sich hatte ich zwar die Absicht, Sie, sehr verehrter Herr Generaldirektor, um einen derartigen Vortrag zu bitten, doch sind Sie ja so stark mit Arbeit überlastet, daß ich es nicht wage, Ihnen diese Bitte zu unterbreiten. Wohl aber wären Sie doch sicherlich in der Lage, mir einen guten und bekannten Vortragenden zu vermitteln, auf den ich in dem vorliegenden Fall besonderen Wert lege, weil ich der betreffenden Veranstaltung der Gesellschaft durch Einladung des Landesdirektors, des Oberbürgermeisters, der Wehrmacht, des Handels und der Industrie usw. einen größeren Rahmen geben möchte. Im Hinblick darauf, daß ich in absehbarer Zeit mein Vortragsprogramm für diesen Winter zusammenstellen muß, wäre ich Ihnen für eine baldgefällige Antwort sehr dankbar, wobei ich noch besonders bemerken möchte, daß ich ganz gern mit dem von mir erbetenen Vortrag die Reihe unserer diesjährigen Vorträge im Oktober eröffnen möchte.

Zum Schluß erlaube ich mir dann noch die sehr ergebene Anfrage, an welche Stelle Bewerbungen um Einstellung an das Forschungsinstitut der Wehrmacht zu richten sind. Ich habe hier nämlich einen guten Bekannten, einen Historiker, der seit einigen Jahren beruflich anderweitig tätig ist, sich jetzt aber doch wieder seinem alten Arbeitsgebiet zuwenden möchte, und da er nun neuerer Historiker ist, würde er sich sehr gern um eine Stelle bei dem genannten Forschungsinstitut bewerben.

Für die Beantwortung meiner Frage spreche ich Ihnen im voraus meinen verbindlichsten Dank aus.

Mit den besten Empfehlungen und
Heil Hitler!
Ihr stets ergebenster
Diestelkamp

10.

Original, maschinenschriftlich
APSz. D Nr. 790

Universitätsprofessor
Dr. A. Brackmann

Berlin-Dahlem, den 9. August 1938
Garystr. 40

Sehr verehrter Herr Diestelkamp!

Auf Ihren Brief vom 6. d. M. – für den ich Ihnen bestens danke, möchte ich erwidern, dass ich vor einigen Tagen bereits, ehe Ihr Brief eintraf, an Herrn Professor Hofmeister in Greifswald geschrieben habe, und zwar habe ich ihm den Termin bis zum 1. September gesetzt, bis zu dem er sein Manuskript einsenden müsste. Würde er bis dahin nicht fertig werden, so sähe ich mich zu meinem Bedauern genötigt, die Arbeit einem anderen Wissenschaftler zu übertragen, ich hoffte aber, dass mein Schreiben genügen würde, um ihn zum Abschluss seiner Darstellung zu bringen. Ich muss nun den 1. September abwarten. Erhalte ich bis dahin keine Antwort von ihm, so würde ich mich an Herrn Studienrat Dr. Bollnow wenden und ihn bitten, die Aufgabe zu übernehmen. Bitte unterrichten Sie auch Herrn Dr. Kunkel von diesem Stand der Angelegenheit und übermitteln Sie ihm meinen besten Gruss.

Auf Ihre zweite Frage hinsichtlich eines Vortragenden für die von Ihnen geleitete Gesellschaft für pommersche Geschichte und Altertumskunde kann ich Ihnen im Augenblick nur einen Vorschlag machen. Ich persönlich muss mir Zurückhaltung auferlegen und würde daher in der Tat, wie Sie ganz richtig vermuten, nicht in Frage kommen. Der Einzige, der wirklich Bedeutendes sagen könnte, wäre Professor Aubin-Breslau. Soweit ich weiss, hat er öfters über derartige Themen gesprochen und stets grossen Anklang damit gefunden. Ich würde daher vorschlagen, dass Sie sich an ihn mit der Bitte wendeten, und falls er ablehnen sollte, ihn um andere Vorschläge bäten. Ich selbst werde mir auch die Angelegenheit noch überlegen und würde Ihnen, falls Professor Aubin absagte, auch andere Vorschläge zu machen versuchen.

Was die Frage der Bewerbungen um Einstellung in die Forschungsgemeinschaft der Wehrmacht anbetrifft, so liegt die Sache so, daß mir der Präsident der Kriegsgeschichtlichen Forschungsanstalt des Heeres, Generalmajor Foerster, kürzlich mitgeteilt hat, die Stellen, die seitens des Militärs zu vergeben wären, seien besetzt. Ich habe ihm aber versprochen, durch die Zentralstelle für Nachkriegsgeschichte noch einige Wissenschaftler zu gewinnen – allerdings unter der Bedingung, dass diese Mitarbeiter unter meiner Aufsicht ständen. Diese Historiker werden nun allerdings nach Stipendientarif bezahlt. Wenn es sich bei Ihrem Bekannten um einen älteren Historiker handelt, so würde ihm die Bezahlung, die er hier bekommen würde, wohl zu gering sein. Die über 30 Jahre alten bekommen RM 300,- und nur wenn sie verheiratet sind, steigt die Bezahlung um eine gewisse Summe, die ich im Augenblick nicht angeben kann. Das ist die Lage. Ich glaube also, dass eine Bewerbung bei der genannten Forschungsgemeinschaft zurzeit keine Aussicht haben wird. Sollte eine Anstellung seitens der von mir geleiteten Zentralstelle für Nachkriegsgeschichte trotz jener Bedenken in Frage kommen, so würde ich bitten, dass er sein Gesuch an mich richtet. Aber wie gesagt – ich glaube, dass ihm eine solche Stelle nicht zusagen würde.

Mit den besten Grüssen und
Heil Hitler!
Ihr
Brackmann

11.

Original, maschinenschriftlich
APSz. D Nr. 792

Universitätsprofessor
Dr. A. Brackmann

Berlin-Dahlem, den 31.8.38
Garystr. 40

Sehr verehrter Herr Diestelkamp!

Soeben teilt mir Herr Professor Hofmeister in Beantwortung meines Schreibens von 1. VIII. mit, daß er mit dem Manuskript vor dem Abschluß stehe und es mir Ende der Universitätsferien zugehen lassen werde. Er muß sich vorher aber noch einmal mit Herrn Dr. Kunkel in Verbindung setzen und um einige Aufschlüsse bitten, auch den Besuch in Wollin noch einmal wiederholen. Mit dieser Erklärung müssen wir, wie ich glaube, uns zufrieden geben. Aber ich werde, wenn das Manuskript Ende Oktober nicht bei mir eingeht, keinen weiteren Aufschub dulden, sondern energisch auf der Ablieferung dessen bestehen, was vorhanden ist.

Ueber die Tagung der Nord- und Ostdeutschen Forschungsgemeinschaft werden Ihnen demnächst noch nähere Mitteilungen zugehen. Die Angelegenheit gestaltet sich so schwierig, weil der ursprüngliche Plan einer Fahrt nach Mähren mit dem Abschluß in Wien infolge der politischen Lage nicht durchführbar ist.

Mit vielen Grüßen und
Heil Hitler!
Ihr
Brackmann

12.

Kopie, maschinenschriftlich
APSz. D Nr. 792

15. September 38.

Hochverehrter Herr Generaldirektor!

Leider komme ich erst heute dazu, Ihnen meinen verbindlichsten Dank für Ihre beiden liebenswürdigen Schreiben vom 9. und 31. v. Mts. auszusprechen.

Was zunächst die Angelegenheit Hofmeister betrifft, so hoffe ich, daß es nunmehr endlich gelingen wird, ihn terminmäßig zu einer Ablieferung seines Manuskripts zu veranlassen. Allerdings wird es wohl kaum zu umgehen sein, daß Sie ihn an dieses Versprechen gelegentlich doch noch einmal freundlich erinnern. Im übrigen war Herr Hofmeister vorigen Freitag hier und hat sich bei dieser Gelegenheit auch mit Herrn Kunkel in Verbindung gesetzt. Ob etwas Positives dabei herausgekommen ist, vermag ich nicht zu sagen, da Herr Hofmeister sich ja prinzipiell über derartige Dinge ausschweigt. Auf alle Fälle hätte man ja als vorzüglichen Ersatzmann Herrn Studienrat Dr. Bollnow in Anklam, der sicher auch gern bereit ist, für Herrn Hofmeister in die Bresche zu springen.

Daß nach Ihrer Mitteilung die Stellen der Kriegsgeschichtlichen Forschungsanstalt des Heeres bereits besetzt sind, bedauere ich im Interesse meines Bekannten sehr. Ich habe ihm aber von den anderen Möglichkeiten, von denen Sie schrieben, Kenntnis gegeben, und es ist nicht ausgeschlossen, daß er sich demnächst in der gleichen Angelegenheit mit Ihnen persönlich noch einmal in Verbindung setzen wird.

Schließlich danke ich Ihnen noch verbindlichst für Ihren Hinweis auf Herrn Professor Aubin, mit dem ich mich wegen eines eventuellen Vortrages unserer Gesellschaft demnächst persönlich in Verbindung setzen zu können hoffe. Denn wenn natürlich auch der ursprüngliche Plan der Nord- und Ostdeutschen Forschungsgemeinschaft nicht durchgeführt werden kann, so besteht ja doch wohl nach wie vor noch die Möglichkeit, daß wir uns trotzdem noch im Oktober irgendwo versammeln werden.

Mit den verbindlichsten Empfehlungen und
Heil Hitler!
Ihr stets ergebenster
Diestelkamp

13.

Original, maschinenschriftlich
APSz. D Nr. 792

Jahresberichte
für Deutsche Geschichte

Berlin Dahlem, den 24.III.1939
Garystr. 40

Sehr verehrter Herr Diestelkamp!

Durch eine nochmalige Grippeerkrankung bin ich leider verhindert worden, Ihnen schon vor einigen Tagen zu schreiben, und komme daher erst heute dazu, Sie in Sachen der Jahresberichte um Ihre Ansicht zu bitten.

Vor einiger Zeit wurde uns von einer politischen Stelle aus nahe gelegt, in den Jahresberichten für Deutsche Geschichte den Abschnitt über Preußenland, den Herr Hein seit langer Zeit erstattete, zu teilen und neben Ostpreußen 1) Danzig-Westpreußen, 2) das Memelland zu setzen. Das brachte uns auf den Gedanken, ob wir nicht auch die frühere Provinz Grenzmark irgendwie in Erscheinung treten lassen sollten, weil wir wußten, wie schwer die Änderung gerade in Schneidemühl empfunden war. Ich habe daher zunächst an Herrn Schmitz-Schneidemühl geschrieben und ihn um eine Äußerung dazu gebeten. Vor vier Tagen erhielt ich die Antwort, daß er zufällig Gelegenheit gehabt habe, auch mit Ihnen über die Angelegenheit zu sprechen, und Sie hätten ihm zugeraten, aber er wäre sehr damit einverstanden, wenn Sie den ganzen Bericht über Pommern übernähmen. Nun wende ich mich daher an Sie und bitte um Ihre Ansicht. Ich hatte Herrn Schmitz geschrieben, daß der Bericht über die ehemalige Provinz Grenzmark natürlich nur als ein Teil des Pommern-Berichtes erscheinen könnte, etwa unter Titel: „Pommern und frühere Provinz Grenzmark". Wenn er nun den Grenzmark-Teil nicht übernehmen will, müßten Sie wohl diesem Titel entsprechend Ihren Bericht auf die Grenzmark ausdehnen. Das wäre eine Mehrbelastung, aber keine allzu große. Bitte entscheiden Sie nun, wie Sie es für recht halten. Ich wäre Ihnen für eine baldige Stellungnahme sehr dankbar. Ich benutze die Gelegenheit, um Ihnen für Ihren freundlichen Gruß aus Danzig bestens zu danken. Es war mir sehr schmerzlich, daß ich an dieser Tagung nicht teilnehmen konnte, zumal ich inzwischen aus den Berichten gesehen habe, daß die Tagung sehr befriedigend verlaufen ist. Mit

Herrn Direktor Kunkel habe ich verabredet, daß wir wahrscheinlich am 2. und 3. Mai nach Wollin kommen werden. Wir warten noch auf seine näheren Vorschläge und hoffen sehr, Sie bei dieser Gelegenheit zu sehen.

Mit herzlichen Grüßen und Heil Hitler!
stets Ihr
Brackmann

14.

Kopie, maschinenschriftlich
APSz. D Nr. 792

14. April 39.

Hochverehrter Herr Generaldirektor!

Ihr Schreiben vom 24. v. Mts. fand ich erst bei meiner Rückkehr von meinem Urlaub vor, sodaß ich Ihnen leider nicht früher antworten konnte.

Was nun Ihre Vorschläge wegen der Neugestaltung der „Jahresberichte" hinsichtlich der früheren Provinz Grenzmark betrifft, so hatte mich davon bereits vor etwa 4 Wochen Herr Oberstudienrat Dr. Schmitz in Schneidemühl in Kenntnis gesetzt. Bei dieser Gelegenheit hatte ich Herrn Schmitz erklärt, daß ich damit einverstanden sei, wenn er über die Grenzmark referieren würde, daß ich allerdings für den Fall, daß er diese Arbeit niederlege, es für notwendig hielte, die Grenzmark zusammen mit der Provinz Pommern einheitlich von Stettin aus zu behandeln. Ich persönlich hatte dabei den Eindruck, als ob Herr Schmitz wohl ganz gern das Referat Grenzmark übernehmen würde und habe aus diesem Grunde meine eigenen Wünsche zurückgestellt, zumal Herr Schmitz ja auch in besonderer Weise gerade für dieses Referat geeignet sein dürfte. Allerdings könnte der Abschnitt Grenzmark doch wohl nur einen Unterabschnitt zu dem Abschnitt Pommern bilden, da m. E. an der provinziellen Gliederung unbedingt festgehalten werden müßte.

Im übrigen wäre außerdem noch zu klären, über welche Gebiete der Grenzmark referiert werden soll, wenn Herr Schmitz diese Arbeit übernimmt. Es könnte dann doch wohl nur der alte Umfang der Grenzmark in Frage kommen, da die beiden heute zum Regierungsbezirk Schneidemühl gehörenden altpommerschen Kreise Dramburg und Neustettin auf jeden Fall im Abschnitt Pommern zu behandeln wären. Das gleiche Problem besteht ferner auch noch für die beiden am 1. Oktober v. J. zur Provinz Pommern gekommenen Kreise Arnswalde und Friedeberg, die allerdings nach meinem Dafürhalten ebenfalls jetzt in dem Abschnitt Pommern unterzubringen wären.

Alles in allem bin ich also selbstverständlich gern bereit, das Referat für die Grenzmark, soweit sie heute zur Provinz Pommern gehört, mitzuübernehmen, wäre allerdings auch durchaus damit einverstanden, wenn Herr Oberstudienrat Dr. Schmitz in dem von mir vorgeschlagenen Umfang dieses Referat übernehmen würde.

Daß Sie die Absicht haben, am 2. und 3. Mai nach Wollin zu kommen, begrüße ich außerordentlich, und ich würde mich sehr freuen, wenn wir bei dieser Gelegenheit dann noch über die oben angeschnittenen Fragen sprechen könnten.

Mit den verbindlichsten Empfehlungen
und Heil Hitler!
Ihr stets ergebenster
Diestelkamp

15.

Original, maschinenschriftlich
APSz. D Nr. 792

Universitätsprofessor
Dr. A. Brackmann

Berlin-Dahlem, den 21. April 1939
Garystr. 40.

Sehr verehrter Herr Diestelkamp!

Ich beabsichtige, am 8. und 9. Mai d. J. zusammen mit Herrn Dr. Papritz, Herrn Kunkel, Herrn Hofmeister und Herrn Dr. Bollnow nach Wollin zu fahren, und dort eine Besprechung über das seit langem geplante Wollin-Buch abzuhalten. Zu dieser Besprechung lade ich Sie hierdurch herzlichst ein und wäre Ihnen sehr dankbar, wenn Sie sich beteiligen würden. Wir treffen am 8. Mai um 10 Uhr 14 in Stettin ein, besichtigen dann das Landesmuseum und fahren am Nachmittag nach Wollin. Dort werden am Abend des 8. Mai und am nächsten Tage Besichtigungen und Besprechungen stattfinden. Die Reisekosten trägt die Publikationsstelle. Für die Übernachtung ist das Hotel „Grüner Baum“ am Markt vorgesehen.

In der Hoffnung auf Ihre baldige Zusage bleibe ich
mit den besten Grüssen und Heil Hitler!
Ihr sehr ergebener
Brackmann

16.

Kopie, maschinenschriftlich
APSz. D Nr. 792

3. Mai [1939]

Hoch verehrter Herr Generaldirektor!

Für Ihre freundliche Einladung nach Wollin am 8. und 9. d. Mts. spreche ich Ihnen meinen verbindlichsten Dank aus. Wenn ich auch z. Zt. sehr stark durch die Vorbereitungen zu einer anlässlich der hiesigen Gaukulturtagung veranstalteten Ausstellung, die am 11. d. Mts. eröffnet werden soll, in Anspruch genommen bin, so werde ich mich doch selbstverständlich freimachen und gern an der Wollinfahrt, von der ich mir doch mancherlei verspreche, teilnehmen.

Im übrigen werde ich mir erlauben, Sie und Herrn Papritz am 8. d. Mts. an der Bahn zu erwarten, um mit Ihnen dann ins Museum zu gehen. Für die Fahrt nach Wollin hofft Herr Kunkel u. U. einen Wagen von der Provinzialverwaltung zur Verfügung gestellt zu bekommen. Gegebenenfalls wäre ich natürlich auch sehr gern bereit, Sie mit meinem eigenen Wagen nach Wollin zu fahren.

Mit den verbindlichsten Empfehlungen und Heil Hitler!
Ihr stets ergebenster
Diestelkamp

17.

Original
APSz. D Nr. 792

Telegramm Deutsche Reichspost
Berlin
5. Mai 1939
Archivdirektor Diestelkamp
Karkutschstr. 13 Stettin

Landesmuseum Stettin teilt mit Direktor Kunkel ploetzlich erkrankt Teilnahme Wollinfahrt aerztlich verboten daher Wollinfahrt verschoben Brief folgt. Brackmann.

18.

Original, maschinenschriftlich
APSz. D Nr. 792

Nord- und Ostdeutsche Forschungsgemeinschaft

Berlin-Dahlem, den 6. Januar 1940.
Gelfertstr. 11

Lieber Herr Diestelkamp!

In der Anlage sende ich die Einladung zu unserer diesjährigen Haushaltsbesprechung am 23. und 24. d. M. Soviel ich gehört habe, besteht wohl Aussicht darauf, dass Sie in absehbarer Zeit vom Wehrdienst freigestellt werden. Ich weiss zwar nicht, ob Sie schon in 14 Tagen entlassen sein werden. Aber ich würde es sehr begrüssen, wenn Sie – sofern es eben möglich ist – an unseren Besprechungen teilnehmen und dabei das Referat über Pommern übernehmen wollten. Sollte es Ihnen nicht möglich sein, so bitte ich Sie, das Referat Herrn Professor Dr. Hofmeister zu übertragen und uns kurze Nachricht zu geben.

1 Anlage

Mit den besten Grüssen und
Heil Hitler!
Ihr sehr ergebener
Brackmann

[Anlage:]

Nord-und Ostdeutsche
Forschungsgemeinschaft Berlin-Dahlem, den 6. Januar 1940

Die gewaltigen Umwälzungen, die das vergangene Jahr unserem Arbeitsgebiet im Nordosten gebracht hat, stellen uns vor die Aufgabe, im kommenden Haushaltsjahr neben den durch den Krieg gebotenen Einschränkungen unsere Arbeit neu zu ordnen. Auf die gewohnte Haushaltsbesprechung zu Jahresbeginn können wir daher nicht verzichten, brauchen sie aber nach dem Zerfall des polnischen Staates nicht mehr in Danzig durchzuführen.

Die bisher übliche „Danziger Besprechung“ der Gebietsvertreter der Nord- und Ostdeutschen Forschungsgemeinschaft soll vielmehr in der Zeit vom 23. bis 24. d. M. in unserem Hause stattfinden. Sie wird ebensowenig wie früher unseren Haushalt abschliessend feststellen können, sondern soll einer Aussprache über die jetzige Lage der Arbeit und die nächsten Aufgaben sowie über die zu erwartenden finanziellen Bedürfnisse dienen. Die genauere Festlegung muss einem späteren Zeitpunkt vorbehalten bleiben.

Wir bitten Sie, am Dienstag d. 23.I. um 9 ½ Uhr sich in unserem Dienstgebäude in Berlin-Dahlem, Gelfertstr. 11, einzufinden. Die Besprechungen werden voraussichtlich am späten Nachmittag des 24.I. enden.

Wir wären Ihnen zu besonderem Dank verpflichtet, wenn Sie einen Bericht von etwa 20 Minuten Dauer über Stand und Bedürfnisse der Volks- und Landesforschung in Pommern übernehmen wollten.

Wir bitten Sie, uns bis zum Mittwoch d. 17.I. mitzuteilen, ob Sie unserer Einladung folgen und das erbetene Referat übernehmen können.

Uebernachtungsgelegenheit wird von unserer Seite aus nicht vorbereitet werden. Unser Dienstgebäude ist mit folgenden Verkehrsmitteln erreichbar: U-Bahn bis Dahlem-Dorf, 10 Minuten Weg (Königin-Louise-Str.), Autobus M von Westend-S-Bhf. Halensee-Grunewald dgl.; Autobus T von Charlottenburg-Wilmersdorf-Steglitz und Strassenbahn 40 vom Zentrum-Schöneberg-S-Bhf. Innsbrucker Platz – S. Bhf. Steglitz (Nord-Süd-S-Bahn) bis Vogelsang E. Königin-Louise-Str.

Im Hinblick auf die jetzige Ueberfüllung der Züge werden wir die Reisekosten diesmal für D-Zug II. Kl. erstatten. Die Tagegelderabrechnung wird in unserer bisher üblichen Weise erfolgen.

Brackmann

19.

Original, maschinenschriftlich
APSz. D Nr. 792

Nord- und Ostdeutsche
Forschungsgemeinschaft
Universitätsprofessor
Dr A. Brackmann

Berlin-Dahlem, den 29. Januar 1941.
Gelfertstr. 11

Sehr geehrter Herr Staatsarchivdirektor!

Wir veranstalten am 1. und 2. Februar d. J. in Stralsund eine Zusammenkunft auf der deutsch-skandinavische Fragen erörtert werden sollen. Wir haben daher zu dieser Besprechung nur solche deutschen Wissenschaftler eingeladen, die sich in ihren Arbeiten hervorragend mit den Problemen des Nordens befassen und beste Kenner dieser Gebiete sind. Wir wollen indessen nicht verfehlen, Sie von dieser Zusammenkunft in Kenntnis zu setzen.

Heil Hitler!
Ihr sehr ergebener
Brackmann

20.

Original, maschinenschriftlich
APSz. D Nr. 795

Universitätsprofessor
Dr. A. Brackmann

Berlin-Dahlem, den 2. Februar 1940
Garystr. 40

Sehr verehrter Herr Diestelkamp!

In der Hoffnung, dass Ihnen unsere Tagung gut bekommen ist, möchte ich heute noch einmal auf die Angelegenheit Wollin zurückkommen, die ich leider mit Ihnen nicht mehr habe besprechen können. Aus den letzten nun schon weit zurückliegenden Schreiben von Herrn Direktor Kunkel ging hervor, dass die Möglichkeit einer Veröffentlichung bestände. Als ich Herrn Hofmeister deswegen interpellierte, gab er wiederum keine präzise Antwort. Es wäre mir nun angenehm zu wissen, ob Herr Direktor Kunkel noch an seiner früheren Absicht festhält, und ob er etwa mit Herrn Professor Hofmeister über diese Angelegenheit gesprochen hat. Wir haben früher einmal Herrn Hofmeister vorgeschlagen, dass er im Falle eigener zu starker Belastung die Arbeit durch seinen von ihm sehr gelobten Schüler Herrn Bollnow zu Ende führen lassen möchte. Aber er hat auf meine diesbezügliche Anfrage damals ebenfalls keine klare Antwort gegeben. Ich wäre Ihnen dankbar, wenn Sie über diese Angelegenheit einmal mit Herrn Direktor Kunkel sprächen.

Wie ich durch Herrn Papritz höre, der heute für 4 Wochen nach Riga und Reval abgereist ist, hat Herr Generaldirektor Dr. Zipfel ihm vor einigen Tagen gesagt, dass er Dr. Kohte doch nicht nach Posen bringen könne, offenbar weil Herr Gollub den Wunsch hat, die Stellung zu behalten. Damit erledigt sich wenigstens vorläufig wohl die Berufung von Herrn Dr. Morré an Stelle von Dr. Kohte, und Sie werden damit rechnen können, ihn zu behalten. Ich schreibe gleichzeitig an Herrn Dr. Morré, um ihm das mitzuteilen und ihm zu sagen, dass wir im Falle einer Änderung doch noch auf ihn rechnen würden.

Mit vielen Grüssen und Heil Hitler!
Ihr
Brackmann.

21.

Kopie, maschinenschriftlich
APSz. D Nr. 792

27. Februar 41.

Sehr verehrter Herr Generaldirektor!

Für Ihre liebenswürdige Mitteilung vom 29. v. Mts. betreffend die Besprechung über deutsch-skandinavische Fragen in Stralsund vom 1. und 2. d. Mts. spreche ich Ihnen meinen verbindlichsten Dank aus. Ich hätte das schon gern früher getan, konnte es aber leider nicht, da ich über 4 Wochen mit einer üblen Lungenentzündung in einem Kölner Lazarett gelegen habe und mich erst jetzt für einige Tage auf Genesungsurlaub in Stettin befinde.

Was tun den personellen Kreis der an der genannten Besprechung beteiligten Wissenschaftler betrifft, so hätte ich es allerdings aus sachlichen Gründen sehr begrüßt, wenn auch Herr Museumsdirektor Dr. Kunkel, der sich ja bereits seit vielen Jahren mit den Problemen des skandinavischen Nordens eingehend befaßt und auch als ausgezeichneter Kenner dieser Probleme bekannt ist, zu dieser Zusammenkunft heran gezogen worden wäre, zumal so der Eindruck erweckt wird, als ob sich nur die Herren der Universität Greifswald mit den deutsch-skandinavischen Fragen beschäftigten. Aus diesem Grunde erscheint es mir sehr wünschenswert, wenn künftighin Herr Museumsdirektor Dr. Kunkel und vielleicht auch der Vorsitzende der Gesellschaft für pommersche Geschichte und Altertumskunde, die ja ebenfalls stark auf den skandinavischen Norden ausgerichtet ist, ebenfalls zu solchen Veranstaltungen eingeladen würden.

Mit den verbindlichsten Empfehlungen und
Heil Hitler!
Ihr ergebenster
Diestelkamp

Berichte und Forschungen 10 (2002), S. 59–97.

Tadeusz Kubiak

Zur volkskundlichen Dokumentation ländlicher Baukultur in Pommern

Der Hof Köpsell in Gostyń / Groß Justin

Vorbemerkungen

Der vorliegende, aus dem Polnischen übersetzte Beitrag[1] möchte der deutschen volkskundlichen Hausforschung und nach Möglichkeit auch weiteren Kreisen Forschungsergebnisse einer Gruppe von Ethnographen zugänglich machen, die zwischen 1969 und 1991 im Auftrag des staatlichen polnischen Unternehmens „Werkstätten für Denkmalpflege" Abt. Szczecin/Stettin[2] (PP PKZ Szczecin) die ländliche Fachwerkarchitektur in größeren Teilen des historischen Hinterpommern untersucht hat.

Im Rahmen dieser Unternehmung wurde 1969 die „Arbeitsgruppe Ethnographische Dokumentation" (PDE) mit Sitz in Koszalin/Köslin begründet. Um deren Arbeit zu intensivieren, richtete man 1975 eine Zweigstelle in Szczecin ein und verlegte auch die Leitung der Arbeitsgruppe dorthin. Ziel der Forschungen war es, Grundlagen für die Einrichtung von drei Freilichtmuseen („ethnographische Parks") zusammenzutragen. In der Wojewodschaft Koszalin sollte die erste dieser Anlagen auf der Insel Bielawa/Kalkwerder im Jezioro Drawskie/Dratzig-See entstehen. Dann wurde der Standort in das Dorf Kłos/Kluß bei Koszalin verlegt. Die Wojewodschaft Szczecin sollte einen ethnographischen Park auf der Insel Wolin/Wollin erhalten und die Wojewodschaft Gorzów/Landsberg (Warthe) in Bogdaniec/Dühringshof.

Diese Pläne wurden nicht verwirklicht, aber als Ergebnis der mehrjährigen Untersuchungen wurde ein „Katalog der Volksarchitektur"[3] aufgelegt, der unter anderem fast 4.000 Fachwerk-Objekte vorwiegend ländlich-agrarischen Charakters umfaßt, allerdings Stein- und Holzbauten nicht enthält. Dieser Katalog stellt ein erschöpfendes Bestands- und Standortverzeichnis aller bis nach dem Zweiten

---

1 Für die Übersetzung sei Katinka Seemann M.A., Oldenburg, für die hauskundlich-kritische Durchsicht Dr. Heinrich Stiewe, Wellentrup/Lippe, und für die Anregung und redaktionelle Betreuung Dr. Kurt Dröge, Oldenburg, herzlich gedankt.

2 Die Ortsnamen werden bei der ersten Erwähnung polnisch und deutsch aufgeführt, im weiteren dann deutsch oder/und polnisch je nach der in Rede stehenden Zeit (vor/nach 1945).

3 Vgl. Staatliches Unternehmen Werkstätten für Denkmalpflege PP PKZ: Katalog der PKZ-Dokumentationen der Denkmäler West- und Nordpolens 1951–1993. Warszawa 1995, darin auch alle PDE-Dokumentationen.

Weltkrieg erhaltener Fachwerkbauten im Untersuchungsgebiet dar. Trotz gewisser inhaltlicher Mängel handelt es sich hierbei um eine Quelle von unschätzbarem Wert für weitere Forschungen zum ländlichen Bauwesen, zumal mehr als die Hälfte der katalogisierten Objekte heute nicht mehr existiert und viele andere in absehbarer Zeit das gleiche Schicksal erleiden werden. Da der pommersche Altbaubestand auf dem Lande vor 1900 weitestgehend Fachwerkgebäude umfaßte, stellt der Katalog auch ohne die historischen Massivbauten eine gute Annäherung an den tatsächlichen Bestand bis zum späten 19. Jahrhundert dar. Als beispielhafter Beleg darf hier der Untersuchungsort selbst benannt werden, in dem sich 1810 ausnahmslos Fachwerkgebäude befanden, die durchweg mit Stroh oder Rohr gedeckt waren und nur zum Teil einzelne, veränderte Massivwände beinhalteten[4].

Die nachfolgend vorgestellte Studie ist eine ziemlich getreue Wiedergabe einer der ersten kleinen Monographien[5], die in der bis 1991 tätigen PDE Szczecin vom Verfasser erstellt wurden. Sie ist für die Publikation auf der Basis jüngerer Forschungen[6] überarbeitet und teilweise zusammengefaßt worden, wobei die beiden letzten Kapitel zum Erhaltungszustand und zu denkmalpflegerischen Vorschlägen weggelassen wurden. Das im ursprünglichen Manuskript enthaltene Illustrationsmaterial wurde für die Publikation einer strengen Auswahl unterzogen. Im Original enthält der Abbildungsteil insgesamt 58 Fotos und Fotokopien, zwei Rekonstruktionszeichnungen des Hofes im Maßstab 1:200 und zwölf Inventarisierungszeichnungen der Scheune (Torhaus) im Maßstab 1:50 (Details 1:10, 1:5 und 1:1).

Die Erstellung der volkskundlich-denkmalpflegerischen Dokumentation des Hofes Nr. 56 in Groß Justin/Gostyń wurde in Auftrag gegeben, nachdem das unter Denkmalschutz stehende interessanteste Objekt der Hofanlage, das Wohnhaus, abgebrannt war, und bevor die Erlaubnis erteilt wurde, das letzte Baudenkmal der ursprünglichen Anlage, die Scheune (Torhaus), abzubrechen. Die Dokumentation beruht daher auf der Zusammenstellung verschiedenartiger, teilweise bereits zuvor erstellter Teiluntersuchungen und der Zusammenarbeit mit Personen, welche die nicht mehr existierenden Objekte genutzt hatten. Generell und notgedrungen stützt sich die Arbeit wesentlich auf Archivmaterialien und nur in geringerem Umfang auf Felduntersuchungen. Die dem vorliegenden Text zugrunde liegende Ausarbeitung erhielt im Jahre 1979 eine Auszeichnung durch den

---

4 WAP Szczecin. Rep. 92, Nr. 1312, Statistische Tabellen Kreis Greifenberg.

5 Vgl. Katalog der PKZ-Dokumentationen (wie Anm. 3), S. 255.

6 Vgl. Tadeusz Kubiak: Z badań nad XIX-wiecznym, ryglowym budownictwem wiejskim północno-zachodniej Polski. Część I – budownictwo mieszkalne na terenie województwa Szczecińskiego w granicach z lat 1975–1998 [Aus den Forschungen zur ländlichen Fachwerkarchitektur des 19. Jahrhunderts in Nordwestpolen. Teil 1: Wohnarchitektur im Gebiet der Wojewodschaft Stettin in den Jahren 1975 bis 1998]. In: Materiały Zachodniopomorskie 46 (2000), S. 381–432. Vorausgegangen sind Arbeiten von Juliusz Sienkiewicz zur Charakteristik der volkstümlichen Bauten entlang der Ostseeküste sowie kleinere Beiträge von Urszula Dalska-Sienkiewicz, Alicja Gerlach-Jósewicz und Tadeusz Kubiak. Vgl. überblickshaft in deutscher Sprache dazu Juliusz Sienkiewicz: Die Probleme des Schutzes der traditionellen Dorfarchitektur in Mittel-Pomorze (Mittelpommern). In: Tagungsbericht Verband Europäischer Freilichtmuseen Polen 1986. Sanok 1988, S. 55 f.

polnischen Minister für Kultur und Kunst. Im selben Jahr wurde aufgrund des schlechten baulichen Zustands auch für die Scheune (Torhaus) die Abbrucherlaubnis erteilt, und der Abriß erfolgte um die Jahreswende 1979/80. Die hier beschriebenen Objekte, die bereits in der Zeit vor dem Zweiten Weltkrieg die Aufmerksamkeit der Denkmalpflege[7] geweckt hatten und für den Umgang mit der ländlich-agrarischen Baukultur in Pommern als beispielhaft gelten können, gibt es also schon lange nicht mehr. Sie bilden ein aussagekräftiges Beispiel dafür, daß die Eintragung eines Gebäudes in die amtliche Liste der Denkmalpflege allein noch keine Garantie für dessen Erhalt darstellt.

Einleitung

Die Dokumentation des Hofes Nr. 56 in Gostyń/Groß Justin (Altkreis Cammin i. Pom./Kamień Pomorski, heute Gemeinde Świerzno/Schwirsen) wurde im Auftrag des Wojewodschafts-Denkmalkonservators in Szczecin durch die Arbeitsgruppe Ethnographische Dokumentation des PP PKZ Szczecin durchgeführt. Daneben hatte der Konservator auch die Baudokumentation der Scheune (Torhaus) in Auftrag gegeben, die der Architekt Władysław Jankiewicz aus der Projektgruppe durchführte. Sie ist in die vorliegende Ausarbeitung, vor allem in den Abbildungsteil, eingeflossen. Zahlreiche weitere Fotografien wurden seinerzeit von der Arbeitsgruppe Fotografie erstellt.

Der Hof ist, ehemals als *Hof Köpsell*, bereits seit langem Gegenstand des Interesses von – deutschen und polnischen – Ethnographen und Konservatoren gewesen. Dies geht hauptsächlich darauf zurück, daß das Wohnhaus zweimal die Datierung 1777 getragen hat (Abb. 1 und 2). So galt das Gebäude schon um die Wende vom 19. Zum 20. Jahrhundert, als entsprechende wissenschaftliche Forschungen einsetzten[8], als eines der ältesten datierten Objekte der ländlichen Profanarchitektur in Pommern. Aber nicht nur das Alter des Hauses zog die Forscher in seinen Bann. Hinzu kamen die Hausform und mit ihr die bemerkenswerte Anlage des gesamten Hofes einschließlich der Lage und Konstruktion der übrigen Gebäude.

Einen Höhepunkt fand dieses Interesse im Jahre 1955, als der Denkmalkonservator der Wojewodschaft Szczecin den Hof zum Denkmal erhob und unter rechtlichen Schutz stellte[9]. Kraft dieser Entscheidung wurde der Hof unter der Nr. 59 in das Denkmalregister der Wojewodschaft Szczecin eingetragen. Leider konnte dieser Akt den Hof nicht vor der Zerstörung bewahren. 1964 wurde der Pferdestall wegen Baufälligkeit abgerissen, und 1974 brannte das Wohnhaus, angeblich infolge eines Blitzschlags, ab.

---

7 Vgl. die Bestände 54 und 55 (Provinzialkonservator) im Landesarchiv Greifswald.

8 Vgl. Bernhard Schmid: Pommern. In: Das Bauernhaus im Deutschen Reiche und in seinen Grenzgebieten. Dresden 1905/06, S. 136–139, Tafel 1–3, sowie Jószef Burszta: Przegląd i perspektywy badań etnograficznych na Pomorzu Zachodnim [Überblick und Perspektiven der ethnographischen Forschungen in Westpommern]. In: Lud 49 (1965), S. 428–431.

9 Verfügung Nr. K 1-V-0/38 vom 30. Juli 1955.

Die Archivrecherche für die vorliegende Ausarbeitung besorgte Lucyna Turek-Kwiatkowska im Wojewodschaftsarchiv in Szczecin. Sie umfaßte im wesentlichen den Aktenbestand des Landratsamtes Cammin. Dort wurde einiges Material zu Eigentums- und Steuerverhältnissen in Groß Justin für das 19. Jahrhundert gefunden, außerdem mehrere Notizen über die Gebäude des Dorfes. Leider konnten diese Materialien nur teilweise genutzt werden, da es nicht immer möglich war, die Daten eindeutig dem betreffenden Hof zuzuschreiben. Daran änderte auch das Katasterblatt von Groß Justin nichts, das nicht alle Gebäude enthält. Zudem fehlt die Numerierung der Parzellen. Die Identifizierung mit Hilfe des Namens allein blieb zum Teil ebenfalls problematisch, da es im Dorf zu viele Bauern mit dem Namen Köpsell gegeben hat: etwa 1795/1812 und 1850 die Schulzen Johann und Carl Friedrich Köpsel(l), daneben die Bauern Joachim Friedrich und Johann Friedrich sowie die Witwe Dorothea Maria Köpsell. Der Name war darüber hinaus in den benachbarten Ortschaften Klein Justin und Knurrbusch verbreitet.

Die bibliographische Recherche der gedruckten Quellen und Literatur ergab einige frühe überblickshafte Darstellungen zur volkstümlichen Architektur in Deutschland, in denen gelegentlich die Verhältnisse in Pommern mitbehandelt werden[10], die jedoch für die Dokumentation selbst wenig hilfreich sind. Sehr wenige Arbeiten behandeln ausschließlich oder hauptsächlich die ländliche Profanarchitektur Pommerns oder pommerscher Einzellandschaften. Die Thematik ist auch nicht in den „Atlas der Pommerschen Volkskunde"[11] aufgenommen worden. Verhältnismäßig gut ist allerdings der Raum Cammin bearbeitet. Vor allem zwei Werke sind hier zu nennen, der in der Reihe der „Kunst- und Kulturdenkmäler der Provinz Pommern" erschienene Band „Kreis Kammin Land" von Gerhard Bronisch und Walter Ohle[12] sowie T. Wróblewskis „Zu Fragen der Volksarchitektur im Kamminer Land"[13]. In diesen Arbeiten finden sich zum Teil umfangreichere Abschnitte, die den hier behandelten Hof betreffen und eine wesentliche Quelle für die vorliegende wissenschaftliche Rekonstruktion darstellen.

Unter anderem über den Hof Köpsell schrieben weiterhin Z. Radacki, Maria Zelwan und Jacek Łapott[14]. Ihre Beobachtungen sind für die vorliegende Doku-

---

10 Vgl. Rudolf Henning: Das deutsche Haus in seiner historischen Entwicklung. Straßburg, London 1882; August Meitzen: Das deutsche Haus in seinen volksthümlichen Formen. Berlin 1882; Wilhelm Pessler: Das altsächsische Bauernhaus in seiner geographischen Verbreitung. Braunschweig 1906.

11 Karl Kaiser: Atlas der Pommerschen Volkskunde. Text- und Kartenband. Greifswald 1936.

12 Gerhard Bronisch und Walter Ohle (Bearb.): Die Kunst- und Kulturdenkmäler der Provinz Pommern. Kreis Kammin Land. Stettin 1939. Groß Justin wird behandelt auf S. 177–181.

13 T. Wróblewski. Z zagadnień budownictwa wiejskiego Ziemi Kamieńskiej [Zu Fragen der Volksarchitektur im Kamminer Land]. In: Rocznik Kamieński 2 (1967), S. 115–130.

14 Z. Radacki: Tradycyjne budownictwo wiejskie w województwie szczecińskim [Die traditionelle Dorfarchitektur in der Wojewodschaft Stettin]. In: Szczecin Nr. 8–9. 1959, S. 126 und 130; Maria Zelwan: Materiały z etnograficznych badań penetracyjnych województwa szczecińskiego [Materialien aus der ethnographischen Feldforschung in der Wojewodschaft Stettin]. In: Materiały Zachodniopomorskie 13 (1967), S. 480; Jacek Łapott: Rejon dawnej Puszczy Niczonowskiej w świetle badań etnograficznych 1973 roku [Das Gebiet der früheren Nitznower Heide im Lichte

mentation ausgewertet worden, im Falle der Arbeit Radackis kann allerdings nur vermutet werden, daß von Nr. 56 die Rede ist. Interessantes Material enthält das schmale Büchlein von Hans-Jürgen Helmigk „Aus dem Schaffen der altpreußischen Baumeister in Pommern“[15], das auf die Bedeutung der preußischen Gesetzgebung und der Tätigkeit der königlichen Provinzialarchitekten für die Herausbildung einer pommerschen Dorfarchitektur seit der Mitte des 18. Jahrhunderts hinweist. Historische Daten wurden vor allem den Quellenwerken von Brüggemann und Berghaus entnommen[16].

Die Bild- und Plan-Recherche erfolgte in den Bibliotheken in Szczecin sowie im Archiv des Denkmalkonservators der Wojewodschaft Szczecin (WKZ) und im Archiv der Ethnographischen Abteilung des Nationalmuseums (MNS). Die reichste Ausbeute erbrachte dabei die Recherche im Archiv des WKZ. Insbesondere fand sich dort eine Bauaufnahme des Wohnhauses im Maßstab 1:50, die ein unbekannter Autor um 1970 angefertigt hat, höchstwahrscheinlich im Auftrag des Präsidiums des Kreisnationalrates in Kamień Pomorski. Diese Bauaufnahme enthält zwei Grundrisse, zwei Schnitte, Zeichnungen der beiden Giebelansichten sowie einen Plan der Hofanlage. Als nicht minder wertvoll erwies sich die Kurzinventarisation (Maßstab 1:200) von Wohnhaus und Torscheune durch U. Dalska-Sienkiewicz aus dem Jahre 1977, die auf Vermessungen von 1974 basiert. Außerdem wurden viele Fotografien unterschiedlichen Alters gefunden. Die meisten Aufnahmen zeigen die Torscheune, mehrere das Wohnhaus. Nur auf zwei jüngeren Aufnahmen ist der seit 1964 nicht mehr existierende Pferdestall zu sehen. Keine einzige Aufnahme zeigt den ursprünglichen Zustand des bereits zuvor abgerissenen Viehstalls, wenn man von einem zufällig miterfaßten kleinen Fragment des Baues absieht.

Bildliches und Plan-Material enthalten auch die genannten Arbeiten von Bronisch und Ohle sowie von Wróblewski. Von Wert für die vergleichende Form- und Konstruktionsanalyse ist der Aufsatz von S. Lübke „Die dörflichen Haus- und Hofformen im nördlichen Kreis Cammin“[17], der hier wohl erstmals ausgewertet worden ist.

Die kartographische Recherche erbrachte lediglich zwei Kartenblätter von Groß Justin. Beide befinden sich in den Sammlungen des Wojewodschaftsarchivs Szczecin. Einmal handelt es sich um das schon erwähnte Katasterblatt im Maßstab 1:4.000, welches auf den nicht mehr greifbaren Urkataster aus der ersten Hälfte des 19. Jahrhunderts zurückgeht, und zum anderen um einen – allerdings problematischen – Dorfplan auf Bogen Nr. 1955 einer Stabskarte von 1892 im Maßstab

---

der ethnographischen Forschungen des Jahres 1973]. In: Materiały Zachodniopomorskie 20 (1974), S. 440.

15 Hans-Jürgen Helmigk: Aus dem Schaffen der altpreußischen Landbaumeister in Pommern. Stettin 1938.

16 Ludwig Wilhelm Brüggemann: Ausführliche Beschreibung des gegenwärtigen Zustandes des königlichen Preußischen Herzogthums Vor- und Hinterpommern. Stettin 1784, S. 431; H. Berghaus: Landbuch von Pommern und Rügen. Teil 2. Bd. 6. Stettin 1872, S. 390–393.

17 In: Heimatkalender des Kreises Cammin 1929, S. 23–32.

1:25.000 (Abb. 3). Überdies ist bei Bronisch und Ohle ein – glaubwürdiger, das sei vorausgeschickt – Rekonstruktionsplan des Dorfes von 1809/19 abgedruckt, der im Zusammenhang mit Aufsiedlungsaktivitäten gefertigt und im Landeskulturarchiv Frankfurt/O. aufbewahrt worden ist (Abb. 4). Auf der Grundlage der genannten Karten kann die räumliche Entwicklung Groß Justins vom Anfang bis zum Ende des 19. Jahrhunderts im wesentlichen verfolgt werden[18].

Die Felduntersuchungen bestanden aus einer Ortsbesichtigung und fünf Interviews. Zwei Interviews wurden mit Bewohnern des Hofs geführt, der seinerzeitigen Besitzerin, Maria Przybulewska, und dem Sohn des Vorbesitzers, Jan Machalski. Dieser erinnerte sich sehr genau an das als erstes abgerissene Gebäude (er war am Abriß beteiligt) sowie an das Wohnhaus, in dem er mit seinen Eltern im Alter von 24 Jahren gewohnt hatte (als er seinem Vater bei Reparaturen half). Die übrigen drei Interviews wurden mit Vertretern der örtlichen Behörden geführt und ergaben aktuelle Daten über das Dorf.

Insgesamt kann festgehalten werden, daß die zusammengetragenen Materialien eine Rekonstruktion der Hofanlage etwa bis zur Mitte des 19. Jahrhunderts zurück erlauben und ein relativ klares Bild von Architektur und Konstruktion der Gebäude vermitteln. Sie liefern zudem Informationen über die kulturgeschichtliche und gesellschaftliche Genese der Anlage in einer wichtigen Übergangszeit.

I. Das Dorf

Geographische Lage

Gostyń/Groß Justin liegt 15 km nordwestlich von Kamień Pomorski/Cammin i. Pom. und etwa 4,5 km vom Meer entfernt. Zum Gemeindesitz in Świerzno/Schwirsen sind es ca. 9 km. Zur Zeit der Erstellung der Dokumentation gehörte Gostyń zur Wojewodschaft Szczecin, seit der Verwaltungsreform von 1998 liegt es in der Wojewodschaft Westpommern.

Die unmittelbare Umgebung ist flach, im Durchschnitt 8 bis 9 m über NN, und nahezu waldlos. Im Norden verlief früher unweit des Dorfes ein Moorgürtel, der heute trockengelegt ist und als Grünland bewirtschaftet wird. Die Höfe des Dorfes sind umgeben von fruchtbaren Ackerböden. Solche sind inselartig in einem schmalen Küstenstreifen anzutreffen; eine jener Inseln bilden die Felder Gostyńs. Diese Verbindung großer Weideflächen mit wertvollen Ackerböden bietet eine ungewöhnlich günstige Voraussetzung für die Entwicklung von Ackerbau und Viehzucht.

Bis vor kurzem besaß die Straße von Kamień Pomorski über Gostyń nach Pobierowo/Poberow große Bedeutung; sie war die Hauptstraße, die diesen Teil des

---

18 Im Wojewodschaftsarchiv Stettin (WAP Szczecin) befindet sich zudem eine „Charte der bäuerlichen Feldmark" von Groß Justin, die 1843 durch den „Regierungs-Konducteur" Rohde angefertigt worden ist, jedoch bezüglich des Siedlungsbildes keine weiteren Informationen enthält (WAP Szczecin Kartensammlung, Mapa wsi Gostyń, Signatur: Kom. Gen. Starg. 180).

Küstengebiets mit der übrigen Wojewodschaft verband. Heute hat die Straße an Bedeutung verloren, weil eine parallel zur Küste verlaufende Straße ausgebaut wurde, um den wachsenden Autoverkehr besser aufnehmen zu können. Diese soll in Zukunft die Verbindung zwischen Świnoujście/Swinemünde und Rewal/Rewahl verbessern. Sie verläuft ca. 3 km nördlich von Gostyń. Die meisten Linienbusse, die auf der Strecke Kamień Pomorski–Pobierowo verkehren, fahren jedoch weiterhin den alten Weg über viele Dörfer der Region. Die Busse fahren zehnmal am Tag in beide Richtungen, und die Bewohner halten das für völlig ausreichend. Die nächste Bahnstation befindet sich in Kamień Pomorski. Näher, im etwa 4 km entfernt gelegenen Dreżowo/Dresow, liegt der Haltepunkt einer Schmalspurbahn. Mit Dreżowo verbindet Gostyń allerdings nur ein Feldweg, der sich nicht in bestem Zustand befindet.

Vor zwei Jahrhunderten lag Groß Justin abseits des Netzes der wichtigeren Landstraßen. Vom westlichen Rand des Dorfes führte eine Gemeindestraße nach Zoldekow/Sulikowo, von der Ortsmitte eine andere in südlicher Richtung nach Klein Justin/Gostyniec. Unmittelbar nördlich des Dorfes zog sich ein schwer passierbarer Moorgürtel hin, jenseits dessen eine Küstenlandstraße von hoher Bedeutung verlief. Die Moore hat man im 19. Jahrhundert trockengelegt und hier eine Straße von Groß Justin nach Poberow gebaut, die jene wichtige Küstenstraße querte.

Die Gestalt des Dorfes

Wenn man das heutige Gostyń mit dem Gesamtplan des Dorfes von 1892 vergleicht, stellt man fest, daß die Dorfgestalt seitdem kaum Veränderungen erfahren hat. In diesem verhältnismäßig langen Zeitraum sind lediglich einige Gehöfte neu hinzugekommen. Erheblich größere Veränderungen sind zu bemerken, wenn die Pläne vom Beginn des 19. Jahrhunderts vergleichend hinzugenommen werden.

Das Groß Justin vom Anfang des 19. Jahrhunderts war ein typisches Angerdorf mit sichelförmiger Doppelachse und deutlich abgetrenntem, sehr großem spindelförmigen Anger. Die Länge des Angers betrug fast 400 m bei einer Gesamtlänge des Dorfes von ca. 650 m. Die größte Breite von Anger und Dorf betrug 50 bzw. 300 m. Auf dem Anger befanden sich eine vom Friedhof umgebene Kirche, zwei gehöftartige Anwesen, ein Teich sowie eine unbebaute Parzelle mit einem kleinen Weiher. Dieser begrenzte den Anger nach Westen. Vom Dorf war der Anger durch einen Streifen freien Raumes von durchschnittlich 25 m Breite getrennt. Die Wege, die um den Anger herumführten, trafen sich am Rande des Dorfes, um sich etwas weiter, direkt hinter der Dorfgrenze, wieder zu teilen. Von der Dorfmitte, der Kirche, verlief ein dritter Weg nach Süden. Im nördlichen Bebauungsgürtel lagen elf Anwesen, darunter zwei Vorwerke, im südlichen 14, darunter ebenfalls zwei Vorwerke und das Anwesen des Pfarrers („Pf"). Auf dem Plan sind zudem sechs Teiche unterschiedlicher Größe verzeichnet, die zwei größten mit ca. 1.200 m^2 Fläche. Am östlichen Dorfrand floß ein Bach in nordwestlicher Richtung.

Veränderungen der Dorfbebauung im Verlauf des 19. Jahrhunderts bestanden einmal in Erweiterungen und dann in der Umgestaltung des alten Teils. Die Erweiterung nach Osten stand sicherlich in Zusammenhang mit der Parzellierung von Grundstücken, von der auch Bronisch und Ohle berichten. Es entstand damals der anfangs drei, dann vier Bauernhöfe zählende, weilerartige Wohnplatz Turney im räumlichen Anschluß an die alte Dorflage neu. Auf diese Weise erhielt das Dorf eine Länge von ca. 900 m. Darüber hinaus vergrößerte sich das Dorf in dieser Richtung um drei zusätzliche Anwesen, die unmittelbar bei den alten Gehöften lagen. Die auf dem Plan von 1892 eingezeichneten verstreuten Höfe und die Windmühle im Südosten unweit Groß Justin gehörten schon zum benachbarten Ort Knurrbusch/Trzebieradz auf der ehemaligen Feldmark.

Für den Umbau des alten Dorfteils wurde der Anger im Westen etwa um die Hälfte verkleinert und auf ca. 160 m um die Kirche herum gekürzt. Der so gewonnene Raum diente hauptsächlich dem Ausbau des Vorwerks „d" im Süden. Dieses Vorwerk wurde einem gründlichen Umbau unterzogen, und auf der Fläche des nördlich gelegenen Gartens wurde ein repräsentatives Schloß gebaut. Um etwa die gleiche Zeit wurde auch Vorwerk „a" modernisiert; sein südlich gelegener Garten wurde mit einer Mauer umgeben.

Auf dem Plan vom Ende des 19. Jahrhunderts fallen innerhalb der Umrißlinie der früheren Karte noch fünf neue topographische Objekte auf: eine Kirche, zwei Friedhöfe und zwei Teiche; außerhalb der Umrißlinie zwei Windmühlen und eine Ziegelei. Die neue altlutherische Kirche baute man 1847 auf der östlichen Seite des Baches jenseits der hinteren Linie des nördlichen Bebauungsgürtels, und am Bach entlang entstand eine kurze Straße. Im Norden dieser Kirche wurde von den Altlutheranern ein weiterer Friedhof angelegt, und auf der anderen Seite des Baches hob man zusätzlich zwei Teiche aus. Ein zweiter neuer Friedhof wurde auf der dem Vorwerk „a" gegenüberliegenden Straßenseite eingerichtet. 100 m südlich befand sich an dieser Straße die Ziegelei, noch 100 m weiter eine Windmühle. Die zweite Windmühle lag am westlichen Rand des Dorfes jenseits der rückwärtigen Grenze des nördlichen Bebauungsgürtels. Heute sind die beiden Windmühlen restlos verschwunden. Ebensowenig erhalten sind die alten Kirchen und Friedhöfe, die Ziegelei sowie mehrere weitere Gebäude.

Die Frage der Genese und Weiterentwicklung von verschiedenen Dorfformen bildet seit langem ein wichtiges siedlungskundliches Problem. Ihre Verbindung mit ethnischen Fragen weckt immer noch viele Emotionen. Der Rahmen des vorliegenden Beitrags erlaubt es nicht, dieses Thema im einzelnen zu erörtern; zumindest soll aber auf einige kontroverse Punkte im Hinblick auf die Entstehung von Angerdorf und Rundling hingewiesen werden. Das Auftreten des Angerdorfes in dieser Region verbindet sich höchstwahrscheinlich mit demographisch-ökonomischen Veränderungsprozessen im 13. und 14. Jahrhundert. Die Beziehungen zwischen Angerdorf und Rundling müssen noch weitergehend erforscht werden; das Problem ist aber möglicherweise geringer, als es viele bisherige Überlegungen vermuten lassen, die häufig einen Zusammenhang mit ethnischen Faktoren angenommen haben. Denn die Anlage eines Rundlings ist bei einer größeren Anzahl von

Hofstellen wirtschaftlich einfach nicht sinnvoll; und umgekehrt gilt dasselbe. So könnte es sich also um vergleichbare Formen handeln, unterschiedlich nach den Abmessungen oder, genauer gesagt, nach der Anzahl der Gehöfte. Wesentliches gemeinsames Element beider Formen ist der Anger, ursprünglich in der Funktion eines eingefriedeten und diebstahlsicheren[19] Bereichs für das gemeinschaftlich geweidete Vieh, das man in bestimmten Situationen, und dann vor allem nachts, nicht auf freiem Feld lassen konnte. Später weitete sich unter veränderten wirtschaftlichen und gesellschaftlichen Bedingungen die Funktion des Angers aus.

Es wäre zu weit gehend, anzunehmen, der Plan Groß Justins vom Beginn des 19. Jahrhunderts zeige praktisch unverändert die mittelalterliche Gestalt und Größe des Dorfes. Allerdings ist es wahrscheinlich, daß Größe und Form der besiedelten Fläche sowie das Wegenetz sich seit dem Mittelalter nicht wesentlich geändert haben. Schon hinsichtlich der Parzellenaufteilung muß man allerdings vorsichtiger sein, denn wir wissen nichts Näheres über die Folgen des Dreißigjährigen Krieges sowie der großen Feuersbrunst im Jahre 1661. Die gesellschaftliche und wirtschaftliche Situation im Dorf hat sich zwischen dem 13. und dem 17. Jahrhundert erheblich gewandelt, und man hat mit Sicherheit die auftretenden historischen „Gelegenheiten" genutzt, um die materiellen Verhältnisse jeweils anzupassen.

Historischer Abriß

Die älteste bekannte Urkunde, in der das Dorf Groß Justin erwähnt ist, stammt aus dem Jahr 1321[20]. Damals hieß es *Alt Gustin.* Später wandelte sich der Name in *Gestin*, um schließlich die Form *Groß Justin* anzunehmen[21]. Seit 1945 heißt das Dorf *Gostyń.*

In einer weiteren Urkunde aus dem Jahr 1369 wird Groß Justin als Kirchdorf bezeichnet[22]. Es ist nicht ausgeschlossen, daß es in den Jahren 1251 bis 1289 Kirchdorf wurde, also zur Amtszeit des Bischofs Hermann von Gleichen, der die Domkapitelgüter in der Region Cammin in Pommern auf 29 Dörfer vergrößerte, indem er Ödland durch deutsche Kolonisten besiedeln und mit ihrer Hilfe neue Dörfer bauen ließ[23].

Aus einer Urkunde von 1488 ist zu erfahren, daß seinerzeit ein Michel Brockhusen Grundherr Groß Justins war. Dieser Nachname findet sich in einer etwas anderen Form (*Brockhaus*) auch in einer pommerschen Urkunde des Jahres 1449[24].

19 Vgl. Helmigk: Aus dem Schaffen... (wie Anm. 15), S. 16. Vgl. dazu auch T. Wróblewski: Pogranicze polsko-niemieckie w świetle materiałów etnograficznich [Die polnisch-deutsche Grenzregion im Licht ethnographischer Materialien]. In: Lud 50 (1966), S. 440.

20 Hugo Lemcke: Die Bau- und Kunstdenkmäler des Regierungsbezirks Stettin. Kreis Kammin. Stettin 1919, S. 335.

21 Bronisch/Ohle: Kunstdenkmäler (wie Anm. 12), S. 177.

22 Ebd.

23 Wróblewski: Z zagadnień... (wie Anm. 13), S. 119.

24 Bronisch/Ohle: Kunstdenkmäler (wie Anm. 12), S. 177.

Groß Justin war vom Ende des 15. Jahrhunderts bis 1945, mithin über 450 Jahre, dauerhaft Sitz der Gutsherrenfamilie von Brockhusen.

Spätestens seit dem 16. Jahrhundert bestanden hier vier Vorwerke, die im Dorfplan von 1809/1819 (Abb. 4) mit den Buchstaben a, b, c und d vermerkt sind. Vorwerk „a" war im Besitz der Familie von Brockhusen, die übrigen waren ihre Lehngüter[25]. Aus einer Urkunde von 1547 geht hervor, daß in Groß Justin außer der Familie von Brockhusen auch ein Grundherr von Schlieffen aus Kolberg/ Kołobrzeg Lehngüter besessen hat[26].

Im Jahre 1628 versteuerten die von Brockhusen in Groß Justin „drei Anteile" mit 14 Bauern, sechs Kossäten, zwei Müllern, zwei Krügern, einem Schmied und einem Schäfer[27]. Dem großen Brand von 1661 fielen in Groß Justin ein Herrenhof, die Kirche, die Pfarrei, das Küsterhaus und viele Bauernhäuser zum Opfer[28]. Der hier behandelte Hof lag sehr nahe bei der Kirche; deshalb ist auch er wahrscheinlich mit abgebrannt. Um 1780 gab es im Dorf vier Vorwerke und vier Schäfereien, zehn Bauern, einen Halbbauer, vier Kossäten und eine Schmiede. Insgesamt bestanden 55 Feuerstellen[29].

In die erste Hälfte des 19. Jahrhunderts fallen wichtige Ereignisse. Bald nach 1837 war die Bauernbefreiung abgeschlossen[30] und um 1850 die Trennung von Vorwerks- und Bauernland[31]. Im Zusammenhang mit den Fluraufteilungen zwischen etwa 1830 und 1850 sind in Groß Justin umfangreiche und recht unübersichtliche Verkäufe, Dienst-Ablösungen, „Recesse" und Land-Neuverteilungen vorgenommen worden.[32] Den Vorwerken fiel im wesentlichen das Land östlich des Dorfes zu, den Bauern die Felder auf der südlichen und südöstlichen Seite. Etwa in der Mitte der Vorwerksflächen entstanden nun die kleine Kolonie Riebitz/Rybicels sowie Turney. Als Ergebnis dieser Veränderungen hatten im Jahr 1870 15 Bauern und ca. 50 andere Kleinstellenbesitzer insgesamt 1.822 Morgen (455 ha) Land inne[33]. Ähnlich wie in ganz Preußen vergrößerten auch hier die gutsherrlichen Vorwerke ihren Besitzstand infolge der Bauernbefreiung erheblich, indem sie sich das beste Land sicherten.

---

25 Berghaus: Landbuch (wie Anm. 16), S. 390.

26 Bronisch/Ohle: Kunstdenkmäler (wie Anm. 12), S. 177.

27 Ebd.

28 Ebd.

29 Brüggemann: Beschreibung (wie Anm. 16), S. 431.

30 Vgl. WAP Szczecin. Landratury i Wydziały Powiatowe [Landratsämter und Kreisabteilungen]. Rep. 77. Amtsgericht Kammin, Nr. 19 (1823–1904).

31 Bronisch/Ohle: Kunstdenkmäler (wie Anm. 12), S. 178.

32 Vgl. WAP Szczecin. Rep. 130: Katasteramt Kammin, z. B. Nr. 185: „Rezess betr. die Gemeinheits-Theilung v. Gross-Justin" vom 12. März 1850.

33 Für das Jahr 1867 sind für diese 1822 Morgen Land insg. 72 Grundbesitzer belegt, weitere 701 Morgen entfielen auf das Gut/Vorwerk a, 1939 auf das Gut mit den Vorwerken b, c und d. Vgl. G. E. M. von Köller: Statistische Darstellung des Camminer Kreises. Cammin 1867. Anhang. Tab. Übersicht. Aus der Karte der bäuerlichen Feldmark von 1843 können noch differierende, allerdings an dieser Stelle nebensächliche Größen erschlossen werden. Auf das Vorwerk a entfielen danach 1701 Morgen (425 ha), auf die übrigen 910 Morgen (228 ha) Land.

Über die zeitlich folgende statistische Entwicklung des Dorfes informiert die nachstehende Tabelle[34].

Jahr	Einwohner-zahl	Dorffläche (ha)	Anzahl der Häuser	Anzahl der Wirtschaftsgebäude
1870	605	1108		
1895	657	1139	80	133
1905	626	1139	80	131
1925	670	1157	84	133

Aus einem „Verzeichnis des Gutsbesitztums und der Steuerverhältnisse in der altlutheranischen Gemeinde Groß Justin" aus dem Jahr 1893 ist zu erfahren, daß dort 80 Familien lebten. In der Mehrzahl handelte es sich um agrarische Haushalte unter Einschluß von elf Tagelöhnern. Daneben gab es drei Kaufleute (Krämer), einen Müller, drei Zimmerleute, zwei Maurer, einen Schmied, einen Schneider, vier Stellmacher (drei Wagenbauer und einen Radmacher), einen Bäcker, einen Tischler, einen Dachdecker, einen Schuster, einen Glaser, einen Pastor, einen Lehrer und einen Rentier. Diese Zahlen beziehen sich allerdings wohl auf das gesamte kirchliche Gemeindegebiet, welches über das eigentliche Dorf Groß Justin hinausging und etwa auch das Dorf Schwirsen mit umfaßte.

Kurz vor dem Ausbruch des Zweiten Weltkriegs war Hans von Brockhusen Eigentümer des Vorwerks, das 600 ha Ackerboden und Wiesen umfaßte. Es gab daneben 15 Vollerwerbs-Bauernhöfe, die zusammen eine Fläche von 232 ha bewirtschafteten. Im Dorf lebten insgesamt 670 Personen[35].

Aktuellere Daten über das Dorf

Bis Ende 1972 war Gostyń ein Gemeindedorf, seitdem ist es Schulzendorf. 1977 zählte es 528 Einwohner und 77 Grundbuchnummern. Nahezu alle Einwohner arbeiteten am Ort; viele Personen kamen auch aus den umliegenden Dörfern nach Gostyń zur Arbeit. Hier befand sich ein großer „Staatlicher Landwirtschaftsbetrieb" (PGR), der dem Kombinat PGR in Kamień Pomorski zugehörte. Der PGR Gostyń unterhielt eine Farm mit 550 Tieren und einen Bau- und Instandsetzungsbetrieb. Eine andere große Arbeitsstätte war der „Betrieb für Mechanisierungsdienstleistungen und Chemieeinsatz", welcher der „Genossenschaft der Landwirtschaftszirkel" in Kamień Pomorski unterstellt war. Zudem befanden sich hier eine Sammelmolkerei, eine Annahmestelle für Lebendvieh, eine private Bäkkerei, je ein Handwerksbetrieb für Sanitär- und Elektroinstallation. Für Gastro-

---

34 Die Daten zu den einzelnen Jahren sind folgenden Quellen entnommen: Bronisch/Ohle: Kunstdenkmäler (wie Anm. 12), S. 178 (1870); Gemeindelexikon für die Provinz Pommern. Berlin 1898 (1895); Gemeindelexikon für die Provinz Pommern. Berlin 1908 (1905); Gemeindelexikon für den Freistaat Preußen. Bd. IV: Provinz Pommern. Berlin 1932 (1925).

35 Bronisch/Ohle: Kunstdenkmäler (wie Anm. 12), S. 178.

nomie und Handel gab es in Gostyń zwei Läden der „Gemeindegenossenschaft" und eine Betriebskantine des „Staatlichen Landwirtschaftsbetriebs". In jüngster Zeit sind diese Strukturen stark verändert worden.

Das Dorf besitzt eine achtklassige Schule, ein Kulturzentrum, eine Bibliothek, ein Postamt, eine Freiwillige Feuerwehr und ein Gesundheitszentrum. In Gostyń werden 208 ha Land privat bewirtschaftet. Grundsteuern bezahlen 35 Personen, aber es gibt nur zwölf Höfe, deren Besitzer ausschließlich von der Landwirtschaft leben. Der größte dieser Höfe hat 21 ha, der kleinste 5,4 ha. Es überwiegen Höfe mit einer Betriebsfläche von etwa 10 ha.

II. Die Hofanlage

Das hier besprochene Gehöft hat in den letzten 30 Jahren mehrmals eine andere Hausnummer erhalten.1955 hatte es die Nr. 15, um 1959 die Nr. 12, um 1967 die Nr. 8, und heute trägt es die Nr. 56. Bei Bronisch/Ohle wird es *Hof Köpsell* genannt. Eine eindeutige Zuordnung zur Hofnummer des 19. Jahrhunderts konnte bisher nicht vorgenommen werden, da die Katasterunterlagen fehlen und, wie bereits angedeutet, mehrere Höfe Köpsell überliefert sind. Die Hufen-Matrikel[36] des Greifenberger Kreises von 1717 (Groß Justin kam erst 1818 an den Flemmingschen Kreis) verzeichnet für das Dorf in aussagekräftiger Form sieben Bauern mit je einer Dreiviertelhufe, einen Halbbauern, zwei „gantze" und zwei halbe Kossäten sowie, besonders bemerkenswert, Hans Köpsel als einzigen namentlich genannten Stättenbesitzer mit einer ganzen Hufe. Auch in allen späteren Quellen handelt es sich bei den Köpsells immer um große oder zumindest mittelgroße Bauern, nicht um Kossäten oder Büdner.

Der Hof, der damit wohl mit großer Wahrscheinlichkeit hinsichtlich seiner Erbesqualität von Beginn an als Vollbauernhof angesehen werden darf, lag unmittelbar östlich der Stelle, an der sich die beiden den Anger einschließenden Straßen trafen, am südlichen Bebauungsgürtel. Die Ostgrenze der Parzelle bildete der das Dorf durchfließende Bach. Anfang des 19. Jahrhunderts war es vom östlichen Dorfrand gesehen der dritte Hof, Ende des 19. Jahrhunderts der siebte im südlichen Bebauungsgürtel. Die Achse der Hofanlage lag in nordwestlicher Richtung, weil der südliche Angerweg in diesem Abschnitt seinen sonst parallelen Verlauf nach Nordosten änderte.

Schon 1938 waren für Bronisch und Ohle nur einige Elemente des Hofes von Interesse. Im wesentlichen haben sie ein Foto des hofseitigen Giebels des Wohngebäudes in ihren Katalog aufgenommen, dann zwei Rekonstruktionszeichnungen (Giebelansicht und Schnitt), eine Zeichnung der kunstvoll durchbrochenen Schalbretter über der Pforte des Torhauses aus der Zeit um 1850 sowie fünf Textzeilen mit einer Kurzcharakterisierung der Anlage. Darin wird von einer ehemals vorhandenen Längsdiele des Wohnhauses ausgegangen.

36 WAP Szczecin. Rep. 11 (Loeper), Nr. 46 „Großen Justin".

Auf dem publizierten Plan von 1809/19 hat die Anlage fast die gleiche Gestalt wie auf Plänen aus dem 20. Jahrhundert (es liegen solche von 1964, 1967, 1970 und 1974 vor), auf der Stabskarte von 1892 dagegen findet sich statt der richtigen giebelständigen Position des freistehenden Wohnhauses eine falsche traufständige. Im Hinblick auf den Quellencharakter dieser Karte ist deshalb große Vorsicht geboten. Dagegen stimmt der Plan von 1809/19 insgesamt und hinsichtlich zahlreicher einzelner Abmessungen mit dem gut dokumentierten überlieferten Baubestand im 20. Jahrhundert überein. Dem Plan darf deshalb wohl generell großes Vertrauen als Interpretationsgrundlage entgegengebracht werden. Deshalb kann man davon ausgehen, daß Größe und Gestalt der Parzelle sowie die Anlage des Gehöftes sich vom Anfang des 19. Jahrhunderts bis 1964 nicht geändert haben, wenn man von einer zwischenzeitlichen punktuellen baulichen Erweiterung des Hofes in westlicher Richtung absieht.

Die Parzelle hatte die Form eines gleichschenkligen Trapezes, dessen längere Grundseite von ca. 88 m an einem Bach entlangführt. Die kürzere Seite hatte eine Länge von ca. 68 m, die Schenkel etwa 57 m. Die gesamte Grundfläche betrug etwa 4.300 m^2.

Der Hof mit viereckiger Grundform lag zentral auf dem Grundstück, direkt an der Straße. Drei Gebäude waren in Hufeisenform miteinander verbunden. Man wird davon ausgehen können, daß die drei miteinander verbundenen Objekte ähnliche Funktionen erfüllt haben wie die im 20. Jahrhundert überlieferten. Das westlich gelegene Gebäude darf also als Pferdestall, das gegenüberliegende als Viehstall angesprochen werden, verbunden durch das Torhaus. Beim vierten Gebäude, dem 1777 datierten Wohnhaus, handelte es sich um ein giebelständig freistehendes in der Tiefe des Hofes. Seine Westwand ergab eine Linie mit der westlichen Rückwand des Pferdestalles. Dessen gekreuzte Streben (Andreaskreuze) im Kniestock sowie die hohe Pfostendichte im Erdgeschoß deuten darauf hin, daß dieses Objekt aus dem 19. Jahrhundert stammt.

Aus gewissen Konstruktionseigenschaften der bis 1964 erhaltenen Gebäude kann man noch andere Annahmen zur Chronologie ableiten. Am wenigsten läßt sich über den Vorgängerbau des Viehstalls sagen, der höchstwahrscheinlich in der Zwischenkriegszeit abgebrochen und, in einiger Entfernung vom Torhaus, durch einen breiteren, gemauerten ersetzt wurde. Es hat sich nur ein Foto von 1964 gefunden, auf dem ein erhaltenes Fragment des alten Viehstalls zu sehen ist, das mit dem angrenzenden Teil des Torhauses baulich verbunden und in konstruktiver Hinsicht einheitlich war und den ganzen Raum zwischen dem neuen Viehstall und dem Torhaus ausfüllte. Seine Wände hatten die gleiche Höhe wie die des Torhauses und ebenfalls drei geziegelte Gefache in der Vertikalen.

Wohngebäude und Torscheune verfügten über eine gemeinsame Eigenschaft, nämlich relativ große Abstände zwischen den Pfosten. Das legt den Schluß nahe, daß beide, zumindest im Kern, die ältesten Gebäude der Anlage aus dem letzten Viertel des 18. Jahrhunderts gewesen sind.

Am Wohnhaus war das Jahr 1777 als Datierung zweimal vermerkt. Zunächst war es im Rähm unterhalb des Walms eingeschnitzt (Kerbschnitt), und es wiederholte sich mit dem Zusatz „ANNO“ als Abdruck im Putz über diesem Balken (Abb. 1 und 2). Die zweite Stelle stellt einen eher individuellen Fall einer Plazierung von Erbauungsdaten dar und könnte sekundär hinzugefügt worden sein. Die Holzinschrift als Baudatum ist dagegen kaum anzuzweifeln. Sie signalisiert als bewußter Kennzeichnungsakt vom Zimmermann und/oder Bauherrn das Bewußtsein, sich mit dem Bau in einer Übergangszeit zu befinden und möglicherweise im Wandel an bestimmten herkömmlichen Elementen demonstrativ festzuhalten.

Außerhalb der gutsherrlichen Anwesen haben sich vor der Bauernbefreiung kaum Jahreszahlen an ländlich-agrarischen Gebäuden gefunden, und generell tauchen Datierungen allenfalls an den Einfahrtstoren oder Pforten in Torhäusern auf, die ja in der vorherrschenden Hofform mit dem zurückgesetzten und eher „verborgenen“ Wohnhaus ohnehin stärker „öffentlichen“ (Schau-)Charakter besessen haben. Dabei kann es sich sowohl um Erbauungs- als auch um Umbaudaten gehandelt haben. Diese Frage stellt sich jedoch im vorliegenden Zusammenhang nicht.

Zusammenfassend läßt sich festhalten, daß eine erste Rekonstruktionszeichnung des Anwesens mit dem Zustand um die Mitte des 19. Jahrhunderts als recht gesichert angesehen werden kann, was Gestalt, Abmessungen und Konstruktionsdetails aller Gebäude betrifft (Abb. 5). Eine zweite Rekonstruktionszeichnung (Abb. 6) bezieht sich dann auf den Zustand um die Mitte des 20. Jahrhunderts, vor dem Abriß der historischen Gebäude des Anwesens. Der Stand um die Mitte des 19. Jahrhunderts darf als Ergebnis eines gründlichen Umbaus und Ausbaus eines früheren kleineren Gehöftes bezeichnet werden, dessen Anfänge zumindest bis zum Wiederaufbau nach der Zerstörung durch den Brand von 1661 zurückreichen dürften. Denkbar ist als Vorgeschichte eine Kossäten- oder Häusler-Kate mit Längsdiele, die in der Mitte der Parzelle gelegen haben mag, zu Beginn ohne Nebengebäude. Sie könnte 1777, nachdem sie mehr als 100 Jahre gestanden hatte, durch eine neue, größere Hofanlage mit Torhaus ersetzt worden sein, welche später, als Bauernstelle mittlerer Größe, um- und ausgebaut worden ist.

Die Bauernbefreiung war in Groß Justin um 1840/50 abgeschlossen. Es darf davon ausgegangen werden, daß der Hof bereits zuvor von einer Familie Köpsell bewirtschaftet wurde. Auch ohne konkret belegbare Informationen über die ökonomische Situation der Familie und des Hofes kann vermutet werden, daß sich der Hof in einer ebenso schwierigen Lage befand wie die meisten anderen Agrarwirtschaften. Für das Jahr 1839 ist bezeugt, daß aus Groß Justin ein Bauer Johann Köpsel mit Frau und vier erwachsenen Kindern auswanderte. Die auf dem Hof verbleibende Bauernfamilie dürfte bis zur Jahrhundertmitte keine größeren Veränderungen an der Bausubstanz vorgenommen haben. Die Schnitzornamentik über der Pforte des Torhauses, deren Entstehung sicher mit dem Aus- und Umbau der Torscheune verbunden war, verweist darauf, daß sodann Veränderungen und Hoferweiterungen einsetzten, die den Kernbau des Wohnhauses jedoch unverändert ließen. Später riß man den alten Pferdestall ab und baute näher zur Westgrenze der Parzelle einen neuen. Dabei wurden Teile der Fachwerkwände durch gemauerte ersetzt sowie an mehreren Stellen das Flechtwerk in den Wirtschaftsgebäuden durch Ziegel. Diese Veränderungen sind vermutlich zu Beginn des 20. Jahrhunderts vorgenommen worden, als derlei modernisierende Eingriffe aufgrund der wirtschaftlichen Situation recht verbreitet waren.

Der Name Köpsell verbindet sich mit mindestens drei Höfen in Groß Justin, so daß eine eindeutige Zuordnung von schriftlichen Quellen und Baubestand sehr erschwert ist. Drei Köpsells waren sowohl am 5. Dezember 1853 am Turmbau der Kirche[37] als auch 1911 am Bau eines neuen hölzernen Kirchturms beteiligt und die Grundsteuerfortschreibungsprotokolle von Groß Justin bezeugen für das Jahr 1911 den Bauern Reinhold, für 1912 den „Bauerhofsbesitzer" Franz und für 1914 den „Eigentümer" Johannes Köpsel[38]. Einem Dokument von 1847 ist zu entnehmen, daß 1766 der Häusler Friedrich Köpsell dem Lieutenant Joachim von Brockhusen eine Parzelle von der Größe 19 x 38 m für 40 Taler abgekauft und darauf ein Haus, eine Scheune und einen Viehstall errichtet hat. Diese Parzelle war allerdings recht klein, so daß sie mit der hier behandelten nicht ohne weiteres identifiziert werden kann. Nach Informationen der letzten Besitzerin des Gehöftes, die 1977 von Nachkommen der Vorkriegsbesitzer aufgesucht wurde, hatte der Hof Köpsell in den 1930er Jahren mehr als 50 ha, wovon die Hälfte Wiesen waren. Zu dieser Zeit wurden 24 Milchkühe und vier Pferde gehalten.

1947 wurde der Hof von Józef Machalski übernommen, der auf Zureden seiner Verwandten aus dem Dorf Rossoczyce bei Sieradz hierher zog, wo er einen armen Hof von 6 ha zurückließ. Da er relativ spät ins Dorf kam, erhielt er den ältesten Hof, dessen Gebäude in sehr schlechtem Zustand waren. 1964 mußte er den Pferdestall wegen Baufälligkeit abreißen; an seiner Stelle entstand ein Gemüsegarten. Die Machalskis wohnten hier bis 1971; dann gaben sie Wirtschaft und Gebäude gegen eine Rente ab und zogen zu ihrem Sohn nach Pobierowo. Gehöft und Wirtschaft übernahmen Józef und Maria Przybulski im Tausch gegen ihren Hof, der ihnen auf der Insel Chrząszczewska/Gristow enteignet worden war im Zusammenhang mit dem Ausbau des dortigen Gefängnisses. Die neuen Besitzer bemühten sich sofort nach ihrem Umzug intensiv um finanzielle Unterstützung für die Renovierung der Baudenkmäler und nach dem ablehnenden Bescheid um die Erlaubnis für deren Abbruch. Auch hierfür erhielten sie eine Absage. In dieser Situation kam es 1974 zum Brand des Hauses; 1979/80 riß man mit offizieller Erlaubnis die Torscheune ab.

Gebäude, die den Innenhof von der Straße trennen und eine Tordurchfahrt aufweisen, heißen gemeinhin *Torhäuser* und sind nahezu immer multifunktional genutzt worden. Im vorliegenden Fall wurde das Torhaus ganz wesentlich zur Lagerung und Trocknung von Getreide im Sinne einer Scheune benutzt. Deshalb werden hier die Begriffe *Torhaus*, *Torscheune* und *Scheune* synonym benutzt. Andere Möglichkeiten von Torhäusern, auch für den Ort Groß Justin belegte, vereinten

---

37 WAP Szczecin. Rep. 66 (Landratsamt Kammin), Nr. 330. Vgl. auch Nr. 357, wo ein Bauer Koepsell 1864 als einer von drei Kirchenvorständen sowie ein Jahr später als Gemeindevertreter belegt ist, gefolgt von weiteren Bauern dieses Namens.

38 WAP Szczecin. Rep. 66 (Landratsamt Kammin), Nr. 118.

die Funktionen von Scheune und Wohnhaus in sich, wiederum andere die von Pferdestall und Wohnhaus. Das Auftreten eines – freistehenden oder in baulicher Verbindung mit weiteren Wirtschaftsgebäuden stehenden – Torhauses bestimmt aber einen Hof generell in typologischer Hinsicht mit; es kann zu einem Hauptunterscheidungsmerkmal avancieren.

Im Dorfplan von 1809/19 haben die Vorwerke „a" und „b" eine ganz ähnliche Form, aber sie sind bedeutend größer, und ihre (höchstwahrscheinlich queraufgeschlossenen) Wohnhäuser sind traufständig ausgerichtet. Torhäuser kann man bei neun von insgesamt 21 Gehöften finden, deren sieben im südlichen Bebauungsgürtel liegen, unter ihnen Vorwerk „a" und „b". Abgesehen von diesen Vorwerken und einem anderen Gehöft sind bei den übrigen Höfen mit Torhäusern (noch) längsaufgeschlossene Wohngebäude zu erkennen, die giebelständig in der Tiefe des Innenhofs liegen. Damit handelt es sich im vorliegenden Fall um ein für den südlichen Bebauungsgürtel des Ortes durchaus typisches Gehöft. Im nördlichen Bebauungsgürtel überwiegen Hofanlagen mit freistehenden Gebäuden, zwischen denen die Zufahrt liegt.

Die geschlossenen Gehöfte scheinen im vorliegenden Zusammenhang typologisch älter zu sein. Die preußischen Bauvorschriften geboten gegen Ende des 18. Jahrhunderts aus Feuerschutzgründen ein Auseinanderziehen der Bebauung und die Aufgabe des „alten" Brauchs, die Gebäude zu verbinden, was offenbar in Groß Justin positive Effekte erzielte. In der frühesten Zeit königlicher Interventionen in Bauangelegenheiten, also in der ersten Hälfte des 18. Jahrhunderts, haben die Provinzialarchitekten selbst geschlossene Gehöfte entworfen[39]. Die Sachlage ist jedoch deutlich komplexer, denn ältere Quellen zeigen auch, daß schon zuvor beide Arten der Innenhofgestaltung bekannt waren[40]. Wróblewski hält die Schließung des Gehöftes zur Straße hin durch eine lange Scheune mit Durchfahrt für eine verhältnismäßig späte Erscheinung (Mitte des 19. Jahrhunderts) und verbindet sie ursächlich mit der Bauernbefreiung sowie mit der Steigerung der Getreide- und Heuproduktion[41]. Diese These läßt sich aufgrund der Situation in Groß Justin sowie der allgemeinen Verbreitung von Torhäusern bereits im 18. Jahrhundert nicht halten. Interessant erscheint dieses Problem im Licht der Datumsangaben an weiteren Torhäusern im Kreis Cammin bei Bronisch und Ohle. An Torhäusern fanden sich auf Balken die Daten 1680, 1689 und 1736, in dekorativ geschnitzten Brettchen über den Einfahrten dagegen 1865 und 1870. Auf einem Balken eines Wohn-Torhauses erschien die Jahreszahl 1774. Offenkundig reicht das Phänomen der Torhäuser mindestens bis zum Ende des 17. Jahrhunderts zurück. Die Daten in der Brettchendekoration markieren vielleicht den Ausbau der Torhäuser oder die Übernahme des Hofes als Eigentum. Um weitergehende Schlüsse formulieren

39 Vgl. Helmigk: Aus dem Schaffen... (wie Anm. 15), S. 16.

40 B. Wachowiak: Gospodarcze położenie chłopów w domenach Księstwa Szczecińskiego w XVI i pierwszej połowie XVII wieku [Die wirtschaftliche Lage der Bauern in den Domänen des Fürstentums Stettin]. In: Szczecińskie Towarzystwo Naukowe. Wydział Nauk Społecznych. Bd. 12. Szczecin 1967, S. 185 und 189.

41 Vgl. Wróblewski: Z zagadnień... (wie Anm. 13), S. 129.

zu können, sind, wie bereits erwähnt, umfassendere Untersuchungen zu Erscheinungsformen jener Datumsangaben auf den Gebäuden erforderlich. Wróblewski hat im Ansatz die Ausbreitung des Torhauses untersucht. Im Osten reicht sie bis an die Region Lębork/Lauenburg und Bytów/Bütow heran, im Süden überschreitet sie nicht die Linie Słupsk-Białogard-Nowogard/Stolp-Belgard-Naugard[42]. Mit der westlichen Grenze hat sich Wróblewski nicht befaßt.

III. Das Wohngebäude von 1777

Datierung

Da keine stichhaltigen Gegenargumente vorliegen, darf von der inschriftlich überlieferten Datierung 1777 auf dem Walmbalken über der giebelseitigen Eingangstür als Baudatum des Hauses ausgegangen werden.

Baukörper und Innenaufteilung (Abb. 7–9)

Im Katalog von Bronisch und Ohle findet sich als beiläufige wie selbstverständlich erscheinende Anmerkung, das Gebäude habe ursprünglich eine Längsdiele besessen. Auf der Basis dieses Hinweises sowie der von denselben Autoren rekonstruierten Vorderfassade und des Querschnitts bestimmt Wróblewski den Bau als umgebautes niederdeutsches Hallenhaus. Er geht dabei mit seinen Mutmaßungen noch weiter als Bronisch und Ohle, indem er suggeriert, das Haus habe Anbauten an den Längswänden gehabt, die einem grundlegenden Umbau zum Opfer gefallen seien ebenso wie die Längsdiele. Seither galt das Gebäude für alle späteren Forscher als umgebautes niederdeutsches Hallenhaus.

Nach der Auswertung der zugänglichen Inventarisierungen muß man zu dem Schluß kommen, daß diese Bestimmung nicht zutrifft und ursprünglich keine Längsdiele vorhanden gewesen ist. Unabhängig von der Analyse des überlieferten Baukörpers widerspräche der Bau eines Hallenhauses mit Längsdiele im Jahre 1777 bereits dem allgemeinen Trend, der schon im 18. Jahrhundert unter dem Einfluß der preußischen Baugesetzgebung diesen altüberkommenen Bautyp mied aufgrund der konstatierten Verschwendung von Raum und Material. Es ist nicht ausgeschlossen, daß nach dem Brand wesentlicher Dorfteile im Jahre 1661 von Neusiedlern, welche die riesigen Bevölkerungsverluste nach dem Dreißigjährigen Krieg ausglichen, die abgebrannten Anwesen wieder aufgebaut wurden und dabei die überlieferten Zwei- und Vierständergerüste der Hallenhäuser weiter Verwendung fanden unter weitgehendem Verzicht auf Nebengebäude. Wahrscheinlich hat diese Tradition dann auch noch 1777 Einfluß auf die verwendeten technischen und architektonischen Lösungen in dem hier dokumentierten Wohngebäude gehabt, vor allem im Hinblick auf die Gefügestruktur, nicht jedoch bezüglich der Raum- und Funktionsaufteilung.

---

42 Ebd.

Das entscheidende Argument, warum das in Rede stehende Wohnhaus nicht als niederdeutsches Hallenhaus gebaut worden sein kann, ist der Rücksprung in der östlichen Längswand. Dieser Rücksprung hat offensichtlich einen praktischen Sinn. Er ermöglicht nämlich den Zutritt zum Dachboden von außen und damit dessen funktionsgemäße wirtschaftliche Nutzung. Im niederdeutschen Hallenhaus lag dieser Zugang in Form einer Bodenluke innen über der Längsdiele. Ein solcher Rücksprung ist allerdings von keinem anderen vergleichbaren Gebäude bekannt. Er scheint eine singuläre, vielleicht einmalige Lösung dargestellt zu haben. Man trifft ihn ansonsten nur in Scheunen an, wo er eine entsprechende Höhe der Einfahrt zur Tenne gewährleistet.

Es spricht alles dafür, daß der Architekt des Hauses die örtlichen Bautraditionen aufgegriffen hat und einen „Zwischentyp" schuf, indem er die Giebelständigkeit des Hallenhauses und seine Ständerkonstruktion mit einem „klassischen" Zweiständer-Innengerüst beibehielt, die Erschließung und den Grundriß des Hauses jedoch neuen Erfordernissen und Entwicklungen anpaßte, die gleichzeitig oder kurze Zeit später zu einer allgemeinen 90-Grad-Drehung der Wohngebäude führen sollten mit Queraufschluß und traufenständiger Lage als hinterer Abschluß des geschlossenen Hofraums. Im vorliegenden und deshalb als so besonders einzustufenden Fall befand sich demnach das überlieferte niederdeutsche Hallenhaus in einem gleichsam laufenden Wandel.

Ein weiteres Argument für die Annahme, daß Umbauten des Hauses nur in sehr geringem Maße stattgefunden haben, ist der Treppenraum zwischen den Schornsteinen. Ursprünglich war er eine Nische der Stube beim genannten Rücksprung, mit ziemlicher Sicherheit wohl mit der Funktion einer Schlafstätte, also eine Bettnische mit wandfestem Durk.

Das abgebrannte Wohnhaus hatte einen rechteckigen Grundriß der Maße 11,2 x 16,6 m und besaß an der östlichen Längsseite den erwähnten Rücksprung von 4,2 m Länge und 1,75 m Tiefe (Abb. 10). Es handelte sich um ein längsaufgeschlossenes eingeschossiges Haus, das ein hohes Dach mit Rauchlöchern und wohl bereits von Beginn an einen Halbwalm hatte. Die Gesamthöhe des Gebäudes betrug 8,65 m, der umbaute Raum ca. 1000 m^3, die bebaute Fläche 178,5 m^2 und die ebenerdige Nutzfläche 147 m^2.

Der Gesamteindruck des Gebäudes war bestimmt von dem dominierenden riesigen Dach, das sich mit einer Höhe von fast 6 m über den niedrigen Seitenwänden von 2,6 m erhob. Ein zweites Merkmal war die Untergliederung der Fachwerkkonstruktion der Wände mit ihren Farbkonstrasten zwischen den dunklen Hölzern und weißen Füllungsfeldern. Der charakteristische Rücksprung in der östlichen Traufwand verlieh dem Haus zusätzliche Plastizität.

Im 20. Jahrhundert besaß das Haus außer dem Vordereingang in der nördlichen Giebelseite noch zwei Seiteneingänge. Der Vordereingang führte in die vordere Diele, der Seiteneingang in der Ostseite zur Seitendiele und der zweite Seiteneingang direkt in die Küche. Höchstwahrscheinlich war keiner dieser Eingänge jemals durch ein Dächlein oder einen Vorbau geschützt. Es gibt keinen Anlaß zu vermuten, irgendeiner dieser Eingänge sei nachträglich entstanden. Die Originalität der Aufteilung des Erdgeschosses in zehn Räume, eventuell mit Ausnahme der genannten veränderten Bettnische, ist nicht anzuzweifeln.

Die Anordnung der Räume im Erdgeschoß erscheint im Vergleich mit der allgemein bekannten Architekturentwicklung auf den ersten Blick wenig regelhaft und unüblich. Deutliche Anklänge an die überlieferten Raumstrukturen wies jedoch der hintere Teil an der südlichen Giebelfront auf, wo sich an den Außenseiten schmale Kammern befanden und in der Mitte zwei Wohnräume unterschiedlicher Größe. Am Vordergiebel lagen drei Räume – in der Mitte die Diele, an der Ostseite ein Alkoven und an der Westseite eine große Stube. Zwischen diesen beiden giebelseitigen Zimmerreihen gab es noch drei zentrale Räume – auf der östlichen Seite eine Diele und eine Stube und auf der westlichen die Küche. Die zentralen Räume hatten keinen rechteckigen Grundriß, sondern besaßen Nischen. Die Nischen von Stube und Küche stießen aneinander. Die Stube hatte die erwähnte Bettnische, die bei der Umgestaltung zu einer weiteren Küche und beim Bau eines zusätzlichen Schornsteins in ein abgeteiltes Treppenhaus umgewandelt wurde; die Küche hingegen hatte eine Ofennische. Die Diele beim Eingang besaß eine Nische für die Leiter zum Dachboden; ein solcher Aufgang befand sich auch in der vorderen Diele. Diese beiden Bodenstiegen wurden nach der Einrichtung eines zentralen Treppenhauses entfernt. Eine derartige Verteilung von Funktionen und Räumen ist ebenfalls selten vorzufinden, und es ist entsprechend schwer, Vergleichsmaterial zu finden.

Ursprünglich haben die Räume im Erdgeschoß (abgesehen von den Dielen) vier eigenständige Funktionsblöcke gebildet. Drei von ihnen erfüllten reine Wohnfunktionen, der vierte stellte den Küchenkomplex dar. Zu letzterem zählten neben der Küche mit ihrem eigenen Ausgang nach draußen noch eine Speisekammer und kleinere Wohnräume. Hauptwohnung war die Stube beim östlichen Rücksprung und mit dem angrenzenden Vorderalkoven. Dieser war nur von der Stube aus zugänglich, die Stube wiederum von der Vorderdiele. Der zweitwichtigste Wohnbereich befand sich im hinteren Hausteil mit Stube und Kammer. Die Kammer hatte nur von der Stube aus einen Eingang und die Stube nur von der Seitendiele aus. Der letzte Wohnraum war eine Einzelstube, die von der Vorderdiele und der Küche aus zugänglich gewesen ist. Auf dem Plan von 1970 fehlt die Verbindung zwischen dieser Stube und der alten Küche ebenso wie der Eingang von der Diele, so daß es aussieht, als sei diese in jüngerer Zeit Teil einer Vorderwohnung gewesen. Zu dieser Zeit war die Tür zur Diele schon zugemauert, aber die Verbindung zur Küche existierte noch. Daß sie auf dem Plan fehlt, ist ein Irrtum. Außer diesen Veränderungen der inneren Aufteilung sind noch die Verbindung der Stuben zu erwähnen sowie die der hinteren Stube mit dem kleinen küchennahen Wohnraum. Beim Umbau des Schornsteinsystems wurde die Verbindung von Küche und Seitendiele entfernt. Wie zu erkennen ist, sah das ursprüngliche Wohnkonzept zwei Alltagswohnbereiche und eine „gute Stube" vor. Letztere war ursprünglich nicht heizbar, wohl aber die Wohnstuben.

Vor 1945 hat sich nur ein funktionaler Wandel vollzogen. Zur Küchenzelle wurde die zentrale Stube hinzugenommen (beim Rücksprung), indem man eine zusätzliche Tür zur guten Stube einsetzte. Sicherlich wurde zugleich die Tür von der Diele zur guten Stube zugemauert; Jan Machalski erinnerte sich jedenfalls nicht an sie. Das war vermutlich frühestens Anfang des 20. Jahrhunderts. Für die neue Küche wurde der zusätzliche Schornstein gebaut, durch den man auch die gute Stube heizen konnte.

Die Familie Machalski hat unmittelbar nach ihrer Ankunft in Gostyń den alten großen Schornstein abgerissen und einen neuen mit einem schmalen Zug gebaut, unter Beibehaltung des ursprünglichen Austritts auf dem First. Sie hat auch die Verbindung der alten Küche mit der Seitendiele entfernt. Auf der Diele wurde ein Brotbackofen gebaut. Diese neuen Funktionen erschwerten den Zugang zur hinteren Stube, weshalb ein Durchbruch zwischen dieser Stube und dem alten Raum für die Küchennutzung geschaffen wurde. Weitere Veränderungen wurden nicht in Angriff genommen, weil man mit der Möglichkeit eines Abbruchs des Hauses rechnete.

Nur der kleine küchennahe Wohnraum war unterkellert. Nach Ansicht von Jan Machalski handelte es sich um ein Kellergelaß mit gemauerten Wänden, in der Grundfläche deutlich kleiner als der darüber befindliche Raum. Der kleine Keller besaß eine Holzdecke und einen Zugang über eine Leiter. Nach 1945 wurde er nur zur Lagerung von Kartoffeln benutzt.

Der Dachboden bestand aus einem Raum. Jan Machalski erinnerte keine Rauchkammer bei dem großen Schornstein. Außer den bereits beschriebenen Aufgängen von innen führten ursprünglich noch zwei Zugänge von außen auf den Dachboden. Einer befand sich in einem der Fachwerkfelder des Giebels und der zweite in der Wand beim Rücksprung. Noch vor 1945 wurde letzterer durch ein Metallfenster ersetzt; ersterer erweckte, obwohl lange nach 1945 noch erhalten, den Eindruck, als sei er durch Herausfallen der Füllung entstanden. Mit hoher Wahrscheinlichkeit wurde der Dachboden spätestens seit der Mitte des 19. Jahrhunderts nur noch eingeschränkt zur Trocknung von Getreide und Wäsche gebraucht. Sicherlich spielte hier die Verschärfung der Feuerschutzbestimmungen eine Rolle, vor allem aber auch die hinzukommenden und leichter nutzbaren Nebengebäude.

Die Konstruktion der Wände

Das Haus hatte zu mehr als der Hälfte gemauerte Außenwände. Die übrigen hatten eine Fachwerkkonstruktion mit Lehmflechtwerk als Gefachfüllung. Von außen waren die Füllungen geglättet und weiß getüncht. Von innen waren die Wände ganzflächig verputzt, und die Balkenkonstruktion war nicht zu sehen. Die Fachwerkwände hatten eine Dicke von 18 cm, die gemauerten von 30 cm. Die Fachwerkwände waren auf lose geschichtete Feldsteine gegründet, die Steinmauern dagegen besaßen ein Fundament aus Ziegeln.

Nach Jan Machalski lagen nur unter dem großen Schornstein gemauerte Wände. Die restlichen Wände bestanden aus einer Fachwerkkonstruktion, die mit Lehmziegeln ausgefüllt war, verbunden ebenfalls durch Lehm. Die Konstruktion lag wohl nur in der Speisekammer offen und war in den übrigen Räumen verputzt.

Bei den bis ins 20. Jahrhundert erhaltenen Fachwerk-Außenwänden ist der große, 2 m übersteigende Abstand der Pfosten bemerkenswert. Die Pfosten sind nur in der Giebelwand dichter gesetzt und begrenzen dort gleichzeitig die Fensteröffnungen. In Objekten aus dem 19. Jahrhundert sind derartig große Abstände sonst nicht zu finden, annähernd groß allenfalls an Hausecken, aber dann ist dort zusätzlich eine Strebe eingezogen. Die Außenwände bestanden aus zwei Feldern übereinander. Es ist nicht eine einzige Strebe erhalten geblieben, im Vordergiebel allerdings zwischen Eckpfosten und Rähm ein angeblattetes Kopfband mit Hakenblatt, das die Verbindung versteifte. Dieses Element beweist ähnlich wie der große Abstand der Pfosten, daß die Verzimmerungstechnik des Objektes dem 18. Jahrhundert zugehört (Abb. 11).

Leider haben sich keinerlei nähere Hinweise auf die Holzart des Fachwerks gefunden, die Dachkonstruktion bestand aus Kiefernholz.

Gewisse Divergenzen zwischen der Rekonstruktion der Giebelansicht in der Arbeit von Bronisch und Ohle (Abb. 12) und dem auf Fotos festgehaltenen Zustand sind nicht endgültig zu klären. Jedoch ist wohl von einem Zweiständer-Grundgerüst aus relativ dünnen Hölzern auszugehen.

Decken und Fußböden

Die Konstruktion der Decke wurde nur im Längsschnitt der Inventarisierung von ca. 1970 festgehalten. Die hölzerne Deckenkonstruktion bestand aus einer ziemlich gleichmäßig verteilten Querlage von 16 Balken à 26 x 24 cm. Es handelte sich um eine typische Holz-Lehm-Decke. Der Dachraum verfügte nach Informationen von Jan Machalski über einen Bretterfußboden. Als Zimmerdecken hatten alle Räume eine glatt verputzte Reetschicht, die ihrerseits an einem Lattengerüst angebracht war.

Auch die Beschaffenheit der Fußböden war nur in der Inventarisierung von ca. 1970 vermerkt. In der Vorderdiele befand sich ein Fußboden aus Terrakotta, in der Seitendiele, der alten Küche und in den Kammern lagen Ziegel, in den übrigen Räumen Dielenfußböden.

Dach

Der Dachverband wies eine zusammengesetzte Konstruktion in zwei Ebenen auf, deren oberer Teil aus sechs typischen Dachsparrengebinden bestand (zwei Sparren, waagerechter Trägerbalken und Hahnenbalken), montiert an Rähmen auf Dachstuhlsäulen im Abstand jedes zweiten Dachbalkens. Zwischen den Dachsparrengebinden, die sehr weite Abstände aufwiesen, waren fünf Zwischengebinde ohne waagerechten Trägerbalken eingezogen, deren untere Sparrenenden sich unmittelbar auf die genannten Rähme stützten. Diese elf Gebinde markierten den First des Daches. Auf den Stirnseiten lagen niedrigere Gebinde beider Typen, die hier schon die Sparren der Giebelwalme stützten, die strahlenförmig von den Hahnenbalken abgingen, auf welchen ihre oberen Enden ruhten. Diese Gebinde hatten eine Breite von 7,7 m, die Neigung der Dachsparren betrug 45°. Die Breite der Gebinde bedeckte knapp 70% der Breite des Hauses. Die fehlenden 30% bedeckten Zusparren (Halbsparren), die symmetrisch von jedem Dachsparren zu den Seiten abgingen. Die Zusparren stützten sich mit den unteren Enden auf die Rähme der Seitenwände. Die Zusparren und die Stuhlsäulen stellten den unteren Teil des Dachverbandes dar. Nach der Inventarisierung von ca. 1970 waren Hahnenbalken und Dachsparren aus Balken der Maße 18 x 20 cm gefertigt und hatten die Pfosten der Stuhlsäulen einen Querschnitt von 18 x 22 cm und die Trägerbalken der Vollgebinde 24 x 26 cm.

Der Dachverband wirft die meisten ungelösten Fragen auf. Vor allem hat man versucht, eine Antwort auf die Frage nach der Einheitlichkeit von Material und Konstruktion zu finden. Jan Machalski hat vielfach die Dachhaut repariert und das Dachgerüst instandgehalten, aber auf diese Frage konnte er keine klare Antwort geben. Andererseits hat er nicht bemerkt oder erinnert er nicht, ob es zwischen den Sparren oder anderen Elementen irgendeinen Unterschied gegeben habe. Es fand sich auch keine einzige Aufnahme des Dachgerüstes. Nur zum Teil ist es auf Außenaufnahmen zu erkennen – beim Vordergiebel und beim Rücksprung der Seitenwand. Und hier treten wieder neue Fragezeichen auf. In der Rekonstruktion der Giebelansicht von Bronisch und Ohle sind dort, wo die Inventarisierung von ca. 1970 Dachstuhlsäulen angibt, Ständer eingezeichnet, die das Rähm der Frontwand unterbrechen und hinunter bis zum Fundament reichen. Auf dem Foto des Seitenwand-Rücksprungs sieht es tatsächlich so aus, aber in der Vorderfront ist es nicht der Fall. Die Übereinstimmung der Tiefe des Rücksprungs mit der Breite von Speisekammer und Kammer im hinteren Teil des Gebäudes wirft die weitere Frage auf, ob sie nicht konstruktiv von ebensolchen Ständern markiert gewesen sein könnten.

Bei sorgfältiger Durchsicht der Rekonstruktion des Vordergiebels durch Bronisch und Ohle fielen noch einige andere Differenzen ins Auge im Vergleich mit dem auf den Fotos dokumentierten Zustand, sogar mit der Aufnahme, die sie selbst abdrucken. Zunächst stimmen die Neigungswinkel im oberen Teil des Daches nicht überein; ferner liegen im Giebel über dem Rähm sechs statt sieben Gefache zwischen den Dachstuhlsäulen, und schließlich ist der westliche Türständer, anstatt eine Linie mit dem First zu bilden, deutlich zur westlichen Hausecke hin verschoben.

Man wird zusammenfassend davon ausgehen dürfen, daß der überlieferte Dachverband in Verbindung mit einer einheitlichen Ständerkonstruktion original gewesen ist. Punktuelle (und verunklärende) spätere Umbauten schließt dies nicht aus; sie erscheinen als durchaus wahrscheinlich. Alle Dachflächen waren im übrigen in überlieferter Weise mit Reet gedeckt, das an Dachlatten befestigt war.

Fenster und Türen

Als die Familie Machalski den Hof übernahm, waren Türen und Fenster des Hauses herausgerissen. Daher sind auf den Nachkriegsaufnahmen neue bzw. neu eingebaute Fenster und Türen zu sehen. Aus den Bildmaterialien vor 1945 ist zu erkennen, daß es sich um eine Tür- und Fensterausstattung des 19. Jahrhunderts gehandelt hat. Die Tür im Vordergiebel war zweiflügelig, besaß ein zweiteiliges Oberlicht und war als jeweils dreiteilige Füllungstür gearbeitet.

Die drei Einzelfenster im Vordergiebel waren nach dem Fotobefund durch das Losholz in zwei ungleiche Teile geteilt; der untere Teil doppelt so groß wie der obere. Beide Teile hatten zwei Flügel. Die unteren Flügel unterteilte je eine waagerechte Sprosse. Das Fenster im Fachwerkteil der Giebelwand hatte einen Zargenrahmen, und die Flügel öffneten nach außen. Die zwei Fenster im gemauerten Teil waren Blendrahmenkonstruktionen und öffneten nach innen.

Treppen

Im Gebäude gab es nur eine Treppe vom Erdgeschoß auf den Dachboden in einem Treppenhaus, das aus der zu diesem Zweck umgebauten Bettnische der Stube im Zuge der Umgestaltung der Küche hervorgegangen war. Es war eine einfache, einläufige, hölzerne Wangentreppe ohne Setzstufen.

Höchstwahrscheinlich gab es ursprünglich in beiden Dielen Treppen oder Stiegen zum Dachboden. In der Seitendiele findet sich unmittelbar links vom Eingang eine Treppennische. Ihre Abmessungen lassen erkennen, daß die Treppe sehr steil gewesen sein muß; vielleicht war es nur eine Leiter. Deutlich mehr Platz gibt es in der Vorderdiele für die Treppe, und diese dürfte daher erheblich bequemer gewesen sein.

Feuer- und Installationseinrichtungen

Noch 1947 hatte das Haus einen großen, pyramidenförmigen Schornstein, der im Bereich des Dachbodens aus luftgetrockneten Lehmziegeln mit deutlicher Materialstruktur gebaut war. Die Wände des Erdgeschosses darunter waren speziell für ihn gemauert. Oberer und unterer Teil des Schornsteins waren voneinander getrennt. Leider war nicht zu klären, wie die Deckenkonstruktion unter dem großen Schornstein gestaltet war. Im Raum unter diesem Schornstein befanden sich die Ofennische der Küche und die Verlängerung der Seitendiele, getrennt durch eine Tür.

Außer dem großen gab es damals noch einen schmalzügigen Schornstein, der speziell für die neue Küche gebaut war. Er ermöglichte auch die Beheizung der vorderen Stube. In beiden Küchen befanden sich große Kachelöfen mit eisernen Platten aus Herdringen. Zur Beheizung der Stuben dienten einfache Kachelöfen. Elektrischen Strom bekam das Gebäude noch vor 1938.

In der alten Küche gab es ein gußeisernes Spülbecken, allerdings ohne fließendes Wasser. Letzteres mußte man von der Pumpe im Innenhof holen. Das Abwasser aus dem Ausguß floß durch Keramiksickerröhren zu einem kleinen Sumpf beim Misthaufen. Gab es zu viel Abwasser, so wurde es durch Holzröhren zum Bach abgeleitet. Diese Röhren hatten einen Querschnitt von ca. 15 cm. 1952 tauschten die Machalskis sie gegen Drainageröhren aus Ton aus.

IV. Das Torhaus (Abb. 13–15)

Chronologie

Aus der Analyse der Hofgestalt und ihrer Veränderungen folgt, daß das oder ein Torhaus etwa zur gleichen Zeit wie das Wohnhaus entstanden sein dürfte. Indes handelte es sich ursprünglich sicher um ein kleineres Objekt. Es drängt sich also die Frage auf, ob die Torscheune ausgebaut oder ob vielleicht an Stelle einer abgerissenen alten eine größere neue gebaut wurde und wann diese möglichen Veränderungen erfolgten. Dalska-Sienkiewicz nimmt einen Ausbau der Scheune um die Mitte des 19. Jahrhunderts an; Wróblewski dagegen hält sie für ein Gebäude, das erst Mitte des 19. Jahrhunderts entstanden ist.

Die Spurensuche setzte an bei den Rähmen der Längswände an der Durchfahrt und erbrachte nur einen Teilerfolg. Gefunden wurde ein Balkenstoß im Rähm östlich der Durchfahrt nur zum Innenhof hin, jedoch auch östlich der Einfahrt zur Tenne auf derselben Seite. Letzerer rührte vom Austausch des Rähms nach dem Abbruch der an dieser Stelle angrenzenden Scheune. Insgesamt fanden sich auf der Suche nach Spuren einer Verlängerung der Scheune viele andere Einzelheiten, die für einen Ausbau der Scheune sprechen, zugleich aber auch davon zeugen, daß hier einige Renovierungen von erheblichem Umfang durchgeführt worden sind, insbesondere im Dachbereich, so daß schwer festzustellen war, welche Elemente der Konstruktion tatsächlich aus dem 18. Jahrhundert stammten. Der Vergleich der Verarbeitung der Elemente im West- und im Ostteil hat nichts ergeben. Für einen Ausbau sprechen vor allem Unterschiede in der Art der Giebelwandkonstruktion, Konstruktionsunterschiede bei Durchfahrt und Tenne, Unterschiede in der Dachkonstruktion sowie die Streben in den Gefachen östlich der Durchfahrt. Dagegen sprechen aber das Fehlen jeglicher Spuren einer Berührung mit dem abgebrochenen Pferdestall sowie die asymmetrische Lage der Tenne im alten Teil der Scheune, die vor der Verlängerung der Scheune die Funktion einer Durchfahrt erfüllt haben muß. Es sollte daher von einem mehrfach umgebauten Torhaus aus dem späten 18. Jahrhundert ausgegangen werden.

Baukörper und Innenaufteilung

Die Scheune hatte einen rechteckigen Grundriß mit den Maßen 33,4 x 9,5 m. Die Höhe des Erdgeschosses betrug 4,2 m, die des Walmdaches mit „Rauchlöchern“ 4,3 m, die überbaute Fläche lag bei 318 m^2 und der umbaute Raum bei ca. 2.000 m^3. In den Kategorien eines Bauernhofes des 19. Jahrhunderts war das eine recht große Scheune.

Das Erdgeschoß der Scheune war quergeteilt (durch zwei Wände und zwei Bansenabtrennungen) in fünf ungleiche Teile: Durchfahrt, Tenne, zwei Bansen und Remise. Am größten war der zentrale Bansen. Auf seiner Westseite lag die Durchfahrt, östlich die Tenne. An der östlichen Giebelwand befand sich ein kleinerer Bansen und an der westlichen die Remise. Der Dachboden über der Remise war Speicher; die nördliche Hälfte des Bansens war unterkellert.

Die Scheune besaß an jeder Längswand je zwei breite Einfahrten, und neben der Durchfahrt von der Straßenseite aus gab es noch eine Pforte, die niedriger als die Durchfahrt war. Das Fach über deren Eingang war durch barocke Sägebaluster verziert, welche als dekorative Eingangs-Schmuckformen nicht nur in Pommern im 18. und 19. Jahrhundert an dieser Stelle häufig gewesen sind. Von der Durchfahrt aus führten Eingänge zur Remise und weiter auf den Speicher und auf der anderen Seite zum Keller; diese waren verschlossen.

Konstruktion der Wände und Bansenabtrennungen

Alle Wände des Erdgeschosses (außen und innen) sowie die Bansenabtrennungen standen auf Fundamenten aus lose geschichteten Feldsteinen unterschiedlicher Größe. Die Wände hatten eine Fachwerkkonstruktion mit drei Gefachen übereinander. Die Höhe der Gefache war gleich mit Ausnahme der westlichen Giebelwand, wo die Riegel um eine Balkendicke abgesenkt waren im Verhältnis zu den Riegeln der übrigen Wände. Dort, wo Scheune und Viehstall zusammenstießen, waren die Gefache der Konstruktion nicht regelmäßig, weil hier die Riegel kurz nach 1945 ausgetauscht worden waren.

Ursprünglich hatten alle Wände und Bansenabtrennungen Flechtwerkausfachungen. Aus den entdeckten Fragmenten ist zu schließen, daß das Geflecht in den Außenwänden und den Bansenabtrennungen vertikal eingezogen war und in den Wänden der Durchfahrt horizontal. Bei der Scheune waren die Außenwände schon mit roten gebrannten Ziegeln auf Kalkmörtel gefüllt. Die Zeit des Austausches der Füllungen kann man nur mittelbar erschließen; vermutlich erfolgte dieser Schritt Anfang des 20. Jahrhunderts.

Bemerkenswert ist der große Pfostenabstand in den Giebelwänden, die nur vier fast gleich große Gefache aufwiesen. In der Westwand hatte jedes Gefach eine Strebe; die Streben bildeten als Paare je ein „V". Auf der anderen Giebelseite waren nur in die äußeren Gefache nach außen geneigte Streben eingesetzt. Daß die Pfosten in den Innenwänden dichter stehen als in den Außenwänden, widerspricht der ansonsten bei Fachwerkbauten beobachteten Regel.

Der Abstand der Pfosten in den Längswänden ist ungleichmäßig und in den beiden Wänden unterschiedlich. So gab es im Abschnitt zwischen den Einfahrten auf der Straßenseite acht Gefache, in Richtung der östlichen Gebäudeecke sieben und zur westlichen Ecke vier. In der Innenhofwand waren es entsprechend sechs, vier und vier. Hier finden wir die Bestätigung der allgemeinen Regel, daß die straßenabgewandten Wände sparsamer gebaut wurden.

Die Konstruktion der Bansenabtrennungen bestand aus einem Mittelständer, zwei stark geneigten Streben, drei waagerechten Balken (der Grundschwelle, einem Scheindeckenbalken und dem Bansenbalken) sowie zwei Bansenständern. Die eigentliche Abtrennung war der ca. 1 m hohe Bereich zwischen der Grundschwelle und dem Bansenbalken, von vertikalen und schrägen Elementen in sechs Gefache geteilt. Die äußeren, durch Ständer abgeteilten Gefache waren leer, die anderen mit Flechtwerk ausgefüllt. Die Gerüste der Wände und Bansenabtrennungen waren aus Kiefernbalken unterschiedlichster Querschnitte gefertigt. Die stärksten Balken waren die Ständer der Außenwände, von denen einige im Querschnitt bis zu 30 x 24 cm maßen; die Mehrzahl der Pfosten hatte jedoch einen Querschnitt von 25 x 21 cm, ähnlich wie auch Streben, Rähme und Grundschwellen. Am schwächsten waren die Riegel mit 18 x 20 cm. Der Keller hatte gemauerte Wände.

Decken und Fußböden

In der Scheune gab es nur zwei Decken, über der Remise und dem Keller. Sie wiesen eine identische Konstruktion auf und waren vermutlich zur selben Zeit entstanden. Es handelte sich um sog. „nackte Decken". Das Fehlen von Zimmermanns-Verbindungen mit den Außenwänden bezeugte, daß sie nachträglich eingezogen worden waren. Die Decke der Remise war zweiteilig; der Fußboden des darüber befindlichen Speichers lag zur Straße hin um die Dicke eines Dachbalkens niedriger.

Alle Teile des Erdgeschosses hatten einen Boden aus hartem Lehm (Lehm-Estrich). Höchstwahrscheinlich lag im Keller unter einer Erdschicht, die von Kartoffeln zurückgeblieben war, ein Boden aus Ziegeln.

Das Dach

Die Dachkonstruktion der Scheune war heterogen und wies mindestens drei Entstehungsphasen auf. Auf den Aufnahmen von 1964 ist dies sogar an der Dachhaut im Bereich der westlichen Bansenabtrennung zu sehen. Von innen konnte eine zweite Nahtstelle im Bereich der östlichen Einfahrtswand ausfindig gemacht werden.

Die älteste Konstruktion hatte der Dachverband über dem östlichen Bansen und der Tenne. Es war zwar das gleiche Konstruktionsprinzip wie über dem zentralen Bansen, aber beide unterschieden sich im Material. Die Dachkonstruktion bildeten hier Sparrenpaare mit zwei Kehlbalken. Sie stützten sich mit den unteren Enden nicht unmittelbar auf die Rähme der Längswände, sondern mittels kurzer Balken, die lotrecht zu jenen standen und von innen in einem zum Rähm parallelen Balken befestigt waren. Nur über der Tenne gab es vier Sparrengebinde; das bedeutet, daß die unteren Sparrenenden durch einen waagerechten Balken, der über die gesamte Breite der Scheune lief, verbunden waren. Über Einfahrt und Remise bestand die Dachkonstruktion nurmehr aus vollen Sparrengebinden, die nicht nur auf den Rähmen, sondern zusätzlich auf einzelnen mittigen Dachstuhlsäulen lagen.

An den Elementen der Dachkonstruktion konnte man Unterschiede in der Art der Bearbeitung feststellen, die im Erdgeschoß abgesehen von unwesentlichen Einzelheiten so nicht beobachtet wurden. Das rührte sicher von häufigeren Reparaturen her sowie vom Abriß der angrenzenden Gebäude. Vor allem fiel ins Auge, daß für die Giebeldachflächen grob behauene Rundhölzer verwendet worden sind.

Tore, Türen und Fenster

Die Tore und Türen waren hergestellt aus durch Querleisten verbundenen Brettern. Das Tor für die Durchfahrt war allerdings sorgfältiger gearbeitet und hatte Leisten, die dekorativ in Form zweier übereinanderliegender Diagonalkreuze angeordnet waren. Obwohl ihre Flügel leichter waren als die des Tennentores, hatten sie je drei Bandscharniere.

Die Scheune hatte keine eigentlichen Fenster. Deren Funktion erfüllten drei kleine, unverschlossene, mit Latten eingefaßte Öffnungen von 25 x 30 cm sowie ein Gefach ohne Füllung, das mit einem Fensterladen aus Brettern verschlossen war.

Treppen

Die Scheune hatte zwei Treppen. Eine führte von der Remise zum Speicher, die zweite von der Durchfahrt in den Keller. In beiden Fällen handelte es sich um einfache, einläufige, hölzerne Wangentreppen ohne Setzstufen.

V. Der Pferdestall (Abb. 16)

Chronologie

Der Pferdestall hat seitens der frühen Denkmalpflege deutlich weniger Aufmerksamkeit erfahren als Wohngebäude und Torhaus; er wurde bereits 1964 abgerissen. Daher ist über ihn auch am wenigsten Quellenmaterial erhalten[43].

Die Voraussetzungen für eine annäherungsweise Datierung des Gebäudes wurden im Zuge der Analyse des Gehöftes dargelegt. Seine Entstehung ist im 19. Jahrhundert zu suchen im Zusammenhang mit dem Ausbau des Torhauses. Der Pferdestall ersetzte ein früheres Gebäude, das sicher eine ähnliche Funktion erfüllt hat und ähnlich gelegen war, nur weiter im Innenhof. Für die Datierung sprechen auch die x-förmigen Doppelstreben (Andreaskreuze) im Kniestock.

Baukörper und Innenaufteilung

Es handelte sich um ein Gebäude mit dem Grundriß eines langgestreckten Rechtecks von 6,2 m Breite und gut 17 m Länge, mit Kniestock und einem Satteldach von 45° Neigung, das über der Giebelwand einen ca. 80 cm breiten Traufabstand aufwies. Das Dach war mit dem Dach der Scheune verbunden. Die Breite des Pferdestalls konnte aufgrund von Spuren in der angrenzenden Scheunenwand bestimmt werden. Die Traufe des Kniestocks befand sich unter der Traufe der Scheunenwand, woraus zu schließen ist, daß die ganze Längswand eine Höhe von

43 Ohne die Hilfe Jan Machalskis, des früheren Hofbewohners, wäre seine Rekonstruktion gänzlich unmöglich gewesen.

4 m hatte. Schwieriger war es, die Länge festzustellen, weil die ehemals bebaute Fläche als Gartenfläche umgenutzt worden war.

Das Erdgeschoß war in fünf ungleich große Räume geteilt – den eigentlichen Pferdestall, einen Schweinestall und drei kleine Vorratsräume (Futterkammern). Die grundlegende Aufteilung erfolgte durch drei Querwände, die das Erdgeschoß in vier Segmente teilten mit selbständigen Eingängen von außen und ohne interne Verbindung. Drei Eingänge lagen in der langen Frontwand und einer in der südlichen Giebelwand. Die schmalsten, außen gelegenen Segmente waren eigenständige kleine Vorratsräume. Das zweite Segment vom südlichen Giebel aus enthielt den Pferdestall und den kleinsten Vorratsraum; dann folgte der Schweinestall. Die kleinste Futterkammer beim Pferdestall gehörte räumlich und funktional zum Schweinestall. Der Raum, in dem nach 1945 der Pferdestall untergebracht war, reichte für drei Pferde; vor 1945 gab es aber auf dem Hof, wie erwähnt, vier Arbeitspferde. Zudem muß es auch Fohlen gegeben haben, deshalb steht zu vermuten, daß ursprünglich einer der Vorratsräume für Pferde bestimmt war. Nach Meinung von Jan Machalski hat es Futterkrippen für die Pferde allerdings nur in einem Raum gegeben, mit drei Plätzen. Im 19. Jahrhundert könnte hier auch ein Raum für den Stalljungen gelegen haben. Der größte Raum war der Schweinestall. Höchstwahrscheinlich wurden hier in der Zwischenkriegszeit fünf Betonstein-Boxen mit Eisengittern und -türen gebaut für die Haltung von 15 bis 20 Schweinen.

Der Dachboden bestand aus einem Raum; der Hauptaufgang befand sich am Südgiebel des Daches. Der Kniestock hatte drei Klappen, die das Aufstecken des Heus auf den Dachboden erleichterten. Außerdem hatte die Decke des Schweinestalls eine Luke. Eine feststehende Treppe oder Leiter gab es nicht. Der Aufgang zum Dachboden erfolgte über eine tragbare Leiter.

Die Annahme, das Gebäude habe ursprünglich eine kleine Galerie besessen, bezieht sich höchstwahrscheinlich auf den großen Dachüberstand[44]. Diese These läßt sich aber wohl nicht halten, da eine solche Galerie nur eine Breite von 80 cm und eine Maximalhöhe von 1,3 m gehabt hätte, also praktisch nicht begehbar gewesen wäre. Allerdings ist es natürlich nicht auszuschließen, aber auch nicht belegbar, daß das Vorgänger-Gebäude eine derartige Galerie zum Innenhof besessen hat.

Die Konstruktion der Wände

Ursprünglich hatten sicher alle Wände eine mit Lehmflechtwerk gefüllte Fachwerkkonstruktion. Die Wände des Erdgeschosses hatten zwei übereinanderliegende Gefache, der Kniestock eines. Beide hatten in der Waagerechten 18 Gefache, deren Rhythmus differierte. Die Pfostenabstände waren hier viel dichter als bei Wohn- und Torhaus. Das Flechtwerk war gegen Ziegelfüllungen ausgetauscht, wohl zur gleichen Zeit wie bei Wohnhaus und Torscheune, also zu Beginn des 20. Jahrhunderts. Die Ummauerung eines großen Teils der Rückwand und der Innen-

44 Vgl. Wróblewski: Z zagadnień... (wie Anm. 13), S. 129.

wand des Pferdestalls erfolgte höchstwahrscheinlich zur gleichen Zeit oder erst in der Zwischenkriegszeit. Nach mündlichen Angaben hat unter den Wänden ein Fundament aus lose geschichteten Feldsteinen gelegen. Die Konstruktionselemente bestanden aus Kiefernholz der Maße 18 x 18 sowie 20 x 20 cm.

Decken und Fußböden

Die Deckenbalken sind auf einer Aufnahme des Pferdestalls von 1956 gut zu erkennen. Ihr Abstand war etwas größer als derjenige der Wandpfosten; es gab drei Deckenbalken weniger als Pfosten. Auf die Deckenbalken waren Bretter genagelt, die den Fußboden des Dachgeschosses darstellten. Der Schweinestall hatte einen Zementfußboden, im Pferdestall lag ein Ziegelboden, in den Vorratsräumen Lehm-Estrich.

Das Dach

Der Pferdestall hatte ein reetgedecktes Satteldach; der Dachverband war eine Sparren-Kehlbalken-Konstruktion. Grundmodule dieses Dachstuhls bildeten die typischen Sparrengebinde mit sehr nah am First (ca. 80 cm) liegendem Kehlbalken (Hahnenbalken). Die Gebinde waren auf der westlichen Dachseite durch eine Windrispe versteift. Das Dach des Pferdestalls war mit dem der Scheune verbunden.

Türen und Fenster

Alle Türen und Klappen waren aus Brettern genagelt und einflügelig. Mit Ausnahme des eigentlichen Pferdestalls hatten alle Räume jeweils ein kleines quadratisches Fenster in der Größe eines Viertelgefaches der Fachwerkkonstruktion.

VI. Der Viehstall

Aus einem Foto des Jahres 1964 kann geschlossen werden, daß der abgerissene Viehstall eine eher der Scheune als dem Pferdestall ähnliche Konstruktion aufgewiesen hat und mit jener verbunden war. Eine Rekonstruktion des Viehstalls wäre rein hypothetisch und hätte davon auszugehen, daß er in ähnlicher Weise genutzt worden ist wie der an seiner Stelle errichtete gemauerte Viehstall.

Zusammenfassung

Die hier vorgeschlagene Interpretation erhebt keinen Anspruch auf Ausschließlichkeit. Neue Quellen können auch zu neuen Schlüssen führen, vor allem dann, wenn es noch gelingen sollte, die archivalischen Quellen eindeutig dem Hof zuzuordnen. Die vorliegenden Quellen erlauben keine Aussagen zur Vergangenheit des Hofes Köpsell vor 1661. Man kann nur mutmaßen, daß etwa zu diesem Zeitpunkt, nach dem Brand des Ortes, auf der Parzelle ein Wohnhaus mit Längsdiele gebaut wurde, welches bereits etwa 100 Jahre später durch ein neues ersetzt wurde. Ebenfalls kann nur gemutmaßt werden, ob dabei ein älteres Zweiständergerüst im Rahmen eines vollkommen neuen, veränderten Haustyps unter Umständen wiederverwendet worden ist.

Die Jahresangabe 1777 gibt mit großer Sicherheit das Baujahr des Wohnhauses und möglicherweise sogar des ganzen geschlossenen Anwesens mit einem Torhaus an. Da sich ein Umbau des mehr als 100 Jahre alten Gebäudes gegen Ende des 18. Jahrhunderts, als die staatlichen Interventionen auf das Bauwesen schon eine 50jährige Geschichte hinter sich hatten, vielleicht ökonomisch bereits nicht mehr rechnete, wurde ein neues Gebäude mit verändertem Grundriß errichtet. Der Bau eines Wohnhauses mit Längsdiele wäre vermutlich schon nicht mehr durchzusetzen gewesen.

Nach dem Ende der Bauernbefreiung erlaubte dann wohl um die Mitte des 19. Jahrhunderts eine günstige Agrarkonjunktur, das Anwesen um- und auszubauen. Dies ist die früheste Zeit, die nähere Blicke auf die materielle Rekonstruktion des Hofes erlaubt. Die sich verschärfende Agrarkrise im letzten Viertel des 19. Jahrhunderts bremste die Dynamik der Veränderungen zumindest bis zum Anfang des 20. Jahrhunderts, als höchstwahrscheinlich die Füllungen der Wände aller drei Wirtschaftsgebäude ausgetauscht wurden. Die nächste Gelegenheit für Veränderungen war die Zwischenkriegszeit, als der Fachwerk-Viehstall abgerissen wurde und an seiner Stelle ein gemauerter entstand. Sicher zu dieser Zeit wurden auch Teile der Fachwerkwände in Wohnhaus und Pferdestall gegen festes Mauerwerk ausgetauscht.

Die möglichst detaillierte Analyse einer Einzelerscheinung, wie sie der Hof Köpsell in Groß Justin/Gostyń darstellt, ist ein quellengebundener Versuch, an einem konkreten Beispiel das Auftauchen und Verschwinden bestimmter kultureller Formen zu verfolgen und den Ursachen nachzugehen. Dieser Versuch war nicht an bestimmte Methoden gebunden, sondern sollte so exakt und realitätsnah wie möglich sein. Er zeigt vor allem, daß die Gesamterscheinung von Hof und zentralem Gebäude dynamischer gewesen ist, als man möglicherweise zuvor erwarten konnte. Die Realität der Bauentwicklung hat sich als komplexer und reichhaltiger erwiesen, als dies wissenschaftliche Abstraktionen und Übersichten nahelegen.

Häufig wird der Profanbau auf dem Lande oder die „Volksarchitektur" als recht statisch und ahistorisch vorgestellt, gewissermaßen abgetrennt von gesellschaftlichen Erscheinungen, von der sozialen Schichtung der Landbevölkerung und von der Tatsache, daß Bauprozesse und folglich auch Architekturformen in gutswirtschaftlich geprägten Regionen nicht zuletzt vom Gutshof abhingen. Die Gebäude entwickelten sich nicht autonom oder in einer Art Parallele zur naturwissenschaftlich erforschbaren Evolution, sondern bildeten, ähnlich wie Grund und Boden, an dieser Stelle einen wichtigen materiellen Einflußbereich der pommerschen Gutsherren. Die Innovationen in der Baugesetzgebung des 18. Jahrhunderts mit dem Beginn der staatlichen Einflußnahme auf das Bauwesen[45] sind nur vor diesem Hintergrund der Problematik ihrer je nach grundherrschaftlicher und örtlicher Situation raschen oder auch verzögerten Umsetzung zu sehen. Das Niveau der baulichen und kulturellen Entwicklung war, dies darf abschließend festgehalten werden, in Pommern bereits im 18. Jahrhundert ein weiterentwickeltes, in Veränderung begriffenes und keinesfalls statisches.

Bildnachweis

Alle Abbildungen aus dem Besitz des Verfassers.

Rekonstruktionszeichnungen: T. Kubiak.

Karte Abb. 3: Archiwum Państwowe w Szczecinie (Staatsarchiv Stettin), Kartensammlung.

Plan Abb. 4 und Rekonstruktionszeichnung Abb. 12: Bronisch/Ohle: Kunstdenkmäler (wie Anm. 12), S. 177.

Fotos

Abb. 1, 2, 10, 11, 13, 14, 15: G. Solecki.

Abb. 16: Z. Radacki.

Abb. 7: Bronisch/Ohle, S. 177.

45 Vgl. Thomas Spohn (Hg.): Bauen nach Vorschrift? Obrigkeitliche Einflußnahme auf das Bauen und Wohnen in Nordwestdeutschland. Münster 2002.

1. Nord-Ost-Ansicht des Wohnhauses vom Hof Köpsell mit Markierung der im Vordergiebel doppelt vorhandenen Datierung 1777 (Foto von 1972, bearbeitet vom Verfasser).
2. Detailansicht der beiden Datierungen als Abdruck im Putz und als Kerbschnitzerei im Rähm unterhalb des Walms.

3. Dorfplan von 1892 aus einer Generalstabskarte (Maßstab 1:25.000) mit Pfeil-Markierung der Lage des Hofes Köpsell.

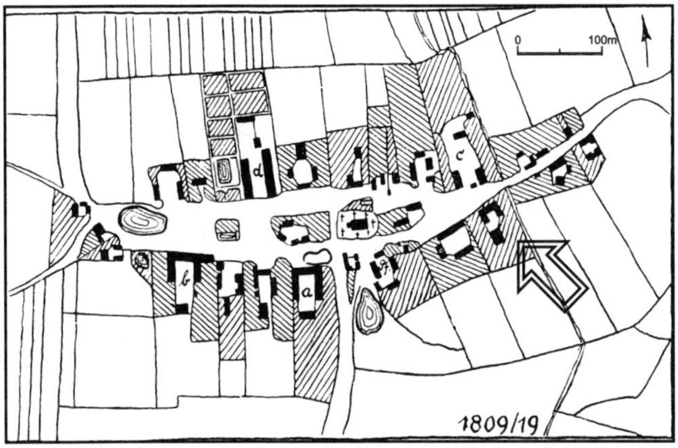

4. Rekonstruierender Dorfplan auf der Basis der Urkatasterkarten von 1809/19 (nach Bronisch/Ohle: Kunstdenkmäler [wie Anm. 12]) mit Pfeil-Markierung der Hoflage.

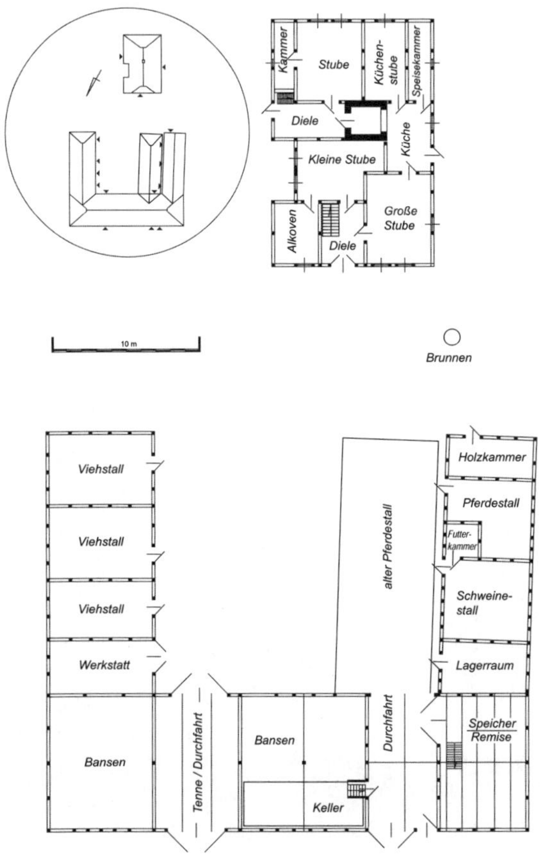

5. Rekonstruktion der Hofanlage, Stand: Mitte 19. Jahrhundert.

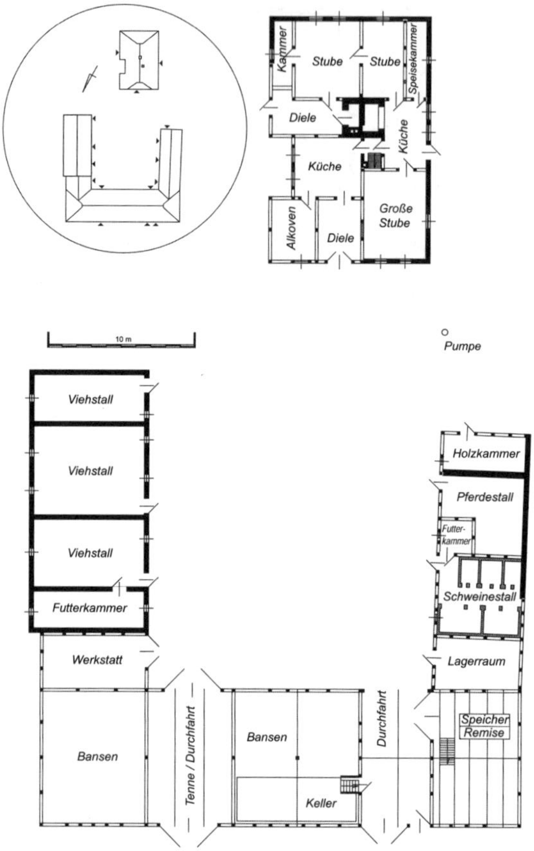

6. Rekonstruktion der Hofanlage, Stand: Mitte 20. Jahrhundert.

7. Das Wohnhaus des Hofes Köpsell um 1930 in der einzigen erhaltenen Aufnahme des pommerschen Provinzialkonservators (abgebildet auch bei Bronisch/Ohle).

8. Ansicht der Wohnhauses um 1970.

9. Giebel des Wohnhauses Köpsell um 1970.

10. Nord-Ost-Ecke und Rücksprung in der östlichen Traufe des Wohnhauses, um 1970.

11. Angeblattetes Kopfband mit Hakenblatt im Vordergiebel zwischen Eckpfosten und Rähm.

12. Rekonstruktion der Ansicht des Vordergiebels bei Bronisch/Ohle.

13. Torhaus (Scheune) des Hofes Köpsell, Nord-West-Ansicht 1974.

14. Durchbrochene barocke Sägebaluster als Schmuckformen über der Eingangspforte neben dem Zufahrtstor der Torscheune, um 1970, in Zeichnungsform bereits bei Bronisch/Ohle.

15. Ansicht der Torscheune vom Innenhof, um 1970.

16. Ansicht des Pferdestalls von Osten (Innenhof), 1956.

Berichte und Forschungen 10 (2002), S. 99–115.

Peter Oliver Loew

„Jibb dem Labs hier oppen Kopp!"

Danziger Dialektliteratur und lokale Identität. Ein Überblick

Selbst wenn Danzig auch nach Günter Grass vielleicht noch seinen Platz in der deutschen Literatur einnehmen wird – in der Dialektliteratur sind die Tage Danzigs und seiner Mundarten gezählt, im Grunde schon seit 1945: Entwurzelt und fern des ursprünglichen Sprachgebiets, haben sich bei den noch lebenden Danzigern die Erinnerungen an sprachliche Eigenheiten ihrer Heimat vermischt mit fremden Einflüssen, eigenen Rekonstruktionsversuchen und den Tücken des Vergessens. Ein Paradox aber ist, daß die lokalen Sprachvarianten erst nach der Vertreibung dank Günter Grass zum eisernen Bestand der deutschen Literatur geworden sind, zu einem Zeitpunkt also, als andere Dialekte durch das Werk von Autoren wie Fritz Reuter, Gerhart Hauptmann oder Johann Peter Hebel dem Kanon längst angehörten.

Dennoch gab es auch vor Grass eine Danziger Dialektliteratur, die zwar nur von geringem Umfang war, aber einen bemerkenswerten Teil des lokalen literarischen Schaffens darstellt. Zunächst ein Produkt von Liebhaberei, fand sie um die Wende zum 20. Jahrhundert den Weg in die breite Öffentlichkeit und wurde bald schon zu einem der wichtigsten identitätsstiftenden Elemente in einer zunehmend traditionsenthobenen Gegenwart. Dies reflektierte einen wesentlichen Bestandteil städtischer Eigenart, nämlich die sprachliche Schichtung und Gliederung der lokalen Gemeinschaft. Neben dem Hochdeutschen als Bildungssprache und Ausdrucksform zuziehender Eliten sowie dem westslawischen Kaschubisch, das von zugewanderten Angehörigen der Unterschichten und von Markthändlern gesprochen wurde, konnte man in Danzig verschiedene Abstufungen deutscher Dialekte hören. Das Danziger Platt fügte sich nahtlos in das niederdeutsche Sprachgebiet ein, wird der Gruppe des Westniederpreußischen[1] zugerechnet und zeichnete sich durch seine breite Aussprache aus (z. B. *a* wie *oa* oder *ua*, *e* wie *jä*, Fehlen vieler Diphthonge)[2]. Die

---

1 Zum Westniederpreußischen und seiner Stellung innerhalb der deutschen Dialekte vgl. Walther Mitzka: Deutsche Mundarten. Heidelberg 1943, S. 70–73; allgemein auch Metzler Lexikon Sprache. Stuttgart, Weimar [2]2000, S. 473 f.

2 Ernst Förstemann: Die niederdeutsche Mundart von Danzig. In: Germania. Neues Jahrbuch der Berlinischen Gesellschaft für Deutsche Sprache und Alterthumskunde 9 (1850), S. 150–170; W. Seidel: Über die Danziger Mundart, nebst Zusätzen zu Hennig's Preußischem Wörterbuch. In: Neue Preußische Provinzial-Blätter. 2. A. F. 1 (1852), S. 27–36, hier S. 28. Weitere Literatur zum Danziger Platt: Ernst Förstemann: Zur Bedeutungslehre der Danziger Mundart. In: Neue Preußische Provinzial-Blätter. 2. A. F. 3 (1853), S. 294–304; Max Schemke: Fremde Einflüsse auf die Danziger Mundart. In: Korrespondenzblatt des Vereins für niederdeutsche Sprachforschung 39

Grenzen des städtischen Platt zu den benachbarten Sprachgruppen, vor allem dem Nehrungs-Platt und dem Werderschen Platt, waren fließend; diese Dialekte waren durch den im Laufe der Industrialisierung großen Zustrom von Arbeitskräften in Danzig ebenfalls häufig zu hören[3].

Die Rolle des Dialekts für die Prägung lokaler, raumbezogener Identitäten unterlag im Laufe der Zeit Änderungen und war in sozialer Hinsicht schichtenspezifisch[4]. Bis zum Beginn des 19. Jahrhunderts war er in Danzig Umgangssprache auch der höheren Kreise gewesen. Zwar wurde der Dialekt als schriftliche Ausdrucksform schon seit mehreren hundert Jahren kaum mehr verwendet – der letzte plattdeutsche Brief des Danziger Rats stammt von 1563; aus den Schöffenbüchern verschwindet das Niederdeutsche nach 1566 –, doch diente er noch lange der mündlichen lokalen Kommunikation und – seltener – auch der scherzhaften Literatur[5]. Als der Reisende Johann Bernoulli 1777 Danzig besuchte, war er nicht in der Lage, ein Gespräch zwischen Kaufleuten zu verstehen[6]. Doch bereits in der folgenden Generation löste sich diese Sprachgemeinschaft von der Spitze der sozialen Pyramide her auf. So wurde der spätere Großkaufmann Theodor Behrend von seinem Vater, der aus einer Bauernfamilie im Danziger Werder stammte, dazu angehalten, kein Platt, sondern Hochdeutsch zu sprechen. Dennoch beherrschte

---

(1926), S. 59–63; Walther Mitzka: Sprachausgleich in den deutschen Mundarten bei Danzig (Königsberger Deutsche Forschungen 2). Königsberg 1928; Ulrich Tolksdorf: Die Mundarten Danzigs und seines Umlandes. In: Danzig in acht Jahrhunderten. Beiträge zur Geschichte eines hansischen und preußischen Mittelpunkts (Quellen und Darstellungen zur Geschichte Westpreußens 23). Hg. v. Bernhart Jähnig u. Peter Letkemann. Münster 1985, S. 313–336; Hinweise in Ernst Förstemann: Aus dem alten Danzig (1820–1840). Danzig 1900, S. 29 f.; vgl. zum Dialekt auch: Etwas über den Danziger Dialekt. In: Gedana 1 (1815), Nr. 5 (2.2.). Die polnische Wissenschaft – auch die Germanistik – hat sich mit den niederdeutschen Dialekten der Gegend bislang nicht beschäftigt.

3 Jürgen Pinnow: Tausend Worte Danzigerisch. Kurze Einführung in das Danziger Missingsch. Westerland/Sylt [2]1998, S. 18 f.; Danziger Neueste Nachrichten 28 (1921), Nr. 57 (9.3.): Max Schemke: Vom Danziger Platt.

4 Zusammenfassend zum Begriff der raumbezogen Identitäten: Peter Weichhart: Raumbezogene Identitäten. Bausteine zu einer Theorie räumlich-sozialer Kognition und Identifikation (Erdkundliches Wissen 102). Stuttgart 1990.

5 Paul Simson: Geschichte der Stadt Danzig bis 1626. Bd. 2. Danzig 1917 (Reprint Aalen 1967), S. 371. Zur älteren Dialektgeschichte vgl. ders.: Die Sprache des Ebert Ferber-Buches. In: Altpreußische Monatsschrift 30 (1893), S. 652–668; Walter Stephan: Hoch- und Niederdeutsch als Amts- und Schriftsprache in Ordens- und Danziger Urkunden. In: Mitteilungen des Westpreußischen Geschichtsvereins 14 (1915), S. 22–24; Hans Barth: Zur Danziger mitteldeutschen Kanzleisprache. Diss. Danzig 1938 (mit dem Hinweis auf die bereits zu Beginn des 16. Jahrhunderts bestehende Zweisprachigkeit der Ratskanzlei, S. 19 f.); Ruth Sahm: Zur mittelniederdeutschen Kanzleisprache. Diss. Marburg 1943; Ingmar ten Venne: Stadtsprache oder Stadtsprachen: Zur Sprachlichkeit Danzigs im späten Mittelalter. In: Niederdeutsches Jahrbuch 121 (1998), S. 59–84 (mit dem Hinweis auf die vernachlässigte Forschung zur Sprachgeschichte Danzigs, S. 59 f.). Überblick zur Sprachgeschichte: Artur Gabrielsson: Die Verdrängung der mittelniederdeutschen durch die neuhochdeutsche Schriftsprache. In: Handbuch zur niederdeutschen Sprach- und Literaturwissenschaft. Hg. v. Gerhard Cordes u. Dieter Möhn. Berlin 1983, S. 119–153.

6 Johann Bernoulli: Reisen durch Brandenburg, Pommern, Preußen, Curland, Rußland und Pohlen in den Jahren 1777 und 1778. Bd. 1. Leipzig 1779, S. 160 f. Ähnliche Bemerkungen von Johann Timotheus Hermes zitiert Tolksdorf: Mundarten (wie Anm. 2), S. 323.

Behrend den lokalen Dialekt noch. Als er in jungen Jahren 1810 in Paris einen Landsmann traf, fielen beide sofort in das heimatliche Idiom als wichtiges – wenn nicht sogar das wichtigste – Zeichen der heimatlichen Symbolgemeinschaft und ihres Lebenszusammenhangs[7].

Mit dem sich beschleunigenden sozialen Wandel und dem Zuzug eines großen Teils des Bildungsbürgertums seit dem zweiten Viertel des 19. Jahrhunderts wurde das Platt als Umgangssprache immer stärker verdrängt. Auch die Schule hatte ihren Anteil am Sprachwandel; in den Kirchen wurde bereits seit Jahrhunderten hochdeutsch gepredigt[8]. Um die Mitte des 19. Jahrhunderts waren die meisten Bürger nicht mehr in der Lage, Plattdeutsch zu sprechen. Es wurde in immer stärkerem Maße zur Sprache der Handwerker und Arbeiter, bis es schließlich nur noch in den Vorstädten weiterlebte. Im Jahre 1885 hieß es, das Platt werde nicht nur in „vornehmeren Kreisen", sondern auch in der „Mittelklasse" nicht mehr verwendet[9], und zwanzig Jahre später wurde es „von den Gebildeten, auch wenn sie einheimisch sind, kaum noch verstanden, geschweige denn gesprochen"[10]. Es würde deshalb zu weit führen, die städtische Gesellschaft des modernen Danzig als diglossische Sprachgemeinschaft zu bezeichnen. Nur verhältnismäßig wenige Einwohner beherrschten Hoch- und Niederdeutsch gleich gut; es dürfte sich dabei seit der zweiten Hälfte des 19. Jahrhunderts meist um soziale Aufsteiger und/oder Zuwanderer gehandelt haben.

Ergebnis der Wanderungsbewegungen und sozialen Umschichtungsprozesse in der Moderne war die Ausbreitung des Missingsch, einer Mischsprache aus Platt und Hochdeutsch, das im 19. und beginnenden 20. Jahrhundert zur vorherrschenden lokalen Verkehrssprache wurde. Das Missingsch war mit seiner hochdeutschen Grundlage für Ortsfremde verständlich und – anders als das Platt – bis zu einem gewissen Grade auch für Personen erwerbbar, die es nicht „mit der Muttermilch" aufgesogen hatten. Es besaß zahlreiche lokale Charakteristika, die aus dem Niederdeutschen, aber auch aus dem Kaschubischen stammten[11]. In einer immer hetero-

---

7 Raimund Behrend: Aus dem Tagebuch meines Vaters Theodor Behrend in Danzig. Königsberg 1896, S. 4, 43.

8 Seidel: Mundart (wie Anm. 2), S. 28.

9 Danziger Zeitung 28 (1885), Nr. 15588 (10.12. Abendausgabe): Rezension von: Die alte Lehmann.

10 Danziger Zeitung 46 (1903), Nr. 79 (17.2.): Rezension von Domansky: Danz'ger Dittchen. Vgl. auch Ernst Förstemann: Aus dem alten Danzig (Gedanensia 4). Danzig 1900, passim.

11 Pinnow: Worte (wie Anm. 3), passim. – Pinnow hat dem Danziger Missingsch in seinem bescheiden „kurze Einführung" betitelten Werk ein sprachwissenschaftliches Denkmal gesetzt und mit viel Akribie sowohl eine kleine Lautlehre und Grammatik, als auch ein Wörterbuch verfaßt. Zu den Interferenzen zwischen Niederdeutsch und Kaschubisch vgl. Walter Kaestner: Niederdeutsch-slavische Interferenzen. In: Handbuch zur niederdeutschen Sprach- und Literaturwissenschaft (wie Anm. 5), S. 678–729, hier v. a. S. 687 f., 703–705; vgl. auch Ernst Förstemann: Slavische Elemente in deutschen, namentlich westpreußischen Volksmundarten. In: Zeitschrift für vergleichende Sprachwissenschaft 1 (1852), S. 412–429. – Allgemein zum Missingsch als Mischsprache von Nieder- und Hochdeutsch: Hermann Collitz: Missingsch. In: Jahrbuch des Vereins für niederdeutsche Sprachforschung 37 (1911), S. 110–113; Willy Sanders: Sachsensprache, Hansesprache, Plattdeutsch. Sprachgeschichtliche Grundzüge des Niederdeutschen. Göttingen 1982, S. 168–171 (mit weiterer Literatur).

generen Gesellschaft löste das Missingsch das Platt als sprachliche Identifikationsebene ab. Es war zwar ebenfalls sozial differenziert und in je unterschiedlichem Maße von Begriffen aus dem Niederdeutschen, dem Kaschubischen, sozialen Randsprachen oder anderen Mischsprachen wie dem Berlinerischen durchsetzt, prägte aber spätestens nach seiner schriftlichen Kodifizierung durch Fritz Jaenicke Anfang des 20. Jahrhunderts die Selbstwahrnehmung der lokalen Gemeinschaft in all ihren Schichtungen.

*

An der Entwicklung der Danziger Dialektdichtung, einer bislang völlig unbeachtet gebliebenen Regionalliteratur[12], lassen sich die sprachlichen Veränderungsprozesse ebenso wie die Identifikationsbedürfnisse in der Stadt verfolgen. Zunächst schrieb man Niederdeutsch, erst sehr spät die Stadtsprache Missingsch. Es war die Danziger Bürgertochter Luise Adelgunde Viktorie Kulmus (1713–1762), Gattin von Johann Christoph Gottsched, die das lokale Platt in ihrem Lustspiel „Die Pietisterey im Fischbein-Rocke“ (1736) in die hochdeutsche Literatur einführte. In diesem Stück stellt eine „gemeine Bürgerfrau“ den scheinheiligen pietistischen Magister zur Rede, der ihre Tochter verführt hat, und droht ihm schließlich in einer längeren Passage in Platt. Das hört sich beispielsweise so an: „Da sall em de Düvel der veer halen! Eck wöll'm vor't Constorien kriegen...“[13]. Diese Textstelle

---

12 Zu Begriff und grundlegenden Problemen von Dialektdichtung siehe: Walter Haas: Dialekt als Sprache literarischer Werke. In: Dialektologie. Ein Handbuch zur deutschen und allgemeinen Dialektforschung. Hg. v. Werner Besch u. a. Bd. 1.2. Berlin, New York 1983, S. 1637–1651. – Zur Danziger Dialektliteratur gab es bislang nur einen kurzen und unvollständigen Überblick bei Bruno Pompecki: Literaturgeschichte der Provinz Westpreußen. Ein Stück Heimatkultur. Danzig 1915, S. 173–182, hier allerdings über die Dialektliteratur ganz Westpreußens; außerdem übergreifend Ulrich Tolksdorf: Die Mundartliteratur Westpreußens. In: Westpreußen-Jahrbuch 42 (1992), S. 65–82; Reinhard Goltz: „Kleinliteratur, oft namenlos, aber als Sprache des Herzens immer wertvoll“. Niederdeutsche Literatur des 19. Jahrhunderts in Ost- und Westpreußen. In: Das Preußenland als Forschungsaufgabe. Eine europäische Region in ihren geschichtlichen Bezügen (Einzelschriften der Historischen Kommission für ost- und westpreußische Landesforschung 20). Hg. v. Bernhart Jähnig u. Georg Michels. Lüneburg 2000, S. 493–509 (hier nur wenig zu Danzig). Eine Zusammenstellung einiger Danziger Dialektautoren in: Bernhard Sowinski: Lexikon deutschsprachiger Mundartautoren. Hildesheim 1997, S. 710. Von den hier Genannten konnte Julius Groß nicht identifiziert werden; Theodor Albert schrieb in „Niederunger“ bzw. Elbinger Mundart und Ferdinand Herter (1840–1903) legte zwar niederdeutsche Gedichte vor, ohne dabei allerdings Danziger Spezifika zu berücksichtigen. – Zum Konzept der Regionalliteratur im Rahmen der Mundartforschung siehe: Dieter Stellmacher: Gibt es Regionalliteratur? Eine Bilanz von sieben Soltauer Symposien. In: Niederdeutsch. Sprache und Literatur der Region (Literatur – Sprache – Region 5). Hg. v. Ursula Föllner. Frankfurt/Main u. a. 2001, S. 35–40. – Als *Regional*literatur ist die eigentliche *Danziger* Dialektdichtung um jene des Umlands zu ergänzen, also insbesondere des Werders. In diesem Aufsatz wurden zwar lediglich solche Autoren berücksichtigt, die in Danzig lebten bzw. aus Danzig stammten, doch schöpften sie – wie sich unten zeigen wird – ihre Themen häufig aus der vitalen niederdeutschen Sprachgemeinschaft des Werders.

13 Luise Adelgunde Viktoria Gottsched: Die Pietisterey im Fischbein-Rocke; Oder die Doctormäßige Frau. Rostock ²1737 (Neuauflage Stuttgart 1968), 4. Akt, 4. Aufzug. Zit. nach: Alfred Lowack: Die Mundarten im hochdeutschen Drama bis gegen Ende des achtzehnten Jahrhunderts.

soll natürlich belustigend wirken – in einer Zeit, in der die Gottschedin mit ihrem Gemahl an der Ausbildung einer hochdeutschen Nationalliteratur mitwirkte, galt die Verwendung von Dialekt bereits als bewußter Stilbruch, als Kuriosität. (Gleichwohl beherrschte sie ihn bestens.)

Auch Anna Renate Breyne wußte sich im Niederdeutschen zu einer Zeit schriftlich auszudrücken, als es in Danzig eigentlich nur noch im mündlichen Gebrauch war. Diese hochgebildete Danziger Bürger- und Gelehrtentochter schrieb ungefähr zur selben Zeit wie die fern ihrer Heimatstadt lebende Gottschedin einige plattdeutsche Gelegenheitsgedichte, bediente sich damit also einer poetischen Rückzugsform für Mundart, in der sich Intimität mit adressatenorientierter Komik paarten. So beginnt ein poetischer Glückwunsch an ihren Vater Johann Philipp Breyne (geb. 1680) mit folgenden gutmütigen Zeilen:

> Myn trutstt Hertz Vadercken!
> eck wensch en goden Dag,
> On dat dit Zeddelcken, em munter finden mag.
> Eck heb vor langer Tyt als gantz gewess vernahmen,
> Dat he op disen Dag es op de Welt gekahmen;
> Drom heb eck so stoddeert, on wul recht hardlich gern
> Met eenen schönen Vers, em darto gratoleeren [...].[14]

Genauso wie die Verse des Fräulein Breyne können auch die scherzhaften plattdeutschen Prosa-Texte in der Danziger moralischen Wochenschrift „Der Freydenker" (1741–43) noch als „Nachklingen der mittelniederdeutschen Schreibtradition"[15] gewertet werden. Es gibt hier so vergnügliche Stücke wie den Brief der berufsstolzen Putzfrau Anntrien Ollentraut („Wat hebb gy met ons Fruen, on met onsem Reinmaaken te doon. Kän gy ons nich to Fräden laten?"), einen Brief über die Erziehung, einen über das Trinken der Frauen; als Vorläufer von Fritz Jaenik-

---

Ein Beitrag zur Geschichte des deutschen Dramas und der deutschen Dialektdichtung (Breslauer Beiträge zur Literaturgeschichte 7). Leipzig 1905, S. 153 f. Zu diesem Schauspiel vgl. zuletzt Helga Brandes: Luise Adelgunde Viktoria Gottsched: Die Pietisterey im Fischbein-Rocke; Oder die Doctormäßige Frau. In: Interpretationen: Dramen vom Barock bis zur Aufklärung, Stuttgart 2000, S. 200–223; dies. In: Dramenlexikon des 18. Jahrhunderts. Hg. v. Heide Hollmer u. Albert Meier. München 2001, S. 110–112; mit dem Hinweis, daß es sich eigentlich um Königsberger Mundart handele Tolksdorf: Mundarten (wie Anm. 2), S. 325; später änderte Tolksdorf allerdings seine Meinung und behauptete, die Textpassagen ließen sich als Danziger Platt ansehen: Tolksdorf: Mundartliteratur (wie Anm. 12), S. 70. – Siehe auch: Danziger Neueste Nachrichten 20 (1913), Nr. 83 (10.4.): Prof. Dr. Schultz: Die Gottschedin in Danzig. – Zur Verwendung von Dialekt in der hochdeutschen Literatur: Jürgen Hein: Darstellung des Dialektsprechers in der neueren deutschen Dichtung. In: Dialektologie (wie Anm. 12), S. 1625–1636.

14 Anna Renata Breyne: Kleine Sammlung Poetischer Einfälle bey müssigen Stunden verfertiget [...]. Dantzig 1748. Zit. nach: Walther Domansky: Anna Renata Breyne's aus Danzig plattdeutsche Gedichte (1743 [sic!]). In: Jahrbuch des Vereins für niederdeutsche Sprachforschung 37 (1911), S. 140–144, hier S. 144; Danziger Neueste Nachrichten 18 (1911), Nr. 244 (17.10.): Eine Danziger Dicherin des 18. Jahrhunderts; Alicja Kurkowa: Jakub i Jan Filip Breynowie. Studium z dziejów kultury książki XVII i XVIII wieku [Jacob und Johann Philipp Breyne. Studien zur Geschichte der Buchkultur im 17. und 18. Jahrhundert]. Wrocław u. a. 1989, v. a. S. 81–83.

15 Sanders: Sachsensprache (wie Anm. 11), S. 174.

kes Maurerpolier Poguttke erscheint ein Kornkapitän (Hafenaufseher), der zu seinem Stammtisch einlädt: „Daar hebb eck myn gewösset Huus woor eck nu all mennich Jahr dagdäglich verkehr“[16].

Im Gegensatz zu dieser literarischen Verwendung des Dialekts dürften die Poetereien des Großkaufmanns (Holz- und Getreidehandel) und holländischen Konsuls Cornelius von Almonde (1753–1844) bereits zu den von der Romantik geprägten Versuchen gehören, eine entschwindende Sprache (hier wohl auch: der eigenen Jugend) angesichts der zunehmenden hochdeutschen Überlagerung nochmals schriftlich zu fixieren; wichtig war wahrscheinlich zudem schon das Bemühen, den nationalen (nationalsprachlichen und nationalkulturellen) Unifikationsprozessen durch eine Betonung lokaler Differenz entgegenzutreten. Anders als Almonde waren die meisten Träger dieser kulturkonservativen, lokalpatriotischen Bewegung allerdings zugewandert und beherrschten die lokalen Sprachen nicht (wie die Künstler und Vorkämpfer der Denkmalschutzbewegung Johann Carl Schultz und Rudolf Freitag). Almonde schrieb Platt-Gedichte (in der Nehrungs-Mundart[17]), die er in Zeitschriften veröffentlichte, ohne damit über einen kleinen Kreis philologisch Gebildeter hinaus bekannt zu werden. Sie tragen Titel wie: „Dat verlearne Paradis. Von enem Metneaber der Dantzker Nearing ter Tid as de Franschen em Hus on Hof verbrennt hadden“[18]. Bemerkenswert ist, daß sie sich meist auf die Bewohner der Binnennehrung und des Werders beziehen, also auf eine Danzig benachbarte Dialektgruppe, in der sich das Niederdeutsche noch bis zur Mitte des 20. Jahrhunderts behaupten sollte; Almonde hatte als Mennonit enge verwandtschaftliche Beziehungen ins Werder.

Als Literatursprache sollte das Danziger Platt allerdings erst Jahrzehnte später populär werden. Zu verdanken ist dies dem frühpensionierten Pfarrer und Schriftsteller Walther Domansky (1860–1936). Dieser in protestantischen Kreisen Deutschlands und besonders in Danzig beliebte Novellist und Gebrauchslyriker, ein häufiger Gast in den Spalten der lokalen Zeitungen, legte erste niederdeutsche Gedichte in der Presse vor, ehe er im örtlichen Verlag L. Saunier zwei schmale Gedichtbände publizierte, „Danziger Dittchen“ (1903) und „Ein Bundchen Flundern“ (1904)[19]. Das Titelgedicht zum ersten Band erklärt des Autors Anliegen:

---

16 Walther Mitzka: Danziger Niederdeutsch in Moralischer Wochenschrift 1741–1743. In: Jahrbuch des Vereins für niederdeutsche Sprachforschung 92 (1969), S. 81–93, hier auch die Zitate (S. 88, 86).

17 So Tolksdorf: Mundarten (wie Anm. 2), S. 318.

18 Cornelius von Almonde: Dat verlearne Paradis. Von enem Metneaber der Dantzker Nearing ter Tid as de Franschen em Hus on Hof verbrennt hadden. Zit. in: Lehmann: Die Volksmundarten in der Provinz Preußen. In: Preußische Provinzial-Blätter 27 (1842), S. 5–63, hier S. 41–44; Bruno Pompecki: Literaturgeschichte der Provinz Westpreußen. Ein Stück Heimatkultur. Danzig 1915, S. 175 f.; Karl Goedeke: Grundriß zur Geschichte der deutschen Dichtung. Bd. 7. Dresden 1898, S. 564; Bd. 14. Berlin 1959, S. 863. – Almonde gründete 1815 zusammen mit Theodor Behrend ein Handelshaus.

19 Zu Domansky vgl. Altpreußische Biographie. Bd. 1. Königsberg 1936, S. 146; Wilhelm Kosch: Deutsches Literatur-Lexikon. Bd. 3. Bern, München 1971, Sp. 433; Unvergessener Walther Domansky. In: Unser Danzig 9 (1957), Nr. 8 (16.4.), S. 18.

Danz'ger Dittchen, so heww eck genannt
Mine Gedicht'. Wer jenne noch kannt',
Ward geern sich damet de Tiet verdreewe,
Wenn em de Freid' am Ollen gebleewe,
On wenn de junge Generatschon
Uck sich dran freit, es't min bester Lohn![20]

Ganz augenscheinlich galt um die Jahrhundertwende der Dialekt als ein von der Modernisierung bedrohtes Relikt, zumindest aber als Kuriosum in einem Bürgertum, das sich seit mehreren Jahrzehnten erfolgreich hochdeutsch vergesellschaftet hatte. Die „junge Generatschon" sollte über ein neues Verständnis der Umgangssprache ihrer Väter und Vorväter lokale Identität generieren, ein Motiv, das die Renaissance der niederdeutschen Dichtung seinerzeit auch in anderen Gegenden Norddeutschlands beflügelt haben dürfte. Domansky war der Sohn eines Schiffskapitäns und hatte als solcher in seiner Jugend sicherlich engen Kontakt zum Niederdeutschen gehabt. Dennoch machte sich die Distanz zwischen aktueller Lebenswelt und persönlicher Erinnerung bemerkbar – beim Schreiben seiner Verse mußte er sich bereits sprachlichen Rat holen. Im Vorwort zu den „Dittchen" erklärt Domansky, seine Gedichte „nicht ohne mannigfachen Beirat aus höheren und niederen Ständen" verfaßt zu haben, wobei die meisten Wörter „gleichsam von der Zunge befühlt" und mühsam in schriftliche Form gebracht worden seien[21]. Um sie einer größeren Leserschaft zugänglich zu machen, kam der Autor allerdings nicht um einen großen Anmerkungsapparat herum – beinahe jedes zweite Wort wird ins Hochdeutsche übersetzt. Dennoch dürften viele potentielle Rezipienten aufgrund der Mühsal des steten Blicks in die Fußnoten nicht nur um den poetischen Genuß gekommen sein, sondern die Lektüre gar nicht erst begonnen haben. Das Niederdeutsche war eben keine allgemeinverständliche lokale Verkehrssprache mehr.

Thematisch kreisen Domanskys Dialekt-Gedichte um Landschaften und Stadtbilder, sie beschreiben kleine Begebenheiten des täglichen Lebens oder erzählen bekannte Geschichten nach. So gibt es Stimmungsbilder vom Langen Markt, vom Milchkannenturm, aus der Großen Allee:

Dor buten vär'm Olevschen Dor,
Wo de Allee föhrt nah Langfohr,
Geiht jede Danz'ger moal spazeern,
On Mancher deiht't uck däglich geern. [...][22]

Diese Darstellung sollte schon bald nur mehr ein nostalgischer Rückblick sein, vielleicht war sie es auch jetzt bereits: Der Verbindungsweg zwischen dem Stadt-

---

20 Walther Domansky: Danz'ger Dittchen. Danzig 1903, S. 5. Das erste belegbare Dialektgedicht Domanskys in der Danziger Presse erschien in den Danziger Neuesten Nachrichten 9 (1902), Nr. 58 (10.3.). – „Dittchen" wurde in Danzig eine bestimmte kleine Münze genannt.

21 Domansky: Danz'ger Dittchen (wie Anm. 20), S. 3.

22 Dat ännert sich, so met de Tiet! Ebd., S. 10 f.

zentrum und der aufstrebenden Vorstadt Langfuhr, die Große Allee, entwickelte sich rasch zu einer belebten Verkehrsader, an der von geruhsamen Spaziergängen immer weniger die Rede sein konnte. Themen anderer Verse Domanskys sind Frau Holle, ein sprechender Kanarienvogel, ein Sommerabend oder eine Wettgeschichte; eines der schönsten Gedichte ist das vom „jungen Kuulbarsch", der an der Menschheit zu zweifeln beginnt, weil er einen Zigarrenstummel verschluckt hat:

Deep en de Mottlau opp de Grund,
Wo all' de Feschkes speele,
Dor schwemmt een Kuulbarsch fett on rund,
Doch schient emm wat to fehle.[23]

Domanskys von der Heimatkunstbewegung inspirierten Dialektgedichte zählen nicht nur zu den besten Schöpfungen des Autors, sondern der Danziger Dialektdichtung überhaupt.

Einige Jahre nach Domansky legte der Danziger Arbeiterdichter Gustav Kroß (1864–1962) seine plattdeutsche Gedichtsammlung „Danziger Uhlenspiegel" vor. Der Schraubendreher auf der Kaiserlichen Werft wurde wesentlich von dem Journalisten und Schriftsteller Herbert Sellke gefördert, der wahrscheinlich auch die Anregung zur Niederschrift der Dialektverse gab. Kroß versammelt hier einige längere humoristische Gedichte, aber auch Ernstes, so wenn er über seine Muttersprache schreibt:

Min Muttersproak, wie klingst du doch
So trulich on so schlicht.
Manch blöder Dohr, de sächt uck noch,
Du klingst, als wenn doa kwart e Pogg,
Als wenn de Kasper[a] schricht.
[...]
Loat se man schähn wie't ehre Quart[b],
Du findst uck dinen Platz.
En manchem Harte ligst du zoart
On löw on trulich oppbewoahrt,
Als wie ehn helge Schatz.[24]

[a] Kasper = Wachtel; [b] Quart = Art.

23 De junge Kuulbarsch. In: Walther Domansky: Ein Bundchen Flundern. Danzig 1904, S. 23 f.

24 Gustav Kroß: Min Muttersproak. In: Danziger Uhlenspiegel. Spaß und Spott in Versen plattdeutscher Mundart. Danzig 1912, S. 75. – Zu Kroß: Danziger Neueste Nachrichten 46 (1939), Nr. 122 (27./28.5.); Altpreußische Biographie. Bd. 4. Marburg/Lahn 1995, S. 1419 f. – Das Gedicht ist möglicherweise ein Reflex auf Klaus Groths Gedicht „Min Modersprak", das seine für die Neubelebung der niederdeutschen Literatur bahnbrechende Sammlung „Quickborn" einleitet: „Min Modersprak, wa klingst du schön! / Wa büst du mi vertrut! / Weer ok min Hart as Stahl un Stehen, / Du drevst den Stolt herut. [...]". Zit. nach: Claus Schuppenhauer: Plattdeutsche Klassiker 1850–1950. Wege zur niederdeutschen Literatur. Leer 1982, S. 8. Wolfgang Stammler bezeichnet dieses Gedicht Groths als eigentlich hochdeutsch empfundenes „Gefühlsel", hebt aber zugleich die große Bedeutung seiner Dialektlyrik für die nachfolgenden Generationen niederdeutscher Schriftsteller hervor (Wolfgang Stammler: Geschichte der niederdeutschen Literatur. Leipzig, Berlin 1920, S. 86, 88).

Das trotzige Beharren auf dem Platt, das Kroß in seinen deutschnationalen Dramen aus der Danziger Geschichte übrigens aufgab, ging bei den Autoren häufig einher mit der Erinnerung an die eigene Jugend, die der sprachnivellierenden Gegenwart gegenübergestellt wurde. So verteidigt Kroß seine „Muttersproak" gegen „manch blöde[n] Dohr", der sich über sie lustig macht – sei es, weil er das Hochdeutsche als Erkennungszeichen sozialen Erfolgs einsetzt, sei es, weil er sie nicht versteht. Angesichts dessen fragt man sich, wer derartige Literatur überhaupt gelesen hat. Wahrscheinlich nur einige Enthusiasten – jedenfalls veröffentlichte Kroß nichts mehr im Platt, wie überhaupt keines der Bücher im Danziger Dialekt eine zweite Auflage erlebte und sie auch nach Jahren noch in den Buchhandlungen der Stadt zu haben waren.

Ein ähnliches Motiv für die Verwendung des Niederdeutschen wie bei Kroß dürfte die aus dem Danziger Werder stammende Jenny Wüst, geb. Bulcke (1846–1932), geleitet haben[25]. Die in Danzig lebende Schriftstellerin schrieb zu Beginn des 20. Jahrhunderts in der Tagespresse Prosa und Lyrik über ihre Kindheit und tat dies immer wieder in der Sprache des Werders, sei es als sprachliche Einflechtung in hochdeutsche Texte, sei es in Form ganz im Niederdeutschen gehaltener Gedichte. Auch hier dient das Platt nicht einem prospektiven Identitätsdiskurs, sondern der retrospektiven, kollektiven Vergegenwärtigung verlorener (sprachlicher) Wirklichkeiten. Die verhältnismäßig breite Rezeption, die Wüst in der Stadt fand, deutet auf die engen Beziehungen hin, die Danzig zum Werder pflegte; man fühlte sich an der Mottlau dieser großbäuerlich geprägten Niederungsgegend sehr verbunden, während die ärmeren – und überwiegend kaschubisch bewohnten – Landstriche westlich der Stadt „auf der Höhe" für das Danziger Selbstverständnis von viel geringerer Bedeutung waren.

Auch nach dem Ersten Weltkrieg blieben die niederdeutschen Dialekte der Stadt Danzig und ihrer Umgebung für manchen Autor ein literarisches Gestaltungsmittel. Am bekanntesten wurde Herbert Sellke (1882–1939), ein Journalist, der nach einer Reihe von Dramen, Gedichten und einem Roman 1924 eine plattdeutsche Novellensammlung veröffentlichte. Die Texte stellen das Leben der unteren Gesellschaftsschichten dar – Handwerker, Arbeiter und Bauern. Der Autor schöpfte hierbei aus den Erinnerungen an seine Kindheit, die er zum Teil bei der väterlichen Familie im Werder verbracht hatte. Aus seiner Widmung geht der retrospektive Anreiz zur Dialektliteratur deutlich hervor: „Miene Ällre on Veerällre, von de dat op mi kohme äs"[26]. Auch diese Texte wären ohne das beigefügte ausführliche

25 Erste Veröffentlichungen in der wöchentlichen Beilage zur Danziger Zeitung „Heimat und Welt", 1907, Nr. 27 (3.7.): Erinnerungen einer alten Werderanerin. Die Mutter – von da an einige Jahre hindurch sehr oft. Die Texte mischen Hochdeutsch und Plattdeutsch. Vgl. auch Jenny Wüst: Dat grote Glöck. Erinnerung einer alten Werderanerin. Danzig 1910; dies.: Verkannt. Eine Geschichte aus dem Danziger Werder zur Zeit der Franzosenherrschaft. Danzig 1914; einige Gedichte auch in der Sammlung von Max Schemke: Danziger Bloomegoarde. Kruut onn Onnkruut ut oller onn nieger Tied. Danzig 1922, hier S. 72 f., 106–114.

26 Herbert Sellke: Nohberschlied. Ein plattdeutsches Novellenbuch. Danzig 1924. Der Autor veröffentlichte noch ein weiteres kleines plattdeutsches Büchlein: De grote Sewen. Danzig 1929. –

Wörterbuch vielen Angehörigen des Danziger Bürgertums kaum mehr verständlich gewesen.

Der Mittelschullehrer Max Schemke (1876–?), der seine Kindheit im noch ländlich und kleinindustriell geprägten Oliva verlebt hatte und seit 1902 bei und in Danzig arbeitete, legte zur selben Zeit zwei Dialekt-Bücher vor. Inspiriert worden war er von der neuen Suche nach der Heimat, die nach dem für weite Teile der Gesellschaft als traumatisch empfundenen Zusammenbruch des Kaiserreiches einsetzte und im zur Freien Stadt erhobenen Danzig besonders gepflegt wurde. Schemke beteiligte sich also nicht nur an der Flurnamensammlung des Danziger „Deutschen Heimatbundes“[27], sondern veröffentlichte 1922 auch eine Anthologie von Dialekt-Texten: „Danziger Bloomegoarde. Kruut onn Onnkruut ut oller onn nieger Tied“ vereint eigene und fremde Gedichte, Sprichwörter und Redensarten aus Danzig („Danz'ger Spoaßkes“), Kinderreime und Märchen aus der Umgebung. Schemke wollte mit seiner Veröffentlichung die Mundart als einen Damm gegen alle Einflüsse des „Internationalismus“ errichten, die – wie er in seinem Vorwort schrieb – „bestrebt sind, deutsche Art und deutsches Wort aus Danzig zu verdrängen“[28]. Zwei Jahre später ließ er seine „Märkes und Powjooskes“ „Wat Ohmke vertällt“ folgen. Es handelte sich um Märchen und Anekdoten aus Danzig und seiner Umgebung, die dank eines ausführlichen Wortverzeichnisses auch für Personen lesbar waren, die das Niederdeutsche nicht beherrschten. Ein Beispiel mag Sprache und Humor des Autors verdeutlichen – Ort des Geschehens ist, wie so oft in der Danziger Platt-Literatur, die nach wie vor lebendige niederdeutsche Sprachgemeinschaft des Danziger Werders:

> De Bur on de Uhl. Noch een Märke tom Foppe.
>
> Dat wör mol een oller Bur, de had eene Uhl. Jeder von de beids saat en eene Äck. On de Bur sach de Uhl oan, on de Uhl sach de Bur oan. On nu wacht ma, bet sick de beids genog oangekickd hewwe; dänn war eck di dit Märke wieder vertälle.[29]

Zu Sellke: Erich Slowikowski: Herbert Sellke. In: Ostdeutsche Monatshefte 8 (1927), H. 2, S. 125–132; Altpreußische Biographie. Bd. 5. Marburg/Lahn 2000, S. 1701.

27 Die Motive der Flurnamensammlung waren ähnlich wie jene der Dialektdichtung. So führte der Mittelschulrektor Paul Gehrke 1921 in einem Vortrag über die Flurnamensammlung vor dem Heimatbund aus: „Eine genauere Kenntnis unserer Heimat wird nach der Sammlung der Lohn sein. [...] Mit Staunen wird man sehen, wie ein ehrenwertes, arbeitsames Geschlecht, das Hunderte von Jahren auf derselben Scholle sitzt, seiner lieben Flurnamen ebenso wenig vergessen hat wie seiner alten Hofmarken“. – Danziger Neueste Nachrichten 28 (1921), Nr. 63 (16.3.), Beilage Volk und Heimat: Flurnamen in Danzig.

28 Max Schemke: Danziger Bloomegoarde. Kruut onn Onnkruut ut oller onn nieger Tied. Danzig 1922, das Zitat auf S. 8. Zu Schemke vgl. Robert Franke (Hg.): Danziger Bürgerbuch. Bilder aus Leben und Wirken Danziger Männer und Frauen. Danzig 1927, S. 102; Danziger Neueste Nachrichten 44 (1937), Nr. 10 (13.1.). Zum neuen Interesse am Platt siehe auch: Danziger Neueste Nachrichten 27 (1920), Nr. 12 (15.1.): S–e (Sellke): Das Danziger Platt und die Schulen. – Schemke griff für seine Anthologie meist auf die literarische Produktion von Kroß, Sellke, Domansky und Wüst-Bulke zurück und druckte zudem einige Stücke der (nicht in Danzig lebenden, sondern aus dem Werder bzw. aus Elbing stammenden) Autoren Violet, Frischbier, Th. Albert und Zellmann.

29 Ders.: Wat Ohmke vertällt. Märkes und Powjooskes ut de Danzger Gegend. Danzig 1924, S. 46.

Platt schrieb auch Otto Müller (1886–1980), der aus dem am Rande des Werders gelegenen Klein Plehnendorf (Płonia) stammte und Volksschullehrer im Danziger Fischer-Vorort Brösen war[30]. Er, der ein sehr gutes Platt gesprochen haben soll, veröffentlichte außer einer Sagensammlung[31] lediglich Pressebeiträge. Bei seinen wenigen Balladen, die mir bekannt geworden sind, handelt es sich um klangvoll erfundene Gedichte, in denen der breite Dialekt gut zur Geltung kommt. Beispielsweise die Ballade „Dat ‚Jüngste Gericht'" zum 450. Todestag von Paul Beneke:

> De Nacht wer so schwoart, on de Stormwind de hielt
> Dorch Stengen on Spriet, ewer Board, ewer Deel;
> On Rolling om Rolling rollt raner on gield
> Met luchterne Oogs no dem hohe Kraweel.
> „Gräelhäele Lichting on Donnerschlag!
> Nu word woll dat Seewoater ranzig!
> Wat well met de rodige Fieerflagg
> Em witte Kanol hier de ‚Peter von Danzig'?
> Dat Danziger Scheppervolk lachd drop und sung:
> Paul Ben'ke on wie – wie froagen dor nischt noa!"
> [...][32]

Oder über den Angriff der Hussiten 1433 auf Danzig:

> Wat lidden de Glocken so hieser on bang? –
> Storm! Storm!
> On de Wäechter vom Torm
> dorcht Nebelhorn schricht he de Strooten entlang:
> „De Fiend es en Sicht,
> wer wehrt sich dor nicht!" –
> On de Danziger Torms on de Danziger Wäele
> wild rass'le von Tortsche on Hornisch on Ormbrost,
> on Steenkugle prass'le en grusiger Lost,
> on de Himmel steiht bowen en flammiger Haele,
> oe de Gläekner am Glockenstrang emmerto rieten:
> „Storm! veer Danzig, dor stohne de böhmsche Hussiten!"
> [...][33]

Es ist eine Aufgabe für Sprachwissenschaftler, zu untersuchen, ob der Eindruck, den man bei der Lektüre dieser Gedichte hat, daß Müller sich nämlich bemühte, ein auch für hochdeutsch sprechende Leser verständliches Niederdeutsch zu schreiben, tatsächlich zutrifft. Der Vergleich mit den Gedichten von Kroß und Domansky läßt einen derartigen Schluß jedenfalls zu. Müller versuchte sich übrigens

---

30 Zu Müller einige Informationen in: Danziger Hauskalender 34 (1982), o. Pag.

31 Otto Müller: Sagen aus dem Weichselland. Danzig 1942.

32 Danziger Neueste Nachrichten 30 (1923), Nr. 289 (13.12.), Beilage Volkstum und Heimat: Otto Müller: Dat „Jüngste Gericht". Paul Beneke tum 450. Johrsdag fienet Owendieert.

33 Hussiten vor Danzig, 1433. In: Danziger Heimatkalender 1928, S. 31 f.

auch an einem Roman, der im Werder des 19. Jahrhunderts spielt und ebenfalls Platt-Passagen enthält[34].

Einer der von der nationalsozialistischen Literaturpolitik der Freien Stadt unterstützten jungen Dichter, der Regieassistent am Danziger Staatstheater Ernst Frieböse (1907–1945), stammte aus Brodsack (Chlebówka) aus dem Großen Werder[35]. Er veröffentlichte in Danzig mehrere Lyrikbändchen in Platt, deren Gedichte meist das Leben der Nehrungsfischer zum Thema haben. In seinen „Lust'jen Riemsels on Vertällkes" „Foorts tom Bejuche!" (1936), dem Band „Zockerschnuut on sonst noch allerhand" (1937) und in „Pust di man ni opp! Eene Mütz voll Danzjer Riemels" (1939) ging es ihm um Unterhaltung und Situationskomik, von der bereits die Titel der Verse zeugen: „De Rodelboahn", „De Buer em Thioater" oder „Eck on mine Oma". Die Motivation dieser anspruchslosen Werkchen war eine andere als die seiner Vorgänger: Hatten Domansky und Kroß versucht, ein entschwindendes Element der städtischen Lebenswelt nochmals schriftlich zu fixieren, und hatte Schemke sich darum bemüht, durch die Vermittlung des Dialekts eine Antwort auf die Sinnfrage in der Nachkriegszeit zu geben, begnügte sich Frieböse damit, Literatur für das Volk zu schreiben. Damit entsprach er den antiintellektuellen Tendenzen des nationalsozialistischen Regimes, denen er auch in seinem hochdeutschen Schaffen entgegenkam, was in Gedichtzeilen wie „Um deiner Heimat willen bist du da, / Du schuldest deinem Volk dein heißes Blut"[36] klar zum Ausdruck kommt. Mit Platt-Gedichten trat auch der Danziger Arbeiter Otto Fasel hervor[37].

Sollte es noch eines Beweises für die geringe Bedeutung des Dialekts in den sogenannten „höheren Kreisen" Danzigs bedürfen, so sei kurz auf den Spielplan des Danziger Stadttheaters hingewiesen. Während das Platt-Theater in anderen Städten des niederdeutschen Sprachgebiets, namentlich in Hamburg, das ganze 19. Jahrhundert hindurch bis ins 20. Jahrhundert hinein eine bedeutende Rolle spielte, sind im Repertoire des Danziger Stadttheaters keine Stücke im lokalen Platt nachzuweisen[38]. Sehr wahrscheinlich fehlten dazu sowohl das Publikum (als preußischer Bildungsbürger sprach man eben kein Platt und vergesellschaftete sich hochdeutsch) als auch die Schauspieler, die zum größten Teil nicht aus Danzig stammten und somit auch den lokalen Dialekt nicht beherrschten. Wenn aber dann doch einmal Niederdeutsch auf der Danziger Bühne erklang, dann von Gastschauspielern wie Emil Richard, der am 26. April 1902 bei einer „Dialect-Soirée" Texte von

34 Otto Müller: Der Durchbruch. Roman aus der Danziger Binnen-Nehrung. In: Danziger Zeitung 70 (1927), Nr. 19 (20.1.) – 47 (17.2.).

35 Hildegard Engelmann: Ernst Frieböse. In: Westpreußen-Jahrbuch 3 (1953), S. 57–60; Altpreußische Biographie. Bd. 5. Marburg/Lahn 2000, S. 1582.

36 Ernst Frieböse: Um deiner Heimat willen. Danzig 1938, S. 5.

37 U. a. Danziger Neueste Nachrichten 39 (1932), Nr. 63 (15.3.): Schluddrise Morje.

38 Allgemein zum niederdeutschen Drama: Ulf Bichel: Drama. In: Handbuch zur niederdeutschen Sprach- und Literaturwissenschaft (wie Anm. 5), S. 391–411; zum Hamburger Mundarttheater der Klassiker von Karl Theodor Gaedertz: Das niederdeutsche Schauspiel. Zum Kulturleben Hamburgs. 2 Bde. Hamburg 1894 (ND Hamburg 1988).

Fritz Reuter deklamierte[39]. Eine eingehende Spielplananalyse des Danziger Theaters steht allerdings noch aus, übrigens ebenso wie eine Untersuchung der lokalen Unterhaltungs- und Privatbühnen[40].

*

Während das Niederdeutsch von Danzig und Umgebung die häufigste Form sprachlicher Regionalisierung in der Literatur war, trat das Missingsch erst zu Beginn des 20. Jahrhunderts in die Belletristik ein. Es ist das große Verdienst des Journalisten Fritz Jaenicke (1885–1945), diese Mischsprache verschriftlicht und in seinen wöchentlichen Glossen in den „Danziger Neuesten Nachrichten“ zu ungemeiner Popularität verholfen zu haben[41]. Studiert, künstlerisch hochgebildet und weitgereist, entwickelte er die durch und durch lokale Form der Glosse im Missingsch, in der er am Samstag die Ereignisse der vergangenen Tage launig und mit viel Humor Revue passieren ließ. Jaenicke standardisierte damit eine Umgangssprache, die sich von Stadtviertel zu Stadtviertel und abhängig vom sozialen Status der Sprecher unterschied.

Hauptfigur der teils in Prosa, teils in Versen geschriebenen Glossen ist der Maurerpolier a. D. Franz Poguttke, ein geborener Danziger, Hausbesitzer in der kleinbürgerlich geprägten Altstadt und Senior des „Danziger Stammtisches der Alten Eichen“ – kurz: ein Inbegriff städtischen Spießbürgertums und ein lokales Äquivalent zu Fritz Reuters „Missingsch“-sprechendem Inspektor Bräsig aus der „Stromtid“. Poguttkes Frau – die „Ollsche“ Olga –, der Freund Adolf Scharweiter, dessen Gattin, Frau Piestaniewski – die Aufwartefrau der Poguttkes –, und Poguttkes Hund Brummer bilden die feste Personnage der als „Stammtischgespräche“ bezeichneten Texte. Erstmals am 11. Januar 1908 in der auflagenstärksten Lokalzeitung erschienen, wurden diese Gespräche ihrerseits bald Stadtgespräch. Mit eini-

---

39 Information aus den Danziger Theaterzetteln 1901/02 in Biblioteka Gdańska Polskiej Akademii Nauk.

40 Zur Geschichte des Danziger Theaters vgl. Otto Rub: Die dramatische Kunst in Danzig von 1615 bis 1893. Danzig 1894 (mit sehr problematischen und oft fehlerhaften Informationen zum Spielplan); nur zur ersten Hälfte des 19. Jahrhunderts: E. A. Hagen: Geschichte des Theaters in Preußen, vornämlich der Bühnen in Könisberg und Danzig von ihren ersten Anfängen bis zu den Gastspielen J. Fischer's und L. Devrient's, Königsberg 1854, v. a. S. 593–605 u. 735–778. Mit einigen interessanten Informationen: Bogdan Czyżak: Życie teatralne w Gdańsku 1815–1920 [Das Theaterleben in Danzig 1815–1920]. In: Jan Ciechowicz (Hg.): Gdańsk teatralny. Historia i współczesność [Das theatralische Danzig. Geschichte und Gegenwart]. Gdańsk 1988, S. 30–45. Mein Beitrag zur sozialen und kulturellen Bedeutung der lokalen Bühne für Danzig ist derzeit im Druck (in: 200 lat teatru na Targu Węglowym [200 Jahre Theater am Kohlenmarkt]. Hg. v. Jan Ciechowicz. Gdańsk 2002).

41 Zur Biographie vgl. Altpreußische Biographie. Bd. 4, S. 1112 f.; Danziger Neueste Nachrichten 39 (1932), Nr. 243 (15./16.10.): Poguttke zum Jubiläum! Ein Vierteljahrhundert im Dienste Danziger Volkstums; Hans-Bernhard Meyer: Fritz Jaenicke – zu seinem 70. Geburtstag und 10. Todestag. In: Westpreußen-Jahrbuch 5 (1955), S. 151–154; Willi Drost: Fritz Jaenicke zum Gedächtnis. In: Fritz Jaenicke: Danziger Stammtischgespräche des Rentiers und Maurerpoliers a. D. Franz Poguttke [...]. Norden/Ostfr. o. J. [ca. 1950], S. 5–7 (auch in: Unser Danzig 35 [1983], Nr. 14, S. 16 f.).

gen Pausen wußte Jaenicke bis zur Einstellung der Zeitung Mitte 1944 immer wieder Neues zu berichten und Altes zu variieren. Er wurde damit nicht nur zum Chronisten seiner Zeit, sondern zugleich zu einer zentralen Figur Neu-Danziger Identität – einer Identität, die auf die jahrhundertelang gepflegten Erzählungen des gehobenen Bürgertums pfiff und ein Danzig von unten (oder, genauer gesagt: ein Danzig von der unteren Mitte) schuf, das – auch in sprachlicher Hinsicht – sicherlich nicht ohne Einfluß auf Günter Grass geblieben ist. Worüber schrieb Jaenicke? Eigentlich über alles. Wenn ein kalter Winter war, betitelte er seine Glosse „Hochtour in den Danziger Schneealpen“, wenn chinesischer Besuch ins Haus stand, hieß es „‚Pi-ha-ko-dei-dei‘ oder wie Poguttke und Adolf die chinesische Nationalhymne einüben“; zum hundertsten Geburtstag der Danziger Polizei schrieb er Verse, die Suche nach einem Schrank, die Peripetien eines Hundes, unerwünschter Verwandtenbesuch, das alles wurde thematisiert. Vieles war lediglich von zeitgebundenem Interesse oder bezog sich auf die Lokalpolitik, die besten Texte aber wurden in insgesamt sechs Büchern vereint[42]. Eine Auswahl der Poguttke-Glossen war auch eine der ersten Veröffentlichungen, welche für die Danziger Vertriebenen nach 1945 gedruckt wurde – Beweis genug für ihre große identitätsstiftende Kraft[43]. Im Gegensatz zur Danziger Platt-Literatur waren Jaenickes Texte für jeden hochdeutsch sprechenden Leser verständlich; ihre Inhalte beschränkten sich nicht wie dort nur auf ‚Kindheit‘, ‚Landleben‘ und ‚Vermischtes‘, sondern waren Teil des gesellschaftlichen und politischen Diskurses der Stadt.

Ein Beispiel für Poguttkes Danziger Missingsch muß an dieser Stelle genügen – Ausschnitte aus „Poguttkes kleiner Danziger Sprachführer“:

> [...]
>
> Danzjer Fischfrau'n! En Kapitel
> fier de Forschung riesengroß!
> Was ich hier davon vämittel,
> is en kleines Nippchen bloß:
>
> ‚Scheene Flinderchens, Madamchen! –
> Olle Goy, puhst di nich op! –
> Ed-ard, komm doch mal mit's Tammchen,
> Jibb dem Labs hier oppen Kopp!‘
>
> [...]

42 Fritz Jaenicke: Stammtischgespräche des Rentiers und Maurerpoliers a. D. Franz Poguttke nebst fröhlichen Danziger Versen [...]. 5 Bde. Danzig 1916–1936 (jeweils mit einer Reihe von Wiederholungen): Bd. 3 u. d. T.: Erlebnisse und Abenteuer mit Adolf Schaweiter. Jubiläumsausgabe (1932), Bd. 4: Poguttke erzählt. Lustige Abenteuer und gemütliche Geschichten (1935), Bd. 5: Poguttke auf Tourchen! Mochumsche Moppchen vom Danziger Mottlaustrand (1936); ders.: Man immer mit der Ruhe. Erlebnisse, Abenteuer und Betrachtungen des Rentiers und Maurerpoliers a. D. Franz Poguttke aus Danzig. Danzig 1943.

43 Jaenicke: Stammtischgespräche (wie Anm. 41).

Staunend heert man den enormen
Danzjer Sprachschatz ringsumher,
hat doch solche Ausdrucksformen
weder Sanskrit noch Homer!

Tja, der ollen Häldengriechen
Rednerruhm is glatt väwälkt,
denn se mißden sich väkriechen,
wenn ne Danzjer Fischfrau belkt!

[...][44]

Auffallend ist die gutmütige Ironie von Sprache und Thema. Ein gewisses Bildungsniveau des Lesers wird vorausgesetzt – hier sogar das Wissen um die Existenz sprachwissenschaftlicher Forschung, der das komische Gekeife der Fischfrauen als Untersuchungsobjekt anempfohlen wird. Begriffen wie „Olle Goy" (alte, unsympathische Frau), „Tammchen" (dicker Stock, Gummiknüppel – vorwiegend des Polizisten), „Labs" (schlecht erzogener, ungehobelter, alberner, anstoßerregender Mensch, Lümmel)[45] und anderen Erkennungszeichen lokaler Sprachdifferenz wird der „Rednerruhm" „der ollen Häldengriechen" gegenübergestellt und dadurch die Verschriftlichung des Missingsch implizit gerechtfertigt. Beachtenswert auch der virtuose Umgang mit den verschiedenen Sprachebenen – neben dem Missingsch verwendet Jaenicke korrektes Hochdeutsch („hat doch solche Ausdrucksformen..."), in anderen Passagen dieses Gedichts aber sogar Platt. Eine genauere Analyse der vielen hundert Jaenicke-Glossen dürfte zu den interessanteren Aufgaben der literaturwissenschaftlichen Forschung zählen[46].

Fritz Jaenicke alias Poguttke war praktisch ohne Konkurrenz – niemand sonst in Danzig dichtete in Missingsch, wahrscheinlich aus der Einsicht heraus, dem Meister dieser Sprache niemals das Wasser reichen zu können. Nur der Feuilletonist der sozialdemokratischen „Danziger Volksstimme", Richard F. Teclaw alias Ricardo (1896–1956), flocht in seine Reportagen und Glossen in den zwanziger Jahren immer wieder Passagen im Missingsch (aber auch im Platt) oder zumindest Überlegungen über die Bedeutung mancher Wörter der Stadtsprache ein. Ob er sich nun über „Dubbas" oder „Glitsch" ausläßt – der Bezug zur lokalen Umgangssprache ist evident. Teclaws Missingsch klingt wie folgt:

[Der Ehemann wirft seiner Gattin Verschwendung vor:]
Hast dä all wieder son Majazin und Lutschbomboms jekauft? Tust dä mich endlich bald schämen, du väschwändäjes Zulter? ... Ich schpar de Dittchens und gänn mä all rein

44 Zitiert nach: Pinnow: Worte (wie Anm. 3), S. 160.

45 Die Worterklärungen nach Pinnow (ebd.), passim.

46 Nötig wäre allerdings zunächst die Zusammenstellung eines Textkorpus, da die in Buchform veröffentlichten Texte nur einen kleinen Teil des Jaenickschen Gesamtswerks bieten; dazu ist die Durchsicht der „Danziger Neuesten Nachrichten" nötig (in Papierausgabe bzw. auf Mikrofilm auch in deutschen Bibliotheken greifbar).

garnuscht, nur damit ma weiter kämmen tut und du jehst hin und käufst dä nuschd wie Prill und sone Fissematentchens, schmeißt rein mit's Jeld auffe Straß'... und wänn das, das sag' ich dir... de Betten sind all wieder nich jemacht und dem Jung klebt der Rotz anne Back'... das sag' ich dir ein fä alle Mal'... dänn mach ich Schluß... mit allem [...].[47]

Stärker noch als bei Jaenicke klingt hier der Duktus von Kurt Tucholskys schnoddrigen Berlinereien an – sicherlich kein Zufall, wurde die „Weltbühne" doch in den linken Kreisen Danzigs gerne gelesen.

*

Danziger Missingsch und die regionalen Varianten des Niederdeutschen sind heute zum Aussterben verurteilt, ja in den fast fünfzig Jahren seit dem Ende des Zweiten Weltkriegs, der Vertreibung der Sprecher und ihrer Integration in andere Mundart- und Sprachgemeinschaften so gut wie ausgestorben. Die Erinnerung an die gemeinsame Sprache fiel mit zunehmender zeitlicher Distanz immer schwerer. Nur wenige Danziger schrieben nach dem Krieg noch literarische Texte in den Danziger Idiomen[48].

Zu diesen wenigen zählt natürlich an erster Stelle Günter Grass, in dessen „Danziger Trilogie" das Missingsch und, weit weniger stark, das Platt eine eminente Rolle spielt: Die Verwendung dieser Unter- und Mittelschichtsprachen entspricht nicht nur der sozialen Charakteristik der Helden, sondern auch einem Grundmuster des Grass'schen Schreibens – Geschichte und Gegenwart quer und ergänzend zu den Traditionen zu erzählen, also auch quer und ergänzend zur kanonisierten „Literatursprache". Die Aufweichung und Ergänzung des Hochdeutschen aus dem Fundus des an sich unliterarischen Missingsch ist deshalb Programm, es ist aber auch eine der wichtigsten sprachlichen „Duftnoten" des Autors, ein Mittel zur stilistischen Distinguierung. Allerdings ist Grass kein Meister der Mundart; auch bei ihm liegen zwischen dem Heimatverlust und der sprachlichen Fixierung der Stadtsprache viele Jahre. So ist es kein Wunder, daß er zwar von „alle[n] Sorten Danziger Platt"[49] weiß, sie aber nur schlecht kennt und in den vorgeblichen Dialekt-Zitaten dem Sprachwissenschaftler Jürgen Pinnow zufolge einen „unerfreulichen Mischmasch [...] mit verschiedenen plattdeutschen Einsprengseln" bietet[50]; doch auch im Missingsch unterlaufen ihm Fehler, er verwechselt Vokale und kann es aus seiner Erinnerung nur relativ uneinheitlich wiedergeben[51].

---

47 Ricardo [Richard W. Teclaw]: Diskretion... Ehrensache. Danzig [1930], S. 16. – Zu Teclaw vgl. Marek Andrzejewski: Ludzie Wolnego Miasta Gdańska (1920–1939). Informator biograficzny [Menschen der Freien Stadt Danzig (1920–1939). Biographisches Handbuch]. Gdańsk 1997, S. 107; ders.: Opposition und Widerstand in Danzig 1933 bis 1939. Bonn 1994, S. 211 f.

48 Mit einigen Hinweisen Hugo Rasmus: Von westpreußischen Dichtern und Erzählern nach 1945. Ein literaturgeschichtlicher Streifzug. In: Westpreußen-Jahrbuch 47 (1997), S. 135–157, hier S. 155.

49 Günter Grass: Die Blechtrommel (Werkausgabe 2). Darmstadt, Neuwied 1987, S. 136.

50 Jürgen Pinnow: Fremde und heimatliche Klänge in Günter Grass' „Danziger Trilogie". Westerland/Sylt 2000, S. 7.

51 Ebd., S. 8–12. Die lokale Sondersprache bei Grass ist noch kaum untersucht worden, obwohl sein Werk stark von ihr geprägt ist.

Mit wachsendem zeitlichen Abstand verliert es außerdem an Prägnanz – in seinem jüngsten Werk „Im Krebsgang" spricht Tulla Pokriefke ein geradezu hölzern wirkendes Missingsch; es ist eben doch „ein Haufen Zeit bachrunter gegangen", selbst wenn es fernab der ursprünglichen Sprachregion immer noch fremd und damit authentisch klingen mag: „Wörter breitgetreten, Sätze in der Wäschemangel gewalkt."[52]

Ähnlich wie Grass in seinem Prosawerk benutzt auch der polnische Schriftsteller Brunon Zwarra das Missingsch als Einsprengsel in seinen Büchern, indem er die Sprache der Danziger Fischweiber mit ihrem losen Mundwerk nachahmt („Was??!! Auch noch begratschen?! Sie?! Sie Dicksche, begrabbelt ihnen ihr Oller auch immer so?!") und ausdrücklich die sprachbildende Funktion des Rentiers Poguttke betont[53]. Allerdings sind diese Passagen weitaus kürzer als bei Grass, was natürlich mit der unüberbrückbaren Verständnislücke zwischen dem Polnischen und dem Missingsch zu tun hat.

Während Missingsch und Niederdeutsch im polnischen Gdańsk durch den Fortzug fast aller Sprecher ihre Bedeutung vollständig verloren haben, hielt das Kaschubische als „Ersatzdialekt" seinen Einzug und dient der lokalen Gemeinschaft und ihren Schriftstellern heute als sprachliches Distinktionsmittel zur Erzeugung von Regionalität[54]. Die Stadt ist darüber hinaus zu einem der Zentren kaschubischer Literatur geworden, die sich allerdings in einer ähnlichen Situation befindet wie die plattdeutsche Literatur der Vorkriegszeit: Ohne Worterklärungen sind die Texte für Rezipienten, die diese Regionalsprache nicht kennen, nur mit Mühe zu lesen[55]. Dadurch, daß Kaschubisch auch in den heutigen Danziger Unterschichten nur selten gesprochen wird – dort herrscht vielmehr ein gemeinpolnischer Soziolekt vor – und im Prinzip lediglich von einer zugwanderten Bildungselite als Schriftsprache kultiviert wird, differieren allerdings die identitätsstiftenden Funktionen der Dialekt-/Sprachverwendung: War das Platt bzw. das Missingsch einst für große Teile der Einwohnerschaft ein Element des Alltags, so hat das Kaschubische heute in Danzig einen unvergleichlich viel geringeren Realitätsbezug. Eine deutliche sprachliche Differenzierung Danzigs gegenüber seiner engeren oder weiteren Umgebung und damit eine durch Sprache vermittelte lokale Identität existiert nicht mehr[56].

---

52 Günter Grass: Im Krebsgang. Göttingen 2002, S. 11.

53 Brunon Zwarra: Wspomnienia gdańskiego bówki [Erinnerungen eines Danziger Bowke]. Bd. 1. Gdańsk 1984, S. 54 f.

54 Vgl. als Beispiel die mit zahlreichen Cassubismen angereicherte Sprache in Lech Bądkowskis unvollendeter Pommerellen-Saga, insbesondere in Chmury [Wolken]. Gdańsk 1984, hier auf S. 383–410 ein kleines Wörterbuch.

55 Als Überblick über die kaschubische Literatur: Ferdinand Neureiter: Geschichte der kaschubischen Literatur: Versuch einer zusammenfassenden Darstellung (Slavistische Beiträge 272). München ²1991.

56 Eine – allerdings problematische und oberflächliche – Überschau über die Beziehungen der Kaschubei zu Danzig bietet Józef Borzykowski: Kaszubi a Gdańsk na przestrzeni dziejów [Die Kaschuben und Danzig im Laufe der Geschichte]. In: Ders.: Gdańsk i Pomorze w XIX i XX wieku [Danzig und Pommerellen im 19. und 20. Jahrhundert]. Gdańsk 1999, S. 15–28.

Berichte und Forschungen 10 (2002), S. 117 –143.

Per Brodersen

Enttäuschte Hoffnungen

Kaliningrader Industriearbeiter und die Neubesiedlung des nördlichen Ostpreußen in der sowjetischen Nachkriegszeit (1945–1953)

1. Teil

Schon spielen die Beuteakkordeons auf unseren Festen,
Man schwört: Lieber Wasser und Brot in der Zukunft als Krieg!
Noch rollen und rollen die Truppentransporte gen Westen.
Warum? Gibt's noch so viele Feinde für uns nach dem Sieg?[1]

1. Einführung

1947 besuchte der Stellvertretende Ministerratsvorsitzende der UdSSR, Aleksej Kosygin, Kaliningrad, das ehemalige Königsberg. Die Stadt war zu dieser Zeit bereits mehr als ein Jahr Teil der Sowjetunion – doch über die Bedingungen, unter denen die Menschen in dieser vom Krieg aufs schwerste geschädigten Stadt leben mußten, zeigte sich auch der hochrangige Vertreter Moskaus erschrocken[2]. Die Vorstellungen, die Moskau in bezug auf Kaliningrad hatte, stimmten mit der dortigen Lebenswirklichkeit offensichtlich nicht überein. Eine solche Konstellation wirft die Frage auf, welche Vorstellung Moskau als politisches Zentrum der UdSSR überhaupt von Kaliningrad als Peripherie besaß und welche Ziele es mit der Sowjetisierung des nördlichen Ostpreußens verfolgte. Die Untersuchung Moskauer Interessen vor Ort ist in diesem Zusammenhang ebenso bedeutsam wie die womöglich divergierender Interessen seitens Kaliningrads. Untersucht werden soll die Sowjetisierung des nördlichen Ostpreußen als ein „Prozeß, in dessen Verlauf das gesamte von sowjetischer Seite zur Einverleibung und Integration der annektierten Gebiete eingesetzte Instrumentarium zur Anwendung kommt“[3]. Dieser Vor-

1 Vladimir Vysockij: Lied über das Ende des Krieges. In: Oksana Bulgakova / Margit Bräuner (Hg.): Zerreißt mir nicht meine silbernen Saiten. Vladimir Vysockij – 100 Lieder. Berlin, Weimar 1989, S. 482 ff.

2 Oleg Pavlovskij: Zemlja moja, kaliningradskaja [Meine Kaliningrader Erde]. Kaliningrad 1996, S. 51.

3 Vgl. dazu Gerhard Simon: Instrumente der Sowjetisierung in den annektierten Gebieten der Sowjetunion 1939–1950. In: Hans Lemberg (Hg.): Sowjetisches Modell und nationale Prägung. Kontinuität und Wandel in Ostmitteleuropa nach dem Zweiten Weltkrieg. Marburg/Lahn 1991,

gang soll im folgenden am Beispiel des Kaliningrader Werkes Nr. 820, der ehemaligen Königsberger Schichau-Werft, näher beleuchtet werden. Als nach dem Krieg mehr oder minder unbeschädigter Betrieb läßt sich an ihm die erste Phase des Prozesses exemplarisch aufzeigen. Im ersten Teil sollen die Interessen Moskaus am Kaliningrader Gebiet verdeutlicht werden; der zweite Teil rückt die Bedürfnisse Kaliningrads und deren Artikulation in den Vordergrund.

Die Beschränkung auf den Untersuchungszeitraum von 1945 bis 1953 ergibt sich sowohl aus theoretischen als auch praktischen Gründen: Zum einen lassen die nachwirkenden Kriegserfahrungen, die gesellschaftliche Zerrüttung und die Zwänge des Wiederaufbaus diese Zeit als eigenständige Epoche erscheinen[4]; zum anderen erzwingt ein wichtiger Teil des Quellenmaterials, nämlich die Unterlagen der Kaliningrader Statistikverwaltung, eine Beschränkung auf besagten Zeitraum (ab 1954 wurden neue Erhebungsmodi eingeführt, die die bis dahin möglichen Aussagen zu den Kaliningrad betreffenden Migrationsbewegungen nicht mehr zuließen).

Der vorliegende Aufsatz basiert aufgrund des weitgehenden Fehlens von Sekundärliteratur zum Thema vorwiegend auf Quellenmaterial. Benutzt wurden dazu vor allem die Bestände des Staatsarchivs des Kaliningrader Gebietes (GAKO), wobei die Fonds des Werkes Nr. 820 (R–293) und der Gebietsstatistikverwaltung (R–181) eine wesentliche Rolle spielten. Des weiteren war es möglich, Bestände im früheren Gebietsparteiarchiv, dem heutigen Zentrum für Archivierung und Untersuchung von Dokumenten der Neuesten Geschichte des Kaliningrader Gebietes (CChIDNIKO), einzusehen. Benutzt wurde dabei der Fond 1 des Gebietsparteikomitees. Das Werksarchiv der Werft war im Arbeitszeitraum nicht zur Benutzung freigegeben. Vereinzeltes Material stammt zudem aus dem Staatsarchiv der Russischen Föderation in Moskau (GARF). Ergänzend wurde als zeitgenössisches Periodikum schließlich die „Kaliningradskaja Pravda", das Zentralorgan der Partei im Kaliningrader Gebiet, herangezogen.

Gerade für weitere Untersuchungen ist zu beachten, daß das Werk Nr. 820 ein Betrieb von sogenannter „unionsweiter Bedeutung" war – ein Großteil der Akten wurde später in das Ministerium für Schiffbauindustrie nach Moskau verbracht; wo sie sich mittlerweile befinden, ist nicht bekannt[5]. Diese „unionsweite Bedeutung" war auch Ursache für das praktische Fehlen von Bildmaterial: Als militärisches

---

S. 13–20, hier S. 13; zur wechselvollen Begriffsgeschichte vgl. Konrad H. Jarausch / Hannes Siegrist: Amerikanisierung und Sowjetisierung. Eine vergleichende Fragestellung zur deutsch-deutschen Nachkriegsgeschichte. In: Dies. (Hg.): Amerikanisierung und Sowjetisierung in Deutschland 1945–1970. Frankfurt/Main, New York 1997, S. 11–46, hier S. 26; zur „Primärdefinition" dieses Begriffes vgl. Michal Reiman: „Sowjetisierung" und nationale Eigenart in Ostmittel- und Südosteuropa. Zu Problem und Forschungsstand. In: Lemberg (Hg.): Modell (wie Anm. 3), S. 3–9, hier S. 3; sowie Michael Lemke: Einleitung. In: Ders. (Hg.): Sowjetisierung und Eigenständigkeit in der SBZ/DDR (1945–1953). Köln, Weimar, Wien 1999, S. 11–30, hier S. 13 f.

4 Vgl. dazu Nikolaus Katzer: Die belagerte Festung. Wiederaufbau, Nachkriegsgesellschaft und innerer Kalter Krieg in der Sowjetunion, 1945 bis 1953. In: Osteuropa, Heft 3 (März 2000), S. 280–299, hier S. 280. Siehe auch A. Danilov / A. Pyžikov: Roždenie sverchderžavy. SSSR v pervye poslevoennye gody [Geburt einer Supermacht. Die Sowjetunion in den ersten Nachkriegsjahren]. Moskau 2001, S. 3.

5 Gespräch mit der Direktorin des CChIDNIKO, Tamara Proščina, am 12. August 1999.

Objekt durfte das Werk nicht fotografiert werden und unterlag strengster Geheimhaltung – mit teilweise bemerkenswerten Auswirkungen: Zum 25. Jahrestag der Inbetriebnahme wurde – wie in der Sowjetunion oftmals üblich – ein Kleidungsanstecker für die Feiernden angefertigt, ein sogenannter *značok*; da das Werk jedoch als streng geheim behandelt wurde, tauchte auf diesem Anstecker keinerlei Nennung des Jubilarbetriebes auf. Gerade aber weil das Werk Nr. 820 im Gebiet der einzige Betrieb mit derartigen Bestimmungen war, war praktisch jedem Kaliningrader bekannt, welches Werk geheimgehalten werden sollte; erst ein neuer *značok* zum 50. Jahrestag nannte die Werft bei ihrem aktuellen Namen – „Bernstein" [*Jantar'*].

Abb. 1: Jubiläumsanstecker zum 25. bzw. 50. Jahrestag der Inbetriebnahme des Werkes Nr. 820 (Originalgröße: 23 x 23 mm bzw. 27 x 29 mm; im Besitz des Autors).

2. Feste Vorstellungen – Kaliningrad und Moskauer Prioritäten

2.1 Aus Ost wird West – die Sowjetunion erobert das nördliche Ostpreußen

Voller Ruhm war '45,
Als Du kamst, Soldat,
An die Ufer der Ostsee,
Du – Russe.

Und Du sprachst: „Genug!
Nie wieder soll es Kriege geben,
Möge dieser Boden hier
Sowjetisch sein auf ewig!"[6]

Die Nachkriegszeit begann in Königsberg in den Abendstunden des 9. April 1945. General Otto Lasch, der Kommandant der „Festung Königsberg", hatte kapituliert und übergab die ihm unterstellte Stadt an Marschall Aleksandr Vasilevskij, der sich in Begleitung einiger weiterer Offiziere im Bunker auf dem

6 L. Kolbasenko (Text) / P. Turčaninova (Melodie): V slavnom sorok pjatom [Im ruhmreichen Jahre 1945] (Strophen 1 u. 2) [Übersetzung aus dem Russischen P. B.]. In: Kim Ščekin: Prodolženie podviga [Fortsetzung der Heldentat]. Kaliningrad 1967, S. 34.

Paradeplatz eingefunden hatte[7]. Mit der Kapitulation Laschs ging die gesamte Stadt in sowjetische Befehlsgewalt über; die Kämpfe auf dem Territorium des heutigen Kaliningrader Gebietes endeten erst, als Pillau, das heutige Baltijsk, am 25. April 1945 fiel[8].

Was mit Königsberg und dem übrigen nördlichen Ostpreußen nun geschehen sollte, beschäftigte die Alliierten schon länger. Auf der Teheraner Konferenz im Spätherbst 1943 hatte Stalin Anspruch auf Teile Ostpreußens angemeldet:

> Die Russen haben in der Ostsee keine eisfreien Häfen. Deshalb brauchen die Russen die eisfreien Häfen Königsberg und Memel sowie einen entsprechenden Teil ostpreußischen Territoriums. Um so mehr, da dies historisch gesehen slawischer Boden ist.[9]

Damit machte Stalin geostrategische Gründe geltend, aus denen er einen Teil Ostpreußens der Sowjetunion zuschlagen wollte. Sein Argument des „historisch slawischen Bodens" traf zwar nicht zu, sollte später jedoch in der sowjetischen Propaganda einen festen Platz einnehmen.

Als sich die Niederlage des Deutschen Reiches abzuzeichnen begann, wollte Moskau schnell eine Zuteilung des Gebietes festschreiben: Der Vertrag, den die Sowjetunion und das Polnische Komitee der Nationalen Befreiung (PKNW) am 27. Juli 1944 miteinander schlossen, sah vor, den nördlichen Teil Ostpreußens samt Königsberg der UdSSR, Polen hingegen den südlichen Teil inklusive des Danziger Gebietes zuzuweisen[10]. Auch das US-State Department schloß in einem Memorandum vom 12. Januar 1945, das für die Konferenz von Jalta erarbeitet worden war, die Übertragung des nördlichen Ostpreußens an die Sowjetunion nicht mehr aus[11]. So konnte sich Stalin mit seinem Annexionswunsch auf der Potsdamer Konferenz im Sommer 1945 endgültig durchsetzen. Sein Anliegen, daß Königsberg an die Sowjetunion fallen müsse und nicht bei Deutschland verbleiben dürfe, vertrat der sowjetische Generalissimus auch bei dieser Gelegenheit unverhüllt: „Falls in Königsberg eine deutsche Verwaltung entstehen wird, werden wir sie vertreiben, unbedingt vertreiben."[12] Im weiteren Verlauf der Potsdamer Kon-

---

7 Fritz Gause: Geschichte der Stadt Königsberg. Bd. 3. Köln 1971, S. 169.

8 Lothar Gruchmann: Der Zweite Weltkrieg (dtv-Weltgeschichte des 20. Jahrhunderts). Bd. X. München 1967, S. 420.

9 Aufzeichnung über die vierte Sitzung der Regierungschefs, Teheran, 1. Dezember 1943, II. Sitzung am Runden Tisch. In: Ministerium für Auswärtige Angelegenheiten der UdSSR (Hg.): Teheran, Jalta, Potsdam. Konferenzdokumente der Sowjetunion. Bd. 1. Köln 1986, S. 138.

10 N. Rodinov et al. (Hg.): Sovetskij Sojuz – Narodnaja Pol'ša 1944–1974. Dokumenty i materialy [Sowjetunion – Volkspolen 1944–1974. Dokumente und Materialien]. Moskau 1974, S. 19 (zitiert nach: Peter Wörster: Das nördliche Ostpreußen nach 1945 – Verwaltung, Bevölkerung, Wirtschaft. In: Dokumentation Ostmitteleuropa, Heft 1 (4/1978), S. 9; zu den Verhandlungen zwischen Stalin und der Kommission des PKNW vgl. Manfred Zeidler: Kriegsende im Osten. Die Rote Armee und die Besetzung Deutschlands östlich von Oder und Neiße 1944/45. München 1996, S. 56–59.

11 State Departement: The Conferences of Malta and Yalta. Washington 1955, S. 188 ff., 232 ff.

12 Aufzeichnung über die zweite Sitzung der Regierungschefs, Potsdam, 18. Juli 1945. In: Ministerstvo inostrannych del SSSR (Hg.): Sovetskij Sojuz na meždunarodnych konferencijach perioda Velikoj Otečestvennoj vojny, 1941–1945 gg. Sbornik dokumentov. (Berlinskaja [Pots-

ferenz einigten sich Roosevelt, Stalin und Churchill (bzw. dessen Amtsnachfolger Atlee) auf einen Grenzverlauf zwischen polnischem und sowjetischem Teil, „von einem Punkt an der östlichen Küste der Danziger Bucht in östlicher Richtung nördlich von Braunsberg-Goldap [heute Braniewo bzw. Goldap – P.B.] und von da zu dem Schnittpunkt der Grenzen Litauens, der Polnischen Republik und Ostpreußens"[13]. Die Konferenzteilnehmer hielten fest, man habe „grundsätzlich dem Vorschlag der Sowjetregierung hinsichtlich der endgültigen Übergabe der Stadt Königsberg und des anliegenden Gebietes an die Sowjetunion gemäß der obigen Beschreibung zugestimmt, wobei der genaue Grenzverlauf einer sachverständigen Prüfung vorbehalten bleibt"[14].

Mit dieser Regelung hatte sich Moskau durchgesetzt: Der Sowjetunion wurde rund ein Drittel Ostpreußens zugeschlagen, und der nach Stalins Meinung wichtige eisfreie Königsberger Hafen wurde sowjetisch. Ein Termin für die „sachverständige Prüfung" der nunmehr polnisch-sowjetischen Grenze war allerdings nicht festgelegt worden, und Moskau nutzte diesen Umstand für eine unauffällige weitere Expansion. Jakub Prawin, Bevollmächtigter der polnischen Regierung für den Bezirk Masuren ab dem 30. April 1945, erwähnte in einem Brief vom Oktober 1945, daß die Grenzlinie im September/Oktober in einer Tiefe von 12 bis 14 Kilometern südwärts verschoben worden sei und damit Polen 1125 Quadratkilometer des Bezirkes Masuren verloren habe[15]. Ohne gegenseitige Abstimmung verlegte die Sowjetunion die gemeinsame Grenze eigenmächtig nach Süden und offenbarte damit die Geringschätzung des polnisch-sowjetischen Grenzvertrags, den sie am 16. August 1945 unterzeichnet hatte: Das Vertragswerk hatte eindeutig eine Änderung der Grenze zwischen dem Kaliningrader Gebiet und dem benachbarten Teil Polens „bis zu einer abschließenden Regelung durch einen Friedensvertrag" ausgeschlossen[16].

---

damskaja] konferencija rukovoditelej trëch sojuznych deržav) [Ministerium für Auswärtige Angelegenheiten der UdSSR [Hg.]: Die Sowjetunion auf den internationalen Konferenzen der Periode des Großen Vaterländischen Krieges 1941–1945. Dokumentensammelband (Berliner [Potsdamer] Konferenz der Regierungschefs der drei alliierten Mächte)]. Bd. 6. Moskau 1980, S. 61.

13 Sog. „Potsdamer Abkommen" [i. e. Mitteilung über die Dreimächtekonferenz von Berlin], Artikel VI. In: Peter März [Hg.]: Dokumente zu Deutschland 1944–1994. München, Landsberg am Lech 1996, S. 74–82, hier S. 79.

14 Ebd., S. 79 f.

15 Peter Wörster: Das nördliche Ostpreußen nach 1945. Deutsch-russisches und russisch-deutsches Ortsnamenverzeichnis mit einer Dokumentation der Demarkationslinie. In: Dokumentation Ostmitteleuropa, Heft 6 (1980), S. 82 f.

16 Vgl. dazu Ėnergija Kolganova: Obrazovanie i stanovlenie Kaliningradskoj oblasti – internacional'nyj podvig Sovetskogo naroda. In: Ministerstvo vysšego i srednego special'nogo obrazovanija RSFSR – Kaliningradskij gosudarstvennyj universitet (Hg.): Leninskaja nacional'naja politika v dejstvii [Die Bildung und Entwicklung des Kaliningrader Gebietes – eine internationale Heldentat des Sowjetvolkes. In: Ministerium für höhere und mittlere Spezialbildung der RSFSR – Staatliche Universität Kaliningrad (Hg.): Die Leninsche Nationalitätenpolitik in der Praxis]. Kaliningrad 1974, S. 37–64, hier S. 43; erwähnenswert ist in diesem Zusammenhang, daß dieser Vertrag erst am 26. April 1947 im polnischen Gesetzblatt verkündet wurde (Robert Traba: Durch die Grenze zur Normalität? In: Friedemann Kluge [Hg.]: Ein schicklicher Ort? Königsberg/Kaliningrad in der Sicht von Bewohnern und Nachbarn. Husum 1994, S. 69–79, hier S. 70). Eine

Auch knapp zehn Jahre nach Kriegsende hielt die Sowjetunion die Grenze mit Polen für so dehnbar, daß noch 1954 ihr Verlauf geändert wurde und fünf polnische Ortschaften an die UdSSR fielen[17]. Erst am 10. September 1958 beendete (nach mehreren Vereinbarungen) die gemischte polnisch-sowjetische Grenzkommission ihre Tätigkeit[18]. Erst jetzt hatte die Grenze ihren bis heute gültigen Verlauf bekommen – in mehreren Schritten zugunsten Moskaus verschoben[19]. Die Sowjetunion war durch die Annexion des nördlichen Ostpreußen um rund 21.000 Quadratkilometer gewachsen. Der westlichste Punkt des sowjetischen ‚Sechstels der Erde' befand sich nun auf der Frischen Nehrung – damit erstreckte sich die Sowjetunion so weit nach Westen wie niemals zuvor.

2.2 Ein Urteil der Geschichte – das Bild Ostpreußens in der sowjetischen Propaganda

Was Stalin auf der Teheraner Konferenz 1943 zur Untermauerung sowjetischer Ansprüche auf Ostpreußen diente, wurde später in der Propaganda wiederholt: Demnach endete mit der Annexion des nördlichen Ostpreußen samt Königsberg die Besetzung „alten slawischen Bodens, der vor vielen Jahren gewaltsam von den Kriegern des Deutschen Ordens erobert worden war"[20]. Lange Zeit sei Ostpreußen „ein Nest der schwärzesten Reaktion und der mittelalterlichen Barbarei" ge-

---

Karte, die 1947 in der Sowjetischen Besatzungszone erschienen war, legte den Grenzverlauf sehr großzügig aus: Sie gab den Grenzverlauf nicht nach dem sog. „Potsdamer Abkommen", sondern in etwa nach den alten deutschen Kreisgrenzen wieder (Hermann Stremme [Hg.]: Bodenkarte des Kaliningrader Gebietes der UdSSR und eines Teils des Territoriums der Republik Polen [Maßstab 1 : 1 000 000]. Gotha 1947); bereits 1943 zeigte die Karte der US-Delegation der Konferenz von Jalta ohne nähere Maßstabsangabe mit der Bezeichnung „Vorgeschlagene territoriale Veränderungen" eine gezackt verlaufende Grenzlinie und bezeichnete die ungefähre Fläche des heutigen Kaliningrader Gebietes als „wahrscheinliche Mindestannexion durch die UdSSR" (Karte in: Karl G. Werner / G. Ehlen: Die Konferenzen von Malta und Jalta. Düsseldorf 1957, nach S. 214).

17 Rudolf Neumann: Ostpreußen unter polnischer und sowjetischer Verwaltung. Frankfurt/Main, Berlin 1955, S. 94, Anm. 2.

18 Wörster: Ortsnamenverzeichnis (wie Anm. 15), S. 84; eine genaue Darstellung der Änderungen der Grenze zwischen Polen und dem Kaliningrader Gebiet gibt Fritz R. Barran: Nördliches Ostpreußen – Königsberger Gebiet und Memelland. Ortsnamenverzeichnis und Karte. Leer 1992, S. 12 f. (Karte im Maßstab 1 : 300 000).

19 Der genaue Grenzverlauf im Süden war allerdings noch bis 1989 für die westliche Forschung ungeklärt; auch moderne Satellitenaufnahmen konnten bis dato diese Frage nicht vollständig beantworten (vgl. dazu Ekkehard Buchhofer: Das Königsberger Gebiet [Kaliningradskaja Oblast'] im Lichte neuerer LANDSAT-Aufnahmen: In: Tübinger Geographische Studien, Heft 102 [1989] [Festschrift für Adolf Karger. Teil 1], S. 71–87, hier S. 82 f.).

20 Zapadnyj forpost našej Rodiny [Westlicher Vorposten unserer Heimat]. In: „Kaliningradskaja Pravda" v. 2. November 1948, S. 1; zur Geschichte des nördlichen Ostpreußen aus sowjetischer Sicht vgl. auch als Quelle: Na zapade – net bolše Vostočnoj Prussii. In: Kaliningrad. Literaturno-chudožestvennyj i obšestvenno-političeskij sbornik [Im Westen gibt es kein Ostpreußen mehr. In: Kaliningrad. Literarisch-künstlerischer und gesellschaftlich-politischer Sammelband]. Kaliningrad 1951, S. 3–14 ; des weiteren F. Kivolja: Šturm Kënigsberga [Die Erstürmung Königsbergs]. Kaliningrad 1959. Sehr detailliert Bert Hoppe: Auf den Trümmern von Königsberg. Kaliningrad 1946–1970 (Schriftenreihe der Vierteljahreshefte für Zeitgeschichte 80). München 2000, S. 42 ff.

wesen[21]; „deutsche Ritter [...] wandelten sich zu großen Spießbürgern, von denen die stumpfsinnigen [...][22] preußischen Junker abstammen, die Verkörperung aller dunklen Seiten deutscher Geschichte – Unterdrückung, Betrug, unermeßliche Eitelkeit. Ostpreußen [...] war eine Bastion eigener Natur, eine ‚place d'armes' von Raubzügen gegen unsere Heimat und andere slawische Staaten"[23]. Mit dem Sieg über das nationalsozialistische Deutschland „vollzog das sowjetische Volk und seine heldenhafte Befreiungsarmee unter Führung des Genossen Stalin das Urteil der Geschichte über den preußischen Militarismus und gab die althergebrachten slawischen Ländereien ihren wahren Herren zurück"[24]. Als Resultat habe der „preußische Staat, der aus Raubzug entstanden war, durch ihn existierte und im Raubzug sowohl Mittel als auch Zweck seines Daseins sah"[25], aufgehört zu existieren[26].

In der sowjetischen Interpretation der ostpreußischen Geschichte erschien der Sieg der Roten Armee über das nationalsozialistische Deutschland noch umfassender, als er ohnehin war. Nach Jahrhunderten sei es erst die Armee der Sowjetunion gewesen, die fähig war, der von Ostpreußen ausgehenden Bedrohung ein Ende zu setzen – und zwar „auf ewig"[27]. Je düsterer die Farben, in denen der Feind von der Propaganda gemalt wurde, desto heller war der Glanz, in dem der Sieger erstrahlte.

Nach dem Sieg über den Feind im Westen schien die Sowjetmacht mit ihrem gesellschaftlichen System mehr denn je Modell für eine bessere Zukunft – hatte sie doch die Okkupanten des ‚urslawischen Bodens' vertrieben und damit die eigene Macht und Durchsetzungsfähigkeit unter Beweis gestellt. Hier hatte sich die Sowjetmacht mit ihren Rückgriffen auf russisches Nationalgefühl und ‚urslawischen Boden' ein Gegenstück zur NS-Propagandalosung „Heim ins Reich!" geschaffen. Zudem symbolisierte nichts den sowjetischen Stolz des Siegers besser als die Einverleibung des nördlichen Ostpreußen in den eigenen, unmittelbaren Machtbereich. Die alleinige Tatsache, daß sich Königsberg nun in der Sowjetunion befand, sollte ein Verweis auf die Stärke der Sowjetführung sein; jeder Zweifel daran sollte nun ein für allemal ausgeräumt sein[28]. Der propagandistische Wert, den die

---

21 Kaliningradskaja oblast' [Das Kaliningrader Gebiet]. In: „Kaliningradskaja Pravda" v. 17. November 1948, S. 2.

22 Ein Wort unleserlich.

23 Kaliningradskaja oblast' (wie Anm. 21), S. 2.

24 Ebd.

25 Vladimir Ščerbakov: Stalinskaja programma chozjajstvennogo i kul'turnogo stroitel'stva Kaliningradskoj oblasti [Das Stalin-Programm zum wirtschaftlichen und kulturellen Aufbau des Kaliningrader Gebietes]. Kaliningrad 1947, S. 3.

26 Allein diese Beispiele belegen, daß das Argument des „urslawischen Bodens" auf den Konferenzen der Alliierten von Stalin keineswegs „versuchsweise ins Spiel gebracht" worden war, wie es Ruth Kibelka darzustellen versucht (Ruth Kibelka: Ostpreußens Schicksalsjahre 1944–1948. Berlin 2000, S. 55); verblüffenderweise belegt ihr dazugehöriger Verweis auf eine Äußerung vom September 1941, daß Stalin diese Idee seit längerem umtrieb (ebd., S. 333, Anm. 123).

27 Ebd.

28 Vgl. dazu Manfred Hildermeier: Geschichte der Sowjetunion 1917–1991. Aufstieg und Niedergang des ersten sozialistischen Staates. München 1998, S. 670.

Sowjetunion aus der unmittelbaren Annexion zog, war aber nur deswegen so groß, weil sie einen abgeschlossenen Erfolg darstellte. Denn der ‚urslawische Boden' war nun zwar ‚heimgekehrt', doch zu einem organischen Teil der Sowjetunion mußte er erst noch werden. Nach der Annexion stellte sich daher zwangsläufig die Frage, was weiter mit dem ehemaligen nördlichen Ostpreußen geschehen sollte.

Durch die ideologische Überhöhung des Sieges wurde die Meßlatte für eine erfolgreiche Eingliederung in die Sowjetunion sehr hoch gelegt. Dies war auch eine ungewollte Nebenwirkung der Verdammung der deutschen Vergangenheit durch die sowjetische Propaganda: Als sei der Druck der Sachzwänge nicht schon stark genug, hatte man mit dem ständigen Verweis auf die deutsche Vergangenheit selbst einen Vergleich zwischen Vor- und Nachkriegszeit provoziert.

2.3 Eine Festung nach dem Fall – die sowjetische Verwaltung entsteht

Gleich zu Beginn der ‚Erstürmung Königsbergs' war in der Stadt eine Kommandantur gebildet worden, die die zivile Verwaltung übernehmen sollte; dazu war Königsberg in acht Bezirke eingeteilt worden, die jeweils einer Stadtbezirkskommandantur unterstanden. Nun begleiteten deren Leiter die vorrückenden Truppen beim Vormarsch in Richtung Stadtzentrum und richteten sich in den vorgesehenen Räumlichkeiten ein, noch während die Kampfhandlungen andauerten[29]. Zum ersten Leiter der sogenannten „Militärkommandantur von Stadt und Festung Königsberg" wurde Generalmajor Aleksandr Smirnov ernannt; der Apparat der Kommandantur hieß „Verwaltung der Militärkommandantur"[30].

Am 10. Mai 1945 wurde eine zivile Übergangsverwaltung[31] ins Leben gerufen. Die Schwierigkeiten, denen die Verwaltung gegenüberstand, waren groß. Königsberg bot das Bild einer toten Stadt: Hausskelette, Ziegelsteinberge und Brandspuren[32]. Überall gab es Schutt und Barrikaden, auf den Straßen lagen Leichen und Tierkadaver, man war ohne Licht und ohne Wasser[33]. Die Aufgabe der Verwaltung, die Stadt in einen ordentlichen Zustand zu bringen, war leichter benannt als bewältigt. Dazu gehörten die vollständige Erfassung und Registrierung der verbliebenen Bevölkerung und die Ausgabe von Ausweisdokumenten[34]. Des weiteren sollte die Verwaltung die deutsche Bevölkerung auf Bezirke verteilen und deren

29 Bernhard Fisch / Marina Klemeševa: Zum Schicksal der Deutschen in Königsberg 1945–1948. In: Zeitschrift für Ostmitteleuropaforschung 44/3 (1995), S. 391–400, hier S. 392.

30 Russ. „Upravlenie Voennoj Komendatury"; ebd.

31 Russ. „Vremennoe Upravlenie po Graždanskim Delam".

32 Eckhard Matthes (Hg.): Als Russe in Ostpreußen. Sowjetische Umsiedler über ihren Neubeginn in Königsberg/Kaliningrad nach 1945. Ostfildern 1999, S. 159.

33 Ebd., S. 214.

34 Marina Klemeševa: Dejatel'nost' vremennych voennych organov vlasti na territorii Kënigsberga i prilegavšich k nemu rajonov [Die Tätigkeit der zeitweiligen Militärorgane auf dem Territorium Königsbergs und der angrenzenden Kreise]. In: V. S. Isupov et al. (Hgg): Vostočnaja Prussija. S drevnejšich vremën do konca vtoroj mirovoj vojny [Ostpreußen. Von den ältesten Zeiten bis zum Ende des Zweiten Weltkrieges]. Kaliningrad 1996, S. 440–458, hier S. 449.

Anwesenheit in den zugewiesenen Wohnungen kontrollieren[35] sowie eine Lebensmittelbasis zur Versorgung der Bevölkerung schaffen[36].

Nach Gründung des Sondermilitärbezirks[37] auf Anordnung des sowjetischen Verteidigungsministeriums vom 9. Juli 1945 hatten die Militärkommandanturen ausschließlich militärische Verwaltungsaufgaben. Doch die Rolle des Militärs wurde damit keineswegs geringer: Bis zu regulären Wahlen einer zivilen Instanz war es nicht ungewöhnlich, daß die neue „Zivile Übergangsverwaltung beim Militärrat des Bezirks“[38] noch dem Militärrat des Sondermilitärbezirks unterstand[39]. Die Leiter der jetzt formal selbständigen provisorischen Zentral- und Bezirksverwaltungen hießen nun „Vorgesetzte der Verwaltung für Zivilangelegenheiten“, waren aber immer noch Militärangehörige. Diese Militärs bildeten auch nach der Gründung des Königsberger bzw. Kaliningrader Gebietes den Kern der zivilen Verwaltung und der Parteiorganisation des Gebietes[40]. Auch die neue Verwaltung hatte eine militärische Struktur: Die Zentralgewalt ruhte in der Hand des Militärrates, und die Autorität der Behörde gründete auf dem Befehlsprinzip; die Zivilmacht der örtlichen Dienststellen blieb bei den Militärs konzentriert[41]. Diese Struktur offenbarte bereits die besondere Rolle, die dem Kaliningrader Gebiet für die Zukunft zugewiesen worden war. Der Sondermilitärbezirk sollte wenig später im April 1946 aufgelöst werden; doch der Dualismus von zivilen und militärischen Sphären in Kaliningrad blieb auch nach den Wahlen zum Obersten Sowjet im Dezember 1947 erhalten. Der Zuständigkeitsbereich der neuen Verwaltung war im Vergleich zur vorherigen Administration erweitert worden; sie hatte nun u. a. Planung und Budgetierung von Betrieben zu überwachen, Instandsetzung und Neubau von Brücken und Straßen zu organisieren, sich um den Bildungs- und Erziehungssektor zu kümmern, die Verteilung von Arbeitskräften entsprechend dem Bedarf verschiedener Betriebe vorzunehmen sowie Geburten- und Sterberegister zu führen[42].

Die Sowjetisierung von Nordostpreußen kam mit der Gründung des ‚Königsberger Gebietes‘[43] und seiner Eingliederung in die Russische Sozialistische Föderative Sowjetrepublik (RSFSR) am 7. April 1946 ein weiteres Stück voran: An diesem Tage wurde der Sondermilitärbezirk aufgelöst und die bisherige Übergangsverwaltung durch die erwähnte Gebietsverwaltung ersetzt[44].

---

35 Ebd.

36 Fisch/Klemeševa: Schicksal (wie Anm. 29), S. 392.

37 Russ. „Osobyj Voennyj Okrug“.

38 Russ. „Vremennoe Graždanskoe Upravlenie pri Voennom Sovete Okruga“.

39 Klemeševa: Dejatel'nost' (wie Anm. 34), S. 449 f.

40 Vgl. dazu Gerhild Luschnat: Die Lage der Deutschen im Königsberger Gebiet 1945–1948. Frankfurt/Main 1996, S. 61, sowie Vasilij Birkovskij et al. (Hg.): Istorija kraja (1945–1950) [Die Geschichte der Region (1945–1950)]. Kaliningrad 1984, S. 51.

41 Klemeševa: Dejatel'nost' (wie Anm. 34), S. 450.

42 Ebd.

43 Russ. „Kënigsbergskaja Oblast'“.

44 V. Isupov / M. Klemeševa: Obrazovanie Kaliningradskoj oblasti [Die Bildung des Kaliningrader Gebietes]. In: V. Isupov et al. (Hgg): Vostočnaja Prussija (wie Anm. 34), S. 486–490, hier S. 486 f.

Besondere propagandistische Bedeutung für Königsberg hatte der Tod von Staatsoberhaupt Michail Ivanovič Kalinin: Bis März 1946 hatte Kalinin den (politisch bedeutungslosen) Posten des Präsidiumsvorsitzenden des Obersten Sowjets innegehabt. Sein Ableben Anfang Juni nahm man in Moskau zum Anlaß, ein weiteres Stück der deutschen Vergangenheit der Stadt zu eliminieren: Königsberg sollte ab dem 4. Juli 1946 nur noch Kaliningrad heißen, aus dem Königsberger Gebiet wurde das Kaliningrader Gebiet[45]. Nach Schaffung einer Gebietsgerichtsbarkeit am 21. Juli 1946 und erstmaliger Aufteilung des Gebietes in Kreise und kreisfreie Städte am 7. September 1946 wurde am 7. März 1947 das Gebietsparteikomitee der Kommunistischen Partei[46] ins Leben gerufen. Im Mai 1947 wurde das erste Exekutivkomitee des Kaliningrader Gebietssowjets der Arbeiterdeputierten ernannt; der schließlich am 21. Dezember 1947 gewählte Gebietssowjet der Arbeiterdeputierten sollte ein neues bestimmen[47]. Mit diesen Wahlen zum Gebietssowjet verbanden viele Kaliningrader auch die Hoffnung auf ein besseres Leben[48] – die sich freilich nicht erfüllen sollten.

2.4 Ein „Beispiel für das gesamte demokratische Europa" – Konzeptionen für Kaliningrad

Aus Königsberg war Kaliningrad geworden, das nördliche Ostpreußen hieß jetzt ‚Kaliningradskaja oblast" und gehörte zur Sowjetunion. Doch so sehr die politische Integration des Gebietes vorangetrieben worden war, so wenig Bedeutung maß man der wirtschaftlichen Eingliederung zu. Ein Blick in den Fünfjahresplan für die RSFSR 1946–1950 verdeutlicht dies einmal mehr: Erst unter dem letzten Punkt des umfangreichen Planungswerks war für verschiedene Gebiete der Sowjetunion festgelegt, „in der gesamten Arbeit von Räte- und Wirtschaftsorganen die notwendige Aufmerksamkeit den neuen Gebieten und Territorien, die in den Verbund der UdSSR eingetreten sind, sicherzustellen – dem Königsberger Gebiet, dem Kreis Pečenga (Petsamo), dem südlichen Teil Sachalins und den Kurilen"[49].

Diese Aufmerksamkeit erwies man dem Gebiet schließlich mit einem Erlaß des Ministerrates der UdSSR vom 9. Juli 1946[50] „Über sofortige Maßnahmen zur Be-

---

45 Vgl. dazu Tamara Proščina: O mitingach trudjaščichsja po slučaju pereimenovanija Kënigsberga iz dokumentov CChIDNIKO [Zu den Arbeiterversammlungen aus Anlaß der Umbenennung Königsbergs aus Dokumenten des CChIDNIKO]. In: Galina Ščeglova et al.: Kaliningradskie archivy. Materialy i issledovanija [Kaliningrader Archive. Materialien und Forschungen]. Bd. 1. Kaliningrad 1998, S. 107–110.

46 Russ. „Obkom VKP(b)".

47 Birkovskij: Istorija (wie Anm. 40), S. 52 u. 59 f.

48 Matthes (Hg.): Russe (wie Anm. 32), S. 226.

49 In: Konstantin Černenko / M. Smirtjukov (Hg.): Rešenija partii i pravitel'stva no chozjajstvennym voprosam v 5–i tomach 1917–1963 gg. Sbornik dokumentov za 50 let [Entscheidungen von Partei und Regierung zu wirtschaftlichen Fragen in fünf Bänden 1917–1963. Sammlung von Dokumenten aus fünfzig Jahren]. Bd. 3. Moskau 1968, S. 293.

50 Vgl. dazu auch Jurij Kostjašov: Zaselenie Kaliningradskoj oblasti posle vtoroj mirovoj vojny. In: Gumanitarnaja nauka v Rossii: Sorovskie laureaty [Die Besiedlung des Kaliningrader Gebietes nach dem Zweiten Weltkrieg. In: Geisteswissenschaft in Rußland: Die Soros-Preisträger]. Bd. 2. Moskau 1996, S. 82–88, hier S. 82.

siedlung der Kreise und zur Entwicklung der Landwirtschaft im Kaliningrader Gebiet". Der Beschluß sah vor, „auf freiwilliger Grundlage in die Kreise des Kaliningrader Gebietes zwecks dauerhafter Wohnsitznahme in den Monaten August, September, Oktober 1946 12.000 Familien von Kolchosarbeitern anzusiedeln"[51]. Damit sollte die sehr geringe Bevölkerungsdichte im Gebiet erhöht und das Land landwirtschaftlich wieder erschlossen werden. Im Juli 1947 beschloß der Ministerrat das sogenannte „Stalin-Programm des wirtschaftlichen und kulturellen Aufbaus des Kaliningrader Gebietes". Danach sollte im früheren nördlichen Ostpreußen „sozialistische Industrie und sozialistische Landwirtschaft entstehen, die als ein Beispiel für das gesamte demokratische Europa dienen werden"[52]. Bereits die bloße Veröffentlichung dieses Erlasses bot Anlaß zu Mutmaßungen: Zum einen legte dessen Bezeichnung die Vermutung nahe, daß erst jetzt tatsächlich der Aufbau des jungen Gebietes beginne und dort bisher in wirtschaftlicher Hinsicht nichts Wesentliches in die Wege geleitet worden sei. Zudem implizierte das Datum des Beschlusses die Frage, warum erst jetzt ein solches Programm auf den Weg gebracht wurde – mehr als eineinhalb Jahre gehörte das nördliche Ostpreußen zu diesem Zeitpunkt schon zur Sowjetunion. Es konnte hier durchaus der Eindruck entstehen, man habe Kaliningrad vergessen.

Ohne Zweifel hatte die UdSSR nach Ende des Zweiten Weltkrieges nicht nur riesige Verluste an der Bevölkerung erlitten, sondern auch große Schäden in der Wirtschaft zu beklagen. Um so eklatanter war die Kluft zwischen Anspruch und Wirklichkeit, die die eigene Propaganda erst schuf: Je strahlender die Zukunft gemalt wurde, desto schwieriger wurde es, diesen selbstproklamierten Zustand zu erreichen. Das Stalin-Programm postulierte, jetzt (1947) sei das Kaliningrader Gebiet in den Fünfjahresplan des Wiederaufbaus und der Entwicklung der sowjetischen Volkswirtschaft integriert, und „von nun an lebt es ein gemeinsames Leben mit dem gesamten Sowjetland, und zusammen mit unserem ganzen Volk löst es die eine gemeinsame Aufgabe: ‚Die leidtragenden Landesteile wieder aufbauen, das Vorkriegsniveau wiederherstellen und dieses Niveau anschließend in bedeutendem Maße übertreffen'."[53]

Diese Kluft wuchs mit dem Rückgriff auf die deutsche Vergangenheit des Gebietes. Der Erste Sekretär des Kaliningrader Gebietsparteikomitees, Vladimir Ščerbakov, beschwor Anfang Dezember 1947 den Vergleich zwischen Vor- und Nachkriegszeit geradezu herauf. In seiner Eröffnungsrede auf der Ersten Kaliningrader Gebietsparteikonferenz erläuterte er den Delegierten, „daß wir nicht einfach die Industrie wieder in den Zustand versetzen, in dem sie sich unter den Deutschen befand, sondern sie als wahrhaft sozialistische Industrie in Kultur und

---

51 In: Vladimir Isupov et al. (Hg.): Samaja zapadnaja. Sbornik dokumentov i materialov o stanovlenii i razvitii Kaliningradskoj oblasti [Das westlichste Gebiet. Sammelband von Dokumenten und Materialien zur Gründung und Entwicklung des Kaliningrader Gebietes]. Bd. 1. Kaliningrad 1980, S. 30–35, hier S. 30.

52 Ščerbakov: Stalinskaja programma (wie Anm. 25), S. 5.

53 Ebd., S. 5 f.

Produktionsweise aufbauen, wie es bolschewistischer Planung und Organisiertheit entspricht“[54].

Das Vorhaben, das Kaliningrader Gebiet „in einen sozialistischen Organismus voller Lebenskraft umzuwandeln, als dessen grundlegendes Gesetz hohe Geschwindigkeiten der Entwicklung aller Volkswirtschaftszweige, vollständige Nutzung natürlicher Ressourcen im Interesse der gesamten Volkswirtschaft der Sowjetunion, stetige Steigerung des materiellen und kulturellen Niveaus der Werktätigen und die ständige Sorge Stalins und des Sowjetstaates für den Menschen gelten“[55], war eindrucksvoll. Doch es blieb bei diesen Ankündigungen, die nichts mit der Kaliningrader Wirklichkeit gemein hatten. Daß Moskau an einem wirtschaftlichen Aufbau des Kaliningrader Gebietes im Grunde nicht interessiert war, zeigte der besondere Status, welcher der Region zugewiesen wurde.

2.5 Verbotenes Land – das Kaliningrader Gebiet wird zur Sperrzone

Das nördliche Ostpreußen war als ‚Kaliningradskaja oblast“ zu einer von insgesamt 89 Verwaltungseinheiten der RSFSR geworden. Im Sinne Moskaus war damit die formale Sowjetisierung des Gebietes abgeschlossen. Doch das Gebiet behielt eine Sonderstellung innerhalb der Sowjetunion.

Soweit sich in den überaus starken Nachwehen von Krieg und Vertreibung überhaupt von einer gesamtsowjetischen „Normalität“ sprechen ließ, war man im Kaliningrader Gebiet noch weiter von ihr entfernt als anderenorts: In einem Erlaß vom 5. September 1946 hatte der Leiter der Gebietszivilverwaltung, Vasilij Andreevič Borisov, es zum Sperrgebiet erklärt – mit der Begründung einer vorgeblich verbesserten Grenzüberwachung[56]. Bis Mitte der 1950er Jahre wurde die Südgrenze des Kaliningrader Gebietes auf sowjetischer Seite mit 15 Meter hohen Beobachtungstürmen ausgestattet. Entlang der 200 Kilometer langen Grenze waren auf jedem zwei Soldaten mit Maschinengewehren postiert[57]. Der Grenzabschnitt wurde zu einer „der undurchlässigsten Grenzen im gesamten Ostblock“ (Peter Wörster)[58].

Diese Maßnahmen waren im Prinzip nicht ungewöhnlich: Die Südgrenze des Kaliningrader Gebietes bildete einen Teil der Außengrenze der UdSSR und war deswegen so stark bewacht[59]. Moskau ging jedoch bei den Grenzen des Kaliningrader Gebietes deutlich über das übliche Maß hinaus. Das *gesamte* Kaliningrader Gebiet wurde zur Sperrzone erklärt[60]. Die neuen Bestimmungen hatten drastische

54 CChIDNIKO f. 1, o. 1, d. 1, l. 46–47; mit dem Verhältnis zur deutschen Vergangenheit der Region befaßt sich ausgiebig: Eckhard Matthes: Verbotene Erinnerung. Ostfildern 2002.

55 Ščerbakov: Stalinskaja programma (wie Anm. 25), S. 8.

56 GAKO f. R–265, o. 1. d. 1, l. 2.

57 Vgl. dazu Neumann: Ostpreußen (wie Anm. 17), S. 95, Anm. 3.

58 Wörster: Ortsnamenverzeichnis (wie Anm. 15), S. 93; zur Grenzbeschreibung vgl. auch Traba: Grenze (wie Anm. 16), S. 69–79.

59 Terry Martin: The Origins of Soviet Ethnic Cleansing. In: The Journal of Modern History 70/4 (1998), S. 813–861, hier S. 830.

60 GAKO f. R–265, o. 1. d. 1, l. 2, Erlaß des Leiters der Zivilverwaltung des Kaliningrader Gebietes

Folgen für den Alltag der Bewohner. Es wurde ein spezielles Paßsystem eingeführt; die Bewohner grenznaher Wohngegenden wurden umgesiedelt; in Grenznähe durften mehrstöckige Gebäude nur mit Genehmigung der Grenztruppen gebaut werden[61]. Nichteinwohner sollten nur noch mit Genehmigung des Innenministeriums das Kaliningrader Gebiet betreten dürfen[62]; Fotografieren der Landschaft stand unter Strafe, ebenso die Duldung von Personen, die nicht im Besitz einer Einreiseerlaubnis waren[63]. Die Deklarierung des Kaliningrader Gebietes als Sperrgebiet war eine Verschärfung jener Bestimmungen, die teilweise noch unter der Verwaltung des Militärrates des Sondermilitärbezirkes Ende 1945 erlassen worden waren. In der Verfügung Nr. 14 vom 8. Dezember 1945 hatte Generaloberst K. Galickij zwecks „verstärkter Kontrolle über seßhafte und anreisende Bevölkerung auf dem Territorium des Sondermilitärbezirkes" angeordnet, daß jeder dort eintreffende „Bürger der UdSSR verpflichtet ist, sich innerhalb einer Frist von drei Tagen polizeilich [...] anzumelden" und „bei der Ausreise abzumelden"[64]. Verkaufsstellen für Eisenbahnfahrkarten durften Fahrscheine nur noch gegen Vorlage eines An- bzw. Abmeldenachweises ausstellen; Arbeitsanstellungen sollten ebenfalls nur noch nach polizeilicher Anmeldung möglich sein[65]. Diese Maßnahmen standen in deutlichem Gegensatz zu den verkündeten Plänen für eine „stetige Steigerung des materiellen und kulturellen Niveaus der Werktätigen" und zur „ständige[n] Sorge Stalins und des Sowjetstaates für den Menschen"[66] im Kaliningrader Gebiet. Die Errichtung einer Sperrzone und das wirtschaftliche Erblühen des Gebietes schlossen sich gegenseitig aus.

Die restriktiven Verwaltungsmaßnahmen sollten eine stärkere Kontrolle der Bewohner und Besucher gewährleisten. Mit der weitgehenden Beschränkung des Personenverkehrs wurde schließlich der Informationsfluß zwischen dem Kaliningrader Gebiet und der übrigen Sowjetunion eingedämmt: Moskau versuchte das ‚Prinzip eines Informationsvakuums'[67] durchzusetzen – was erneut mit den Grundvoraussetzungen eines wirtschaftlichen Wiederaufbaus kollidierte.

Die Prioritäten Moskaus treten klar hervor, sobald man das Auftreten des Militärs in der Öffentlichkeit betrachtet. Gerade im Kaliningrader Gebiet war das Militär ubiquitär – die Verwaltung besaß militärische Strukturen, das Vorhandensein von Truppenteilen war für jedermann sichtbar:

„Über die verbotene Grenzzone auf dem Territorium des Kaliningrader Gebietes" v. 5. September 1946.

61 GAKO f. R–265, o. 1. d. 1, l. 2 und l. 2 (Rückseite).

62 Ebd.

63 GAKO f. R–265, o. 1. d. 1, l. 3 (Rückseite).

64 GAKO f. R–332, o. 1, d. 1, l. 5.

65 Ebd.

66 Ščerbakov: Stalinskaja programma (wie Anm. 25), S. 8.

67 Svetlana Gal'cova: Die Geschichte des Kaliningrader Gebietes in der sowjetischen Forschung. In: Nordost-Archiv. Zeitschrift für Regionalgeschichte. N. F. Bd. 3 (1993), S. 495–506, hier S. 496.

> Fremdartige Kleidung und Uniformen [...] wie auch die eindrucksvollen Gesänge russischer Soldatengruppen bestimmten das optische und akustische Straßenbild so stark, daß man glauben konnte, schon in der Sowjetunion zu leben.[68]

Doch was offensichtlich war, durfte weder aufgeschrieben noch ausgesprochen werden. In den Publikationen über Kaliningrad war jeder Hinweis auf hier stationiertes Militär strengstens untersagt, den Medien jede Erwähnung dieses Themas verboten.

Die Bedeutung, die dem Militär zugemessen werden mußte, verdeutlicht ein Schreiben der faktisch als örtliche Zensurbehörde fungierenden Kaliningrader Gebietsverwaltung für Literatur- und Verlagsangelegenheiten (Obllit)[69]. In einem geheimen Rundbrief an alle Zensoren des Kaliningrader Gebietes von Dezember 1947 warnte der Leiter von Obllit, F. Ternovoj, es sei „verboten, jedwede Auskunft zu veröffentlichen, die unmittelbar oder indirekt auf Militär hinweist. ABSOLUT VERBOTEN ist es, Voentorg[70], KĖČ[71], unterstützende Wirtschaft von Voentorg und andere Einrichtungen zu erwähnen, die indirekt auf Militär hinweisen"[72]. Weder in der Stadt- und Kreispresse noch im Radio dürfe auf Armeeangehörige hingewiesen werden; Ternovoj „warne die Zensoren, daß in jedem Falle einer Verbreitung von Militärgeheimnissen in Presse oder Radio die Schuldigen zur Verantwortung gezogen würden"[73]. Sogar für die Sowjetmacht bedeutsame Momente mußten sich dem Vorrang des Militärs unterordnen: Mit Blick auf die anstehenden Wahlen zu den örtlichen Sowjets der Arbeiterdeputierten am 21. Dezember 1947 mahnte Ternovoj, „die Zensoren sollen in Betracht ziehen, daß Militärangehörige, die zu Deputierten des Gebietssowjets gewählt werden werden [sic!], den Redaktionen ihre Adresse zur Veröffentlichung in den Zeitungen mitzuteilen, um mit ihren Wählern in Kontakt zu treten. Die Zensoren dürfen in diesen Fällen nicht die Veröffentlichung der Feldpostnummern zulassen." Ternovoj riet seinen Mitarbeitern daher:

> Überprüfen Sie sorgfältig Material über Treffen zwischen Deputierten, die dem Militär angehören, und deren Wählern, das zur Veröffentlichung in Presse und Radio bestimmt ist. In diesem Material darf nicht erscheinen, daß der Deputierte Militärangehöriger ist.[74]

---

68 Michael Wieck: Zeugnis vom Untergang Königsbergs. Ein Geltungsjude berichtet. Heidelberg 1988, S. 273 (Tagebucheintrag von spätestens 1948).

69 Deutlicher wurde der Auftrag dieser Einrichtung in ihrer späteren Bezeichnung: So hieß die Kaliningrader Behörde zwischen 1953 und 1964 (wie überall in der Sowjetunion) „Gebietsverwaltung zum Schutz von Militär- und Staatsgeheimnissen in der Presse"; erstaunlich ist, daß diese Bezeichnung nunmehr explizit auf offenbar vorhandene Militärgeheimnisse hinwies.

70 Akronym für russ. „Voennaja Torgovlja", Militärhandelsgesellschaft.

71 Abkürzung für russ. „Kvartirno-Ėksploatacionnaja Čast'", Militärwohnungsverwaltung.

72 GAKO f. R–232, o. 6, d. 1, l. 3–4.

73 Ebd.

74 Ebd.

Abb. 2: 1. Mai 1947 in Kaliningrad, Zentralstadion[75].

Wenn „in der UdSSR unter Stalin der wiedergewonnene Friede nichts anderes war als die Fortsetzung des Krieges mit anderen Mitteln“[76], dann spiegeln die No-

75 GAKO, 0–5354.

76 François Furet: Das Ende der Illusion. Der Kommunismus im 20. Jahrhundert. München 1996, S. 474.

tizen eines Mitarbeiters von Obllit nicht nur einen expliziten, speziell auf die militärische Bedeutung des Kaliningrader Gebietes zugeschnittenen Auftrag zur absoluten Geheimhaltung wider; die im Spätstalinismus überaus häufig anzutreffende Furcht vor Verrat wird deutlich, wo der Zensor im nachhinein die Sonderausgabe der „Kaliningradskaja Pravda“ vom 12. Januar 1949 beanstandete:

> Im Artikel „Held der Erstürmung Königsbergs“ wird indirekt die Anwesenheit von Militär im Kaliningrader Gebiet erwähnt: „(...) die sich nach der Demobilisierung für ewig auf dem Stück Erde niederlassen wollten, das mit ihrem eigenen Blut getränkt ist. In den Sowchosen des Gebietes blieben die Helden der Sowjetunion, die Genossen Kalabun und Bendeberja, um zu arbeiten.“

Nach Auffassung des Zensors überschritt es das Maß des Zulässigen, denn „das Wort ‚blieben‘ impliziere, daß die Genossen Kalabun und Bendeberja hier, im Kaliningrader Gebiet, demobilisiert wurden“[77]. Der Hinweis auf Militär war verboten – selbst wenn dessen Angehörige seit Jahren nicht mehr im Dienst waren.

Wenn auch in der UdSSR allgemein die Armee seit jeher als selbstverständlich geheimhaltungsbedürftig eingestuft wurde und als sensibles Thema galt, so überrascht hier doch die Kluft zwischen Anspruch und Wirklichkeit: Äußerst penibel wurden Äußerungen in den Medien nach Hinweisen auf die Anwesenheit von Militär untersucht und aktenkundig gemacht – obwohl die starke Militärpräsenz im Kaliningrader Gebiet offen zu Tage trat. Dem Selbstverständlichen zum Trotz beharrte die Zensur auf ihrem Auftrag, daß nicht sein konnte, was nicht sein durfte.

2.6 Go West – das Kaliningrader Gebiet wird neu besiedelt

Schon lange schweigen die Waffen,
Der sonnige Himmel über uns,
Warum überprüft man die Leute,
Wenn doch der Krieg vorüber ist?[78]

Der Sieg über das nationalsozialistische Deutschland im Mai 1945 löste in der Sowjetunion eine Euphorie aus. Die Hoffnung auf den langersehnten Frieden hatte sich endlich erfüllt: Nach knapp vier Jahren war der Feind aus dem Westen niedergeworfen, der mörderische Krieg vorüber. Jetzt war die Zuversicht groß, daß sich nach dem Erlebten und Durchlebten die Zukunft zum Besseren wenden würde – die Bevölkerung der Sowjetunion war der Überzeugung, nach Ende des

---

77 GAKO f. R–232, o. 6, d. 5, l. 7 und l. 8.

78 Vladimir Vysockij: Davno smolkli zalpy orudij... [Schon lange schweigen die Waffen...] In: A. Krylov (Hg.): Vladimir Vysockij: Sočinenija v dvuch tomach [Vladimir Vysockij: Werke in zwei Bänden]. Bd. 1. Moskau 1990, S. 223 f.

Krieges größere Freiheit zugestanden zu bekommen[79]. Nach dem Ende der Bedrohung von außen hoffte sie auf eine Liberalisierung von innen – darauf, daß die Regierung auf eine Wiedereinführung ihrer scharfen polizeilichen Überwachungsmaßnahmen von vor 1941 verzichtete[80]. Schließlich verpflichtete der Sieg die politische Führung bei aller Dominanz des Staates über die Gesellschaft zur Mäßigung gegenüber einer Bevölkerung, die nach den Jahren übermenschlicher Anspannung und unsäglicher Leiden berechtigte Hoffnungen auf einen friedlichen Neubeginn hegte[81]. Während des Krieges hatte die Bevölkerung die Lebensverhältnisse der Vorkriegszeit bis zu einem gewissen Grade idealisiert, sie in der Erinnerung verklärt[82]. Die Sehnsucht nach einem ‚normalen' Leben jenseits von Krieg und Zerstörung zeichnete die Vorkriegszeit in einem milden Licht und ließ in der Erinnerung eine Welt entstehen, die nie existiert hatte – die „Säuberungen" in der zweiten Hälfte der 1930er Jahre lagen noch nicht lange zurück[83]. Aus dieser Scheinwelt speiste sich nun die Hoffnung auf ein besseres Leben; doch die Nachkriegsrealität war nicht eben vielversprechend.

Nach dem Ende des Zweiten Weltkriegs war die Sowjetunion nicht mehr wiederzuerkennen. Im Krieg waren weite Teile Weißrußlands, der Ukraine und der Gebiete am Schwarzen Meer verwüstet worden; Straßen, Brücken und Schienen waren zerstört, Gewerbe und Landwirtschaft lagen am Boden[84]. Mitte 1945 fehlte es im westlichen Teil der Sowjetunion an allem: Weder intakte Produktionsanlagen, Äcker, Nutz- und Zugtiere, noch Nahrungsmittel, Wohnungen und Geld gab es im nötigen Umfang[85]. Fast jede Familie hatte durch den Krieg den Verlust eines Verwandten zu beklagen. Millionen entwurzelter Menschen waren auf der Suche nach einem Zuhause – demobilisierte Soldaten, Flüchtlinge, Evakuierte und Repatriierte. Ob wirtschaftlich, sozial oder mental – jeder befand sich sozusagen im Transit[86]. Kaum jemand, der in dieser Situation eine auch noch so geringe Aussicht auf eine glückliche Zukunft und Hoffnung auf staatliche Sonderzuwendungen und Privilegien nicht sogleich genutzt hätte. Eine solche Gelegenheit bot in den Augen vieler Übersiedlungswilliger das zukünftige Kaliningrad. Zudem kursierten in der Sowjetunion Gerüchte, Königsberg sei eine reiche Stadt, eine „Goldgrube". All dies ließ so manchen Sowjetbürger sein Glück im nördlichen Ostpreußen suchen[87].

Die ersten Neusiedler, die sich damals im nördlichen Ostpreußen niederließen, waren demobilisierte Soldaten der Roten Armee. Sie hatten hier entweder das

79 Elena Zubkova: Russia after the War. Hopes, Illusions and Disappointments, 1945–1957 (The New Russian History). New York 1998, S. 33.

80 Donald Filtzer: The Standard of Living of Soviet Industrial Workers in the Immediate Postwar Period, 1945–1948. In: Europe-Asia Studies 51/6 (1999), S. 1013–1038, hier S. 1013.

81 Katzer: Festung (wie Anm. 4), S. 282.

82 Zubkova: Russia (wie Anm. 79), S. 34.

83 Eindrucksvoll belegt wird dies durch die Tatsache, daß während des Krieges die Nachfrage nach Märchen und Abenteuerliteratur in öffentlichen Bibliotheken der Sowjetunion deutlich zunahm (Zubkova: Russia [wie Anm. 79], S. 34).

84 Hildermeier: Geschichte (wie Anm. 28), S. 688.

85 Ebd.

86 Vgl. dazu Zubkova: Russia (wie Anm. 79), S. 22.

87 Kostjašov: Zaselenie (wie Anm. 50), S. 87.

Kriegsende selbst erlebt oder ihren Dienst versehen[88]. Zudem kehrten ehemalige Gefangene und Zwangsarbeiter aus Deutschland und aus den von den Deutschen besetzten Gebieten heim; die Rückführung dieser Repatriierten erfolgte zu Teilen über das frühere nördliche Ostpreußen[89]. Aus Befehlen der Königsberger Stadtkommandantur läßt sich schließen, daß dieser Prozeß bereits im Mai 1945 einsetzte[90]. Platz für Neuankömmlinge war ausreichend vorhanden: Im Jahre 1939 hatten noch 1.249.396 Personen auf dem Gebiet der späteren *oblast'* gelebt (Königsberg hatte zu dieser Zeit 372.164 Einwohner[91])[92]; aufgrund von Bombardierung, Vertreibung und Krankheit war deren Zahl nach Kriegsende auf 129.614 Einwohner (davon 68.014 in Königsberg; Stand 1. September 1945) und damit auf nur noch rund zehn Prozent der ursprünglichen Bevölkerung zusammengeschmolzen[93]. Schritt für Schritt wuchs die Bevölkerung jetzt wieder an: Bis November 1945 waren 7.042 Zivilpersonen aus der UdSSR eingereist[94], und Monat für Monat kamen drei- bis viertausend Neusiedler hinzu[95]. Zwischen April und Anfang August 1946 hatte sich die Zahl der im Gebiet gemeldeten Neusiedler von 41.000 auf 84.500 mehr als verdoppelt – ein Fünftel von ihnen war als Repatriierte ins Gebiet gekommen[96]. Die Gebietsstatistikverwaltung stellte für die Stadt Königsberg zum 1. April 1946 in einem Überblick über die wirtschaftliche Situation des Gebietes fest:

> Der Anteil der russischen Bevölkerung besteht hauptsächlich aus Industriearbeitern, die aufgrund von Anwerbung aus verschiedenen Gebieten unseres Landes gekommen sind, aus den Familien von Militärangehörigen und repatriierten Bürgern, die auf dem Wege zu ihrem vorherigen Wohnort sind und sich zur Zeit in Lagern für Repatriierte bis zur

88 Ebd., S. 82 f.

89 Zur Repatriierung von Sowjetbürgern vgl. u. a. Zubkova: Die sowjetische Gesellschaft nach dem Krieg. In: Vierteljahrshefte für Zeitgeschichte, Heft 3 (1999), S. 363–383 (insbesondere S. 372 ff.); außerdem A. Ševjakov: Repatriacija sovetskogo mirnogo naselenija i voennoplennych, okazavšichsja v okkupacionnych zonach gosudarstv antigitlerovskoj koalicii. In: Rossijskaja Akademija Nauk / Institut Rossijskoj istorii: Naselenie Rossii v 1920–1950-e gody: Čislennost', poteri, migracii. Sbornik naučnych trudov [Die Repatriierung sowjetischer Zivilbevölkerung und Kriegsgefangener aus Besatzungsgebieten von Staaten der Anti-Hitler-Koalition. In: Russische Akademie der Wissenschaften / Institut für Russische Geschichte: Die Bevölkerung Rußlands in den 1920–1950er Jahren: Zahlen, Verluste, Migrationen. Sammelband wissenschaftlicher Arbeiten]. Moskau 1994, S. 195–222.

90 Vgl. dazu Fisch/Klemeševa: Schicksal (wie Anm. 29), S. 393.

91 Statistisches Jahrbuch für das Deutsche Reich. Hg. vom Statistischen Reichsamt (58. Jahrgang 1939/40). Berlin 1940, S. 19; diese Zahl wird auch in einer „Auskunft über administrative Gliederung und Wirtschaft Ostpreußens" des sowjetischen Innenministeriums von Dezember 1945 genannt (In: Elena Tichonova: Iz dokumentov archiva UVD Kaliningradskoj oblasti [Aus Dokumenten des Archivs der Verwaltung für Innere Angelegenheiten des Kaliningrader Gebietes]. In: Ščeglova et al.: Archivy [wie Anm. 45], S. 79–89, hier S. 80).

92 Tichonova: Iz dokumentov (wie Anm. 91), S. 80.

93 Jurij Kostjašov: Vyselenie nemcev iz Kaliningradskoj oblasti v poslevoennye gody [Die Aussiedlung der Deutschen aus dem Kaliningrader Gebiet in der Nachkriegszeit]. In: Voprosy istorii 6 (1994), S. 186–188, hier S. 186.

94 Tichonova: Iz dokumentov (wie Anm. 91), S. 80.

95 Kostjašov: Zaselenie (wie Anm. 50), S. 82.

96 Ebd.

planmäßigen Weiterreise befinden oder zeitlich befristet zur Arbeit in Einrichtungen und Unternehmen eingesetzt werden.[97]

Die Gesamtzahl der Bewohner gab die Behörde für den 1. Juni 1946 mit 170.019 an; gut zwei Drittel von ihnen stellten im Gebiet verbliebene Deutsche[98].

Deutlich änderte sich die Zusammensetzung der Gebietsbevölkerung ab Sommer 1946: Das Gros der Neubewohner stellten bis dahin die demobilisierten (vorrangig in der Industrie tätigen) Rotarmisten[99]. Nun kamen nach dem Beginn einer großen Besiedlungskampagne verstärkt Zivilisten in das Gebiet, die dazu beitragen sollten, die brachliegende Landwirtschaft im nördlichen Ostpreußen neu aufzubauen und zu strukturieren. Grundlage für diese Kampagne war ein Beschluß des Ministerrates der UdSSR vom 9. Juli 1946[100]. Der Erlaß Nr. 1522 „Über sofortige Maßnahmen zur Besiedlung der Kreise und zur Entwicklung der Landwirtschaft im Kaliningrader Gebiet" sah unter Punkt 1 vor, „auf freiwilliger Grundlage in die Kreise des Kaliningrader Gebietes zwecks dauerhafter Wohnsitznahme in den Monaten August, September, Oktober 1946 12.000 Familien von Kolchosarbeitern anzusiedeln"[101]. Die ersten Siedler, die auf Grundlage des Erlasses in Umsiedlerzügen in das Gebiet kamen, trafen am 27. August 1946 auf dem Bahnhof von Gumbinnen (dem heutigen Gusev) ein. Bis Ende 1953 zogen allein auf diese Weise insgesamt 42.376 Familien (entsprechend 186.662 Personen) in das Kaliningrader Gebiet[102]; die fünf häufigsten Herkunftsorte dieser neuen Kaliningrader lagen im zentralrussischen Schwarzerde-Gebiet: Voronež, Kursk, Orël, Rjazan' und Brjansk[103]. Der Höhepunkt dieser Besiedlungskampagne war schon Ende 1946 überschritten: In den fünf Monaten von August bis Dezember 1946 traf bereits fast die Hälfte all derjenigen Neusiedler ein, die bis Ende 1950 ihren Weg ins Ka-

---

97 GAKO f. R–181, o. 1, d. 10, l. 75 (Rückseite).

98 GAKO f. R–181, o. 1, d. 10, l. 22.

99 Kostjašov: Zaselenie (wie Anm. 50), S. 83; bereits 1978 hatte Wörster auf diesen Aspekt hingewiesen: „Wenn in diesem Werk [Kaliningradskaja Oblastnaja Organisacija KPSS v cifrach (Die Kaliningrader Gebietsparteiorganisation in Zahlen). Kaliningrad 1977, S. 88–90 – P. B.] ‚demobilisierte Soldaten' als die nach dem Kriege zweitwichtigste Gruppe von Parteimitgliedern genannt werden, so wird man deren Bedeutung für die Neubesiedlung ebenfalls nicht unterschätzen dürfen – auch wenn darüber keine Zahlenangaben vorliegen." (Wörster: Ostpreußen [wie Anm. 10], S. 19 f.).

100 Vgl. dazu auch Kostjašov: Zaselenie (wie Anm. 50), S. 82.

101 In: Isupov et al. (Hg.): Samaja (wie Anm. 51), S. 30–35, hier S. 30. Der Ministerrat hatte im folgenden die Anzahl der Familien nach Herkunftsgebiet aufgeschlüsselt, also gewissermaßen eine Quote vorgegeben, die jedes erwähnte Gebiet zu erfüllen hatte; dabei hatte sich der Ministerrat offenkundig um 100 Familien verrechnet – statt der anvisierten 12.000 ergab die im Dokumentenband publizierte Summe aller Familien 12.100, nach einer Kopie des Erlasses im GAKO sogar die Zahl von 11.600 Familien (GAKO f. R–183, o. 5, d. 1, l. 9).

102 Matthes (Hg.): Russe (wie Anm. 32), S. 388.

103 Ebd., S. 499; interessanterweise wurden ebenfalls aus diesen Gebieten, die auch der Beschluß Nr. 1522 vorsah, Bauern rekrutiert, um in anderen Gegenden der Sowjetunion die Versorgung mit Saatgut während der großen Mißernte 1946/47 zu gewährleisten (John Channon: Stalin and the Peasantry. Reassessing the Postwar Years, 1945–53. In: Ders. [Hg.]: Politics, Society and Stalinism in the USSR [Studies in Russia and East Europe]. London 1998, S. 185–209, hier S. 203).

liningrader Gebiet finden sollten[104]. Die Zuwanderungsrate nahm tendenziell ab, während die Abwanderungsquote bis Ende 1953 auf gleichem Niveau blieb (vgl. dazu das Diagramm auf S. 143). Die sinkenden Zuwachsraten erhielten so eine neue, negative Dynamik; die Annäherung von Zu- und Abwanderungszahlen deutet die hohe Fluktuation auf dem Lande an. Viele der Bewohner ländlicher Gebiete zogen in die Städte und trugen so zur sich dramatisch entwickelnden Landflucht bei: Mehr als 90.000 dieser Einwohner gaben zwischen 1948 und 1953 ihr Landleben auf[105]. Ohne den Umweg über das Dorf kamen in dieser Zeit rund 382.000 Neusiedler in die Städte des Kaliningrader Gebietes (vgl. dazu Tabelle 1 auf S. 142); ihren Höhepunkt erreichte diese Entwicklung im Gegensatz zur Dynamik der ländlichen Besiedlung erst in den Jahren 1951 und 1952. Hauptherkunftsorte und -regionen der städtischen Neusiedler außerhalb des Kaliningrader Gebietes waren Litauen, Moskau mit Umgebung, Leningrad mit Umgebung, das Smolensker Gebiet und schließlich Lettland (vgl. dazu Tabelle 2 auf S. 143).

Die große Zahl der Rückkehrer bei gleichzeitig hohen Zuwanderungsraten in den Städten zeigt, daß dort die Bevölkerungsfluktuation noch höher war als auf dem Land; dabei kehrten besonders viele Neusiedler aus den Städten an ihren ursprünglichen Wohnort zurück (vgl. dazu das Diagramm). Wie viele unter ihnen zuvor auf dem Land gelebt hatten (also Rückkehrer mit dem Umweg über die Stadt in ihre Heimat waren), läßt sich nicht ermitteln. Die Rückkehrrate vom Land direkt in die frühere Heimat blieb konstant (vgl. auch dazu das Diagramm).

Viele Neusiedler kannten Kaliningrad vor ihrer Ankunft nicht nur gerüchteweise, denn das Gebiet fand auch in sowjetischen Zeitungen Erwähnung. Unter Überschriften wie „Kommt zu uns, liebe Landsleute!" wurden in Zeitungen (mehr oder minder auf eigene Initiative geschriebene) Briefe von Neusiedlern veröffentlicht, die ihre vormaligen Nachbarn zum Übersiedeln bewegen wollten[106]. Auch gab das Kaliningrader Gebietsparteikomitee spezielle Zeitungsausgaben, Broschüren und Plakate in Auftrag, um für die Übersiedlung zu werben[107].

Die wichtigste Rolle bei der Neubesiedlung des Gebietes spielten jedoch die Anwerber. Diese *verbovščiki* sollten dafür sorgen, daß ständig Neusiedler ins Land kamen. Als eine Art sowjetische „headhunter" zogen sie durch das gesamte Land, um Menschen für die Arbeit in Landwirtschaft und Industrie im Kaliningrader Gebiet zu gewinnen. Dieser Prozeß, der sich bis weit in die 1950er Jahre erstreckte, war zu keinem Zeitpunkt zentral gesteuert[108]. Während für die Gebietsbesied-

104 Vgl. dazu Kostjašov: Zaselenie (wie Anm. 50), S. 85.

105 Vgl. dazu GAKO f. R–181, o. 3, d. 4, l. 5 u. 9; GAKO f. R–181, o. 5, d. 7, l. 8 u. 12; GAKO f. R–181, o. 7, d. 3, l. 85; GAKO f. R–181, o. 9, d. 4, l. 5; GAKO f. R–181, o. 12, d. 282, l. 5, Listen der Gebietsstatistikverwaltung; für die Beurteilung der demographischen Entwicklung der städtischen Bevölkerung im Jahre 1948 lagen nur Daten für die *Stadt* Kaliningrad vor.

106 „Kaliningradskaja Pravda" v. 25. März 1947; weitere Bespiele in: Isupov et al. (Hg.): Samaja (wie Anm. 51), S. 45 ff.; bemerkenswerterweise erschienen viele solcher Artikel in Kaliningrad selbst, obwohl dort niemand mehr für eine Übersiedlung gewonnen werden mußte – sie dürften die Aufgabe einer „Selbstvergewisserung in der neuen Heimat" gehabt haben.

107 Vgl. dazu CChIDNIKO f. 1, o. 2, d. 23, l. 124, Protokoll der Sitzung des Büro des Obkom der VKP(b) vom 25. Dezember 1948.

108 Matthes (Hg.): Russe (wie Anm. 32), S. 387.

lung mit landwirtschaftlichen Arbeitskräften eigens die Kaliningrader Gebietsabteilung für Übersiedlungsfragen[109] geschaffen worden war, wurden Industriearbeiter direkt von Ministerien oder Betrieben angeworben[110]. Doch unabhängig davon, ob Arbeitskräfte für Landwirtschaft oder Industrie gesucht wurden: Unter den Anwerbern war der Wettbewerb hart, es herrschte große Konkurrenz. Für verschiedene Teile der Sowjetunion liefen verschiedene Anwerbungsaktionen[111], jeder Anwerber wollte möglichst viele Siedler zum Umzug in „sein" Gebiet bewegen[112]. Eigentlich sollte das Gebiet mit den „Besten der Besten", ideologisch gefestigten und der Sowjetmacht ergebenen Bewohnern, besiedelt werden[113]. Der Mangel an potentiellen Neusiedlern ließ eine solche Auswahl aber nicht zu. Die Anwerber verzichteten dabei meist auf die hohen Anforderungen an die zukünftigen Kaliningrader, um überhaupt genug Sowjetbürger für die Übersiedlung gewinnen zu können. Da sie einstellen mußten, wen sie nur finden konnten, waren die Folgen für Kaliningrad dramatisch. Allein von 288 in einer Fallstudie untersuchten landwirtschaftlichen Neusiedlern hatten zwei Drittel nicht mehr als vier Jahre die Schule besucht[114]. Oftmals wurden Siedler für Berufe vorgesehen, die sie nie ausgeübt hatten; es war symptomatisch für die Sorgfalt bei der Siedlerauswahl, daß in mehreren Fällen „einzelne Übersiedlerfamilien von Angestellten noch am gleichen Tag ihrer Ankunft in ihrem Bestimmungsort um Entlassung aus dem Kolchos ersuchten, um in Betrieben zu arbeiten"[115]. Wie ernst gemeint auch immer das Bestreben war, das Kaliningrader Gebiet zu einem „Beispiel für das gesamte demokratische Europa" zu machen – viele Neusiedler waren für ein solches Vorhaben denkbar ungeeignet. Mit diesen nicht qualifizierten Arbeitskräften war es nur schwer möglich, zu planen und zu wirtschaften – sowohl in der Landwirtschaft als auch in der Industrie.

Im selben Maße, wie die Anforderungen an die Neusiedler sanken, wuchsen die Versprechungen, mit denen die potentiellen Kaliningrader gewonnen werden soll-

---

109 Russ. „Kaliningradskij oblastnoj pereselenčeskij otdel".

110 Matthes dient diese Unterscheidung zur Charakterisierung zweier voneinander kategorial abgegrenzter, zeitlich jedoch teilweise zusammenfallender „Phasen" (vgl. dazu Matthes [Hg.]: Russe [wie Anm. 32], S. 386 ff.); welche Ministerien auf diese Weise Arbeitskräfte rekrutierten, illustriert eine Anordnung des sowjetischen Ministerrates vom 16. Oktober 1946, nach der im Auftrage „der Ministerien für Holzindustrie, Verkehrswege, Industriebaustoffe, Metallurgie, Kohleindustrie der östlichen Bezirke, Papierindustrie, Flußschiffahrt, Fischindustrie der westlichen Bezirke, Schwerbau, Militärindustriebau, Kraftstoffversorgung, Kraftstoffbau der RSFSR, Hauptwaldschutz beim Ministerrat der UdSSR, Hauptholzversorgung beim Ministerrat der UdSSR im Herbst/Winter 1946/47" 400 Arbeiter in das Kaliningrader Gebiet geschickt werden sollten (GAKO f. R–181, o. 17, d. 1, l. 9).

111 Dazu gehörten u. a. auch Besiedlungsprogramme, mit denen Siedlungen von durch Stalin deportierten Volksgruppen wieder nutzbar gemacht werden sollten, wie z. B. Dörfer der Krim-Tataren, der Wolga-Deutschen und der Kaukasus-Völker (Channon: Peasantry [wie Anm. 103], S. 188).

112 Vgl. dazu Matthes (Hg.): Russe (wie Anm. 32), S. 37 f.

113 Vgl. dazu Beschluß Nr. 1522, in: Isupov et al. (Hg.): Samaja (wie Anm. 51), S. 30–35, hier S. 30.

114 Marina Šenderjuk: Social'nyj portret pereselenca [Das soziale Porträt eines Übersiedlers]. In: Ščeglova et al.: Archivy (wie Anm. 45), S. 180–184, hier S. 180.

115 CChIDNIKO f. 1, o. 1, d. 83, l. 21, Auskunft des Leiters der Gebietsabteilung für Übersiedlungsfragen, Terechov, an Gebietsparteichef Ivanov vom 6. Juni 1947.

ten: Dies waren einerseits die gesetzlich vorgeschriebenen Vergünstigungen für landwirtschaftliche Neusiedler, die u. a. kostenlose Anreise mit Verpflegung, Unterkunft, Steuererleichterungen und verbilligte Lebensmittel vorsahen[116]; andererseits schönten die *verbovščiki* mitunter auch das Bild der Gegebenheiten vor Ort[117] – ein Vorgehen mit problematischen Konsequenzen für Kaliningrad.

Gezielt gingen die Anwerber auch in jene Gebiete, die unter dem Krieg und seinen Folgen besonders litten – in der Erwartung, ihre Versprechungen würden bei der Bevölkerung niedergebrannter Dörfer und zerstörter Städte auf fruchtbaren Boden fallen. Für Familien, die ihren Ernährer verloren hatten und weder Kraft noch Mittel besaßen, sich eine neue Existenz aufzubauen, wurde die Zusage eines Hauses oder einer Wohnung zum wesentlichen Argument für die Übersiedlung nach Kaliningrad[118]. Es geschah aber auch, daß die Bewohner solch zerstörter Gebiete nur für die Reise dorthin votierten, um sich und ihre Kinder vor dem Hungertod zu bewahren[119]. Für sie waren die versprochenen Lebensmittelrationen und kleinen Reisegelder oft die letzte Hoffnung[120]. Es konnte keine Rede davon sein, daß die Neusiedler „voller Entschlossenheit, das verwüstete Gebiet wieder zum Leben erstehen zu lassen, ohne weiteres in den Kampf gegen die Ödnis" zogen, wie die sowjetische Propaganda behauptete[121]. Motive wie „Interesse am neuen Gebiet", „Wunsch, das Gebiet mit Leben zu erfüllen", oder „Bestreben, an dem Ort zu leben und zu arbeiten, wo man gekämpft und Freunde verloren hat", mochten den offiziellen Vorstellungen entsprechen, aber kaum denen der Neusiedler[122].

So, wie die *verbovščiki* für die Siedlungskampagne warben, wurden zwar Menschen für einen Neuanfang gewonnen, doch waren die Voraussetzungen, unter denen die Neusiedler nach Kaliningrad kamen, kontraproduktiv: Die geweckten Hoffnungen konnten nicht erfüllt werden. Wie ein noch im Gebiet verbliebener Deutscher 1948 berichtete, gab es in der russischen Bevölkerung „immer wieder Unterhaltungen mit neu gekommenen Russen, die ihre Enttäuschung über die Dissonanz zwischen Moskauer Versprechungen und Kaliningrader Wirklichkeit nicht verhehlen"[123]. Man bemühte sich, den Neuankömmlingen mit Plakaten,

---

116 Vgl. dazu Beschluß Nr. 1522, in: Isupov et al. (Hg.): Samaja (wie Anm. 51), S. 30–35, hier S. 31 ff.; auch das Formular, das jede übersiedelnde Familie auszufüllen hatte, listete Vergünstigungen auf (vgl. dazu ein Exemplar unter GAKO f. R–183, o. 5, d. 8, l. 1).

117 Vgl. dazu Matthes (Hg.): Russe (wie Anm. 32), S. 39.

118 Kostjašov: Zaselenie (wie Anm. 50), S. 87.

119 Ebd.

120 Ebd.

121 Vgl. dazu Nikolaj Konovalov: Samaja Zapadnaja, ordenonosnaja [Das westlichste, mit Orden ausgezeichnete Gebiet]. In: Ščekin: Prodolženie (wie Anm. 6), S. 3–16, hier S. 5.

122 Die zitierten Motive nennt die Historikerin Ėnergija Kolganova als Ergebnis einer Befragung von rund sechzig Neusiedlern aus dem Jahre 1961 in ihrem 1974 erschienenen Aufsatz (Obrazovanie [wie Anm. 16], S. 54); die Auswertung der in Kaliningrad unter GAKO f. R–20, o. 1, d. 5 archivierten Fragebögen durch den Verfasser zeigte allerdings, daß nicht ein einziger der Befragten ein solches Motiv für seine Anreise angegeben hat.

123 Hans Deichelmann: Ich sah Königsberg sterben. Minden 1995, S. 125 (Tagebucheintrag vom 23. Oktober 1946).

Spruchbändern und Flugblättern sowie russischer Sauna, Friseur und medizinischer Versorgungsstelle einen positiven Empfang zu bereiten[124]; doch waren Enttäuschung und Demotivierung der Neusiedler vorprogrammiert. Auf dem Land war kaum technisches Gerät vorhanden – „bis Herbst 1947, als zu uns ein Traktor kam. Die Pferde waren so sehr erschöpft, daß wir auf dem Feld eine Sonderbrigade hatten zum Aufrichten der umgefallenen Pferde."[125] Aus vielen Kaliningradern wurden *obratniki*, Rückkehrer, die ihren neuen Wohnort wieder verließen, weil sie dort keine Perspektive für sich sahen. Später wurde oft nur auf den dadurch entstandenen volkswirtschaftlichen Schaden hingewiesen; doch daß „nicht alle den Prüfungen standhielten"[126], war vor allem auch eine menschliche Niederlage[127].

Jeder Bewerber für die Umsiedlung ins Kaliningrader Gebiet wurde einer Kontrolle durch die sowjetischen Behörden unterzogen. Besiedlungsrelevante Voraussetzungen wie berufliche Qualifikation, Arbeitsfähigkeit u. a. traten gegenüber dem Kriterium der politischen Zuverlässigkeit zurück[128]. Ein höheres Maß an Freiheit wurde nicht zugelassen[129]. Die Anwerber hatten anscheinend auf großen Zuspruch seitens der Bevölkerung stark zerstörter Gebiete der Sowjetunion spekuliert, die von der deutschen Wehrmacht beim Rückzug auf das schwerste in Mitleidenschaft gezogen worden waren. Hier hatte es jedoch oft Fälle von Kollaboration mit dem Feind aus dem Westen gegeben. Aus diesem Grunde waren die sowjetischen Behörden gegenüber den dortigen Bewohnern nach dem Krieg besonders mißtrauisch[130] – zumal es sich bei dem nun zu besiedelnden Landstrich um ein Sperrgebiet handelte. Spezielle Listen und „geheimdienstliche Operativvorgänge" kamen zur Anwendung, um „Vaterlandsverräter, schwerverbrecherische und unzuverlässige Elemente" ausfindig zu machen[131]. Ungeachtet des großen Bedarfes an Neusiedlern wurde hier ein hoher Prozentsatz der Antragsteller abgelehnt[132].

Doch auch wer im Gebiet angekommen war, konnte nicht immer damit rechnen, bleiben zu dürfen: Kamen ab 1946 verstärkt Neusiedler in das Gebiet, so

---

124 Vgl. GAKO f. R–265, o. 2, d. 6, l. 26, Plan zur Durchführung von Vorbereitungen zum Empfang und zur Einrichtung von Kolchos-Übersiedlern im Kreis Ragnit vom Leiter der dortigen Verwaltung für Zivilangelegenheiten, Afanas'ev (ohne Datumsangabe, jedoch nicht später als 22. August 1946).

125 Bericht von Aleksej Turunov, Leitender Bibliothekar und Stellv. Parteisekretär des Kolchos „Nevskij" im Kreis Nesterov, auf die Fragen Ė. Kolganovas, ca. Sommer 1961 (GAKO f. R–20, o. 1, d. 5, l. 32 [inkl. Rückseite]).

126 Birkovskij: Istorija (wie Anm. 40), S. 57, Anm. 3.

127 Vgl. dazu ebd., S. 75.

128 Zu den Kriterien vgl. Beschluß Nr. 1522, in: Isupov et al. (Hg.): Samaja (wie Anm. 51), S. 30–35, hier S. 30.

129 Vgl. zur Kollektivierung in den baltischen Staaten Channon: Peasantry [wie Anm. 103], S. 192 ff.

130 Vgl. dazu ebd., S. 188.

131 Kostjašov: Zaselenie (wie Anm. 50), S. 83.

132 Matthes (Hg.): Russe (wie Anm. 32), S. 44 ff.; vgl. dazu auch Kostjašov: Sekretnye dokumenty otdela specposelenij MVD SSSR o zaselenii Kaliningradskoj oblasti v 1946 g. [Geheime Dokumente der Abteilung für Sonderverschickungen des Innenministeriums der UdSSR zur Besiedlung des Kaliningrader Gebietes 1946]. In: V. I. Gal'cov et al. (Hg.): Problemy istočnikovedenija i istoriografii. Sbornik naučnych trudov [Probleme von Quellenkunde und Geschichtsschreibung. Sammelband wissenschaftlicher Arbeiten]. Kaliningrad 1999, S. 64–67, hier S. 67.

wurden nun im Gegenzug Sowjetbürger bestimmter Nationalität, die bereits im Kaliningrader Gebiet ansässig waren, ausgesiedelt. Am 20. November 1946 erging ein Befehl der Gebietszivilverwaltung an die Leiter von Betrieben sowie Stadt- und Gebietseinrichtungen, innerhalb von drei Wochen alle Repatriierten georgischer, armenischer und aserbaidschanischer Nationalität der Gebietsabteilung für Siedlungsfragen zu melden; sie unterlägen „innerhalb des Jahres 1946 der Rückkehr in ihre Heimat“[133]. Diese Entscheidung ging zurück auf einen Befehl des sowjetischen Innenministeriums vom 15. Oktober 1946, unionsweit Repatrianten dieser Nationalitäten in die entsprechenden Unionsrepubliken zurückzuführen[134]. Auch in diesem Fall werden die Prioritäten deutlich, die bei der Sowjetisierung des Gebietes eine Rolle spielten: Sowohl finanziell als auch logistisch wurde ein großer Aufwand betrieben, um ausreichend Sowjetbürger aus den verschiedensten Gegenden der Sowjetunion ins Land zu bringen; bereits vorhandene Neusiedler wurden hingegen wieder fortgebracht. Aus diesem Blickwinkel erscheint auch die Aussiedlung der noch verbliebenen deutschen Bevölkerung 1947/48 in einem anderen Licht.

Wer im wahrsten Sinne des Wortes „mit Sicherheit“ im Gebiet blieb, gehörte zur letzten Kategorie von Neusiedlern, zu den wenigen, die unter Zwang nach Kaliningrad gekommen waren: Strafgefangene, die in das Gebiet gebracht wurden, um in eigens eingerichteten Lagern zu arbeiten. Solche Lager gab es u. a. in Kaliningrad, Černjachovsk und den Kreisen Gvardejsk, Bagrationovsk, Sovetsk und Zelenogradsk[135]. Im Juli 1947 wurde in Palmnicken (dem heutigen Jantarnyj) ein Arbeitslager gegründet, in dem die großen Bernsteinvorkommen ausgebeutet werden sollten. Anfang September 1947 waren dort zunächst 672 Menschen inhaftiert, im Januar 1948 bereits 2.689; kurz vor seiner Schließung im April 1953 hatte das Lager noch 1.529 Insassen[136].

So streng die Behörden den Personenverkehr ins Kaliningrader Gebiet auch kontrollierten, es gelang doch vielen „nichtorganisierten“ Übersiedlern, einzureisen und sich einzurichten: „Im Zusammenhang damit, daß Eisenbahnkassen bis vor kurzem ungehindert Fahrkarten ohne Genehmigung der Miliz und ohne jede Überprüfung von Dokumenten der Zugreisenden ausstellen, reist täglich eine beträchtliche Anzahl von Personen in das Gebiet ein mit dem Ziel der Wohnortnahme in der Grenzzone“[137], meldete der Gebietsparteisekretär Ščerbakov dem Minister für Staatssicherheit, Generaloberst Abakumov, in einem Schreiben vom Oktober 1947 nach Moskau. Da aber die örtlichen Stellen und die Leiter von Be-

---

133 GAKO R–265, o. 1, d. 1, l. 16.

134 GARF f. 9478, o. 1s, d. 951, Befehl des Innenministeriums der UdSSR Nr. 00917–1946 goda vom 15. Oktober 1946.

135 Kostjašov: Zaselenie (wie Anm. 50), S. 84.

136 A. Roginskij et al. (Obšestvo „Memorial“ / Gosudarstvennyj archiv Rossijskoj Federacii): Sistema ispravitel'no-trudovych lagerej SSSR 1923–1960. Spravočnik [A. Roginskij et al. (Gesellschaft „Memorial“ / Staatsarchiv der Russischen Föderation): Das System der Erziehungs- und Arbeitslager in der UdSSR 1923–1960. Handbuch]. Moskau 1998, S. 166 f., 534); vgl. dazu auch Matthes (Hg.): Russe (wie Anm. 32), S. 198 u. 249.

137 CChIDNIKO f. 1, o. 1, d. 62, l. 42.

trieben und Unternehmen unter großem Arbeitskräftemangel zu leiden hatten, waren sie oftmals gezwungen, die Formalitäten bei der Einstellung von illegalem Personal nicht allzu genau zu nehmen[138]. In den offiziellen Statistiken wurden solche Neusiedler unter der Kategorie „Vor Ort eingestellt" geführt. In den Städten war der Anteil solcher Neusiedler an der Bevölkerung besonders hoch; bereits in ländlichen Gebieten belief er sich im Zeitraum von 1948 bis 1950 offiziell auf über zehn Prozent aller dortigen Neusiedler[139]. Einen zusätzlichen Anhaltspunkt, in welcher Größenordnung sich deren Zahl bewegte, liefert in den Statistiken die Rubrik „Ohne Herkunftsangabe". Die quantitative Bedeutung dieser ungeregelten und häufig illegalen Zuwanderung erschließt sich nicht zuletzt aus der Tatsache, daß die Gebiete Leningrad und Smolensk zu den hauptsächlichen Herkunftsgebieten innerhalb der RSFSR gehörten, obwohl dort überhaupt keine zentralisierte Anwerbung stattgefunden hatte[140].

Einmal mehr verdeutlichte dieser Aspekt der Sowjetisierung des Kaliningrader Gebietes, daß hier wirtschaftliche Aspekte hinter sicherheitspolitischen Erwägungen zurückstehen mußten; nur indem die Betriebe die rechtlichen Bestimmungen umgingen, konnten sie ausreichend Personal einstellen. Dies ist ein weiteres Indiz für die Inkonsistenz, mit der dieser Prozeß betrieben wurde.

---

138 Kostjašov: Zaselenie (wie Anm. 50), S. 83 f.

139 Ebd., S. 84.

140 Vgl. dazu ebd.

Anhang

Sowjetrepublik	zugezogene Siedler (in Personen)	weggezogene Siedler (obratniki; in Personen)	Zuwachs (in Personen)	Anteil der Zugezogenen (in Prozent)	Anteil der Weggezogenen (obratniki; in Prozent)
RSFSR	383 172	191 676	191 496	72, 1	50
Weißruss. SSR	52 050	16 280	35 770	13, 5	31, 3
Ukrain. SSR	42 450	22 674	19 776	7, 4	53, 4
Litauische SSR	25 407	11 368	14 039	5, 3	44, 8
Lettische SSR	12 091	9 067	3 024	1, 1	75
Estnische SSR	3 000	1 547	1 453	0, 5	51, 6
Aserbaidsch. SSR	1 559	654	905	0, 3	42
Georgische SSR	1 373	595	778	0, 3	43, 3
Karelo-Finn. SSR	997	562	435	0, 2	56, 4
Turkmenische SSR	642	277	365	0, 1	43, 1
Kasachische SSR	1 700	1 454	246	0, 1	85, 5
Armenische SSR	367	121	246	0, 1	33
Usbekische SSR	1 154	975	179	0, 1	84, 5
Kirgisische SSR	665	513	152	0, 1	77, 1
Moldavische SSR	635	496	139	0, 1	78, 1
Tadschikische SSR	252	295	- 43	- 0, 02	117, 1
UdSSR (ohne Republiksangabe)	33 802	39 749	- 5 947	- 2, 2	117, 6
Ges. UdSSR	562 143	298 545	263 598	≈ 100	53, 1

Tabelle 1: Anteile einzelner Sowjetrepubliken an der Besiedlung des Kaliningrader Gebietes zwischen 1948 und 1953 (basiert für 1948 bis 1950 inkl. auf Kostjaš ov: Zaselenie [wie Anm. 50], S. 86).

Rang	Neusiedler	Gebiet
1.	16 404	Litauische SSR
2.	13 829	Moskau (inkl. Stadt Moskau)
3.	13 159	Leningrad (inkl. Stadt Leningrad)
4.	12 050	Smolensk
5.	8 638	Lettische SSR

Tabelle 2: Hauptherkunftsgebiete der in die Städte ziehenden Neusiedler zwischen 1948 und 1953.

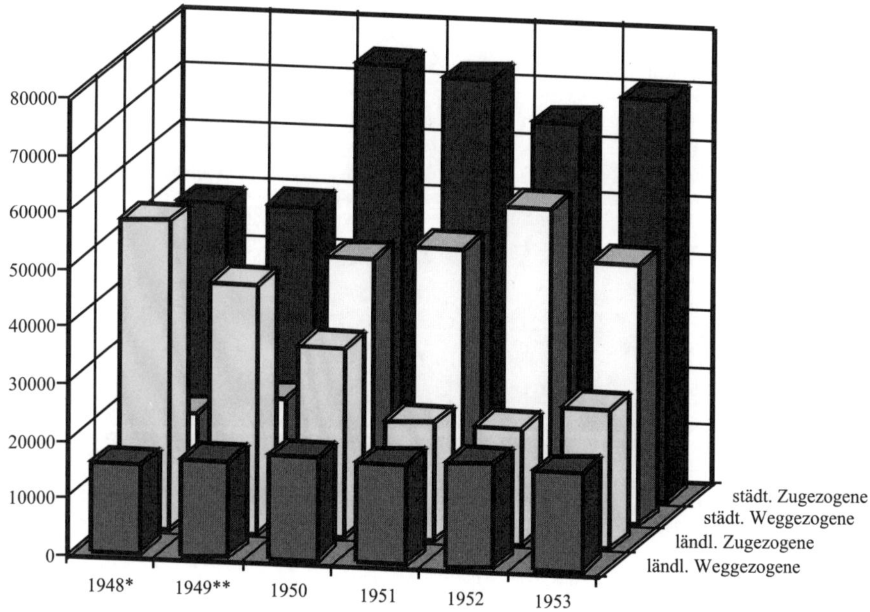

Dynamik der Neubesiedlung des Kaliningrader Gebietes nach Anzahl, Herkunft und Bestimmungsort der Neusiedler; Herkunftsgebiet: gesamte Sowjetunion.

Berichte und Forschungen 10 (2002), S. 145 –168.

Annelore Engel-Braunschmidt / Susanne Neufeldt

Briefe aus St. Petersburg

Ein schleswig-holsteinischer Lehrling im Geflecht der deutsch-russischen Wirtschaftsbeziehungen

Ingrid Bernin-Israel
zum sechzigsten Geburtstag

Biographische und unternehmensgeschichtliche Forschung als Bestandteil der Wirtschaftsgeschichte kann neue Erkenntnisse auch und insbesondere für die Geschichte der deutsch-russischen Wirtschaftsbeziehungen im 19. Jahrhundert erbringen. Ausländische Unternehmer und Unternehmen hatten einen wesentlichen Anteil an der industriellen und wirtschaftlichen Europäisierung des Russischen Reiches, wobei bis in die 1870er Jahre ein hoher Prozentsatz deutschen Investitionskapitals bestimmend war und eine hohe Zahl von Deutschen nach Rußland kam. Durch ihre Präsenz und ihre – im weitesten Sinne – unternehmerischen Aktivitäten trugen sie wesentlich dazu bei, daß westeuropäisches Denken und westeuropäische Konzeptionen in Rußland Fuß faßten. Individuell waren die Wege, auf denen sie kamen, auf Zeit oder für immer, und gerade Einzelgänger oder kleinere Gruppen sind nur schwer auszumachen. Viele arbeiteten auch für russische, ausländische oder internationale Firmen, und es ist unmöglich, diesen vielfältigen „Einfluß" in Zahlen wiederzugeben. Um ein umfassenderes Bild zu erhalten und den Facettenreichtum zu spiegeln, kann der Historiker jedoch versuchen, einzelnen Spuren, z. B. Briefen, nachzugehen[1]. In der vorliegenden Arbeit soll ein Konvolut von dreizehn unveröffentlichten Briefen aus Privatbesitz einen Blick auf eine bestimmte historische Epoche eröffnen, auf das Rußland der 1860er Jahre, auf eine Zeit des Umbruchs, der Reformen, der allgemeinen Umorientierung.

Die Briefe des Maschinenbaulehrlings Hermann Jungclaussen aus den Jahren 1868–1870 sind lebendig geschilderte Momentaufnahmen aus dem St. Petersburger Alltag jener Zeit, bieten ein Bild wechselseitiger Wahrnehmung durch Russen und Deutsche und sind deshalb für die Stereotypenforschung interessant, können aber auch für die Alltagsgeschichte und die Reiseforschung[2] genutzt werden, steht

1 Walther Kirchner: Die deutsche Industrie und die Industrialisierung Rußlands 1815–1914. St. Katharinen 1986, S. 7; ders.: Über das deutsche Unternehmertum und die ökonomische Europäisierung Rußlands. In: „...das einzige Land in Europa, das eine große Zukunft hat". Hg. von Dittmar Dahlmann und Carmen Scheide (Veröffentlichungen des Instituts für Kultur und Geschichte der Deutschen im östlichen Europa 8). Essen 1998, S. 49–64, hier S. 51–55.

2 Reiseberichte über das Rußland des 19. Jahrhunderts, insbesondere über die Unterschichten, gibt es nur sehr wenige. Vgl. Angela Rustemeyer / Diana Siebert: Alltagsgeschichte der unteren

der Schreiber doch gleich dreifach „fremd" in seiner Umgebung: Er ist aus dem Dorf Karby in die Großstadt gekommen, aus Schleswig nach Rußland, aus der Schule in die Arbeitswelt. Zumindest die letzte, für eine individuelle Biographie charakteristische Zäsur erkennt und reflektiert er als solche[3]. Für ihn ist also alles neu, jeder Bereich seines Lebens. Zwar erfährt er auf der einen Seite den Alltag des Fabrikarbeiters, auf der anderen Seite aber hat er Zutritt zu höheren, dem gewöhnlichen Arbeiter nicht zugänglichen sozialen Schichten. Auch seine Bildung, sein geistiger Horizont gehen über den des durchschnittlichen Arbeiters weit hinaus.

Die Beschreibung des physischen Umfelds, in dem Hermann sich bewegt, d. h. seiner Arbeits- und Lebensbedingungen, sind überwiegend eine Illustration dessen, was aus anderen Quellen bekannt und weitgehend erforscht ist. Vergleichsmöglichkeiten bieten sich an etwa für die Angaben über die Nationalität der Arbeiter in der Fabrik oder für den Lohn, den Hermann erhält. Seine meist zutreffenden, gelegentlich aber auch von den statistischen Befunden abweichenden Beobachtungen und Wahrnehmungen können aufgrund wissenschaftlicher Untersuchungen überprüft werden[4]. Diese Studien zeichnen, gestützt auf die vorhandenen Quellen und unter Einbeziehung der sowjetischen Forschung, ein plastisches Bild der Lebensumstände, die Hermann in St. Petersburg antraf und die sich in seinen Briefen thematisiert finden. Der Schwerpunkt von Baters Untersuchungen liegt auf dem sozialhistorischen und sozialgeographischen Wandel der Stadt, beides wird in den Zusammenhang der wirtschaftlichen und (infra)strukturellen Veränderungen gestellt. Zelnik konzentriert sich verstärkt auf die Situation der Arbeiterschaft. Beide nutzen Wirtschaftsstatistiken, Volkszählungen oder auch sozialhistorische Quellen wie den „Žurnal obščestvennoj gigieny" (Zeitschrift für öffentliche Hygiene). Die Studien von N. V. Juchnewa stellen eine wertvolle Ergänzung dar und ermöglichen es, im Punkt „nationale Zusammensetzung der Fabrikarbeiterschaft" einen Vergleich mit Hermanns Angaben zu ziehen.

Die interessantesten Themenkomplexe in den Briefen bilden die Angaben über die beiden Unternehmen – Gasanstalt und Metallfabrik –, mit denen Hermann zu tun hat, sowie die Informationen über die Kreise der Petersburger Deutschen, in denen er sich bewegt hat. Mit der Rolle der Deutschen im Wirtschaftsleben des Russischen Reiches beschäftigt sich die deutsche Geschichtsforschung, vertreten u. a. durch Walther Kirchner, verstärkt seit den 1970er Jahren. In jüngerer Zeit setzt hier auch die russische Forschung an. Es sei in diesem Zusammenhang auf den von Dittmar Dahlmann und Carmen Scheide herausgegebenen Sammelband verwiesen, in dem außer Natal'ja Ivanova auch andere russische Wissenschaftler

---

Schichten im Russischen Reich 1861–1914 (Quellen und Studien zur Geschichte des östlichen Europa 46). Stuttgart 1997, S. 22.

3 Brief 11 (3.12.1869), 2v.

4 Vgl. die sozialhistorischen Studien von James Bater: St. Petersburg. Industrialization and Change (Studies in Urban History 4). London 1976, und Reginald E. Zelnik: Labor and Society in Tsarist Russia. The Factory Workers of St. Petersburg 1855–1870. Stanford, CA 1971, sowie die demographischen Untersuchungen von Natal'ja V. Juchneva: Ėtničeskij sostav i ėtnosocial'naja struktura naselenija Peterburga [Die ethnische Zusammensetzung sowie die ethnische und soziale Struktur der Einwohner Sankt Petersburgs]. Leningrad 1984.

mit Beiträgen vertreten sind[5]. Dem Leben der Petersburger Deutschen sind die Studien von Margarete Busch gewidmet[6]. Daß diese Arbeiten sich überwiegend mit einzelnen Unternehmerpersönlichkeiten oder -familien bzw. speziellen Unternehmen befassen, liegt, wie eingangs angedeutet, in der Natur der Sache. Ein Name, eine Biographie oder Genealogie bieten eine Orientierungslinie, an der sich Fakten aufreihen lassen. Die Unternehmen in Hermanns Umfeld jedoch sind Aktiengesellschaften und als solche bisher allenfalls am Rande erfaßt[7]. In ihnen vermischen sich oftmals und in häufig undurchschaubarer Weise Kapital und Wissen aus verschiedenen Ländern[8]. Auch wenn in der vorliegenden Arbeit dieses Zusammenwirken für die Gasanstalt in Ansätzen nachgewiesen werden kann, bleiben doch die meisten der Angaben Hermanns anhand der gegenwärtig zugänglichen Quellen nicht überprüfbar. Sein Lehrbetrieb, die Metallfabrik, läßt sich zwar grob fassen, war aber noch nicht Gegenstand einer eingehenden Untersuchung. Auch über die Gasfabrik bzw. die „Neue Gasgesellschaft" sind in der Literatur nur vage Angaben zu finden[9]. Verwertbare Informationen finden sich bisher hauptsächlich in der Zeitschrift des Verbandes deutscher Gasfachleute[10].

*

Der Verfasser der Briefe, Hermann Franz Albrecht Jungclaussen[11], wurde am 4. September 1848 in Rieseby/Schwansen geboren. Er war das älteste Kind des Pastors Hermann Julius Jungclaussen und seiner Ehefrau Elisabeth Friederike Dorothea Nicoline, geb. Heesch[12]. Seit dem Sommer des Jahres 1862 lebte die Familie in Karby. Hermann und zumindest sein nächstjüngerer Bruder Karl besuchten zunächst die Domschule zu Schleswig[13], dann das Gymnasium in Flensburg, wo

---

5 N. I. Ivanova: Deutsche Handwerker und Unternehmer in St. Petersburg vom Beginn des 19. Jahrhunderts bis zum Jahre 1913. In: Dahlmann/Scheide (Hg.): „...das einzige Land" (wie Anm. 1), S. 275–312.

6 Margarete Busch: Das deutsche Vereinswesen in St. Petersburg vom 18. Jahrhundert bis zum Beginn des Ersten Weltkrieges. In: Nord-Ost-Archiv, N.F. 3/1 (1994), S. 29–61; dies.: Deutsche in St. Petersburg 1865–1914. Identität und Integration (Veröffentlichungen des Instituts für Kultur und Geschichte der Deutschen im östlichen Europa 6). Essen 1995.

7 Ivanova: Handwerker (wie Anm. 5), S. 293.

8 Kirchner: Industrie (wie Anm. 1), S. 8 f.

9 Umfangreiches Material, das vor allem im Petersburger „Central'nyj gosudarstvennyj istoričeskij archiv" [Zentrales Historisches Staatsarchiv] befindet, konnte bisher nicht eingesehen werden.

10 Journal für die Gasbeleuchtung und verwandte Beleuchtungsarten. Organ des Vereins von Gasfachmännern Deutschlands. Monatsschrift (erscheint seit 1858).

11 Die Schreibung variiert sowohl in den Briefen selbst als auch in den gedruckten Familienbüchern: Hermann/Herrmann, Albrecht/Albert.

12 Schleswig-Holsteinisches Geschlechterbuch. Hg. von Bernhard Koerner, Wilhelm Weidler, Helene Diederichsen. Bd. 1 (Deutsches Geschlechterbuch. Genealogisches Handbuch Bürgerlicher Familien 91). Görlitz 1936, S. 356 f.

13 Angabe von Elisabeth Stöppler, Weilburg. Hans-Peter Jungclaussen spricht lediglich von Hausunterricht für die Pfarrerskinder. S. Hans-Peter Jungclaussen: Julius Jungclaussen. Pastor in Rieseby-Norby und Karby 1818–1896. In: Jahrbuch der Heimatgemeinschaft des Kreises Eckernförde e. V. 21 (1963), S. 48–81, hier S. 72.

der jüngere Bruder des Vaters, Wilhelm Theodor Jungclaussen, 1867 als Gymnasialprofessor tätig war[14].

Im Dezember 1868 reist Hermann mit dem Kurierzug[15] über Polen und Ostpreußen nach St. Petersburg[16]. Er wird zunächst vom Bruder seiner Mutter, Wilhelm Theodor Heesch, aufgenommen, der dort seit Januar 1861 technischer Direktor der neuen Gasanstalt war. In den ersten Januarwochen 1869 tritt er seine Lehre in der Petersburger Metallfabrik an. Bereits im Sommer 1870 verläßt er Rußland, um als Freiwilliger in den Krieg gegen Frankreich zu ziehen. Die Jahre nach seiner Rückkehr aus dem Krieg bleiben vorerst im dunkeln, sicher ist nur, daß er eine Maschinenbauschule und eine Technische Hochschule besuchte[17]. Im Jahre 1878 übernahm er die heute noch in Familienbesitz befindliche Landmaschinenfabrik im ostholsteinischen Ahrensbök[18].

Hermanns letzter Brief aus St. Petersburg datiert vom 7. und 8. März 1870, vermutlich aber verließ Hermann Rußland erst Ende Juli oder Anfang August, denn am 25. Juli 1870 (nach gregorianischem Kalender) richtet sein Vater noch einen Brief nach St. Petersburg, in dem er dem Sohn die Entscheidung anheimstellt, in den Krieg zu ziehen oder seine auf drei Jahre veranschlagte Lehrzeit[19] zu beenden. Welche Motive für den Kriegsdienst ausschlaggebend waren, läßt sich nur vermuten. In seinen letzten Briefen zeigt Hermann sich unzufrieden mit dem Vorankommen in der Metallfabrik. Überzeugt, das Handwerk hinreichend zu beherrschen[20], möchte er von der Tischlerwerkstatt weg, in der er seit Beginn seiner Lehre arbeitet, und in die Eisengießerei wechseln. Vielleicht war auch das Heimweh übermächtig, das aus jedem der Briefe spricht, und bot der Kriegsdienst einen willkommenen Anlaß zur Heimkehr. Sicher ist, daß Hermann freiwillig, vielleicht aus Begeisterung, in die Armee eintrat, denn auf Grund seines Aufenthaltes in Rußland war er von der allgemeinen Mobilmachung für den deutsch-französischen Krieg ausgenommen[21].

*

14 Geschlechterbuch (wie Anm. 12), S. 365.

15 Dank finanzieller Unterstützung durch die hamburgische Verwandtschaft ab Berlin sogar komfortabel in der zweiten Wagenklasse. Brief 2 (18.12.1868), 1r.

16 Die Eisenbahnlinie St. Petersburg-Vieržbolovo (Wirballen) war 1862 eröffnet worden. Sie verband Rußland und Deutschland auf geradem Wege durch Ostpreußen und beförderte den Reiseverkehr zwischen den Ländern, insbesondere kamen zahlreiche Reisende aus Rußland nach Deutschland.

17 Jürgen Brather: Ahrensbök in der Zeit von 1919–1945. Lübeck 1998, S. 387. – Die mündliche Familienüberlieferung berichtet auch von Wanderjahren in Europa.

18 Die Firma betrieb das 1904 errichtete Elektrizitätswerk und das 1911 in Betrieb genommene Wasserwerk von Ahrensbök. In beiden Fällen scheint die Initiative zum Bau der Werke auf Hermann Jungclaussen zurückgegangen zu sein, der außerdem als Gemeindevertreter und Abgeordneter im Landesausschuß tätig war. Für dieses Engagement wurde er 1918 mit dem Titel eines Kommerzienrates ausgezeichnet (ebd., S. 387 f.).

19 Brief des Vaters vom 25.7.1870. Vgl. Jungclaussen: J. Jungclaussen (wie Anm. 13), S. 75; Brief 5a (23.1. 869), 1r.

20 Brief 11 (3.12.1869) und 12a (7.3.1870).

21 Amtsblatt der Königlichen Regierung zu Schleswig. Stück 28. Schleswig, den 18. Juli 1870.

Insgesamt liegen von Hermann Jungclaussen dreizehn Briefe an seine nächsten Angehörigen vor. Davon ist einer während der Schulzeit in Flensburg verfaßt, der hier weitgehend unberücksichtigt bleiben soll. Von den übrigen zwölf Briefen wurde einer im Dezember 1868 auf der Reise nach St. Petersburg in Hamburg geschrieben, die anderen elf entstanden zwischen Dezember 1868 und März 1870 in der russischen Metropole. Von unterschiedlicher Papierqualität – u. a. weisen einige Bögen den Prägestempel des englischen Kurorts Bath auf – und unterschiedlichem Format, sind die Briefe darüber hinaus auch unterschiedlich lang, zum Teil geschrieben mit Unterbrechungen von einigen Tagen und manchmal „ohne Zusammenhang“[22], wie Hermann selbstkritisch bemerkt. Von den zwölf Reisebriefen sind sieben im Jahre 1869 verfaßt und einer im Jahre 1870. Die drei ersten Petersburger Briefe schreibt Hermann in sauberer Kurrentschrift[23] beim Onkel „auf“ der Gasanstalt, fast alle folgenden in der Metallfabrik. Datiert sind die Petersburger Briefe nach dem russisch-orthodoxen (julianischen) Kalender. So erfolgte etwa die Antwort auf den Geburtstagsbrief der Eltern 1869 am 27. August, Geburtstag aber hatte Hermann am 4. September, d. h. er feierte seinen Geburtstag nach dem deutschen Kalender, datierte seine Briefe aber nach dem russischen[24].

Aus vielen Äußerungen geht hervor, daß dem jungen Mann das Briefeschreiben ein Herzensanliegen war, mehrfach betont er, wie sehr er auf eine Antwort der Eltern, der Geschwister und (anfangs) auch der Schulfreunde gewartet habe; zudem setzt er seinen Ehrgeiz darein, den Daheimgebliebenen seine Lebensumstände so ausführlich und anschaulich wie möglich zu schildern. Trotzdem werden die zeitlichen Abstände zwischen den Briefen zunehmend größer. Die ersten fünf Briefe, jener aus Hamburg inbegriffen, schreibt Hermann im Dezember 1868 und Januar 1869, die folgenden im Abstand von ein bis zwei Monaten, die letzten drei Briefe sind auf den Zeitraum von August 1869 bis März 1870 verteilt[25]. Mit Blick auf den dreizehnstündigen Arbeitstag in der Fabrik, den er zu bewältigen hatte, ist es begreiflich, wenn zum Briefeschreiben wenig Zeit bleibt. Denkbar ist auch, daß das Porto für seine Verhältnisse zu teuer war. Zwar macht Hermann keine Preisangaben, wie er sie für Butter, Mittagessen oder Wäsche vornimmt, aber er entschuldigt sich, zwei Briefe an seine Geschwister „aus allzugroßem Mangel an Geldüberfluß nicht abgeschickt“ zu haben[26]. Breiten Raum nimmt in den Briefen die Schilderung familiärer Angelegenheiten ein: Die Gesundheit der Petersburger Verwandten läßt ebenso häufig zu wünschen übrig wie die der Mutter in Karby; dieser Bereich ist jedoch für die vorliegende Untersuchung weniger von Belang.

Hermanns Briefe sind privater Natur, er beschreibt darin seinen Alltag und sein näheres Umfeld. In St. Petersburg besucht er keine Sehenswürdigkeiten, die Stadt

22 Brief 3 (22.12.1868), 2v.

23 Ausgenommen die Ortsangabe „St. Petersburg“ im Briefkopf, die in Antiqua-Schreibschrift gehalten ist, was hier und da auch die Schreibung des Monatsnamens in Antiqua nach sich zieht.

24 Auch die Briefe vom Dezember 1868 und von Ostern 1869 sind offensichtlich nach russischer Rechnung datiert.

25 Vorausgesetzt, das Konvolut enthält alle Briefe, die Hermann Jungclaussen aus Petersburg geschrieben hat.

26 Brief 9 (9.7.1869), 3r.

wird nur in allgemeinen Formulierungen und hauptsächlich hinsichtlich ihrer Größe vorgestellt („in der großen Residenzstadt", „in der großen Weltstadt"), ihr politischer und kultureller Wert als Zentrum eines Imperiums wird nicht wahrgenommen, kann wohl auch nicht wahrgenommen werden angesichts von Geldknappheit und Freizeitmangel. Selbst der Weihnachtsabend im Hause des Onkels scheint 1869 nicht möglich:

> Der Weg rundum über die feste Brücke[27] ist zu weit, und nebenbei sehr unsicher, ich mußte ihn vor 14 Tagen am Abend machen, weil die Holzbrücke wieder abgenommen war, ich hab 2 R 50 K. dabei verfahren müssen, ein ärgerliches Geld, aber es ließ sich nichts machen, zu Fuß ist die Tour zu weit, und lebensgefährlich bei Nacht.[28]

Noch im Frühjahr 1870 hofft er, den ihm „so herrlich geschilderten Peterhof einmal zu sehen [zu] bekommen"[29], wo die Verwandten ein Landhaus gemietet haben, denn auch dorthin ist der Weg für Hermanns Zeit und Börse zu weit.

St. Petersburg war damals nach London, Paris, Berlin und Wien die fünftgrößte Stadt Europas und hatte besonders nach der Aufhebung der Leibeigenschaft (1861) einen starken Bevölkerungszuwachs erlebt. Im Unterschied zu den anderen Städten waren die Einwohner jedoch auf das innere Stadtgebiet konzentriert, wo sich das Fehlen öffentlicher Verkehrsmittel weniger bemerkbar machte, oder sie lebten in den entfernteren Stadtteilen, in unmittelbarer Nähe der Arbeitsplätze[30]. Die Preise für öffentliche Verkehrsmittel erlaubten den Arbeitern keine von ihrer Fabrik weit entfernten Wohnlagen. Hermann selbst lebte in einer Stube in einem der Wohngebäude auf dem Fabrikgelände[31]. Wenn er also den Aufwand darstellt, mit dem Besuche bei Verwandten oder Besorgungen verbunden waren, so ist dieser nicht allein auf die Entfernungen in der Großstadt zurückzuführen, sondern auch auf die fehlende Infrastruktur, deren Verbesserung u. a. fiskalische Interessen entgegenstanden[32].

---

27 Die einzige feste Brücke über die Große Neva (*Bol'šaja Neva*) war damals die Nikolajbrücke, 1842–50 aus Granit und Eisen erbaut und ruhend auf sieben Strompfeilern. Alle anderen waren Schiffbrücken. Vgl. K. Baedeker: Rußland. 6. Aufl. Leipzig 1904, S. 95.

28 Brief 11 (3.12.1869), 1v.

29 Brief 12a (7.3.1870), 1r.

30 „Alle Leute, welche auf der Fabrik arbeiten wohnen theils rund um dieselbe in kleinen Spelunken, welche einen sehr ärmlichen Anblick darbieten, theils in Fabrik Gebäuden." (Brief 5b vom 28.1.1869, 2v.)

31 Das zweistöckige, mit der Giebelseite dem Fluß zugewandte Gebäude mit Balkon – heute Aufbewahrungsort für Feuerlöschgeräte – ist erhalten. S. Promyšlennoe zadanie po rekonstrukcii Leningradskogo Metalličeskogo zavoda im. Stalina [Der Industrieauftrag zur Rekonstruktion der Leningrader Metallfabrik „Stalin"]. Leningrad 1930, S. 228. Für den Nachweis danke ich der Leiterin des Fabrikmuseums, Frau L. M. Efremova.

32 So wurde der Ausbau der Pferdebahn, der eine wesentliche Entlastung der überfüllten Straßen bedeutet hätte, beschränkt, weil von den Droschkenkutschern Abgaben an den Staat flossen. Pro Pferd waren jährlich 10 Rubel Steuern zu entrichten, hinzu kamen die Lizenzgebühren für die Kutscher. Auch fürchtete man um die Arbeitsplätze der Kutscher. Die Tarife für Kutschfahrten waren festgelegt, offensichtlich jedoch nur die Mindesttarife, da bei geringem Angebot die Preise stiegen. Zumindest berichtet Hermann, daß im Sommer die Droschken unbezahlbar seien. Im

Politische Äußerungen finden sich in den Briefen kaum. Das ist insofern bemerkenswert, als Hermann aus einer politisch engagierten Familie stammt und die nationalen Auseinandersetzungen in den Herzogtümern Schleswig und Holstein in den 1860er Jahren bewußt miterlebt haben muß[33]. Eine Parallele zu ziehen zu den Auseinandersetzungen zwischen Deutschen bzw. Deutschbalten und russischen Nationalisten, wie sie in den 1860er Jahren in der russischen Presse einsetzten[34], lag außerhalb seines Wahrnehmungsvermögens. Zwar berichtet er, daß auf einer Abendgesellschaft bei einer deutschen Kaufmannsfamilie in St. Petersburg lebhaftes Interesse an seiner Heimat Schleswig-Holstein geäußert worden sei, erwähnt aber nicht, worin genau es bestanden hat und was er im einzelnen gefragt worden ist[35]. Angesichts der Bedeutung, die die schleswig-holsteinische Frage in der europäischen Politik der 1860er Jahre einnahm[36], kann eine Diskussion über nationale Probleme wohl angenommen, nicht aber bewiesen werden. Möglicherweise verliefen die Sonntage beim Onkel nicht ganz „unpolitisch", denn genauso wie die Familie Jungclaussen in Karby waren auch die verwandten Familienmitglieder Heesch und Howaldt in Kiel in die politischen Auseinandersetzungen um Schleswig-Holstein involviert[37].

Auch soziale Fragen scheint Hermann nicht wahrgenommen zu haben. Bei aller Aufmerksamkeit für die Lebens- und Arbeitsverhältnisse in der Fabrik bleiben seine Beobachtungen individuell, erfaßt er das Ausmaß der sozialen Mißstände um sich herum nicht. Er war jung, hatte mit sich zu tun, zudem waren die Zustände auf der Vyborger Seite (*Vyborgskaja storona*), wo seine Fabrik lag, insgesamt noch relativ harmlos. Wir wissen nicht, ob Hermann vom ersten Streik in den Petersburger Neva-Werken im Mai 1870 etwas gehört hat. Er befand sich zur fraglichen Zeit zwar noch in der Stadt, aber es gibt aus diesem Monat keinen Brief von ihm.

Merkwürdig mutet an, daß Hermann, Sohn eines Pastors, wohl vom Beten spricht, jedoch mit keinem Wort kirchliche Angelegenheiten erwähnt. Weder Weihnachten noch Ostern schreibt er vom Besuch eines Gottesdienstes. Keine der großen und beeindruckenden protestantischen Kirchen St. Petersburgs[38] scheint

---

Sommer kehrten viele Kutscher zurück aufs Land, so daß dann bis zu 40 % weniger Gefährte zur Verfügung standen und der Bedarf nicht gedeckt werden konnte. Dagegen herrschte im Winter ein Überangebot. Bater: St. Petersburg (wie Anm. 4), S. 125 f.

33 Jungclaussen: J. Jungclaussen (wie Anm. 13), S. 72–74.

34 Busch: Vereinswesen (wie Anm. 6), S. 11 und 182.

35 Brief 4 (27.12.1869), 2v.

36 Busch: Vereinswesen (wie Anm. 6), S. 11 und 182.

37 Im November 1863 starb der dänische König Friedrich VII.; sein Nachfolger wurde Christian IX. Unterdessen erhob Herzog Friedrich von Augustenburg als „Friedrich III." Anspruch auf Schleswig und Holstein, was in den Herzogtümern auf lebhafte Resonanz stieß (s. Hans Schultz Hansen: Demokratie oder Nationalismus – Politische Geschichte Schleswig-Holsteins 1830–1918. In: Geschichte Schleswig-Holsteins. Von den Anfängen bis zur Gegenwart. Neumünster 1996, S. 427–485, hier S. 454). An einer der Kundgebungen zugunsten Herzog Friedrichs nahm Hermann Jungclaussen im Winter 1863/64 in der Kirche von Arnis teil. Sein Bruder Karl reiste sogar nach Kiel, und die Kieler Verwandten Heesch und Howaldt unterstützten den zeitweilig in Kiel „residierenden" Herzog auch materiell. Vgl. Jungclaussen: J. Jungclaussen (wie Anm. 13), S. 72–74.

38 Eindrucksvoll belegt Ausdehnung und Bedeutung allein der St. Petrigemeinde mit der St. Petrikirche als „Pflanzstätte geistlichen und geistigen Lebens" der großformatige, reich illustrierte Ju-

ihn angelockt zu haben und erst recht kein orthodoxer Gottesdienst, obwohl er die Kathedrale des Smol'nyj-Klosters der Metallfabrik gegenüber auf dem anderen Ufer der Neva täglich vor Augen hatte und die Einsamkeit ihm manchmal erheblich zusetzte:

> Es ist hier in der großen Stadt St. Petersburg nicht so, wie bei uns auf dem Lande oder wie in unsern kleinen Städten, daß die Menschen so viel Nächstenliebe besitzen, daß sie sich viel darum kümmern ob ein Menschenkind gesund oder krank ist. Ich stehe freilich mit den verschiedenen Beamten hier auf der Fabrik auf einem ganz gutem Fuße, aber deßhalb fällt es doch keinem ein sich weiter um eine solche Kleinigkeit, wie ich bin, zu kümmern.[39]

Im Zusammenhang mit der angedeuteten ernsthaften Erkrankung hatte Hermann zwar erwogen, ein Krankenhaus aufzusuchen, aber ob er wußte, wohin er sich hätte wenden können, erfahren wir nicht. Das sich in den 1860er Jahren ausdehnende soziale und seelsorgerliche Engagement der Petersburger deutschen Wohltätigkeitsvereine und – eng mit ihnen verbunden – der protestantischen Gemeinden[40] scheint Hermann nicht erreicht zu haben.

*

Hermann erwähnt die Lage der Metallfabrik am heutigen Poljustrover Kai (*Poljustrovskaja naberežnaja*) sowie des Parks in ihrer Nähe nur beiläufig. Immerhin weiß er, daß der „[prachtvollste] Park mit herrlichen Anlagen [...] irgendeinem russischen Grafen [gehört], der das ganze Jahr im Auslande lebt"[41]. Ansonsten sei sein Wohnort „fast ringsum von grünem Wald eingeschlossen"[42]. Was Hermann im einzelnen über das Fabrikgelände ausführt, ist typisch für Anlagen dieser Art[43]. Beim Dienstantritt schlägt er sich mühsam zum Fabrikeingang durch:

---

biläumsband zur Zweihundertjahrfeier 1910: Die St. Petrigemeinde. Zwei Jahrhunderte evangelischen Gemeindelebens in St. Petersburg 1710–1910. St. Petersburg 1910.

39 Brief 10 (27.8.1869), 2r.

40 Busch: Vereinswesen (wie Anm. 6), S. 87–90.

41 Brief 8b (20.5.1869), 2v. – Mitte des 19. Jahrhunderts gehörten der Park und das rund hundert Jahre zuvor erbaute klassizistische Palais dem Literaten und Mäzen G. A. Kušelev-Bezborodko, dessen Haus russische Autoren besuchten und bei dem auch A. Dumas zu Gast war. S. Alexander Dumas: Rußlandreise und Kaukasische Fahrt. Aus dem Französischen neu übersetzt von Th. H. Spieß. Hamburg 1964. – Zwar befanden sich direkt neben der Fabrik zunächst die Villa und der Park des Grafen P. P. Durnovo, aber Hermann hat die Anlagen allem Anschein nach nicht unterschieden und von beiden die schönere beschrieben. Vgl. Théophile Gautier: Voyage en Russie. Paris 1867; Aleksandr Benua: Moi vospominanija [Meine Erinnerungen]. Kn. 1–3. Izd. 2-oe, dopoln. Hg. von N. I. Aleksandrova u. a. Moskau 1993, S. 312–350.

42 Brief 8b (20.5.1869). Ein Blick auf die Karte bestätigt das. Östlich der Metallfabrik folgte nur noch ein Straßenzug. Bater: St. Petersburg (wie Anm. 4), S. 153, Karte 25.

43 Ein Stahlstich des 19. Jahrhunderts – im Petersburger „Archiv kinofotodokumentov" [Bild- und Filmarchiv] auf 1888 datiert – zeigt eine Panorama-Ansicht des Geländes: die Neva im Vordergrund, den Park des Grafen Durnovo mit Baumbestand und Fontäne zur Rechten, die Umfassungsmauer, weitläufige steinerne Lager- und Werkshallen, Wohn- und Verwaltungsgebäude, drei heftig rauchende hohe und mehrere kleine Schornsteine. Über Fabrikanlagen s. auch A. I. Vlas-

(Das ganze Gewese ist nämlich gleichsam wie eine Burg mit einer hohen Mauer umgeben). Endlich nach langem Suchen fand ich eine kleine, ganz schmale Thür, hier schlüpfte ich hindurch und befand mich plötzlich in einem kleinen Häuschen, wo ich von zwei großen handfesten Kerlen angehalten wurde / welche mir den Durchgang wiegerten.[44]

Die Petersburger Fabriken jener Zeit, die einem Vergleich mit Kasernen durchaus standhalten, waren in der Tat Bastionen, zu denen Außenstehende keinen Zutritt hatten. Ärzte, die in den 1860er Jahren nach den Ursachen von Epidemien und zunehmender Sterblichkeit forschten, durften die Fabriken nicht betreten[45].

Wie oben erwähnt, waren die Gasanstalt und die Metallfabrik Aktiengesellschaften. Die *Kompanija Sankt-Peterburgskogo Metalličeskogo Zavoda* (Compagnie der St. Petersburger Metallfabrik) wurde 1857 auf Initiative des russischen Kaufmanns 1. Gilde Sergej N. Rasterjaev gegründet; sie verfügte über ein Startkapital von 150.000 Rubel. Als weitere Gründungsmitglieder fungierten der Kollegiensekretär Graf N. Musin-Puškin, der Oberst a. D. Teodol'f Žirard (Théodolphe Girard?), der Kaufmann 2. Gilde Gugo Klasson (Hugo Classon?) sowie der Kaufmann Ernst Kolbe aus Fredrikshamm[46]. Im Jahre 1860 waren zwei Drittel der Großaktionäre Nichtrussen. Der deutsche Bankier E. M. Meyer, den Ivanova als einen der Gründungsdirektoren erwähnt[47], löste im März 1859, nachdem er sich in die Aktiengesellschaft eingekauft hatte, Rasterjaev an der Spitze des Unternehmens ab[48]. Über die Gründung der neuen Gasgesellschaft, deren Startkapital vier Millionen Silberrubel betrug, ist bislang nur bekannt, daß bei der Planung der Anlagen deutsche und russische Ingenieure zusammenarbeiteten und die Ausführung in den Händen der schottischen Firma Laidlow & Son, Glasgow, lag. Mitte der sech-

---

nik: Rabočie gorodki Peterburga vtoroj poloviny XIX-načala XX v. [Die Arbeitersiedlungen Petersburgs in der zweiten Hälfte des 19. und zu Beginn des 20. Jahrhunderts]. In: Architekturnoe nasledstvo [Das architektonische Erbe] 16 (1967), S. 121–127.

44 Brief 5a (23.1.1869), 2r./v.

45 Regelmäßige Fabrikinspektionen durch städtische Behörden wie die Gesundheitspolizei fanden damals noch nicht statt. S. Zelnik: Labor (wie Anm. 4), S. 246.

46 N. S. Sergeev: Metallisty pod bol'ševistskimi znamenami. Istorija Metalličeskogo Zavoda imeni XXII s–ezda KPSS [Metallarbeiter unter dem Banner der Bolschewiki. Die Geschichte der Metallfabrik „XXII. Parteitag der KPdSU"]. T. 1. Leningrad 1967, S. 14 und 22.

47 Natal'ja Ivanova: Nemcy v S.-Peterburge i okrestnostjach (materialy i issledovanija) [Die Deutschen in Sankt Petersburg und Umgebung (Quellen und Forschungen)]. St. Petersburg 1999, S. 46.

48 Sergeev: Metallisty (wie Anm. 46), S. 34 f. Es handelt sich hier wohl um den deutschen Bankier des Hauses „E. M. Meyer & Co". Vgl. Sergej K. Lebedev: Die deutschen Beziehungen der St. Petersburger Internationalen Handelsbank. In: Dahlmann/Scheide (Hg.): „...das einzige Land" (wie Anm. 1), S. 441–434, hier S. 425. – Großes Interesse hat Rußland den in Europa und Amerika bereits verbreiteten tragenden Konstruktionen für Industrieanlagen und Kuppelbauten entgegengebracht. Die russischen Ingenieure verfolgten die Entwicklungen mit Aufmerksamkeit und übernahmen 1861 den Typus des Deutschen Schwedler für Säle, Gasbehälter (*gazgol'der*) u. a. m. Schwedler war nicht das einzige Vorbild; im Katharinenpalast von Carskoe Selo wurden 1863–65 Zeltkuppeln nach Projekten des Architekten Widow und des Ingenieurs Pauker errichtet. Vgl. Očerki po istorii stroitel'noj techniki Rossii XIX–načala XX vekov [Arbeiten zum Bauwesen in Rußland: 19. – Anfang 20. Jahrhundert]. Moskau 1964, S. 296.

ziger Jahre hatte ein Herr Mallison die geschäftliche Leitung inne, während Theodor Heesch technischer Direktor war[49].

Die neue Gasanstalt, in der Hermann sich nur kurze Zeit aufhielt, ist aller Wahrscheinlichkeit nach die heute noch bestehende Anlage am *Gazovyj most* (Gasbrükke), der über den *Obvodnyj kanal* führt[50]. Hermann nennt keine Adresse, aber die kurze Entfernung vom Ankunftsbahnhof zur Wohnung der Verwandten[51] – die Züge aus dem Westen endeten am Warschauer Bahnhof – spricht dafür, daß die Familie Heesch am *Obvodnyj kanal* lebte und nicht auf der Basilius-Insel (*Vasil'evskij ostrov*), wo dem Onkel ebenfalls eine Gasanstalt unterstand[52]. Das Gelände jenseits des *Obvodnyj kanal* war seit den sechziger Jahren bevorzugtes Gebiet für die Erweiterung der Stadt nach Süden hin[53].

Die Petersburger Metallindustrie, nach der Textilbranche der zweitgrößte Produktionszweig der Stadt[54], erfuhr durch die Privatisierung des Eisenbahnbaus (1865) einen besonderen Aufschwung. Darüber hinaus vergab die Regierung Aufträge an private Firmen, was für diese zwar Gewinnchancen, aber auch Abhängigkeit vom Staat[55] bedeutete und die Konkurrenz schürte. Für die Metallfabrik war der erste große staatliche Auftrag die Produktion von Telegraphendrähten im März 1865, weitere folgten[56]. Den ersten Auftrag für den Zaren erhielt die Fabrik im Frühjahr 1869. Es handelte sich dabei um die Installation einer Dampfheizung in

---

49 Journal für Gasbeleuchtung 7 (1865), S. 37 f. und 40.

50 Vgl. die Karte von 1887 in: Peterburg – Leningrad. Istoriko-geografičeskij atlas. Čast' pervaja. [Historisch-geographischer Atlas. Erster Teil]. Leningrad 1957. Die seit 1972 nicht mehr betriebene Anlage steht unter Denkmalschutz. Auch die 1835/39 gegründete älteste Petersburger Gasfabrik soll sich am *Obvodnyj kanal* befunden haben. In der Enzyklopädie „S.-Peterburg – Petrograd – Leningrad. Ėnciklopedičeskij spravočnik" [Sankt Petersburg – Petrograd – Leningrad. Enzyklopädisches Handbuch]. St. Petersburg 1992, S. 142, wird diesem Unternehmen der Bau der Anlage an der Gasbrücke zugeschrieben. Die Angaben bezüglich der Gründungsdaten und Bezeichnungen der Petersburger Gasfabriken sind jedoch unzureichend, dazu ungenau und teilweise widersprüchlich, so daß abschließend nicht geklärt werden kann, in welcher Beziehung alte und neue Gasfabrik, alte und neue Gasanstalt zueinander standen. Daß die eine nicht Nachfolgerin der anderen gewesen sein kann, geht daraus hervor, daß die beiden Gasanstalten sich in den frühen sechziger Jahren nachweislich in einem Konkurrenzverhältnis befanden. Vgl. Journal für Gasbeleuchtung 3 (1860), S. 31, und 7 (1865), S. 37.

51 Brief 2 (18.12.1868), 2r.

52 Journal für Gasbeleuchtung 7 (1865), S. 40. – Geschlechterbuch (wie Anm. 12), S. 192.

53 Ebenso wie die Vyborger Seite nach Norden zu. Siehe Peterburg – Leningrad (wie Anm. 50). Für beide Ausbaugebiete fehlte ein Planungskonzept; einziger bestimmender Faktor war die Industrie (ebd., S. 44).

54 Landesweit lagen die Fabriken im Ural in Führung. Wegen der Rohstoffvorkommen stützte sich die Produktion hauptsächlich auf die Fabriken im Ural. In den Jahren 1870–80 sind angeblich ca. 60 % Eisen aus Europa eingeführt worden. Vgl. I. G. Vasil'ev: Metalličeskie konstrukcii [Metallkonstruktionen]. In: Očerki istorii stroitel'noj techniki Rossii XIX–načala XX vekov [Arbeiten zur Geschichte der Industrietechnologie Rußlands im 19. und zu Beginn des 20. Jahrhunderts]. Moskau 1964, S. 194. Die Entwicklungen in Rußland insgesamt können in dieser Arbeit jedoch nicht berücksichtigt werden. S. dazu ausführlich z. B. Dietrich Beyrau / Manfred Hildermeier: Von der Leibeigenschaft zur frühindustriellen Gesellschaft. In: Handbuch der Geschichte Rußlands 3.1. Stuttgart 1983, S. 5–202.

55 Bater: St. Petersburg (wie Anm. 4), S. 97.

56 Sergeev: Metallisty (wie Anm. 46), S. 41 und 43 f.

der Reithalle des Zaren, die nur unter Verlusten für die Metallfabrik ausgeführt werden konnte, dem Unternehmen aber die Aufnahme in die Reihe der Hoflieferanten bescherte und weitere Großaufträge, etwa den Bau der Heizungsanlage im Winterpalast, nach sich zog. Offensichtlich meint Hermann den genannten verlustreichen Auftrag, wenn er schreibt:

> Herr Krell [...] hat eine große Arbeit für die Krone angenommen, und damit geht es nicht so wie es berechnet war, so daß die Metallfabrik dabei auf dem Spiele steht; hoffentlich wird es nichts zu sagen haben, Krell wird sich schon durchkämpfen; unsere Arbeit ist gut und wird doch nicht angenommen (lauter russische Intrigen).[57]

Über die Belegschaft und die Ausstattung der Fabrik berichtet Hermann: „Die Fabrik hat circa 1.000 Arbeiter [...].“[58] „Es sind [...] 6 Herren im Comptoir mit Buchhalter und Cassierer, dann 4 Herrn im Zeichencomtoir mehrere Ingenieure die die auswärtige Arbeit beaufsichtigen, und außerdem noch 10–12 Meister.“[59] Beeindruckt zeigt sich Hermann von den Dampfmaschinen, deren Kraft er mit dem vergleicht, was er aus Deutschland kennt:

> [...] bei uns [arbeiten] fast täglich 4 Dampfmaschinen [...], die zusammen genommen gegen 200 Pferdekraft ausmachen, wenn ich mich nicht irre so ist bei Klemms eine einzige Dampfmaschine von 8 oder 12 Pferdekraft [...]. Außerdem haben wir noch zwei große Dampfhammer die auch täglich arbeiten und noch 2 Maschinen in Reserve, wenn mehr Arbeit kömmt; auch haben wir sogar unsere eigene Gasanstalt, die nur alleine für die Fabrik Gas liefert.[60]

Hermanns Angaben über die Zahl der Arbeiter sind deutlich übertrieben. Aus einer im Museum der Metallfabrik präsentierten Statistik geht hervor, daß die Fabrik im Jahre 1867 erst 230 Arbeiter zählte. Ihre Zahl stieg 1877 auf 540, aber 1.000 Arbeiter waren erst 1897 knapp erreicht[61]. Was im einzelnen zu Hermanns Zeit in der Metallfabrik produziert wurde, geht zwar aus den Briefen nicht hervor,

---

57 Brief 9 (9.7.1869), 3.

58 Brief 5c (29.1.1869), 4r.

59 Brief 7 (18.4.1869), 2r.

60 Ebd. – Im Jahre 1882 werden diese Superlative nicht so stark übertroffen, wie es nach der allgemeinen industriellen Entwicklung zu erwarten gewesen wäre: 6 Dampfmaschinen (gegenüber 4 im Jahre 1869), 8 Dampfkessel, 8 Dampfhämmer (der größte von 200 Pud) (gegenüber 2 im Jahre 1869), 1 dampfgetriebene Nietmaschine, 4 hydraulische Pressen und Nietmaschinen mit einer Höchstkraft von 20.000 Pud. Vgl. Vserossijskaja Promyšlenno-chudožestvennaja vystavka 1882 goda v Moskve [Allrussische Industrie- und Kunstausstellung im Jahre 1882 in Moskau]. S.-Peterburgskij Metalličeskij zavod, kompanija vysočajše utverždena v 1857 godu. Vyborgskaja storona, po Naberežnoj Bol'šoj Nevy, No. 11, v S.-Peterburge. Pavil'on No. 11. St. Petersburg 1882, S. 6.

61 Für Einsichtnahme in die Geschichte der Metallfabrik sei wiederum der Museumsleiterin L. M. Efremova, gedankt. Die Angaben decken sich mit denen bei Bater (wie Anm. 4), der für 1867 von nur einer metallverarbeitenden Fabrik auf der Vyborger Seite mit nicht mehr als 270 Arbeitern spricht (S. 95, Karte 13). In der Broschüre für die Industrieausstellung in Moskau 1882 ist die Rede von 1.000–1.500 Arbeitern bei normaler Produktion. Vgl. Vserossijskaja Promyšlenno-chudožestvennaja vystavka 1882 goda (wie Anm. 60), S. 6.

dürfte sich jedoch näher bei den Produkten der Gründerzeit und noch nicht bei denen der späteren Blütezeit bewegt haben[62]. Hermann berichtet nur von einer ihm übertragenen Aufgabe, der Anfertigung eines Modells für ein „ganz großes" Zahnrad[63], und von Ingenieuren, die Außenarbeiten betreuten, was Anlagen- oder auch Eisenbahnbau bedeuten kann[64]. In den neunziger Jahren, nach der 1882 erfolgten Erweiterung des Produktionsbetriebs um Heizungs- und Ventilationsanlagen, baute die Fabrik Glasdachkonstruktionen für die Moskauer Handelsreihen und für den großen Saal des Konservatoriums in St. Petersburg, schuf die Kuppel für die Petersburger Auferstehungskathedrale, die Maschinenhalle für die Allrussische Ausstellung 1896 in Nižnij-Novgorod und war auf Heizungsanlagen spezialisiert, für die Krell in den 1890er Jahren ein besonderes System entwickelt hatte[65].

Ein Großteil des Kapitals der im Maschinen- und Eisenbahnbau tätigen Gesellschaften stammte aus dem Ausland, ein erheblicher aus Deutschland[66]. Von den Industriebetrieben St. Petersburgs befand sich um die Mitte der 1860er Jahre ein Viertel im Besitz von Ausländern[67]. Dieser hohe Anteil ausländischen Engagements ging zum einen zurück auf die russische Wirtschaftspolitik seit dem Krimkrieg (1853–1855), zum andern auf die mangelnde Investitionsbereitschaft der Ein-

---

62 In der Frühzeit, Ende der 50er Jahre, wurden in der Fabrik nur vergleichsweise einfache Gegenstände aus Kupfer, Eisen und Stahl hergestellt, wie etwa Drähte, Nägel, Wagenachsen und -federn, Neusilberwaren, Kupfer- und Messingbleche. Erst allmählich ging die Fabrik zur Herstellung komplizierterer Produkte über, die sie auch um 1880 anfertigte und denen sie ihre Reputation verdankte. Es waren das: 1. Wasser-, Dampf- und Luftheizungen für Bäder und Waschanstalten; 2. Eiserne Brückenkonstruktionen, Tanks; 3. Eisenträger und gußeiserne Treppen, Geländer, Gitter, Gewölbe, Decken, Dachbedeckungen, Türen, Röhren; 4. Gasanstalten für Kohle und Erdöl; Wasserklosetts, verzinkte Müllbehälter; 5. Dampfkessel aller Systeme; 6. Zinkeisen, Eisenfässer für Spiritus und Erdöl; 7. Aufzugsmechanismen; 8. Lafetten und Geschosse; 9. Drähte. Vgl. die Selbstdarstellung der Metallfabrik für die Moskauer Ausstellung 1882: Vserossijskaja Promyšlenno-chudožestvennaja vystavka 1882 goda (wie Anm. 60), S. 6.

63 Brief 11 (3.12.1869), 2r. – In den 60er Jahren wurde noch viel mit Holz gearbeitet, dem ursprünglichen Baumaterial in Rußland. Erst allmählich – nach einer Übergangsphase mit Mischlösungen – setzte sich Eisen durch. Vgl. Vasil'ev: Metalličeskie konstrukcii (wie Anm. 54), S. 195.

64 Brief 11 (3.12.1869) und 7 (18.4.1869).

65 Bei der Erfindung eines neuen Heizungssystems kam es darauf an, eine ästhetisch ansprechende, mit der Ausstattung in reichen Häusern („v bogatych domach") harmonisierende Form zu finden. Dieses schwierige Problem hatte die Petersburger Metallfabrik nach eigener Aussage erfolgreich gelöst (s. S.-Peterburgskij Metalličeskij zavod. Kratkij očerk dejatel'nosti s 1882 po 1896 g [Die Petersburger Metallfabrik. Ein kurzer Tätigkeitsbericht für die Jahre 1882–1896]. St. Petersburg 1896, Abb. 49 und 50: „Dvojnaja rebristaja batarejnaja peč' sistemy Krelja" [Krellscher Doppelheizkörper]). Ihr Muster von Dampfheizungen wurde von der Waffenfabrik in Tula, von der Patronenfabrik in Lugansk, von der Pulverfabrik in Ochta u. a. übernommen (ebd., S. 200–204).

66 Beyrau/Hildermeier sprechen davon, daß knapp die Hälfte des Kapitals, das zwischen 1861 und 1880 in russischen Wertpapieren angelegt wurde, ausländischer Herkunft war. Im Eisenbahn- und Maschinenbau soll der Anteil ausländischen Kapitals sogar 72 % betragen haben (dies.: Von der Leibeigenschaft [wie Anm. 54], S. 123).

67 Bater: St. Petersburg (wie Anm. 4), S. 114. – Juchnewa meint sogar, 40 % der größeren Petersburger Produktionsbetriebe hätten sich in der Hand von Nichtrussen (d. h. ausländischen Untertanen oder russischen Untertanen ausländischer Herkunft) befunden (Juchneva: Ėtničeskij sostav [wie Anm. 4], S. 69). Auf die Problematik der Begriffe „Industrie" und „Fabrik" weisen sämtliche Autoren wiederholt hin, wurden doch in den russischen Statistiken auch kleine Handwerksbetriebe in der gleichen Sparte erfaßt wie die großen Fabriken. Vgl. ebd., S. 50 f.

heimischen. Ebenso fehlte es an qualifiziertem russischen Personal. Für viele Russen war wegen des höheren Sozialprestiges der Staatsdienst immer noch erstrebenswerter als eine private Anstellung etwa in der Wirtschaft[68]. Von den Ausländern, die 1869 in St. Petersburg lebten, waren 60,2 % Deutsche, von denen 20 % die deutsche und die anderen die russische Staatsbürgerschaft besaßen[69]. Zur Gruppe deutscher Staatsbürger gehörten auch die Unternehmer Theodor Heesch (Hermanns Onkel) und sein Geschäftsfreund Friedrich Otto Krell[70], der Direktor der Metallfabrik, sowie Hermann selbst. Russische und deutsche Unternehmer und Unternehmensleitungen stellten in Verwaltung und technischem Betrieb bevorzugt Deutsche ein, die als verläßlich galten und von einem Vorschuß an Vertrauen zehren konnten[71]. Vielleicht war das mit ein Grund, Theodor Heesch anzuwerben[72]. Von Friedrich Krell, einem Menschen, „der selbst Ungeheures leistet, und der dieses auch von seinen Leuten verlangt"[73], berichtet Hermann, er habe sich einen ihm befreundeten Assistenten eigens aus Deutschland kommen lassen. Dabei

---

68 Beyrau/Hildermeier: Von der Leibeigenschaft (wie Anm. 54), S. 110; Heiko Haumann: Unternehmer in der Industrialisierung Deutschlands und Rußlands: Zum Problem des Zusammenhangs von Herkunft und politischer Orientierung. In: Scripta Mercaturae 20, 1–2 (1986), S. 143–161, hier S. 151; Bater: St. Petersburg (wie Anm. 4), S. 113; Juchneva: Ėtničeskij sostav (wie Anm. 4), S. 76.

69 Busch: Vereinswesen (wie Anm. 6), S. 29 und 38–40.

70 F. O. Krell, geb. 1838 in Saalfeld, kam 1860 als Direktor der Peterhofer Eisenbahn (*Petergofskaja Železnaja doroga*) nach Rußland und wechselte sehr bald zur Gasgesellschaft, wo er als „Gehilfe des Hauptingenieurs" (*pomoščnik glavnogo inženera*) tätig wurde. Es ist anzunehmen, daß dieser Hauptingenieur der technische Direktor Theodor Heesch war. Unter der Regie von Heesch zeichnete Krell 1864 verantwortlich für Konstruktion und Neubau der bereits erwähnten Gasanstalt auf der Basilius-Insel. Im Jahre 1867 wird er Direktor der Metallfabrik, die ihren Aufstieg im wesentlichen seinem Unternehmer- und Erfindungsgeist verdankte. So war er es, der die Produktion von Dampfkesseln und Dampfheizungen initiierte, worin die Metallfabrik lange Zeit führend blieb – die Liste hoher Auszeichnungen legt Zeugnis ab von der Bedeutung der Fabrik und ihres Direktors. Krell kehrte um die Jahrhundertwende nach Deutschland zurück und starb 1913 in Nürnberg. Daß die Verbindung zum Herkunftsland nicht abgerissen war, geht aus einer Eintragung im Verzeichnis der von 1880 bis 1908 gelieferten Dampfkessel hervor. Von 2.086 in dieser Zeitspanne gefertigten Kesseln wurde 1884 einer nach Deutschland geliefert. Als Auftraggeber wird „O. Krell, Nürnberg" genannt (*O. Krel', Njurnberg*), offensichtlich der in St. Petersburg geborene Sohn Otto, der zwei Jahre in der väterlichen Fabrik arbeitete und dann seine Fähigkeiten in die deutsche Industrie investierte (Fa. Siemens). In den einschlägigen Publikationen zur deutsch-russischen Wirtschaftsgeschichte ist Krell bisher nicht erfaßt. Angesichts der Bedeutung, die die Petersburger Metallfabrik unter seiner Führung erlangte, sowie der zahlreichen Erfindungen und Patente, die auf ihn zurückgehen, ist er zweifellos ein lohnender Gegenstand künftiger Forschungen. – S. Otton (sic) Egorovič Krel', direktor SPb. Metalličeskogo Zavoda (po slučaju 25-letnego prebyvanija ego v ėtoj dolžnosti) [Otton Egorovič Krel', Direktor der Petersburger Metallfabrik (aus Anlaß seines 25-jährigen Dienstjubiläums)]. In: Nedelja stroitelja (pribavlenie k žurnalu „Zodčij" [Wochenzeitschrift für Architekten (Beilage zur Zeitschrift „Der Architekt")]). Nr. 1 (1892); St. Peterburgskij Metalličeskij Zavod 1908 g. o. O., o. J., darin: Verzeichnis der produzierten Dampfkessel seit 1880; Sergeev: Metallisty (wie Anm. 46), S. 43; M. I. Boženkova: Leningradskij Metalličeskij Zavod. Istoričeskie očerki [Die Leningrader Metallfabrik. Historische Skizzen]. St. Petersburg 1997, S. 20–22.

71 Ivanova: Handwerker (wie Anm. 5), S. 293.

72 Siehe unten, Anm. 81.

73 Brief 5a (23.1.1869), 1r.

schien persönliches Vertrauen wichtiger als fachliche Qualifikation, denn Herr Kuntze, der in Leipzig studiert hatte, war Apotheker[74]. Auch der in den Briefen erwähnte Vetter Ferdinand scheint zu denen zu gehören, die nach St. Petersburg nur auf einige Jahre und ohne die Absicht zu bleiben gekommen waren: „[Ferdinand] gefällt es gar nicht in Petersburg ich bin bange er bleibt nicht lange hier, / er hat es auch ja nicht nöthig, ein Mensch wie Ferdinand kann überall sein Brod verdienen [...].“[75]

Theodor Heesch, der Onkel, hingegen blieb knapp zehn Jahre (von Anfang 1861 bis Ende 1870)[76]. Er hatte nach Abschluß seiner Lehre bei Howaldt in Kiel 1851 als Monteur in Schottland gearbeitet und bezog dann die Polytechnische Schule in Hannover[77]. Möglich, daß er schon in Schottland Kontakte knüpfte, wahrscheinlicher aber, daß er über seine Arbeit an verschiedenen deutschen Gasanstalten – zuletzt leitete er die Kieler – in Verbindung zu Ingenieuren getreten ist, die am 1858 beginnenden Aufbau der neuen Petersburger Gaswerke beteiligt waren[78]. Rußland stand bereits im Blickfeld der international orientierten deutschen Gasfachleute, ehe Heesch nach St. Petersburg ging. Das geht aus dem seit 1858 monatlich erscheinenden „Journal für Gasbeleuchtung und verwandte Beleuchtungsarten“ hervor, das Heesch kannte und vermutlich auch kontinuierlich las. Die Geschäftsberichte der Kieler Gasanstalt erschienen regelmäßiger als andere in diesem Journal; 1860 ist der Bericht von Heesch unterzeichnet, und man kann annehmen, daß Heesch auch den Bericht der Petersburger Gasanstalten für die Ausgabe 1865 verfaßt hat, wenngleich dieser nicht gezeichnet ist[79]. Dem Geschäftsbericht der Kieler Anstalt im Jahre 1861 zufolge verließ Heesch Kiel, „einem Rufe zum technischen Director der neueren Gaswerke in St. Petersburg folgend“[80]. Sowohl Theodor Heesch als auch F. O. Krell, seit 1867 geschäftsführender Direktor der Metallfabrik[81], waren Mitglieder im Petersburger „Technischen Verein“[82], womit offensichtlich das 1866 gegründete „Rossijskoe techničeskoe obščestvo“[83] gemeint ist. Herrn Krell stellt Hermann sogar als Präsidenten vor[84].

Wie in allen Arbeitervierteln St. Petersburgs lebten auch auf der Vyborger Seite weniger Ausländer als in den zentralen Stadtbezirken, allerdings war ihr Anteil in

74 Brief 11 (3.12.1869), 3r., und 12a (7.3.1870), 2v.
75 Brief 9 (9.7.1869), S. 3v./4r. Durch welche Verbindungen Ferdinand (dessen Nachnamen Hermann nicht nennt) nach St. Petersburg gekommen, wo und als was er tätig war, ließ sich bisher nicht feststellen.
76 Journal für Gasbeleuchtung 4 (1861), S. 325.
77 Geschlechterbuch (wie Anm. 12), S. 192.
78 Journal für Gasbeleuchtung 7 (1865), S. 37.
79 Journal für Gasbeleuchtung 3 (1869), S. 296, und 7 (1865), S. 37–40 und 271–272.
80 Journal für Gasbeleuchtung 4 (1861), S. 325.
81 Amburger-Archiv München, Identifikation 6 = „28998“.
82 Brief 3 (22.12.1868).
83 V. V. Danilevskij: Technika. In: Očerki istorii Leningrada [Arbeiten zur Geschichte Leningrads]. Bd. 2. Hg. von B. M. Kočakov u. a. Leningrad, Moskau 1957, S. 773–790, hier S. 774.
84 Brief 3 (22.12.1868), 1v. – Die Angabe muß von russischer Seite überprüft werden. Es ist durchaus denkbar, daß ein russischer Verein einen deutschen Vorsitzenden hatte. Eine deutsche technische Vereinigung wurde offensichtlich erst 1890 gegründet. Vgl. Busch: Vereinswesen (wie Anm. 6), S. 42.

den nördlichen Randgebieten höher und auf der nach Finnland offenen Vyborger Seite sogar am höchsten: Fast 40 % der Ausländer dort waren Finnen, 12 % Deutsche[85]. Hermanns Bemerkungen treffen also zu, wenn er schreibt:

> Interessant ist es bei uns mit den verschiedenen Arbeitern. Der größte Theil besteht natürlich aus Russen, dann ist ein großer Theil Deutscher, dann sind sehr viele Finnen, mehrere Schweden, mehrere Franzosen, einer aus dem warmen Lande Italien [...].[86]

Russisch, Finnisch, Schwedisch, Deutsch und etwas seltener auch Französisch seien als Umgangssprachen in der Fabrik üblich, es gebe auch einfache Arbeiter, die alle fünf Sprachen beherrschten[87]. Wohl berichtet Hermann, es gebe in der Metallfabrik viele Deutsche, wohl nimmt er bei einer deutschen Familie zeitweilig sein Mittagessen ein oder läßt die Frau eines deutschen Arbeiters für sich kochen, aber er findet unter den neun Kollegen in der Tischlerwerkstatt niemanden, der mit ihm Deutsch spricht, und solange er des Russischen nicht mächtig ist, erfolgt die Verständigung durch Zeichensprache[88].

Den Briefen nach zu urteilen, hat Hermann sich ausschließlich unter Deutschen bewegt, die er zumeist durch den Onkel kennenlernte[89]. Zwar bemühte er sich von Anfang an um russische Sprachkenntnisse[90] und hatte diese nach einem Jahr auch leidlich erworben[91], aber seine Einstellung den Russen gegenüber blieb aufgrund eigener Erfahrungen und dessen, was er von anderen gehört hatte, reichlich negativ. Er monierte vor allem die Trunksucht: „[...] dazu ist heute Festtag und die gemeinen Russen fast sämtlich betrunken, welche durch einander brüllen grade wie die wilden Thiere."[92] Mit dem neuen Jahre, notiert der Zwanzigjährige Ende 1868, werde er auf der Metallfabrik beginnen, vorher, habe der Onkel gemeint, sei es nicht der Mühe wert, „da zwischen Weihnachten und Neujahr wegen allgemeiner Besoffenheit nicht gearbeitet wird"[93]. Gegen Ende der sechziger Jahre hatte die

---

85 Juchneva: Ėtničeskij sostav (wie Anm. 4), S. 112 und 126. Der Ausländeranteil auf der Vyborger Seite betrug ein Fünftel der gesamten Einwohnerschaft.

86 Brief 7 (18.4.1869), 2v.

87 Ebd.

88 Brief 5a (23.1.1869), 2v.

89 Diese Isolation von der einheimischen Bevölkerung war für die Deutschen in St. Petersburg um die Mitte des Jahrhunderts der Normalfall. Vgl. Busch: Vereinswesen (wie Anm. 6), S. 52.

90 „Nach beendeter Mahlzeit zündete ich mir wieder ein Pfeifchen an, suchte mir ein russisches Buch aus meiner Kiste und fing an Russisch zu studieren [...]". Brief 5a (23.1.1869), 2r. In welchem Buch Hermann „studiert" hat, wissen wir nicht. Die weitestverbreiteten Russisch-Lehrbücher, nach denen Deutsche damals lernten, waren:
a) A. A. Serno-Solov'evič: Praktičeskaja grammatika dlja nemcev [Praktische Grammatik für Deutsche]. Reval 1853 (insgesamt 6 Auflagen, die letzte 1880).
b) I. Ja. Pavlovskij: Kurzgefasste slavonische Grammatik für Deutsche / Kratkaja slavjanskaja grammatika dlja nemcev. St. Petersburg 1857.
c) I. Ja. Pavlovskij: Russische Sprachlehre für Deutsche. Mitau 1838 (insgesamt 4 Auflagen, die letzte 1860). Wir danken Galina Smagina (St. Petersburg) für ihre hilfreiche Auskunft.

91 Brief 11 (3.12.1869), 3v., worin Hermann sich mit einer „Finnländerin" vergleicht, die „viel schlechter" spreche als er, obgleich sie schon vier Jahre in St. Petersburg lebe.

92 Brief 2 (18.12.1868), 4r.

93 Brief 4 (27.12.1868), 1v.

Trunkenheit stark zugenommen; übermäßiger Alkoholkonsum war für viele der vom Lande zugewanderten Arbeiter ein Mittel, wenigstens an Sonn- und Feiertagen dem alltäglichen Elend zu entkommen. St. Petersburg verzeichnete die höchste Alkoholikerrate Rußlands[94].

Ein anderer Punkt, der Hermann zu schaffen macht, ist Unehrlichkeit: „Man muß nur dummdreist und Gottesfürchtig sein [...], besonders hier in Petersburg [...], sonst wird man von jedem übers Ohr gehauen."[95] Anläßlich der Anwerbung des Krell-Assistenten Kuntze aus Deutschland kommentiert er: „Alles geht [in Petersburg] nur auf Betrügereien aus."[96] Umgekehrt schreibt er über seine Haushälterin, die Frau eines Comptoirdieners: „Sie ist aus Riga, spricht Deutsch und scheint ganz ehrlich und ordentlich zu sein."[97]

Onkel und Tante scheinen indessen einige russische Bräuche angenommen zu haben. Statt der Stille einer Weihnachtsstube, wie Hermann sie sich im Dezember 1869 in Erinnerung ruft – „ach könnte man doch hinüber fliegen und am heiligen Abend, wenn der Tannenbaum angezündet ist, mit hinein treten in die Weihnachtsstube"[98] –, gibt es „eine Partie Vist", statt des in Schleswig-Holstein üblichen Kaffees wird morgens Tee getrunken. Ansonsten aber lebe man, abgesehen von dem am Wochenende verschobenen Tageslauf (Frühstück um 2 Uhr), ganz wie zu Hause[99]. Der Weihnachtstrubel im Hause Heesch, den Hermann im ersten Jahr miterlebte, war wohl weder sonderlich deutsch noch spezifisch russisch, sondern in erster Linie auf das Sozialprestige und den relativ hohen Lebensstandard der Unternehmerfamilie und ihres Bekanntenkreises zurückzuführen:

> [D]ie Kinder wurden alle sehr reichlich beschenkt, so daß die Tische, welche wir für sie zu recht gemacht hatten die Sachen gar nicht fassen konnten, denn den ganzen Tag hindurch kamen, von den verschiedenen Bekannten und Freunden, ein Packet nach dem andern an, und wenn wir glaubten fertig zu sein so mußten wir wieder von [v]orne anfangen [...].[100]

So nachteilig die Abgelegenheit der Vyborger Seite in mancher Hinsicht sein mochte — im Sommer 1869 lernte Hermann seinen Wohnort schätzen und bedauerte Vetter Ferdinand, der „ganz allein in diesem heißen, langweiligen, pestialischen Geruch verbreitenden Petersburg"[101] zurückgeblieben war, während Freunde und Bekannte aufs Land zogen. Da sind auch die Unpäßlichkeiten des Winters überwunden, die er bei den Verwandten beobachtet hatte: „[...] überhaupt dies Unwohlsein geht über die Bäume, bald fehlt dem Einen, bald dem Andern etwas, der Doctor ist fast jeden Tag hier, und auch ich habe schon Tropfen einnehmen müs-

94 Bater: St. Petersburg (wie Anm. 4), S. 207 f.
95 Brief 7 (18.4.1869), 1v.
96 Brief 11 (3.12.1869), 3v.
97 Brief 7 (18.4.1869), 2r.
98 Brief 11 (3.12.1869), 1r.
99 Brief 3 (22.12.1868), 2r.
100 Brief 4 (27.12.1868), 1r.
101 Brief 8b (20.5.1869), 2v.

sen, welches mir lange nicht passiert ist."[102] Die kleinen Heesch-Kinder[103], allesamt erkältet, gefallen ihm sehr, nur vermißt er an ihnen „die rothen Backen"[104]. Die implizite Vergleichsbasis ist Schleswig-Holstein, mit einem Leben an der frischen Luft. Immerhin war in der Sommerzeit das Baden im Fluß möglich, eine Badeanstalt befand sich vor Hermanns Tür, er nutzte sie jedoch nicht, weil das Wasser zu kalt war[105].

Der „pestialische Geruch" in der Stadt rührte u. a. daher, daß Hausmüll und Industrieabfälle in die Neva und die Kanäle entsorgt wurden, die gleichzeitig für weite Stadtteile die einzige Trinkwasserquelle darstellten. Von den ca. 1.200 Häusern auf der Vyborger Seite hatten 23 fließendes Wasser, die anderen mußten ihr Wasser selbst heranschaffen oder es durch Hausmeister (*dvorniki*) und kommerzielle Wasserträger bringen lassen[106]. Ein Hygiene-Bewußtsein, das auf Beseitigung dieser gravierenden Mängel bei der Frischwasserversorgung und der Müllabfuhr gedrängt hätte, war in der Bevölkerung unterentwickelt und hätte unter den gegebenen Umständen auch nicht viel ausrichten können. Erst allmählich reifte bei der Stadtverwaltung ein solches Bewußtsein heran, einstweilen machte sie das Klima für den schlechten Gesundheitszustand und die hohe Sterblichkeit verantwortlich[107]. Es war also kein Wunder, daß die Stadt regelmäßig von Epidemien heimgesucht wurde, die in einigen Fällen von den Fabriken ihren Ausgang nahmen[108]. Möglich ist, daß Hermanns Erkrankung im Sommer 1869, die er der Mutter gegenüber auf den unausgewogenen Speiseplan zurückführt, in den sanitären Defiziten ihren Ursprung hat. Er sagt, daß er oft nicht dazu komme, in der Mittagspause Tee oder Kaffee zu kochen. Angesichts der hohen Temperaturen in der Werkstatt[109] mußte er aber Flüssigkeit zu sich nehmen und zog sich vielleicht durch den Genuß ungekochten Wassers eine Infektion zu[110].

*

Die Briefe gewähren einen Einblick in die soziale Stellung eines Lehrlings in der Metallfabrik und in den damaligen Arbeitsalltag. Beim Antrittsbesuch des jungen Mannes in der Fabrik machte Direktor Krell klar, daß Hermann den anderen Arbeitern gleichgestellt sei und seine Herkunft zu keinerlei Privilegien berechtige. Im Arbeitsalltag teilte Hermann tatsächlich viele Probleme der Arbeiter, wie etwa

102 Brief 3 (22.12.1869), 2r.

103 Von den Kindern erlebte Hermann in seiner Petersburger Zeit die beiden in Kiel geborenen (Emma Auguste Andrea *1860, Georg *1861) sowie die vier, die in St. Petersburg zur Welt kamen (Mascha *1862, Theodor *1865, Carl Dietrich Otto *1867, Ernst Erwin Ferdinand *1868). Vgl. Geschlechterbuch (wie Anm. 12), S. 193–198.

104 Brief 2 (18.12.1868), 3r.

105 Brief 8b (9.7.1869), 4r./4v.

106 Bater: St. Petersburg (wie Anm. 4), S. 183 f.

107 Ebd., S. 187 f.

108 Im Jahre 1868 wütete auf der Petersburger Seite die Cholera. Vgl. Bater: St. Petersburg (wie Anm. 4), S. 190.

109 Brief 5a (23.1.1869), 2v.

110 Brief 10 (27.8.1869), 2v.

seine Schilderung der täglichen Versorgung zeigt. Ansonsten aber unterschied sich seine Lage sehr wohl von der der gewöhnlichen Arbeiter, mit denen er außerhalb der Arbeitszeit keinen Kontakt gehabt zu haben scheint. Im April 1869 erklärt Hermann seiner Mutter die Hierarchie in der Fabrik:

> Du mußt wissen, meine liebe Mutter, daß es mit mir ein ganz anderes Verhältnis ist wie bei Theodor[111], wollte mein Principal mich einladen, so müßte er vorher ungefähr 20 Menschen einladen bevor ich an die Reihe käme [...]. Du wirst also leicht einsehen können, daß in einer solchen Fabrik ein Lehrjunge nicht erwarten kann, vom Principal eingeladen zu werden.[112]

Er spreche fast nie mit Herrn Krell, auch sei ihm dessen Haus verschlossen. Ende des Jahres hat sich die Situation jedoch grundlegend gewandelt. Es scheinen bereits mehrere Besuche im Hause Krell stattgefunden zu haben, und Hermann zieht sogar in Erwägung, den Weihnachtsabend bei Krells zu verbringen, sollten die Wetterverhältnisse eine Fahrt zum Onkel nicht erlauben[113]. Schließlich wird er, der „Lehrjunge", sogar zur Taufe gebeten. Die angemessene Kleidung, einen Frack, leiht er sich von seinem Freund Engel[114]. Immerhin kann er es sich leisten, selbst Leistungen zu bezahlen: Zeitweise besorgt ihm die Frau eines Comptoirdieners den Haushalt, ansonsten beschäftigt er Kochfrauen[115].

Der Arbeitsalltag zeigte dem Zwanzigjährigen andere Härten als der Schulalltag. „Des Morgens stehe ich 10 Minuten vor 5 1/2 auf", schreibt Hermann, „ziehe mich rasch an und eile ohne etwas genossen zu haben in die Fabrik, wo ich um 5 1/2 Uhr meine Arbeit beginnen muß, um 8 Uhr ist eine halbe Stunde Frühstückszeit [...]. Um 1 Uhr haben wir 50 Minuten Mittagszeit [...]. Am Nachmittag wird ohne Unterbrechung bis 6 1/2 Uhr gearbeitet."[116] Detailreich schildert Hermann auch das System der Pünktlichkeitskontrolle, einen Vorläufer der Stechuhr:

> Alle Fabrikarbeiter, zu denen ich auch gehöre, sind mit Nummern benannt [...], alle [...] müssen, um in die eigentlichen Betriebsgebäude zu gelangen, ein kleines Häuschen passieren, durch welches ein schmaler Gang führt. Nach diesem Gange zu führt ein kleines Fenster, vor dem der Thürhüter sitzt und von jedem die Nummer in Empfang nimmt. Dies Fenster wird sobald man zur Arbeit geläutet hat, geschlossen und die unglücklichen Nummern, welche dann noch kommen, bleiben draußen vor auf der Fensterbank liegen und werden als verspätet angeschrieben und der Besitzer derselben bekömmt ohne Gnade Strafe.[117]

---

111 Gemeint ist hier nicht der Onkel, Theodor Heesch, sondern der dritte der Jungclaussen-Söhne, der eine Lehre bei Klemm in Eckernförde machte. Vgl. Jungclaussen: J. Jungclaussen (wie Anm. 13), S. 75.

112 Brief 7 (18.4.1869), 2r.

113 Brief 11 (3.12.1869), 1r./v.

114 Brief 12b (8.3.1870), 4r.

115 Brief 6b (11.3.1869), 4r.

116 Brief 5b (28.1.1869), 3r./v.

117 Brief 5c (28.1.1869), 4r./v. Stolpjanskij berichtet, daß die Fabrikarbeiter auf dem Werksgelände beim ersten Sirenenton aufstehen, beim zweiten aufbrechen, beim dritten auf ihren Plätzen sein mußten und ihre Sirene von den benachbarten bestens zu unterscheiden wußten (P. N.

Wie streng dieses Regime gehandhabt wurde, welche Strafen verhängt wurden, erfahren wir allerdings nicht. Zwar sollten für Hermann die gleichen Arbeitszeiten und die gleiche Strenge gelten wie für die anderen Arbeiter[118], aber als er sich tatsächlich einmal verspätete, wußte er von Sanktionen nichts zu berichten[119].

Das Thema der täglichen Versorgung und die Art der Ernährung zieht sich wie ein roter Faden durch die Briefe. Was Hermann zu sich nahm, entsprach der Kost aller Arbeiter im damaligen St. Petersburg: Schwarzbrot mit Salz zum Frühstück und Abendessen, als warme Mittagsmahlzeit Kohlsuppe (*šči*), die mit etwas Glück durch eine Fleischeinlage bereichert werden konnte. Im Sommer ergänzten Zwiebeln und Gurken – immerhin frisches Gemüse – den Speiseplan. „Wie leben überhaupt unsere Leute in Schleswig-Holstein ganz anders wie die Russen", resümiert Hermann, ohne zu bedenken, daß er nicht , wie in der Heimat auf dem Lande, sondern in einer Großstadt lebt:

> [...] wenn man um die Frühstückszeit durch die Fabrik geht, so sieht man alle Arbeiter mit einem trockenen Stück Schwarzbrod in der Hand mit etwas Salz darauf und viele trinken das klare Wasser dazu, nur einige haben sich etwas Thee mit gebracht und kochen sich da in der Fabrik einen Thee, der auch mehr nach schmutzigem Wasser als nach Thee schmecken muß.[120]

Nicht ohne Sarkasmus konstatiert er: „[...] den einen Mittag giebt es Suppe mit Kohl und den andern Kohl mit Suppe, jedoch mitunter eine Ausnahme worüber mein Herz sich denn auch jedes Mal gewaltig freut."[121] Hat ihn seine Kochfrau im Stich gelassen, sieht er sich genötigt, Eier oder Kartoffeln selbst zuzubereiten[122]. Die teure Butter verwendet er sparsam, zum Teil verzichtet er ganz[123], ja es kommen sogar Sonntage vor, an denen er gar nichts zu essen hat und auf dem Fabrikgelände auf Taubenfang geht[124].

Die praktische Seite der täglichen Versorgung stellt ein permanentes Problem dar. Hermann versucht es einmal mit einer „Kochfrau", die ihm das Mittagessen in die Fabrik zu bringen hat, dann wieder begibt er sich in Kost bei der Frau eines (deutschen) Arbeitskollegen, schließlich nimmt er sich gemeinsam mit seinem Zimmernachbarn eine Köchin. Um richtig kochen zu können, fehlen Hermann die Zeit und die Ausstattung[125], obwohl er immerhin über einen eigenen Ofen verfügt. Wenn die Kochfrau wieder einmal davongelaufen ist oder er und sein Nachbar die allzu schmutzige Köchin fortgejagt haben[126], bleibt Hermann keine andere

---

Stopjanskij: Peterburg. Kak voznik, osnovalsja i ros Sankt-Piterburch [Peterburg. Wie Sankt-Piterburch entstand, besiedelt wurde und wuchs]. Nachdruck St. Petersburg 1995, S. 361).

118 Brief 5a (23.1.1869), 1r.

119 Brief 6a (7.3.1869), 2r.

120 Brief 7 (18.4.1869), 2v.

121 Brief 5b (28.1.1869), 3v.

122 Brief 10 (27.8.1869), 2v.

123 Brief 5b (28.1.1869), 3r.

124 Brief 9 (9.7.1869), 2r.

125 Brief 10 (27.8.1869), 2v.

126 Brief 9 (9.7.1869), 3v., Brief 12a (7.3.1870), 2v.

Wahl, als seinen nicht unbeträchtlichen Appetit zu zügeln, ohne regelmäßige warme Mahlzeit auszukommen oder in der Not ein russisches Teehaus aufzusuchen[127].

Hermanns Misere ist exemplarisch. Ein großer Teil der Arbeiter im damaligen St. Petersburg lebte allein und in noch wesentlich bedrängteren Verhältnissen als Hermann Jungclaussen. Gegessen wurde in der Regel gegen Bezahlung bei der Zimmerwirtin, in fremden Familien oder in Teehäusern, in denen die Preise hoch und die Gerichte schlecht waren[128]. Kantinen waren auch am Ende des 19. Jahrhunderts noch rar, ebenso die Möglichkeiten, mitgebrachtes Essen aufzuwärmen[129]. Hermanns Erfahrungen legen die Annahme nahe, daß es auf der Vyborger Seite besonders schwierig gewesen sein muß, eine Kochfrau oder einen Eßplatz zu finden, lebten hier doch besonders viele alleinstehende Männer, die die Nachfrage in die Höhe trieben. Zudem war die Gegend abgelegen – „eine arme und entlegene Gegend", schreibt Hermann[130] –, was auf ungünstige Versorgungsstrukturen schließen läßt. Um z. B. die Kochfrau zu bezahlen, mußte Hermann in die Stadt fahren; wollte er außerhalb des Fabrikgeländes ein akzeptables Essen bekommen, mußte er mindestens eine halbe Stunde laufen[131].

Um so größer war die Freude bei einer Landpartie, als in einem deutschen Dorf „eine echte deutsche Hausfrau [...] Schinken mit Eier" zubereitete und die Herren sich später „an einem tüchtigen Beafstück" stärken durften[132].

Angesichts der zeitlichen und pekuniären Einschränkungen bleiben Hermanns Petersburger Jahre notgedrungen arm an Ausflügen und kulturellen Veranstaltungen. Im Dezember 1868, als Hermann noch bei Onkel und Tante wohnt, lernt er die Gäste des Hauses kennen, wird zusammen mit den Verwandten zu einem Diner eingeladen, wo er sich gut amüsiert und gebeten wird, bald wiederzukommen. Er wird von einem der Söhne dieser deutschen Kaufmannsfamilie, der in seinem Alter ist, mit dem Schlitten abgeholt, um „in den großen Circus[133] zu fahren, welches wirklich außerordentlich viel war, denn er hat von seinem Hause bis zur neuen Gasanstalt über eine Stunde zu fahren, und der Circus liegt wieder ziemlich in seiner Nähe, auch am Abend ließ er es sich nicht nehmen mich wieder nach Hause zu bringen. Auch bin ich schon einmal mit Onkel und Tante und Vetter Ferdinand im Deutschen Theater gewesen."[134] Mit seiner Vermutung, diese schönen

---

127 Brief 11 (3.12.1869), 1r.

128 Ju. I. Kirjanov: Žiznennij uroven' rabočich v Rossii [Der Lebensstandard der Arbeiter in Rußland]. Moskau 1979, S. 196.

129 Ebd., S. 196.

130 Brief 5b (28.1.1869), 2v. Die Vyborger Seite war in den 1860er Jahren tatsächlich nur spärlich bebaut (vgl. Bater: St. Petersburg [wie Anm. 4], S. 153).

131 Brief 6c (12.3.1869), 4v., Brief 12a (7.3.1870), 2v.

132 Brief 8b (20.5.1869), 2v./3r.

133 Es gab in St. Petersburg verschiedene Plätze, auf denen ein Zirkus gastieren konnte. Ein fester Zirkus in einem steinernen Gebäude wurde erst 1877 am Fontanka-Kai errichtet und dient heute noch dem gleichen Zweck. Vgl. S.-Peterburg – Petrograd – Leningrad (wie Anm. 50), S. 359.

134 Brief 4 (27.12.1868), 2r. – Das Deutsche Theater, von 1800 bis zu seiner Auflösung 1890 der Generaldirektion der Kaiserlichen Theater unterstellt, verfügte über eine eigene Direktion und erlebte gerade in den 60er und 70er des 19. Jahrhunderts eine Blütezeit. Gespielt wurde im 1832

Tage würden bald zu Ende sein, behielt Hermann recht; in der Fabrik ging es dann in der Tat ganz anders zu.

Als Lehrling sollte Hermann nur noch einmal Gelegenheit zu einem Theaterbesuch haben. Er sagt nicht, welche Ballettaufführung „einen so tiefen Eindruck" auf ihn gemacht hat, aber er schildert eindringlich die Dramatik des letzten Akts:

> Die ganze Bühne war nämlich in ein Meer verwandelt auf dessen unruhigen Wellen ein großer Dreimast schaukelte, auf welchem 30–40 Ballettänzer und -tänzerinnen ihre Kunststücke producierten; nach einer kurzen Zeit bewölkte sich der Himmel, es wurde immer schwärzer, immer dunkler, das Meer wurde immer unruhiger und plötzlich brach ein heftiges Ungewitter aus, das große Schiff wurde immer höher und höher geschleudert und die Wellen drohten es alle Augenblicke zu verschlingen, jetzt vermischt sich mit dem Getöse des Donners die Nothschüsse und das Angstgeschrei der Menschen, dies dauert einige Augenblicke, dann wird das Schiff ein Raub der Wellen, die hohen Mastbäume fallen zusammen, hier und da sieht man noch einen nackten Armen [sic] und eine weiße Hand aus dem Wasser hervorragen und dann ist alles von den Wellen verschlungen.

Das Wetter klart auf, Mondlicht beleuchtet zwei Gestalten, die, dem Meere entronnen, sich auf einen Felsen hinaufschleppen:

> [...] die Helden des Stückes (der kühne Held der seine Braut aus fremdem Lande entführen will), wie sie auf den Knien liegen und Gott für ihre Errettung danken. Dies Alles war so natürlich und machte auf mich einen so tiefen Eindruck, daß nicht viel daran fehlte, so hätte ich auch meine Hände gefaltet hätte Gott mitgedankt für die Errettung dieser Menschen.[135]

Was Hermann so tief bewegte, war die Balettpantomime „Der Korsar" nach dem Poem von Lord Byron[136], choreographiert von M. I. Petipa und, seit der Wiederaufnahme am 25. Januar 1868, erweitert um eine zusätzliche Szene nach Musik von Léo Delibes[137]. Darüber, daß er als junger Lehrling im prächtigen kaiserlichen Marientheater (*Mariinskij*) saß, verliert Hermann kein Wort. Die Aufführung am

---

erbauten klassizistischen Alexandra-Theater und zwar – im Wechsel mit der russischen Truppe – montags, mittwochs und sonnabends. Zahlreich waren die Gastspiele von Schauspielern aus Wien und Berlin. Die Atmosphäre wird als häuslich und familiär geschildert, das zumeist bürgerliche Publikum zog im allgemeinen das Amüsement einem kritischen Stück vor; das Programm war gemischt (Opern, Schauspiele, Possen). Im Parkett nahm gewöhnlich der gehobene Stand Platz, z. B. die Gruppe der (Groß-)Kaufleute; russische Zuschauer gesellten sich dazu, wenn erstklassige Schauspieler aus Deutschland gastierten. S. Ludwig Eisenberg: Lexikon der deutschen Bühne im 19. Jahrhundert. Leipzig 1903, S. 527; Karoline Bauer: Verschollene Herzensgeschichten. Nachgelassene Memoiren. 2. Ausgabe. Berlin 1881, S. 337; Georg Malkowsky: Das deutsche Theater in St. Petersburg. In: Bühne und Welt 9 [1907], Nr. 17, S. 177–185; Carlo v. Kügelgen: Das deutsche Theater. In: Deutsches Leben im alten St. Petersburg. Ein Buch der Erinnerung. Hg. von Heinrich Pantenius und Oskar Grosberg. Riga 1930, S. 147–157.

135 Brief 8b (20.5.1869). 2r.

136 Für ihre Hilfe bei der Recherche sei Ju. L. Prestenskaja an der St. Petersburger Theaterbibliothek gedankt.

137 Balet. Ėnciklopedija [Enzyklopädie]. Moskau 1981, S. 270.

Sonntag, dem 4. Mai 1869, stand offensichtlich im Zusammenhang mit der Eröffnung der Internationalen Gartenbau-Ausstellung in St. Petersburg[138], zu der Hermanns Onkel Ruppel aus Hamburg angereist war[139].

In dieselbe Zeit – den Frühsommer 1869 – fällt eine Landpartie mit sieben anderen deutschen Herren, deren Schilderung Hermann ausschmückt, als wolle er die Klischeevorstellungen bestätigen, die im Westen über Rußland verbreitet sind. Nach dem Aufbruch bei Nachtigallenschlag aus dem Bezborodko-Park ging es frühmorgens um vier „ins weite Rußland hinein, bald über Steppen, bald über üppige Wiesen, bis wir um 8 Uhr eine deutsche Colonie erreicht hatten"[140]. Die Gegend ist wohl sandig und dünenartig hügelig, aber die Weite der Steppe hat sie nun nicht. Es ist die Gegend um das deutsche Dorf Neu-Pargolowo (Deutsch-Schuwalowo)[141], nördlich der Stadt, ein begehrtes Sommerhausgebiet[142], in dessen Nähe sich drei Seen befinden sowie auf einer Anhöhe im Park ein Schlößchen des Grafen Šuvalov. „Eine herrliche Gegend", schreibt Hermann, „ich weiß kaum einen Ort in Schleswig-Holstein mit diesem zu vergleichen."[143] Die Wanderer scheinen klares Wetter gehabt zu haben, um sehen zu können, was sechzehn Kilometer südlich vor ihnen lag (und heute verbaut ist). Allerdings sind „in der Ferne die vielen goldenen Kirchthürme Petersburg[s]" eine Konstruktion für die Daheimgebliebenen, die keine russischen Kuppelkirchen kennen. Einen spitzen goldenen Kirchturm hat allein die Peter-Pauls-Kathedrale in der gleichnamigen Festung; die Admiralität mit ihrer goldenen Nadel ist keine Kirche, und die Isaakskathedrale wird von einer großen goldenen Kuppel gekrönt. Vergleichbare bemerkenswerte Ausblicke

---

138 Das Ereignis, gekrönt von einem Empfang beim Zaren in Carskoe Selo, wird in den Petersburger Tageszeitungen ausführlich kommentiert. Vgl. „Peterburgskaja letopis'" [Petersburger Chronik]. In: Večernjaja gazeta [Abendzeitung], Nr. 99 (7.5.1869), S. 2; „Meždunarodnyj kongress botanikov i ljubitelej sadovodstva v Peterburge [Internationaler Botaniker- und Amateurgartenbauer-Kongreß in Petersburg]. Ebd., Nr. 101 (9.5.1869), S. 2; A. M. Naumov: Meždunarodnaja vystavka proizvedenij sadovodstva i ogorodničestva, ustroennaja Peterburgskim obščestvom sadovodstva [Internationale Ausstellung der Erzeugnisse aus Gartenbau und Gemüseanbau, veranstaltet von der Petersburger Gartenbaugesellschaft]. In: S.-Peterburgskie Vedomosti [St. Petersburger Nachrichten], Nr. 126 (9. [21.] Mai 1869), S. 1 f.; ebd., Nr. 128 (11. [23.] Mai 1869), S. 1.

139 Brief 8b (20.5.1869), 1v. Julius Johann Christian Rüppel (Ruppell), Schwager von Theodor Heesch und Hermanns Mutter, war Kunstgärtner in Bergedorf und stand in Diensten Bismarcks. Vgl. Geschlechterbuch (wie Anm. 12), S. 192.

140 Brief 8b (20.5.1869), 2v.

141 K. Stumpp: Die deutschen Siedlungen in den Gouvernements Petersburg (Leningrad) und Novgorod. In: Heimatbuch der Deutschen aus Rußland 1962, S. 5–15.

142 Neu-Pargolowo lag östlich der Vyborger Chaussee; westlich davon, bis zur 1869 zwar verlegten, aber noch nicht eröffneten Finnländischen Eisenbahnlinie die Kette der drei Seen mit ihren Verbindungskanälen – eine „Finnische Schweiz" (*čuchonskaja Švejcarija*). Der bemerkenswerte Blick auf die Stadt von der „Poklonnaja gora" (Berg der Unterwerfung) oberhalb des ersten, südlichsten Sees, wo der Sage nach Peter der Große die Schweden besiegte, wird in alten Aufzeichnungen ebenso gerühmt wie der vom (künstlich aufgeschütteten) Parnaß im Šuvalov-Park nördlich der drei Seen. Vgl. Huit vues représentant les plus beaux sites des différents villages de Pargolova [sic] aux environs de St. Pétersbourg. Lithographiés [...] d'après les dessins originaux de M. Loustaunau. St. Petersburg 1833; P. N.: Pargolovo [sic]. Petersburg 1867.

143 Brief 8b (20.5.1869), 3r.

konnte Hermann auch genießen, wenn er von der Fabrik am Ufer der Neva entlang nach Westen zur Nikolajbrücke schritt oder an anderen Stellen den Fluß auf Holzbrücken überquerte. Aber in seinen Briefen schwärmt er von nichts, übermächtig scheint der harte Fabrikalltag gewesen zu sein. Dort jedoch, wo er diesen Alltag einen Sonntag lang vergessen kann, wo ihm die Natur einen Schutzraum zur Besinnung gewährt, dort ist er in der Fremde angekommen, und dort überglänzt diese sogar für einen Augenblick die Heimat in Schleswig-Holstein.

*

Wie aus dem einzigen vorliegenden Brief aus der Schulzeit (vom 18. Januar 1868) hervorgeht, fiel Hermann das Lernen schwer, in Flensburg ging er in dieselbe Klasse wie sein eineinhalb Jahre jüngerer Bruder Karl. Von einem Verlassen der Schule oder von einem Auslandsaufenthalt war zu jenem Zeitpunkt offensichtlich noch keine Rede. Im Dezember desselben Jahres aber befand er sich schon auf dem Weg nach St. Petersburg, während sein Bruder weiter die Schule besuchte und später studierte[144]. Die Vermutung liegt nahe, daß auch Hermann diesen Weg betreten sollte, zumal er der Älteste war. Der dritte Bruder ging bereits in Eckernförde in die Lehre[145]. Warum Hermann ausgerechnet nach St. Petersburg geschickt wurde, ist den vorhandenen Unterlagen nicht zu entnehmen. Die Tatsache, daß der Onkel, Theodor Heesch, dort lebte, reicht nicht aus, um den finanziellen Aufwand zu rechtfertigen, den diese Reise bedeutete und der offensichtlich nur mit Hilfe der Verwandten zu bewältigen war[146]. Verwandtschaftliche Beziehungen bestanden auch zur Firma Howaldt in Kiel, wo Theodor Heesch seine Lehre gemacht und später die älteste Tochter des Firmengründers geheiratet hatte[147]. Auf der Reise von Karby nach St. Petersburg fand Hermann bei den Kieler Howaldts herzliche Aufnahme und erhielt sogar einige Dinge zu seiner Ausstattung[148]. Es ist möglich, daß die Familie fürchtete, ihr Ältester sei lebensuntüchtig, die schnelle Entscheidung für einen Wechsel von der Schule zur Lehre und einige Passagen aus Hermanns Petersburger Briefen legen dies nahe. „Ihr scheint noch immer verdammt wenig Zutrauen zu mir zu haben, welches ich auch noch wieder aus Onkels Geburtstagsbriefen gesehen habe", wehrt sich Hermann nach einem vollen Jahr in der Fremde.

> Ihr wißt ja doch, daß es mein *festes Bestreben* ist ein tüchtiger Mensch zu werden, der frei und frank in die Welt hinaus tritt mit dem herrlichen Bewußtsein, in seinem Berufe etwas leisten und der Menschheit nützlich sein zu können. Du, lieber Vater, bittest On-

---

144 Claus Carl Jungclaussen, geb. 10. 4. 1850 in Rieseby, studierte Theologie und wurde Pastor. Geschlechterbuch (wie Anm. 12), S. 359.

145 Jungclaussen: J. Jungclaussen (wie Anm. 13), S. 75.

146 Von den Verwandten in Kiel und Hamburg erhielt Hermann Geld und nützliche Geschenke mit auf die Reise, in St. Petersburg wurde er finanziell regelmäßig vom Onkel unterstützt (Brief 1 vom Dezember 1868, Brief 3 vom 22.12.1868, Brief 4 vom 27.12.1868, Brief 7 vom 18.4.1869).

147 Geschlechterbuch (wie Anm. 12), S. 192.

148 Brief 1 (Dezember 1868).

> kel, in Deinem Briefe, mich ja recht strenge zu halten; wozu dergleichen erwähnen, Du bezweckst ja höchstens dadurch, daß Du das Zutrauen zu mir bei Onkel schwächst, denn wenn ein Mensch von 21 Jahren nicht selbst gegen sich strenge ist, da bezweckt eine Strenge von außen her grade das Entgegengesetzte von dem was sie soll.[149]

Hermanns Erwiderung auf die Ermahnungen des Vaters zeigen ihn als einen gereiften jungen Mann voller Ideale, der sich verkannt fühlt und mit psychologischem Gespür, aber auch mit Stolz zu entgegnen weiß.

Hermann kam als Lehrling nach Rußland, nicht als Glücksritter. Sein Aufenthalt war auf drei Jahre angelegt, die russische Metropole scheint sich durch einen Zufall, den wir nicht kennen, ergeben zu haben, es hätte ebensogut anstelle St. Petersburgs ein Werk in einem anderen Land, in einer anderen Stadt sein können, denn bei einem Lehrling kam es auf eine solide Grundausbildung an, und die hing von einem guten Lehrbetrieb ab, nicht aber von der geographischen Lage. Die strenge Fabrikschule, die Hermann statt der geplanten drei Jahre nur siebzehn Monate durchlief, haben ausgereicht, sich selbst als Handwerker in der Tischlerwerkstatt zu erfahren, als Lehrling unter Vorgesetzten, als Deutscher in Rußland, als Naturkind inmitten einer Stadtlandschaft. Diese – zum Teil sehr individuellen – Einblicke in private und öffentliche Räume leben in Hermann Jungclaussens Briefen aus St. Petersburg fort.

---

149 Brief 11 (3.12.1869), 2v.

Berichte und Forschungen 10 (2002), S. 169–273.

Annotationen

Neuerscheinungen aus Ostmitteleuropa

Vorbemerkung

Die folgenden bibliographischen Hinweise beziehen sich auf in den Ländern Ostmittel-, Nordost- und Südosteuropas erschienene Literatur (Monographien, Sammelbände, Zeitschriften und Reihen, Editionen) aus den Wissenschaftsbereichen Geschichte, Volkskunde/Soziologie, Germanistik und Kunstgeschichte. Erfaßt werden Titel, welche die Kultur und Geschichte der ehemaligen deutschen Ostgebiete und der Siedlungsgebiete der Deutschen im östlichen Europa (mit)betreffen; die Anordnung erfolgt nach (z. T. historischen) Regionen:

1. Regional übergreifende Werke,
2. Baltikum,
3. Ost- und Westpreußen, Danzig,
4. Pommern,
5. Schlesien,
6. Großpolen, Zentralpolen, Kleinpolen,
7. Böhmen, Mähren,
8. Ungarn, Rumänien,
9. Rußland.

Bei Namen von Orten im östlichen Europa wurde, wie im Jahrbuch des Bundesinstituts üblich, eine weitgehende Vereinheitlichung durchgeführt: Gebraucht wird in der Regel, soweit vorhanden, die deutschsprachige Namensform. Bei der jeweils ersten Erwähnung sind sowohl die deutschsprachige Form als auch die Form in der jeweiligen Landessprache angegeben, z. B. Posen/Poznań.

Allen Autorinnen und Autoren der Annotationen sei für ihre Mitarbeit gedankt.

Jens Stüben (Redaktion)

1. Regional übergreifende Werke

[Włodzimierz Borodziej, Hans Lemberg (Hg.):] „Nasza ojczyzna stała się dla nas obcym państwem...“. Niemcy w Polsce 1945–1950. Wybór dokumentów [„Unsere Heimat ist uns ein fremdes Land geworden...“. Die Deutschen in Polen 1945–1950. Ausgewählte Dokumente].

T. [Bd.] 3: Województwa poznańskie i szczecińskie [Woiwodschaften Posen und Stettin]. Red.: Włodzimierz Borodziej, Hans Lemberg. Wybór i opracowanie dokumentów [Bearb. von] Stanisław Jankowiak, Katrin Steffen. Warszawa: Neriton 2001. 495 S. ISBN 83-86842-67-9.

T. [Bd.] 4: Pomorze Gdańskie i Dolny Śląsk [Pommerellen und Niederschlesien]. Red.: Daniel Boćkowski. Wybór i opracowanie dokumentów [Bearb. von] Ingo Eser, Witold Stankowski, Claudia Kraft, Stanisław Jankowski. Warszawa: Neriton 2001. 496 S. ISBN 83-88973-08-8.

Es handelt sich um den dritten und den vierten (und letzten) Band der Quellenpublikation zum Schicksal der Deutschen in Polen nach dem Zweiten Weltkrieg, die als Ergebnis der Arbeit einer polnisch-deutschen Forschergruppe unter der Leitung von Włodzimierz Borodziej und Hans Lemberg ediert wurde (s. „Berichte und Forschungen" 9, 2001, S. 202). In jedem der beiden Bände werden ca. 300 Dokumente aus polnischen zentralen und regionalen Archiven (Verwaltungsakten, Akten der Kommunistischen Partei, Militärakten) veröffentlicht. Die Dokumente betreffen die Lage und den Alltag der deutschen Bevölkerung in den neuen West- und Nordgebieten Polens (den Woiwodschaften Posen/ Poznań und Stettin/Szczecin, Pommerellen und Niederschlesien), die Einstellung der polnischen kommunistischen Machthaber und der polnischen Bevölkerung ihr gegenüber sowie die Vertreibung und Aussiedlung in die SBZ bzw. in die westlichen Zonen Deutschlands. Der Dokumentenauswahl ist jeweils eine umfangreiche Einführung vorangestellt, die von den Bearbeitern des entsprechenden Teiles geschrieben wurde; darin werden die für die Geschichte der deutschen Bevölkerung in den genannten Gebieten wichtigsten Ereignisse der Jahre 1945–1950 dargestellt. Die deutsche Fassung der Publikation erscheint im Verlag des Herder-Instituts in Marburg.

Krzysztof Ruchniewicz[1]

Adomas Butrimas (Hg.): Baltic Amber (Acta Academiae Artium Vilnensis 22). Vilnius: Dailės akademijos leidykla 2001. 320 S., 194 Abb. ISSN 1392-0316.

In diesem Band sind die Beiträge eines internationalen Symposiums, das im September 2001 in Wilna/Vilnius und Nidden/Nida stattfand, in englischer oder deutscher Sprache veröffentlicht. Auf der Tagung wurde über Ostseebernstein in unterschiedlichen Zeiten (von der Steinzeit bis zur Gegenwart), Landschaften und kulturellen Zusammenhängen aus archäologischer, geologischer, biologischer, ethnologischer und kunsthistorischer Sicht gesprochen. Das Leitmotiv aller kulturhistorischen Beiträge ist Bernstein als Material für Kunstobjekte, von den neolithischen Figuren bis hin zu modernem Kitsch. Archäologisch interessierte Leser können auch einen guten Überblick über die Bedeutung des Handels mit Ostseebernstein vom Baltikum bis zur Apenninen-Halbinsel in vor- und frühgeschichtlicher Zeit gewinnen. Am Ende des Bandes findet man Hinweise auf in Litauen erschienene archäologische Literatur über Bernstein.

Rimvydas Petrauskas

Franciszek Grucza (Hg.): Tausend Jahre polnisch-deutsche Beziehungen. Sprache – Literatur – Kultur – Politik (Publikacje Stowarzyszenia Germanistów Polskich / Publikationen des Verbands Polnischer Germanisten). Warszawa: Graf-Punkt 2001. 1008 S. ISBN 83-87988-87-1.

---

1 Die Annotationen von Krzysztof Ruchniewicz wurden unter Mitarbeit von Małgorzata Ruchniewicz verfaßt.

In der Zeit vom 5. bis 8. April 2000 fand in Warschau/Warszawa ein Kongreß unter dem Generalthema „Tausend Jahre polnisch-deutsche Beziehungen. Sprache – Literatur – Kultur – Politik" statt. Die Schirmherrschaft hatten der Präsident der Republik Polen Aleksander Kwaśniewski und der Präsident der Bundesrepublik Deutschland Johannes Rau übernommen. Die Akten dieses Kongresses enthält der vorliegende Sammelband. Er besteht aus folgenden Abschnitten: „Eröffnung des Kongresses", „Festvorträge", „Plenarvorträge", „Sprachgeschichte", „Gegenwartssprache", „Literatur- und Kulturwissenschaft", „Angewandte Sprachwissenschaft", „Polnisch-deutsche Beziehungen nach 1945", „Gegenwart und Zukunft der polnisch-deutschen Nachbarschaft" und „Abschlusserklärung". In dem Teil „Eröffnung des Kongresses" sind u. a. folgende Texte veröffentlicht: die Begrüßung der Teilnehmer und Ehrengäste durch den Vorsitzenden des Verbandes Polnischer Germanisten Prof. Franciszek Grucza sowie die Ansprachen der Schirmherren, der Präsidenten Kwaśniewski und Rau. Gerard Labuda hielt einen Festvortrag über Vergangenheit und Zukunft im deutsch-polnischen Dialog; Klaus Zernack sprach in seinem Festvortrag über deutsch-polnische Beziehungen im historischen Überblick. In den Plenarvorträgen sprach Franciszek Grucza über die deutsche Sprache in Polen; Erika Worbs befaßte sich mit der polnischen Sprache in den deutschsprachigen Ländern; Heinrich Olschowsky berichtete über polnische Literatur in Deutschland und Tadeusz Namowicz über die deutsche Literatur in Polen; Wojciech Wrzesiński ging auf die Spuren deutscher Kultur in Polen und Alois Woldan auf die Spuren polnischer Kultur in den deutschsprachigen Ländern ein. Den Teil „Plenarvorträge" schließen Beiträge von Janusz Tazbir über Deutsche in der polnischen Reformationsbewegung und von Tomasz Węcławski über polnisch-deutsche Kontakte in der ‚Gottesrede'. Weitere 80 in dem Band veröffentlichte Texte vermitteln ein facettenreiches Bild der tausendjährigen Geschichte der Beziehungen zwischen Polen und Deutschen, insbesondere ihrer sprachlichen und kulturellen Kontakte. Es wird der Versuch unternommen, unser Wissen über die wichtigsten historischen Ereignisse zusammenzufassen, die gegenwärtige Situation zu beschreiben und die zukünftige Entwicklung der deutsch-polnischen Beziehungen zu prognostizieren.

Lech Kolago

Lech Kolago (Hg.): Studia Niemcoznawcze = Studien zur Deutschkunde. Tom/Bd. XXIII. Warszawa 2002. 831 S. ISSN 0208-4597.

Dieser umfangreiche Band der am Germanistischen Institut der Universität Warschau/Warszawa erscheinenden Reihe (vgl. „Berichte und Forschungen" 9, 2001, S. 204 ff.) enthält knapp fünfzig Beiträge, Studien, Aufsätze und Artikel von namhaften polnischen, deutschen und österreichischen Wissenschaftlern und Künstlern zu verschiedenen Themen, eingeteilt in die Bereiche „Kulturwissenschaft", „Literaturwissenschaft", „Sprachwissenschaft und angewandte Sprachwissenschaft", sowie über zwanzig Buchbesprechungen und Berichte. In der Abteilung „Kulturwissenschaft" diskutiert der spanische Religionsphilosoph und Theologe Raimon Panikkar mit dem Altrektor der Salzburger Hochschule „Mozarteum", Wolfgang Roscher, über die „Macht des Schweigens und einer Bildung durch Kontemplation – heute?"; Ulrich Müller befaßt sich mit den Beziehungen zwischen dem christlich-lateinischen Okzident und dem islamischen Orient; Oswald Panagl geht auf das Spannungsfeld von Werkintention und Aufführungspraxis in der Oper „Don Giovanni" von Mozart ein; Lech Kolago schreibt über die Musik in Annette von Droste-Hülshoffs Leben und Werk; Katarzyna Grzywka berichtet über die Bedeutung Max Lüthis für die europäische Märchenforschung; Dorota Masiakowska befaßt sich mit A. W. Schlegel; Justyna Krauze analysiert das Werk David Faßmanns. Von den 14 Beiträgen aus der Abteilung „Literaturwissenschaft" seien hier nur einige genannt. Alfred Behrmann analysiert Hofmannswaldaus Sonett „Vergänglichkeit der Schönheit"; Krzysztof Lipiński befaßt sich mit Georg Trakl; Dieter Arendt schreibt zum Thema „Novalis: Hyazinth und Rosenblütchen"; Michaela Schwarzbauer beschäftigt sich mit Wackenroders Joseph Berlinger sowie E. T. A. Hoffmann. In der dritten Abteilung „Sprachwissenschaft und angewandte Sprachwissenschaft" findet man Aufsätze von Elżbieta Zawadzka über pädagogische Aspekte der europäischen Integration aus polnischer Sicht und von Alfred Tarantowicz über Derivation und Alternation im Deutschen und Polnischen.

Lech Kolago

Hubert Orłowski: Z modernizacją w tle. Wokół rodowodu nowoczesnych niemieckich wyobrażeń o Polsce i Polakach [Mit der Modernisierung im Hintergrund. Zum Ursprung der deutschen Vorstellungen von Polen] (Mała Biblioteka PTPN [Kleine Bibliothek der Posener Gesellschaft der Freunde der Wissenschaften] 2). Poznań: Poznańskie Towarzystwo Przyjaciół Nauk 2002. 143 S. ISBN 83-7063-342-0.

Der Autor knüpft an seine 1996 erschienene Monographie „Polnische Wirtschaft. Zum deutschen Polendiskurs der Neuzeit" an, indem er noch einmal, aus jetziger Perspektive, die Richtigkeit der von ihm vor Jahren aufgestellten These unterstreicht, nämlich, daß in dem Schlüsselbegriff „polnische Wirtschaft" das analytische Werkzeug enthalten ist, welches den richtigen Zugang zum modernen deutschen Polendiskurs möglich macht. Orłowski nimmt auch Stellung zur Rezeption seiner Monographie, sowohl in Polen als auch in Deutschland.

Maria Wojtczak

Jan Papiór (Hg.): Polnisch-deutsche Wechselbeziehungen im zweiten Millennium. Bydgoszcz: Wydawnictwo Akademii Bydgoskiej im. Kazimierza Wielkiego 2001. Teil 1: Zur polnisch-deutschen Kulturkommunikation in der Geschichte – Materialien. Unter redaktioneller Mitarbeit von Barbara Rowińska-Januszewska. 441 S. ISBN 83-7096-416-8.

Der Band, der den ersten Teil eines größeren Projektes darstellt, umfaßt Beiträge einer Tagung, die 1999 in Bromberg/Bydgoszcz stattfand. Die Konzeption des Bandes entspricht der der Konferenz und stützt sich auf der einen Seite auf epochenbezogene Darstellungen zum Thema polnisch-deutsche Wechselbeziehungen und auf der anderen auf Darstellungen zu Einzelphänomenen der jeweiligen Epoche. Es sind insgesamt 26 Beiträge, chronologisch geordnet. Da es in den letzten vierzig Jahren mehrmals Konferenzen gab, die sich mit der Erforschung der Beziehungen zwischen dem deutschen und polnischen Kulturraum befaßten, setzten sich die Beiträger dieses Bandes zum Ziel, das Problem in einer neuen politischen Konstellation darzustellen und damit erneut eine Diskussion aufzunehmen, ohne die – wie der Herausgeber meint – das vereinte Europa nicht lebensfähig sein wird.

Maria Wojtczak

Marek Zybura: Niemcy w Polsce [Deutsche in Polen]. Wrocław: Wydawnictwo Dolnośląskie 2001. 257 S., Abb. ISBN 83-7023-875-0.

Das Buch bietet dem polnischen Leser eine neue Sicht auf die jahrtausendalte deutsch-polnische Nachbarschaft, auf die gemeinsame schwierige und verwickelte Geschichte, die von Tabus und Verdrängungen sowie von pauschalisierenden (Vor-)Urteilen auf beiden Seiten immer noch nicht frei ist. In seinem reich und mit großer Kennerschaft illustrierten Werk greift Marek Zybura bewußt und verantwortungsvoll diese Probleme auf, die man vor noch nicht allzulanger Zeit in den polnischen Geisteswissenschaften und in der Öffentlichkeit konsequent gemieden, verschwiegen oder verfälscht hat. Das negative Bild Deutschlands als Erzfeind Polens, auf allen Ebenen verbreitet und unreflektiert multipliziert, wird in dieser Publikation mit einer Reihe von überzeugenden Gegenbeispielen entkräftet und in Frage gestellt. Dieses Vorgehen wird, parallel dazu, von einer ‚Demontage' polnischer Nationalmythen und Selbstbilder begleitet, die in den Köpfen vieler Polen immer noch spuken. Für den Autor gelten keine ‚Anstandsrücksichten' oder auch ‚Heiligtümer', die von ihm eben als Mythen oder Minderwertigkeitskomplexe entlarvt werden. Sein Buch weicht keinem schwierigen Kapitel der deutsch-polnischen Beziehungen aus, da es aber als (kultur)geschichtlicher Überblick konzipiert wurde, konnte nicht jeder Aspekt zur vollen Geltung gelangen. Manche Themenkreise sind nur angedeutet, manche Einzelheit ist in größere Zusammenhänge eingeordnet. Diese Veröffentlichung wird wohl nicht wenige Polen mit neuen Ansätzen zur Deutung allgemein bekannter historischer Fakten konfrontieren, z. B. der Schlacht bei Grunwald (in der deutschen Geschichtsschreibung: Schlacht bei Tannenberg) 1410 oder der nationalen Zugehörigkeit von Nicolaus Copernicus, um die sich die polnische und die deutsche Historiographie seit geraumer Zeit streiten. Auch der Frage der deutschen Minderheit in Polen, die seit 1990 ihre Forderungen legal verbalisieren kann, räumt Marek Zybura viel Platz ein. Auch hier läßt er sich von der ‚political correctness' nicht zu gedanklichen Unschärfen verleiten: Auf Unstimmigkeiten und Instrumentalisierungen z. B. bestimmter kultureller Phänomene, aber auch auf die historischen Zusammenhänge wird hier verwiesen. Diese Veröffentlichung, da sie in der polnischen Sprache, mit vielen Abbildungen ausgestattet, bei einem renommierten Verlag erschienen ist, wird den polnischen Leser direkt ansprechen und hoffentlich das dem Autor vorschwebende Ziel – den Abbau von Sterotypen – auch erreichen.

Izabela Surynt

2. Baltikum[2]

Acta Historica Tallinnensia 5 (2001). 146 S., dt., engl. od. estn. Zusammenfassungen. ISSN 1406-2925.

Das fünfte Heft der gemeinsamen Publikation des Instituts für Geschichte und der Estnischen Akademie der Wissenschaften ist dem 80. Geburtstag der namhaften Kulturhistorikerin Ea Jansen gewidmet. Der Jubiläumsaufsatz stammt von Priit Raudkivi. Drei Aufsätze sind in deutscher Sprache verfaßt: Miroslav Hroch: „Die kleinen Nationen und Europa"; Torkel Jansson: „Eine historische Auseinandersetzung. Als die schwedische Bürger-

2 Die Übersetzung der Annotationen von Kersti Taal und Lea Teedema aus dem Estnischen besorgten Vilve Seiler und Kiira Schmidt.

nation den Großmachtstaat ablösen sollte"; Päiviö Tommila: „Wie die Wissenschaftsuniversität nach Finnland kam". Fünf Aufsätze in estnischer Sprache haben Zusammenfassungen in Deutsch oder Englisch: Toomas Karjahärm: „Die Identität der estnischen Intellektuellen in der ersten Hälfte des 20. Jahrhunderts"; Mart Laar: „Das erste Jahr der Zeitschrift ‚Olevik'"; Aleksander Loit: „Die Herausbildung der nationalen Identität in Norwegen im 19. Jahrhundert. Ein Überblick über die neueste Forschung"; Juhan Peegel: „Von der Letter zur Zeitung"; Ants Viires: „Jaan Jungs historische Werke".

Kersti Taal

[Renate Adolphi, Dietrich A. Loeber u. a. (Hg.):] 800 gadi. Mūsu kopējā Rīga. Vācbaltiešu autoru apcerējumi [800 Jahre unser gemeinsames Riga. Beiträge deutschbaltischer Autoren]. Sastādītāja Renāte Adolfi, prof. Dr. Dītrihs A. Lēbers u. c. [Zusammengestellt von Renate Adolphi, Prof. Dr. Dietrich A. Loeber u. a.]. Rīga: Latvijas universitātes žurnāla „Latvijas Vēsture" fonds [Verlag des Fonds der Zeitschrift „Latvijas Vēsture" der Universität Lettlands] 2001. 372 S., Abb. ISBN 9984-643-35-2.

Den Band hat die Carl-Schirren-Gesellschaft, Lüneburg, aus Anlaß der 800-Jahr-Feier der Stadt Riga gleichzeitig in einer deutschen (Lüneburg 2001) und einer lettischen Version herausgegeben. In ihm sind mehr als 70 Artikel von deutschbaltischen Verfassern gesammelt, die überwiegend schon in Büchern, Zeitschriften und Zeitungen veröffentlicht worden sind. Die Beiträge geben einen Einblick in den Verlauf der Feiern zum 700jährigen Jubiläum Rigas im Jahre 1901 sowie in die politische und wirtschaftliche Geschichte der Deutschbalten vom Ende des 19. Jahrhunderts bis zu ihrer Umsiedlung im Jahr 1939. Dabei wird der Beitrag der Deutschbalten zur Entwicklung der Wissenschaft, Kultur, Architektur und Bildung in Lettland charakterisiert, speziell werden die Tätigkeit der deutschbaltischen Vereine, die Rolle der Kirche im Leben der Deutschbalten, die deutschbaltische Presse und sportliche Aktivitäten betrachtet. Besonders hervorzuheben ist das 9. Kapitel, in dem hervorragende deutschbaltische Persönlichkeiten porträtiert werden (z. B. charakterisiert D. A. Loeber den bekannten deutschbaltischen Politiker Paul Schiemann und den Justizminister der Regierung Lettlands im Jahr 1929, den deutschbaltischen Juristen Benno Berent). Dem Band sind Verzeichnisse der Ortsnamen, Personen und Abbildungen beigefügt.

Helēna Šimkuva

Vytautas Ališauskas, Liudas Jovaiša, Mindaugas Paknys, Rimvydas Petrauskas, Eligijus Raila (Hg.): Lietuvos Didžiosios Kunigaikštijos kultūra: tyrinėjimai ir vaizdai [Die Kultur des Großfürstentums Litauen: Abhandlungen und Ansichten]. Vilnius: Aidai 2001. 860 S., 307 Abb. ISBN 9955-445-26-2.

Dreißig Autoren – Historiker, Philologen, Kunsthistoriker – behandeln in diesem Band die wichtigsten Kulturphänomene des Großfürstentums Litauen in der Zeit vom 14. bis zum 18. Jahrhundert. Das Zusammentreffen von verschiedenen Kulturen und Mentalitäten, die Isolation und Konkurrenz, die Entstehung und Entwicklung neuer, das Ableben alter Kulturerscheinungen – all dies spiegelt sich in dem Bewußtsein der damaligen Gesellschaft, in ihrem Schrifttum und in der Kunst. Der Inhalt des Buches ist nicht chronologisch, sondern thematisch gegliedert. Eine solche Vorgehensweise läßt die Kultur als Einheit erscheinen, verschleiert aber gleichzeitig nicht die eingetretenen Veränderungen. Somit werden allgemeine kulturelle Eigenschaften des Großfürstentums Litauen, wie z. B. Peripherität und Vielschichtigkeit, sichtbar. Die Texte sind durch zahlreiche Abbildungen, von denen viele erstmals publiziert werden, ergänzt.

Rimvydas Petrauskas

Riho Altnurme: Eesti Evangeeliumi Luteriusu Kirik ja Nõukogude riik 1944–1949 [Die Estnische Evangelische Lutherische Kirche und der Sowjetstaat 1944–1949] (Dissertationes Theologiae Universitatis Tartuensis 5). Tartu: Tartu Ülikooli Kirjastus 2001. 321, [4] S. Abb., engl. Zusammenfassung. ISBN 9985-5655-9-2.

Der Autor behandelt einen wichtigen Abschnitt der Geschichte der Estnischen Evangelischen Lutherischen Kirche (EELK): die Periode der Herausbildung der Beziehungen zwischen der Kirche und dem Staat (1944–1949). Es handelt sich um die Zeitspanne von der Wende in der Stalinschen Religionspolitik während des Krieges bis zum Jahr 1949, als die Anpassung an das sowjetische System praktisch abgeschlossen war. Ziel der Untersuchung ist, die Beziehungen zwischen der EELK und dem sowjetischen Staat in möglichst vielen Aspekten zu rekonstruieren. Versucht wird, die Frage zu beantworten, inwieweit eine selbständige Tätigkeit der Kirche möglich war und inwiefern man den politischen Zielen des Sowjetstaates unterworfen war. Es wird ein Überblick über die staatlichen Organe gegeben, die sich mit Religionsfragen befaßten, vor allem über die Einrichtung des Rates für Fragen des Glaubenskults, über ihre Arbeitsrichtungen und über die Tätigkeit des estnischen Vertreters Johannes Kivi, ferner über die Probleme zwischen der örtlichen und der zentralen Macht. Das Kapitel „Die Legalisierung der EELK im sowjetischen Staat" behandelt die einschlägige Gesetzgebung, Bestimmungen und Anordnungen sowie, ausführlicher, die Liquidierung der Mariengemeinde und der Universitätsgemeinde in Dorpat/Tartu. Separate Kapitel widmen sich der wirtschaftlichen Beeinflussung der Kirche durch den Staat, der Einmischung des Staates in die Leitung der Kirche, in die gesellschaftliche Tätigkeit und die Verbreitung der Lehre der Kirche, den Aktionen des Staates gegen die Kirche und der Reaktion der Kirche darauf, der Opposition und Zusammenarbeit (auch mit Sicherheitsorganen), schließlich den Beziehungen der Kirche zu anderen Konfessionen und Gemeinden und ihren Kontakten zum Ausland.

Lea Teedema

[Andres Andresen (Hg.):] Muinasaja loojangust omariikluse läveni. Pühendusteos Sulev Vahtre 75. sünnipäevaks [Vom Ende der Frühzeit bis zur Schwelle der Selbständigkeit. Festschrift für Sulev Vahtre zum 75. Geburtstag]. Koostanud [Zusammengestellt von] Andres Andresen. Tartu 2001. 417 S., Porträt, dt. Zusammenfassungen. ISBN 9985-9178-8-X.

Die Festschrift, verfaßt von den Kollegen und Schülern von Sulev Vahtre, Professor emeritus der Universität Dorpat/Tartu (dort lehrend seit 1955), beginnt mit einem biographischen Porträt des Gelehrten, geschrieben von Tiit Rosenberg: „Der Historiker und seine Zeit. Sulev Vahtre 75". Von 15 Aufsätzen sind zwei in deutscher Sprache, einer in Englisch: Heinz von zur Mühlen: „Die mittelalterliche Agrarstruktur Alt-Livlands im ostmitteleuropäischen Vergleich"; Vello Helk: „Zur Sittengeschichte des Öseler Kleinadels im 17. Jahrhundert"; Peep Peter Rebane: „Von Fulco bis Theoderich. Das veränderliche Antlitz der livländischen Mission". Die Aufsätze in estnischer Sprache haben Zusammenfassungen in Deutsch: Ain Mäesalu: „Wurfmaschinen im frühgeschichtlichen Freiheitskampf"; Anti Selart: „Otepää [Odenpäh], Pskov [Pleskau] und die heilige Jevpraksija"; Tiina Kala: „Der Tallinner Rat und die katholische Kirche in den ersten Jahren der Reformation"; Helmut Piirimäe: „Die Ausfuhr von Tierhäuten und Leder aus Narva in der zweiten Hälfte des 17. Jahrhunderts (1661–1700)"; Aivar Põldvee: „Der bisher unbekannte Lebenslauf des Bauernschulmeisters Uustalu Bengt"; Aleksander Loit: „Ein radikaler Vorschlag vom Jahre 1692 zur Bewirtschaftung der reduzierten Krongüter in Livland"; Mati Laur, Katrin Kello: „Das schwedische Erbe in den livländischen Agrarverhältnissen des 18. Jahrhunderts"; Andres Andresen: „Territorialkirche. Die Problematik eines Terminus"; Arvo Tering: „Geldausgaben der aus dem Baltikum stammenden Studenten in deutschen Universitäten in der zweiten Hälfte des 18. Jahrhunderts"; Mart Laar: „Die Geographie der nationalen Bewegung und die Mitgliederschaft des Vereins ‚Linda'"; Hain Rebas: „Betti Alvers ‚Zwei Öselianer'. Wer waren sie?"; Lauri Vahtre: „Über die Periodisierung der sowjetischen Zeit". Das Buch schließt mit einer Bibliographie der wissenschaftlichen und populärwissenschaftlichen Werke von S. Vahtre und einem Verzeichnis der von ihm betreuten Dissertationen, Diplom- und Abschlußarbeiten.

Kersti Taal

[Terje Anepaio, Ene Kõresaar (Hg.):] Kultuur ja mälu. Konverentsi materjale [Kultur und Gedächtnis. Materialien einer Konferenz]. Toimetajad [Bearbeitet von] Terje Anepaio, Ene Kõresaar (Studia Ethnologica Tartuensia 4, Tartu Ülikooli etnoloogia õppetool [Lehrstuhl für Völkerkunde der Universität Dorpat/Tartu]). Tartu: Tartu Ülikooli kirjastus 2001. 266 S., engl. Zusammenfassungen. ISSN 1406-4324, ISBN 9985-4-0167-0.

Der Sammelband beruht auf den Beiträgen zu einem Symposium, das im Rahmen des Projekts „Gedächtnis als Kulturfaktor" am 6. und 7. Oktober 2000 stattfand. Er befaßt sich mit dem in der heutigen Gesellschaft aktuellen Thema des Gedächtnisses und der Erinnerung. Unter den 16 Aufsätzen befinden sich: Inga Dorofejeva: „Juri Lotman und Boris Uspenski: Gedanken über Kultur und Gedächtnis"; Ene Kõresaar: „Das kollektive Gedächtnis und die Erforschung von Lebensläufen"; Kaido Orula: „Das kulturelle Gedächtnis im Spiegel der historischen Bücherrezeption. Ein Beispiel aus dem frühneuzeitlichen Buchgedächtnis und dessen Bedeutung heute"; Siim Sultson: „Ideologische Architektur als Träger des Gedächtnisses: Italien, Deutschland, Sowjetunion"; Kaire Nurk: „Der Aufstand gegen das Gedächtnis in der zeitgenössischen estnischen Kunst"; Karin Hiiemaa: „Über das ethnische Gedächtnis der Esten – auf Grund eines südafrikanischen Beispiels"; Aili Aarelaid: „Zwei Modelle der Anpassung der Esten an die Folgen der nach dem Zweiten Weltkrieg eingetretenen kontextuellen Veränderungen der kulturellen Realität"; Terje Anepaio: „Die Verletzung und das Gedächtnis. Die Überwindung der Vergangenheit auf Grund der Erfahrungen der Opfer der Repression"; Aigi Rahi: „Das Ereignis im Licht verschiedener Quellen (anhand des Beispiels der Deportierten)"; Tiiu Jaago: „Wie ist die Wahrheit der Überlieferungsgeschichte zu verstehen?"; David Vseviov: „Wird die Geschichte sich ‚erinnern'?"

Kersti Taal

Epp Annus, Luule Epner, Ants Järv, Sirje Olesk, Ele Süvalep, Mart Velsker: Eesti kirjanduslugu [Estnische Literaturgeschichte]. Tallinn: Koolibri 2001. 703 S., Abb. ISBN 9985-0-1127-9.

Dieses Werk gibt einen ausführlichen Überblick über die estnische Literaturlandschaft von den Anfängen bis zum Jahr 2000. Die Verfasser sind Literaturwissenschaftler der Universität Dorpat/Tartu. Obwohl zur estnischen Literaturgeschichte auch in früheren Zeiten mehrere umfassende Darstellungen erschienen sind (z. B. die fünfbändige akademische „Geschichte der estnischen Literatur" in den Jahren 1965–1991), war der Bedarf nach einer neuen Literaturgeschichte nach Ansicht der Autoren mindestens durch zwei Gründe bedingt. Zum einen ist die Literatur der letzten eineinhalb Jahrzehnte in der fünfbändigen Literaturgeschichte nicht behandelt worden, zum anderen bestand ein Bedarf, die sowjetischerseits aufgezwungenen Verfälschungen und Verzerrungen zu korrigieren, unter anderem dadurch, daß die estnische Exilliteratur mit erfaßt wurde. Die „Estnische Literaturgeschichte" gliedert sich in drei große Teile: von der Frühzeit bis zur literaturästhetischen Revolution der Jung-Esten zu Beginn des 20. Jahrhunderts; weiter bis zum Ende des Krieges und zur Änderung des politischen Kontextes 1944, womit es zur Teilung der estnischen Literatur in eine Exilliteratur und die weiterhin in Estland erschienene Literatur kam; schließlich – der umfangreichste Teil – die Literatur des letzten halben Jahrhunderts, wobei der zeitgenössischen Literatur, deren literarhistorische Einordnung bisher fehlte, der größte Raum gewidmet wird. Das Buch enthält Auswahlbibliographie und Register.

Lea Teedema

Arheoloģija un etnogrāfija. XX: Pētījumi par Kurzemi un Zemgali [Archäologie und Ethnographie. Heft 20: Forschungen zu Kurland und Semgallen]. Galvenais redaktors [Chefredakteur] Ēvalds Mugurēvičs. Rīga: Latvijas vēstures institūta apgāds [Verlag des Instituts für Geschichte Lettlands] 2000. 235 S., Abb., dt. u. engl. Zusammenfassungen. ISBN 9984-601-15-3.

Die 17 Beiträge des Bandes sind Problemen der Archäologie, Ethnographie, Anthropologie und Geschichte Westlettlands – Kurland und Semgallen – gewidmet und umfassen die Zeit von der Steinzeit bis zur Gegenwart. Die Autoren sind bekannte Archäologen, Ethnographen, Numismatiker: Jānis Apals, Māris Atgāzis, Tatjana Berga, Ilze Loze, Valdis Bērziņš. Im Band werden die Beschäftigung der Einwohner der Seeburg Arrasch/Āraiši beschrieben, der älteste Standort der Burg Tērvete (Hof zum Berge) analysiert, das archäologische Denkmal in Sernaten/Sārnāte näher betrachtet. Tatjana Berga bewertet die Ergebnisse der archäologischen Ausgrabungen im mittelalterlichen Friedhof in Doblen/Dobele und charakterisiert das bisher reichste in Lettland gefundene numismatische Material: 377 Münzen aus 1.340 Begräbnissen. Līga Vanaga hat das Wirken des deutschen Pastors in Lestene Karl Fridrich Watson (1777–1826) erforscht. Indriķis Šterns beweist, daß die im Jahre 1205 gebaute deutsche Ordensburg in Mitau/Jelgava nicht nur ein militärisches, sondern auch ein wirtschaftliches Objekt war. Der Band ist mit Zeichnungen und Fotografien der Altertümer, Plänen und Karten reich illustriert.

Helēna Šimkuva

[Heino Arumäe (Hg.):] Eesti suhted Leedu ja Poolaga. Balti konverentsid 1920–1925. Dokumentide kogumik [Die Beziehungen Estlands zu Polen und Litauen.

Baltische Konferenzen 1920–1925. Dokumentensammlung]. Koostanud [Zusammengestellt von] Heino Arumäe (Rahvusarhiiv, Ad fontes 9). Tallinn: Rahvusarhiiv 2001. 535 S., engl. Zusammenfassung. ISBN 9985-895-22-3.

Der vom Nationalarchiv herausgegebene Sammelband enthält 311 chronologisch angeordnete Dokumente, die sich in den Archiven von Estland, Lettland, Finnland, Schweden, Dänemark und Deutschland befinden. In den wechselseitigen Beziehungen dominierten zu jener Zeit Sicherheitsprobleme, die durch die Furcht der Randstaaten vor Rußland bedingt waren. Das Hauptziel, eine Union von Finnland bis Polen zu schaffen, mißlang wegen unterschiedlicher Standpunkte und Uneinigkeiten zwischen den Staaten. Hauptgrund des Mißerfolges war jedoch der ungelöste litauisch-polnische Konflikt. Die baltischen Konferenzen halfen dennoch, Probleme der Ökonomie, des Transports, des Post- und des Rechtswesens zu lösen. Am Ende des Buches befindet sich ein Verzeichnis der Premier- und der Außenminister von Estland, Litauen und Polen; es folgen Personen- und Sachregister. Der Band ist eine Fortsetzung der beiden ebenfalls in der Reihe „Ad fontes" erschienenen Werke über die Beziehungen zwischen Estland und Finnland 1920–1925, 1997 (s. „Berichte und Forschungen" 7, 1999, S. 252) und die Beziehungen zwischen Estland und Lettland 1920–1925, 1999 (s. „Berichte und Forschungen" 8, 2000, S. 117 f.).

Kersti Taal

Halina Beresnevičiūtė-Nosálová: Lojalumų krizė: Lietuvos bajorų politinės sąmonės transformacija 1795–1831 metais [Die Krise der Loyalitäten: Die Transformation des politischen Bewußtseins des litauischen Adels 1795–1831]. Vilnius: Vaga 2001. 240 S., engl. Zusammenfassung. ISBN 5-415-01606-6.

Im Jahre 1795 haben die drei Mächte Rußland, Preußen und Österreich die polnisch-litauische Republik endgültig untereinander aufgeteilt. Dadurch geriet der polnisch-litauische Adel, der diese Republik weitgehend verkörperte, in eine schwere Krise, die die Verfasserin als „Krise der Loyalitäten" (Loyalität dem Monarchen, dem Stand, dem Volk gegenüber) bezeichnet. In diesem Buch versucht sie, die Bemühungen des Adels, sich ein neues politisches Selbstverständnis zu schaffen, bis zum Aufstand von 1831 zu erklären. Sie behandelt die damalige politische Rhetorik, die dominierenden Begriffe, den Kontext, in dem sie entstanden sind, und das Schicksal der traditionellen adligen politischen Kultur nach der letzten Teilung des Staates.

Rimvydas Petrauskas

[Valdis Bērziņš (Hg.):] 20. gadsimta Latvijas vēsture. I: Latvija no gadsimta sākuma līdz neatkarības pasludināšanai. 1900–1918 [Geschichte Lettlands im 20. Jh. Bd. 1: Lettland vom Anfang des Jahrhunderts bis zur Proklamierung der Unabhängigkeit. 1900–1918]. Atb. red. [Verantwortlicher Redakteur] Valdis Bērziņš. Rīga: Latvijas vēstures institūta apgāds [Verlag des Instituts für Geschichte Lettlands] 2000. 869 S., Abb., engl. Zusammenfassung. ISBN 9984-601-38-2.

Das Institut für Geschichte Lettlands hat ein kollektives Werk von 16 Autoren, hauptsächlich Wissenschaftlern dieses Instituts, unter der Leitung von Dr. habil. hist. V. Bērziņš herausgegeben, in dem die wichtigsten Bereiche und Ereignisse der Geschichte Lettlands am Anfang des 20. Jahrhunderts Behandlung finden. Dies ist der erste Sammelband im

Rahmen eines geplanten mehrbändigen Werkes zur Geschichte Lettlands im vergangenen Jahrhundert. In dem Band wird ein bedeutender Platz der Charakteristik der historischen Quellen und der Historiographie eingeräumt. Es werden weiter in einzelnen Kapiteln Aspekte der demographischen, nationalen und sozialen Geschichte der Gesellschaft Lettlands betrachtet. Dargestellt wird der administrative und politische Status Lettlands um die Wende vom 19. zum 20. Jahrhundert, wobei der Geschichte der Kommunalverwaltungen in den Städten und auf dem Lande besondere Aufmerksamkeit geschenkt wird. Das Buch bietet überdies eine umfassende Bestandsaufnahme zu Aspekten der Bildungs- und Kulturgeschichte. Es enthält zahlreiche Diagramme, statistische Tabellen und Abbildungen, welche die bedeutenden historischen Ereignisse und die berühmten Persönlichkeiten Lettlands am Anfang des 20. Jahrhunderts widerspiegeln, sowie ein Verzeichnis der Personen und geographischen Namen.

Helēna Šimkuva

Jürgen Beyer, Reet Hiiemäe (Hg.): Folklore als Tatsachenbericht. Tartu: Sektion für Folkloristik des Estnischen Literaturmuseums 2001. 209, [1] S., Abb. ISBN 9985-867-01-7.

Der vorliegende Band bringt die Druckfassungen der (deutsch- oder englischsprachigen) Vorträge, die auf einer Tagung über „Folklore als Tatsachenbericht" in Dorpat/Tartu vom 20. bis 24. September 2000 gehalten wurden: Helmut Fischer: „Erzählte Wirklichkeit im Folklorisierungsprozeß"; Klaus Graf: „Erzählmotive in frühneuzeitlichen Kriminalquellen"; Mall Hiiemäe: „Geschichten von Waldtieren als Tatsachenberichte"; Reet Hiiemäe: „Trampergeschichten und Tramperfolklore. Die Begegnung von Tatsachen und Stereotypen"; Risto Järv: „‚Wenn du ein Viertel davon glaubst, bist du schon um die Hälfte betrogen worden'. AT 1920B im Zusammenhang mit konkreten Personen"; Eda Kalmre: „The Lilac Lady. A collective belief-legend as a homogeneous entity"; Ines Köhler-Zülch: „Erzählungen über den Scheintod. Faktizität und Fiktionalität in medizinischen Fallberichten"; Isidor Levin: „Folklore als Tatsachenbericht"; Fred van Lieburg: „Mädchen, Vergewaltiger und Schutzengel. Die moderne Umwandlung einer protestantischen Wundergeschichte"; Alfred Messerli: „Rumeurs, bruits, fausses nouvelles, on-dit. Positionen der französischen Forschung"; Merili Metsvahi: „Werwolfprozesse in Estland und Livland im 17. Jahrhundert. Zusammenstöße zwischen der Realität von Richtern und von Bauern"; Rüdiger Schott: „Oral traditions and historical realities among ethnic groups in the West African Savannah".

Lea Teedema

[Dorothea von Biron:] Kurzemes herzogienes Dorotejas vēstules [Briefe der Herzogin Dorothea von Kurland]. Zinātniskā redaktore [Wissenschaftliche Redakteurin]: Valda Kvaskova (Vēstures avoti [Historische Quellen] 1). Rīga: Latvijas Valsts vēstures arhīvs [Historisches Staatsarchiv Lettlands] 1999. 163 S., Abb., engl. Zusammenfassung. ISBN 9984-9184-4-4.

Der Dokumentenband ist die erste Veröffentlichung einer Reihe „Historische Quellen", die das Historische Staatsarchiv Lettlands 1999 begonnen hat. Er enthält Briefe der letzten Herzogin von Kurland Anna Charlotte Dorothea von Biron, der dritten Ehefrau des Herzogs von Kurland Peter von Biron (1724–1800), an ihren Vater Johann Friedrich von

Medem (1722–1785) und ihre Pflegemutter Agnes Elisabeth von Medem (1718–1784). Die 44 Briefe, deren Originale sich im Historischen Staatsarchiv Lettlands (im Bestand 554) befinden, umfassen chronologisch die Jahre 1782 bis 1784, einen der bisher am wenigsten erforschten Zeitabschnitte der Biographie der Herzogin. Dorothea von Biron, eine der einflußreichsten Frauen baltischer Herkunft im Europa ihrer Zeit, war mit vielen berühmten Persönlichkeiten bekannt, was der veröffentlichte Briefwechsel widerspiegelt. Die Briefe sind in deutscher und lettischer Sprache publiziert und in beiden Sprachen von Valda Kvaskova kommentiert. Der Band enthält viele Illustrationen im Zusammenhang mit den in den Briefen erwähnten Personen sowie Abbildungen der Handschrift der Herzogin. Die Ausgabe wird durch eine Biographie Dorothea von Birons und ein Personenverzeichnis ergänzt.

Helēna Šimkuva

[Andris Caune (Hg.):] Latvijas zemju robežas 1000 gados [Lettlands Landesgrenzen in 1000 Jahren]. Sastādītājs [Zusammengestellt von] Andris Caune. Rīga: Latvijas vēstures institūta apgāds [Verlag des Instituts für Geschichte Lettlands] 1999. 282 S., Abb. ISBN 9984-601-61-7.

Der vom Institut für Geschichte Lettlands herausgegebene Sammelband ist der Geschichte der Landesgrenzen wie auch der Verwaltungsgeschichte Lettlands gewidmet. Er beginnt mit Beiträgen von Raisa Denisova, Saulvedis Cimmermanis und Antons Breidaks über die lettischen Landesgrenzen vor der Ankunft der Deutschen im 13. Jahrhundert. Auf Grund archäologischer Angaben wird eine Charakteristik der Grenzen Lettlands im 16.–18. Jahrhundert gegeben. Der Band enthält auch einen Beitrag über die Grenzen der Stadt Riga sowie einen Aufsatz von Jānis Stradiņš über die Geschichte des Gebietes Selonien/Sēlija.

Helēna Šimkuva

Andris Caune (Red.): Senā Rīga. 2.: Pētījumi pilsētas arheoloģijā un vēsturē [Das alte Riga. Bd. 2: Forschungen zur Archäologie und Geschichte der Stadt]. Rīga: Latvijas vēstures institūta apgāds [Verlag des Instituts für Geschichte Lettlands] 2000. 370 S., Abb., dt. Zusammenfassung. ISBN 9984-601-50-1.

Der Sammelband ist dem 800jährigen Jubiläum der Stadt Riga gewidmet. Er enthält die Referate der Konferenz vom 25. Mai 1999 „Albert von Bremen – Bischof und Staatsmann“. Der Band hat fünf Kapitel, in denen die Persönlichkeit des Bischofs Albert, seine Bedeutung in der Geschichte Lettlands sowie die Einschätzung der Zeitgenossen des Bischofs in vielfacher Perspektive betrachtet werden. Autoren sind die bekanntesten Historiker Lettlands: u. a. Heinrihs Strods, Ēvalds Mugurēvičs, Andris Caune. Im zweiten Kapitel des Buches unter dem Titel „Forschungen zur Archäologie, Numismatik, Anthropologie“ findet man Beiträge zu den archäologischen Funden in Riga. Im dritten Kapitel, „Forschungen zur Rigaer Architektur“, werden die archäologischen Ausgrabungen in Riga auf dem Rathausplatz und in der ehemaligen Rigaer Vorstadt Hagensberg/Agenskalns analysiert. Im vierten Kapitel, „Forschungen zur Rigaer Geschichte“, rekonstruiert A. Caune die Planung der Stadt Ende des 12. und Anfang des 13. Jahrhunderts; Indriķis Šterns charakterisiert auf Grund des Rigaer Schuldbuches aus dem 13. Jahrhundert die Einwohner der Stadt. Das letzte Kapitel umfaßt Beiträge über die wichtigsten Exponate des Museums für Geschichte und Schiffahrt Rigas.

Helēna Šimkuva

Andris Caune (Red.): Senā Rīga. 3.: Pētījumi pilsētas arheoloģijā un vēsturē [Das alte Riga. Bd. 3: Forschungen zur Archäologie und Geschichte der Stadt]. Rīga: Latvijas vēstures institūta apgāds [Verlag des Instituts für Geschichte Lettlands] 2001. 509 S., Abb., dt. u. engl. Zusammenfassungen. ISBN 9984-601-75-7.

Das Institut für Geschichte Lettlands und das Museum für Geschichte und Schiffahrt der Stadt Riga haben den dritten Band der Forschungen zur Archäologie und Geschichte des alten Riga erarbeitet. Das Buch besteht aus etwa zwanzig Aufsätzen lettischer und deutscher Forscher. Der thematisch gegliederte Band behandelt in einzelnen Kapiteln archäologische, numismatische, historische, kartographische und wissenschaftsgeschichtliche Fragen. Die Beiträge illustrieren auf Grund von Materialien des Stockholmer Kriegsarchivs die territoriale Entwicklung der Stadt Riga in den Jahren 1621–1710 und die Pläne der Stadt und ihrer näheren Umgebung im 17.–18. Jahrhundert. Einzelne Aufsätze konzentrieren sich auf wichtige Aspekte der Geschichte Rigas: Friedrich Benninghoven charakterisiert ein Osnabrücker Fernhändlergeschlecht im Livlandhandel des 13. Jahrhunderts; Jānis Bērziņš beschreibt die Herausbildung der Industriearbeiterschaft in Riga Ende des 19. und Anfang des 20. Jahrhunderts; Inita Dzelme schreibt über die Silberschmiede Lettlands in den 20er und 30er Jahren des 20. Jahrhunderts und die Zeichen der Rigaer Meister. In dem Buch werden auch die Bestände des Museums für Geschichte und Schiffahrt der Stadt Riga vorgestellt.

Helēna Šimkuva

Diarium. Johann Voldemar Jannseni Pärnu päevik = Das Pernauer Tagebuch von Johann Woldemar Jannsen. Pärnu: Pärnu Muuseum 2001. 195 S., Abb. ISBN 9985-78-074-4.

Die Tagebücher des Publizisten und Kulturschaffenden Johann Woldemar Jannsen (1819–1890), eines der Führer der estnischen nationalen Bewegung, sind in Deutsch geschrieben. Das vom Pernauer Museum veröffentlichte Diarium aus den Jahren 1850–1861 ist das letzte seiner vier erhaltenen Tagebücher, deren erstes er im Jahr 1839 zu schreiben begann. Die Aufzeichnungen ermöglichen einen Einblick in die Innenwelt eines jungen Esten, der ab 1857 in Pernau/Pärnu die Zeitung „Perno Postimees" herausgab. Diese Zeitung vereinigte die Esten und setzte den Grundstein zum estnischen Zeitungswesen. Die Übersetzung des Diariums und die Begleittexte stammen von Malle Salupere, die zusammen mit Inge Laurik auch die Kommentare verfaßte; die Übersetzung der Kommentare besorgte Tiia Reiksaar, die Redaktion der deutschsprachigen Begleittexte Merje Miliste und Claus Sommerhage. Die Einleitung gibt einen Überblick über den Inhalt der drei früheren Tagebücher Jannsens. Am Ende des Buches befindet sich eine von Heli Laanekask erstellte chronologische Übersicht seines Lebens und seiner Tätigkeit und ein Lebensabriß in deutscher Sprache: „Johann Woldemar Jannsen in seiner Zeit".

Kersti Taal

Leo Dribins, Ojārs Spārītis: Vācieši Latvijā [Die Deutschen in Lettland]. Rīga: Latvijas universitātes Filozofijas un socioloģijas institūta Etnisko pētījumu centrs [Zentrum für ethnische Forschungen des Instituts für Philosophie und Soziologie der Universität Lettlands] 2000. 271 S. ISBN 9984-543-56-0.

Das Buch ist vom Zentrum für ethnische Forschungen des Instituts für Philosophie und Soziologie der Universität Lettlands herausgegeben, innerhalb einer Reihe „Ethnische Minoritäten in Lettland". Der erste Teil besteht aus einer Übersicht über die Deutschen in der politischen Geschichte und Sozialgeschichte vom 12. Jahrhundert bis zur Gegenwart, die Leo Dribins auf Grund der Forschungen deutschbaltischer und deutscher Autoren über die deutsche Geschichte in Lettland erstellt hat. Der zweite Teil ist das Ergebnis der Forschungen von Ojārs Spārītis über die geistigen und materiellen Kulturwerte der Deutschen in Lettland. Der Autor charakterisiert auch die gemeinsamen Anstrengungen der nachfolgenden Generationen – sowohl lettischer wie deutschbaltischer Menschen – auf dem Gebiet der Erhaltung des kulturellen Erbes in Lettland in der Gegenwart.

Helēna Šimkuva

Eesti Arheoloogia Ajakiri = Journal of Estonian Archaeology 5 (2001). Nr. 1: S. 1–80, Nr. 2: S. 81–159. Abb., dt., engl. od. estn. Zusammenfassungen. ISSN 1406-2933.

Die Zeitschrift für estnische Archäologie erscheint seit dem Jahr 2001 als gemeinsame Publikation des Instituts für Geschichte, der Universität Dorpat/Tartu und der Estnischen Akademie der Wissenschaften. In diesem Jahr erschienen 2 Nummern. Heft 5,1 enthält drei Aufsätze in Estnisch: Heidi Luik: „Funde von Knochengegenständen aus Pajulinn bei Kusal/Kuusalu und anderen Siedlungen"; Mauri Kiudsoo: „Die Funde von Törise – zwei Münzschätze aus unterschiedlichen Zeiten?"; Ain Lavi: „Über die Entwicklungsgeschichte der Riegenwohnung nach Angaben der Archäologie"; ferner einen Nekrolog von Ain Mäesalu auf den namhaften estnischen Archäologen Evald Tõnisson (1928–2001). Heft 5,2 enthält einen Aufsatz in Englisch: Lembi Lõugas: „Die Entwicklung der Fischerei im Ostseeraum während des ersten und zweiten Jahrtausends"; zwei Aufsätze in Estnisch: Valter Lang, Aivar Kriiska: „Die Periodisierung und Chronologie der estnischen Vorzeit"; Gurly Vedru: „Über die Besiedlung der Küstengebiete Nordestlands in prähistorischer Zeit"; außerdem eine Miszelle von Valter Lang und Tõnno Jonuks: „Das Bronzeschwert von Vajangu"; eine von V. Lang verfaßte Rezension der Doktorarbeit von A. Kriiska über die Steinzeit in Estland (Aivar Kriiska: Stone Age Settlement and Economic Processes in the Estonian Coastal Area and Islands [http://ethesis.helsinki.fi/julkaisut/hum/kultt/vk/kriiska]); einen Aufsatz zum 70. Geburtstag der Archäologin Silvia Laul, der Erforscherin der Eisenzeit im Südosten Estlands.

Kersti Taal

Alfonsas Eidintas (Hg.): Lietuvos žydų žudynių byla [Die Akte des Judenmords in Litauen]. Vilnius: Vaga 2001. 824 S., 8 Abb., engl. Zusammenfassung. ISBN 5-415-01560-4.

Dieses Buch über die Vernichtung der Juden in Litauen während der nationalsozialistischen Okkupationszeit ist ohne Zweifel die solideste Publikation aus der Reihe der Veröffentlichungen, die bis jetzt zu diesem Thema erschienen sind. Es handelt sich um einen Sammelband mit Beiträgen und Dokumenten, die von einer umfangreichen (ein Drittel des Buches umfassenden) Einführung des Herausgebers begleitet sind. Die Konzeption des Buches besteht aus dem Versuch, die Tragödie der jüdischen Bevölkerung Litauens aus der Perspektive der Geschichte der litauisch-jüdischen Beziehungen zu betrachten. Die Auswahl der Aufsätze ist leider nicht immer wissenschaftlichen Kriterien gefolgt, dennoch erlaubt sie, die langjährigen Kommunikationsprobleme zwischen den beiden Völkern besser zu begreifen.

Rimvydas Petrauskas

Jānis Graudonis, Ēvalds Mugurēvičs, Andris Vasks (Red.): Latvijas senākā vēsture 9. g. t. pr. Kr. – 1200. g. [Die ältere Geschichte Lettlands vom 9. Jahrtausend v. Chr. bis 1200]. Rīga: Latvijas vēstures institūta apgāds [Verlag des Instituts für Geschichte Lettlands] 2001. 463 S., Abb., engl. Zusammenfassung. ISBN 9984-601-51-X.

Im Buch wird der älteste Abschnitt der Geschichte Lettlands vom 9. Jahrtausend v. Chr. bis zum 12. Jahrhundert n. Chr., gestützt auf archäologische Quellen, dargestellt. In seinen sieben Kapiteln werden die Einwanderung der Ureinwohner in das Territorium Lettlands, die Wirtschaft und Lebensweise der Jäger und Fischer und die Herausbildung der Agrargesellschaft behandelt, ebenso die Herkunft und die Kultur der baltischen und finnischen Völker sowie ihre Verbindungen zu den Nachbarländern. Die Autoren des Werkes sind die bekanntesten Archäologen und Ethnographen des Instituts für Geschichte Lettlands: Jānis Apals, Māris Atgāzis, Jānis Graudonis, Ilze Loze, Ēvalds Mugurēvics, Andris Vasks und Ilga Zagorska. Das Werk besitzt eine umfangreiche Einleitung zur Geschichte der archäologischen Forschung in Lettland und ein Verzeichnis der archäologischen Denkmäler und Fundstätten.

Helēna Šimkuva

Külli Habicht: Eesti vanema kirjakeele leksikaalsest ja morfosüntaktilisest arengust ning Heinrich Stahli keele eripärast selle taustal [Über die lexikalische und morphosyntaktische Entwicklung der älteren estnischen Schriftsprache und über die Eigenart der Sprache von Heinrich Stahl vor deren Hintergrund] (Dissertationes Philologiae Estonicae Universitatis Tartuensis 10). Tartu: Tartu University Press 2001. 289 S., Abb., dt., engl., finn. Texte, engl. Zusammenfassung. ISBN 9985-5661-7-3.

Das Buch umfaßt neun Aufsätze, die sich mit den Fragen der Entwicklung und der Veränderung der estnischen Schriftsprache befassen und auch aus der Sicht der Sprachtypologie von Interesse sind. In sieben von ihnen wird die morphosyntaktische Entwicklung der estnischen Schriftsprache und in zweien der Wortschatz behandelt. Das zu analysierende Material stammt aus den Werken des hervorragendsten deutschen Pfarrers in Estland und bedeutendsten Autors religiöser Literatur, des ersten Reformers der estnischen Schriftsprache Heinrich Stahl. Zum Vergleich herangezogen wurden Texte der Vorgänger Stahls: die noch vorhandenen Seiten des ältesten erhaltenen estnischen Druckes, des Katechismus von Wanradt-Koell, und die Predigten des Hilfspfarrers der Heiligengeistkirche zu Reval/Tallinn Georg Müller. Die estnische Schriftsprache entwickelte sich nicht auf natürlichem Weg, auf der Basis der gesprochenen und von Esten geschriebenen Sprache, sondern auf Grund der vorgegebenen Rhetorik der religiösen Texte und vorwiegend in Übersetzungen der Deutschen. Dies brachte von Anfang an einen starken fremden Einfluß in die entstehende estnische Schriftsprache; einige dieser Erscheinungen finden sich in ihr bis heute. Im Mittelpunkt der Untersuchung stehen die den fremden Einflüssen unterworfenen Bereiche der Grammatik: die Grammatikalisierung von Präpositionen und Modalverben sowie das

Verhältnis von Grammatikalisierung und Lexikalisierung am Beispiel von aus den Verbformen der älteren estnischen Schriftsprache entstandenen Adverbien.

Lea Teedema

Ilse Hamburg: Eesti bibliograafia ajalugu 1901–1917 [Geschichte der estnischen Bibliographie 1901–1917]. Tallinn: Eesti Rahvusraamatukogu 2001. 355 S., Abb., dt., russ. Zusammenfassungen. ISBN 9985-9265-9-5.

Die Untersuchung stellt einen Folgeband zu dem 1986 erschienenen Buch derselben Autorin „Eesti bibliograafia ajalugu 19. sajandi lõpuni" (Geschichte der Bibliographie in Estland bis zum Ende des 19. Jahrhunderts) dar, das einen Überblick über die Entwicklung der estnischen Bibliographie im Laufe von zweieinhalb Jahrhunderten gab. In der vorliegenden Untersuchung werden in separaten Kapiteln die Entwicklung der estnischen Nationalbibliographie, der empfehlenden Bibliographie, der Buchhandels- und der Fachbibliographie sowie der Personal- und Biobibliographie in den Jahren 1901–1917 behandelt. Diese Zeitspanne ist zwar kurz, gleichwohl aber wichtig als Wendeperiode in der Geschichte des estnischen Volkes auf dem Wege zur Gründung des selbständigen Staates. Im Zusammenhang mit der Entwicklung der Kultur und des Schrifttums verstärkte sich der Bedarf an einer Nationalbibliographie. Es wurden mehrere Verzeichnisse der estnischen Drucke erstellt und herausgegeben; gleichzeitig wurde die Registrierung estnischer Bücher in den Ausgaben der staatlichen Bibliographie Rußlands fortgesetzt. Die wachsende und immer vielfältigere Druckproduktion rief einen Bedarf an empfehlenden Bibliographien hervor. Die Entwicklung der Wissenschaften bedingte die Entstehung der deutschbaltischen und der selbständigen estnischen Fachbibliographie. Der betrachtete Zeitabschnitt brachte einen deutlichen Fortschritt in allen Zweigen der estnischen Bibliographie. Eine große Rolle dabei spielten die hiesigen wissenschaftlichen und literarisch-kulturellen Gesellschaften; im Bereich der Bibliographie waren mehrere Persönlichkeiten des Kulturlebens des damaligen Estland tätig. In dieser Periode wurden umfassende Werke begonnen, die in der Zeit der Selbständigkeit verwirklicht wurden: „Eesti raamatute üldnimestik" (Gesamtverzeichnis der estnischen Bücher), „Eesti ajaloo bibliograafia" (Bibliographie der estnischen Geschichte [1877–1917]) u. a.

Lea Teedema

[Eneken Helme, Ines Hansla, Miriam McIlfatrick-Ksenofontov (Hg.):] Eesti kirikud. Postkaarte Aivo Aia kogust = Die Kirchen Estlands. Postkarten aus der Sammlung von Aivo Aia = Estonian churches. Postcards from Aivo Aia's collection. Toimetanud [Bearbeitet von] Eneken Helme, Ines Hansla, Miriam McIlfatrick-Ksenofontov. Tallinn: Tänapäev 2001. 214, [1] S., Abb., dt. und engl. Paralleltext. ISBN 9985-62-030-5.

Der Sammler Aivo Aia hat in 30 Jahren mehr als 300.000 Postkarten gesammelt, davon etwa 3.000 Ansichten von Kirchenbauten. Unter den von ihm für diesen Band ausgewählten 200 Postkartenbildern sind Fotos, die zu verschiedenen Zeiten und an verschiedenen Orten Estlands aufgenommen wurden und einen einzigartigen Überblick über die estnische Sakralarchitektur, aber auch über die Geschichte der Fotografie in Estland vermitteln. Die Auswahl der Bilder wurde unter den bis zum Zweiten Weltkrieg tätig gewesenen evangelisch-lutherischen Kirchen getroffen, von denen einige bis heute erhalten, andere jedoch entweder verfallen oder verschwunden sind oder nicht mehr als Gotteshaus benutzt werden. Das Buch enthält ein Register.

Lea Teedema

Holokausta izpētes problēmas Latvijā. Starptautiskās konferences referāti, 2000. gada 16.–17. oktobris, Rīga, un pētījumi par holokaustu Latvijā [Probleme der Erforschung des Holocausts in Lettland. Referate der internationalen Konferenz 16.–17. Oktober 2000, Riga, und Forschungen über den Holocaust in Lettland] (Latvijas Vēsturnieku komisijas raksti [Schriften des Ausschusses der Historiker Lettlands] 2). Rīga: Latvijas vēstures institūta apgāds [Verlag des Instituts für Geschichte Lettlands] 2001. 406 S. ISBN 9984-601-98-4.

Der Sammelband, Forschungen zum Holocaust in Lettland gewidmet, besteht aus 25 Beiträgen in englischer und lettischer Sprache. Einleitend analysiert Norman M. Naimark in seinem Beitrag „Der Holocaust im Kontext Lettlands: Probleme des Vergleichs und der historischen Sicht" die Anwendungsmöglichkeiten der komparativen Forschungsmethoden bei der Erforschung des Holocausts. Die folgenden Beiträge charakterisieren das Verhalten der Gesellschaft Lettlands zum Holocaust (Aivars Stranga, Leo Dribins) bzw. die Historiographie der Holocaustforschung (Marģeris Vestermanis). Katrin Reichelt und David Cesarani befassen sich mit wirtschaftlichen Aspekten, dem Leben und der Arbeit der Juden im Ghetto. Besonders ist der Beitrag von Guntis Dišlers über das Verhalten der evangelisch-lutherischen Kirche zum Holocaust hervorzuheben. Im Band sind fünf Beiträge von Historikern Lettlands (Dzintars Ērglis, Aivars Stranga, Irene Šneidere, Rudīte Vīksne, Marģeris Vestermanis) über die bisherigen Ergebnisse der Holocaustforschung in Lettland veröffentlicht, ein Forschungsgebiet, mit dem in Lettland in einzelnen Orten (z. B. Libau/Liepāja) begonnen wurde. Eine besondere Bedeutung haben die Forschungen von Marģeris Vestermanis über den Widerstand gegen den Holocaust in Lettland.

Helēna Šimkuva

[Sergej G. Isakov (Hg.):] Ėstonija v proizvedenijach russkich pisatelej XVIII – načala XX veka. Antologija [Estland in den Werken russischer Schriftsteller vom 18. bis zum Anfang des 20. Jh.s. Anthologie]. Sostavitel', redaktor, avtor predislovija i kommentariev, statej o žisni i tvorčestve pisatelej [Zusammenstellung, Redaktion, Vorwort, Kommentare und Werkübersichten] professor S. G. Isakov ([Reihe] Kompendium. Russkaja naučnaja kniga v Ėstonii [Kompendium. Die russische wissenschaftliche Literatur in Estland]). Tallinn: KPD kirjastus 2001. 663 S., 7 Bl. Abb. ISBN 9985-899-17-2.

Das Interesse für Estland erwachte unter den russischen Schriftstellern im Zusammenhang mit dem Nordischen Krieg. Auch mehrere Dekabristen (Küchelbecker, Bestužev-Marlinski) waren von Estland fasziniert. Durch die Wiederöffnung der Universität Dorpat/Tartu entwickelte sich diese Stadt auch für die Russen zu einem kulturellen Zentrum. Puschkin träumte in seinen Gedichten davon, nach Dorpat zu entkommen. Das dortige Studentenleben fesselte mehrere russische Schriftsteller. Die russischen Autoren schrieben über Themen wie die Natur Estlands, hiesige Sitten und Bräuche und über den Kampf der Esten gegen die Kreuzritter. Während die meisten von ihnen nur kurzfristige Beziehungen zu Estland hatten, lebten andere wie V. K. Küchelbecker, F. V. Bulgarin, A. T. Bolotov,

N. M. Jazõkov, E. A. Avdejeva, A. A. Fet, P. D. Boborõkin, I. Severjanin, I. I. Lažečnikov, V. V. Veresajev für längere Zeit in Estland. Die Anthologie enthält Texte von 33 Schriftstellern: außer den genannten von I. F. Annenski, K. D. Bal'mont, A. A. Bestužev-Marlinski, N. A. Bestužev, A. P. Bočkov, V. Ja. Brjusov, P. A. Viskovatov, P. A. Vjazemski, F. N. Glinka, N. M. Karamzin, A. A. Korinfski, N. S. Leskov, D. M. Mamin-Sibirjak, A. P. Miljukov, M. N. Muravjov, A. S. Puškin, Saša Čornõi, K. K. Slutčevski, V. A. Sollogub, F. Sologub, V. P. Titov, F. I. Tjučev, D. I. Fonvizin. Im Anfang befinden sich alphabetische Verzeichnisse der Autoren und ihrer Werke.

Kersti Taal

[Sergej G. Isakov (Hg.):] Russkoe nacional'noe men'šinstvo v Ėstonskoj Respublike (1918–1940) [Die russische Minderheit in der Republik Estland (1918–1940)]. Pod redakciej prof. S. G. Isakova. Tartu, Sankt-Peterburg 2001. 447 S. ISBN 9985-60-904-2.

Das von einer Autorengruppe (Sergej Isakov, Galina Ponomarjova, Tatjana Šor, Inda Rajasalu, Viktor Bojkov, Leo Gens, Natalja Sindeckaja, Jüri Hain) erstellte Werk ist eine erste systematische Darstellung der russischen Minderheit in der Republik Estland. Die Anzahl der Russen in Estland machte 8% der Gesamtbevölkerung aus. Im Vergleich zu anderen Minderheiten (Deutschen, Schweden, Juden) standen die Russen ihrer sozialen Kultur nach den Esten am nächsten. Die russische Minderheit in Estland unterschied sich merklich von der russischen Minderheit in anderen Staaten, wo sie hauptsächlich aus Emigranten bestand. In Estland gab es nur 15.000–18.000 Emigranten unter etwa 92.000 Einwohnern. Das Werk ist auch heute aktuell, da viele Probleme der Gegenwart denjenigen im zweiten Viertel des 20. Jahrhunderts ähneln, wie die Bedeutung der nationalen Identität der Russen und ihre Integration. Die Untersuchung stützt sich auf reiches Archivmaterial, aber auch auf frühere Publikationen (besonders in der Zeitschrift „Baltijskij Archiv. Russkaja kul'tura v Pribaltike" I–VI, Tallinn, Rīga, 1996–2000) sowie auf die im letzten Jahrzehnt erschienene Erinnerungsliteratur. Behandelt werden alle Lebensbereiche der nationalen Minderheit: Politik, Gesellschaft, Kultur, Bildung (darunter die Lebensläufe der russischen Lehrkräfte der Universität Dorpat/Tartu), Verlagswesen, Periodika, Literatur und Theater, Musik und Ballett, Kunst und Architektur.

Kersti Taal

[Tiiu Jaago (Hg.):] Pärimuslik ajalugu [Überlieferte Geschichte]. Koostanud [Zusammengestellt von] Tiiu Jaago (Tartu Ülikool. Eesti ja võrdleva rahvaluule õppetool. Eesti Kirjandusmuuseum, folkloristika osakond [Universität Dorpat/Tartu. Lehrstuhl für estnische und vergleichende Volkskunde. Estnisches Literaturmuseum, Abteilung für Folkloristik]). Tartu: Tartu Ülikooli Kirjastus 2001. 280 S., Abb. ISBN 9985-56-593-2.

Der Sammelband enthält Vorträge von Wissenschaftlern aus Estland, Lettland, Finnland, Rußland und Schweden, vorgetragen auf einem Symposium (gleichen Titels) im Mai 2000. Die 21 Aufsätze behandeln Probleme der ethnischen und territorialen Identität und das Schicksal kleiner Völker im 20. Jahrhundert. Sie sind drei Abteilungen zugewiesen: I. „Nation, Vaterland, Selbstbestimmung"; II. „Mensch, Gesellschaft, Lebenslauf"; III. „Mitmenschen, Vorfahren, Ich". Einige Aufsätze seien hier genannt. Aus Abteilung I: Alar

Schönberg: „Aspekte der Identität der Schweden Estlands"; Māra Zirnīte: „Identität in den Lebensläufen der Liven"; Astrid Tuisk: „Die Ortsüberlieferung der sibirischen Esten heute"; Abteilung II: Ene Kõresaar: „Die Periode der Sowjetzeit in den Lebensläufen der älteren Generation der Esten"; Marietta Aardam: „Die Überlieferung der Kolchosenzeit in den Lebensläufen"; Abteilung III: Kalle Voolaid: „Das Phänomen des Athleten. Georg Lurich – von der historischen Person bis zum Helden der Volkserzählung"; Triin Viitamees: „Über die Friedhofskultur auf Grund von Beispielen aus Estland und Finnland".

Kersti Taal

Mečislovas Jučas: Lietuvos metraščiai ir kronikos [Die Annalen und Chroniken in Litauen]. Vilnius: Aidai 2002. 208 S. ISBN 9955-445-40-8.

Die heimische historiographische Tradition hat sich in Litauen erst im 15. Jahrhundert, d. h. seit der Union mit Polen und der Christianisierung Litauens, entwickelt. Der Verfasser untersucht die Entstehungsgeschichte des historischen Schrifttums in Litauen, an der die verschiedenen kulturellen Tendenzen mitgewirkt haben. Die ersten litauischen Annalen (Letopisi) wurden in der alten russischen Sprache geschrieben, aber ihrer Gattung nach ähneln sie mehr den westeuropäischen Chroniken als russischen Jahrbüchern. Allerdings kommt in der Darlegung dieser kulturelle Vergleich zu kurz, ebenso die Frage nach den Formen des damaligen historischen Denkens. Die Hauptinteressen des Autors richten sich auf die Umstände der Entstehung der konkreten historischen Werke sowie auf ihren politischen und ideologischen Hintergrund.

Rimvydas Petrauskas

[Tālavs Jundzis (Hg.):] The Baltic States at historical crossroads. Political, economic and legal Problems and opportunities in the context of international co-operation at the beginning of the context of the 21st century. A collection of scholarly articles, edited by Dr. habil. Tālavs Jundzis. Second revised and expanded edition. Published in memory of Senator August Loeber and on the occasion of the 75th birthday of Professor Dietrich André Loeber. Rīga: Latvijas Zinātņu akadēmija 2001. 701 S., engl. Text. ISBN 9984-643-30-1.

Die Akademie der Wissenschaften Lettlands hat die zweite Auflage dieses Sammelbandes herausgebracht, der hervorragenden Rechtswissenschaftlern deutschbaltischer Herkunft gewidmet ist: dem Andenken an Senator August Loeber (1865–1948) und dem 75. Geburtstag von Prof. Dietrich A. Loeber. In den sechs Kapiteln des Bandes sind 34 Beiträge veröffentlicht, deren Autoren bekannte Wissenschaftler aus Lettland, anderen europäischen Staaten, den USA, Australien und Israel sind. Behandelt werden der Prozeß der Integration der baltischen Staaten in die heutigen europäischen und weltweiten politischen, wirtschaftlichen und Sicherheitsstrukturen sowie in Einzelanalysen die Fragen der Rechtsreform in den baltischen Staaten im Kontext der europäischen Integration. In den letzten Kapiteln werden die Zusammenarbeit und die Integration der baltischen Staaten in der Vorkriegszeit wie auch die Beziehungen der baltischen Staaten zu Rußland aus historischer und heutiger Sicht betrachtet. Der Band schließt mit einem Personenverzeichnis und einer Bibliographie zur Zusammenarbeit der baltischen Staaten und ihrer Integration in Europa.

Helēna Šimkuva

Tiina Kala: Euroopa kirjakultuur hiliskeskaegsetes õppetekstides. Tallinna dominiiklase David Sliperi taskuraamat [Die europäische Schriftkultur in spätmittelalterlichen Lehrtexten. Das Taschenbuch des Revaler Dominikaners David Sliper] (Tallinna Linnaarhiivi Toimetised [Veröffentlichungen des Stadtarchivs Reval/Tallinn] 5). Tallinn: Ilo 2001. 351 S., Abb., engl. Zusammenfassung. ISBN 9985-57-381-1.

Mit der Steigerung der Bedeutung der Schriftkultur in vielen Lebensbereichen im Spätmittelalter entstanden zahlreiche Dokumente, die das Privatleben oder die individuelle Tätigkeit von gewöhnlichen Menschen widerspiegeln. Ein möglicher Weg zur Erforschung der mittelalterlichen Geisteskultur ist die allseitige Analyse von Einzelquellen und das Verbinden der Ergebnisse mit den aus anderen, ähnlichen Quellen gewonnenen. Der Autor analysiert das lateinischsprachige Taschenbuch des letzten Prokurators des Revaler Dominikanerkonvents, das aus den Anfangsjahrzehnten des 16. Jahrhunderts stammt und hauptsächlich Kommentare zur Grammatik und Logik enthält, daneben auch Verse und Texte religiösen Inhalts. Das Ziel ist nicht nur eine inhaltliche Analyse, sondern die Betrachtung der Handschrift als Ganzes zusammen mit ihrem kodikologischen und historischen Hintergrund. Die Resultate werden mit anderen spätmittelalterlichen Texten, hauptsächlich Lehrtexten, verglichen, dabei sind sowohl Manuskripte als auch Inkunabeln und Frühdrukke berücksichtigt. Ungeachtet der Neuerungen durch die Einführung der Buchdruckerkunst waren die mittelalterlichen Elemente in der Schriftkultur sehr beständig, sowohl was den Inhalt als auch die Form der Texte anbelangt. Das Buch beschließen eine ausführliche Bibliographie und ein Register.

Lea Teedema

Mart Kalm: Eesti 20. sajandi arhitektuur = Estonian 20th century architecture. Tallinn 2001. 528 S., 929 Abb., engl. Zusammenfassung. ISBN 9985-9316-2-9.

Die estnische Architektur im 20. Jahrhundert unterscheidet sich von der Architektur der früheren Jahrhunderte dadurch, daß zum ersten Mal die estnische Gesellschaft als Auftraggeber auftritt und die Ausführung immer häufiger bei estnischen Architekten liegt. Im Buch werden vier Perioden der estnischen Architektur behandelt. Diese sind nicht nach Kunstströmungen, sondern nach den umwälzenden politischen Ereignissen, die das Leben in Estland beeinflußt haben, abgeteilt. Somit spiegelt die estnische Architektur im 20. Jahrhundert die jeweilige historische Epoche und ihre spezifischen Anforderungen wider: 1. die Zarenzeit (1901–1917); 2. die Zeit der selbständigen Republik Estland (1918–1940); 3. die Sowjetzeit in Estland (1940 bis ca. 1990); 4. die Zeit der wiederhergestellten selbständigen Republik Estland (ab 1990). Während der Zarenzeit gab es drei Gruppen von Auftraggebern: die russische Regierung, Deutschbalten und die estnische Gesellschaft. In jener Zeit wurden mehrere Fabrikkomplexe errichtet. In der selbständigen Republik Estland entstand ein Bedarf an Gebäuden für den Staatsapparat und für Schulen. Auf dem Lande wurden Gutsgebäude (oft ohne Beteiligung eines Architekten) gebaut. Am Ende dieser Periode verließen 13 deutschbaltische Architekten Estland. In den ersten Jahren der Sowjetzeit herrschte der Stalinismus auch in der Architektur. Es wurden hauptsächlich öffentliche Bauten errichtet. In den 1960er Jahren erreichte die Landarchitektur ein bemerkenswertes Niveau, vor allem durch den Bau zahlreicher Kolchoszentren. Die Zeit der wiederhergestellten Republik Estland wird durch den Neubau zahlreicher Bankgebäude charakterisiert. Das reich illustrierte Buch enthält neben einem Orts- und Personenregister eine Aufstellung nach Bautypen.

Kersti Taal

Toomas Karjahärm, Väino Sirk: Vaim ja võim. Eesti haritlaskond 1917–1940 [Geist und Macht. Die estnische Bildungsschicht 1917–1940]. Tallinn: Argo 2001. 513, [1] S., Abb., engl. Zusammenfassung. ISBN 9985-78-362-X.

Das Buch setzt das 1997 erschienene Werk „Eesti haritlaskonna kujunemine ja ideed 1850–1917“ (Die Herausbildung der estnischen Bildungsschicht und die Ideen 1850–1917) derselben Autoren fort (s. „Berichte und Forschungen“ 7, 1999, S. 259 f.). Es handelt sich um eine allgemeine Darstellung der Bildungsschicht in der ersten estnischen Selbständigkeitsperiode. Während die Bildungsschicht in dem die Zeit bis 1917 behandelnden Buch als eine im Zuge der Modernisierung entstandene Elite betrachtet wurde, wird im vorliegenden Buch die estnische Bildungsschicht als Ganzes in den Blick genommen, wobei die Esten auch auf höherer Ebene die Mehrzahl bildeten. Die wichtigsten Errungenschaften der estnischen Bildungsschicht in den Jahren 1919–1940 waren die Übernahme von Leitungspositionen in wichtigeren Lebensbereichen und die Aufnahme von Wissen aus dem Ausland. Im ersten Teil des Buches wird ein quantitativer und soziologischer Überblick über die Intelligenz gegeben. Es werden die Hauptgruppen der Bildungsschicht nach Berufen und Arbeitsbereichen beschrieben (Studenten, Pädagogen, Geistliche, Mediziner, Wissenschaftler und Kunstschaffende). Im zweiten Teil werden das Selbstverständnis der Bildungsschicht und die sozialen Ideen dargestellt. Die Verfasser haben sich zum Ziel gesetzt, die Ansichten der estnischen Gebildeten über die estnische Gesellschaft und ihre eigene Mission zu untersuchen, ferner die Rolle der Intelligenz bei der Herausbildung der öffentlichen Meinung. Im Mittelpunkt steht das Verhältnis zwischen Geist und Macht sowohl in der Zeit der Demokratie als auch während des autoritären Regimes. Das Buch enthält eine umfangreiche Bibliographie.

Lea Teedema

Jūratė Kiaupienė (Hg.): 1385 m. rugpjūčio 14 d. Krėvos aktas [Die Urkunde von Krėva, 14. August 1385] (Lietuvos užsienio politikos dokumentai XIII–XVIII a. Tyrinėjimai [Dokumente der Außenpolitik Litauens vom 13. bis 18. Jh. Abhandlungen]). Vilnius: Žara 2002. 144 S., 14 Abb., engl. Zusammenfassung. ISBN 9986-34-080-2.

Die Urkunde von Krėva/Krewo, mit der die gemeinsame polnisch-litauische Geschichte begann, wird in der Geschichtsschreibung seit langem kontrovers gedeutet. In diesem Buch bemühen sich vier litauische Historiker um eine neue Interpretation dieser Urkunde unter diplomatischen, sphragistischen und paläographischen Aspekten. Ihre gemeinsame Schlußfolgerung: Bei der Urkunde von Krėva handelt es sich um den Akt der Ratifizierung der Verhandlungen über die Heirat zwischen Jogaila/Jagiełło und Jadwiga; sie kann nicht als zwischenstaatlicher bzw. zwischendynastischer Vertrag gelten. Im Anhang werden alle wichtigen Quellen, die diesen Sachverhalt betreffen, abgedruckt. Dieses Buch eröffnet eine Publikationsreihe, die der Außenpolitik des Großfürstentums Litauen gewidmet ist.

Rimvydas Petrauskas

Kirchenchronik zu Hapsal = Haapsalu kirikukroonika 1849–1940. Haapsalu: EELK Haapsalu Püha Johannese kogudus 1999. 166 S., Abb., dt. Paralleltext. ISBN 9985-9135-2-3.

Die Kirchenchroniken sind unersetzliche Quellen zur Gewinnung von Kenntnissen sowohl der lokalen Geschichte (Kirchspiel, Stadt) als auch der Geschichte des ganzen Landes. In Estland sind sie bisher noch wenig als historische Quellen publiziert worden. Die zum 110. Jahrestag der Neueinweihung der Domkirche zu Hapsal/Haapsalu im Druck erschienene Kirchenchronik gibt einem breiteren Leserkreis die Möglichkeit, aus dem Blickwinkel der Pfarrer die Geschichte dieser Stadt und des Domes im Laufe von 91 Jahren kennenzulernen. Die Chronik gibt ein eindrucksvolles Bild sowohl von den Ereignissen im Leben der Kirche und der Stadt als auch vom Alltagsleben ihrer Menschen. Das von der St.-Johannis-Gemeinde der Estnischen Evangelisch-Lutherischen Kirche in Hapsal herausgegebene Buch (Vorwort von Tiit Salumäe, Übersetzungen von Maria Salumäe) enthält Namen- und Ortsregister.

Lea Teedema

Enn Küng: Rootsi majanduspoliitika Narva kaubanduse küsimuses 17. sajandi teisel poolel [Die schwedische Wirtschaftspolitik in Handelsfragen in Narva in der zweiten Hälfte des 17. Jh.s] (Scripta Archivi Historici Estoniae). Tartu: Kirjastus Eesti Ajalooarhiiv 2001. 403 S., Abb. ISBN 9985-858-24-7.

Im letzten Viertel des 17. Jahrhunderts war Narva, Grenzstadt zwischen Schweden und Rußland, eine vermögende, sich entwickelnde Handelsstadt, in der sich zur Vermittlung des Transithandels zwischen Ost und West eine gute Handelsinfrastruktur herausgebildet hatte. Die Voraussetzung war, daß der schwedische Staat bestrebt war, den Handel Rußlands mit Europa über die Länder zu führen, die unter schwedischer Herrschaft standen. Vorerst setzte Schweden auf Reval/Tallinn. Da Reval aber seine während der Hansezeit im russischen Handel eingenommene Position nicht wiederherstellen konnte – dies auch wegen des hindernden Einflusses der Handelstraditionen und -rechte der Hansezeit –, zielte der schwedische Staat auf die Entwicklung des Handels in Narva, der einzigen Stadt Alt-Livlands, in der die schwedischen Stadtgesetze gültig waren. Die Untersuchung behandelt die schwedische Wirtschaftspolitik in Narvaschen Handelsfragen in der zweiten Hälfte des 17. Jahrhunderts unter drei Aspekten. Erstens werden die für Ausländer eingeführten Handelsbedingungen in Rußland und die damit entstandenen Probleme betrachtet sowie die Versuche Schwedens, russische und westeuropäische Kaufleute aus Archangelsk auf die Ostsee zu bringen, dabei auch nach Narva. Zum anderen wird ein Überblick über die rechtliche und politische Stellung Narvas im schwedischen Staat und im Ost-West-Transithandel sowie über die Problematik der Autonomie der Stadt gegeben; ferner werden die konkreten Reformen erwähnt, die der Staat und örtliche Machthaber zur Belebung der Wirtschaft in der Stadt unternahmen. Gesondert wird die auf dem Narvaschen Markt für Fremde, d. h. für Untertanen des Zaren, eingeführte Handelsordnung betrachtet. Drittens werden die Handelskreise behandelt, die das größte Interesse am Warenaustausch mit Rußland über Narva hatten. Schließlich versucht der Verfasser die Frage zu beantworten, ob die schwedische Narva-Politik der zweiten Hälfte des 17. Jahrhunderts erfolgreich war, d. h., ob das Interesse der Händler, darunter aus dem Zarenreich, an Narva stieg und ob sich der Warenumsatz in Narva vergrößerte.

Lea Teedema

Latvija 19. gadsimtā. Vēstures apceres [Lettland im 19. Jh. Historische Betrachtungen]. Rīga: Latvijas vēstures institūta apgāds [Verlag des Instituts für Geschichte Lettlands] 2000. 575 S., Abb. ISBN 9984-601-03-X.

Das Institut für Geschichte Lettlands hat in diesem umfangreichen Werk Forschungsergebnisse zu Hauptproblemen der Geschichte Lettlands im 19. Jahrhundert vorgelegt. Bekannte Historiker Lettlands (u. a. Jānis Bērziņš, Vija Daukšte, Aija Gudzuka, Ilgvars Butulis) charakterisieren in den 17 Kapiteln dieses Buches sowohl die Agrargeschichte als auch die Beziehungen des deutschbaltischen Adels zu den Letten, zu den Verwaltungsinstitutionen und zum russischen Zaren während des 19. Jahrhunderts; sie analysieren die demographische Situation, Veränderungen in der sozialen Struktur der Einwohnerschaft sowie Veränderungen im Bildungssystem. Besondere Aufmerksamkeit wird der Rolle der Deutschbalten in der Geschichte des lettischen Volkes in dieser Periode gewidmet; es werden die zaristische Russifikationspolitik und der Widerstand des deutschen Adels gegen diese Politik dargestellt. Das Werk enthält ein Literatur- und ein Personenverzeichnis.

Helēna Šimkuva

Latvija Otrajā pasaules karā. Starptautiskās konferences materiāli, 1999. gada 14.–15. jūnijs, Rīga [Lettland im Zweiten Weltkrieg. Materialien der internationalen Konferenz 14.–15. Juni 1999, Riga] (Latvijas Vēsturnieku komisijas raksti [Schriften des Ausschusses der Historiker Lettlands] 1). Rīga: Latvijas vēstures institūta apgāds [Verlag des Instituts für Geschichte Lettlands] 2000. 391 S. ISBN 9984-601-98-6.

Am 13. November 1998 wurde mit der Unterstützung des Staatspräsidenten Lettlands, Guntis Ulmanis, der Ausschuß der Historiker Lettlands gebildet. Die Aufgabe dieser Kommission ist die Förderung und Koordinierung der Forschungen über die weniger erforschten und aktuellen Probleme der Geschichte Lettlands im 20. Jahrhundert, besonders über die Verbrechen der totalitären Regime auf dem Territorium Lettlands. Als ein Ergebnis der Tätigkeit des Ausschusses wurde 1999 eine den Problemen des Zweiten Weltkriegs gewidmete internationale wissenschaftliche Tagung veranstaltet, an der sich Forscher aus Lettland, den USA, Weißrußland, Tschechien, Estland, Kanada, Rußland, Litauen, den Niederlanden, Polen, der Ukraine, Deutschland und Schweden beteiligten. Der vom Institut für Geschichte Lettlands herausgegebene Sammelband umfaßt 36 Beiträge, die parallel englisch und lettisch veröffentlicht sind. Darin werden folgende Probleme behandelt: der Molotow-Ribbentrop-Pakt und dessen Folgen auf dem Territorium Lettlands; die militärischen Formierungen der Einwohner der besetzten Territorien; die Repressionen gegen die Einwohner der besetzten Territorien. Mehrere Beiträge betreffen die Auswertung der historischen Quellen und den Informationsstand der Gesellschaft über die Fragen des Holocausts. Der Band enthält auch Beiträge zu weniger erforschten Problemen des Zweiten Weltkriegs. Bemerkenswert ist der Aufsatz von Kārlis Kangeris über die Kollaboration und den Widerstandskampf gegen das Okkupationsregime. Der amerikanische Forscher Martin C. Dean schreibt auf Grund von Materialien aus Archiven Deutschlands und der Vereinigten Staaten über die Behandlung des konfiszierten Eigentums der Juden in Lettland durch das Okkupationsregime. Katrin Reichelt analysiert anhand der verschiedenen Varianten des „Generalplans Ost“ die nationalsozialistische Rassenpolitik in Lettland.

Helēna Šimkuva

Latvijas Kara muzeja gadagrāmata [Jahrbuch des Kriegsmuseums Lettlands]. Sastādītājs [Zusammengestellt von] Juris Ciganovs. Rīga: Latvijas universitātes žurnāla „Latvijas Vēsture“ fonds [Verlag des Fonds der Zeitschrift „Latvijas Vēsture" der Universität Lettlands] 2000. 191 S., Abb., engl. Zusammenfassung. ISBN 9984-643-21-2.

Dieser erste Band des Jahrbuchs enthält 17 Aufsätze lettischer und ausländischer Historiker über die militärische und politische Geschichte Lettlands vom 16. Jahrhundert bis zum Ende des Zweiten Weltkriegs. Mehrere Beiträge beschäftigen sich mit der Tätigkeit des Kriegsmuseums Lettlands und den Problemen der Museologie. Den größten Teil des Bandes machen Aufsätze zur Militärgeschichte aus: T. Tannbergs beschreibt auf Grund von Quellen aus Archiven Estlands, Rußlands und Lettlands die Prinzipien der Bildung der Landwehr in den Gouvernements Livland, Kurland und Estland in der ersten Hälfte des 19. Jahrhunderts; Kārlis Kangeris befaßt sich mit den Einwohnern Lettlands, die in die Militärformationen Deutschlands während des Zweiten Weltkriegs einbezogen wurden; Milda Kate Baltais betrachtet Materialien über die Letten in der SS-Legion in den Jahren des Zweiten Weltkriegs. Das Kriegsmuseum Lettlands beabsichtigt, die Jahrbuchreihe fortzusetzen.

Helēna Šimkuva

Latvijas Kara muzeja gadagrāmata [Jahrbuch des Kriegsmuseums Lettlands] II. Sastādītajs [Zusammengestellt von] Juris Ciganovs. Rīga: Latvijas universitātes žurnāla „Latvijas Vēsture" fonds [Verlag des Fonds der Zeitschrift „Latvijas Vēsture" der Universität Lettlands] 2001. 240 S., Abb. ISBN 9984-643-40-9.

Der zweite Band des Jahrbuches des Kriegsmuseums umfaßt sieben Aufsätze zur militärischen Geschichte Lettlands: Andris Zeļenkovs macht „Einige Bemerkungen über die Anwendung der Waffen auf dem Territorium Livlands im 13.–14. Jahrhundert"; Inesis Feldmanis behandelt „Die Kriegserklärung Lettlands an Deutschland"; Dagnis Dedumnieks charakterisiert die Taktik der Kriegsführung in Livland im 13. Jahrhundert; Ilze Krīgere, Uldis Neiburgs und Ilzīte Zeltiņa informieren über die Bestände des Kriegsmuseums Lettlands. Von besonderer Bedeutung ist der von Kārlis Kangeris erarbeitete Beitrag über das Leben und die Kampftätigkeit des Obersten Valdemārs Veiss (1899–1944) während des Zweiten Weltkriegs auf Grund von Dokumenten aus dem Bestand des SS-Hauptamtes im Bundesarchiv Berlin (NS 31).

Helēna Šimkuva

Edmundas Laucevičius, Birutė Rūta Vitkauskienė: Lietuvos auksakalystė XV–XIX a. [Die Goldschmiedekunst Litauens im 15.–19. Jh.]. Vilnius: Baltos lankos 2001. 488 S., 100 Abb., engl. Zusammenfassung. ISBN 9986-861-80-2.

In diesem Buch wird die Entwicklung der Goldschmiedekunst in Litauen aus technologischer, sozial- und kunsthistorischer Sicht analysiert. Die Verfasser beschreiben die Techniken dieses Kunsthandwerks, die Organisation, die soziale Umgebung und das berufliche Ansehen der Goldschmiede im städtischen Milieu. Interessant ist ihre Feststellung, daß die Goldschmiede sich als erste in Litauen zu einer Zunft vereinigt haben. In einem besonderen Kapitel wird die Geschichte der jüdischen Goldschmiede behandelt. Den zweiten Teil der Publikation bildet ein ausführlicher Katalog der Goldschmiede und ihrer Marken. Anhand der Erforschung dieses Berufszweigs wird deutlich, wie sehr die litauischen Städte multikulturell geprägt waren.

Rimvydas Petrauskas

Silvia Laul: Rauaaja kultuuri kujunemine Eesti kaguosas (500 e. Kr. – 500 p. Kr.) [Die Herausbildung der eisenzeitlichen Kultur im südöstlichen Teil Estlands (500 v. Chr. bis 500 n. Chr.)] (Muinasaja teadus [Wissenschaft der Vorzeit] 9, Õpetatud Eesti Seltsi Kirjad [Schriften der Estnischen Gelehrten Gesellschaft] 7). Tallinn 2001. 279 S., 4 Bl. Abb., dt. u. russ. Zusammenfassungen. ISSN 1406-3867, ISBN 9985-50-330-9.

Die Untersuchung widmet sich der Frage, warum die Südesten einen eigenen, von dem der Nordesten abweichenden Sprachdialekt entwickelt haben. Anhand der archäologischen Quellen ist es möglich zu beweisen, daß diese Unterschiede bereits in der Eisenzeit ihren Anfang genommen haben. Die Kultur und Sprache der Nordesten entwickelte sich im Kontakt mit den Küstenbewohnern Skandinaviens und Finnlands, die Entwicklung der Südesten bestimmten dagegen die südlich von Estland ansässigen Völker. Die Siedlungsgebiete im Südosten Estlands sind bisher wenig untersucht. Den wesentlichen Teil der Altertümer bilden Steingräber, die mit ihrem reichen Fundmaterial die Wissenschaftler schon im 19. Jahrhundert beschäftigten. Der größte Teil des Buches ist der Analyse der Steingräber und der dort entdeckten Funde gewidmet. Gefunden wurde neben Keramik vor allem Schmuck wie Broschen, Spangen, Halsketten, Ringe, Armbänder; Werkzeuge wurden den Toten selten beigelegt. Es läßt sich feststellen, daß die ersten Jahrhunderte unserer Zeitrechnung die weitere ökonomische, ethnische und sprachliche Entwicklung dieser Region nachhaltig geprägt haben.

Kersti Taal

[Ivar Leimus (Hg.):] Studia numismatica II. Festschrift. Mihhail Nemirovitš-Dantšenko 80. Koostaja [Zusammengestellt von] Ivar Leimus (Eesti Ajaloomuuseum. Töid ajaloo alalt [Estnisches Geschichtsmuseum. Arbeiten zur Geschichte] 3). Tallinn: Eesti Ajaloomuuseum 2001. 218 S., Abb., dt. od. estn. Zusammenfassungen. ISBN 9985-9116-3-6, ISSN 1406-1376.

Forschungsgebiete des Numismatikers Mihhail Nemirovitš-Dantšenko sind die in den estnischen und lettischen Gebieten geprägten mittelalterlichen Münzen. Leider ist von seinen Arbeiten bisher wenig im Druck erschienen. Die Festschrift enthält einen Jubiläumsaufsatz von Ivar Leimus sowie elf weitere Beiträge von estnischen, lettischen, finnischen, schwedischen und deutschen Wissenschaftlern. Vier Aufsätze sind in deutscher Sprache verfaßt: Kārlis Aizsils, Tatjana Berga: „Die während der Ausgrabungen von A. Buchholtz (19. Jh.) in Mārtiņsala [Martinsholm] gefundenen Münzen“; Laima Grīnberga: „Landwirtschaftliche Vereine und die von ihnen verliehenen Auszeichnungen in den Gouvernements Livland und Kurland vom Ende des 18. Jahrhunderts bis 1918“; Franziskus Pärn: „Der Plettenberg-Taler und seine Abschläge in Gold“; Antti Vuori: „Fälschung eines Tallinner Artigs aus der Wende des XIV.–XV. Jahrhunderts“. Vier Aufsätze in estnischer Sprache haben Zusammenfassungen in Deutsch: Mauri Kiudsoo: „Der zweite Schatzfund von Padivere“; Ivar Leimus: „Die Seestlinge – ein Beweis von Verbindungen Tallinns (Revals) mit Pommern im 14. Jahrhundert?“; Tiiu Leimus: „Die Medaillen der landwirtschaftlichen Vereine in Estland bis 1940“; Arkadi Molvõgin: „Die Münzen aus dem Fund von Padiküla“. Drei Aufsätze sind in Englisch: Susanne Carlsson, Kenneth Jonsson: „Funde in den baltischen Ländern geprägter Münzen in Schweden“; Kristīna Ducmane: „Eine Episode aus der Geschichte des lettischen Geldes“; Tuukka Talvio: „Von Saaremaa/Ösel nach Paris. Eine in Piila gefundene Nachbildung eines Miliaireision und andere Münzen“.

Kersti Taal

Lea Leppik: Rektor Ewers. Monograafia [Rektor Ewers. Monographie]. Tartu: Kirjastus Eesti Ajalooarhiiv 2001. 351 S., Abb., dt. Zusammenfassung. ISBN 9985-858-23-9.

Die Monographie ist Johann Philipp Gustav Ewers (1779–1830) gewidmet. Der als Sohn eines westfälischen Bauern geborene Ewers studierte in Göttingen und war Rektor der Universität Dorpat/Tartu von 1818 bis 1830. Sein Wirken wurde unterschiedlich beurteilt: In Deutschland galt er als Vertreter der deutschen Wissenschaft in Rußland, in Estland schätzte man ihn als Verteidiger der Rechte estnischer Bauern, in Rußland als Gründer einer neuen russischen Geschichtsschreibung. Ziel des Buches ist, die Biographie und verschiedene Aspekte des Wirkens von Ewers zu erläutern, aber auch eine Vorstellung davon zu vermitteln, wie der Gelehrte und seine Zeitgenossen ihre Zeit und ihre Tätigkeit selbst einschätzten. Als Rektor der Universität Dorpat schuf er günstige Bedingungen zur Entwicklung der Wissenschaft. In seine Amtszeit fällt eine der Blütezeiten dieser Universität. Der zweite Teil des Buches enthält Briefe von Ewers an Richter in Moskau, an A. Lehrberg und K. G. Sonntag, des weiteren die aus Ewers' Amtszeit erhaltenen zusätzlichen Assignationen für die Universität Dorpat, außerdem eine Bibliographie der im Druck erschienenen Werke von Ewers, eine Chronologie und ein Namenregister.

Kersti Taal

Jan Lewandowski: Estonia [Estland] ([Reihe] Historia państw świata w XX wieku [Die Geschichte der Staaten der Welt im 20. Jh.]). Warszawa: Wydawnictwo Trio 2001. 299 S. ISBN 83-88542-04-4.

Der Lubliner Historiker Jan Lewandowski stellt in der populärwissenschaftlichen Reihe „Die Geschichte der Staaten der Welt im 20. Jahrhundert" die Geschichte Estlands dar. Im ersten Kapitel schildert er die Geschichte des Landes bis zum Ende des 19. Jahrhunderts und verweist dabei auf die komplizierte Vergangenheit des estnischen Gebietes sowie auf die Bedingungen der estnischen nationalen Bewegung am Ende des 19. Jahrhunderts. Das zweite Kapitel ist dem Kampf um den eigenen estnischen Staat in den Jahren des Ersten Weltkriegs und kurz danach gewidmet. Die Zeit der ersten Unabhängigkeit zwischen den Weltkriegen bildet den Inhalt des dritten Kapitels. Lewandowski behandelt dabei nicht nur das politische Leben, sondern auch die wirtschaftliche Lage, die Außenpolitik und die Kultur Estlands. Im vierten Kapitel untersucht der Verfasser die Zeit des Zweiten Weltkriegs: die sowjetische und die deutsche Okkupation Estlands sowie die Kriegshandlungen und ihre Folgen. Es folgt ein Kapitel über die Jahre 1944–1991, d. h. über die Zeit als Estnische Sozialistische Sowjetrepublik. Das abschließende Kapitel umfaßt die Jahre 1991–1999 und informiert über den Aufbau neuer staatlicher Strukturen sowie über ökonomische, politische und soziale Probleme in den ersten Jahren der Unabhängigkeit.

Izabella Golec

[Esta Mets, Tiit Rosenberg, Mari Juzar (Hg.):] Valga linna ajaloost 18. sajandi lõpust kuni aastani 1939 [Über die Geschichte der Stadt Walk vom Ende des 18. Jh.s bis 1939]. Koostanud [Zusammengestellt von] Esta Mets, Tiit Rosenberg, Mari Juzar (Valga Muuseumi aastaraamat [Jahrbuch des Museums von Walk/Valga] 2000). [Valga 2001]. 95 S., Abb. ISBN 9985-9280-5-0.

Das Jahrbuch des Museums der Stadt Walk/Valga enthält folgende Aufsätze: Tiit Rosenberg: „Die Stadt Valga im ersten Viertel des 19. Jahrhunderts"; Mari Juzar: „Die alten Handelsstraßen von Valga"; Esta Mets: „Erinnerungen von Johannes Kõpp über die Schule der estnischen Petrikirche zu Valga"; anschließend folgen Tätigkeitsberichte des Museums aus dem Jahr 2000. Walk/Valga/Valka, heute eine Doppelstadt beiderseits der Grenze zwischen Estland und Lettland, erhielt das Stadtrecht im Jahr 1584 vom polnischen König Stefan Bathory. Im ersten Viertel des 19. Jahrhunderts war sie die kleinste unter den zehn Städten des Livländischen Gouvernements. Ihre Einwohnerschaft bestand aus 79,6% Deutschen, 10,4% Letten, 7,5% Russen und nur 2,9% Esten. In der am Kreuzungspunkt der Landstraßen von Riga, Dorpat/Tartu und Pleskau/Pskov/Pihkva gelegenen Stadt waren die Hauptstraßen nach Moskau/Moskva, Riga und Pleskau benannt. Über das Schicksal der Bauten an diesen und anderen Straßen und der dort tätigen Kaufleute, Handwerker und Vereine bis 1939 wird in dem Buch, veranschaulicht durch viele Abbildungen und Tabellen, eingehend berichtet.

Kersti Taal

[Ilgvars Misāns, Erwin Oberländer, Gvido Straube (Hg.):] Kurzeme, Vidzeme, Latgale. Reģions un identitāte vēsturē [Kurland, Livland, Lettgallen. Region und Identität in der Geschichte]. Zin. redaktori [Wissenschaftliche Redakteure]: Ilgvars Misāns, Ervins Oberlenders, Gvido Straube. Rīga: SIA N.I.M.S 1999. 86 S. ISBN 9984-9285-8-6.

Der Band umfaßt acht Vorträge von lettischen und deutschen Autoren, die während eines Symposiums im März 1999 in Riga zum Thema „Kurland, Livland, Lettgallen. Region und Identität in der Geschichte" gehalten wurden. Er verfolgt das Ziel, das Problem des Regionalismus in der Geschichte zu beleuchten, und wird durch einen Artikel von Erwin Oberländer, der einen Überblick über dieses Thema gibt, eingeleitet. Kristīne Wolfahrt betrachtet die Rolle Rigas bei der Entwicklung der lettischen Nation; Volker Keller und Mārīte Jakovļeva befassen sich mit den politischen und wirtschaftlichen Fragen der Geschichte des Herzogtums Kurland im 17. Jahrhundert; Pārsla Pētersone und Gvido Straube konzentrieren sich auf die regionalen Eigentümlichkeiten Livlands während der schwedischen Herrschaft; Boguslav Dibass und Henrihs Soms behandeln die wichtigsten Aspekte der regionalen Entwicklung in Lettgallen im 17. und im 20. Jahrhundert.

Helēna Šimkuva

Okupācijas varu politika Latvijā 1939–1991. Dokumentu krājums [Die Politik der Besatzungsmächte in Lettland 1939–1991. Sammlung von Dokumenten]. Rīga: Nordik 1999. 590 S. ISBN 9984-510-59-X.

Das Historische Staatsarchiv Lettlands hat diese Dokumentensammlung herausgegeben, die die wesentlichen Aspekte der Politik der kommunistischen und nationalsozialistischen Okkupationsregime auf dem Territorium Lettlands berührt. Die chronologisch geordneten Dokumente umfassen die Zeit vom 23. August 1939 (Molotow-Ribbentrop-Pakt, der die Voraussetzungen für die Okkupation der baltischen Staaten geschaffen hat) bis zum 21. August 1991, als die staatliche Verbindung zwischen Lettland und der UdSSR abgebrochen wurde. Insgesamt sind 297 Dokumente oder Auszüge daraus erfaßt (Texte in lettischer Sprache), ein großer Teil ist hier zum ersten Mal veröffentlicht. Der Sammelband enthält ein umfangreiches Personenverzeichnis.

Helēna Šimkuva

[Ieva Ose (Hg.):] Latvijas viduslaiku pilis. I.: Pētījumi par Rīgas arhibīskapijas pilīm [Mittelalterliche Burgen in Lettland. Bd. 1: Forschungen über die Burgen des Rigaer Erzbistums]. Sastādītāja [Zusammengestellt von] Ieva Ose. Rīga: Latvijas vēstures institūta apgāds [Verlag des Instituts für Geschichte Lettlands] 1999. 367 S., Abb., dt. u. engl. Zusammenfassungen. ISBN 9984-601-26-9.

Der vom Institut für Geschichte Lettlands herausgegebene Band ist den mittelalterlichen Burgen Lettlands auf dem Territorium des Rigaer Erzbistums gewidmet. Im einzelnen behandelt werden die Burgen von Treyden/Turaida, Kremon/Krimulda, Segewold/Sigulda, Ronneburg/Rauna, Lemsal/Limbaži und Alt-Dahlen/Vecdole. Ferner enthält das Buch eine Analyse der schriftlichen Quellen über die Burg Holme auf der Insel Martinsholm/Mārtiņsala vom 12. bis 14. Jahrhundert und bietet Materialien über die bisher wenig bekannte Burg des Erzbischofs in Pebalg/Piebalga und über den Wohnort des Vasallen des Bischofs auf Dievukalns in Lennewarden/Lielvārde.

Helēna Šimkuva

Ieva Ose: Latvijas viduslaiku pilis. II.: Latvijas viduslaiku piļu pētniecība 18.–20. gadsimtā [Mittelalterliche Burgen in Lettland. Bd. 2: Die Erforschung der mittelalterlichen Burgen in Lettland im 18.–20. Jh.]. Rīga: Latvijas vēstures institūta apgāds [Verlag des Instituts für Geschichte Lettlands] 2001. 383 S., 138 Abb., dt. Zusammenfassung. ISBN 9984-601-39-0.

In diesem Band wird die Geschichte der Erforschung der mittelalterlichen Burgen in Lettland vom 18. bis 20. Jahrhundert dargestellt. Dabei werden auch typologische und methodologische Probleme der Kunstgeschichtsschreibung behandelt. Die Autorin analysiert die Werke der fünf bedeutendsten Forscher auf dem Gebiet der mittelalterlichen Burgen in Lettland, Julius Doring (1818–1898), Wilhelm Neumann (1849–1919), Reinhold Guleke (1834–1927), Karl von Löwis of Menar (1855–1930) und Armin Tuulse (1907–1977). Sie gibt ferner eine Charakteristik der wichtigsten historischen Quellen unter Angabe ihrer Standorte. Dem Werk sind eine von Ieva Ose erarbeitete Karte der mittelalterlichen Burgen in Lettland und eine Aufstellung der Illustrationen in deutscher Sprache beigefügt.

Helēna Šimkuva

[Leino Pahtma, Helina Tamman, Enn Küng (Hg.)]: Avatud vaimuga. Ajalooarhiiv 80 [Mit offenem Geist. 80 Jahre Historisches Archiv]. Toimetajad [Bearbeitet von] Leino Pahtma, Helina Tamman, Enn Küng (Eesti Ajalooarhiivi toimetised, Acta et Commentationes Archivi Historici Estoniae 7 [14]). Tartu: Kirjastus Eesti Ajalooarhiiv 2001. 171 S., Abb., dt. Zusammenfassungen. ISBN 9985-858-26-3, ISSN 1406-0760.

Das Historische Archiv wurde vor 80 Jahren als Staatliches Zentralarchiv zur Sammlung und Aufbewahrung der Archivalien des Verwaltungsapparates des Zarenreichs gegründet, um deren Nutzung für die Lösung staatlicher Aufgaben zu ermöglichen. In dem zum 80. Jahrestag des Estnischen Historischen Archivs veröffentlichten Sammelband erinnert man an die Vergangenheit, spricht über die Gegenwart und erörtert Zukunftsperspektiven. Der Aufsatz von Lea Leppik „Friedrich Nineve, Begründer des Historischen Archivs und ein ewiger Stellvertreter" gibt einen Überblick über die Tätigkeit Nineves, der am 16. Mai 1921 die Stelle des Stellvertreters des Hilfsleiters des Estnischen Staatlichen Archivs antrat, beim Aufbau des Archivs. Der Aufsatz von Katrin Roosileht „Die Problematik der Serienbildung am Beispiel des Archivs des Tallinner Bezirksgerichts (1889–1918)" befaßt sich mit den bei der Einführung des elektronischen Informationssystems im Nationalarchiv aufgetretenen Schwierigkeiten. Tõnis Möldre behandelt ein in der estnischen Geschichtsforschung bisher wenig behandeltes Thema: die Gründung der Krankenkassen im russischen Zarenreich und in Estland. Helve Matsi und Esta Porgasaar betrachten die Veränderungen in der Arbeitsstruktur und der Tätigkeit örtlicher Archive während des Jahrzehnts von 1991 bis 2000. Ene Hiio macht mit der Arbeit des Lesesaals des Historischen Archivs bekannt, schildert Probleme der Benutzung und faßt die Ergebnisse einer Benutzerumfrage zusammen. Ruth Tiidor und Raivo Velsker geben einen Überblick über die Arbeit des 1956 eingerichteten Labors für Restaurierung und Mikroverfilmung im Historischen Archiv. Der Aufsatz von Kersti Lust „Die Entstehung des bäuerlichen Kleingrundbesitzes auf den Privatgütern auf Ösel in den Jahren 1905–1915" widmet sich der Problematik des Verkaufs der Bauernhöfe von Ösel/Saaremaa in einer Periode, als dieser Prozeß besonders intensiv war, und analysiert die Gründe dafür. Martin Jaigma betrachtet den im Mittelalter entstandenen Komplex von Vorurteilen gegenüber den Juden.

Lea Teedema

[Ago Pajur, Tõnu Tannberg (Hg.):] 1. Eesti polgu komitee protokollid 1917–1918. Allikapublikatsioon [Die Protokolle des 1. Estnischen Regimentskomitees 1917–1918. Quellenpublikation]. Koostanud [Zusammengestellt von] Ago Pajur, Tõnu Tannberg (Uurimusi ja allikmaterjale Eesti sõjaajaloost [Untersuchungen und Quellen zur estnischen Kriegsgeschichte] 3). Tartu: Kirjastus Eesti Ajalooarhiiv 2001. 238 S., dt. Zusammenfassung. ISBN 9985-858-22-0, ISSN 1406-3409.

In diesem Buch wird das Protokollbuch des 1. Estnischen Regiments, das im Estnischen Historischen Archiv verwahrt wird, publiziert. 1917 wurden nach der Februarrevolution im Bestand der russischen Armee die estnischen nationalen Truppen gebildet, wobei das 1. Estnische Regiment eine bedeutende Rolle spielte. Es handelte sich um die erste Truppe im Bestand der russischen Armee, zu der jener überwiegende Teil der Militärangehörigen gehörte, der später in andere nationale Truppen versetzt wurde. Im Unterschied zur Mehrzahl der übrigen Truppen blieb das 1. Estnische Regiment bis zur deutschen Okkupation relativ national gesinnt und kampffähig. Eine große Rolle spielte dabei das Regimentskomitee, dessen Verhalten im Unterschied zu anderen im Militär geschaffenen Komitees positiv zu beurteilen ist. Das Regimentskomitee des 1. Estnischen Regiments wurde am 26. April 1917 geschaffen und beendete seine Tätigkeit mit dem Beginn der deutschen Okkupation am 21. Februar 1918. Eine gründliche Übersicht über die Tätigkeit des Komitees des 1. Estnischen Regiments gibt Ago Pajur in seinem einführenden Aufsatz. Im Anhang wird zusätzliches Quellenmaterial vorgelegt.

Lea Teedema

Jaak Peebo: Wastse Testamendi lugu [Geschichte des Neuen Testaments auf Estnisch]. Tallinn: Eesti Keele Sihtasutus [Stiftung für estnische Sprache] 2001. 46 S., Abb. ISBN 9985-811-04-6.

Wastne Testament 1686 [Neues Testament 1686]. Tallinn: Eesti Keele Sihtasutus [Stiftung für estnische Sprache] 2001. 483, [11] S., Abb. ISBN 9985-811-03-8.

Das Neue Testament in südestnischer Sprache ist innerhalb der estnischen Kulturgeschichte ein hochbedeutendes Dokument. Es war das umfassendste und sprachlich einheitlichste Werk seiner Zeit, das die weitere Entwicklung des Schrifttums beeinflußte. Von dem 1686 in Riga bei Johann Georg Wilcken erschienenen Erstdruck sind etwa zehn erhaltene Exemplare bekannt. Mit dem Erscheinen des Neuen Testaments war es den Esten erstmals möglich, diesen Teil der Heiligen Schrift in ihrer Muttersprache zu lesen. Dies setzte Lesekundigkeit und Schulbildung voraus und gab einen Anstoß zu deren Aneignung unter dem Bauernvolk. Die von Jaak Peebo erstellte Begleitbroschüre zu dem Faksimiledruck vermittelt einen Überblick über die historischen Ereignisse, über das geistige Leben und den Bildungsstand der Bevölkerung sowie über die Entstehungsgeschichte dieses Neuen Testaments, über dessen Sprache und Wortschatz.

Lea Teedema

Inta Pētersone (Red.): Latvijas Brīvības cīņas 1918–1920. Enciklopēdija [Lettlands Freiheitskämpfe 1918–1920. Enzyklopädie]. Rīga: Preses Nams 1999. 447 S., 28 Abb., 22 Kt. ISBN 9984-00-395-7.

Dieses Werk ist eine neue historische Enzyklopädie, in der vielfältiges Material über die Freiheitskämpfe auf dem Territorium Lettlands zum ersten Mal unter wissenschaftlichen Gesichtspunkten verarbeitet ist. Die Militärkämpfe in den Jahren 1918–1920 werden von den bekannten Fachleuten auf dem Gebiet der Militärgeschichte Lettlands Valdis Bērziņš und Ainārs Bambals chronologisch dargestellt. Auch wichtige, mit den Freiheitskämpfen verbundene außenpolitische, juristische und kulturgeschichtliche Probleme Lettlands in der Zeit von 1918 bis 1920 sind dabei erfaßt. Das Werk, das zahlreiche Abbildungen und Karten enthält, ist mit einem Quellen-, einem Literatur- und einem umfangreichen Personenverzeichnis versehen.

Helēna Šimkuva

Jaanus Plaat: Usuliikumised, kirikud ja vabakogudused Lääne- ja Hiiumaal: usuühenduste muutumisprotsessid 18. sajandi keskpaigast kuni 20. sajandi lõpuni [Glaubensbewegungen, Kirchen und Freigemeinden in Wiek/Läänemaa und auf Dagö/Hiiumaa] (Eesti Rahva Muuseumi Sari [Reihe des Estnischen Nationalmuseums] 2). Tartu: Eesti Rahva Muuseum 2001. 479, [1] S., Abb. ISBN 9985-9179-4-4, ISSN 1406-4022.

Das Buch gibt ein vergleichend-historisches Bild über die Veränderungsprozesse der Glaubensbewegungen, Kirchen und Freigemeinden in Wiek/Läänemaa und auf Dagö/Hiiumaa vom 18. bis 20. Jahrhundert im Kontext des gesamten Glaubenslebens in Estland. Im Vergleich zum übrigen Estland ist dieses Gebiet für Veränderungen im Glaubensleben besonders empfänglich gewesen, was sich in der weiten Ausbreitung neuer Glaubensbewegungen und Freigemeinden ausdrückte. In zwei Kapiteln des ersten Teils der Monographie werden die Glaubensbewegungen während des russischen Zarenreichs (1740–1918) behandelt, beginnend mit der Verbreitung der Brüderbewegung in den 1740er Jahren. In Wiek und auf der Insel Dagö verbreiteten sich unter dem Bauernvolk im 19. Jahrhundert die Bewegung der Himmelswanderer und in Wiek die Bewegung der religiösen Erweckung. In den 1880er Jahren wurden in Wiek und auf Dagö die ersten Freigemeinden in Estland gebildet. Einen großen Einfluß auf das Kirchenleben und die Gesellschaft übte ebenfalls die Übernahme des russisch-orthodoxen Bekenntnisses aus. Neue Glaubensvereinigungen bildeten in den 1880er Jahren eine ernsthafte Alternative zur lutherischen Kirche. Im Unterschied zum übrigen Estland beeinflußten die Glaubensbewegungen in Wiek und auf Dagö auch die Volkslieder und Volkserzählungen. In der im zweiten Teil behandelten Zeit von 1918 bis 2000 verbanden sich die Veränderungen im Glaubensleben vor allem mit neuen nichtlutherischen Glaubensvereinigungen und mit den vom traditionellen Luthertum abweichenden Glaubensbewegungen. Die wichtigste Veränderung im Glaubensleben in Estland war die ständige Verringerung der Mitgliederzahl und des Einflusses von größeren Glaubensrichtungen, besonders seit der Jahrhundertmitte. Der Hauptgrund dafür war der allgemeine Säkularisierungsprozeß, der sich besonders während der sowjetischen Okkupation beschleunigte. Obwohl der Einfluß der christlichen Glaubensverbände in der Wendezeit um 1990 vorübergehend zunahm, ist deren Bedeutung in der Gesellschaft gering geblieben. Im dritten Abschnitt werden die Gründe der Entstehung verschiedener Glaubensbewegungen analysiert sowie deren Eigenart und die Entwicklungen innerhalb dieser Richtungen dargestellt, wobei die beschriebenen Vorgänge mit den Entwicklungen der religiösen Vereinigungen in ganz Estland wie auch in den Nachbarländern und im übrigen Europa verglichen werden.

Lea Teedema

Aivar Põldvee: Pakri rootslaste kaebused Karl XI–le 1684. aastal. Muutuste aeg Harju-Madise ja Risti kihelkonnas [Die Beschwerden der auf Rogö/Pakri lebenden Schweden gegenüber Karl XI. im Jahr 1684. Die Zeit der Veränderungen in den Kirchspielen St. Matthias/Harju-Madise und Kreuz/Risti] (Harjumaa uurimusi [Forschungen zu Harrien/Harjumaa] 4). Keila: Harjumaa Muuseum 2001. 155 S., 2. Bl. Karten, Abb., engl. Zusammenfassung. ISBN 9985-9158-5-2, ISSN 1406-2909.

Das Buch behandelt den Kampf der auf den Inseln Groß- und Klein-Rogö / Suur- und Väike-Pakri und in den Küstengebieten von Harrien/Harjumaa siedelnden Schweden für ihre Rechte. Die 1680er Jahre waren von wachsender Aktivität der Königsmacht im Kirchen- wie auch Bildungswesen gekennzeichnet. Die älteste Klage der Schweden stammt aus dem Jahr 1451. Die an den Schwedenkönig Karl XI. im Jahr 1684 gerichtete Beschwerde war von der Absicht geleitet, die in den schwedischen Küstengebieten geltende Marinedienstpflicht auch auf die in Estland wohnenden Schweden auszudehnen. Im Buch wird über die nach dem Besuch beim König gebildete entsprechende Kommission und die an diese Kommission gerichtete Klage berichtet. Die Publikation enthält 19 Dokumente sowie ein Verzeichnis der Bauern in den einzelnen Dörfern.

Kersti Taal

[Inna Põltsam, Aldur Vunk (Hg.):] Pärnu linna ajaloo allikad 13.–16. sajandini. I osa = Quellen zur Geschichte der Stadt Pernau 13.–16. Jahrhundert. Bd. I. Koostajad = Herausgegeben von Inna Põltsam, Aldur Vunk. Pärnu 2001. 359 S. ISBN 9985-78-073-6.

Ziel der Herausgeber war es, das Quellenmaterial über die Stadt Pernau/Pärnu auf neuem Niveau zu erschließen und damit die Stadt im Südwesten Estlands und ihre Geschichte einem breiteren Interessentenkreis bekannt zu machen. Der Sammelband enthält folgende Beiträge: „Privilegien von Alt- und Neu-Pernau", „Briefe des Komturs von Pernau an den Revaler Rat", „Das Erbebuch von Alt-Pernau (Die Bursprake von Alt-Pernau)", „Das Stadtbuch von Neu-Pernau" („Das Kirchenbuch St. Nikolai", „Die Ratslinie", „Denkwürdigkeiten des Bürgermeisters Johann von Lynten", „Das Denkelbuch des Rats", „Kämmereirechnungen des Rats"), „Das Erbebuch von Neu-Pernau (Die Bursprake von Neu-Pernau)". Die Quellenpublikation enthält außerdem verschiedene Kommentare. Sie besitzt Orts- und Personenregister.

Kersti Taal

Endel Priidel: Koguva ajalugu [Die Geschichte Koggowas]. Tallinn: Eesti Entsüklopeediakirjastus 2001. 207, [1] S., Abb., dt., engl. u. finn. Zusammenfassungen. ISBN 9985-70-078-3.

Koggowa/Koguva auf der Insel Mohn/Muhu ist ein Dorf mit einzigartiger und außergewöhnlicher Geschichte, in dem das jahrhundertealte Straßennetz und die Dorfarchitektur bis heute erhalten sind und wo noch immer Nachkommen der Freibauern leben. Aus Koggowa stammen mehrere in der estnischen Kulturgeschichte bedeutende Persönlichkeiten. Seit 1968 ist dieses Dorf als ethnographisches und kulturelles Ensemble ein Kulturschutzgebiet. Es ist aus einem freien Bauernhof entstanden, den der Ordensmeister Wolter von Plettenberg 1532 dem Bauern Hansken als Lehen gab. Das mit umfangreichem dokumentarischem Material ausgestattete und reich bebilderte Buch gibt einen detaillierten und vielseitigen Überblick über die Entwicklung des Dorfes und die Geschichte seiner alteingesessenen Familien seit 1532.

Lea Teedema

Raimo Pullat: Versailles'st Westerplatteni. Eesti ja Poola suhted kahe maailmasõja vahel [Von Versailles bis zur Westerplatte. Über die Beziehungen zwischen Estland und Polen zwischen den beiden Weltkriegen]. Tallinn: Estopol 2001. 311 S., Abb., engl. Zusammenfassung. ISBN 9985-9272-1-4.

Das Buch, das der Botschafter der Republik Polen in Estland Jakub Wołąsiewicz mit einem Vorwort versehen hat, stützt sich auf reichhaltiges Archivmaterial sowie Erinnerungen und gibt einen Überblick über die Beziehungen zwischen den beiden Staaten an der Ostsee, die ohne gemeinsame Grenze, aber in einer ähnlichen geopolitischen Lage sind: zwischen den beiden Großmächten Rußland und Deutschland. Es befaßt sich nicht nur mit den politischen und ökonomischen Beziehungen, sondern auch mit den Beziehungen auf dem Gebiet der Kultur. Hierbei geht es um die estnische Literatur in Polen und die polnische Literatur in Estland, Kontakte zwischen Künstlern, Musikern, Publizisten, Theaterleuten und Sportlern sowie um estnischen Sprachunterricht an der Universität Warschau/Warszawa und polnischen Sprachunterricht an der Universität Dorpat/Tartu. Während in Polen nur wenige Esten ansässig waren, lebten im Jahr 1939 in Estland 1.608 Polen, dazu kamen noch die zeitweilig in Estland arbeitenden polnischen Bergleute und Landarbeiter.

Kersti Taal

Paulius Rabikauskas SJ: Krikščioniškoji Lietuva: istorija, hagiografija, šaltiniotyra [Das christliche Litauen: Geschichte, Hagiographie, Quellenkunde]. Vilnius: Aidai 2002. 408 S. ISBN 9955-445-36-X.

In diesem Band sind die wichtigsten Studien des bekannten Historikers und langjährigen Dekans der Fakultät für Kirchengeschichte der Gregorianischen Universität in Rom zusammengestellt. Die hier gesammelten Beiträge erhellen verschiedene Aspekte des Prozesses der Christianisierung Litauens. Profunde Quellenkenntnisse und umfassende Gelehrsamkeit ermöglichten dem Autor einen tiefen Einblick in die Geschichte der katholischen Kirche des Landes, die er zugleich in einen ostmitteleuropäischen Kontext stellt. Unter anderem werden die Umstände der Einführung des katholischen Glaubens, die Entstehung der litauischen Bistümer, das Problem der Kirchenunion, die Verehrung des hl. Kazimieras/Kasimir behandelt. Das Buch enthält eine vollständige Bibliographie der Schriften des Gelehrten.

Rimvydas Petrauskas

Aivas Ragauskas: Vilniaus miesto valdantysis elitas XVII a. antrojoje pusėje (1662–1702 m.) [Die herrschende Elite in Wilna in der zweiten Hälfte des 17. Jh.s (1662–1702)]. Vilnius: Diemedis 2002. 480 S., 10 Abb., engl. u. poln. Zusammenfassungen. ISBN 9986-23-098-5.

In dieser als Monographie erschienenen Dissertation wird die Führungsschicht der Stadt Wilna/Vilnius während der Zeit nach den Kriegen des 17. Jahrhunderts, die das Land in eine langfristige Krise stürzten, untersucht. Mit Hilfe der prosopographischen Methode und aufgrund reichen archivalischen Quellenmaterials versucht der Autor, ein Bild der elitären Stadtstrukturen zu erstellen. Die Grundelemente dieses Bildes sind soziale und territoriale Herkunft, Konfession, Nationalität, Beruf und Ausbildung, die jeweils in einzelnen Kapiteln behandelt werden. In der Studie wird auch auf die wichtigsten städtischen Institutionen, auf die Formen des gemeinschaftlichen Lebens sowie auf die Lebensweise der bürgerlichen Elite eingegangen.

Rimvydas Petrauskas

Tiiu Reimo: Raamatukultuur Tallinnas 18. sajandi teisel poolel [Die Buchkultur in Reval in der zweiten Hälfte des 18. Jh.s]. Tallinn: Tallinna Pedagoogikaülikooli Kirjastus 2001. 393 S., Abb., dt. Zusammenfassung. ISBN 9985-58-201-2.

Die Monographie der Autorin, die sich lange Zeit mit der Erforschung des Druckwesens und der Buchgeschichte in Estland befaßt hat, behandelt die Entwicklung des Druck- und Verlagswesens in Reval/Tallinn, das in der zweiten Hälfte des 18. Jahrhunderts das größte Verlagszentrum in Estland war. Versucht wird, sämtliche mit der Herstellung und der Verbreitung des Buches verbundenen Tätigkeitsbereiche umfassend darzustellen. Zuerst wird ein Überblick über das Revaler Kulturleben in der zweiten Hälfte des 18. Jahrhunderts gegeben. In Kapiteln über das Druckwesen, die Verlagstätigkeit und die Druckproduktion beschreibt die Verfasserin die Arbeit der Revaler Druckereien, die Rolle der Drucker bei der Entwicklung des Druckwesens, die Revaler Verleger und den Anteil der von ihnen verlegten Bücher am dortigen Buchmarkt, die Buchgestaltung und das Buchbinderhandwerk. Ebenfalls untersucht wird die Lesekultur in Reval; so wird gefragt, welche Lesemöglichkeiten es gab und welche Bücher von den Einwohnern der Stadt bevorzugt wurden. Ein separates Kapitel ist der Zensur und ihrem Einfluß auf die verschiedenen Bereiche der Buchkultur gewidmet. In Anhängen werden erstmals mehrere interessante buchhistorische Dokumente publiziert. Eine Bibliographie und ein (umfangreiches) Register fehlen nicht.

Lea Teedema

Marge Rennit: Tartu magistraadi varaloendite kasutamine linna olme ja materiaalse kultuuri ajaloo uurimisel. (19. sajandi 1. pool) [Die Vermögensverzeichnisse des Dorpater Magistrats als Quelle für eine Kulturgeschichte der Stadt Dorpat in der ersten Hälfte des 19. Jh.s] (Tartu Linnamuuseumi aastaraamat [Jahrbuch des Stadtmuseums Dorpat/Tartu] VII). Tartu 2001. 103 S., Abb., dt. Zusammenfassung. ISSN 1406-4480.

Ziel der Monographie ist es, die im Besitz des Magistratsarchivs der Stadt Dorpat/Tartu befindlichen Vermögensverzeichnisse der Zivilgerichtsverfahren in der ersten Hälfte des 19. Jahrhunderts als bedeutendes, bislang noch zuwenig ausgeschöpftes Quellenmaterial für die Erforschung der materiellen Kultur und Lebensweise vorzustellen und anhand dieser Verzeichnisse die materielle Kultur Dorpats in jener Zeit zu untersuchen. Da in Estland keine allgemeine Verpflichtung zur Bestandsaufnahme bestand, gibt es verhältnismäßig wenige erhaltene Vermögensverzeichnisse (hauptsächlich Nachlaßinventare). Marge Rennit hat aus zwei Perioden (1800–1815 und 1830–1839) insgesamt 60 Vermögensverzeichnisse, von denen jedes mindestens 40 Artikel aufweist, ausgewählt. Die größte Gruppe der Gegenstände bilden Kleidung, Haushaltstextilien, Tisch- und Servierbestecke. Besonders eingehend hat die Verfasserin die Bestandsaufnahme der Möbel analysiert, wobei sie feststellt, daß während der zwei Perioden die Anzahl der Schränke sich vergrößerte. Gründlich untersucht hat sie den 1814 inventarisierten Nachlaß der Witwe eines Kupferschmieds, Gerdruta Elisabeth Lindströhm.

Kersti Taal

[Kristiina Ross, Urmas Sutrop, Jaan Undusk, Ene Vainik, Ülle Viks (Hg.):] IAAK. Kristian Jaak Peterson 200 = IAAK. Kristian Jaak Peterson. Aus Anlaß seines 200. Geburtstages. [Hg.:] Eesti Keele Instituut, Underi ja Tuglase Kirjanduskeskus = Institut für Estnische Sprache, Under-und-Tuglas-Literaturzentrum. Toimetuskolleegium [Redaktionskollegium] Kristiina Ross, Urmas Sutrop, Jaan Undusk, Ene Vainik, Ülle Viks. Tallinn: Eesti Keele Sihtasutus [Stiftung für estnische Sprache] 2001. 425 S., dt. Paralleltext. ISBN 9985-9313-8-6.

Kristjan Jaak Peterson (1801–1822), der sich ‚Sänger des Bauernvolkes' nannte, war der erste estnische Dichter und Gelehrte und wird vor allem als Begründer der estnischen nationalen schönen Literatur geschätzt. Seinen Geburtstag am 14. März feiert man in Estland seit 1999 als Tag der Muttersprache. Neben Gedichten verfaßte und veröffentlichte er mehrere sprachwissenschaftliche Aufsätze, übersetzte die „Finnische Mythologie" von Christian Ganander aus dem Schwedischen ins Deutsche und Johann Gutslaffs „Grammatische Beobachtungen über die estnische Sprache" aus dem Lateinischen ins Deutsche. In dem zu seinem 200. Geburtstag erschienenen Erinnerungssammelband wird ein Überblick über Petersons Leben und Werk gegeben. Anschließend werden die Urtexte seiner zwei Liedersammlungen und eines Tagebuchs veröffentlicht. Ergänzt wird dies durch ein Wörterverzeichnis, das den gesamten Wortschatz von Petersons estnischsprachigen lyrischen Werken umfaßt. Ferner werden alle bekannten sprachwissenschaftlichen Aufsätze sowohl auf Deutsch als auch in estnischer Übersetzung veröffentlicht, ebenso drei seiner deutschsprachigen Gedichte und die Übersetzungen von zehn Oden ins Deutsche. Das Buch enthält eine Auswahlbibliographie der Werke Petersons.

Lea Teedema

Ago Rullingo: Muhumaa. Loodus, aeg, inimene [Mohn. Natur, Zeit, Mensch]. [Tallinn:] Eesti Entsüklopeediakirjastus 2001. 663 S., Abb. ISBN 9985-70-091-0.

Das umfangreiche, mit Personen- und Ortsregister ausgestattete Buch folgt der Tradition der Sammelwerke über einzelne Landkreise, die in der ersten Selbständigkeitsperiode Estlands begonnen wurden. Es ist der drittgrößten estnischen Insel Mohn/Muhu gewidmet. Es handelt sich um das ausführlichste regionale Sammelwerk in estnischer Sprache. Der Autor, wissenschaftlicher Mitarbeiter des Muhu-Museums, hat lange Zeit vielfältige Materialien über die Insel gesammelt. Das Ergebnis ist eine ausführliche Übersicht über deren Natur, Geschichte, Gesundheitswesen, Volkskultur, Bildung, Sprache, Architektur und Bevölkerung. Darüber hinaus enthält das Buch Biographien von 150 in der estnischen Kultur und Geschichte bedeutenden Persönlichkeiten von Mohn. Das Literaturverzeichnis gibt einen guten Überblick über Bücher, Aufsätze und Handschriften, die die Insel behandeln.

Lea Teedema

Pauls Šīmanis [Paul Schiemann]: Eiropas problēma. Rakstu izlase [Ein europäisches Problem. Ausgewählte Werke]. Sastādītājs Detlefs Hennings [Zusammengestellt von Detlef Henning]. Rīga: Vaga 1999. 176 S., Abb. ISBN 9984-602-07-9.

Das Buch enthält elf Aufsätze des bekannten deutschbaltischen Politikers Dr. iur. Paul Schiemann (1876–1944) über die Probleme der Nationalitätenbewegung und der Minderheitenfrage in der Zwischenkriegszeit in Europa. Diese Sammlung wurde zum erstenmal im Jahr 1937 in Wien veröffentlicht, wo Schiemann von 1933 bis zum „Anschluß" Österreichs 1938 lebte. Der Schwerpunkt der Aufsätze liegt in der Erörterung des Problems der Gewährleistung der Rechte der nationalen Minderheiten in Europa. In mehreren Aufsätzen geht es um die Lage der Deutschbalten in Lettland in den 20er und 30er Jahren sowie die Beziehungen zwischen den Deutschbalten und Letten. In dem Band werden auch Fragmente aus dem im Jahr 1940 in Riga geschriebenen und damals unveröffentlichten Manuskript Schiemanns über die Umsiedlung der Deutschbalten 1939 und die Minderheitenpolitik in Europa publiziert. Ein einleitender umfangreicher Artikel von Michael Garleff informiert über die wichtigsten Lebensstationen und die Tätigkeit Paul Schiemanns.

Helēna Šimkuva

[Galina Smirnova (Hg.):] Narva. Kul'turno-istoričeskij spravočnik [Narva. Ein kulturhistorisches Nachschlagewerk]. Sostavitel' Galina Smirnova. [Narva:] Narvskij Muzej 2001. 243 S., Abb. Keine ISBN.

Das von Mitarbeitern des Museums von Narva zusammengestellte und mit zahlreichen Abbildungen und Diagrammen versehene Nachschlagewerk macht mit der Geschichte der an der Ostgrenze Estlands liegenden Stadt vom 14. Jahrhundert bis 1940 bekannt. Die

Aufsätze über die Geschichte Narvas sind nach Themen eingeteilt: Territorium, Bevölkerung, Symbolik, Münzen, städtische Selbstverwaltung, Industrie, Religion, Bildung, Architektur, Gesundheitswesen, Kultur, Verlagswesen (mit einem Verzeichnis der in Narva erschienenen Periodika), öffentliche Organisationen, Wohltätigkeit, Kriegsgeschehnisse, Denkmäler, Biographien (Namen von Personen nichtrussischer Herkunft sind auch in ihrer Originalschreibweise angegeben).

Kersti Taal

Gvido Straube: Latvijas brāļu draudzes diārijs (jaunākais noraksts) jeb hernhūtiešu brāļu draudzes vēsture Latvijā [Diarium der Brüdergemeine Lettlands (neueste Abschrift) oder Geschichte der Herrnhuter Brüdergemeine in Lettland]. Rīga: SIA N.I.M.S. 2000. 317 S., Abb. ISBN 9984-679-96-9.

Das Werk des bekannten Fachmanns für die Geschichte Lettlands im 17.–18. Jahrhundert stützt sich auf umfangreiche Archivmaterialien. Der Autor hat viele Handschriften aus dieser Zeit erstmals veröffentlicht. Seine Darstellungsweise in der Art eines Tagebuchs hat es ihm erlaubt, das Auftreten und die Tätigkeit der Herrnhuter Brüdergemeine in Livland/Vidzeme chronologisch genau zu beschreiben. Bei der Charakterisierung der Bewegung der Brüdergemeine hat der Autor auch den Nordischen Krieg und die Politik Rußlands und Schwedens in Livland berücksichtigt. In dem Buch werden mehrere bekannte Adelsfamilien angeführt; man erhält zu den Personen ausführliche Angaben. Mehrere Beilagen mit statistischen Materialien runden den Band ab.

Helēna Šimkuva

Heinrihs Strods (Red.): Latvijas Valsts universitātes vēsture. 1940–1970 [Geschichte der Staatsuniversität Lettlands. 1940–1970]. Rīga: Latvijas universitātes žurnāla „Latvijas Vēsture“ fonds [Verlag des Fonds der Zeitschrift „Latvijas Vēsture“ der Universität Lettlands] 1999. 562 S., Abb., engl. Zusammenfassung. ISBN 9984-643-10-7.

Dieser Band, herausgegeben anläßlich des 80jährigen Jubiläums der Universität Lettlands, beruht auf Forschungen, die unter Leitung des Historikers Prof. Heinrihs Strods durchgeführt wurden. Am Anfang wird ein Überblick über die gesamte Forschung zur Geschichte der Universität Lettlands gegeben; in den folgenden Kapiteln wird die Struktur dieser Universität in der Zeit von 1940 bis 1991 dargestellt, wobei das Lehrpersonal und die Studenten sowie deren soziale Struktur analysiert werden. Behandelt werden auch die Tätigkeit der Organisation der Kommunistischen Partei Lettlands an der Staatlichen Universität und die politische Erziehung während des Okkupationsregimes sowie die Widerstandsbewegung. Einzelne Kapitel sind dem kulturellen Leben und dem Sport an der Universität gewidmet. Schließlich bietet das Buch einen Einblick in die Tätigkeit der Hochschule während der deutschen Okkupation (1941–1944), als sie in „Rigaer Universität“ umbenannt war. Ergänzt wird das Werk durch statistische Tabellen, Abbildungen von Dokumenten und Fotografien.

Helēna Šimkuva

[Urmas Sutrop (Hg.):] Esimesest algusest meie ajani. Karl August Hermann 150 [Vom Beginn bis in unsere Zeit. Karl August Hermann 150 Jahre]. Koostanud

[Zusammengestellt von] Urmas Sutrop. Tallinn: Eesti Keele Sihtasutus [Stiftung für estnische Sprache] 2001. 287, [1] S., Abb. ISBN 9985-811-06-2.

Bei dem Sprachwissenschaftler, Journalisten und Musiker Karl August Hermann hat man es mit einem der vielseitigsten estnischen Kulturschaffenden zu tun. Er ist Autor der ersten estnischsprachigen Grammatik der estnischen Sprache und der ersten im Druck erschienenen estnischen Literaturgeschichte, Schöpfer einer sprachwissenschaftlichen Terminologie und Vater der Spracherneuerung. Als erster hielt er an der Universität Dorpat/Tartu Vorlesungen in estnischer Sprache, sammelte Volkslieder, gab eine Musikzeitschrift und eine Enzyklopädie heraus. Da eine derart vielseitige Tätigkeit unvermeidlich Oberflächlichkeit zur Folge hatte, hat man ihn vielleicht nicht immer angemessen würdigen können. Der Herausgeber der dem 150. Geburtstag Hermanns gewidmeten Festschrift stellt dessen Aktivitäten im Bereich der Sprachwissenschaft in den Mittelpunkt. Der Sammelband umfaßt das erste Kapitel aus der „Estnischen Literaturgeschichte" Hermanns, den Essay „Untersuchungen über die Vorzeit des estnischen Volkes", ein Faksimile der Ausgabe „Eesti keele grammatik" (Grammatik der estnischen Sprache), Tartu 1884, und Artikel aus seiner Enzyklopädie. Mit Hermanns Tätigkeit als Linguist befassen sich drei Kapitel aus der Monographie Artur Vahters „Karl August Hermann" und ein Aufsatz von Benita Brambat „K. A. Hermann als Bereicherer des estnischen Wortschatzes". Eine Auswahlbibliographie (zusammengestellt von Ingrid Heinberk) verzeichnet Hermanns sprachwissenschaftliche Werke sowie wichtige Sekundärliteratur.

Lea Teedema

Egle Tamm: Moodsad kirikud: Eesti 1920.–1930. aastate sakraalarhitektuur [Moderne Kirchen: Estnische Sakralarchitektur der 1920er/1930er Jahre]. [Tallinn:] Eesti Arhitektuurimuuseum 2001. 132 S., Abb., engl. Zusammenfassung. ISBN 9985-78-349-2.

Dieses Begleitbuch zu der gleichnamigen Ausstellung behandelt die während der ersten Selbständigkeitsperiode der Estnischen Republik gebauten Gotteshäuser der christlichen Konfessionen vor dem Hintergrund deutscher und auch finnischer Einflüsse. In den genannten Jahren herrschte in Estland eine intensive Bautätigkeit im Bereich der Sakralarchitektur; der Grund dafür war die um die Wende vom 19. zum 20. Jahrhundert verbreitete Bewegung der Freigemeinden und die rasche Verstädterung. Betrachtet werden 113 neue, architektonisch bemerkenswerte Kirchen und Gebetshäuser, des weiteren einige zu Kirchen umgebaute Gebäude, Projekte von Kirchen, die nicht gebaut wurden, sowie Friedhofskapellen. Der erste Teil des Buches gibt einen Überblick über Zeit und Ort der Kirchenbauten, über die entwerfenden Architekten, über Gebäudetypen, ihren räumlichen Aufbau und die Innengestaltung sowie über die Stilistik der Sakralarchitektur der 1920er/1930er Jahre. Der zweite Teil, der Ausstellungskatalog, behandelt in Wort und Bild die in jenen Jahren errichteten Kirchen und Gebetshäuser nach Landkreisen.

Lea Teedema

Totalitārie režīmi un to represijas Latvijā 1940.–1956. gadā. Latvijas vēsturnieku komisijas 2000. gada pētījumi [Totalitäre Regime und ihre Repressionen in Lettland 1940–1956. Forschungen des Ausschusses der Historiker Lettlands im Jahre 2000] (Latvijas Vēsturnieku komisijas raksti [Schriften des Ausschusses der Historiker Lettlands] 3). Rīga: Latvijas vēstures institūta apgāds [Verlag des Instituts für Geschichte Lettlands] 2001. 743 S. ISBN 9984-601-04-8.

Die 16 – lettisch- oder englischsprachigen – Beiträge in diesem Sammelband beschäftigen sich mit den totalitären Regimen und deren Repressionen auf dem Territorium Lettlands von 1940 bis 1956. Im ersten Kapitel „Sowjetokkupation in Lettland 1940–1941" sind Beiträge über die Repressionen des Sowjetregimes gegen die Zivilbevölkerung Lettlands, Diplomaten des unabhängigen Staates Lettland sowie gegen die Soldaten der Armee Lettlands publiziert. Im zweiten Kapitel „Okkupation des nationalsozialistischen Deutschlands in Lettland (1941–1945)" werden in mehreren Beiträgen aktuelle Forschungsprobleme bezüglich der repressiven Politik der deutschen Besatzungsmacht gegenüber den Einwohnern Lettlands und die Probleme der Widerstandsbewegung beleuchtet. Im dritten Kapitel „Sowjetokkupation in Lettland 1941 bis Mitte der 50er Jahre" wird die Entwicklung der sowjetischen Sicherheitsorgane und deren Rolle bei der Durchführung des Genozids und der Repressionen gegen die Einwohner Lettlands nach dem Zweiten Weltkrieg charakterisiert. In diesem Kapitel werden auch einzelne Aspekte der nationalen Widerstandsbewegung und die Migrationspolitik der Sowjetunion nach dem Zweiten Weltkrieg behandelt.

Helēna Šimkuva

Tuna. Ajalookultuuri Ajakiri [Zeitschrift der historischen Kultur]. 2001. Nr. 1–4. Je 160 S., Abb., engl. Zusammenfassungen. ISSN 1406-4030.

Die viermal jährlich erscheinende gemeinsame Publikation des Estnischen Nationalarchivs, des Tallinner Stadtarchivs und des estnischen Archivarvereins „Tuna" setzt die Veröffentlichung von Beiträgen zum Archivwesen und zur Geschichte fort. Exemplarisch genannt seien folgende Aufsätze in Heft 1: Enn Küng: „Wer war Christianus Krüger?"; Mart Läänemets: „Der Budologe Otto Rosenberg und Estland"; Heiki Pärdi: „Alltägliche Trivialitäten. Warum die Esten im Zimmer ihr Schuhzeug ausziehen"; Ants Viires: „Zwei Kriegssommer mit Vor- und Nachspiel" (Erinnerungen an die Jahre 1941 und 1944); Tõnu Tannberg: „Das Politbüro als Gestalter der Außenpolitik Moskaus"; Enn Küng: „Die Publikationstätigkeit des Verlages ‚Estnisches Nationalarchiv'"; Lea Kõiv: „Über die Publikationstätigkeit im Tallinner Stadtarchiv von 1993 bis 2000". Die ‚Fotoecke' des Estnischen Filmarchivs veranschaulicht die Zeit unter deutscher Herrschaft von 1941–1944. Einige Aufsätze in Heft 2: Marek Tamm: „Wann kamen die Dominikaner nach Reval?"; Vello Helk: „Die Reise des Gefolges des dänischen Königs durch Estland nach Moskau im Jahr 1578"; Tiit Noormets: „Die Umsiedlung der Esten und anderer nationaler Minderheiten aus dem Nordwesten Rußlands während der deutschen Okkupation von 1942/1943"; David Vseviov: „Das Rätsel ehemaliger Einwohner von Narva"; Jaak Pihlau: „Über die nahe Vergangenheit Estlands. Die Flucht aus dem okkupierten Estland übers Meer"; Valdur Ohman: „Über die Struktur und die Kader des Innenministeriums der Estnischen SSR von 1953/1954"; Peep Pillak: „Bei den Quellen des Nationalarchivs – 80 Jahre des Staatsarchivs und Archivs für Geschichte sowie 30 Jahre seit der Gründung des Filmarchivs"; ders.: „Voldemar Miller 90 Jahre"; dazu ein Aufsatz von Voldemar Miller „Über die Notwendigkeit und Möglichkeit der Zusammenarbeit von Bibliotheken, Museen und Archiven". In Heft 3: Ants Viires: „Das geschichtliche Bewußtsein der Esten im 18./19. Jahrhundert"; Väino Sirk: „Das Lehrerseminar in den 1920er/1930er Jahren – Bildungsprobleme in Estland und anderswo"; Jaak Pihlau: „Die Landesflucht aus dem okkupierten Estland"; Tõnu Tannberg: „Das Märzplenum im Jahr 1950. Vor- und Nachspiel. Estlands Verbrechen (1949–1952), von Moskau aus betrachtet"; Tiina Kala: „Das Archiv des Papstes und die Geschichte Estlands". In Heft 4: Tiina-Mall und Juhan Kreem: „Die römischen Briefe des [Künstlers] Alexander Friedrich von Bock"; Heino Arumäe: „Vorspiel des Stützpunktvertrags"; Valdur Ohmann: „Über die Verhaftung des ersten Sekretärs der Kommunistischen Partei Estlands Karl Säre, seinen Verrat und sein Schicksal"; Mart Kivimäe: „Der Nationalstaat – eine Herzensangelegenheit? Über die politische Philosophie ‚der Erkenntnis kleiner Völker'"; Vello Helk: „Über die Zusammenarbeit der Archivare an der Ostsee. Briefe von Paul Johansen an Svend Aakjær"; Peep Pillak: „Das 800jährige Riga. Die Buxhoevedens und Estland"; Volker und Christina von Buxhoeveden-Reuter: „Bischof Albert – eine historische Gestalt und Persönlichkeit"; Väino Sirk: „Die VII. Konferenz der modernen estnischen Geschichte am 20.–21. Juni 2001 in Tallinn"; Helena Risthein: „Der geheimnisvolle Meister Michel [Sittow]". Der Aufsatz von Viktor Niitsoo „Der unbewaffnete Widerstand in den Jahren 1940/1941", dessen Abdruck in Heft 1, 2000, begonnen wurde, wird fortgesetzt. Alle Hefte enthalten Rezensionen historischer Forschungsliteratur.

Kersti Taal

Andres Tvauri: Muinas-Tartu. Uurimus Tartu muinaslinnuse ja asula asustusloost = Prehistoric Tartu. A Study of the Settlement History of the Tartu Prehistoric Hillfort and Settlement (Muinasaja teadus 10 = Research into Ancient Times 10). Tartu, Tallinn 2001. 372 S., Abb., engl. Zusammenfassung. ISSN 1406-3867, ISBN 9985-50-331-7.

Dorpat/Tartu wird von allen baltischen Städten am frühesten in geschichtlichen Quellen, namentlich um 1030 in der russischen Chronik Letopis, erwähnt. Es handelt sich um eine der archäologisch besterforschten Städte Estlands; in der Altstadt ist die Kulturschicht auf 19.000 Quadratmetern durchforscht, über 100.000 Funde sind bereits registriert. Allgemein verbreitet ist die These, daß sich Dorpat von der im ersten Jahrtausend entstandenen vorzeitlichen Burg in folgerichtiger Entwicklung zu einer mittelalterlichen Stadt im 13. Jahrhundert entwickelt hat. Andres Tvauri sucht in seiner Arbeit Antwort auf zwei Fragen: 1.: Wann und wie entstanden die Burg und die Siedlung von Dorpat, und welche Entwicklungsetappen gehen den deutschen Eroberungen von 1224 voraus?; 2.: Welche Funktion hatte die vorzeitliche Siedlung, und wie war ihre administrative Stellung? Nach Sichtung und Deutung der archäologischen Funde und unter Berufung auf schriftliche Quellen kommt der Autor zu der Schlußfolgerung, daß die frühere Auffassung von einer ununterbrochenen Entwicklung der Stadt sich nicht bestätige. Er unterscheidet vier Perioden ihrer Entwicklung: I.: ungefähr 700 bis 1036 – Burgsiedlung, regionales Zentrum; II.: 1036–1061 – Burg und Siedlung, militärischer und politischer Vorposten der Kiewer Rus' sowie regionales Machtzentrum; III.: 1061–1215 – die Burg wurde nur zeitweilig benutzt, eine Siedlung am Fuß der Burg existierte nicht; IV.: 1215–1224 – Burg, eine Siedlung am Fuß der Burg gab es nicht, Stützpunkt im vorzeitlichen Freiheitskampf der Esten. Das Buch bietet im Anhang drei Verzeichnisse: Archäologische Funde aus der vorzeitlichen Schicht der späteren Stadt Dorpat, Anzahl und Dichte der archäologischen Funde auf estnischen Burgen, Verteilung der gefundenen Gegenstände ihrer Funktion nach.

Kersti Taal

Ants Viires: Kultuur ja traditsioon [Kultur und Tradition] (Eesti mõttelugu [Estnische Geistesgeschichte] 39). Tartu: Ilmamaa 2001. 543 S., Abb. ISBN 9985-77-006-4, ISSN 1024-1604 nr. 39.

Die Sammlung von Arbeiten von Ants Viires (geb. 1918), Doktor der Geschichte (1979) und einer der namhaftesten estnischen Ethnologen, enthält Aufsätze aus der Zeit von 1948 bis 1998 und ist in fünf Abteilungen gegliedert: I. Wörter, Gedanken, Gegenstände; II. Das Leben und die Gedankenwelt der alten Generation; III. Der Gegenwart entgegen; IV. Volkskultur und Volkswissenschaft; V. Beobachtungen in mehreren Richtungen. Der in A. Viires' Schriften berührte Themenkreis ist umfangreich: die gemeinsame Kultur der finnisch-ugrischen Völker, die ältere estnische Lexikographie, Ethnographie, Lasttiere im Baltikum, Kochbücher als Spiegel der Kulturgeschichte, der Einfluß der Industrialisierung und Verstädterung auf das kulturelle Antlitz des estnischen Dorfes, die Vergangenheit und Zukunft der estnischen nationalen Kultur. Ein Namenregister ist vorhanden.

Kersti Taal

Ļubova Zīle (Red.): Latvija divos laikposmos: 1918–1928 un 1991–2001 [Lettland in zwei Zeitperioden: 1918–1928 und 1991–2001]. Rīga: Latvijas universitātes žurnāla „Latvijas Vēsture" fonds [Verlag des Fonds der Zeitschrift „Latvijas Vēsture" der Universität Lettlands] 2001. 486 S. ISBN 9984-643-38-7.

Das Buch versammelt Aufsätze über die Erringung der staatlichen Unabhängigkeit Lettlands nach dem Ersten Weltkrieg und in der Gegenwart, nach dem Ende der sowjetischen Okkupation. Historiker, Juristen und Wirtschaftswissenschaftler behandeln die außenpolitischen Aspekte, die rechtlichen und innenpolitischen Faktoren wie auch die wirtschaftlichen Probleme im Kontext der Wiedererlangung der staatlichen Unabhängigkeit. Besonders hervorzuheben ist eine umfangreiche Abhandlung von Dietrich A. Loeber über die rechtlichen Folgen des Molotow-Ribbentrop-Pakts in den baltischen Staaten. Dem Sammelband ist ein Verzeichnis der in der Zeitschrift „Latvijas Vēsture" (Geschichte Lettlands) in den Jahren 1991–2001 veröffentlichten Artikel beigefügt.

Helēna Šimkuva

Rein Zobel: Tallinn (Reval) keskajal. Linnaehitus 13.–14. sajandil = Tallinn (Reval) in the middle ages. Town building in the 13th–14th centuries. Tallinn: Eesti Entsüklopeediakirjastus 2001. 215 S., Abb., engl. Zusammenfassung. ISBN 9985-70-079-5.

Im Jahr 1966 wurde die Altstadt von Reval/Tallinn als eines der am besten erhaltenen historischen Stadtbilder in Nordeuropa unter staatlichen Schutz gestellt. Ziel der Forschungen Rein Zobels war es, frühere Forschungsmeinungen über die Entwicklung der Stadt im 13.–14. Jahrhundert zu verifizieren und zu ergänzen. Da die Baugeschichte Revals von der politischen Situation und dem Wechsel der herrschenden Mächte beeinflußt wurde, beginnt das Buch mit einem Überblick über die historisch-politische Situation in der Zeit vom 9. bis 12. Jahrhundert. Im Laufe seiner Untersuchung kommt der Verfasser zu dem Ergebnis, daß die städtebaulichen Grundlagen des Stadtzentrums bereits in den Jahren 1290–1300 gelegt waren; sowohl die Burg auf dem Domberg als auch das Straßennetz der Unterstadt hatten sich bereits herausgebildet, die Grundstücke waren ausgemessen, und mit dem Bau von Wohnhäusern aus Stein war begonnen worden. In der ersten Hälfte des 14. Jahrhunderts wurden die Befestigungsarbeiten intensiv fortgesetzt. Mitte des 14. Jahrhunderts, in der Zeit der Hansestädte und des Livländischen Ordens, begann im Städtebau und in der Baukunst ein neues Zeitalter, das eine stürmische Entwicklung der Bautätigkeit sowie grundlegende Veränderungen der städtebaulichen Struktur und Architektur mit sich brachte.

Kersti Taal

3. Ost- und Westpreußen, Danzig

Acta Cassubiana. Gdańsk: Instytut Kaszubski 1999. 455 S. ISSN 1509-5703.

Mit diesem Band wurde ein wissenschaftliches Organ des 1996 gegründeten „Kaschubischen Instituts" in Danzig/Gdańsk eröffnet. Die Reihe umfaßt inzwischen drei umfängliche Jahrbücher; damit verfolgt der Verein erfolgreich das Ziel, interdisziplinäre regionale Forschungen zu intensivieren und deren Ergebnisse zu popularisieren. Auch die Belange anderer ethnischer Gruppen, deren Geschichte und Gegenwart Parallelitäten mit der Situation der Kaschuben bzw. Verbindungen zu dieser Volksgruppe aufweisen, etwa die der Lausitzer Sorben, gehören programmatisch in die „Acta Cassubiana". Im ersten Band finden sich u. a. zwei Aufsätze von Měrcin Völker (in deutscher und in sorbischer Sprache) über die Verbindungen zwischen Sorben und Kaschuben. Beachtenswert sind synthetische Reflexionen des prominenten polnischen Historikers Gerard Labuda über die Kultur in Danzig und Pommern in der ersten Hälfte des 19. Jahrhunderts.

Mirosław Ossowski

Barok. Historia – Literatura – Sztuka [Barock. Geschichte – Literatur – Kunst]. [Bd.] VII/1 (13) (2000). 341 S. ISSN 1234-3233.

In diesem Band der vom Institut für Polnische Literatur der Universität Warschau/Warszawa herausgegebenen Halbjahresschrift finden sich thematisch mit Danzig/Gdańsk und dem Ostseeraum zusammenhängende Beiträge. In einem faktenreichen Aufsatz befaßt sich Edmund Kotarski mit dem Barock und dem literarischen Leben in der Region, u. a. mit solchen spezifischen Phänomenen wie Gelegenheitsdichtungen, Predigten, literarischen Kreisen, Mäzenatentum. Mariusz Karpowicz erörtert die Frage der Autorschaft der Königlichen Kapelle in Danzig und stellt die These auf, daß das Projekt des Bauwerks möglicherweise von Isidoro Affaiati (senior) stamme. Renata Słoma behandelt die graphischen Vorbilder der Sibyllen im Danziger Altstädtischen Rathaus. Gegenstand des Aufsatzes von Jacek Kriegseisen sind Datierung und inhaltlich-künstlerisches Programm des Epitaphs der Herzogin Anna von Croy und Arschott in der ehemaligen Schloßkirche zu Stolp/Słupsk. Edmund Kizik befaßt sich mit den Danziger Hochzeits-, Tauf- und Begräbnisordungen des 16. Jahrhunderts. Włodzimierz Zientara untersucht die Reisebeschreibungen über Danzig aus dem 17. Jahrhundert, wobei er auch weniger bekannte Berichte von Carl Arnd, Samuel Chappuzeau oder Giacomo Fantuzzi betrachtet. Danuta Popingis verweist auf 67 in der Berliner Staatsbibliothek befindliche Musikmanuskripte des 17. bis 19. Jahrhunderts aus Danzig.

Mirosław Ossowski

Józef Borzyszkowski: Gdańsk i Pomorze w XIX i XX w. [Danzig und „Pomorze" (Hinterpommern und das ehem. westpreußische Ostseeküstengebiet) im

19. und 20. Jh.]. Gdańsk: Wydawnictwo Uniwersytetu Gdańskiego 1999. 372 S., Abb., dt. Inhaltsverzeichnis u. Zusammenfassung. ISBN-83-7017-847-2.

Der Band beinhaltet eine Sammlung von Studien und Publikationen in polnischer Sprache, die zwischen wissenschaftlicher Abhandlung und historischem Essay stehen und der Geschichte und Kultur Danzigs sowie der kaschubischen Gebiete in Pommerellen und Pommern gewidmet sind. Bei den Darlegungen wird weitgehend auch der Kontext der polnisch-deutschen Problematik in dieser Ostseeküstenregion berücksichtigt. Die hauptsächlich in Form von Referaten in den vergangenen Jahren auf Tagungen vorgelegten und in wissenschaftlichen Zeitschriften veröffentlichten Studien (Mitautor von sechs Beiträgen ist Cezary Obracht-Prondzyński) wurden hier thematisch geordnet und bilden ein inhaltlich geschlossenes Buch. Während die Texte in den beiden ersten Teilen mit den Überschriften „Der Danziger ‚genius loci'" und „‚Pomorze' und seine Einwohner im 19. und 20. Jahrhundert" vorwiegend die polnisch-kaschubischen Belange aufgreifen, werden im dritten Teil „An der Ostsee. ‚Pomorze' zwischen Polen und Deutschland" vor allem Aspekte der deutschen Geschichte und Kultur erörtert: Max Pechstein und Leba, die Lausitzer Sorben und die Kaschuben, der ethnische Konflikt im Grenzland u. a. Die Teile „Der kaschubisch-pommersche Regionalismus" und „Die Welt der kaschubischen Wertvorstellungen" behandeln dagegen die regionale kaschubische Problematik.

Mirosław Ossowski

Marek Jaroszewski (Hg.): Studia Germanica Gedanensia. [Bd.] 9. Gdańsk: Uniwersytet Gdański 2001. 255 S. ISSN 1230-6045.

Im neunten Heft der germanistischen Schriftenreihe der Universität Danzig/Gdańsk findet sich u. a. ein Aufsatz von Sonja Kerth über den Danziger Aufstand von 1525/26 im Spiegel zweier zeitgenössischer Dichtungen, die sich bemühen, „das Geschehen aus ihrer politisch-konfessionellen Warte zu kommentieren und zu deuten, den Gegner anzuprangern und die eigene Position zu stärken bzw. im Fall des protestantischen Liedes zumindest halbwegs zu wahren". In einer weiteren Studie befaßt sich Peter Oliver Loew mit dem Schaffen des in Danzig geborenen Paul Enderling (1880–1938): Neben der Danziger Thematik der Romane und Erzählungen des in Deutschland wirkenden Schriftstellers wird hier auch die Rezeption seiner Werke in der Freien Stadt Danzig vor dem Hintergrund der Danziger Kulturpolitik erörtert. Ein kürzerer literaturhistorischer Beitrag von Klaus Hammer ist dem aus Danzig stammenden Architekten und Geschichtenerfinder Paul Scheerbart (1863–1915) gewidmet, der hier als „Utopist der Jahrhundertwende" betrachtet wird.

Mirosław Ossowski

Sławomir Jóźwiak: Centralne i terytorialne organy władzy zakonu krzyżackiego w Prusach w latach 1228–1410. Rozwój – Przekształcenia – Kompetencje [Zentrale und territoriale Regierungsorgane des Deutschen Ritterordens in Preußen in den Jahren 1228–1410. Entwicklung – Wandlungen – Befugnisse]. Toruń: Wydawnictwo Uniwersytetu Mikołaja Kopernika 2001. 248 S., dt. Zusammenfassung. ISBN 83-231-1306-8.

Der Autor versucht zu zeigen, daß vor 1410 die Konventgröße im Kulmerland und in Preußen ein anderes Niveau erreicht hatte, als es in bisherigen Untersuchungen angenommen wurde. Die Arbeit gliedert sich in fünf Teile. Die ersten beiden sind der Entstehung und Funktion des zentralen Ritterordens in Preußen vor 1303 bis einschließlich 1410 gewidmet. Die Schwerpunkte des dritten Teils sind die Veränderungen in den Strukturen und Funktionen der territorialen Verwaltung in der zweiten Phase zunehmender militärischer Expansion des Deutschen Ritterordens um die Wende vom 14. zum 15. Jahrhundert; überdies ist hier das Berufungsverfahren bei den zentralen Behörden und der territorialen Verwaltung des Ordens dargestellt, ebenso die Größe der Konvente. Ein weiteres Kapitel beschäftigt sich ausschließlich mit dem System der Finanzierung der zentralen Machtorgane und daraus folgenden Umstrukturierungen innerhalb des Ordens. Zum Schluß wird nochmals gezeigt, wo die Stärken (u. a. gut organisierte Machtstrukturen, Beseitigung aller Wettbewerber) und die Schwächen (u. a. kostspielige Expansion) des Ordensstaates in Preußen lagen.

Dariusz Rymek

Klaipėdos ir Karaliaučiaus kraštų XVI–XX a. istorijos problemos [Probleme der Geschichte des Memellandes und des Königsberger Gebietes im 16.–20. Jh.] (Acta Historica Universitatis Klaipedensis 8). Klaipėda: Klaipėdos universiteto Vakarų Lietuvos ir Prūsijos istorijos centras 2001. 215 S. Keine ISBN.

In diesem Sammelband sind Beiträge litauischer, deutscher und polnischer Historiker zur Geschichte der ehemaligen ostpreußischen Regionen veröffentlicht. Der Inhalt des Bandes ist in drei thematische Teile gegliedert: die Stadt Memel/Klaipėda im 17.–20. Jahrhundert; das Königsberger Gebiet im 16.–20. Jahrhundert; Ostpreußen in der litauischen und deutschen Historiographie. Enthalten sind unter anderem folgende Beiträge: A. Groth: „Der Hafen Memels im 17.–18. Jahrhundert"; U. Arnold: „Die Königsberger Universität und ihre ostmitteleuropäische Bedeutung"; S. Ekdahl: „Quellen zu der Geschichte der Königsberger Universität in Litauen"; S. Bamberger-Stemmann: „Die Publikationen über Königsberg und die Königsberger Universität in der Bundesrepublik Deutschland"; P. Jankauskas: „Die Publikationen über das Königsberger Gebiet in Litauen"; J. Hackmann: „Das Problem der Völkerbeziehungen in Ost- und Westpreußen in der deutschen Historiographie"; A. Nikžentaitis: „Ostpreußen in der historischen Literatur Litauens". Im Anhang werden die Quellen besprochen, in denen der mißlungene Versuch, das Königsberger Gebiet (Kaliningradskaja oblast') in den 1950er Jahren an Litauen anzuschließen, dokumentiert ist.

Rimvydas Petrauskas

Komunikaty Mazursko-Warmińskie. Czasopismo poświęcone przeszłości ziem Polski północno-wschodniej [Masurisch-Ermländische Forschungsberichte. Zeitschrift für die Geschichte der Gebiete im nordöstlichen Polen] H. 1 (231) – 4 (234), 2001. 520 S. ISSN 0023-3196.

In der in Allenstein/Olsztyn erscheinenden, von der dortigen Gesellschaft für Wissenschaft und dem Wojciech-Kętrzyński-Institut herausgegebenen Vierteljahresschrift finden sich Aufsätze, Miszellen, Quellen, Polemiken, Diskussionen, Buchbesprechungen, Forschungsberichte und Bibliographien, von denen auch viele die historische Rolle der deutschen Kultur in der Region betreffen. Im 2. Heft bringt die Zeitschrift eine Bibliographie der Veröffentlichungen in den Jahren 1993–2000. (Eine Bibliographie für die Jahre 1957–1992 erschien im 2. Heft 1993.) Zu beachten sind 2001 u. a. die Beiträge von Grzegorz Jasiński über die Veränderungen im Gemeindenetz der evangelischen Kirchen in Masuren im 19. Jahrhundert und über das Friedrich-Ballnus-Waisenhaus in Oletzko/Olecko oder, im Teil ‚Quellen', von Sławomir Augusiewicz über die Neuordnung des preußisch-brandenburgischen Heeres im Jahre 1655. Im 3. Heft findet sich eine annotierte Bibliographie der von der deutschen Minderheit in Polen sowie den mit ihr zusammenarbeitenden Organisationen herausgebrachten Zeitschriften der Jahre 1990–2000.

Mirosław Ossowski

Marek Smoliński: Polityka zachodnia księcia gdańsko-pomorskiego Świętopełka [Die Westpolitik des Herzogs Swantepolk von Pommerellen] (Peribalticum Meridionale 2). Gdańsk: Wydawnictwo Uniwersytetu Gdańskiego / Officina Ferberiana 2000. 325 S., Abb., dt. Zusammenfassung. ISBN 83-7017-962-2. Diss. Gdańsk 1999.

Das Buch hat zum Gegenstand die aktive Westpolitik des nach einer Stärkung seines Territoriums strebenden pommerellischen Herzogs Swantepolk. Es werden vielfache politische Verflechtungen Pommerellens Ende des 12. Jahrhunderts und in den ersten Jahrzehnten des 13. Jahrhunderts mit den dänischen Königen (Kanut I. und Waldemar II.) und den norddeutschen Territorialherren (Grafen von Schwerin, Herzögen von Mecklenburg, Markgrafen von Brandenburg) sowie die innenpolitischen Zustände in Deutschland, insbesondere nach der Ansiedlung des Deutschen Ordens, und ihre Bedeutung für die Politik des Ordens erörtert. Der Autor schildert das Engagement des Herzogs für die deutschen Belange und stellt Hypothesen über den Verlauf und die Zeit seiner Besetzung Mittelpommerns auf. Das Buch enthält ein Namens- und ein Ortsverzeichnis sowie zehn genealogische Tafeln (Swantepolks, dänischer Könige, deutscher Territorialherrscher).

Mirosław Ossowski

Studia Maritima. Vol. XIII. Szczecin: Wydawnictwo Naukowe Uniwersytetu Szczecińskiego 2000. 220 S. ISSN 0137-3587.

In der von der Polnischen Akademie der Wissenschaften und von den Universitäten Stettin/Szczecin und Danzig/Gdańsk gemeinsam herausgegebenen Jahrbuchreihe werden Beiträge in deutscher und englischer Sprache zur politischen und wirtschaftlichen Geschichte des Ostseeraums, insbesondere zur maritimen Problematik, veröffentlicht. So beinhaltet der 13. Band folgende Studien von polnischen Historikern in deutscher Sprache: Andrzej Groth: „Fischfang am Putziger Wieck vom 16. bis zum 18. Jh."; Jerzy Trzosta: „Königsbergs Handel im Lichte der Berichte des schwedischen Residenten in Danzig in den Jahren 1724–1729"; Włodzimierz Stępiński: „Die Stellung der Häfen von Stettin und Kolberg in wirtschaftlichen Konzepten der Pommerschen ökonomischen Gesellschaft in der ersten Hälfte des 19. Jahrhunderts"; Edward Włodarczyk: „Die Entwicklungstendenzen der Industrie in den preußischen Ostseeprovinzen in der zweiten Hälfte des 19. und zu Beginn des 20. Jahrhunderts"; Bolesław Hajduk: „Zur Geschichte der Seeschiffahrt und Handelsflotte Danzigs in den Jahren 1920–1945". Stefan Kroll aus Rostock befaßt sich mit dem Thema „Schiffahrt und Seehandel mecklenburgischer und pommerscher Städte im Jahre 1706". Aufsätze in englischer Sprache betreffen die Problematik der Kartographie im Ostseeraum im 15. und 16. Jahrhundert, die Rolle der Nordsee und des Überseehandels in der Politik Friedrichs des Großen 1744–1751 und den Nichtangriffspakt zwischen der Sowjetunion und Finnland 1932.

Mirosław Ossowski

Józef Włodarski: Polityka pruska Elektora Brandenburskiego Fryderyka Wilhelma I w latach 1640–1660 [Des brandenburgischen Kurfürsten Friedrich Wilhelm I. preußische Politik 1640–1660]. Gdańsk: Wydawnictwo Uniwersytetu Gdańskiego 2000. 233 S., Abb., dt. Zusammenfassung. ISBN 83-7017-958-4.

Das Anliegen des Buches ist, die Politik des Kurfürsten Friedrich Wilhelm I. gegenüber Preußen in den zwei ersten Jahrzehnten seiner Herrschaftszeit zu erörtern. Die Ausführungen betreffen die diplomatisch-militärischen Aktivitäten Brandenburgs im preußischen Raum (im königlichen und herzoglichen Teil Preußens und im Ermland), die hier im Zusammenhang mit den politischen Bemühungen von Warschau, Stockholm, Wien und Paris betrachtet werden. Der Autor verweist auf die politischen Ziele des Kurfürsten und auf die Bedeutung der von ihm geschlossenen Verträge.

Mirosław Ossowski

4. Pommern

Robert Dawidowski, Ryszard Długopolski, Adam M. Szymski: Architektura modernistyczna lat 1928–1940 na obszarze Pomorza Zachodniego [Moderne Architektur der Jahre 1928–1940 in Pommern]. Szczecin: Walknowska Wydawnictwo 2001. 274 S., 190 s.-w. Abb. ISBN 83-910368-6-3.

Dieser umfassende Überblick über die erhaltenen Bauten der späten zwanziger und der dreißiger Jahre des 20. Jahrhunderts bietet eine Dokumentation, die aus einer grundlegenden Beschreibung, Planmaterial und Fotografien besteht. Der Band bildet den Auftakt zu einer Reihe, die alle architektonischen Epochen und Strömungen in Pommern, vor allem in Stettin/Szczecin, behandeln soll und von Stettiner Architekten besorgt wird. Dem Katalog der Bauten folgt eine ausführliche Abhandlung, die in zwei Abschnitte gegliedert ist. Im ersten Teil wird der Begriff der architektonischen Moderne diskutiert, ferner werden die Genese und die Geschichte dieses Stils, seine wichtigsten Protagonisten und seine Entwicklungsgeschichte in Deutschland dargestellt. Der zweite Teil behandelt die Rezeption der Moderne in Pommern und stellt repräsentative Bauten – geordnet nach ihrer Funktion als Industriebauten, öffentliche Gebäude, Wohn- und Sakralbauten – vor. Beide Kapitel sind reich illustriert. Die Autoren stellen auch den Bezug zu den rechtlichen und gesellschaftlichen Voraussetzungen des neuen Bauens her und analysieren städtebauliche Entwürfe dieser Zeit. Am Ende des Buches formulieren sie Forderungen an die Denkmalpflege. Die Publikation wird ergänzt durch ein Verzeichnis der im Internet abrufbaren CDs auf der Homepage des Instituts für Theorie und Methodologie des Entwerfens der Abteilung Architektur und Bauwesen an der Stettiner Technischen Universität.

Ewa Gwiazdowska

Ewa Gwiazdowska: Widoki Szczecina. Źródła ikonograficzne od dziejów miasta od XVI wieku do 1945 roku [Ansichten von Stettin. Ikonographische Quellen zur Stadtgeschichte vom 16. Jh. bis 1945]. Szczecin: Muzeum Narodowe w Szczecinie 2001. 598 S., 113 s.-w., 10 farb. Abb., dt. Zusammenfassung. ISBN 83-86136-11-1.

Der aus einer Dissertation hervorgegangene, vom Nationalmuseum Stettin/Szczecin herausgegebene Band behandelt in chronologischer und thematischer Reihenfolge die

Bedeutung künstlerischer Veduten von Stettin für die Kenntnis von Geschichte, Architektur und Städtebau sowie der wirtschaftlichen, gesellschaftlichen und kulturellen Entwicklung der Stadt. Die Untergliederung in sechs Kapitel folgt den politischen Zugehörigkeiten Stettins im Laufe seiner Geschichte. Jedes Kapitel wird durch eine kurze historische Einführung eingeleitet. Die Binnengliederung in Unterkapitel entspricht den Themen der Veduten. So schenkt die Autorin den Hafendarstellungen große Aufmerksamkeit: Da die Stadt ihre Entwicklung in erster Linie dem Hafen verdankt, wurde sie meist von diesem Punkt aus gezeigt. Die Verfasserin analysiert die verschiedenen Veränderungen in Architektur und Städtebau, die sich u. a. durch die Umgestaltung Stettins zur Festung oder die Anlage der Neustadt ergaben. Sie verweist auf den Einfluß der Herrscher und später der bürgerlichen Rezipienten auf die Motivwahl der Veduten, erklärt den symbolischen Gehalt einiger Motive und Objektgruppen besonders im 19. Jahrhundert, unterstreicht den Zusammenhang zwischen der Entstehung bestimmter Motive und den (wirtschafts)historischen Ereignissen bzw. den Gepflogenheiten und Gebräuchen des Stettiner Bürgertums. Die Illustrationen wurden so gewählt, daß wesentliche Veränderungen in der Gestalt der Stadt sichtbar werden.

Ewa Gwiazdowska

Hugo Lemcke. Materiały z polsko-niemieckiego seminarium naukowego w Książnicy Pomorskiej 5 grudnia 2000 [Hugo Lemcke. Beiträge des deutsch-polnischen Workshops in der Pommerschen Bibliothek am 5. Dezember 2000] (Monumenta Pomeranorum 1). Szczecin: Książnica Pomorska 2001. 256 S., Abb., dt. Zusammenfassung. ISBN 83-87879-30-4.

Die Publikation, die zum 165. Geburtstag und 75. Todestag von Hugo Lemcke (1835–1925) erschien, ist der erste Band der von der Pommerschen Bibliothek initiierten Reihe „Monumenta Pomeranorum", die Leben und Werk von verdienten Persönlichkeiten aus Kultur, Bildung und Wissenschaft aus Stettin/Szczecin dokumentieren will. Der vorliegende Band ist der langjährigen Tätigkeit des Stettiner Historikers, Pädagogen, Konservators, Museumsmannes und Vorsitzenden der Gesellschaft für Pommersche Geschichte und Altertumskunde gewidmet. Besonders hervorgehoben werden Lemckes Leistungen im Bereich der Denkmalpflege. Verstärkte Aufmerksamkeit gilt auch seiner Tätigkeit in der wissenschaftlichen Vereinigung als Forscher – er interessierte sich vor allem für Archäologie –, Organisator und Multiplikator. Die Autoren des Bandes sind Historiker und Kunsthistoriker aus Stettin und Mecklenburg-Vorpommern. Qualitätvolle Schwarzweißabbildungen illustrieren die Beiträge. Ein Verzeichnis der publizierten Schriften Lemckes und ein Bericht über die Jubiläumsfeierlichkeiten, in deren Rahmen die Marmorbüste Lemckes im Nationalmuseum Stettin restauriert wurde, runden den Band ab.

Ewa Gwiazdowska

Hieronim Kroczyński: Kronika Kołobrzegu [Kolberger Chronik]. Kołobrzeg: Wydawnictwo Le Petit Café 2000. 552 S., Abb. ISBN 83-900271-3-5.

Die Publikation erschien anläßlich des 1000jährigen Gründungsjubiläums des Bistums Kolberg/Kołobrzeg. Der Autor befaßt sich zunächst mit der Frühgeschichte der Siedlung und Stadt zwischen dem 7. und 12. Jahrhundert. In der Folge wird die Stadtgeschichte, dem Titel entsprechend, jahresweise dargestellt, beginnend mit der Lokation der Stadt 1255 bis zum Ende des 20. Jahrhunderts. Dabei erfolgt eine Untergliederung in elf Kapitel; sie behandeln beispielsweise die verschiedenen Rollen Kolbergs als wichtiger Ostseehafen, als Festung und schließlich als Badeort, aber auch die verschiedenen Kriege, die die Stadt heimsuchten. Den Grundstock des Buches bilden etwa 1.700 Illustrationen: Architekturfotos, Porträts von Persönlichkeiten (mit Biogrammen), Reportagefotos, Reproduktionen von Graphiken, Zeichnungen, Drucken, kunstgewerblichen Objekten, Pläne und Karten. Das Gros des Bildmaterials stammt aus den Beständen des Museums der Polnischen Waffe (Muzeum Oręża Polskiego) in Kolberg. Für die Kommentare und Bildunterschriften wurden auch Zitate verwendet. Der Aufbau in Form einer Chronik verleiht dem Band einen lexikalischen Charakter. Ein Verzeichnis der Herrscher und Verwalter der Stadt von 1140 bis 2000 sowie ein Personenregister ergänzen den Text. Am Ende des Buches findet sich eine Auswahlbibliographie mit Monographien zur Stadtgeschichte.

Ewa Gwiazdowska

Lech Leciejewicz, Marian Rębkowski: Kołobrzeg. Średniowieczne miasto nad Bałtykiem. Eine mittelalterliche Stadt an der Ostsee. Kołobrzeg: Wydawnictwo Le Petit Café 2000. 140 S., Abb., poln. u. dt. Text. ISBN 83-900271-6-X.

Die populärwissenschaftliche Publikation stellt die Genese und die Geschichte der mittelalterlichen Stadt Kolberg/Kołobrzeg sachlich, vielseitig und anschaulich dar. Sie behandelt in zwei Teilen die „Frühmittelalterlichen Anfänge" und die „Hansestadt"; beide Abschnitte werden durch eine historische Einführung eingeleitet. Im ersten Teil behandelt der Autor anhand archäologischer Forschungen und schriftlicher Quellen die Geschichte der Region Kolberg im 11. und 12. Jahrhundert, die Lage der ältesten Siedlung in Kolberg und deren Bevölkerungsstruktur, die Tätigkeiten der Bewohner, den Bau eines Verteidigungssystems, die Formen der Wohnbauten, den Handel und die Anlage des Hafens und dessen Bedeutung für die Entwicklung der Stadt und ihres Umlands, die Lage und die Struktur der Salinen. In der Zusammenfassung unterstreicht er die Bedeutung der Salzproduktion sowie der politischen Rolle Kolbergs für die Stadtentwicklung. Der zweite Teil des Buches beschreibt die Stadt in der Zeit zwischen dem 13. und dem 15. Jahrhundert. Themen sind hier die Entstehung der zahlreichen Vorstädte und der Neustadt, die Wohnbebauung in Form von Ziegelhäusern, das geistliche Leben und die damit verbundene Sakralarchitektur. Zum Abschluß werden die politischen und wirtschaftlichen Ereignisse untersucht, die Kolbergs Prosperität ein Ende setzten. Farbige Karten, Aquarelle, die das ehemalige Aussehen der Stadt rekonstruieren, Inventarisationszeichnungen und Farbbilder der Kulturgegenstände, die bei Ausgrabungen auf dem Stadtgebiet zutage gefördert wurden, lassen ein reiches und lebendiges Bild der Vergangenheit Kolbergs entstehen.

Ewa Gwiazdowska

Lech Leciejewicz, Marian Rębkowski (Hg.): Salsa Cholbergensis. Kołobrzeg w średniowieczu [Salsa Cholbergensis. Kolberg im Mittelalter]. Kołobrzeg: Wydawnictwo Le Petit Café 2000. 255 S., Abb., dt. Zusammenfassung. ISBN 83-900271-5-1.

Die Publikation faßt die Beiträge der internationalen Tagung gleichen Titels zusammen, die vom 25. bis 27. Mai 2000 im Rahmen der Feierlichkeiten zum 1000jährigen Jubiläum des Bistums Kolberg/Kołobrzeg stattfand. Das Programm der Konferenz bestimmt auch die Gliederung des Buches, dessen ersten Teil historische Beiträge zur Entwicklung der Stadt und deren Rahmenbedingungen bilden. Die Autoren untersuchen die Rolle der weltlichen Machthaber und der kirchlichen Institutionen sowie die Stellung Kolbergs innerhalb des Wirtschaftsgefüges der Hansestädte, u. a. Kolbergs Rolle als Salzproduzent. Die Artikel des umfangreichen zweiten Teils werten die Ergebnisse archäologischer Forschungen aus. Sie informieren über die Anfänge der Siedlung, über die architektonische und städtebauliche Entwicklung der Stadt sowie über die wirtschaftlichen Aktivitäten ihrer Bewohner, die anhand der Herstellung und des Konsums von Lebensmitteln und Kleidung illustriert werden. Die dritte Gruppe der Beiträge behandelt die Entfaltung der Kunst und des geistigen Lebens in Kolberg. Die Publikation ist mit Schwarzweißabbildungen, Zeichnungen, Kartenmaterial und statistischen Darstellungen reich illustriert. Jeder Artikel schließt mit einer Bibliographie zum jeweiligen Thema.

Ewa Gwiazdowska

Wojciech Łysiak (Hg.): Trzebiatów – historia i kultura II. Materiały z konferencji, Trzebiatów, 17–18 maja 2000 [Treptow a. d. Rega – Geschichte und Kultur II. Beiträge der Tagung vom 17.–18. Mai 2000 in Treptow]. Poznań: Wydawnictwo „Eco" 2001. 214 S., Abb. ISBN 83-87437-08-5.

Der Band vereint die Beiträge der zweiten interdisziplinären Tagung zur Kultur von Treptow an der Rega / Trzebiatów, die vom Institut für Ethnologie und Kulturanthropologie der Adam-Mickiewicz-Universität Posen/Poznań und vom Treptower Kulturzentrum organisiert wurde. Die Artikel stammen von 20 Wissenschaftlern aus Pommern, die die Disziplinen Geschichte, Kunstgeschichte, Volkskunde und Sprachwissenschaft vertreten. Das Themenspektrum umfaßt die Stadtgeschichte zur Zeit des Verfalls der Feudalherrschaft, die Entwicklung des Handwerks, das Schulwesen, die Geschichte der Jugend, die Freizeitkultur des Bürgertums, die Architekturgeschichte, besonders der Pfarrkirche und des Rathauses, die Persönlichkeit des Stadtgeschichtsforschers Johann Matlock, historische Stadtansichten, die Flurbezeichnungen, regionale Legenden, die Darstellung der Stadt in den Medien sowie die Bedeutung von Deep/Mrzeżyno, des Seebads von Treptow. Die Beiträge sind durch Schwarzweißabbildungen illustriert, der Band enthält ein Orts- und Personenregister.

Ewa Gwiazdowska

Wojciech Łysiak: Życie dawnych Pomorzan. Materiały z konferencji, Bytów, 20–21 października 2000 [Das Leben der alten Pommern. Beiträge der Tagung vom 20.–21.10.2000 in Bütow]. Bytów, Poznań: Wydawnictwo „Eco" 2001. 292 S., Abb. ISBN 83-87437-06-7.

Der Band enthält die Beiträge einer interdisziplinären Tagung zu verschiedenen Aspekten der pommerschen Geschichte aus den Bereichen Kultur, Kunst, Wirtschaft und Politik, die in chronologischer Folge vom Mittelalter (9. Jahrhundert) bis in die erste Hälfte des 20. Jahrhunderts angeordnet sind. Veranstalter der Tagung waren das Westkaschubische Museum in Bütow/Bytów und das Institut für Ethnologie und Kulturanthropologie der Universität Posen/Poznań. Die Autoren der 24 Beiträge – vor allem Ethnologen, daneben Historiker, Kunsthistoriker und Linguisten – befassen sich mit den Siedlungsformen im Mittelalter, den Ortsnamen, den Aktivitäten der Klöster am Beispiel der Johanniter in Stargard, dem Einfluß der Reformation, der Rolle des Geldwesens, der Entwicklung der Volkskultur in der Region (u. a. am Beispiel der Pyritzer Tracht, von Zwergenlegenden und der Volksmedizin), der künstlerischen Entwicklung (Sakralplastik, herausragende Künstler wie

Ludwig August Most, R. Zenke, Entwicklungen im Museumswesen), dem Alltagsleben in Stadt und Land, der Situation der Bevölkerung nach dem Zweiten Weltkrieg unter neuen politischen Bedingungen. Einige Artikel sind durch Schwarzweißabbildungen illustriert. Ein Orts- und Personenregister erschließt den Band.

Ewa Gwiazdowska

Jadwiga Najdowa: Julo Levin. Życie i twórczość [Julo Levin. Leben und Werk]. Szczecin: Zamek Książąt Pomorskich w Szczecinie 2001. 52 S., 7 s.-w., 16 farb. Abb. ISBN 83-906184-6-X.

Die schmale Monographie über den bedeutenden Stettiner Expressionisten jüdischer Herkunft (geboren in Stettin 1901, ermordet 1943 in Auschwitz) vergegenwärtigt dessen malerisches und zeichnerisches Werk, das sich mittlerweile wachsender Wertschätzung erfreut. Der Band erschien im Zusammenhang mit einer Ausstellung und einem Seminar anläßlich des 100. Geburtstags des Künstlers, die im Schloß der Pommerschen Herzöge in Stettin/Szczecin stattfanden. Autorin des Bandes ist die langjährige Leiterin der Galerie für zeitgenössische Kunst im Stettiner Nationalmuseum, eine verdiente Wissenschaftlerin auf dem Gebiet der modernen Kunst. Das Buch enthält biographische Angaben, eine Analyse der künstlerischen Persönlichkeit des Malers, die anhand ausgewählter Werke entwickelt wird, sowie Anmerkungen zur Rezeption seines Werkes. Die Autorin erinnert an Mike Monjan, die Frau eines Freundes von Levin, die einen Teil des Nachlasses vor der Vernichtung rettete. Ein Kalendarium von Levins Schaffen beschließt das Buch. Besonders erwähnenswert ist die hohe Qualität der Abbildungen, vor allem der Landschaften und Porträts. Ein Großteil der Werke Levins befindet sich im Besitz des Düsseldorfer Stadtmuseums, weitere stammen aus dem Pommerschen Landesmuseum in Greifswald und dem Stettiner Nationalmuseum.

Ewa Gwiazdowska

Ewa Pierzchała (Bearb.): Plany i widoki Szczecina na przestrzeni wieków. Katalog wystawy = Pläne und Stadtansichten von Stettin um die Jahrhundertwende. Ausstellungskatalog. Szczecin: Książnica Pomorska 2001. 75 S., 32 s.-w. u. farb. Abb. ISBN 83-87879-27-4.

Die zweisprachige Publikation begleitete die gleichnamige Ausstellung, die die Staatsbibliothek zu Berlin – Preußischer Kulturbesitz, die Pommersche Bibliothek, das Nationalmuseum und die Universität Stettin/Szczecin gemeinsam erarbeiteten. Der Band erschien im Zusammenhang mit der vom 25. bis 27.10.2001 in Stettin tagenden 28. Allgemeinen Polnischen Kartographischen Konferenz „Karten in Computersystemen", die die Stettiner Universität organisierte. 32 Katalogeinträge mit Illustrationen dokumentieren das Bild Stettins auf Plänen und Panoramen von 1590 (Ansicht der mittelalterlichen Stadt aus der Vogelperspektive von Georg Braun und Franz Hogenberg) bis 1935 (Vorschlag zur Stadterweiterung von „Groß-Stettin"). Die Pläne geben Auskunft über das Straßennetz, die Form des Verteidigungssystems, die Stadtsilhouette, die städtebauliche Entwicklung, die Topographie der nächsten Umgebung der Stadt (Geländeformen, Straßenverlauf, Gewässer, Landnutzung). Die Reproduktionen werden von einer kurzen Beschreibung mit Katalogangaben und einem Kommentar begleitet. Die biographischen Angaben werden in Kurzform gegeben. Das große Verdienst des Katalogs liegt in der Qualität des Abbildungsmaterials.

Ewa Gwiazdowska

Grażyna Przykucka (Bearb., unter Mitarb. von Mariola Pruska): Lębork z przełomu XIX i XX wieku = Lauenburg in Pommern um die Wende des 19./20. Jahrhunderts. Lębork: Muzeum w Lęborku [2000]. 33, [6] S., s.-w. u. farb. Abb. ISBN 83-911467-6-6.

Der vom Museum in Lauenburg/Lębork herausgegebene Bildband in deutscher und polnischer Sprache zeigt Stadtansichten vorwiegend auf historischen Postkarten und Archivfotos, die in langjährigen Forschungen zusammengetragen wurden. Eine kurze Einführung skizziert die Stadtgeschichte und beschreibt die Sammlung von Stadtplänen aus der ersten Hälfte des 20. Jahrhunderts, die durch eine Konkordanz der polnischen und deutschen Straßennamen erschlossen wird. Der Band vereint Ansichten der Stadt aus der Vogelperspektive, Fotos von Straßen und Plätzen, von Wehranlagen, von Sakral- und Repräsentationsbauten sowie Umbauten im Stadtzentrum und an der Peripherie, von Wirtschafts- und Industriebauten, Erholungseinrichtungen und von der Landschaft vor den Toren der Stadt. Die 89 historischen Ansichten werden durch kurze Anmerkungen erläutert. Historische Reklamevignetten bereichern den Band, der sich durch exzellente graphische und drucktechnische Qualität auszeichnet.

Ewa Gwiazdowska

Stargardia. Rocznik Muzeum w Stargardzie [Stargardia. Jahrbuch des Museums in Stargard]. T. [Bd.] 1. Stargard: Muzeum w Stargardzie 2001. 366 S., Abb., dt. Zusammenfassung. ISSN 1641-7747.

Das Museum in Stargard in Pommern hat mit der Herausgabe eines Jahrbuchs begonnen, das Themen der Geisteswissenschaft in Pommern vom Mittelalter bis in die Gegenwart behandelt. Der vorliegende erste Band gliedert sich in acht Abschnitte. Die ersten beiden – übergreifenden – enthalten Artikel und Kurzbeiträge. Die folgenden drei sind der Region Stargard gewidmet und umfassen Abhandlungen über Kunstdenkmäler, Beiträge zu einem biographischen Wörterbuch und eine Bibliographie zur Geschichte der Region. Die Abschnitte sechs und sieben beinhalten Diskussionsbeiträge, Rezensionen, Besprechungen und Essays. In Abschnitt acht wird über die Arbeit des Museums in Stargard berichtet. Der Band behandelt verschiedene Themenbereiche, vor allem mit Bezug zu Stargard. Historische Abhandlungen dominieren; sie betreffen vor allem die politische Geschichte: die administrative Gliederung des Landkreises Stargard im 19. und 20. Jahrhundert, das Stargarder Statut von 1921/22, die Geschichte der russischen Heereseinheiten in Klützow/Kluczewo. Weiter findet man Beiträge zur Stadtentwicklung Stargards im 19. Jahrhundert sowie zum Bau der Bahnlinie Stargard–Köslin/Koszalin, welche entscheidend zur wirtschaftlichen Entwicklung der Stadt beitrug. Die Artikel zu Kunstgeschichte, Museumswesen und Denkmalpflege umfassen die Inventarisation pommerscher Friedhofstore, eine Analyse von Pfeifenköpfen mit figürlichen Darstellungen, Beiträge zur Glockengießkunst in Stargard um 1500, zu Komponisten der ersten Hälfte des 17. Jahrhunderts, zur Entwicklung des Museums und Sammlungswesens unter besonderer Berücksichtigung des Heimatmuseums in Stargard und zur Restaurierung der größten Pfarrkirche in Pommern, der Stargarder Marienkirche. Zu diesem Abschnitt gehört auch ein Beitrag über Stettiner Veduten aus dem 19. und 20. Jahrhundert. Unter den philologischen Beiträgen verdienen je ein Artikel über slawische Ortsnamen im Landkreis Stargard und die „Gesellschaft für Zeitungskunde und Buchdruck in Pommern" besondere Beachtung. Ein Bericht über Ausgrabungen auf dem Terrain des Friedhofs am ehemaligen Augustinerkloster in Stargard repräsentiert das Fach Archäologie. Im Tätigkeitsbericht des Stargarder Museums wird u. a. eine für die Stadtgeschichte wichtige Neuerwerbung vorgestellt: das Porträt des Pastors Michael Plönzig aus dem 17. Jahrhundert.

Ewa Gwiazdowska

5. Schlesien

Architektura i sztuka sakralna na Górnym Śląsku [Sakralarchitektur und Kirchenkunst in Oberschlesien]. Tarnowskie Góry: Wydawnictwo Instytutu Tarnogórskiego 2000. 160 S., 114 Abb. ISSN 0860-3693.

In der Schriftenreihe des Tarnowitzer Instituts (Instytut Tarnogórski) erschien dieser Band mit den Beiträgen der 12. Tarnowitzer Wissenschaftstagung, die 2000 in Georgenberg/Miasteczko Śląskie stattfand. Wie schon die Tagung hat auch die Publikation vor allem das Ziel, die neuesten Forschungen zur Sakralkunst in Oberschlesien zu präsentieren. Am Beginn steht der Beitrag von Barbara Szczypka-Gwiazda über die Christ-König-Kirche in Gleiwitz/Gliwice. Die ersten Entwürfe für diesen Bau aus der Zwischenkriegszeit von Dominikus Böhm blieben unausgeführt; zur Realisierung gelangte das Projekt des in Gleiwitz ansässigen Architekten Karl Mayr aus Salzburg, eines Schülers von Clemens Holzmeister. Die Autorin rekonstruiert die Planungsgeschichte und stellt den Bau in einen breiteren architekturhistorischen Kontext. Irma Kozina befaßt sich mit den Beispielen oberschlesischer Sakralbaukunst, die im Handbuch „Stadt- und Landkirchen" (Berlin 1905) von Oskar Hossfeld publiziert wurden. Sie erläutert die Überlegungen des Architekten zur Sakralarchitektur und zitiert die Beschreibungen im Handbuch zu den Kirchen u. a. in Georgenberg, Groß Strehlitz/Strzelce Opolskie, Rosenberg/Olesno und Neustadt/Prudnik. Tomasz Wagner untersucht die Geschichte des Kloster- und Spitalkomplexes der Kamillianer in Hindenburg/Zabrze im Zusammenhang mit der Tätigkeit Dominikus Böhms in Oberschlesien. Przemysław Nadolski und Marek Wroński steuern einen Kurzbeitrag zur Geschichte des Kirchenneubaus in Georgenberg bei. Damian Adamczak berichtet über den Erhaltungszustand von Holzkirchen in Oberschlesien und liefert eine Bibliographie der Neuerscheinungen zu diesem Thema. M. Wroński gibt eine inventarhafte Beschreibung der Ausstattung der Holzkirche St. Maria in Georgenberg, wobei er sich auf die Objekte aus dem 17. und 18. Jahrhundert konzentriert. Jerzy Bugajski befaßt sich mit den Wegkapellen und -kreuzen in der Gemeinde Tworog/Tworóg. Małgorzata Derus und Przemysław Nadolski stellen neue Materialien zum Werk des Beuthener Architekten Paul Jakisch vor, der um 1900 zahlreiche Sakralbauten und öffentliche Gebäude in Oberschlesien entwarf, darunter das Rathaus in Myslowitz/Mysłowice im Stil der Neorenaissance sowie Kirchen in mittelalterlichem Stilgewand, u. a. in Beuthen/Bytom und Siemianowitz/Siemianowice. Jerzy Gorzelik unterzieht die freistehenden Sakralplastiken aus der Oesterreicher-Werkstatt einer ausführlichen stilistischen Untersuchung; er behandelt u. a. die Mariensäule in Ratibor/Racibórz, die Immaculatafigur in Gleiwitz, die Nepomukfiguren in Rybnik, Ratibor-Ostrog/Ostróg, Loslau/Wodzisław, Ratiborhammer/Kuźnia Raciborska, Schedlitz/Siedlec, Leschnitz/Leśnica, Ujest/Ujazd, Januschkowitz/Januszkowice, die Florian- und Nepomukstatuen in Tarnowitz sowie die Figurengruppe mit dem hl. Nepomuk als Almosenspender in Ratibor. In einem weiteren Artikel befaßt sich Gorzelik mit einer Gruppe von Kopien des Heiligen Grabes in Görlitz, die im 17. Jahrhundert in Schlesien entstanden: in Sagan/Żagań, Oberglogau/Głogówek, Ratibor und Potempa/Potępa. Ergänzend dazu behandelt M. Wroński die Entstehung des Heiligen Grabes in Potempa. Mit der

Kunst des Barocks befaßt sich auch Antonina Żaba in ihrem Beitrag über die sogenannte Froschperspektive. Sie stellt die Erkenntnisse vor, die sie bei der Restaurierung der aus dem 18. Jahrhundert stammenden illusionistischen Fresken in der Kreuzerhöhungskirche in Brieg/Brzeg gewinnen konnte.

Irma Kozina

Edward Białek, Eugeniusz Tomiczek (Hg.): Orbis Linguarum. Legnickie Rozprawy Filologiczne [Liegnitzer Philologische Beiträge] 19. Wrocław: Oficyna Wydawnicza ATUT – Wrocławskie Wydawnictwo Oświatowe 2002. 350 S. ISSN 1426-7241, ISBN 83-87299-77-4.

Der 19. Band der Schriftenreihe ist dem Posener Germanisten und exzellenten Kenner der österreichischen Literaturgeschichte Professor Stefan H. Kaszyński zum 60. Geburtstag gewidmet. Von den 14 Beiträgen des Bandes stellen daher die ersten zwei Kaszyńskis breit angelegte Forschungen und deren Ergebnisse dar, und die 12 weiteren setzen sich mit dem Schaffen österreichischer Schriftsteller und Dichter auseinander. Eine der Ausnahmen ist der umfangreiche Aufsatz von Wojciech Kunicki, der über kulturpolitische Aspekte der Auseinandersetzung um das Carl-Hauptmann-Haus in Mittelschreiberhau/Szklarska Poręba vom Frühjahr 1936 bis zum Frühjahr 1945 handelt. Literarische Texte österreichischer (Marianne Gruber, Alois Vogel, Gerald Jatzek, Beppo Beyerl) und polnischer Autoren (Jerzy Drewnowski, Wiesław Saniewski, Anna Podczaszy, Adam Zieliński) sowie ein Rezensionsteil schließen den Band ab.

Anna Mańko-Matysiak

Edward Białek, Eugeniusz Tomiczek (Hg.): Orbis Linguarum. Legnickie Rozprawy Filologiczne [Liegnitzer Philologische Beiträge] 20. Wrocław: Oficyna Wydawnicza ATUT – Wrocławskie Wydawnictwo Oświatowe 2002. 377 S. ISSN 1426-7241, ISBN 83-87299-83-9.

Der 31 Beiträge umfassende 20. Band der Schriftenreihe präsentiert ein breites Themenspektrum aus dem Bereich der Literatur- und Kulturgeschichte sowie der Linguistik. Dem schlesischen Kulturraum sind gewidmet die Aufsätze von Eugeniusz Klin: „Heimat und Welt im Werke von Richard Wolf (1900–1995)"; Cezary Lipiński: „Zwischen Sittenlosigkeit und Volkserziehung. Zu sittlich-religiösen Zeitgebrechen in Schlesien um die Wende des 18. zum 19. Jh. im Spiegel der ‚Schlesischen Provinzialblätter'"; Edyta Błachut: „Hasła walki propagandowej w polskiej i niemieckiej prasie na Górnym Śląsku w latach 1918–1922" (Parolen des propagandistischen Kampfes in der polnischen und deutschen Presse in Oberschlesien in den Jahren 1918–1922); Rudolf Lenz: „Schlesische Impressionen. Folge 7" und Przemysław Chojnowski: „Różewiczowski dialog kultur" (Der Dialog der Kulturen im Werk von Różewicz).

Anna Mańko-Matysiak

Justyna Bindacz: Krzyżanowice. Kronika XX wieku = Kreuzenort. Chronik des XX. Jahrhunderts. Krzyżanowice: Halegg 1998. 184 S., Abb. ISBN 83-910609-9-3.

Es handelt sich um eine zweisprachige Chronik, die von einer Einwohnerin des oberschlesischen Dorfes Krzysanowitz/Kreuzenort/Krzyżanowice im ehemaligen Kreis Ratibor/Racibórz verfaßt wurde. Sie basiert vor allem auf eigenen Erinnerungen, auf Erinnerungen ihrer Familie sowie auf der historischen Literatur. Die Autorin veröffentlicht zahlreiche Fotos aus dem Privatbesitz von Dorfbewohnern. Ihre Darstellung der Geschichte Kreuzenorts beginnt mit dem Ersten Weltkrieg. Der Zweite Weltkrieg und die Besetzung des Dorfes durch sowjetische Soldaten sind ausführlich dargestellt. Hinzu kommen ins Einzelne gehende Angaben zu der Tätigkeit gesellschaftlicher Organisationen, der Betriebe, der Ämter oder Geschäfte. In einem Anhang finden sich Kirchenliedtexte, Erzählungen sowie eine Aufstellung der Bewohner des Dorfes vor 1945. Das von einer Amateurhistorikerin verfaßte Buch weist die charakteristischen Merkmale dieser Art historischer Literatur auf. Allerdings sind in der vorliegenden Dorfchronik zahlreiche interessante Informationen über den Alltag der Bewohner enthalten, die sich heute als Angehörige der deutschen Minderheit bezeichnen.

Krzysztof Ruchniewicz

Cezary Buśko, Mateusz Goliński, Michał Kaczmarek, Leszek Ziątkowski: Historia Wrocławia. T. I: Od pradziejów do końca czasów habsburskich [Geschichte Breslaus. Bd. 1: Von der Urgeschichte bis zum Ende der Habsburger Zeit]. Wrocław: Wydawnictwo Dolnośląskie 2001. 319 S., Abb. ISBN 83-7023-863-7.

Teresa Kulak: Historia Wrocławia. T. II: Od twierdzy fryderycjańskiej do twierdzy hitlerowskiej [Geschichte Breslaus. Bd. 2: Von der friderizianischen Festung bis zur nationalsozialistischen Festung]. Wrocław: Wydawnictwo Dolnośląskie 2001. 367 S., Abb. ISBN 83-7023-897-1.

Włodzimierz Suleja: Historia Wrocławia. T. III: W Polsce Ludowej, PRL i III Rzeczypospolitej [Geschichte Breslaus. Bd. 3: In Volkspolen, der Volksrepublik Polen und der 3. Republik]. Wrocław: Wydawnictwo Dolnośląskie 2001. 190 S., Abb. ISBN 83-7023-898-X.

Die drei Bände der „Historia Wrocławia" bilden die umfangreichste polnische Darstellung der Geschichte der niederschlesischen Hauptstadt. Autoren sind hauptsächlich Mitarbeiter des Historischen Instituts der Universität Breslau/Wrocław, die sich schon früher mit dieser Thematik beschäftigt haben. Band 1 besteht aus drei Teilen. Der erste Teil behandelt die Geschichte der Stadt vor der Lokation, der zweite die Geschichte bis zum Anfang des 16. Jahrhunderts; der letzte Teil ist dem 16. Jahrhundert gewidmet und behandelt die Stadtentwicklung, das Wirtschaftsleben, das politische System und das religiöse Leben. Im Vorwort betonen die Verfasser, daß sie gegenüber der früheren Historiographie oft eine kritische Position einnehmen. Die thematischen Schwerpunkte des Bandes spiegeln die Hauptinteressen seiner Autoren wider; so ist z. B. die besonders detailreiche Behandlung des Zeitraums zwischen 1570 und 1740 zu erklären. Band 2, der von nur einem Autor verfaßt wurde, ist demgegenüber einheitlicher. Er ist chronologisch gegliedert und besteht aus vier Teilen (bis 1806, bis 1870, bis 1918, bis 1945). Demographischen, gesellschaftlichen und wirtschaftlichen Fragen sowie der Entwicklung der städtischen Infrastruktur ist verhältnismäßig viel Platz eingeräumt. Band 3 stellt die bislang umfangreichste Darstellung der Nachkriegsgeschichte Breslaus dar. Er beruht, anders als die beiden ersten Bände, großenteils auf Archivquellen, da die Thematik in der Literatur erst unzureichend behandelt wurde. Dieser Band ist, der Chronologie entsprechend, in neun Kapitel eingeteilt; er wird mit der Übernahme der Stadt durch die polnische Bevölkerung eingeleitet und führt bis zum Anfang der 90er Jahre. Der Tätigkeit der Opposition und dem gesellschaftlichen Widerstand gegen die kommunistischen Machthaber ist dabei viel Aufmerksamkeit gewidmet.

Krzysztof Ruchniewicz

Cezary Buśko, Jerzy Piekalski: Ze studiów nad życiem codziennym w średniowiecznym mieście. Parcele przy ulicy Więziennej 10–11 we Wrocławiu [Studien zum Alltagsleben in der mittelalterlichen Stadt. Die Parzellen an der Storchgasse 10 und 11 in Breslau] (Wratislavia Antiqua. Seria wydawnicza Instytutu Archeologii Uniwersytetu Wrocławskiego i Oddziału Wrocławskiego Polskiej Akademii Nauk [Wratislavia Antiqua. Publikationsreihe des Archäologischen Instituts der Universität Breslau und der Breslauer Abteilung der Polnischen Akademie der Wissenschaften] 1). Wrocław: GAJT Wydawnictwo 1999. 256 S., 165 Abb. ISBN 83-910542-6-8.

„Wratislavia Antiqua" ist eine neue Publikationsreihe, die sich mit der Vergangenheit von Breslau/Wrocław befaßt. Die Autoren der bislang erschienenen vier Bände sind Mitarbeiter des Archäologischen Instituts der Universität Breslau. Publiziert werden sowohl Quellenstudien wie auch monographische Untersuchungen. Ziel der Redaktion ist eine Erweiterung des Publikationsprogramms um Arbeiten aus den Bereichen Kunstgeschichte, Architektur und Geschichte. Alle vier Bände überzeugen durch eine sorgfältige Redaktion und sind durch zahlreiche Karten, Diagramme, Zeichnungen und Fotos illustriert. Der erste Band mit „Studien zum Alltagsleben in der mittelalterlichen Stadt" erschließt nicht nur archäologische Quellen, sondern analysiert die Veränderungen in der räumlichen Nutzung der beiden benachbarten Grundstücke an der ehemaligen Storchgasse 10 und 11 sowie den Wandel des Lebensstandards und der sozialen Bedingungen ihrer Bewohner von der Mitte des 13. bis zur Wende des 17. Jahrhunderts.

Maria Zwierz

Wojciech Ciężkowski, Jacek Dębicki, Ryszard Gładkiewicz (Hg.): Zdroje Ziemi Kłodzkiej. Historia, przyroda, kultura, przyszłość [Bäder des Glatzer Landes. Geschichte, Natur, Kultur, Zukunft] (Kłodzkie spotkania muzealne [Glatzer Museumstreffen] 2). Wrocław, Kłodzko: Uniwersytet Wrocławski, Muzeum Ziemi Kłodzkiej 2000. 184 S., Abb., engl. Einleitung u. Zusammenfassung. ISBN 83-88430-11-4.

Diese Publikation entstand in Zusammenarbeit der Universität Breslau/Wrocław mit dem Museum des Glatzer Landes, Glatz/Kłodzko. Sie besteht aus dreizehn Aufsätzen, die sich vor allem mit unterschiedlichen Aspekten der Geschichte, Natur, Kultur und Zukunft der Glatzer Kurorte beschäftigen. Unter den historischen Texten sind die Beiträge von J. Dębicki zur Geschichte dieser Orte bis zum Ende des 18. Jahrhunderts sowie von G. Balicka und R. Eysymontt über die Bäderarchitektur besonders interessant. Die Quellen zur Geschichte der Bäder des Glatzer Landes stellt R. Stelmach vor. Den Band schließen interessante Erinnerungen von Johannes Gütler, einem Deutschen aus Bad Landeck/Lądek Zdrój, ab.

Krzysztof Ruchniewicz

Marek Czapliński, Elżbieta Kaszuba, Gabriela Wąs, Rościsław Żerelik: Historia Śląska [Geschichte Schlesiens] (Acta Universitatis Wratislaviensis 2364). Wrocław: Wydawnictwo Uniwersytetu Wrocławskiego 2002. 611 S., 65 Abb. ISBN 83-229-2213-2.

Es handelt sich um den ersten Abriß der Geschichte Schlesiens, der nach 30 Jahren in Polen herausgebracht wurde. Aufgabe dieser Geschichtsdarstellung ist es, dem polnischen Leser die Forschungsergebnisse der polnischen wie der deutschen Historiker vorzustellen. Die Darstellung wurde von Mitarbeitern des Historischen Instituts der Universität Breslau/Wrocław geschrieben. Sie behandelt die Geschichte Ober- und Niederschlesiens von den Anfängen bis zur heutigen Zeit, die Geschichte der Teilung der schlesischen Region, das Schicksal seiner Bewohner im polnischen und im deutschen Staat. Diese neue Darstellung der Geschichte Schlesiens unterscheidet sich von älteren polnischen Arbeiten dadurch, daß der Geschichte vor 1945 ein breiterer Raum gewidmet ist. Die Zeit des Mittelalters stellt R. Żerelik, die Neuzeit G. Wąs, die Jahre 1806–1945 M. Czapliński und die Nachkriegsgeschichte E. Kaszuba dar. In dem Band werden viele Fragen angesprochen, die vor 1989 nicht behandelt wurden, wie z. B. die Aussiedlung der deutschen Bevölkerung, das Schicksal der deutschen Minderheit und die Frage des deutschen Kulturerbes.

Krzysztof Ruchniewicz

Mirosława Czarnecka, Jolanta Szafarz (Hg.): Hochzeit als ritus und casus. Zu interkulturellen und multimedialen Präsentationsformen im Barock (Beihefte zum Orbis Linguarum, hg. v. Edward Białek und Eugeniusz Tomiczek, 12). Wrocław: Oficyna Wydawnicza ATUT – Wrocławskie Wydawnictwo Oświatowe 2001. 569 S. ISBN 83-87299-47-2.

In diesem Band zu barocken Präsentationsformen der Hochzeitsproblematik wird die Debatte über die Sozial-, Mentalitäts- und Alltagsgeschichte des frühneuzeitlichen Menschen erneut aufgegriffen. Seine Herausgeberinnen, die Breslauer Germanistinnen Mirosława Czarnecka und Jolanta Szafarz, setzen sich zum Ziel, das hochzeitliche Ritual der frühneuzeitlichen Gesellschaft in einem multikulturellen Kontext und somit in all seiner Vielfalt und Differenziertheit zu präsentieren. Das Fallbeispiel Schlesien ist mit seinem mosaikartigen Gepräge in politischer, religiöser und nationaler Hinsicht für die Legitimation dieses Vorhabens signifikant. Sein Ergebnis ist ein voluminöser Band mit zwölf Beiträgen polnischer, deutscher und tschechischer Wissenschaftler. Vor dem Auge des Lesers entfaltet sich ein Bündel diverser Deutungsmuster, die entweder eine epochal systematisierende Überblicksdarstellung oder einzelne Teilaspekte zu erklären beanspruchen. Die Diskussion eröffnen kulturgeschichtliche Untersuchungen zum altpolnischen Hochzeitsritual von Maria Bogucka („Die altpolnische Ehe: Ziele und Prinzipien der Partnerwahl") und Ludwika Ślękowa („Altpolnische Hochzeitscarmina im rituellen Kontext"). Hochzeitsbräuche des böhmischen Kulturkreises kommen in dem Beitrag (mit Textbeilagen) von Jan Kvapil („Hochzeitsthematik in der böhmischen Barockliteratur") in den Blick. Über den Rahmen der christlichen Tradition hinaus geht der Beitrag von Arno Herzig („Jüdische Hochzeiten im Barockzeitalter"), wobei der schlesischen Region besondere Beachtung geschenkt wird. Vor dem multikulturellen und interkonfessionellen Panorama wird in den folgenden Beiträgen die Komplexität des Rituals sozialpolitisch und -gesellschaftlich definiert (Heinz Duchhardt: „Die dynastische Heirat als politisches Signal"; Edmund Kizik: „Hochzeitskranz und Hochzeitskrone in polnischen und deutschen Städten vom 16. bis zum 18. Jahrhundert"). Die Interdependenz von Wort und Bild kommt des weiteren in den Beiträgen von Dietmar Peil („Ehe- und Hochzeits-Embleme. Anmerkungen zu den Verwendungsmöglichkeiten einer Gattung im Ehe-Diskurs der frühen Neuzeit") und Aleksandra Bek („Lutherisches Konzept der Ehe und ihre Abbildung in der Kultur und Kunst Schlesiens der Reformationszeit") zum Tragen. Literaturkritische Analysen zur Gelegenheitsdichtung aus dem königlichen bzw. fürstlichen Ambiente aus der Feder schlesischer Dichter des Barock bieten Tomasz Jabłecki („,Grosser Leute gunst zu kriegen ...'. Ein Hochzeitsgedicht Benjamin Neukirchs auf die Vermählung von Friedrich III. und Sophie Charlotte, 28. Sept. 1684"), Paweł Nowicki („,Zu Römisch-Hungarisch=Königl. Vermählung / Glückwünschendes Europa'. Ein Gelegenheitsgedicht von Hans Assmann Freiherr von Abschatz") und Stefan Krist („Spiegelungen der Präsentation. Die Münchner Fürstenhochzeit von 1568 in den Dialogen von Massimo Troiano"). Abschließend wird das spezifische geistige Klima der Epoche am Beispiel der himmlischen Vermählung im Sinne der unio mystica von Cezary Lipiński demonstriert. Der zweite Teil des Bandes bietet dem Leser einen umfänglichen Quellenfundus. Dieser, zusammengestellt aus den Spezialsammlungen der Universitätsbibliothek Breslau/Wrocław, reicht von Auszügen aus den schlesischen Stadtbüchern bzw. Chroniken über theologische und juristische Traktate bis hin zu Exempeln der Gelegenheitsdichtung schlesischer Dichterinnen und Dichter des 17. Jahrhunderts.

Anna Mańko-Matysiak

Małgorzata Derus: Kościoły Siemianowic Śląskich [Kirchen in Laurahütte]. Siemianowice Sląskie 1998. 48 S., 35 Abb. ISBN 83-909938-0-5.

Das auf Initiative der Stadtverwaltung der oberschlesischen Stadt Siemianowitz/Laurahütte/Siemianowice herausgegebene Heft behandelt die Geschichte der fünf ältesten Kirchen dieses Ortes, der 1515 erstmals erwähnt ist und im Zuge der industriellen Entwicklung im 19. Jahrhundert gewaltig wuchs, 1922 zu Polen gelangte und zehn Jahre später das Stadtrecht erhielt. 1951 wurden die Dörfer Michalkowitz/Michałkowice, Bittkow/Bytków, Baingow/Bańgów und Przelaika/Przełajka eingemeindet, daher werden auch Kirchen in diesen neuen Stadtteilen in der Publikation behandelt. Am Anfang steht die Michaelskirche an der Kirchstraße (ul. Kościelna); die dortige Pfarrei ist bereits im 14. Jahrhundert erstmals erwähnt. Der heutige Bau entstand 1902–04 anstelle eines 1786 in spätbarocken Formen errichteten Vorgängers. Der Architekt Ludwig Schneider aus Oppeln/Opole bezog die Fassade des 18. Jahrhunderts in seinen Entwurf ein, obwohl der Bau ansonsten neoromanische Formen trägt. An der Ausstattung der Kirche waren u. a. der Bildschnitzer Karl Buhl und der Maler Julian Waldowski aus Breslau/Wrocław beteiligt. Es folgt die Geschichte der Kirche zum Heiligen Kreuz an der Powstańców-Straße. 1867 wurde hier von den Grafen Henckel von Donnersmarck eine Kirche mit demselben Patrozinium gestiftet. 1881–84 entstand auf einem neuen Baugrund nach Entwürfen des Beuthener Architekten Paul Jackisch ein größerer und repräsentativerer Bau in Form einer neogotischen, dreischiffigen Basilika mit einem Turm. Auch hier lieferte die Firma Buhl die Altäre; die Altarblätter fertigte ein Breslauer Maler namens Fahnroth. Die Antoniuskirche an der Kapellenstraße (ul. Kaplicy) entstand 1914 durch den Umbau einer von Theodor Heidrich entworfenen Markthalle. Eine grundlegende Umgestaltung erfolgte erneut 1928 nach Plänen von Jan Biasion und Stanisław Porębski aus Kattowitz/Katowice; der Hauptaltar von 1931 stammt von Jan Seretta aus Pawlowitz/Pawłowice. Die Hallenkirche mit einer Doppelturmfassade trägt Züge des Art Déco unter Einbeziehung neogotischer Elemente. Die evangelische Martin-Luther-Kirche aus dem Jahr 1892 schreibt die Autorin dem Bauinspektor Franz Posener aus Pleß/Pszczyna zu. Die Glasfenster entwarf C. L. Tuerke, die Fresken stammen von Willy Fitzner und Margarethe Spindler-Hahn. Der Baugrund der Kirche Mariae Himmelfahrt im Stadtteil Przelaika wurde bereits 1919 ausgewiesen, bis zum Ende des Zweiten Weltkriegs stand hier jedoch nur eine Kapelle. Die heutige, von romanischer Architektur inspirierte Kirche entstand 1948–51 nach dem Entwurf von Jan

Kapółka; die Ausstattung stammt von Eugeniusz Samek. Die Autorin stützt sich bei ihren Ausführungen auf archivalische Quellen und wertet die Sekundärliteratur aus, sie gibt eine Fülle von Detailinformationen zur Geschichte der jeweiligen Pfarreien. Allerdings fehlt eine kunsthistorische Analyse der vorgestellten Bauten. Trotz dieser Einschränkung liefert der Band einen wichtigen Beitrag zur Regionalgeschichte und zu einem bislang unerforschten Thema.

Irma Kozina

Dolny Śląsk [Niederschlesien]. [Bd.] 9 (2001). Wrocław: Dolnośląskie Towarzystwo Społeczno-Kulturalne 2001. 381 S., Abb. ISSN 1234-9941.

Das Jahrbuch enthält in den Rubriken „Mensch und Umwelt", „Kultur", „Aus der Vergangenheit", „Regionales", „Porträts" und „Besprechungen" insgesamt 44 Beiträge. Unter der Rubrik „Mensch und Umwelt" befassen sich u. a. Anita Biesiada und Adam Szewczuk sowie Karol Wolski mit den Problemen und Lösungen in Landwirtschaft und Gartenbau nach dem Hochwasser von 1997 in Niederschlesien. In der Abteilung „Kultur" schreibt u. a. Kazimierza Maleczyńska über die Buchbestände in niederschlesischen Städten zur Zeit der Renaissance; Mirosław Przyłęcki spricht die Frage des kulturellen Erbes der Region an. In diesem Teil ist auch die Verleihung des vom Land Niedersachsen vergebenen „Kulturpreises Schlesien" im Jahr 2000 in Breslau/Wrocław durch die Reden des niedersächsischen Innenministers Heiner Bartling und des niederschlesischen Woiwoden Jan Waszkiewicz sowie durch die Laudationes für die vier Preisträger dokumentiert. In der Abteilung „Aus der Vergangenheit" stellt Włodzimierz Ożga neue Forschungen zur Gründung der Stadt Namslau/Namysłów vor; Pfarrer Antoni Kiełbasa schreibt über die hl. Hedwig. Jerzy B. Kos porträtiert den Chirurgen Jan Mikulicz-Radecki (1850–1905) in seiner Bedeutung für den Ruf der Breslauer Medizin. Im Rezensionsteil werden neue Monographien über niederschlesische Städte sowie vier Publikationen über Mariendarstellungen und andere Sakralbilder aus den ehemaligen polnischen Ostgebieten, die sich heute in Niederschlesien befinden, besprochen.

Krzysztof Ruchniewicz

Dolny Śląsk [Niederschlesien]. [Bd.] 10 (2002). Wrocław: Dolnośląskie Towarzystwo Społeczno-Kulturalne. 354 S., Abb. ISSN 1234-9941.

Als Jubiläumsband ist der Band 10 des Jahrbuchs Breslau/Wrocław gewidmet, dem intellektuellen, kulturellen und politischen Zentrum im südwestlichen Polen. Den Band eröffnen die Aufsätze von M. Czapliński über die historische Rolle Breslaus als Hauptstadt der Region sowie von P. Moras und L. Możdżonek über die Bemühungen der Stadt um die Ausrichtung der Weltausstellung („Expo") im Jahr 2010. Die Rolle der Oder im Leben der Stadt behandelt I. Mironowicz. A. Juzwenko beschreibt die in Lemberg/L'viv/Lwów entstandenen kulturellen Traditionen am Beispiel der Tätigkeit der Ossolineum-Bibliothek. An das Jubiläum der Universität knüpfen die Texte von K. Fiedor über die Breslauer Deutschlandstudien, W. Kunicki über die Breslauer Germanistik und J. Tyszkiewicz über die Breslauer Historiographie der letzten fünfzig Jahre an. Weitere Teile des Jahrbuchs sind der Breslauer Kultur und Kunst gewidmet und bringen Aufsätze über sakrale Kunst sowie über technische Sehenswürdigkeiten in Breslau.

Krzysztof Ruchniewicz

Elżbieta Gajewska-Prorok, Sławomir Oleszczuk: Witraże na Śląsku – XIX i pierwsza połowa XX wieku = Glasmalereien in Schlesien. 19. und erste Hälfte 20. Jahrhundert. [Leipzig:] Edition Leipzig 2001. 164 S., 86 Abb. ISBN 3-361-00528-0.

Die Publikation ist der Glasmalerei in Schlesien vom 19. Jahrhundert bis zum Ausbruch des Zweiten Weltkriegs gewidmet. Behandelt werden Werke aus schlesischen Werkstätten ebenso wie Importe aus anderen Zentren der Glasmalerei im damaligen Deutschland. Der hervorragend illustrierte Bildband in polnischer und deutscher Sprache wurde von der Berlin-Brandenburgischen Akademie der Wissenschaften im Rahmen eines Projekts der deutschen Bundesstiftung Umwelt herausgegeben. Die Autoren unternehmen den Versuch einer Dokumentation, Klassifikation und Analyse der schlesischen Glasmalerei. Die Kunsthistorikerin Elżbieta Grajewska-Prorok skizziert die Geschichte der Glasmalerei in Schlesien, ihre Motivwahl und ihre stilistischen Charakteristika. Sie stellt die Werkstätten vor und macht den Leser mit den Dozenten der Breslauer kunstgewerblichen Fachschulen bekannt, die Entwürfe für Glasmalereien und für die Glashütten in Schlesien lieferten. Denkmalpflegerische Probleme sowie spezielle Methoden zur Restaurierung und Erhaltung von Glasmalereien erörtert der darauf spezialisierte Restaurator Sławomir Oleszczuk am Beispiel der Maßnahmen an den Fenstern der Schutzengelkirche in Waldenburg/Wałbrzych. Diese Dokumentation kann als vorbildhaft für andere Unternehmungen dieser Art gelten. Der Band enthält einen außerordentlich nützlichen, topographisch angelegten Katalog von 75 in Sakralbauten, öffentlichen Gebäuden und Wohnhäusern erhaltenen Glasfenstern sowie von 50 Fenstern, die sich in Museen und Sammlungen befinden (vor allem im Nationalmuseum und im Architekturmuseum in Breslau/Wrocław).

Maria Zwierz

Gesellschaft für interregionalen Kulturaustausch Berlin, Monumenta Silesiae Görlitz, Muzeum Architektury we Wrocławiu, Muzeum Okręgowe w Jeleniej Górze, Ośrodek Ochrony Zabytkowego Krajobrazu, Narodowa Instytucja Kultury, Warszawa (Hg.): Das Tal der Schlösser und Gärten. Das Hirschberger Tal in Schlesien – ein gemeinsames Kulturerbe = Dolina Zamków i Ogrodów. Kotlina Jeleniogórska – wspólne dziedzictwo. Red.: Klaus Bździach. Wrocław: Wrocławska Drukarnia Naukowa PAN 2001. 414 S., s.-w. u. farb. Abb. ISBN 83-914131-0-1.

Der zweisprachige (deutsch-polnische) Band und die dazugehörige Ausstellung sind ein Gemeinschaftsprojekt der Gesellschaft für interregionalen Kulturaustausch e. V., Berlin, der Vereinigung Monumenta Silesiae, Görlitz, des Architekturmuseums Breslau/Wrocław, des Regionalmuseums Hirschberg/Jelenia Góra und des Zentrums für den Schutz der Kulturlandschaften in Warschau/Warszawa. Schlösser, Herrenhäuser und die dazugehörigen Parkanlagen zeugen auch heute noch von der reichen Vergangenheit des Hirschberger Tals. An die wechselvolle Geschichte der Region erinnern die Burgruinen in Alt-Kemnitz/Stara Kamienica oder am Kynast/Chojnik bei Hermsdorf/Sobieszów. Im 18. Jahrhundert errichtete die Familie Schaffgotsch in Warmbrunn/Cieplice Zdrój, dem später beliebten Kurort, ein die Stadt beherrschendes Schloß. Im 19. Jahrhundert nahmen europäische Adelsfamilien wie die Hohenzollern, die Radziwiłł, hessische und oranische Geschlechter das Hirschberger Tal in Besitz. Der preußische Prinz Wilhelm erwarb 1822 das Gut Fischbach/Karpniki im Ostteil des Tals. König Friedrich Wilhelm III. kaufte 1832 für sich ein Schloß in Erdmannsdorf/Mysłakowice; 1839 erwarb er für seine Tochter das nicht weit davon entfernte Schloß Schildau/Wojanów. Die im romantischen Stil errichteten Schloßbauten wurden im Stil der englischen Castle-Gotik umgebaut, um eine stilistische Einheit mit den sie umgebenden Parks herzustellen. Das preußische Königshaus und befreundete europäische Adelsgeschlechter engagierten hierfür hervorragende Architekten wie Karl-Friedrich Schinkel, August Stühler oder den Landschaftsarchitekten Peter Joseph Lenné. Sie schufen bis heute erkennbare Schloß- und Parkensembles, die vor der imposanten Kulisse des Riesengebirges eine Kulturlandschaft von europäischem Rang bilden. Die Autoren des vorliegenden Bandes sind Kunsthistoriker und Denkmalpfleger aus Deutschland und Polen wie Eva Börsch-Supan, Angelika Marsch, Andrzej Wilk, Wojciech Kapałczyński, Klaus von Krosigk. Den umfangreichen Katalog der Burgen und Schlösser des Hirschberger Tals erstellte Arne Franke. Buch und Ausstellung werben eindrucksvoll für diese einzigartige Region und für deren Eintragung in die UNESCO-Liste des Weltkulturerbes.

Maria Zwierz

Anna Glimos-Nadgórska: Polskie szkolnictwo powszechne województwa śląskiego (1922–1939) [Das polnische allgemeine Schulwesen in der Woiwodschaft Schlesien (1922–1939)]. Katowice: Wydawnictwo Uniwersytetu Śląskiego 2000. 226 S., dt. u. engl. Zusammenfassungen. ISBN 83-226-1015-7.

Quellengrundlage der Arbeit sind Akten des Bildungsministeriums und der Schulinspektoren. Die Arbeit ist in sieben Kapitel eingeteilt. Im ersten Kapitel wird die Stellung der Woiwodschaft Schlesien im System Polens umrissen. Dann werden die Organisation und die Tätigkeit der Schulverwaltung sowie der Stand des Schulwesens in der Zwischenkriegszeit behandelt. Das vierte Kapitel beinhaltet eine Charakteristik der Schüler der schlesischen Schulen und bietet zahlreiche statistische Daten über Schulbesuch und Lernfortschritte. Im nächsten Kapitel beschäftigt sich die Verfasserin mit der Diskussion um Bedeutung und Rolle der katholischen Religion im schlesischen Schulwesen. Das letzte Kapitel ist dem schlesischen Lehrkörper (Ausbildung, Besoldung, Rolle der Frauen) gewidmet. Die Arbeit wird durch einen Anhang ergänzt, der Informationen über Ausstattung der Schulen, Schulorganisationen und gesellschaftliche Aktivitäten der Lehrer enthält.

Krzysztof Ruchniewicz

Marek Hałub (Hg.): Silesia Philologica. I Kongres Germanistyki Wrocławskiej [Silesia Philologica. I. Kongreß der Breslauer Germanistik] (Acta Universitatis Wratislaviensis 2386). Wrocław: Wydawnictwo Uniwersytetu Wrocławskiego 2002. 416 S., dt. Zusammenfassungen. ISBN 83-229-2232-9.

In dem Band werden die Referate des ersten, im November 2001 vom Germanistischen Institut der Universität Breslau/Wrocław veranstalteten Kongresses zur Sprachwissenschaft, Literatur- und Kulturgeschichte der schlesischen Region (in polnischer Sprache) ediert. Die 34 präsentierten Beiträge weisen einen interdisziplinären Charakter auf und stellen ein breites Themenspektrum von Forschungsgebieten der Breslauer Germanisten dar: Den Band eröffnet der Inaugurationsvortrag von Marek Hałub: „Schlesische Kultur als Forschungsgegenstand der Breslauer Germanistik“. Ihm folgen die Beiträge zur Sprachwissenschaft: Norbert Morciniec: „Die ethnische Pluralität in der Geschichte Schlesiens, dargestellt am Beispiel sprachlicher Beziehungen“; Lesław Cirko: „Lexikalisches Profil der Wortfamilie ‚Schlesien‘ (am Beispiel gegenwärtiger deutscher Pressetexte)“; Artur Tworek: „(Nieder)schlesisches Deutsch? (Nieder)schlesisches Polnisch? Zur heutigen Aussprache der Niederschlesier“; Agnieszka Moras: „Breslauer Deutsch – die verlorene Sprache“; Roman Lewicki: „Sprachlicher modus vivendi im Europa der Regionen". Zur Literaturgeschichte: Feliks Przybylak: „Beitrag zur Poetik der Nachrenaissance"; Mirosława Czarnecka: „Funktionen der barocken Epithalamien im Hochzeitsritus am Beispiel von Gedichten der schlesischen Autorin Elisabeth von Senitz (1629–1679)"; Paweł Nowicki: „Ein Gelegenheitsgedicht des schlesischen Dichters Hans Assmann Freiherr von Abschatz: ‚Zu Römisch-Hungarisch=Königl. Vermählung/Glückwünschendes Europa'"; Tomasz Jabłecki: „Zwischen Rekommendation und Repräsentation – ein Hochzeitsgedicht Benjamin Neukirchs auf die Vermählung von Friedrich III. und Sophie Charlotte (28. Sept. 1684)"; Kinga Czuchraj: „Schlesische Motive in den Kinderliedern Heinrich Hoffmanns von Fallersleben"; Monika Mańczyk-Krygiel: „Zum Rübezahlmotiv in ausgewählten Werken Rudolf von Gottschalls"; Urszula Bonter: „Die Entdeckung des oberschlesischen Arbeiters im Werk von Valeska von Bethusy-Huc"; Irena Światłowska: „Das epische Breslau. Das deutsche Breslau in der deutschsprachigen Prosa 1900–1933"; Anna Stroka: „Max Herrmann-Neisses Dichtung und ihr Bezug zu Schlesien"; Aldona Wiktorska-Święcka: „Die Welt der Kinderbücher von Janosch – Utopie oder Wirklichkeit? Schlesische Motive im literarischen und künstlerischen Werk des Autors"; Elżbieta Katarzyna Dzikowska: „Polnische Schriftsteller über die deutsche Vergangenheit Schlesiens"; Gabriela Ociepa: „Das imaginierte Schlesien in ausgewählten Werken von Henryk Waniek und Olga Tokarczuk"; Krzysztof A. Kuczyński: „Die deutsche Literatur in Schlesien des 19. und 20. Jahrhunderts in der Forschung polnischer Germanistik nach 1945". Zur Kulturgeschichte: Anna Mańko-Matysiak: „Zum regionalen Charakter evangelischer Gesangbücher aus Schlesien aus dem 16. und 17. Jahrhundert"; Jolanta Szafarz: „Kuriositäten in den schlesischen Chroniken des 17. Jahrhunderts"; Lucjan Puchalski: „Aufklärerische Debatte über geheime Gesellschaften in den ‚Schlesischen Provinzialblättern'"; Ewa Jarosz-Sienkiewicz: „Breslau in Prosa. Über die Zeitschrift ‚Der Breslauische Erzähler' – 1800–1806"; Leszek Dziemianko: „Karl von Holtei und seine Zeitschrift ‚Der Obernigker Bote'"; Aleksandra Nadkierniczna-Stasik: „‚Das Theater gehört in die Hände des aufgeklärten Despoten'. Das Sprechtheater und das Musiktheater um die Wende des 19. und 20. Jahrhunderts in Breslau"; Małgorzata Kęsicka: „Poelzig – Architekt der Jahrhundert- und Kulturwende"; Edward Białek: „Der Logaubund Liegnitz und die Zeitschrift ‚Die Saat'"; Wojciech Kunicki: „Kulturpolitik in Schlesien von 1933 bis 1945. Eine Skizze"; Marcin Miodek: „‚Verwiste Adolfchen – germanische Hydra'. Zum publizistischen Bild der Deutschen im ‚Pionier', der ersten polnischen Tageszeitung Niederschlesiens nach dem 2. Weltkrieg"; Ewa Szymani: „Das Einschreiben der regionalen Landschaft in den Diskurs der Kultur. Krystian Lupas Verfilmungen und Inszenierungen der deutschsprachigen Literatur im Teatr Polski (Polnischen Theater) in Breslau"; Norbert Honsza: „Reiseführer. Zur Typologie der Gattung"; Anna Gondek: „Schlesische Kalender in den Sammlungen der Breslauer Universitätsbibliothek"; Rafał Schubert: „Die Juden von Breslau/Wrocław – gestern und heute"; Stefan Schwan: „Gibt es (noch) Niederschlesier?"

Anna Mańko-Matysiak

Wojciech Jaworski: Żydzi na Górnym Śląsku w latach 1945–1970 [Die Juden in Oberschlesien in den Jahren 1945–1970]. Sosnowiec: [Selbstverlag] 2001. 160 S.

Die Arbeit erhebt den Anspruch, die Lücke in der Forschung über die Nachkriegsgeschichte der Juden in Polen und besonders in Oberschlesien zu schließen. Der Verfasser benutzte u. a. Akten von Organisationen und Genossenschaften sowie Materialien von Ministerien, der Woiwodschaft und der kommunistischen Parteimacht. Das Buch besteht aus zwei unterschiedlichen Teilen, die chronologisch gegliedert sind. Der erste Teil umfaßt die frühen Nachkriegsjahre bis 1949. Darin wird u. a. die Frage der demographischen und beruflich-gesellschaftlichen Struktur, das wirtschaftliche (genossenschaftliche) und politische Leben der Minderheit sowie das Verhältnis zwischen nichtjüdischen und jüdischen Schlesiern behandelt. Der zweite Teil umfaßt die Jahre 1949 bis 1979 und stellt das Leben der jüdischen Minderheit im Schatten der Massenemigration und der Monopolisierung des gesellschaftlich-politischen Lebens durch die Kommunistische Partei dar.

Krzysztof Ruchniewicz

Helena Karczyńska: Kobiety w polskim ruchu narodowym na Górnym Śląsku w okresie plebiscytu i powstań śląskich [Die Frauen in der polnischen Nationalbewegung in Oberschlesien zur Zeit des Plebiszits und der schlesischen Aufstände]. Opole: Wydawnictwo Instytut Śląski 1998. 161 S., Abb. ISBN 83-86708-51-4.

Die Arbeit betrifft die Aktivität polnischer Frauen während einer für die Geschichte Schlesiens sehr wichtigen Zeit. Sie basiert auf unterschiedlichen gedruckten und ungedruckten Archivquellen (u. a. aus Archiven in Warschau/Warszawa und Kattowitz/Katowice und aus Sammlungen der Oberschlesischen Museen). Das Buch besteht aus drei Kapiteln, die der Tätigkeit der Frauenorganisationen während des ersten schlesischen Aufstandes, des Plebiszits und des dritten schlesischen Aufstandes entsprechen. Die Verfasserin spricht Fragen der Herausbildung des nationalen und gesellschaftlichen Bewußtseins bei den Frauen in Oberschlesien an und behandelt die Frauenorganisationen und ihre Rolle im gesellschaftlichen Leben sowie in der polnischen nationalen Bewegung. Im Anhang werden die Satzungen der wichtigsten Frauenorganisationen in Oberschlesien veröffentlicht.

Krzysztof Ruchniewicz

Robert Kisiel: Strzegom-Dobromierz 1745 [Striegau-Hohenfriedeberg 1745] ([Reihe] Historyczne Bitwy [Historische Schlachten]). Warszawa: Dom Wydawniczy Bellona 2001. 248 S., Abb. ISBN 83-11-09333-4.

Das Buch ist einer der größten Schlachten während der Schlesischen Kriege unter Friedrich II. dem Großen gewidmet, die durch eine spektakuläre Attacke der Bayreuther Dragoner bekannt wurde. Die polnische Historiographie hat sich mit diesem Thema bisher wenig beschäftigt. Der Verfasser benutzte vor allem deutsche Quellen und Sekundärliteratur. Die Arbeit besteht aus drei Teilen. Der erste ist dem historischen Hintergrund der Schlacht (politischen und militärischen Fragen) gewidmet, der zweite stellt den Verlauf der Schlacht, die Topographie des Kampfplatzes und die personelle Zusammensetzung der feindlichen Armeen dar; der dritte Teil enthält eine Beurteilung der Armeeführung während der Schlacht sowie Äußerungen der Historiographie.

Krzysztof Ruchniewicz

Danuta Kisielewicz, Lech Rubisz (Hg.): Śląsk w myśli politycznej i działalności Polaków i Niemców w XX wieku [Schlesien in politischen Konzepten und Aktivitäten von Polen und Deutschen im 20. Jahrhundert]. Opole: Wydawnictwo Uniwersytetu Opolskiego 2001. 230 S. ISBN 83-88796-4-4.

Der von den Politologen der Universität Oppeln/Opole edierte Band enthält eine Reihe von Beiträgen, die sich ein ambitioniertes Ziel setzen: Aus der Fülle der hier präsentierten essayistischen Porträtskizzen berühmter Schlesier bzw. Polen oder Deutscher, die sich mit Schlesien auf verschiedenen Ebenen, sei es als Politiker, Seelsorger, Lehrer, soziale Aktivisten oder Ideologen, beschäftigt haben, soll nun Schlesien als eine Grenzregion am Überschneidungspunkt der polnischen, deutschen, tschechischen Kulturen, Staatlichkeiten und Nationalitäten in ihrer vollen Widersprüchlichkeit und gleichzeitig in ihrem multikulturellen Reichtum erscheinen. Die Herausgeber strebten bewußt eine internationale und interdisziplinäre Problemsicht an, um der jahrzehnte-, um nicht zu sagen: jahrhundertelangen, Monopolisierung der Optik durch polnische oder deutsche Staatsinteressen zu entgehen. Trotzdem sind die deutschen Wissenschaftler in dieser Veröffentlichung eher mager vertreten (nur mit einem Aufsatz von Guido Hitze). Viel besser ist es dagegen um die beabsichtigte Interdisziplinarität dieses Unternehmens bestellt: Neben Politologen, Soziologen und Historikern beteiligen sich daran auch Theologen und – was äußerst selten in Publikationen dieser Art vorkommt – ein Vertreter der deutschen Minderheit in Polen (Gerhard Bartodziej). Auch die Wahl der Persönlichkeiten, deren Lebensläufe und Schlesienkonzepte hier dargestellt werden, verdient große Beachtung, denn unter ihnen befinden sich auch solche, die ehemals entweder von der polnischen oder deutschen Seite kaum geduldet, geschweige denn mit Verständnis beurteilt worden sind. Und so werden hier biographische Porträts (der Reihe im Band nach) von Stanisław Adamski, Adolf Bertram, Arka Bożek, Herbert Czaja, Michał Grażyński, August Hlond, Józef Kokot, Bolesław Kominek, Georg Kopp, Wojciech Korfanty, Helmuth James Graf von Moltke, Edmund Jan Osmańczyk, Edward Pant, Emil Szramek, Otto Ulitz, Carl Ulitzka, Josef Wagner, Aleksander Zawadzki und Jerzy Ziętek dargeboten.

Izabela Surynt

Krzysztof Kleszcz: Unifikacja języka mieszkańców wsi okolic Brzegu na Śląsku Opolskim. Studium socjolingwistyczne [Die Vereinheitlichung der Sprache der Dorfbewohner in der Umgebung von Brieg im Oppelner Land. Eine soziolinguistische Studie]. Opole: Wydawnictwo Uniwersytetu Opolskiego 2001. 123 S. ISBN 83-88796-53-4.

Den Hauptgegenstand dieser soziolinguistischen Studie bilden die Veränderungen, die sich in der Sprache der aus dem ehemaligen polnischen Grenzgebiet im Südosten der II. Republik Polen in die Gegend von Brieg/Brzeg umgesiedelten Bevölkerung vollzogen haben. Das hier untersuchte Gebiet ist in soziologischer, demographischer und kultureller Hinsicht dargestellt. Die Phonetik hat der Verfasser in den Mittelpunkt seiner sprachwissenschaftlichen Analyse gerückt, da man in ihr die sprachlichen Interferenzen, Codeänderungen und auch soziolinguistische Erscheinungen beobachten kann wie z. B. die Generationenunterschiede und deren Einfluß auf den Sprachwandel. Aufgrund mündlicher und schriftlicher Befragungen wurden die Auffassungen und Einstellungen der Befragten zu den sprachlichen Verhältnissen in ihren früheren Wohnorten im ostpolnischen Grenzgebiet sowie zur gegenwärtigen Sprachlage in Oberschlesien analysiert. Im Verlauf des Prozesses der Sprachvereinheitlichung spielte das sprachliche Bewußtsein eine große Rolle. Die untersuchte Bevölkerung, die bis 1945 in ukrainischsprachiger Umgebung lebte, war von dem hohen Prestige ihres Sprachcodes überzeugt, den sie mit der polnischen Standardsprache gleichsetzte. Der Wechsel der ethnischen und sprachlichen Umgebung nach der Niederlassung in Schlesien führte zur Revidierung des Urteils über die eigene Sprache. Infolgedessen läßt sich allgemein feststellen, daß die heutzutage in der Gegend von Brieg gesprochene Sprache im fortschreitenden Wandel von den ostpolnischen Mundarten zum Standardpolnischen begriffen ist.

Izabela Surynt

Lesław Koćwin: Polacy i Niemcy na Ziemi Kłodzkiej 1991–2000. Pamięć – teraźniejszość – przyszłość [Polen und Deutsche im Glatzer Gebiet 1991–2000. Erinnerung – Gegenwart – Zukunft] (Acta Universitatis Wratislaviensis 2358). Wrocław: Wydawnictwo Uniwersytetu Wrocławskiego 2002. 293 S., dt. Zusammenfassung. ISBN 83-229-2206-X.

Diese Arbeit betrifft den deutsch-polnischen Dialog auf regionaler Ebene. Es handelt sich um eine politologische Monographie mit Elementen soziologischer und wirtschaftlicher Analyse. Grundlage sind gedruckte Quellen (u. a. die lokale Presse, Bulletins, Erinnerungen) sowie Erlebnisberichte. Die Arbeit besteht aus fünf Kapiteln. Im ersten wird die deutsch-polnische Zusammenarbeit in der Grenzregion in den 90er Jahren vorgestellt. Im zweiten wird die Existenz eines Komplexes aufgrund der „Vertreibung" im Bewußtsein der ehemaligen und heutigen Bewohner der Grafschaft Glatz besprochen. Das nächste Kapitel stellt die Entwicklung des Dialogs zwischen alten und neuen Bewohnern der Region dar. Das vierte Kapitel erörtert Möglichkeiten der Ausprägung einer regionalen Identität sowie die Rolle des multikulturellen Erbes des Glatzer Landes. Eine Vorstellung der „Euroregio Glacensis", in der Polen, Tschechen und Deutsche zusammenarbeiten, rundet das Buch ab.

Krzysztof Ruchniewicz

Józef Kosian: Mistyka śląska. Mistrzowie duchowości śląskiej. Jakub Boehme, Anioł Ślązak, Daniel Czepko [Die schlesische Mystik. Meister der schlesischen Geistigkeit. Jakob Böhme, Angelus Silesius, Daniel Czepko] (Acta Universitatis Wratislaviensis 2131). Wrocław: Wydawnictwo Uniwersytetu Wrocławskiego 2001. 241 S. ISBN 83-229-2143-8.

Das Werk des Breslauer Philosophen und Germanisten ist dem Gesamtbild der schlesischen Mystik samt ihrer Bedeutung für das Entstehen des Bewußtseins der menschlichen Geistigkeit gewidmet. Es wird damit der Versuch unternommen, die Wirkungsgeschichte des Gedankengutes der drei bahnbrechenden Vertreter dieser Richtung, Jakob Böhme, Angelus Silesius und Daniel Czepko, zu präsentieren. Alle drei bemühten sich, die Welt und vor allem die Menschen in ihrem lebendigen Werdegang und nicht in ihrem statischen Sein zu verstehen. Im Gegensatz zu der traditionellen Mystik, so Kosian, geht es in der schlesischen stets um eine lebensnahe und soziale Einstellung, um eine tätige Liebe des Einen zum Anderen. Ihre recht komplizierte Verwurzelung in vielen Traditionen, wie auch deren kreative Weitergestaltung und Fortentwicklung bis in das 20. Jahrhundert hinein werden vom Autor eingehend untersucht.

Anna Mańko-Matysiak

Hanna Kozaczewska-Golasz: Mauzolea i kaplice grobowe od XVI do początku XX wieku w dawnym województwie legnickim [Mausoleen und Grabkapellen vom 16. bis zum frühen 20. Jahrhundert in der ehemaligen Woiwodschaft Liegnitz]. Wrocław: Oficyna Wydawnicza Politechniki Wrocławskiej 2001. 263 S., 371 s.-w. u. farb. Abb. ISBN 83-7085-562-8.

Die Verfasserin, Professorin an der Technischen Universität Breslau/Wrocław, stellt die Grabkapellen des Adels in der Region Liegnitz/Legnica vor, deren Formen sich an den repräsentativen Mausoleen orientierten, die seit dem Mittelalter in Breslau, Oppeln/Opole oder Leubus/Lubiąż entstanden waren. Frühere kunst- und architekturhistorische Forschungen konzentrierten sich auf Mausoleen und Grabkapellen der Könige, Fürsten und Bischöfe, während die Grabbauten des Adels in der Regel nur kurze Erwähnungen fanden. Die Autorin versucht nun, diese Lücke zu füllen. Die Ergebnisse ihrer langjährigen Forschungen sind in den umfangreichen, reich illustrierten Katalog eingeflossen, der für den hier behandelten Bereich über 100 Objekte unterschiedlicher Raumgestaltung und Architekturform verzeichnet. Die Grundrisse, aber auch die Fassadentypen der Grabkapellen werden graphisch dargestellt. Der Band erweitert die Kenntnis der schlesischen Architektur um ein wichtiges Kapitel.

Maria Zwierz

Irma Kozina: Pałace i zamki na pruskim Górnym Śląsku w latach 1850–1914 [Schlösser und Herrenhäuser im preußischen Teil Oberschlesiens 1850–1914]. Katowice: Muzeum Śląskie 2001. 211 S., s.-w. u. farb. Abb., dt. Zusammenfassung. ISBN 83-87455-36-9.

Die Schlösser und Herrenhäuser des ehemaligen preußischen Regierungsbezirks Oberschlesien erfahren in diesem Band erstmals eine synthetische Darstellung. Die umfangreichsten Informationen zu diesem Thema boten bislang die im 19. und frühen 20. Jahrhundert herausgegebenen Bildbände von Alexander Duncker („Ländliche Wohnsitze, Schlösser und Residenzen") und Robert Weber („Schlesische Schlösser") sowie die in den 1980er Jahren entstandenen Arbeiten von Jan Skuratowicz, der als erster diesen Objekten einen eigenen künstlerischen Wert zuerkannte. Skuratowiczs Untersuchungen bildeten den Ausgangspunkt für weitere Forschungen, deren Resultate nun in diesem Band vorgestellt werden. Die Autorin stützt ihre Ausführungen auf intensive Quellenstudien und wertet auch die in der zeitgenössischen Fachpresse erschienenen Artikel und Diskussionsbeiträge aus (u. a. „Deutsche Bauzeitung", „Architektonisches Skizzenbuch"). Als Grundlage ihrer Analyse dient ihre fundierte Kenntnis der europäischen Architekturgeschichte, vor allem des Berliner Architektenmilieus im behandelten Zeitraum. Im ersten Teil des Buches erhält der Leser einen Überblick über die Besonderheiten des oberschlesischen Kulturlebens und die politischen und wirtschaftlichen Gegebenheiten im Regierungsbezirk Oppeln. Den Kern der Publikation bildet die Darstellung der verschiedenen Strömungen und Tendenzen in der oberschlesischen Schlösserarchitektur, die, wie die Verfasserin zeigt, parallel zu der Berliner Entwicklung der Jahre 1850 bis 1914 verliefen. Zunächst wird die sogenannte Schinkelschule behandelt, die klassizistische, an der italienischen Villenarchitektur und der Antike orientierte Formen nach Oberschlesien vermittelte und auch den neogotischen Stil verbreitete (z. B. in Simmenau/Szymonków und Miechowitz/Miechowice). Der um die Mitte des 19. Jahrhunderts einsetzende Stilpluralismus zeigt sich u. a. in den Residenzen Koppitz/Kopice, Brynnek/Brynek, Bechau/Biechów oder Krzysanowitz/Kreuzenort/Krzyżanowice, die Karl Lüdecke und sein Mitarbeiter Karl Heidenreich (der aus dem Breslauer Künstlerkreis stammte) entwarfen. Beispiele für von der französischen Schloßarchitektur der Spätrenaissance inspirierte Bauten sind die monumentalen Anlagen von Neudeck/Świerklaniec und Pleß/Pszczyna, errichtet von den französischen Architekten Hector Lefuel und Hippolyte Destailleur. Im Kontext der Architekturentwicklung in Europa beschreibt die Autorin äußerst anschaulich den monumentalen und künstlerisch hochstehenden Umbau des Schlosses Moschen/Moszna in den Jahren 1896 bis 1914. Ein eigenes Kapitel ist den Jagdschlössern gewidmet, die in Oberschlesien sowohl in Formen des Heimatstils wie auch als groß angelegte Komplexe (z. B. Promnitz/Promnice, das Jagdschloß der Familie von Hochberg oder das Schloß in Ponischowitz/Poniszowice) entstanden. Das letzte Kapitel des Bandes befaßt sich mit dem „Stil um 1800" und den Versuchen einer Reform der Architektur durch Reduktion der Schmuckformen vor dem Ersten Weltkrieg. Diese Bestrebungen fanden in Oberschlesien den deutlichsten Ausdruck im Schaffen von Paul Schultze-Naumburg und William Müller (Schloß Gorschütz/Gorzyce bei Loslau/Włodzisław) sowie in den Entwürfen von Karl Grosser für Brynnek. Damit ging die Zeit der Monumentalresidenzen in Oberschlesien zu Ende; die politischen Veränderungen nach dem Ersten Weltkrieg boten keinen Raum mehr für diesen Architekturtypus. Mit dem hier präsentierten Material widerlegt die Autorin das Vorurteil, daß Oberschlesien keine bedeutenden Architekturzeugnisse vorzuweisen habe: Die wirtschaftliche Prosperität der Region beförderte das Mäzenatentum der rasch zu Reichtum gekommenen Besitzer der Hütten und Bergwerke. Irma Kozina gelingt es, den Leser nicht nur für ihr Thema zu interessieren, sondern ihn auch für die Schönheit dieser einzigartigen Architektur zu begeistern. Kleine Mankos des Buches sind das Fehlen einer Karte der behandelten Region sowie der Verzicht auf die Numerierung der Illustrationen und auf Abbildungshinweise im Text. Der Band enthält eine ausführliche (ca. 20seitige) Zusammenfassung sowie Bildunterschriften in deutscher Sprache.

Maria Zwierz

Jan Łączewski: Michał Grażyński (1890–1965). Sylwetka polityka [Michał Grażyński (1890–1965). Porträt eines Politikers]. Częstochowa: Wydawnictwo Wyższej Szkoły Pedagogicznej w Częstochowie 2000. 240 S., Abb., dt. u. engl. Zusammenfassungen. ISBN 83-7098-719-2.

Es handelt sich um die zweite Biographie dieses Politikers nach 1990. Nach Ansicht des Autors stellt das Werk einen „Kompromiß zwischen einer wissenschaftlichen Monographie und einem populären Buch" dar. Es wurden die wichtigsten Archivquellen, die Fachliteratur sowie Interviews mit der Familie und mit Freunden von Grażyński, die Ende der 70er, Anfang der 80er Jahre aufgezeichnet wurden, ausgewertet. Das Buch besteht aus zehn Kapiteln, die den Hauptabschnitten des Lebens und der politischen Karriere Grażyńskis gewidmet sind. Im ersten Kapitel werden Kindheit und Jugendjahre dargestellt, die mit der Teilnahme am Ersten Weltkrieg und seit 1918 mit dem Wehrdienst in der polnischen Armee endeten. Im zweiten Kapitel werden Grażyńskis Beteiligung an den schlesischen Aufständen in den Jahren 1919–1921 beschrieben, vor allem seine großen Verdienste bei den Vorbereitungen des dritten Aufstandes. Das dritte Kapitel beschäftigt sich mit den Anfängen der politischen Karriere Grażyńskis, die 1926 mit der Ernennung zum schlesischen Woiwoden gekrönt wurde. Die nachfolgenden vier Kapitel beschreiben die Hauptrichtungen seiner Politik in diesem Amt (Beziehungen zum Schlesischen Parlament, Streben nach Polonisierung der oberschlesischen Industrie, Unterstützung der polnischen Landwirtschaft, des Handwerks und Handels, Bildungs-, Kultur- und Kirchenpolitik). Das neunte Kapitel betrifft die Zeit des deutschen Angriffs auf Polen, der mit der Niederlage Polens endete. Grażyński wurde zum Minister für Information und Propaganda der letzten polnischen Regierung. Der letzte Teil des Buches beschäftigt sich mit seiner Tätigkeit im Exil in den Jahren 1939–1965 in Großbritannien.

Krzysztof Ruchniewicz

Lech Leciejewicz: Od neolitycznego obozowiska do średniowiecznej wsi. Badania archeologiczne we Wrocławiu-Partynicach [Von der steinzeitlichen Siedlung zum mittelalterlichen Dorf. Archäologische Untersuchungen in Breslau-Hartlieb] (Wratislavia Antiqua 4). Wrocław: Wydawnictwo Delta-Wrocław 2001. 192 S., 91 Abb. ISBN 83-910911-8-X.

Der vierte Band der Reihe „Wratislavia Antiqua" (vgl. den von C. Buśko und J. Piekalski verfaßten Band 1, S. 222) behandelt den Siedlungskern, aus dem sich das spätere Breslau/ Wrocław entwickelte. Wichtige Informationen zu diesem Thema lieferten die Rettungsgrabungen, die an der Waldenburger Straße (ul. Karkonoska) nahe der Stelle durchgeführt wurden, wo der aus der Stadt in Richtung Süden führende Weg den Fluß Lohe/Ślęza überquert. Die bedeutendste Erkenntnis ist, daß an diesem Ort von der zweiten Hälfte des 9. bis in die erste Hälfte des 13. Jahrhunderts eine Siedlung bestand, deren Bewohner durch Ackerbau und Viehzucht die Versorgung der frühesten städtischen Siedlung am Oderübergang gewährleisteten.

Maria Zwierz

Beata Lejman: Złote Niderlandy. Obrazy holenderskie i flamandzkie XVII wieku ze zbiorów Muzeum Narodowego we Wrocławiu [Goldene Niederlande. Holländische und flämische Gemälde des 17. Jh.s aus den Sammlungen des Nationalmuseums in Breslau] = The golden Netherlands. Wrocław: Muzeum Narodowe we Wrocławiu 2001. 87 S., 95 s.-w. u. farb. Abb. ISBN 83-86766-02-6.

Die Publikation erschien anläßlich der gleichnamigen Ausstellung, die vom 24. Mai bis 31. Dezember 2001 im Nationalmuseum Breslau/Wrocław gezeigt wurde. Buch und Ausstellung wurden von der niederländischen Botschaft in Warschau/Warszawa mitfinanziert. Die Autorin, Kuratorin am Breslauer Nationalmuseum, stellt 38 Gemälde holländischer und flämischer Meister des 17. Jahrhunderts aus den Beständen des Museums vor. Der Aufbau des Buches ist sehr übersichtlich: Der polnische Text und seine englische Übersetzung sind in zwei Spalten nebeneinander angeordnet und werden durch Farb- und Schwarzweißabbildungen illustriert. Die Autorin weist hin auf den Ideen- und Formenreichtum der flämischen und holländischen Malerei, sie erläutert die in den Gemälden verbildlichten Anekdoten oder die Parabeln von den Zufälligkeiten des menschlichen Schicksals. Die vorgestellten Künstler und Bilder sind u. a.: Dirk Hals, der jüngere Bruder und Schüler des Frans Hals, mit seinem Bild „Die Kartenspieler", Gillis Claes de Hondecoeter mit einer „Waldlandschaft mit der Versuchung Christi" und das „Stilleben mit Artischokken" von Osias Beert. Die Darstellung wird ergänzt durch einen kurzen Literaturbericht zum Thema; zudem korrigiert die Autorin einige frühere Zuschreibungen – prominentestes Beispiel ist das beste Gemälde aus dieser Zeit in der Breslauer Sammlung, das „Porträt eines Geistlichen", das bisher Rembrandt zugeschrieben wurde.

Maria Zwierz

Bernard Linek: Polityka antyniemiecka na Górnym Śląsku w latach 1945–1950 [Die antideutsche Politik in Oberschlesien in den Jahren 1945–1950]. Opole: Wydawnictwo Instytut Śląski 2000. 409 S., dt. u. engl. Zusammenfassungen. ISBN 83-7126-142-X.

Es handelt sich um die ergänzte und verbesserte Fassung des Buches über die „Entdeutschung" der Woiwodschaft Schlesien in den ersten Nachkriegsjahren von demselben Autor („‚Odniemczanie' województwa śląskiego w latach 1945–1950", Opole 1997). Quellengrundlage bilden die in Kattowitz/Katowice und Oppeln/Opole sowie in Warschau/Warszawa lagernden Akten (u. a. Akten des Woiwodschaftsamtes, des Landratsamtes, der kirchlichen Administration in Oppeln, Partei- und Polizeiakten). Die Arbeit besteht aus fünf Abschnitten. Im ersten, einführenden Kapitel werden Fragen der Begrifflichkeit („Entdeutschung" und „Repolonisierung") erläutert sowie Fragen der Nationalisierung und nationalen Homogenisierung der Region bis 1945 angesprochen. Das nächste Kapitel beschäftigt sich mit der Beteiligung und der Rolle von Institutionen und gesellschaftlichen Gruppen an der nationalen Politik des polnischen Staates (Partei und Verwaltung, nationalistische Organisationen, katholische Kirche u. ä.). Anschließend werden die Grundlagen der antideutschen Politik dargestellt; dabei geht es um Aussiedlungen, Internierungslager und die Bekämpfung der deutschen Sprache. Ein Kapitel über die Zeit nach der Aussiedlung der deutschen Bevölkerung schließt den Band ab; behandelt werden u. a. die Fortsetzung der Unterdrückung der deutschen Sprache und die Folgen der antideutschen Politik.

Krzysztof Ruchniewicz

Krystyn Matwijowski (Hg.): Miejsce i rola Kościoła wrocławskiego w dziejach Śląska [Stellung und Rolle der Breslauer Kirche in der Geschichte Schlesiens]. Wrocław: Wydawnictwo i Drukarnia DTSK Silesia 2001. 248 S. ISBN 83-85689-84-2.

Dieser Band präsentiert die Materialien einer Tagung aus Anlaß des Millenniums des Bistums Breslau/Wrocław, an der geistliche und weltliche Kirchenhistoriker aus Polen, Tschechien und Deutschland teilnahmen. Er besteht aus 25 Beiträgen zu vielerlei Themen aus der Geschichte der Diözese Breslau von ihrer Gründung bis zur Gegenwart. So beschäftigt sich Bischof I. Kopiec mit der polnischen und deutschen Forschung zur Geschichte des Bistums. L. Leciejewicz stellt die Anfänge des Bistums dar. Die nationalen und konfessionellen Fragen in Schlesien zur Zeit der Reformation behandelt J. Gierowski. Pfarrer Z. Lec befaßt sich mit den Jesuitenklöstern in Schlesien bis zu ihrer Auflösung. L. Bobkowa widmet sich den Beziehungen des Bistums Breslau zu Böhmen. Die Geschichte der Diözese im 19. und 20. Jahrhundert untersuchen M. Pater, Pfarrer H. Olszar und H. Myszor. Außerdem werden auch die orthodoxe und die griechisch-katholische Kirche nach 1945 (R. Żerelik, S. Stępień) sowie die protestantische Kirche im 19. und 20. Jahrhundert (J. Maciuszko) behandelt.

Krzysztof Ruchniewicz

Marta Młynarska-Kaletynowa (Hg.): Atlas Historyczny Miast Polskich. Tom IV: Śląsk, zeszyt 1: Wrocław [Historischer Atlas der polnischen Städte. Bd. 4: Schlesien, Heft 1: Breslau]. Wrocław: Wydawnictwo Via Nova 2001. 36 S., 39 Abb. ISBN 83-88649-24-8.

Der historische Atlas der Stadt Breslau/Wrocław ist das erste Heft der 1998 in Angriff genommenen schlesischen Reihe des Atlasses der polnischen Städte. Er ist damit Teil dieser 1993 unter der Redaktion von Antoni Czachowski begonnenen Gesamtreihe, die im Auftrag und unter der Schirmherrschaft der Internationalen Kommission für Stadtgeschichte entsteht. Zuvor sind in der seit 1973 unter der Redaktion von Heinz Stoob publizierten Reihe „Deutscher Städteatlas" bereits vier Hefte zu schlesischen Städten erschienen: Oppeln/Opole und Frankenstein / Ząbkowice Śląskie, bearbeitet von Walter Kuhn, sowie Goldberg/Złotoryja und Breslau, bearbeitet von Hugo Weczerka. Ferner gab 1999 das Historische Museum in Breslau (heute: Stadtmuseum) unter der Redaktion von Halina Okólska den Atlas „Breslau auf Plänen des 16.–20. Jahrhunderts" heraus. Die beträchtliche Erweiterung der Kenntnisse von der Geschichte Breslaus und der räumlichen Veränderungen der Stadt im Laufe der Jahrhunderte war ein ausreichendes Argument, um sich für eine erneute Ausgabe eines Atlasses der Stadt Breslau zu entscheiden. Das Werk wurde von einem interdisziplinären Team von Fachwissenschaftlern – Archäologen (Cezary Buśko, Jerzy Piekalski), Architekten (Małgorzata Chorowska, Agnieszka Zabłocka-Kos), Kunsthistorikern (Rafał Eysymontt) und Historikern (Mateusz Goliński, Marta Młynarska-Kaletynowa, Leszek Ziątkowski, Adam Żurek) – erarbeitet. Angesichts der Bedeutung Breslaus als großstädtisches Zentrum, das seit frühester Zeit eine über Schlesien hinausreichende Rolle spielte, werden in den einzelnen Kapiteln die Etappen der Stadtentwicklung dargestellt, beginnend mit dem frühen Mittelalter über die Ausformung der städtischen Siedlung um 1300 und die Veränderungen der Neuzeit bis zum Beginn des 20. Jahrhunderts. Einige der Karten und Tafeln sind zum besseren Verständnis mit kurzen Kommentaren versehen. Die beigefügte Auswahlbibliographie enthält u. a. alle Positionen (auch nicht publizierte), die im Text oder in den Kartenkommentaren zitiert sind. Das große Format der Ausgabe erleichtert die Benutzung der Karten und Pläne.

Maria Zwierz

Wojciech Mrozowicz: Kronika klasztoru kanoników regularnych w Kłodzku. Ze studiów nad średniowiecznym dziejopisarstwem klasztornym [Die Chronik des Augustiner-Chorherren-Stifts zu Glatz. Studien zur mittelalterlichen Klostergeschichtsschreibung] (Acta Universitatis Wratislaviensis 2234). Wrocław: Wydawnictwo Uniwersytetu Wrocławskiego 2001. 239 S., dt. Zusammenfassung. ISBN 83-229-2098-9.

Dieses Buch ist einer der wichtigsten Chroniken der Grafschaft Glatz gewidmet; sie galt nach dem Zweiten Weltkrieg als verschollen, bis sie 1980 wiederaufgefunden wurde. Obschon die Chronik im 19. und 20. Jahrhundert von unterschiedlichen Autoren benutzt worden war, kam es bislang nicht zu einer Veröffentlichung. W. Mrozowicz analysiert die Chronik im Kontext der mittelalterlichen Klosterhistoriographie sehr gründlich. Die Arbeit besteht aus vier Kapiteln. Das erste bietet Informationen über die unterschiedlichen Handschriften in der Chronik sowie eine Analyse des Originals (Arbeitsweise, Schrift, Glossen, Paginierung usw.) und zweier Abschriften. Das zweite Kapitel ist den Verfassern der Chronik, von denen nur einer namentlich (M. Czacheritz) bekannt ist, gewidmet. Das dritte Kapitel enthält eine Untersuchung von Entstehungszeit und -ort, Aufbau und Zielsetzung der Chronik. Weitere Überlegungen zum Inhalt dieser Quelle und ein eingehendes Verzeichnis ihres Inhalts beschließen das Buch. Beigefügt sind eine Liste der „prepositi" der Augustiner-Chorherren in Glatz und ein Katalog der in der Chronik zitierten Dokumente.

Krzysztof Ruchniewicz

Wanda Musialik: W kręgu polityki i władzy. Polskie środowiska przywódcze górnośląskiego obszaru plebiscytowego z lat 1921–1939 [Politik und Macht. Die polnischen Führungskreise des oberschlesischen Abstimmungsgebietes in den Jahren 1921–1939]. Opole: Wydawnictwo Instytut Śląski 1999. 262 S. ISBN 83-7126-121-7.

Mit diesem Buch liegt ein Beispiel vor für die sich in der polnischen Historiographie erst entwickelnde Strömung der Erforschung gesellschaftlicher Eliten. Auf der Grundlage bisheriger biographischer Forschungen über die Anführer der Aufstände in Oberschlesien um die Zeit des Plebiszits wählte die Verfasserin 476 Personen aus. Das Bild dieser polnischen Führungsgruppe stellt die Autorin während zweier Hauptperioden dar: bis zum Jahr 1926 und danach. Jeder Teil besteht aus zwei Kapiteln, die den Formen der politischen Aktivität bzw. der Einstellung der erforschten Gruppe zu den Hauptproblemen der Woiwodschaft Schlesien (u. a. der Politik gegenüber der deutschen Minderheit) gewidmet sind. Darüber hinaus werden die Verbindungen innerhalb dieser Gruppe, gemeinsame Aktionen, die Zusammenarbeit sowie der Einfluß der katholischen Kirche verfolgt. Eine interessante statistische Darstellung vermittelt Informationen über die territoriale und gesellschaftliche Herkunft der Personen, ihr Ausbildungsniveau, ihre Berufe und ihr Engagement in gesellschaftlich-politischen Organisationen und Verbänden. Statistische Methoden werden darüber hinaus auch bei der Analyse des schlesischen Parlaments angewandt.

Krzysztof Ruchniewicz

Józef Musioł: Temida w III powstaniu śląskim [Die Justiz während des dritten schlesischen Aufstandes]. Katowice: Muzeum Śląskie 2001. 190 S., Abb. ISBN 83-87455-81-4.

Es handelt sich um die veränderte und ergänzte Fassung des Buches desselben Verfassers über die polnische Feldgerichtsbarkeit (sądownictwo polowe) während des dritten schlesischen Aufstands („Sądy polowe w III powstaniu śląskim", Katowice 1978). Die Feldgerichtsbarkeit sollte u. a. Vergewaltigungs- und Plünderungsfälle gegenüber der Zivilbevölkerung ahnden und unabhängig von Nationalität oder Konfession das Umschlagen des Aufstandes in Anarchie und Gewalt verhindern. Der Verfasser sichtete den Bestand der Aufstandsakten, die sich im Zentralen Militärarchiv befinden, u. a. die Gerichtsakten und die Verordnungen der Machthaber bei dem Aufstand. Das Buch besteht aus sechs Kapiteln, die den historischen Hintergrund der Arbeit der Gerichte in Oberschlesien, Rechtsgrundlagen, Organisation und Strafrecht der Feldgerichtsbarkeit und die mit dem Gericht zusammenarbeitenden Organe (z. B. Gendarmerie) behandeln sowie eine Charakterisierung der durch diese Gerichte gefällten Urteile (einschließlich einer Statistik der Straftaten) darstellen. Das vorletzte Kapitel beschäftigt sich mit der wichtigen Frage der Einhaltung von Prozeßgarantien, welche Musioł sehr hoch einschätzt. Das letzte Kapitel beschreibt die außergerichtlichen Strafen und Repressalien, die während des dritten Aufstandes angewandt wurden (u. a. das Disziplinarverfahren in der Armee). Das Buch schließt mit einem Quellenteil, bestehend aus 16 Dokumenten, vor allem Verordnungen der Aufstandsführung in Fragen der Gerichtsbarkeit.

Krzysztof Ruchniewicz

Mariusz Olczak: Dzieje Gryfowa Śląskiego i zamku Gryf. Brzegami Kwisy [Die Geschichte Greiffenbergs i. Schl. und der Burg Greiffenstein. An den Ufern des Queis]. Warszawa: Oppidum 2001. 221 S., Abb. ISBN 83-912314-2-0.

Es handelt sich um eine weitere Arbeit aus der Reihe der Publikationen von M. Olczak, welche die Geschichte von weniger bekannten niederschlesischen Orten in Erinnerung rufen. Sie entstand aufgrund ungedruckter und gedruckter Archivquellen sowie der Sekundärliteratur. Der Verfasser stellt die Entwicklung der Stadt Greiffenberg/Gryfów, ihre Geschichte und wichtigsten Sehenswürdigkeiten (darunter die nahegelegene Burg Greiffenstein), bekannte Persönlichkeiten, Sagen und Legenden dar. Das Buch enthält zahlreiche Bilder, Zeichnungen, Tabellen und Zitate und wird durch eine Übersicht über die wichtigsten historischen Daten ergänzt.

Krzysztof Ruchniewicz

Małgorzata Olszówka, Urszula Wołczyk: Biblioteki pedagogiczne i działalność naukowa nauczycieli w województwie śląskim (1922–1939) [Die pädagogischen Bibliotheken und die wissenschaftliche Tätigkeit der Lehrer in der Woiwodschaft Schlesien (1922–1939)]. Katowice: Wydawnictwo Uniwersytetu Śląskiego 2000. 90 S., dt. u. engl. Zusammenfassungen. ISBN 83-226-1025-4.

Das Buch besteht aus zwei umfangreichen Aufsätzen, die im Rahmen eines Forschungsprojektes „Das Buch und die Bibliothek in der Kultur Oberschlesiens und des Teschener Schlesien im 19. und 20. Jahrhundert“ entstanden sind. M. Olszówka analysiert im Spiegel der Verwirklichung der Bildungsprogramme die Bücherbestände, die sich in den Fortbildungsstätten für Lehrer in der Woiwodschaft Schlesien in den Jahren 1922–1939 befanden. Der Aufsatz beinhaltet eine Statistik der Bestände der Schulbibliotheken und betont besonders die von den Lehrerseminaren schwerpunktmäßig betriebene Leseerziehung. U. Wołczyk stellt die wissenschaftliche Tätigkeit der oberschlesischen Lehrer während der Zwischenkriegszeit dar, die auf diesem Gebiet stets eine geistige Elite bildeten. Die wissenschaftliche Aktivität der Lehrer ist vor allem anhand der zahlreichen Konferenzen sowie einer Vielzahl von wissenschaftlichen und populärwissenschaftlichen Publikationen zu beobachten; von ihnen wurden hauptsächlich historische und landeskundliche Themen sowie Themen der polnischen Literaturgeschichte behandelt.

Krzysztof Ruchniewicz

O polski Śląsk. Tadeusz Michejda (1895–1955), Władysław Michejda (1895–1943) [Beiträge zur Geschichte des polnischen Teils von Oberschlesien. Tadeusz Michejda (1895–1955), Władysław Michejda (1895–1943)]. Katowice: Muzeum Śląski 2000. 127 S., 68 Abb. ISBN 83-87455-95-4.

Der vom Schlesischen Museum herausgegebene Band enthält die Beiträge einer Tagung, die am 18. April 1998 anläßlich des 100. Geburtstags der aus Olbersdorf/Olbrachcice im Teschener Land stammenden Brüder Tadeusz und Władysław Michejda in Kattowitz/Katowice stattfand. Tadeusz war ein bedeutender Architekt, Władysław ein renommierter Rechtsanwalt, der wegen seiner propolnischen Aktivitäten verhaftet wurde und in Auschwitz ums Leben kam. Ewa Stachura stellt das Werk von Tadeusz Michejda vor. Sie wertete das Familienarchiv aus, das von Barbara Michejda-Pinno zur Verfügung gestellt wurde. Der Anhang zu ihrem Beitrag enthält ein komplettes Werkverzeichnis des Architekten, der nach dem Studium in Lemberg/L'viv/Lwów in der Zwischenkriegszeit einer der herausragenden Vertreter des neuen Bauens in der damaligen Woiwodschaft Schlesien war. Zu seinen Hauptwerken zählen das Rathaus in Kattowitz-Janów, der Verwaltungsbau der Stahlhütte ebendort, Villen und Wohnhäuser der Kattowitzer Intellektuellen, die Schulen in Dziegielewo und in Weichsel/Wisła sowie Villen und Erholungsheime dort und in Ustron/Ustroń. Das Leben von Władysław Michejda beschreibt seine Tochter Barbara. Als Protestant engagierte sich der Rechtsanwalt in der Unierten Kirche Oberschlesiens; er verfaßte den Gesetzesentwurf zur vorläufigen Organisation dieser Kirche, der am 16. Juli 1937 im Schlesischen Sejm verabschiedet wurde. Die Drucklegung des Bandes verzögerte sich erheblich, weil die Familie gewisse Veränderungen bei den Texten von Władysław Sosna (Einführung) und Ewa Stachura verlangte. Zuguterletzt ist ein Buch entstanden, das dem Leser die beiden Persönlichkeiten auf sachliche und wissenschaftlich fundierte Art nahebringt.

Irma Kozina

Jerzy Piekalski, Krzysztof Wachowski (Hg.): Średniowieczny Śląsk i Czechy. Centrum średniowiecznego miasta. Wrocław a Europa Środkowa [Das mittelalterliche Schlesien und Böhmen. Das Zentrum der mittelalterlichen Stadt. Breslau und Mitteleuropa] (Wratislavia Antiqua 2). Wrocław: Uniwersytet Wrocławski & AKME-Zdzisław Wiśniewski 2000. 380 S., 236 Abb. ISBN 83-915048-0-8.

Der zweite Band der neuen Reihe „Wratislavia Antiqua" (vgl. den von C. Buśko und J. Piekalski verfaßten Band 1, S. 222) vereint die Beiträge einer Tagung, die im Oktober 1999 vom Archäologischen Institut der Universität Breslau/Wrocław veranstaltet wurde. Wissenschaftler aus der Tschechischen Republik, aus Deutschland und Polen stellten damals 26 Referate vor, die zum Großteil in diesem Band veröffentlicht sind. Der Tagungstitel „Das mittelalterliche Schlesien und Böhmen" ist etwas irreführend, da die Themenstellungen über diesen regionalen Kontext hinausgehen; treffender ist daher der Untertitel „Breslau und Mitteleuropa". Die Beiträge wurden in der jeweiligen Muttersprache der Vortragenden gedruckt, so daß alle drei Sprachen – Polnisch, Deutsch und Tschechisch – vertreten sind.

Maria Zwierz

Rocznik Świdnicki [Schweidnitzer Jahrbuch]. [Bd.] 29 (2001). Świdnica: Towarzystwo Regionalne Ziemi Świdnickiej 2002. 241 S., Abb. ISBN 83-88976-01-X.

Der Folgeband des Jahrbuchs ist vor allem der Geschichte der Stadt Schweidnitz/Świdnica gewidmet. Die Autoren sind hauptsächlich Lokalhistoriker. Die ersten drei Aufsätze beschäftigen sich mit der Renovierung der Sehenswürdigkeiten der Stadt (Pfarrkirche St. Stanislaus und St. Wenzel, Friedenskirche, Renovierung der Altstadt in den 90er Jahren). In den weiteren Artikeln werden unterschiedliche Themen aus der Zeit vom Mittelalter bis zur Gegenwart angesprochen, wie etwa die Außenpolitik Herzog Bolkos II. (J. Gruzla), Schweidnitzer Notgeld (J. Kujat), das Schicksal der deutschen Bevölkerung in Schweidnitz in den Jahren 1945–1950 (M. Wolny). Eine Bibliographie für das Jahr 1995 schließt den Band ab.

Krzysztof Ruchniewicz

Rocznik Wrocławski [Breslauer Jahrbuch]. [Bd.] 7 (2001). Wrocław: Towarzystwo Przyjaciół Ossolineum. 326 S., 59 Abb. ISBN 83-7095-010-8.

Der jüngste Band dieses Jahrbuchs befaßt sich schwerpunktmäßig mit der früheren Ohlauer Vorstadt, einem der am stärksten vernachlässigten Teile der Stadt Breslau/Wrocław, der zudem durch die Hochwasserkatastrophe von 1997 schwer in Mitleidenschaft gezogen wurde. Ein einführender Artikel von Rafał Eysymontt und Łukasz Krzywka will den Lesern Geschichte, Architektur und Städtebau dieses Stadtviertels nahebringen. Die weiteren Beiträge konzentrieren sich auf Einzelthemen; so schreibt Agnieszka Tomkiewicz über die „Mietskasernen in der ehemaligen Ohlauer Vorstadt", Jakub Kostowski stellt „Unbekannte Wandmalereien in der St.-Lazarus-Kirche in Breslau" vor, die sich in diesem Viertel befindet. Agata Orzeł beschäftigt sich mit dem Untergang von Industrieobjekten in diesem Stadtteil am Beispiel einer alten Fabrik. Über das Gefühl der Verbundenheit mit der Ohlauer Vorstadt bei ihren Bewohnern schreibt auf Grund von Interviews Stella Grotowska. Außerdem finden sich Aufsätze über unterschiedliche Themen der Geschichte Breslaus. Unter anderem publiziert Marek Wojcik eine weitere Folge seiner Ausarbeitung über Naturkatastrophen in der Stadt. Bożena Grzegorczyk behandelt die Gruppe der Breslauer Architekten am Ende des 19. und Anfang des 20. Jahrhunderts. Lilla Oberec und Krzysztof Pigoń befassen sich mit unterschiedlichen Aspekten der antikommunistischen Opposition in Breslau in den 80er Jahren. Das Jahrbuch enthält überdies eine Jahreschronik und eine Breslau-Bibliographie für das Jahr 1999 sowie einen umfangreichen Rezensionsteil.

Krzysztof Ruchniewicz, Maria Zwierz

Szczepan Rudka: Poza cenzurą. Wrocławska prasa bezdebitowa 1973–1989 [An der Zensur vorbei. Die Breslauer Samisdat-Presse in den Jahren 1973–1989] (Wrocławska Biblioteka PWN). Warszawa, Wrocław: Wydawnictwo Naukowe PWN 2001. 464 S., Abb. ISBN 83-01-13639-1.

Dieses Buch ist das Ergebnis langjähriger Forschungen des Autors, in deren Folge eine der größten Sammlungen von Samisdat-Veröffentlichungen entstand. Der Verfasser wertete auch Archivalien des Sicherheitsdienstes sowie von ihm gesammelte Erlebnisberichte aus. So ist es ihm gelungen, die Bedingungen zu rekonstruieren, unter welchen die Samisdat-Presse funktionierte. Ferner stellt er die unterschiedlichen Arten der Samisdat-Presse dar. Auf diese Weise beschreibt er das sehr bedeutende Phänomen der polnischen antikommunistischen Opposition, dem auch der illegale Massendruck zuzurechnen ist. Die Arbeit besteht aus fünf Kapiteln. Im ersten werden die juristischen Bedingungen für die Presse in Polen während der Zeit des Kommunismus beschrieben. Das zweite Kapitel ist der Herausgabe und Verbreitung der Samisdat-Presse in Breslau/Wrocław gewidmet; das dritte Kapitel dem Kampf gegen diese Presse in Breslau durch den Sicherheitsdienst und die Volksmiliz. Die beiden letzten Kapitel bieten eine Übersicht über die unterschiedlichen Arten der Samisdat-Presse in den Jahren 1973–1989, wobei die für die Entwicklung dieser Presse wichtigsten Perioden genannt und statistische Analysen vorgenommen werden (u. a. von Auflage, Umfang, Erscheinungsweise).

Krzysztof Ruchniewicz

Śląski Kwartalnik Historyczny Sobótka LVII (2002), Nr. 3. Wrocław: Wrocławskie Towarzystwo Miłośników Historii. S. 295–429, Abb., dt. Zusammenfassung. ISSN 0037-7511.

Die dritte Nummer der Vierteljahresschrift „Sobótka" enthält die Vorträge, die während des Symposiums anläßlich der Feiern zum 300jährigen Jubiläum der Universität

Breslau/Wrocław gehalten wurden. Es sind darin zehn Aufsätze veröffentlicht, die von in Breslau tätigen Historikern unterschiedlicher Generationen verfaßt sind. H. Dziurla beschäftigt sich mit der Stellung der Leopoldina innerhalb der Stadt Breslau und ihrer Geschichte. T. Blaszczyk stellt den Bildungsstand und die Bildungsreform in Schlesien während der preußischen Zeit bis 1811 dar. Die Kirchenhistoriker Z. Lec und A. Młotek behandeln Geschichte und Leistung der katholisch-theologischen Fakultät der Universität im 19. Jahrhundert. R. Ergetowski stellt den Breslauer Historiker Jacob Caro vor, den Autor einer „Geschichte Polens". Für einen anderen Breslauer Gelehrten, den Juristen Eugen Rosenstock-Huessy, interessiert sich K. Jonca. Die letzten drei Texte sind der Nachkriegsgeschichte der Universität, u. a. während der Stalin-Zeit (T. Suleja) gewidmet. Darunter ist der Aufsatz von J. Tyszkiewicz über die polnische Historiographie zur Geschichte der Breslauer Hochschule besonders interessant.

Krzysztof Ruchniewicz

Marek Słoń: Szpitale średniowiecznego Wrocławia [Die Spitäler des mittelalterlichen Breslau]. Warszawa: Neriton 2000. 364 S., Abb., engl. Zusammenfassung. ISBN 83-86842-85-7.

Es handelt sich um die erste gründliche Monographie über die Breslauer Spitäler, die im Mittelalter ein wichtiges Bindeglied zwischen Wohltätigkeit und medizinischer Behandlung waren. Quellengrundlage sind Akten der Stadt Breslau/Wrocław, Akten der Spitäler und Kirchenakten. Die Arbeit besteht aus zehn problembezogenen Kapiteln. Einführend informiert der Verfasser über das mittelalterliche Breslau und dessen Topographie sowie über die benutzten Quellen. Die folgenden Kapitel sind den wichtigsten Breslauer Spitälern gewidmet. Anschließend werden der Alltag, die wirtschaftliche Tätigkeit und die Finanzierung der Spitäler dargestellt. Ein Kapitel über die Beziehungen zwischen der Stadt und den Spitälern schließt das Buch ab. Im Anhang findet man Hinweise auf die Quellen zu den behandelten Spitälern und eine Liste der Wohltäter. Im Buch befindet sich auch eine Karte des mittelalterlichen Stadtzentrums von Breslau, auf welcher die Spitäler gekennzeichnet sind.

Krzysztof Ruchniewicz

Marzena Smolak: Hugo Ulbrich (1867–1928) – grafika [Hugo Ulbrich (1867–1928) – Graphiken]. Wrocław: Muzeum Miejskie we Wrocławiu 2001. 12 S., 9 s.-w. Abb. Keine ISBN.

Vom 13. November 2001 bis 6. Januar 2002 zeigte das Stadtmuseum Breslau/Wrocław eine Ausstellung über den Künstler Hugo Ulbrich, die in Zusammenarbeit mit dem Haus Schlesien – Museum für schlesische Landeskunde, Heisterbacherrott bei Bonn, entstand. Dazu erschien ein kleines Begleitheft von M. Smolak, Kuratorin am Breslauer Stadtmuseum, das eine kurze Biographie des bekannten Graphikers und Zeichners liefert. Um 1900 schuf Ulbrich eine Reihe von Radierungen mit malerischen Ansichten der Oderstadt. Unter anderem entstanden die Serien „Das alte Breslau", „Ansicht Breslaus vom Turm der Elisabethkirche" (1900), „Das Rathaus" (1903), „Blick aus der Schneiderwerkstatt Becker auf das Rathaus" (1909) sowie „Weißgerberohle" (um 1910). Der 1867 im niederschlesischen Bad Girsdorf / Przerzeczyn Zdrój geborene Ulbrich war ab 1892 im Graphikatelier von Prof. Karl Kösling in Berlin tätig; 1894 zog er nach Breslau, wo er bis zu seinem Tod 1928 lebte und arbeitete. Er erhielt zunächst eine Anstellung am Schlesischen Museum der bildenden Künste und war als einer der Illustratoren des 1903 erschienenen Inventars der Kunstdenkmäler Schlesiens von Hans Lutsch („Bildwerk der Kunstdenkmäler der Provinz Schlesien") tätig. Ulbrich spezialisierte sich auf Architekturveduten mit malerischen Staffagen, die in spezifischer Weise die Atmosphäre in Breslau um 1900 wiedergeben. Das Bändchen enthält ein Verzeichnis der Graphiken Ulbrichs in der Sammlung des Hauses Schlesien, die auf der Ausstellung zu sehen waren, neun Schwarzweiß-Reproduktionen von Radierungen Ulbrichs sowie ein Porträt des Künstlers.

Maria Zwierz

Irena Sroka: Policja hitlerowska w rejencji katowickiej w latach 1939–1945 [Die nationalsozialistische Polizei im Regierungsbezirk Kattowitz in den Jahren 1939–1945]. Opole: Wydawnictwo Instytut Śląski 1997. 166 S., dt. Inhaltsverzeichnis. ISBN 83-7126-102-0.

Die Grundlage dieses Buches bilden umfangreiche Recherchen in deutschen (u. a. in Koblenz, Freiburg i. B., Berlin) und polnischen Archiven. Das Buch besteht aus zwei Hauptteilen, die sich mit der Zeit der militärischen Zivilverwaltung und mit der Zeit nach der Errichtung des Regierungsbezirkes Kattowitz befassen. Im ersten Teil stellt die Verfasserin die Tätigkeit und die Struktur der Polizei und des Sicherheitsdienstes in diesem Gebiet dar, behandelt das Strafrecht und die Gerichtsbarkeit der Militärverwaltung sowie die Repressionen gegen die Zivilbevölkerung (u. a. die Verhaftung und Hinrichtung von ca. 800 während der Aufstände und des Plebiszits aktiven Personen und die Errichtung der ersten Lager). Im zweiten Teil charakterisiert sie die Spezialbehörden der Polizei im Regierungsbezirk, Struktur und Kompetenz der Sicherheitspolizei (Geheime Staatspolizei, Kriminalpolizei, Sicherheitsdienst) und der Ordnungspolizei (Gendarmerie, Kreisschutzpolizei). Die Informationen über die personelle Besetzung von Ämtern sind besonders wertvoll. Eine Reflexion über die Rolle der Polizeiorgane im NS-Okkupationssystem schließt das Buch ab.

Krzysztof Ruchniewicz

Studia Śląskie [Schlesische Studien]. Tom [Bd.] LIX. Opole: Wydawnictwo Instytut Śląski 2000. 357 S., dt. u. engl. Zusammenfassungen. ISSN 0039-3355.

Dieser Band des vom Schlesischen Institut in Oppeln/Opole herausgebrachten Jahrbuchs widmet sich hauptsächlich Forschungen über die Lager für die deutsche Bevölkerung, die auf dem polnischen Territorium nach 1945 errichtet wurden. Die Arbeits- und Internierungslager für die deutsche Bevölkerung in ganz Polen stellt P. Madajczyk dar. B. Cimała, R. Kaczmarski und K. Miroszewski behandeln dieses Thema in bezug auf Oberschlesien. Mit den Deportationen der oberschlesischen Bevölkerung ins Innere der UdSSR nach 1945 beschäftigt sich Z. Woźniczka; über die Lager für Kriegsgefangene in Kattowitz/Katowice nach 1945 schreibt A. Steuer. Die Lager des NKWD/MWD für die Deutschen auf dem Gebiet der Sowjetischen Besatzungszone und Westpolens in den Jahren 1945–1950 behandelt E. Nowak, die Arbeitslager im nördlichen Mähren und im tschechoslowakischen Teil Schlesiens D. Janak.

Krzysztof Ruchniewicz

Studia Śląskie [Schlesische Studien]. Tom [Bd.] LX. Opole: Wydawnictwo Instytut Śląski 2001. 351 S., dt. u. engl. Zusammenfassungen. ISSN 0039-3355.

Dieser Band ist dem bekannten Oppelner Historiker Wiesław Lesiuk anläßlich seiner 35jährigen Forschungstätigkeit gewidmet. Er besteht aus 16 Aufsätzen von polnischen, tschechischen und deutschen Autoren über unterschiedliche Themen. Sie befassen sich mit der Geschichte der schlesischen Region und sind Aspekten der deutsch-polnischen und der polnisch-tschechischen Beziehungen gewidmet. E. Grunewald beschäftigt sich mit der Rezeption der Dichtung von Eichendorff in Oberschlesien; von B. Behring und S. Senft erhält man Informationen über die ehemaligen Volksdeutschen in der Wehrmacht; R. Zacek beschreibt den polnisch-tschechoslowakischen Streit um das Teschener Schlesien in den Jahren 1944–45. Dem Quellenwert der Berichte der Landräte im Jahr 1945 für die Geschichte des Oppelner Schlesien geht M. Lis nach. E. Nowak stellt die Entlassungen aus den Internierungslagern im Oppelner Schlesien in den Jahren 1945–46 dar. R. Techman und M. Zawadka beschäftigen sich mit der Nutzung der Oder durch die sowjetische Armee nach 1945.

Krzysztof Ruchniewicz

Magdalena Szafkowska: Dawne zaułki Wrocławia: malarstwo, grafika, fotografia. Katalog wystawy [Alte Breslauer Gäßchen in Malerei, Graphik und Fotografie. Ausstellungskatalog]. Wrocław: Muzeum Narodowe we Wrocławiu 2001. 160 S., 120 Abb. ISBN 83-86766-81-6.

Am 8. Mai 2001 wurde im Nationalmuseum Breslau/Wrocław die Ausstellung „Alte Breslauer Gäßchen“ eröffnet. Autorin der Ausstellung und des zweisprachigen (deutsch-polnischen) Katalogbands ist M. Szafkowska, Kuratorin der Abteilung Graphik im Nationalmuseum. Sie wählte die malerischsten Ecken Breslaus aus, die heute leider meist nicht mehr existieren. Ihre Zeit war zu Beginn des 20. Jahrhunderts abgelaufen, der Zweite Weltkrieg und der nicht immer glückliche Wiederaufbau danach erledigten den Rest. Das alte Breslau, das um 1900 noch mit engen, verschlungenen Gäßchen assoziiert wurde, wurde völlig umgestaltet. Doch bis dahin waren diese kleinen Winkel in der Altstadt ein beliebtes Sujet von Malern und Graphikern wie Adolf Dressler, Fritz Geyer, Heinrich Mützl oder Otto Probst, so daß sich eine Vorstellung davon erhalten hat. Der Katalog enthält wie die Ausstellung 136 Exponate: Graphiken, Zeichnungen, Fotografien, Architekturzeichnungen und Ölgemälde; der zeitliche Rahmen reicht vom Mittelalter bis in die fünfziger Jahre des 20. Jahrhunderts. Der Katalog ist in zehn Kapitel untergliedert, deren Überschriften den Namen der vorgestellten Gäßchen entsprechen. Das erste Kapitel ist der Weißgerberohle (Oława Białaskórnica) gewidmet; die oft damit verwechselte Weißgerberstraße (ul. Białoskórnica) folgt im zweiten Kapitel. Die Reußenohle (Załuek Ruski) ist gänzlich in der mehrspurigen Ost-West-Verbindung (Trasa W-Z) aufgegangen; hier verdienen ein Aquarell von Adelbert Woelfl aus dem Jahr 1859 und eine Zeichnung von Paul Rose mit der Darstellung der Ruinen von der Nikolaistraße aus besondere Aufmerksamkeit. Weitere Kapitel behandeln die Altbüßerohle (Oława Łaciarska), die Altbüßerstraße (ul. Łaciarska) und die Vorderbleiche (ul. Słodowa). Auch die Kätzelohle (Załuek Koci) und der Ketzerberg (Kacerska Góra) existieren nicht mehr (an ihrer Stelle befindet sich heute der Dominikanerplatz [pl. Dominikański]); sie erscheinen auf Zeichnungen von Heinrich Mützl und auf Fotografien des frühen 20. Jahrhunderts. Schließlich werden die Großen und die Kleinen Fleischbänke (Stare i Małe Jatki) vorgestellt. Alle Objekte sind ausführlich beschrieben; jedes Kapitel enthält eine Darstellung der Geschichte der jeweiligen Straße, eine Beschreibung ihrer Bebauung und Informationen über das Schicksal der wichtigsten Bauten. Biogramme der im Katalog vorgestellten Künstler runden den Band ab.

Maria Zwierz

Lech Szaraniec (Hg.): Ziemia Śląska [Oberschlesien]. Bd. 5. Katowice: Muzeum Śląskie 2001. 552 S., Abb. ISSN 0860-6676.

Die Bände dieser Reihe erscheinen seit 1989 im Abstand von vier Jahren; sie versammeln Beiträge zur Geschichte und Kultur der ehemaligen österreichischen und preußischen Teile Oberschlesiens. Den Auftakt des vorliegenden fünften Bandes bildet ein Beitrag von Jacek Pierzak über Topfhelme der schlesischen Piasten im 13. und 14. Jahrhundert. Władisław Sosna stellt die Geschichte der Teschener Familie Michejda vor, Janusz Spira würdigt die Rolle des Pfarrers Josef Londzin bei der Ausprägung des musikalischen Lebens in Teschen/Cieszyn/Český Těšín. Jerzy Myszor schreibt über den Pfarrer Emil Szramek, der als Kaplan in der Diözese Breslau/Wrocław wirkte und später einen wesentlichen Anteil an der Schaffung der Diözese Kattowitz/Katowice hatte, Mariusz Traba über den Bischof Teodor Kubina, der sich für gesellschaftliche und nationale Belange einsetzte. Die historische Abteilung wird ergänzt durch die Beiträge von Jarosław Racieski („Die Druckmatrize von Piliński. Ein Beitrag zur Geschichte des Januaraufstands"), Jerzy Pawlik („Erinnerungen an das Priesterseminar") und Edward Długajczyk („Die Entstehung des polnischen Geheimdienstes"). Es folgen Peter Mras' Artikel über das Werk des Malers und Graphikers Wolf Roehricht, der 1917–18 in Oberschlesien tätig war, sowie die umfangreiche Untersuchung über den Kattowitzer Dom und seine Ausstattung von Henryk Pyka. Maria Lipok-Bierwaczonek betrachtet die Gemeinde Wilamowitz/Wilamowice an der Grenze zu Kleinpolen aus ethnographischer Sicht. Den Gepflogenheiten der früheren Bände entsprechend, enthält auch dieser den Reprint einer schwer zugänglichen Arbeit zur Regionalgeschichte, in diesem Fall die 1871 von Richard Holtze verfaßte erste Stadtgeschichte von Kattowitz, ins Polnische übersetzt von Irena T. Sławińska. Im biographischen Teil werden Tadeusz Dobrowolski, der Initiator und erste Direktor des Schlesischen Museums, sowie der Graphiker und Dozent der Kattowitzer Kunstakademie Aleksander Rak vorgestellt. Lechosław Cebo präsentiert eine Übersicht über die Neuerscheinungen zu Oberschlesien seit 1997. Der letzte Teil des Bandes ist der Geschichte des Schlesischen Museums in Kattowitz gewidmet; er enthält die Museumsstatuten von 1936, 1998 und 2000, die ersten Dokumente zum Neubau des Museums, Besprechungen der jüngsten Ausstellungen sowie eine Liste der Ankäufe der vergangenen Jahre. Der Band zeichnet sich durch Sachlichkeit und einen hohen Informationsgehalt aus und liefert wichtige Beiträge zur Geschichte und Kunstgeschichte Oberschlesiens.

Irma Kozina

Maciej Szymczyk: Śląskie papiernictwo w okresie industrializacji kapitalistycznej [Die schlesische Papierindustrie zur Zeit der kapitalistischen Industrialisierung]. Duszniki Zdrój: Wydawnictwo Muzeum Papiernictwa 2000. 310 S., Abb., engl. u. dt. Zusammenfassung. ISBN 83-912563-0-8.

Diese Monographie behandelt die in Polen wenig bekannte Geschichte der Papierindustrie zur Zeit der Zugehörigkeit Schlesiens zu Preußen (bis 1945). Quellengrundlage bilden die Akten der ehemaligen Papierfabriken, die sich in Archiven in Kattowitz/Katowice, Oppeln/Opole, Breslau/Wrocław und Hirschberg/Jelenia Góra befinden. Außerdem benutzte der Verfasser, neben der polnischen und der deutschen Sekundärliteratur, die Materialien des Papiermuseums in Bad Reinerz/Duszniki Zdrój. Das Buch besteht aus sechs Kapiteln, welche die Papierindustrie vor der Industrialisierung, die Einführung neuer Technologien, die Entwicklung der Papierindustrie bis 1945, die Gattung und Qualität des schlesischen Papiers sowie Beschäftigungs- und Arbeitsbedingungen behandeln. Es wird durch eine Aufstellung von Papierbetrieben sowie durch zahlreiche Illustrationen ergänzt.

Krzysztof Ruchniewicz

Towarzystwo Opieki nad Zabytkami (Hg.): Dziedzictwo Poczty. Region Województwa Śląskiego [Das Erbe der Post in der Region der Woiwodschaft Schlesien]. Bytom 2001. 94 S., 130 Abb. ISBN 83-88372-13-0.

Diese Publikation zur Geschichte der Post in Oberschlesien wurde von der Gesellschaft zur Pflege der Kunstdenkmäler, Abteilung Beuthen/Bytom, herausgegeben. Der schmale Band ist bemerkenswert wegen seines Pioniercharakters. Der historische Rahmen wird in den Beiträgen von Bernard Szczech über die Postwege in Oberschlesien im 19. Jahrhundert und von Przemysław Nocuń über Grenzmarken der Post im westlichen Polen abgesteckt. Danach folgen Untersuchungen über das Postwesen in Tarnowitz / Tarnowskie Góry, Teschen/Cieszyn, Gleiwitz/Gliwice, Kattowitz/Katowice, Gischewald/Giszowiec, Nikischschacht/Nikiszowiec, Hindenburg/Zabrze, Beuthen, Königshütte/Chorzów und Tschenstochau/Częstochowa. (Letzteres gehört seit der Verwaltungsreform von 1999 zur Woiwodschaft Schlesien und wurde daher mitaufgenommen.) Den Abschluß bildet ein Beitrag über Postkarten und Poststempel der preußischen Post im 19. Jahrhundert. Die Autoren der ersten Publikation dieser Art in Oberschlesien haben die örtlichen Archive ausgewertet, jedoch keine Forschungen über den regionalen Kontext hinaus unternommen, so daß es ihnen beispielsweise nicht immer gelang, die Architekten der Postbauten zu ermitteln. Ihr Verdienst ist es jedoch, die genauen Daten und den Verlauf der Bauvorhaben ausfindig gemacht zu haben. So konnte etwa festgestellt werden, daß das 1906 in den Formen der Neorenaissance errichtete Postgebäude in Beuthen von dem Breslauer Otto Pein entworfen wurde, der auch die Bauleitung innehatte.

Irma Kozina

Irena Twardoch: Geschichte des Geschlechts von Schaffgotsch. Ruda Śląska: Muzeum Miejskie 1999. 137 S., Abb. ISBN 83-910425-9-6.

Irena Twardoch: Z dziejów rodu Schaffgotschów [Aus der Geschichte der Familie Schaffgotsch]. Ruda Śląska: Muzeum Miejskie 1999. 144 S., Abb., dt. Zusammenfassung. ISBN 83-910425-4-5.

Ziel der Arbeit, die in einer polnischen und einer ins Deutsche übersetzten Version vorliegt, ist die Darstellung des Beitrags von Karol Godula (Karl Godulla) und der Familie von Schaffgotsch bei der Industrialisierung des Ortes Ruda. Hierfür wurden Archivalien aus Kattowitz/Katowice und Gleiwitz/Gliwice sowie die Sekundärliteratur ausgewertet. Die Verfasserin stellt das Leben und das Schicksal des Vermögens des oberschlesischen „Zink- und Kohlekönigs“ Godula dar, dessen Eigentum durch Heirat an die Familie Schaffgotsch überging. Außerdem beschreibt sie die Geschichte dieser Familie, deren industrielle Tätigkeit, die Entwicklung ihrer Güter, ihr sozial-karitatives Wirken sowie die von ihr ins Leben gerufenen Stiftungen.

Krzysztof Ruchniewicz

Jakub Tyszkiewicz: W stalinowskim Wrocławiu. Kalendarium 1951–1955 [Im Breslau der Stalin-Zeit. Chronik der Jahre 1951–1955] (Wrocławska Biblioteka

PWN). Warszawa, Wrocław: Wydawnictwo Naukowe PWN 2001. 189 S., Abb. ISBN 83-01-13665-0.

Es handelt sich um den zweiten Band der Breslauer Chronik von J. Tyszkiewicz, welche die Stalin-Zeit in der Geschichte der Hauptstadt Niederschlesiens betrifft (zum ersten Band s. „Berichte und Forschungen“ 8, 2000, S. 164 f.). Der Verfasser benutzte die Archivalien der Zentral- und Woiwodschaftsämter, Parteiakten, die lokale Presse sowie zahlreiche Erinnerungen und andere gedruckte Quellen. Das charakteristische Merkmal dieser Epoche, das in diesem Band deutlich sichtbar hervortritt, war die Gleichschaltung des vorher blühenden gesellschaftlichen, kulturellen und politischen Lebens. Im öffentlichen Leben der Stadt dominierten die politischen Akademien und politische Kundgebungen; im Alltag hingegen herrschten Angst vor Repression sowie große materielle Schwierigkeiten. Der Band wird durch interessantes, bisher unveröffentlichtes Bildmaterial ergänzt.

Krzysztof Ruchniewicz

Krzysztof Wachowski, Cesary Buśko: Rynek Wrocławski w świetle badań archeologicznych [Der Breslauer Ring im Licht der archäologischen Forschungen] (Wratislavia Antiqua 3). Wrocław: Gajt Wydawnictwo 2001. 253 S., 182 Abb. ISBN 83-88178-02-04.

Der 3. Band der Reihe „Wratislavia Antiqua“ (vgl. den von C. Buśko und J. Piekalski verfaßten Band 1, S. 222) stellt neue archäologische Erkenntnisse über den Breslauer Ring vor, die durch die Auswertung jüngster archäologischer Grabungen, durchgeführt vom Archäologischen Institut der Universität Breslau/Wrocław, gewonnen werden konnten. Unter anderem wird der Versuch unternommen, die verschiedenen Siedlungsetappen des Breslauer Rings zu unterscheiden.

Maria Zwierz

Ewa Waszkiewicz: Doktryna hitlerowska wśród mniejszości niemieckiej w województwie śląskim w latach 1918–1939 [Zur Verbreitung der NS-Doktrin unter den Angehörigen der deutschen Minderheit in der Woiwodschaft Schlesien in den Jahren 1918–1939]. Wrocław: Wydawnictwo Uniwersytetu Wrocławskiego 2001. 108 S., dt. Zusammenfassung. ISBN 83-229-2155-1.

Dieses Buch stellt einen Versuch dar, die Faktoren und Bedingungen aufzuzeigen, die zur Nazifizierung der deutschen Minderheit im polnischen Teil Oberschlesiens geführt haben. Die Verfasserin benutzte vor allem polnische Archivmaterialien (u. a. des Innenministeriums) sowie polnische und deutsche Zeitungen. Besondere Aufmerksamkeit widmet sie der Analyse des Programms und der Parteidokumente der NSDAP, wobei sie den Prozeß der Rezeption der nationalen Doktrin der Nationalsozialisten durch die Parteien der deutschen Minderheit (Jungdeutsche und Volksbund) verfolgt. Die Autorin beleuchtet diese Problematik vor dem wirtschaftlich-juristischen Hintergrund der Situation der deutschen Minderheit in Schlesien und berücksichtigt dabei auch die Einstellung der deutschen Wissenschaft und der Machthaber des Dritten Reiches gegenüber dem Minderheitenproblem.

Krzysztof Ruchniewicz

Alicja Wodzińska: Erich Mendelsohn. Dawny dom handlowy „Petersdorff“ we Wrocławiu [Erich Mendelsohn. Das ehemalige Kaufhaus Petersdorff in Breslau].

Wrocław: Muzeum Architektury we Wrocławiu 2001. [6 S.], 18 s.-w. u. farb. Abb. Keine ISBN.

Das schmale Heft begleitete die große Ausstellung „Erich Mendelsohn. Dynamik und Funktion. Realisierte Visionen eines kosmopolitischen Architekten", die am 4. Oktober 2001 im Architekturmuseum Breslau/Wrocław eröffnet wurde. (Zu der Ausstellung, die das Institut für Auslandsbeziehungen in Stuttgart nach Polen geholt hatte, erschien ein umfangreicher Katalog, herausgegeben von der Ausstellungskuratorin Regina Stephan: „Erich Mendelsohn, Dynamik und Funktion", Ostfildern 1999). Das vom Architekturmuseum herausgegebene Begleitheft von A. Wodzińska enthält wesentliche Informationen zu Mendelsohns einzigem Bau in Breslau: dem ehemaligen Kaufhaus Petersdorff an der Ecke Ohlauer Straße/Schuhbrücke (ul. Oławska/ul. Szewska), das der Architekt 1927 projektierte. Die Autorin erläutert die Geschichte der Parzelle und stellt die Vorgängerbauten vor, bevor sie ausführlich auf Mendelsohns Werk eingeht. Dies geschieht an Hand des Planmaterials, das im Architekturmuseum, Abteilung Bauarchiv der Stadt Breslau, vorhanden ist. Neben Archivaufnahmen und aktuellen Fotos des Kaufhauses Petersdorff (heute „Kamelion") enthält die Publikation ein Verzeichnis und Beschreibungen der 35 Pläne Mendelsohns, die in Breslau erhalten sind. Ein Teil davon ist im Heft abgebildet.

Maria Zwierz

Wrocław – Lwów, Lwów – Wrocław. Historia i współczesność [Breslau – Lemberg, Lemberg – Breslau. Geschichte und Zukunft]. Wrocław: Fundacja kresowa „Semper fidelis" 2002. 150 S., Abb. ISBN 83-903087-5-4.

Der Band enthält die Beiträge zu einem Symposium, das im Jahr 2002 im Rahmen der „Lemberger Tage" in Breslau/Wrocław durchgeführt wurde. Aus Lemberg/L'viv/Lwów stammt der Großteil der Bewohner der zuvor deutschen Stadt, die nach der Aussiedlung aus ihrer Heimat nach 1945 an der Oder ansässig gemacht wurden. Seit dem Fall des Kommunismus in Polen dürfen sie uneingeschränkt ihre Lemberger Traditionen pflegen, die das heutige Gesicht der niederschlesischen Metropole und die Identität ihrer Bürger mitprägen. In dem Band sind Aufsätze zu folgenden Themen veröffentlicht: Lemberger Wurzeln der Technischen Hochschule und Universität in Breslau; die Rolle der Lemberger in der Entwicklung der Breslauer Erzdiözese nach dem Zweiten Weltkrieg; die Beteiligung von Lemberger Architekten am Wiederaufbau Breslaus.

Krzysztof Ruchniewicz

Rościsław Żerelik (Hg.): Studia i materiały z dziejów Śląska i Małopolski [Studien und Materialien zur Geschichte Schlesiens und Kleinpolens]. Wrocław: Arboretum 2001. 217 S. ISBN 83-86308-53-2.

Der Band besteht aus neun Artikeln, die zum Großteil Themen der Geschichte Schlesiens während des Mittelalters und der Neuzeit behandeln. A. Tarnas-Tomczyk beschäftigt sich mit den Anfängen des Zisterzienserhauses in Liegnitz/Legnica aufgrund einer Urkunde von 1337. Die im Mittelalter populären Wallfahrtsorte in Schlesien stellt K. Bobowski dar. K. Prokop behandelt aufgrund der „Chronik der Polnischen Herzöge" die Aufteilung des Herzogtums Liegnitz unter den Söhnen von Boleslaus III. dem Verschwenderischen (Bolesław III Rozrzutny). M. Goliński analysiert die Wasserversorgung in Breslau/Wrocław im 15. Jahrhundert. Eine Beschreibung der Funktion und des Aussehens des Schlosses Sobien (Kleinpolen) bietet aufgrund archäologischer Funde R. Tomczyk. A. Witkowski und R. Żerelik stellen eine bisher unbekannte Aufstellung der in Schlesien vorkommenden Fische aus dem 14. Jahrhundert vor. Das von P. Wiszewski redigierte Visitationsprotokoll des Benediktinerklosters in Liegnitz von 1736 schließt den Band ab.

Krzysztof Ruchniewicz

6. Großpolen, Zentralpolen, Kleinpolen

Franciszek Bujak: Studia nad osadnictwem Małopolski [Studien zur Besiedlung Kleinpolens]. Poznań: Wydawnictwo Poznańskiego Towarzystwa Przyjaciół Nauk 2001. 268 S. ISBN 83-7063-316-1.

Diese Studien über die Besiedlung Kleinpolens, 1905 veröffentlicht, gehören zu den Klassikern polnischer Geschichtsschreibung. Es handelt sich um die größte und wichtigste Arbeit von Franciszek Bujak auf dem Gebiet der Mediävistik. Das ursprüngliche Vorhaben des Autors war die Aufarbeitung der ländlichen Verhältnisse im Raum der Krakauer Republik nach der letzten Teilung Polens. Im Laufe der Arbeit stellte sich heraus, daß die bisherigen Forschungsarbeiten in dem Gebiet nicht ausreichend waren und die Notwendigkeit bestand, weitere Themen aufzugreifen; dazu gehören u. a. die Darstellung der Agrarform Kleinpolens in den Piastenzeiten, eine detaillierte Bearbeitung der Agrarform Krakauer Republik auf der Basis von Grundkarten aus der ersten Hälfte des 19. Jahrhunderts wie auch die Untersuchung der realen sozialen und rechtlichen Stellung der ländlichen Bevölkerung im 18. Jahrhundert. Das Buch enthält eine Einführung in das Leben und Werk Bujaks, verfaßt von Andrzej Janeczek, sowie ein Orts- und Namenverzeichnis.

Dariusz Rymek

Katarzyna Grzywka: Salon Warszawy i Berlina w XIX wieku [Der Warschauer und der Berliner Salon im 19. Jh.]. Warszawa: Instytut Germanistyki Uniwersytetu Warszawskiego 2001. 393 S. ISBN 83-912269-1-3.

Katarzyna Grzywka setzt sich in ihrem Buch zum Ziel, den Warschauer und Berliner Salon im 19. Jahrhundert miteinander zu vergleichen. Die These des Buches lautet: Über den Salon als kulturelles Phänomen, das in geographisch voneinander entfernten Regionen existiert, lassen sich auf der Basis der Kategorie der Utopie komparatistische Betrachtungen anstellen. Als methodologische Grundlage wurde die Arbeit von Friedrich Schleiermacher „Versuch einer Theorie des geselligen Betragens“ verwendet. Der Analyse wurden Memoiren, Tagebücher, Erinnerungen, Briefe von Organisatoren und Besuchern der beiden Salons sowie ausgewählte literarische Werke unterzogen.

Lech Kolago

Grzegorz Kucharczyk: Cenzura pruska w Wielkopolsce w czasach zaborów (1815–1914) [Die preußische Zensur in Großpolen zur Zeit der Teilung (1815–1914)]. Poznań: Wydawnictwo Poznańskie 2001. 554 S. ISBN 83-7177-172-X.

Eine ausführliche Darstellung des preußischen Zensurapparates und seiner Wirkung im preußischen Teilungsgebiet. Die Quellengrundlage für den Autor bilden die Archivalien des Geheimen Staatsarchivs Preußischer Kulturbesitz in Berlin und die Bestände des

Staatsarchivs in Posen/Poznań und des dortigen Erzbischöflichen Archivs. Dem Leser wird die Struktur der Zensur und das preußische Zensurrecht geschildert, auch der Zusammenhang zwischen der Zensur und der preußischen Außenpolitik und der Germanisierungspolitik. In einem eigenen Kapitel wird das Problem der Zensur im konfessionellen Kontext beleuchtet sowie ihr Verhältnis zur antisemitischen Propaganda. In dem Band sind auch Tabellen enthalten, die statistische Informationen hinsichtlich der Zahl der zensierten Schriften und der Zensoren vermitteln.

Maria Wojtczak

Krzysztof A. Kuczyński, Barbara Ratecka (Hg.): Niemcy w dziejach Łódzi do 1945 roku. Zagadnienia wybrane [Die Deutschen in der Geschichte von Lodz bis 1945. Ausgewählte Forschungsprobleme]. Łódź: Wydawnictwo Uniwersytetu Łódzkiego 2001. 395 S. ISBN 83-7171-494-7.

Die vorliegende Veröffentlichung ist ein Ergebnis der gemeinsamen Arbeit von anerkannten polnischen und ausländischen Historikern und Literarhistorikern. Ziel des von Wissenschaftlern der Universität Lodz/Łódź angeregten und durchgeführten Projekts „Die Deutschen in der Geschichte von Lodz bis 1945" war keine Monographie, sondern eine Sammlung von Arbeiten, deren thematischer Schwerpunkt der Anteil der deutschen Gesellschaft an der Entstehung und Entwicklung des gesellschaftlichen Lebens in Lodz war. Das Buch enthält folgende Beiträge: Wolfgang Kessler: Die Rolle der Deutschen in Lodz; Stefan Pytlas: Der Beitrag des deutschen Bürgertums zur Entwicklung des kulturellen Lebens in Lodz; Marek Budziarek: Die deutschen Katholiken in Lodz; Krzysztof A. Kuczyński: Über den deutschen Geographen Eugen Oskar Kossmann und seine Jahre in Lodz; Dorota Sztobryn: Das deutsche Bildungs-, Kultur- und Sozialwesen; Monika Kucner: Die deutsche Presse in Lodz 1863–1939; Barbara Ratecka: Der deutsche Pegasus in Lodz. Eine Studie über das literarische Schaffen der Deutschen in Lodz; Roman Sadziński: Das deutsche Siedlungswesen in der Region Lodz unter sprachlichen Aspekten; Karolina Prykowska-Michalak und Małgorzata Leyko: Zwei Studien über die deutschen Theater in Lodz; Lucjan Meissner: Das politische Bild der deutschen Minderheit in Polen (1933–1939); Mieczysław Tomala: Mein Lodz. Krzysztof A. Kuczyński bietet eine Bibliographie zum Thema „Die Deutschen in Lodz bis 1945".

Dariusz Rymek

Wojciech Kunicki (Hg.): Friedrich Nietzsche i pisarze polscy [Friedrich Nietzsche und die polnischen Schriftsteller]. Unter Mitarbeit von Krzysztof Polechoński. Poznań: Wydawnictwo Poznańskie 2002. 469 S. ISBN 83-7177-076-6.

Jede Generation bildet ihre eigene Vorstellung von einem Byron oder Mickiewicz. Dieser Gedanke verleitete die Autoren der Beiträge des Bandes – Germanisten, Polonisten und Philosophen aus Breslau/Wrocław – dazu, den Versuch zu wagen, über Nietzsches philosophische Position und Lebenshaltung noch einmal nachzusinnen. Sie zeigen vor allem Nietzsches Bedeutung für einzelne polnische Schriftsteller des 20. Jahrhunderts (u. a. Przybyszewski, Staff, Witkacy, Miłosz, Herbert). Dem Band ist eine umfangreiche Bibliographie „Nietzsche und die polnische Literatur und Publizistik in den Jahren 1889–1939" beigefügt.

Maria Wojtczak

Krzysztof Stefański: Jak zbudowano przemysłową Łódź. Architektura i urbanistyka miasta w latach 1821–1914 [Die Entstehung der Industriestadt Lodz. Architektur und Städtebau 1821–1914]. Łódź: Regionalny Ośrodek Studiów i Ochrony Środowiska Kulturowego w Łodzi 2001. 276 S., 234 Abb. ISBN 83-86334-53-3.

Der Verfasser unternimmt erstmals den Versuch einer umfassenden Darstellung der Geschichte der Raumplanung und Architektur in Lodz/Łódź, der zweitgrößten Stadt Polens. Der zeitliche Rahmen von 1821, dem Moment, als Lodz als Industriestadt bezeichnet wird, bis zum Ausbruch des Ersten Weltkriegs entspricht der Periode des intensivsten Wachstums der Stadt. Die Zeit zwischen den beiden Weltkriegen blieb bewußt ausgespart, da diese eine eigene Darstellung verdient. Lodz, eines der wichtigsten Zentren der Textilindustrie in Europa mit einem städtischen Organismus von einzigartiger städtebaulicher und architektonischer Gestalt, entstand in einem Zeitraum von weniger als 100 Jahren. Innerhalb dieser Zeitspanne können unterschiedliche Perioden unterschieden werden, denen der Aufbau des Buches folgt. Das erste der insgesamt sieben Kapitel beschreibt das Landstädtchen Lodz vor 1821, vor seiner Karriere als Industriestadt. Die folgenden Kapitel behandeln die Jahre 1821 bis 1830 (die „Geburt" des industriellen Lodz), die 30er und 40er Jahre (das handwerkliche und frühindustrielle Lodz) sowie die Zeit zwischen 1850 und 1870 (vor dem „großen Sprung"). Das vierte Kapitel skizziert die Jahre zwischen 1870 und 1896, allgemein am besten bekannt durch das große Epos „Das gelobte Land" des Nobelpreisträgers Władysław Reymont. Die beiden letzten Kapitel sind der Architekturgeschichte der Jahrhundertwende (1869–1906) und der Jahre unmittelbar vor dem Ersten Weltkrieg (1907–1914) gewidmet. Der Autor, Professor für Kunstgeschichte an der Universität Lodz und am Institut für Architektur und Urbanistik der Technischen Universität Lodz, stützt seine Ausführungen auf eine fundierte Quellenkenntnis (u. a. wertete er bislang unbekannte Materialien aus Berliner Archiven und dem Zentralen Historischen Archiv in St. Petersburg aus) und konnte so eine Reihe von bislang kritiklos wiederholten Aussagen verifizieren bzw. korrigieren. Der Band ist durch Schwarzweißabbildungen, Zeichnungen, Tabellen und Diagramme illustriert und enthält eine ausführliche Bibliographie.

Maria Zwierz

Maria Wojtczak: „Ostmarkenliteratur". Prowincja Poznańska w literaturze niemieckiej lat 1890–1918 [„Ostmarkenliteratur". Die Provinz Posen in der deutschen Literatur (1890–1918)] ([Reihe] Wielkopolska. Historia. Społeczeństwo. Kultura [Großpolen. Geschichte. Gesellschaft. Kultur] 11). Poznań: Wydawnictwo Poznańskie 2001. 197 S., Abb. ISBN 83-7177-084-7.

Dies ist die polnische Version der 1998 erschienenen Monographie mit dem Titel „Literatur der Ostmark. ‚Posener Heimatliteratur' (1890–1918)" (s. „Berichte und Forschungen" 6, 1998, S. 229), erweitert und für den polnischen Leser neu redigiert – der erste Versuch, die Literatur über und von den Deutschen, die in der damaligen Provinz Posen wohnten, zusammenzufassen und zu ordnen. Das Quellenmaterial umfaßt mehr als 60 Romane, Erzählungen und Dramen. Die Autoren dieser Texte beabsichtigten mit ihren Werken vor allem, die „deutsche Mission im Osten" zu unterstützen. Die Studie „Ostmarkenliteratur" konzentriert sich hauptsächlich auf die stereotype Darstellung der Polen, ihres Landes und ihrer Wirtschaft, setzt sich aber auch zum Ziel, die Mechanismen des Lese- und Buchmarktes in dem preußischen Teilungsgebiet aufzudecken.

Maria Wojtczak

7. Böhmen, Mähren

Ingeborg Fialová-Fürstová (Hg.): Beiträge zur deutschsprachigen Literatur in Tschechien. Lucy Topol'ská, Ludvík Václavek ([Reihe] Beiträge zur mährischen deutschsprachigen Literatur 3). Olomouc: Univerzita Palackého v Olomouci 2000. 417 S., Abb. ISBN 80-244-0185-1.

Diese Festschrift zum 70. Geburtstag zweier bedeutender Germanisten der Palacký-Universität Olmütz/Olomouc, Ludvík Václavek und Lucy Topol'ská, ist aus Beiträgen der beiden Jubilare als Überblick über ihr germanistisches Œuvre zusammengestellt. Somit spiegelt der Band ihre Forschungen von den frühen 60er Jahren bis zur Gegenwart und bietet einen Einblick in ihren wissenschaftlichen Werdegang. Václaveks Interesse galt anfänglich der sozialistisch orientierten deutschsprachigen Literatur der Zwischenkriegszeit (vor allem Franz Carl Weiskopf), nach dem Berufsverbot (1972) wandte er sich den deutschsprachigen Autoren aus den böhmischen Ländern (Josef Mühlberger, Franz Spunda) und zunehmend den mit der Olmützer Region verbundenen Schriftstellern zu. Neben den die engere Olmützer Region übergreifenden Beiträgen (z. B. zu Charles Sealsfield, Robert Musil) ist der Beitrag zur deutschen Dichtung im Theresienstädter Ghetto, einer Domäne in Václaveks wissenschaftlicher Arbeit, hervorzuheben. Aus den Veröffentlichungen von L. Topol'ská, die sich in ihrer Lehrtätigkeit auf die deutsche Aufklärung, den Sturm und Drang und die Übersetzungsproblematik spezialisiert hat, wurden Beiträge v. a. zum letztgenannten Bereich gewählt (z. B. zur Rolle der Übersetzer wie Georg Mannheimer, Justus Frey oder Rudolf Fuchs). Einen weiteren thematischen Bereich bilden Aufsätze zum dramatischen Schaffen, geschrieben aus literarhistorischer (zur Geschichte des deutschen Schauspiels in Olmütz 1918–1941), komparatistischer (über Beziehungen zwischen dem deutschen, österreichischen und tschechischen Drama der Aufklärung) oder rezeptionsorientierter Sicht (über die Wirkung des Dramas der deutschen Klassik in Böhmen bis zur Mitte des 19. Jahrhunderts). Den Band beschließen Auswahlbibliographien beider Jubilare.

Václav Maidl

Ingeborg Fialová-Fürstová (Hg.): Goethe in Olmütz. Beiträge der internationalen Konferenz Olmütz, 6.–8.12.1999 ([Reihe] Beiträge zur mährischen deutschsprachigen Literatur 2). Olomouc: Univerzita Palackého v Olomouci 2000. 187 S., Abb. ISBN 80-244-0184-3.

Die im Band enthaltenen Beiträge tschechischer, österreichischer und deutscher Germanisten haben J. W. von Goethe und sein Werk aus der Perspektive seines 250. Geburtstags im Blick. Der überwiegende Teil der Aufsätze beschäftigt sich mit verschiedenen Aspekten von Goethes Rezeption in den böhmischen Ländern. So untersucht Lucy Topol'ská Goethes Rezeption am Deutschen Theater in Olmütz; Jaromír Loužil stellt den böhmischen Goetheaner Franz Thomas Bratranek vor; Gerhard Trapp erläutert die Entstehungsgeschichte sowie Nachwirkungen des Buches „Goethe in Böhmen" von Johannes Urzidil. Andere Beiträge sind Einzelaspekten gewidmet: Roland Pietsch beschäftigt sich z. B. mit Goethes Verhältnis zur Philosophie; Horst König widmet sich Goethes Farbenlehre; Goethes Beziehung zur Musik und Musiktheorie ist Gegenstand des Aufsatzes von Lubomír Spurný; Belege für Goethes feinsinnigen Humor sammelte Jiří Veselý.

Václav Maidl

Ingeborg Fialová-Fürstová (Hg.): Deutschböhmische Literatur. Beiträge der internationalen Konferenzen Olmütz, 13.–16.11.2000 und 25.–28.4.2001 ([Reihe] Beiträge zur mährischen deutschsprachigen Literatur 4). Olomouc: Univerzita Palackého v Olomouci 2001. 365 S., Abb. ISBN 80-244-0347-1.

Ist der eine Themenkreis des Sammelbandes eng um die deutschmährische Schriftstellerin Marie von Ebner-Eschenbach gezogen (so beide Beiträge von Jiří Veselý, František Valouchs textimmanente Studie, František Spurnýs Beschäftigung mit Tagebüchern des Grafen Adolf Dubsky oder Jiří Munzars Information zur Person des Moriz von Ebner-Eschenbach im Spiegel von dessen Memoiren), läßt sich der andere Themenkreis im weitesten Sinne als deutschsprachige Literatur aus und in Mähren bezeichnen. Der Anlaß für das breite Spektrum war die zum 70. Geburtstag des Olmützer Germanisten Ludvík Václavek veranstaltete Tagung. Deshalb enthält der Band neben der Laudatio von Josef Peter Strelka diverse Beiträge, zwischen denen sich jedoch innere inhaltliche Bezüge feststellen lassen und die den Zeitraum vom Mittelalter bis zur ersten Hälfte des 20. Jahrhunderts umfassen. Die Identitätsproblematik und ihre Widerspiegelung in der Literatur ist das Thema der Beiträge von Walter Zettel, Antonín Měšťan und Ernst Erich Metzner. Andrea Hohmeyer und Diether Krywalski faßten ihre Recherchen zu der in der Zwischenkriegszeit in der ČSR erscheinenden deutschsprachigen Presse zusammen (literarische Zeitschriften „Die Provinz" und „Witiko", Tageszeitungen in Brünn/Brno). Über die Ästhetik der Moderne schreibt Richard W. Eichler; einige Regularitäten der phantastischen Literatur versucht Václav Maidl zu bestimmen. Eine Interpretation von Kafkas Texten aus der Sicht des Taoismus unternimmt Josef Peter Strelka; Oskar Kokoschkas Bezüge zur Tschechoslowakei untersucht Jiří Munzar. Eine Reihe von Beiträgen konzentriert sich auf einzelne Schriftsteller – so Klaus Heydemann (Lyrik von Hugo Salus), Zdeněk Mareček (Karl Wilhelm Fritsch), Jürgen C. Thöming (Ernst Sommer), Ludvík Václavek (Vincy Schwarz) oder Jan Kubica (Ota Filip).

Václav Maidl

Alena Jakubcová, Jitka Ludvová, Václav Maidl (Hg.): Deutschsprachiges Theater in Prag. Begegnungen der Sprachen und Kulturen. Prag: Divadelní ústav 2001. 511 S., Abb., tschech. Zusammenfassungen. ISBN 80-7008-111-2.

Dies ist der Sammelband zu einem 2000 in Prag/Praha veranstalteten Symposium zum selben Thema; die Beiträge sind auf deutsch oder englisch verfaßt. Gegliedert ist die Publikation nach drei Inhaltsschwerpunkten: Theater und Nation; Musik- und Sprechtheater – Geschichte des Repertoires und der Aufführungspraxis; Quellen – Forschung – Projekte. Aus dem Wesen des ersten Schwerpunktes ergibt sich die Konzentration auf das späte 18. (Reinhart Meyer: Die Idee eines deutschen „Nationaltheaters") bzw. das 19. Jahrhundert (Kotzebues oder Grillparzers Rezeption in Böhmen; das Verhältnis zwischen institutionalisiertem Nationaltheater und Minderheitentheater). Als eine allgemeine Einführung in die soziologische und politische Problematik des 19. Jahrhunderts läßt sich der Aufsatz „Die böhmischen Länder zwischen ethnischer und nationaler Identität" von dem tschechischen Historiker Miroslav Hroch werten. Etwa die Hälfte der Beiträge widmet sich einzelnen Perioden, Aspekten und Persönlichkeiten des deutschsprachigen Theaters in Prag, angefangen vom 17. Jahrhundert bis in die 30er Jahre des 20. Jahrhunderts. Eine Ausnahme bildet der Beitrag von Lucy Topoľská zur Geschichte des Olmützer deutschen Theaters. Die zum dritten Schwerpunkt zusammengestellten Beiträge geben entweder Auskunft über die in einzelnen Archiven aufbewahrten Quellen (z. B. im Wiener Stadt- und Landesarchiv, in Olmütz/Olomouc etc.) oder basieren auf Archivforschungen und -entdeckungen (z. B. Marta Otlovás Referat zur neuentdeckten Quelle zu Angelo Neumann, die Veröffentlichung von Eduard Tauwitz' Notizbuch durch Stanislav Bohadlo etc.). Mit der Möglichkeit einer elektronischen Erfassung des Theaterlebens im 19. Jahrhundert und den damit verbundenen Problemen beschäftigt sich Paul S. Ulrich. Eine Übersicht der Spielstätten des deutschsprachigen Theaters in Prag und der Archivquellen zu dessen Erforschung beschließt den Band.

Václav Maidl

Společnost pro dějiny Němců v Čechách [Gesellschaft für die Geschichte der Deutschen in Böhmen] (Hg.): Němci v českých zemích = Die Deutschen in den böhmischen Ländern. Zprávy Společnosti pro dějiny Němců v Čechách = Mitteilungen der Gesellschaft für die Geschichte der Deutschen in Böhmen. I/2001. Ústí nad Labem 2001. 178 S., Abb. ISBN 80-86475-00-X.

Das erste Heft der Mitteilungen der 1999 neu gegründeten Gesellschaft für die Geschichte der Deutschen in Böhmen enthält neben der Programmerklärung und Satzung auch einen Bericht über die 2000 abgehaltene zweite Vollversammlung der Gesellschaft. Den Großteil des Heftes füllen Josef Bočeks Studie „Die Königinhofer und Grünberger Handschriften" und der Aufsatz „K problematice styků německých žen s válečnými zajatci" (Zur Problematik der Beziehungen deutscher Frauen mit Kriegsgefangenen) von Ria Rudolfová. Bočeks deutsch geschriebene Studie beschäftigt sich mit der Rezeption der beiden Handschriften in Böhmen bis zum Zweiten Weltkrieg (mit besonderem Akzent auf dem Kuh-Prozeß von 1858), Rudolfovás Aufsatz basiert auf ihren Forschungen im Archiv in Leitmeritz/Litoměřice (Akte Leitmeritzer Sondergericht). Den Schlußteil des Heftes bilden Rezensionen und Kurzberichte.

Václav Maidl

Jiří Vomáčka: Severočeští bolzanovci [Die nordböhmischen Bolzano-Anhänger]. Liberec: TU v Liberci, Ústí nad Labem: UJEP v Ústí nad Labem 2000. 144 S., Abb. ISBN 80-7083-389-0 (Liberec), ISBN 80-7044-284-0 (Ústí nad Labem).

Die breit angelegte Studie beschäftigt sich zunächst mit Bolzanos Persönlichkeit, seinen Ideen und seiner Wirkung im allgemeinen, danach konzentriert sie sich auf die bischöfliche Stadt Leitmeritz/Litoměřice und das dortige Priesterseminar, in dem Bolzanos Schüler in seinem Geiste wirkten (am markantesten Michael Joseph Fesl). Ein Kapitel skizziert mögliche nationale Modelle im 19. Jahrhundert in Böhmen; das abschließende Kapitel ist den in Leitmeritz ausgebildeten und in Bolzanos Geiste in der Lausitz wirkenden Pfarrern gewidmet. Die regional orientierten Kapitel sind als ein besonderes Verdienst dieser Arbeit hervorzuheben.

Václav Maidl

8. Ungarn, Rumänien

Róbert Balogh: Schvab Evangiliom. Nagymamák orvosságos könyve [Schwäbisches Evangelium. Arzneibuch für Großmütter]. Budapest: Kortárs 2001. 137 S., Abb. ISBN 963-9297-28-1.

Das Buch „Schvab Evangiliom“ (dies ist eine mundartlich-archaisierende Schreibung; die ungarische Orthographie schreibt vor: „Sváb Evangélium“) betrifft die ungarndeutsche Ortschaft Wemend/Véménd in der Baranya/Branau. Der Inhalt ist vielseitig: Familiengeschichten, Erinnerungen, Träume, Schwänke, Gebete und Märchen sowie Angaben zur Geschichte der Ungarndeutschen. Der Autor will mit diesen mit viel Sorgfalt zusammengetragenen „Mosaiksteinchen“ seinen geliebten deutschen (schwäbischen) Großeltern ein Denkmal setzen. Die „wahre“ Geschichte nahm 1710 ihren Anfang, als man die Deutschen, gutes Ackerland mit reichem Ertrag versprechend, nach Ungarn gerufen hatte. Das harte Los der Folgezeit war für viele Grund zur Auswanderung nach Amerika. Die Weltkriege und der Madjarisierungsdruck waren weitere Schicksalsprüfungen, über die in den Abschnitten „Ópapa könyve“ (Großvaters Buch) und „Ómama könyve“ (Großmutters Buch) berichtet wird. Nach dem Zweiten Weltkrieg folgte die totale Enteignung, Entrechtung und dann, 1947, die Vertreibung in Viehwaggons nach Deutschland. Die quälende Frage in der Fremde: „Wo ist meine wahre Heimat?“ veranlaßte viele, notfalls auch zu Fuß nach Ungarn zurückzukehren. Der Abschnitt „Unokák könyve“ (Buch der Enkel), Gebete, Erzählungen und Geschichten enthaltend und mit Familienbildern illustriert, ist dem ehrenden Gedenken der Vorfahren gewidmet. Das Buch, ein Familienroman und soziographischer Querschnitt eines ungarndeutschen Dorfes, würde eine Übersetzung in die einstige Muttersprache verdienen.

Josef Schwing

[Sándor Balogh (Hg.):] A magyar állam és a nemzetiségek. A magyarországi nemzetiségi kérdés történetének jogforrásai 1848–1993 [Der ungarische Staat und die Nationalitäten. Die Rechtsquellen zu der nationalen Frage Ungarns 1848–1993]. Főszerkesztő [Leitender Redakteur]: Balogh Sándor, szerkesztő [Redakteur]: Sipos Levente. Budapest: Napvilág 2002. 760 S. ISBN 963-9082-95-3.

Die Bearbeiter begründen die Dringlichkeit der Veröffentlichung des vorliegenden Dokumentarbandes mit der Feststellung, daß, obwohl die Frage der Nationalitäten an sich kein Forschungsdesiderat der ungarischen Wissenschaft darstelle, der Ertrag ihrer geschichtswissenschaftlichen Untersuchung, je mehr sich diese der Gegenwart nähere, desto mangelhafter, ja bezüglich des letzten halben Jahrhunderts gänzlich unzulänglich sei. Der vorliegende Band nimmt sich deswegen vor, die bedeutendsten nationalitätenpolitischen Rechtsquellen der letzten anderthalb Jahrhunderte (1848–1993) restlos zu erfassen. In ihm werden alle Gesetze, Verordnungen und Landtagsbeschlüsse zur Regelung der Angelegenheiten der Nationalitäten des genannten Zeitraumes nicht nur veröffentlicht, sondern auch geschichtswissenschaftlich analysiert. Den 137 Rechtsbestimmungen folgen politische Erklärungen, Programme, Petitionen, Berichte und Parteibeschlüsse in Sachen der Nationalitäten sowie rechtsgeschichtliche Analysen und politische Stellungnahmen zu den Rechtsbestimmungen von Lajos Kossuth, Ferenc Deák, László Teleki, Oszkár Jászi, Pál Teleki, Gusztáv Gratz, István Bethlen, Dezső Szabó und Gyula Szekfű. Die Dokumente und die Anmerkungen von József Kardos (für den Zeitraum 1848–1895), Levente Sipos (für 1896–

1919), Pál Pritz (für 1919–1944) und Gizella Föglein (für 1945–1993) schildern, welche Wünsche die Nationalitäten dem ungarischen Staat gegenüber äußerten und welche richtige oder formale Antwort sie auf ihre politischen Bestrebungen von ihm erhielten. Die Veröffentlichung des Bandes wurde von der Stiftung für Politikgeschichte, der Stiftung Pro Renovanda Cultura Hungariae, der Fachstiftung für Erforschung der an der Donau heimischen Völker und dem Nationalen Forschungs- und Entwicklungsprogramm des Széchenyi-Plans des ungarischen Ministeriums für Unterricht unterstützt.

Krisztina Kaltenecker

Bodo Barna (Hg.): Local Identity and Regionalism in the Interethnical Relations. Timişoara 1998. 228 S. ISBN 973-574-545-3.

Der mehrsprachige Band enthält Beiträge zu Fragen der interethnischen Beziehungen, der Entwicklung einer lokal bzw. regional bestimmten Identität und ihrer Besonderheiten, des Regionalismus, der Minderheitenrechte, der Vorurteile und der Fehleinschätzungen in den zwischenmenschlichen Beziehungen. Hinzuweisen ist insbesondere auf die Beiträge von Călin Rus („Kulturelle Identitäten, Regionalismus und zwischenkulturelle Mitteilungen“), Victor Neumann („Das Banat als Modell für friedliche Koexistenz?“) und Karl Singer („Die ethnische Dimension der Demokratie“).

Stelian Mândruţ

Axel Barner: Opitz – Moltke – Tucholsky – Enzensberger. Deutsche Reisen nach Rumänien. Bukarest: ADZ-Verlag 2001. 96 S. Keine ISBN.

Aus einer Zeitspanne von vierhundert Jahren greift der Verfasser, der mehrere Jahre als DAAD-Lektor in Bukarest/Bucureşti gelebt, unter anderem einen Stadtführer Bukarest und ein ebenfalls der rumänischen Hauptstadt gewidmetes Reisebuch veröffentlicht hat, vier Reiseberichte als exemplarisch für eine historische Landeskunde heraus. Der Barockdichter Opitz entdeckt römische Spuren und zeichnet ein idyllisches Bild der siebenbürgischen Landbevölkerung. Der Feldmarschall Moltke berichtet über reizvoll Fremdartiges, der Satiriker Tucholsky verleugnet sich nicht in seinen privaten Briefberichten über die gesellschaftlichen Verhältnisse während des Ersten Weltkriegs. Enzensberger schrieb seinen visionären Bukarest-Text, ohne vor Ceauşescus Sturz im Land gewesen zu sein. Ein gewissenhafter Anmerkungsteil zu den einzelnen Reiseschilderungen klärt Realien und verweist auf Quellen sowie weiterführende Literatur.

Horst Schuller Anger

Györgyi Bindorffer: Kettős identitás. Etnikai és nemzeti azonosságtudat Dunabogdányban [Doppelte Identität. Ethnisches und nationales Identitätsbewußtsein in Bogdan]. Budapest: Új Mandátum; MTA Kisebbségkutató Intézet [Institut für Minderheitenforschung der Ungarischen Akademie der Wissenschaften] 2001. 205 S., Abb. ISBN 963-9336-43-2.

Der vorliegende Band nimmt sich vor, die Entwicklung der Identität der deutschen Minderheit, des Verhältnisses der Deutschen zur ungarischen Staatsnation und des interethnischen Zusammenlebens anhand der soziologischen und volkskundlichen Untersuchung eines ungarndeutschen Dorfes, Bogdan/Dunabogdány, zu schildern. Die Autorin setzt einen besonderen Akzent auf die Kontinuität bestimmter gemeinsamer nationaler Identitätsmerkmale von Ungarn und Deutschen. Der Begriff der „pluralistischen Identität" wird am Beispiel des Zusammenlebens in jenem Dorf plastisch erklärt und auch Laien leicht nachvollziehbar gemacht. Die Veröffentlichung des Buches wurde durch das ungarische Ministerium für das nationale Kulturerbe, die Selbstverwaltung der Gemeinde Bogdan/Dunabogdány, den Verband der Deutschen Selbstverwaltungen in Nordungarn, Frau Erzsébet Grósz geb. Krupp (Vizepräsidentin der Abgeordnetenversammlung des Komitats Pest), Frau Éva Stagel, die Selbstverwaltung der Stadt Szentendre/Sankt-Andrä und die Deutsche Minderheitenselbstverwaltung dieser Stadt unterstützt.

Krisztina Kaltenecker

Donát Biro: Szászrégeni közműves mesterségek [Handwerkerberufe in Sächsisch-Regen]. Marosvásárhely [Târgu Mureş]: Mentor Kiadó 2000. 112 S., Abb. ISBN 973-8002-46-X.

Der Autor beschreibt in chronologischer, jedoch nach Themen gegliederter Folge die wichtigsten Gewerbe und Zünfte von Sächsisch-Regen/Reghin vom Mittelalter bis zur Gegenwart. In der Einführung wird auf die besondere Rolle der siebenbürgisch-sächsischen Bevölkerung hingewiesen, die die Mehrzahl der Gewerbetreibenden gestellt und deren Verbände gegründet hat. Ihr Beitrag zur Entwicklung von Politik, Gesellschaft, Kultur und Kunst des Ortes wird herausgearbeitet. Veröffentlichte und unveröffentlichte Daten werden ausgewertet und einer komparatistischen Untersuchung unterworfen. Die Vielfalt der Handwerke und ihrer Organisationsformen kommt in dieser detaillierten Darstellung voll zur Geltung.

Stelian Mândruţ

Mónika Bohunka (Hg.): Tata és térsége = Tata and their region = Tata und Umgebungen (Magyarország kisrégiói [Ungarns Kleinregionen] 11; Komárom-Esztergom megye [Komitat Komorn/Komárom-Gran/Esztergom] 5). Hatvan: CEBA 2000. 109 S., Abb. ISBN 963-9089-80-X.

In Anlehnung an die einheitliche Struktur der Reihe „Magyarország kisrégiói" beginnt der vorliegende Band mit einer allgemeinen Beschreibung der Stadt Tata und ihrer Umgebung. Nach einer Einführung in deutscher und englischer Sprache folgt die mit Farbbildern illustrierte Beschreibung der einzelnen Ortschaften um Tata: Woj/Baj, Oimasch/Dunaalmás, Niklo/Dunaszentmiklós, Kocs (in diesem Ort wurde die Kutsche erfunden, das Wort „Kutsche" wird vom Ortsnamen Kocs abgeleitet), Naszály, Nesmiel/Neszmély, Sammet/Szomód, Tardasch/Tardos und Taunau/Vértestolna. Einige dieser Orte haben einen beträchtlichen deutschen Bevölkerungsanteil. Die Ausgabe enthält außerdem Wandervorschläge sowie Hinweise auf die jeweiligen örtlichen öffentlichen und wirtschaftlichen Dienstleistungen.

Josef Schwing

Gheorghe Boldea, Valeria Negrea, Maria Petrescu: Mercheaşa, un sat din sud-estul Transilvaniei, judeţul Braşov. Monografie [Streitfort, ein Dorf im Südosten Siebenbürgens, Kreis Kronstadt. Monographie]. o. O. 1998. 251 S. Keine ISBN.

Die nach dem von Dimitrie Gusti und seiner Bukarester Schule entwickelten Vorbild erarbeitete Monographie hat einen soziologischen Schwerpunkt. Vorgestellt wird in 6 Kapiteln und 16 Anhängen ein Ort mit gemischter (rumänischer und siebenbürgisch-sächsischer) Bevölkerung: geographische Gegebenheiten, Geschichte, Bevölkerung, Wirtschaft, gesellschaftliche Schichtung, Verwaltung, ethnologisch-folkloristische Aspekte, Schule, Kirchen und Glaubensgemeinschaften, kulturelles und geistiges Leben.

Stelian Mândruţ

Dan Nicolae Busuioc-von Hasselbach: Ţara Făgăraşului în secolul al XIII-lea. Mănăstirea cisterciană Cârţa [Das Fogarascher Land im 13. Jh. Das Zisterzienserkloster Kerz]. Vol. [Bd.] I–II. Cluj-Napoca: Fundaţia Culturală Română 2000. 338 S., engl. Zusammenfassung. ISBN 973-577-244-2; 973-577-241-8.

Die Dissertation untersucht die Rolle der katholischen Klostergründung Kerz/Cârţa in der unmittelbaren Nachbarschaft des orthodoxen Fogarascher Landes / Tara Făgăraşului, in einem Gebiet der kulturellen Interferenz und geopolitischen Konkurrenz zwischen der Ost- und der Westkirche, zwischen Byzanz und Rom, an der südöstlichen Grenze des Abendlandes. Nach einer Einordnung in die Entwicklung des Mönchtums und des Klosterwesens in Europa wird die Gründung des Zisterzienserklosters Kerz im Kontext der Einbeziehung Gesamtsiebenbürgens in den Staatsverband der ungarischen Krone dargestellt. Danach werden die ethnisch-demographischen Verhältnisse im – jenseits des Altflusses gelegenen – Fogarascher Land im 11. bis 13. Jahrhundert beschrieben. Das Verhältnis der beiden Nachbarn und die Rolle des Klosters im siebenbürgischen Mittelalter werden abschließend untersucht. Die Arbeit besticht durch eine interdisziplinäre Betrachtungsweise, welche politische und Kirchengeschichte mit Kunst- und Kulturgeschichte verbindet. Ein umfassendes Literaturverzeichnis und hilfreiche Register runden diesen gelungenen Band ab.

Stelian Mândruţ

Elena Rodica Colta (Hg.): Minorităţile între identitate şi integrare [Die Minderheiten zwischen Identität und Integration]. Arad: Complexul Muzeal Arad 1999. 188 S. ISBN 973-0-01015-3.

Der Band vereint 13 Vorträge, die anläßlich des internationalen Symposiums über Identitäts- und Integrationsfragen von Minderheiten in Arad (rumänisches Banat) gehalten wurden. Ihre Thematik ist vielfältig und betrifft die Geschichte, Sprache, Volkskunde, Wirtschaft, Gesellschaft und Kultur der ethnischen Minoritäten in Rumänien und einigen Nachbarländern (Ungarn, Jugoslawien, Slowakei). Auf Fragen der deutschen Minderheit gehen besonders ein: Carol König („Die Minderheiten zwischen Identität und Integration") und Simona Goicu („Der deutsche Einfluß auf die Toponymie des Banats").

Stelian Mândruţ

Remus Creţan: Etnie, confesiune şi comportament electoral în Banat. Studiu geografic (sfârşitul secolului al XIX-lea – secolul al XX-lea) [Ethnie, Konfession und Wahlverhalten im Banat. Geographische Studie (Ende des 19. Jh.s und 20. Jh.)]. Timişoara: Editura Universităţii de Vest 1999. 358 S. Keine ISBN.

Das umfassend dokumentierte und mit Hilfe von Feldforschungen (einer Fragebogenaktion, soziologischen Analysen, mündlich und schriftlich erteilten Informationen) recherchierte Werk ist ebenso komplex wie detailliert. Die in diesem Kontext neue Fragestellung nach dem von ethnischer und konfessioneller Zugehörigkeit bedingten Wahlverhalten weist auf einen neuen Forschungsansatz. Im ersten Teil werden die territoriale Entwicklung auf regionaler und lokaler Ebene und der Einfluß der natürlichen Gegebenheiten auf die demographische Entwicklung erläutert sowie die ethnische Struktur der Bevölkerung aufgrund der Volkszählungen von 1900, 1930 und 1992 analysiert. Der zweite Teil konzentriert sich auf die Problematik der ethnischen Struktur der Bevölkerung des Banats und stellt die Entwicklung sowie die organisatorische und institutionelle Struktur der wichtigsten Religionsgemeinschaften dar. Im letzten Teil wird das gesamtregionale wie das lokale Wahlverhalten untersucht, wobei ein besonderer Schwerpunkt auf der Gegenwart (1990–1996) liegt.

Stelian Mândruţ

Hans Diplich (Hg.): Schwester Patricia B. Zimmermann. Eine Monographie. Temeswar: Helicon Verlag 1999. 110 S. ISBN 973-574-628-X.

Die biographische Skizze schildert zurückhaltend, aber mit großer Hochachtung die wichtigsten Lebensstationen und die altruistisch-karitative Tätigkeit dieser banatschwäbischen katholischen Nonne, die in der Zwischen- und Nachkriegszeit im St.-Lioba-Priorat zu Temeswar/Timişoara unter der Leitung von Dr. Hildegardis Wulff OSB gewirkt hat. Nach Gymnasium und Hochschulstudium trat Patricia Zimmermann ins Kloster ein und wirkte im Banat. 1951 wurde sie verhaftet und in einem kommunistischen Schauprozeß verurteilt. Im Mai 1959 aus der Haft entlassen, durfte sie nach Deutschland aussiedeln, wo sie bis 1980 als Religionslehrerin tätig war. Im Anhang sind Erinnerungen an die Zeit ihres Wirkens im Banat abgedruckt.

Stelian Mândruţ

Mircea Dragoteanu: Istoria poştelor locale transilvane. Păltiniş, Bistra, Măgura [Geschichte des örtlichen Postwesens in Siebenbürgen. Hohe Rinne, Bisztra, Măgura]. Cluj-Napoca: Editura Risoprint 1998. 193 S., Abb., Kt. ISBN 973-9298-59-1.

Untersucht wurden auf der Grundlage der erhalten gebliebenen Korrespondenz, der zeitgenössischen Presse und von Reiseliteratur drei Hotel- und Botenpostämter, die ihre eigenen Briefmarken herausgegeben haben. Diese Ämter hatten die Aufgabe, die Postversorgung in Ferien- und Gebirgsorten während der Urlaubszeiten zu gewährleisten, und nahmen dafür ein zusätzliches Porto ein. Diese von der staatlichen Post nicht erbrachte Leistung wurde von Hotelbesitzern oder Wandervereinen besorgt, im Fall der Hohen Rinne und von Bisztra durch den „Siebenbürgischen Karpathen Verein". Der Band enthält zahlreiche unbekannte und präzise recherchierte Informationen.

Stelian Mândruţ

[Dieter Drotleff (Hg.):] Taten und Gestalten: Bilder aus der Vergangenheit der Rumäniendeutschen. Bd. II. Besorgt und eingeleitet von Dieter Drotleff. Hermannstadt/Sibiu: hora Verlag 2002. 178 S. ISBN 973-8226-12-0.

1981 startete die „Kronstädter Wochenschrift" eine Serie mit popularisierenden, zu Teilen 1983 in Buchform veröffentlichten Beiträgen zur Geschichte der Deutschen auf dem Gebiete des heutigen Rumänien. Die Popularisierung ging nicht auf Kosten verläßlicher Information, im Gegenteil: Das Genre des Pressebeitrags ermöglichte in den meisten Fällen die operative Mitteilung neuester Forschungsdaten. Der zweite Band mit den erwähnten Pressebeiträgen erscheint zwanzig Jahre nach deren Abfassung. Nicht alle Autoren konnten ihre Beiträge überarbeiten, nicht alle Beiträge weisen weiterführende Fußnoten auf. Unnötig scheint uns eine Numerierung der 41 Arbeiten nach ihrer damaligen Reihenfolge in der „Karpatenrundschau". Dennoch ist die Buchpublikation als brauchbare Unterrichtsstütze und heimatkundliche Lektüre zu begrüßen. Die chronologische Spanne führt vom 18. Jahrhundert mit dem siebenbürgischen Aufklärer Martin Felmer bis zu dem 1974 verstorbenen Hermannstädter Stadtarchitekten Otto Czekelius.

Horst Schuller Anger

Ion Dumitraşcu: Fragmente de cotidian. Braşov 1919–1928 [Fragmente aus dem Alltag. Kronstadt 1919–1928]. Braşov: Editura Phoenix 1999. 138 S., Abb. ISBN 973-98969-5-2.

Der Verfasser versucht, unterschiedliche Aspekte des täglichen Lebens in der ‚Stadt unter der Zinne' darzustellen und Entwicklungen im ersten Jahrzehnt nach der Vereinigung Siebenbürgens mit Rumänien aufzuzeigen. In vier Kapiteln („Bevölkerung", „Lebensstandard", „Alltagsleben und Urbanismus", „Mentalitäten und mentale Strukturen") wird eine breite Palette öffentlichen und sozialen Lebens in einer Zeit präsentiert, in der die rumänische Bevölkerung ihrer Zahl entsprechend an der Stadtführung und -verwaltung beteiligt wurde. Der Informationsgehalt des Buches und die Behandlung vieler parahistorischer Aspekte trösten über die nicht bewältigten konzeptionellen und methodischen Schwierigkeiten hinweg.

Stelian Mândruţ

Ferenc Fodor: A szemgyogyászat évszázadai Erdélyben [Die Jahrhunderte der Augenheilkunde in Siebenbürgen]. Marosvásárhely [Târgu Mureş]: Mentor Kiadó 2000. 260 S. ISBN 973-8002-41-9.

Das Buch geht über eine Darstellung der Entwicklung der Augenheilkunde in Siebenbürgen hinaus und beginnt mit einem Abriß der Medizingeschichte im alten Dakien, in der Zeit der ungarischen Landnahme, im Mittelalter (Klostermedizin und Gründung erster Hospitäler in den Städten Siebenbürgens). Des weiteren befaßt er sich mit dem Berufsstand der „Barbier-Chirurgen" und speziell mit jenem der „Okulisten", untersucht die medizinische Literatur Siebenbürgens im 16. und 17. Jahrhundert, die sogenannten „Kräuterbücher" und andere medizinische Werke. Fodor beschäftigt sich dann ausführlich mit der Behandlung der „Augenschmerzen" und des „Tränenflusses" sowie anderen medizinischen Leistungen des 18. und 19. Jahrhunderts und schließt mit einem Überblick über die Ophthalmologie in Siebenbürgen im 20. Jahrhundert.

Stelian Mândruţ

Alexander Gerdanovits: Streifzüge. Betrachtungen zur Literatur. Temeswar: Solness Verlag [2001]. 148 S. ISBN 973-8145-55-4.

Der Temeswarer Nachwuchsphilologe, zur Zeit Doktorand an der Universität Klagenfurt, veröffentlicht mit Unterstützung des Instituts für Auslandsbeziehungen, Stuttgart, seine Diplomarbeit samt heterogenen Referaten und Hausarbeiten, die sich auf Autoren wie Meister Eckhart, Andreas Gryphius, E. T. A. Hoffmann, Karl Kraus und den aus dem Banat stammenden Adam Müller-Guttenbrunn beziehen. Es gehe ihm um eine – Gelegenheit und jeweiligen Anlaß nicht leugnende – Literaturkritik der Mosaiksteine, Einblicke, Streifzüge. Die anhand von Beiträgen in der „Fackel" nachgezeichnete Verbindung zwischen Kraus und Müller-Guttenbrunn lief über die Aufsätze des Wiener Kritikers, die sich kritisch mit dem Theaterdirektorat Müller-Guttenbrunns beschäftigten. Vor allem als Leiter des des Antisemitismus bezichtigten „Jubiläumstheaters" geriet Müller-Guttenbrunn in das Kreuzfeuer der sogenannten liberalen Presse in Wien. Gerdanovits zeigt, daß Müller-Guttenbrunns Verhältnis zu den Juden differenzierter gesehen werden müsse. Seine Behauptung allerdings, daß es „viele Ähnlichkeiten zwischen der Kunst- und Literaturauffassung" von Kraus und Müller-Guttenbrunn gegeben habe, scheint eher ein Postulat denn Tatsache zu sein.

Horst Schuller Anger

[Julius Gross (Bearb.):] Documente privind istoria oraşului Braşov. Vol. 8: Annales ecclesiastici, fasc. 2. 1556 (1531) – 1706 (1763). Text realizat de Julius Gross. Ediţie îngrijită de Gernot Nussbächer. Editor: Elisabeta Marin (Arhivele Naţionale, Direcţia Judeţeană Braşov; Societatea de Studii Transilvane, Heidelberg). Braşov: Editura aldus; Heidelberg: Societatea de Studii Transilvane 2002 = Quellen zur Geschichte der Stadt Kronstadt. Bd. 8: Annales ecclesiastici, H. 2. 1556 (1531) – 1706 (1763). Bearb. von Julius Gross. Durchges. und erg. von Gernot Nussbächer. Hg. von Elisabeta Marin (Hauptarchive Rumäniens, Kreisdirektion Kronstadt; Arbeitskreis für Siebenbürgische Landeskunde e. V., Heidelberg). Kronstadt: aldus Verlag; Heidelberg: Arbeitskreis für Siebenbürgische Landeskunde e. V. 2002. XXX, 528 S. ISBN 973-9314-70-8 (aldus), ISBN 3-929848-27-9 (AKSL).

Der Band gehört in eine 1886 begonnene, auf elf Bände veranschlagte Reihe. Das hier angezeigte 2. Heft des 8. Bandes lag zu Beginn der dreißiger Jahre des 20. Jahrhunderts schon druckfertig vor, blieb aber als unveröffentlichtes Archivgut liegen. Die Herausgeber haben die alten Druckbogen durchgesehen, mit den greifbaren Quellen verglichen, Auslassungen aus wichtigen Urkunden ergänzt, ein Verzeichnis für Orte und Personen erarbeitet und einen Anhang mit Textreproduktionen beigegeben. Vorwort, Einleitung und Beschreibung der Quellen schaffen die nötigen Verständnisvoraussetzungen für den Benutzer. Die hauptsächlich lateinisch verfaßten Urkunden sind vor allem für die Kirchen- und Schulgeschichte, aber auch für das Studium sozialer Reglementierungen aufschlußreich. Für den Philologen, speziell den Namenforscher, halten die veröffentlichten Quellen einen reichen Schatz bereit. Kompakte frühneuhochdeutsche Texte erscheinen in Textsorten, die pragmatisch auf wichtige Appell- und Kommunikationssituationen ausgerichtet sind: Rundschreiben der geistlichen Behörde, Ermahnungen zum Befolgen der rechten Lehre, Aufrufe zur Mäßigung bei Hochzeitsfesten, Güterinventuren, Besitzbeschreibungen, Quittungen, Notate über außergewöhnliche Begebnisse (Erdbeben, versuchte Vergewaltigungen, die Bürgerrebellion gegen den Fürsten Rakoczy). Besonders ausführlich sind die Anleitungen für die kontrollierenden Visitatoren in den einzelnen Kirchengemeinden. Ein Beispiel aus den Visitationsartikeln aus dem Jahre 1578: „Alte und Alters halben unfruchtbare Weiber sollen mit jungen Gesellen zu heiraten gehindert werden, damit hässiger Zank, Aergernis, Ehebruch und was dergleichen aus ungleicher Ehe entstehet, verhütet möchte werden." Der schon veröffentlichte neunte Band (s. „Berichte und Forschungen" 7, 1999, S. 320) enthält Zunfturkunden, der zehnte wird Urkunden-Regesten wichtiger Sammlungen, der zwölfte die „Eigenen Verfassungen der Stadt Kronstadt" zugänglich machen.

Horst Schuller Anger

Sigrid Haldenwang, Ute Maurer, Stefan Sienerth, Anneliese Thudt (Bearb., unter Mitarb. von Malvine Dengel): Siebenbürgisch-sächsisches Wörterbuch. Hg. von der Rumänischen Akademie. Bd. 8: N–P. Köln, Weimar, Wien: Böhlau, Bucureşti: Editura Academiei Romane 2002. LXXXII, 476 S. ISBN 973-27-0857-3, ISBN 973-27-0361-X, ISBN 3-412-12801-5.

Es handelt sich um den dritten Band des Wörterbuchs, der nach der Wende erscheint und in dem die mittlerweile eingetretenen äußeren Wandlungen ablesbar werden. Zunächst die negativen: Von dem ursprünglichen Mitarbeiterstamm von immerhin fünf Bearbeiter(inne)n sind nur noch zwei in der Hermannstädter Arbeitsstelle verblieben. Dann die positiven: Zu der wissenschaftlichen Unterstützung durch die Sächsische Akademie der Wissenschaften zu Leipzig kam die Förderung der Akademie der Wissenschaften und Literatur zu Mainz und die finanzielle Unterstützung der Volkswagen-Stiftung hinzu. Damit konnte ein lähmender Typoskriptstau abgebaut und die Bukarester Germanistin Grete Klaster-Ungureanu zur Mitarbeit gewonnen werden. Geplant wird weiter die Zusammenarbeit mit den Wörterbuchspezialist(inn)en des Siebenbürgen-Instituts in Gundelsheim. Band 8 setzt mit der Partikel „na" ein und hört mit „Pyramide" bzw. mit dem mit b-Anlaut lemmatisierten Wort „Büttlingschuhe" (Schuhe aus Jungrindleder) auf. Dazwischen liegt das Stichwort „Partei", das nun ohne aufgezwungene ideologische Wucherungen sachlich dokumentiert werden konnte.

Horst Schuller Anger

Ernst Hauler: Elbeszélések a szatmári svábokrol [Gespräche über die Sathmarschwaben]. Bd. 1–2. Szatmárnémeti / Satu Mare: Editura Bion 1998, 2000. 164, 206 S. ISBN 973-98910-2-0, ISBN 973-99656-2-8.

Die jeweils in acht Kapitel gegliederten Bände enthalten Gespräche mit und über die Sathmarschwaben aus Maitingen/Moftinul Mare, die in den Jahren 1993–1998 (Bd. 1) und von Herbst 1998 bis Sommer 2000 (Bd. 2) geführt wurden. Dabei werden die Geschichte des Ortes und seiner Bewohner von der Zeit ihrer Ansiedlung bis zum Sturz des kommunistischen Regimes ebenso angesprochen wie verschiedene Themen, die früher als Tabu galten. Die Bände dienen der Wiederentdeckung der eigenen Vergangenheit und der Identifikation der Einwohner mit ihrem Heimatort.

Stelian Mândruţ

Stefan Heinz-Kehrer: Im Zangengriff der Zeiten. Ein langes Leben – in kurzen Geschichten. Bukarest: ADZ-Verlag 2001. 454 S. ISBN 973-99655-7-1.

Der Verfasser, in Rumänien als Autor und Schauspieler unter dem Namen Hans Kehrer bekannt, legt Zeugnis über ein Leben ab, das über verschiedene Berufsstationen – vom Lehrer, Kantor, Schulrat, Schauspieler bis zum Autor und Übersetzer – geführt und unter dem Druck sich ablösender Ideologisierungen gestanden hat. Auch diese Autobiographie will keine Zeitgeschichte oder Beichte ersetzen, sondern hält im erklärt subjektiven Rückspiegel fest, was dem Verfasser aus heutiger Sicht angebracht scheint.

Horst Schuller Anger

Aurel Jivi: Orthodox, catholics and protestants. Studies in Romanian ecclesiastical relations ([Reihe] Bibliotheca theologica). Cluj-Napoca: Cluj University Press 1999. 184 S. ISBN 973-595-049-9.

Das Buch vereint ausgewählte Aufsätze, die der orthodoxe Theologe im letzten Jahrzehnt des 20. Jahrhunderts verfaßt hat. Durch profunden Inhalt und ideelle Botschaft gleichermaßen beeindruckend ist der Beitrag über die Verbindungen, die der Patriarch Cyril Lucari (1570–1638) zu den siebenbürgischen Protestanten geknüpft hat. Der Verfasser analysiert die zu Beginn des 17. Jahrhunderts geführte Korrespondenz zwischen Lucari und den siebenbürgischen Studierenden David Höschel und Friedrich Sylberg über die Ökumene und den interreligiösen Dialog jenseits von Dogmen.

Stelian Mândruţ

Imola Kiss, Péter Levente Szőcs (Hg.): Arhitectura religioasă medievală din Transilvania = Középkori egyházi építészet Erdélyben = Medieval ecclesiastical ar[c]hitecture in Transylvania [Die mittelalterliche kirchliche Baukunst in Siebenbürgen]. Satu Mare: Editura Muzeului Sătmărean 1999. 306 S., Abb., teilw. engl., franz., dt., rumän. Zusammenfassungen. ISBN 973-98386-7-7.

Dieser Band publiziert die Vorträge von 13 Fachleuten – Archäologen, Kunsthistorikern, Architekten, Bauingenieuren und anderen –, die anläßlich einer Tagung im Dezember 1998 in Sathmar/Satu Mare gehalten worden sind. Dabei wurden auch Fragen der politischen und der Geistesgeschichte, der auswärtigen Einflüsse auf die mittelalterliche Baukunst Siebenbürgens sowie der von ethnischer und religiöser Zugehörigkeit geprägten Vielfalt der Stile und Formen angesprochen. Mit der Architektur der Deutschen in Siebenbürgen befaßten sich insbesondere Andrei Adrian Rusu („Die Kapelle auf der Burg Rosenau/Râşnov“) und Corina Popa („In der Nachfolge der Parler-Bauhütte: Die evangelische Kirche in Reichesdorf/Richiş“).

Stelian Mândruţ

Helmuth Julius Knall (Hg.): Stephan Ludwig Roth (1796–1849). 150 de ani de la moartea sa [Stephan Ludwig Roth (1796–1849). 150. Todestag]. Mediaş: Forumul Democrat al Germanilor din Mediaş; Asociaţia istoricilor dien Mediaş; Scoala „Stephan Ludwig Roth“ Moşna 1999. 120 S. ISBN 973-0-01035-8.

Der vorliegende Band umfaßt die Referate und Mitteilungen, die anläßlich der zum Gedenken an den 150. Todestag von Stephan Ludwig Roth in Mediasch/Mediaş und Meschen/Moşna veranstalteten Symposien vorgetragen worden sind. Bischof D. Dr. Christoph Klein würdigte Roths Wirken als Pfarrer und Theologe, Prof. Walter König ging auf seine Tätigkeit als Lehrer und Pädagoge ein, Prof. Dr. Hermann Pitters schilderte die Vielseitigkeit dieser Persönlichkeit. Hugo Schneider befaßte sich mit den wirtschaftlichen Reformvorstellungen Roths, Vasile Mărculeţ mit seiner Rolle während der Revolution von

1848/49, und H. J. Knall mit seiner Wirkung auf die Nachwelt in der Zeitspanne von 1849 bis 1919.

Stelian Mândruţ

Zsuzsanna Laknerné Kurucz: Képben vagyunk [Wir sind im Bilde] (Oxford Hungaria nyelvkönyvek [Oxford Hungaria Sprachlehrbücher]). Budapest: Oxford Hungaria-Dinasztia 2000. 109 S. Keine ISBN.

Es handelt sich um ein Handbuch für den visuellen Deutschunterricht. Mit ihrer Lehrmethode versucht die Autorin glaubhaft zu machen, daß Bildbeschreibungen als Prüfungsaufgaben ein wahres Vergnügen, ein genußreiches Spiel seien. An die thematisch geordneten farbigen Bildvorlagen (zu Themen wie Familie, Heim, Verkehr, Freizeit, Schule, Arbeit, Sport usw.) knüpfen sich konkrete Aufgaben. Weitere detailreiche Fotos und Zeichnungen bilden die Basis für selbständige Übungen. Im Anhang finden sich für jedes Bild ca. 15–20 wichtige Schlüsselwörter. Die ansprechenden Farbbilder und abwechslungsreichen, wortschatzerweiternden Aufgabenstellungen sind zwar in erster Linie für das Selbststudium konzipiert, können jedoch auch für den Deutschunterricht an höheren Schulen nützlich sein.

Josef Schwing

Antal Lukács: Ţara Făgăraşului în Evul Mediu. Secolele XIII–XVI [Das Fogarascher Land im Mittelalter. 13.–16. Jh.]. Bucureşti: Editura Enciclopedică 1999. 220 S. ISBN 973-45-0298-0.

Die Monographie gehört zu einer Reihe von Untersuchungen über mittelalterliche Kleinstaaten, die sich vor der Gründung der rumänischen Fürstentümer herausgebildet haben. Sie beginnt mit einer Schilderung der geographischen Gegebenheiten. Danach wird die Entwicklung der Siedlungsstruktur (der Habitate), der Sozialstruktur, der politischen und der Rechtsinstitutionen dargestellt. Es folgt eine Beschreibung der kirchlichen und der weltlichen Baudenkmäler. Der Verfasser geht den Kennzeichen des Fogarascher Landes im Mittelalter nach, die von der Sonderrolle dieser Region zwischen dem mittelalterlichen Königreich Ungarn und den Gebieten jenseits der Karpaten, insbesondere dem im 14. Jahrhundert entstandenen Fürstentum der Walachei, gekennzeichnet sind. Wiederholt wurden walachische Fürsten mit diesem Land belehnt, es diente ihnen in Zeiten der osmanischen Gefährdung auch als Zufluchtsort.

Stelian Mândruţ

Gheorghe Mândrescu: Arhitectura în stil renaştere la Bistriţa [Die Renaissance-Baukunst in Bistritz] (Biblioteca Muzeului Bistriţa. Seria Historica [Bibliothek des Museums Bistritz. Historische Reihe] 1). Cluj-Napoca: Presa Universitară Clujeană 1999. 132 S., 176 Abb. ISBN 973-595-038-3.

Der Autor geht davon aus, daß Bistriţa/Bistritz beim Übergang zum Renaissancestil und bei dessen Verbreitung in Siebenbürgen eine besondere Rolle gespielt hat. Gegen Ende des 15. und im 16. Jahrhundert wurden hier von der Stadt- und der Kirchengemeinde sowie Angehörigen des städtischen Patriziats mehrere bedeutende Bauwerke errichtet, wie das Beuchel-Haus, das Petermann-Haus, das Stadtpfarrhaus und das Goldschmiedehaus, andere – etwa die Stadtpfarrkirche – im Stil der Renaissance umgebaut. Dabei wurden auch Architekten und Baumeister aus Italien wie Petrus Italus de Lugano eingesetzt. Untersucht wird außerdem der Einfluß von Bistritz auf die Verbreitung der Renaissance im Umland sowie in der benachbarten Moldau.

Stelian Mândruţ

Annett Müller: Abschied in Raten. Vom „Neuen Weg" zur „Allgemeinen Deutschen Zeitung in Rumänien". Der Wandel der Zeitung nach der massenhaften Auswanderung der Deutschen aus Rumänien ([Reihe] Transsylvanica). Hermannstadt: hora Verlag; Heidelberg: Arbeitskreis für Siebenbürgische Landeskunde 2002. 298 S. ISBN 973-8226-05-8 (hora), ISBN 3-929848-23-6 (ASKL).

Die Verfasserin, heute am Institut für Kommunikations- und Medienwissenschaft der Universität Leipzig tätig, arbeitete 1994 in der Bukarester Redaktion der untersuchten Zeitung und konnte auf diese Weise die Außenperspektive mit der aus eigener Erfahrung gewonnenen Innenperspektive verbinden. Interviews mit insgesamt neun Redakteuren und Presseübersetzern, mit „Oldtimern" wie Hans Liebhardt oder nur kurzzeitig aktivierenden Newcomern wie Cristina Stoica, schaffen einen überzeugenden Meinungsquerschnitt, mit dem die Umbruchsphase nach 1989 und das sich allmählich wandelnde Zeitungskonzept im Kontext des gesamten rumänischen Mediensystems (für den Untersuchungszeitraum 1993–1997) dokumentiert wird. Der funktionale Wandel nach der Auswanderung der Nationalitätenleserschaft führte auch zu Strukturveränderungen. Annett Müller führt weiter und differenziert, was der Bochumer Medienfachmann Egon Schuster 1992 mit seiner Arbeit über den Schritt der Minderheitenzeitung „Neuer Weg" vom geforderten Huldigungstelegramm zur entideologisierten Nachricht begonnen hat.

Horst Schuller Anger

Lászlo Murvai (Hg.): Configuraţia actuală a învăţământului pentru minorităţile naţionale din România [Die gegenwärtige Gestaltung des Unterrichtswesens für die nationalen Minderheiten in Rumänien]. Cluj-Napoca: Editura Studium 1999. 115 S. ISBN 973-9422-35-7.

In dem Band werden folgende Themen behandelt: Gesetzgebung und Ministerialerlasse über den Unterricht für die nationalen Minderheiten; Schulwesen (Netz der Schulorte, Ausbildung und Weiterbildung der Lehrer); Unterrichtssprachen (Unterricht in der Sprache der jeweiligen Minderheit oder, mit einem höheren oder geringeren Anteil, auch in rumänischer Sprache); Rahmenlehrpläne und ihre Umsetzung. Man findet zudem statistische Angaben für die Jahre 1992–1999 über die Schulen, aufgegliedert nach den Schulformen (Grundschulen, Lyzeen, öffentliche und private Hochschulen mit Unterricht in der Sprache der Minderheiten), und die Lehrkörper.

Stelian Mândruţ

Lászlo Murvai (Hg.): Etosul învăţământului pentru minorităţile naţionale din România. Anul şcolar 1999–2000 [Das Ethos des Unterrichtswesens der nationalen Minderheiten in Rumänien. Das Schuljahr 1999–2000]. Cluj-Napoca: Editura Studium 2000. 158 S. ISBN 973-9422-68-3.

Lászlo Murvai (Hg.): Minorităţi şi învăţământ în România. Anul şcolar 2000–2001 [Minderheiten und Unterrichtswesen in Rumänien. Das Schuljahr 2000–2001]. Cluj-Napoca: Editura Studium 2001. 207 S. ISBN 973-9422-11-X.

Die beiden von Fachleuten der Generaldirektion für Minderheitenschulwesen im Ministerium für Unterricht und Kultur (Direcţia Generală pentru Învăţământul Minorităţilor în Ministerul Educaţiei şi Culturii) verfaßten Bände illustrieren die Entwicklungen in zwei Schuljahren und sind – jeweils in gleicher, die Übersichtlichkeit erleichternder Gliederung – auf sieben thematische Schwerpunkte konzentriert: Unterricht in der Muttersprache, Netz der Schulorte, Gesetzgebung, gültige Erlasse, allgemeine und spezifische statistische Daten, Auszüge aus einschlägigen Dokumenten der Europäischen Union.

Stelian Mândruţ

István Nemere: A nácik aranya [Das Gold der Nazis]. Budapest: Anno 2001. 264 S. ISBN 963-375-123-3.

István Nemere, der unter dem Pseudonym Stefan Niemayer historische Bücher, hauptsächlich über das nationalsozialistische Deutschland, publizierte, behandelt die Geschichte jener Objekte – Gold, Edelsteine, Kunstschätze –, die während des Zweiten Weltkriegs in den besetzten Ländern von den Nazis erbeutet wurden. Dazu gehören auch die Vermögen der deportierten Juden, aber auch das beschlagnahmte Gold der eigenen Bevölkerung. Der eine Teil der Beute wurde zur Finanzierung der Kriegslasten verwendet, der andere wurde in österreichischen und deutschen Bergwerken versteckt, vergraben oder in Bergseen versenkt. Der Autor versucht, die Geschichte des Aufspürens dieser Schätze seitens der Amerikaner und ihrer Verbündeten zu beschreiben, ebenso den Weg der gefundenen Schätze, der nur ganz selten zum rechtmäßigen Eigentümer geführt hat. Der spannende, wie ein Kriminalroman anmutende Band gehört eher in den Bereich der historischen Kuriositäten und Sensationen als in die wissenschaftliche Geschichtsforschung. Es gibt kein Literaturverzeichnis; Quellenangaben fehlen gänzlich.

Josef Schwing

Paul Niedermaier (Hg.): Atlas istoric al oraşelor din România. Seria C: Transilvania, fascicolul 1: Sighişoara = Städtegeschichteatlas Rumäniens. Reihe C: Transsylvanien, 1. Lieferung: Schäßburg. Bucureşti: Editura Enciclopedică 2000. 44 S., Abb. ISBN 973-45-0310-3.

Die erste Lieferung des Städteatlasses Rumäniens, die von der Kommission für Städtegeschichte der Rumänischen Akademie veröffentlicht wurde, enthält einen einführenden Aufsatz, umfangreiches historisches Kartenmaterial (vom 18. Jahrhundert bis zum Jahr 1969) sowie Reproduktionen von älteren Zeichnungen und einer Radierung. Der Städteatlas erscheint – angepaßt an die internationalen Standards der Städtegeschichtsforschung – in einem ungewöhnlich großen Format. Der Text geht in rumänischer Sprache und deutscher Übersetzung (sowie einer ungarischen Zusammenfassung) zunächst auf die geographische Lage der Stadt ein, bietet dann einige Angaben zur Geschichte, Demographie, Kartographie und morphologischen Struktur der Stadt, analysiert das Straßengefüge und einzelne historische Baudenkmäler. Der nun auch in Rumänien begonnene Atlas ist ein wertvolles Arbeitsmittel für alle an der Architektur und Städtegeschichte interessierten Fachleute.

Stelian Mândruţ

Mircea Oprişiu, Ion Mariş: Mic dicţionar cu personalităţi care s-au născut, au trăit şi au creat, ori au avut legături cu meleaguri sibiene [Kleines Lexikon der Persönlichkeiten, die in Hermannstadt und dem Umland geboren wurden, hier gelebt und gearbeitet haben oder Beziehungen zu diesem Gebiet hatten]. Vol. [Bd.] III–V: E–M. Sibiu: Biblioteca Astra [1999], 2000, 2001. 140, 264, 494 S. ISBN 973-0-01031-5.

Das 1996 begonnene Lexikon wird mit diesen drei Lieferungen zügig vorangebracht. Es werden in alphabetischer Reihenfolge mehrere hundert Persönlichkeiten unterschiedlicher nationaler Herkunft vorgestellt, deren Werden und Wirken in irgendeiner Weise mit Hermannstadt/Sibiu oder den Ortschaften der Umgebung verwoben war. Nützlich sind die Register am Ende jedes Bandes.

Stelian Mândruţ

Annemarie Podlipny-Hehn: Carmen Sylva. Temeswar: Solness Verlag 2001. 138 S. ISBN 973-8145-28-7.

Nach der politischen Wende in Rumänien durfte auch die Monarchie als politisches bzw. kulturpolitisches Thema wieder behandelt werden. Die Autorin hat sich allerdings acht Jahre Dokumentationszeit gelassen, ehe sie den Versuch unternahm, Königin Elisabeth (geb. Prinzessin zu Wied), die erste rumänische Königin, in einem monographisch angelegten (mittlerweile auch ins Rumänische übersetzten) Buch zu porträtieren. Dabei interessierten weniger die historischen oder politischen Aspekte, sondern vielmehr die Kulturbeflissenheit der Königin, ihre eigene produktive und reproduktive Beschäftigung mit der Kunst. Unter dem Namen Carmen Sylva veröffentlichte sie deutsche Gedichte, Dramen und Prosa sowie Übersetzungen aus der rumänischen Literatur. Ihrer Stellung war es in erster Linie zu verdanken, daß Ende des 19. Jahrhunderts auch rumänische Gedichte in Anthologien der Weltliteratur vertreten waren. Sie war selbst eine hervorragend ausgebildete Pianistin und förderte an ihrem Hof u. a. das musikalische Wunderkind George Enescu. Ausführlich geht die Verfasserin auch auf die Malkunst der Königin ein. Die Bedeutung ihrer literarischen Arbeiten blieb freilich hinter ihrem gesellschaftlichen Rang zurück. Allzu devote Bücklinge ihrer Verehrer forderten deshalb bei anspruchsvollen rumänischen Kritikern zur mehr oder weniger verkappten Satire heraus. Beispielhaft, im Gelungenen wie Mißlungenen, bleibt ihr konsequenter Versuch, sich einer fremden Kultur aktiv zu nähern und in Westeuropa für Rumänien und seine Belange zu werben.

Horst Schuller Anger

Ion Praoveanu: Aşezările brănene. Satul, gospodăria, locuinţa. Studiu etnologic [Die Siedlungen im Törzburger Gebiet. Dorf, Hauswirtschaft, Wohnung. Ethnologische Studie]. Braşov: Editura Transilvania Express 1998. 383 S., Abb. ISBN 973-98744-6-0.

In elf Kapiteln werden die geographischen, historischen und wirtschaftlichen Gegebenheiten des Gebietes vorgestellt, das früher zur Burgdomäne Törzburg/Bran gehörte und unter der Verwaltung von Kronstadt/Braşov stand. Der Schwerpunkt liegt auf der Dorfstruktur, den Haushalten und den Wohnungen, ihrer Entwicklung im Laufe der Jahrhunderte bis heute. Die volkskundliche Studie beruht auf komparatistischen und interdisziplinären Untersuchungen, die synchronisch oder diachronisch angelegt waren. Fotografien, Ortspläne, Landkarten u. a. illustrieren die reichhaltige Information.

Stelian Mândruţ

Carmen Elisabeth Puchianu (Hg.): Kronstädter Beiträge zur germanistischen Forschung. Bd. IV (Reihe Academica 4). Kronstadt: aldus 2002. 204 S. ISBN 973-9314-72-4.

Der Band enthält Beiträge einer Arbeitstagung, die dem 75. Geburtstag von Rainer Maria Rilke gewidmet war. Fünf der insgesamt siebzehn Referate gehen denn auch auf das Schwerpunktthema ein und behandeln u. a. Schwierigkeiten der Metaphernübertragung am Beispiel des Gedichtes „Der Panther", vergleichen die Parabel bei Rilke und Kafka, untersuchen die Thematisierung von Musik bei Rilke und Blaga oder das Angstmotiv bei Rilke und Herta Müller. Weitere Beiträge im Bereich Literaturwissenschaft gehen auf Hesses „Steppenwolf" und auf Heines Naturverständnis ein. Kontrastiv sind die sprachwissenschaftlichen Arbeiten über die Terminologie im Hochschulwesen, den Gebrauch von Hilfsverben oder über Tempusdarstellungen in DaF-Lehrwerken angelegt. Fragen der Didaktik und Methodik werden u. a. auf die Analyse des rumänischen Lehrwerks „Deutsch mit Spaß", auf Erfahrungen mit thematisch an rumäniendeutsche Literatur geknüpften Projektarbeiten bzw. auf das Ausbildungsprogramm deutschkundiger Archivare in Rumänien bezogen.

Horst Schuller Anger

Andrei Adrian Rusu (Hg.): Dicţionarul mănăstirilor din Transilvania, Banat, Crişana şi Maramureş [Lexikon der Klöster in Siebenbürgen, dem Banat, dem Kreischgebiet und der Marmarosch]. Cluj-Napoca: Presa Universitară Clujeană 2000. 286 S., Abb. ISBN 973-8095-70-0.

Dieses Nachschlagewerk bündelt das derzeitige Wissen über das Klosterwesen in den diesseits der Karpaten gelegenen Gebieten Rumäniens. Es werden alle im Laufe der Jahrhunderte gegründeten Klöster erfaßt, sowohl jene, die nur aufgrund von Quellenbelegen bekannt sind, als auch die neuesten, nach der Wende von 1989 erbauten. In alphabetischer Folge der rumänischen Ortsnamen reihen sich dabei orthodoxe, griechisch-katholische und römisch-katholische Klöster, bei den katholischen wird auch die Ordenszugehörigkeit genannt. Für jedes Kloster werden folgende Daten geboten: Name, topographische Lage, Patrozinium, Art (Mönchs- oder Nonnenkloster), Gründungsjahr, Stifter, Besitzungen, Ereignisse, Architektur, denkmalpflegerische Leistungen, Zerstörungen oder Untergang, kulturell-künstlerisches Erbe, Plan der Klosteranlage bzw. des Gebäudes, Bibliographie.

Stelian Mândruţ

Stafette. Zusammengestellt und eingeleitet von Annemarie Podlipny-Hehn (Demokratisches Forum der Deutschen in Temeswar. Schriftstellerverband Rumäniens – Filiale Temeswar. Deutscher Literaturkreis). Timişoara: Editura Eurobit 1999. 248 S. ISBN 973-9441-41-6.

Der fünfte Sammelband mit Arbeiten des deutschsprachigen Temeswarer Literaturkreises stellt 38 Autor(inn)en vor, die hier im Sinne eines großzügigen Literaturkonzepts sowohl mit belletristischen als auch rein journalistischen Beiträgen, ja sogar mit Schüleraufsätzen vertreten sind. Gewicht erhält der Band durch die Beiträge (Würdigung, Textabdrucke, Übersetzungen) zum 100. Geburtstag von Franz Liebhard/Robert Reiter. Die Berichte über Lesungen, Auftritte und Preise sowie ein ständig aktualisiertes Autorenlexikon im Anhang schaffen ein anschauliches Bild dieser nachhaltig geförderten Literaturszene, aus der u. a. Nachwuchsautor(inn)en wie Lorette Bradiceanu-Persem oder Lucian Varsandan hervorgegangen sind.

Horst Schuller Anger

Stafette. Sammelband des Deutschen Literaturkreises Temeswar. Hg. von Annemarie Podlipny-Hehn. Temeswar: Eurobit Verlag 2000. 250 S. ISBN 973-8181-15-1.

Der sechste „Stafette"-Band veröffentlicht zur Hälfte belletristische Originalproduktionen, zur anderen Hälfte Presseechos, Interviews (mit Franz Heinz, Richard Wagner, dem Literaturhistoriker Walter Engel), Auszüge aus Diplom- und Doktorarbeiten (über das Hörspiel, den Banater Autor Richard Wagner, Oscar Walter Cisek), Berichte über Preisverleihungen, Lesereisen, Buchvorstellungen und das 29 Namen umfassende Autorenlexikon im Anhang. Besonderes Gewicht für die Fremdeinschätzung des Literaturkreises hat die (nachgedruckte) literatursoziologische Betrachtung von Horst Fassel (Tübingen), in der die anregende Funktion von Gruppierungen und Zirkelbildungen reflektiert wird.

Horst Schuller Anger

Stafette. Sammelband des Deutschen Literaturkreises Temeswar. Hg. von Annemarie Podlipny-Hehn. Temeswar: Solness Verlag 2001. 182 S. ISBN 973-8145-53-8.

Auch in diesem (siebenten) Band bewährt sich die Mischung von Produktion und reflektierendem Bericht. Diesmal schlagen sich auch Erfahrungen besonders aktiver Deutschlehrerinnen mit produktivem Schülerschreiben nieder. Doch dominieren nicht die Anfänger. Neben Gedichten und Prosa werden Reiseberichte (aus den USA, aus Lübeck und Venedig), stadtgeschichtliche Betrachtungen, Gedanken über Carmen Sylva als Übersetzerin rumänischer Literatur, Erlebnisberichte aus der Zeit der Deportation nach Sowjetrußland, Berichte über Autorenbegegnungen im In- und Ausland, über Anstalten zur Rehabilitation des Autors Nikolaus Berwanger veröffentlicht. Besonders lesenswert der aus der Tagespresse nachgedruckte, konzentrierte Aufsatz von Michael Fernbach, der produktive Fragen nach der Zukunft des „Stafette"-Literaturkreises stellt.

Horst Schuller Anger

Lucia Turc: Bibliografia istorică a Transilvaniei (1936–1944). Bibliografie selectivă [Historische Bibliographie Siebenbürgens (1936–1944). Auswahlbibliographie] = Bibliographie historique de la Transilvanie (Bibliotheca bibliologica, Seria noua 13 [32]). Cluj-Napoca: Presa Universitară Clujeană 1998. 354 S. ISBN 973-9354-37-8.

Die Bibliographie beschränkt sich auf die Geschichtswerke, die über eine Region Rumäniens in einem bestimmten Zeitraum erschienen sind. Es wird eine breit gefächerte historiographische Produktion erfaßt, die in Büchern, Studien, Zeitschriftenaufsätzen, ja sogar Presseartikeln ihren Niederschlag gefunden hat. Gegliedert ist das Werk in fünf Kapitel: „Allgemeine Fragen“, „Geschichte Siebenbürgens“, „Ortsgeschichte“, „Siebenbürger jenseits der Grenzen“, „Minderheiten“. Sehr hilfreich sind die Autoren- und Namenregister.

Stelian Mândruţ

Gheorghe Vlad, Mihai Racoviţan: Spitalul militar din Sibiu [Das Militärkrankenhaus Hermannstadt]. Sibiu: Editura Tribuna 1999. 288 S. ISBN 973-991164-0-6.

Anläßlich zweier Jubiläen – 260 Jahre seit der ersten urkundlichen Erwähnung, 140 Jahre moderne Militärmedizin in Hermannstadt/Sibiu – wurde ein gut dokumentierter und reich illustrierter Band herausgegeben, der auch auf die Stadtgeschichte und die medizinisch-sanitäre Lage in Hermannstadt eingeht. Neben wichtigen Angaben über Hygiene und Gesundheitszustand der Bevölkerung finden wir eine Darstellung der Anfänge und der Entwicklung der Militärmedizin vom Beginn der österreichischen Herrschaft (1688) bis heute. Geschildert werden die Tätigkeit der Ärzte, das Apothekenwesen und die Organisation des Spitals. Wichtig ist das Verzeichnis der Kommandanten des Militärkrankenhauses in den Jahren 1918–1999.

Stelian Mândruţ

Zeitschrift der Germanisten Rumäniens. Hg. von der Gesellschaft der Germanisten Rumäniens (GGR). Jg. 9 (2000), Nr. 1–2 (17–18). Bukarest: Paideia Verlag 2000. 432 S. ISBN 973-9368-06-9.

Das Heft enthält den ersten Teil der auf dem V. Kongreß der Germanisten in Jassy/Iaşi vorgelegten Arbeiten, die in den Gruppen Literaturwissenschaft, Sprachwissenschaft, Didaktik und Kulturgeschichte der Rumäniendeutschen präsentiert wurden. Dazu kommen Rezensionen, Tagungsberichte und eine Leseprobe aus der Prosa von Karin Gündisch. Von den Beiträgen der Germanisten Rumäniens seien hier u. a. erwähnt: Ioana Crăciun: „Mythos und Intertextualität. Prolegomena zu einer literaturwissenschaftlichen Mythostheorie“; Elena Viorel: „Kontaminationen – ein linguistisch-didaktisches Problem“; Anneliese Poruciuc: „Anglizismen in der deutschen und der rumänischen Umgangssprache“; Oana Nora Căpătână: „Kofferwörter. Das Abenteuer der Wortverschmelzung“; Grigore Marcu: „Translatorische Äquivalenzen. Vergleichende Analyse rumänischer Benn-Übersetzungen“; Christiane Cosmatu, Silvia Florea: „Deutsch in Rumänien. Chronologisch-statistischer Überblick“; Kinga Gáll: „Banater Periodika bis 1918“; George Guţu: „Übersetzen als Brückenschlagen. Vielvölkerland Bukowina und seine Mehrsprachigkeit“. In dem Heft publizieren rund 50 Autoren, die aus der Bundesrepublik Deutschland, Österreich, der Slowakei, Rußland und – in der Mehrzahl – Rumänien kommen.

Horst Schuller Anger

Zeitschrift der Germanisten Rumäniens. Hg. von der Gesellschaft der Germanisten Rumäniens (GGR). Jg. 10 (2001), Nr. 1–2 (19–20). Bukarest: Paideia Verlag 2001. 414 S. ISSN 1454-4008.

Von den in diesem Heft fortgesetzten Referatabdrucken des V. Kongresses der Germanisten Rumäniens seien u. a. erwähnt: Carmen Iliescu: „‚Die Urpflanze wird das wunderlichste Geschöpf von der Welt.‘ Vorüberlegungen zur ontisch begründeten Bildlichkeit bei Goethe"; Horaţiu Decuble: „Realismus. Naturalismus. Expressionismus. Die Philosophie Friedrich Nietzsches in Echos und Kontrasten"; Alexander Ronai: „Actualitatea şi anacronismul operei lui Brecht"; Delia Seiculescu: „Patrick Süskinds ‚Parfüm' in rumänischer Übersetzung"; Olga Spiridon: „Paradigmenwechsel in der rumäniendeutschen Erzählliteratur der Nachkriegszeit"; Ruxandra Cosma: „Von Libretti und ihren Übersetzungsschwierigkeiten. Am Beispiel von Wagners ‚Lohengrin'"; George Guţu: „Zu Rose Ausländers früher Lyrik"; Mihai Victor Stoian: „Literarischer Erlebnisort Schwarzes Meer". Bsonders hingewiesen werden soll auf den aus dem Rumänischen Literaturmuseum stammenden Deutschen Brief aus der Bukowina, eine Literaturgeschichte in nuce, die Alfred Margul-Sperber als Vorwort für eine 1931 geplante Anthologie deutschsprachiger Dichtung verfaßte. Weitere Beiträge sind dem Literaturnobelpreisträger Günter Grass gewidmet. Die Germanisten Helmut Kelp und Heinrich Mantsch werden zu ihrem 70. Geburtstag gewürdigt.

Horst Schuller Anger

9. Rußland

[V. A. Artisevič (Hg.):] Iz istorii kul'tury nemcev Povolž'ja. Sbornik statej [Aus der Kulturgeschichte der Wolga-Deutschen. Beiträge]. Redakcionnaja kollegija: V. A. Artisevič (otv. red.), I. V. Lebedeva, N. P. Nikitina, N. A. Popkova, L. L. Prozorovskaja. Saratov 1993. 96 S., 16 Abb. Keine ISBN.

Das Buch besteht aus Beiträgen von Wissenschaftler(inne)n der Universität Saratow zur Kultur und Geschichte der Deutschen im Wolga-Gebiet (in der sogenannten Wolgarepublik). Im ersten Teil des Buches geht es um die Entstehung der Musik- und Theaterkunst in der Autonomen Deutschen Republik, die im Oktober 1918 gegründet wurde, sowie um den großen Beitrag der deutschen Wissenschaftler der Saratower Universität zur Entwicklung der Wissenschaft und der Volkswirtschaft und ihr trauriges Schicksal. Im zweiten Teil wird die Geschichte der Zentralen deutschen Bibliothek der Wolgarepublik und ihre Rettung in den schwierigen Jahren des Zweiten Weltkriegs dargestellt.

Nadja Wulff

Benedikt Böhm: Wolkowo [–] lutherischer Friedhof in St. Petersburg. Handbuch und Friedhofsführer Deutsch und Russisch = Benedikt Bem: Volkovskoe ljuteranskoe kladbišče Sankt-Peterburga. Spravočnik-putevoditel' na nemeckom i russkom jazykach. Red. des deutschen Textes: Hans Eilers. Sankt-Peterburg: Russko-Baltijskij informacionnyj centr BLIC 1998. 156 S., Abb., Pläne. ISBN 5-86789-070-8.

Das zweisprachige Buch ist dem größten lutherischen Friedhof in St. Petersburg, dem Wolkowo-Friedhof, gewidmet, der 1773 von der Petri-Kirche eingerichtet wurde. Auf diesem Friedhof sind sehr viele Wissenschaftler und Personen des öffentlichen Lebens deutscher Herkunft begraben. Zum ersten Mal in der 225jährigen Geschichte des Friedhofs wurden 2.000 gesicherte Grabmäler beschrieben. Aus dem Petersburger Historischen Staatsarchiv stammen die alten Pläne, Verzeichnisse über den Verkauf von Grabplätzen und Begräbnisregister aus einem Zeitraum von über 200 Jahren. Da schon kurz nach Beginn des Ersten Weltkriegs 1914 viele Deutsche und Österreicher ausgewiesen oder interniert wurden, ist die Erhaltung der Grabsteine mit deutschen Aufschriften auf diesem Friedhof besonders bemerkenswert.

Nadja Wulff

[V. M. Karev (Hg.)]: Nemcy Rossii. Ėnciklopedija. Tom 1: A–I. Redkol.: V. Karev (pred. redkol.) i dr. = Die Deutschen Rußlands. Enzyklopädie. [Bd. 1: A–I]. Redaktionskollegium: Vorsitzender des Redaktionskollegiums W. Karev, S. Bobyleva, D. Brandes, A. Eisfeld, A. Engel-Braunschmidt, A. Hermann, W. Mathies, I. Petrivnaja, Ju. Petrov, I. Plehwe, O. Suchareva, N. Wardenburg. [Geleitworte von V. A. Michajlov, Minister für Angelegenheiten der Föderation und der Nationalitäten der Russischen Föderation, und Ernst-Jörg von Studnitz, Botschafter der Bundesrepublik Deutschland.] Moskva / Moskau: ĖRN 1999. 822 S. ISBN 5-93227-002-0.

Diese russischsprachige Enzyklopädie ist einem der Völker Rußlands gewidmet, das einen beträchtlichen Beitrag zur russischen Geschichte und Kultur geleistet hat. Das Werk enthält eine Vielzahl von Informationen zur Geschichte, zu wirtschaftlichen, sozialen, religiösen und kulturellen Aspekten und zur Geographie der Siedlungen der Rußlanddeutschen. Da der Begriff „Deutsche in Rußland" oder „Rußlanddeutsche" sehr komplex ist, war das Redaktionskollegium bestrebt, das Leben der Deutschen auf dem Territorium des Russischen Reichs darzustellen, also der Deutschen, die jetzt in der Russischen Föderation, in der Ukraine, in Kasachstan und anderen GUS-Ländern leben. Einen großen Platz in der Enzyklopädie nehmen die Biographien hervorragender Rußlanddeutscher ein: Staatsmänner, Vertreter der Wirtschaft, Wissenschaftler, Architekten, Maler, Komponisten, Musiker und Ärzte.

Nadja Wulff

E. M. Šiškina-Fišer: Nemeckie narodnye kalendarnye obrjady, obyčai, tancy i pesni. Praktičeskoe posobie dlja rossijskich nemcev [Deutsche volkstümliche Kalendersitten, Bräuche, Tänze und Lieder. Ein praktisches Handbuch für Rußlanddeutsche]. Moskva: Gotika 1997. 208 S., Abb., mus. Noten, russ. u. dt. Inhaltsverzeichnis. ISBN 5-7834-0023-8.

Dieses Buch eignet sich besonders gut für Leiter der deutschen Kulturzentren in Rußland und Kasachstan und für alle, die sich mit der Kultur der Rußlanddeutschen vertraut machen wollen. Es werden die überlieferten deutschen Sitten und Bräuche dargestellt, die sowohl im Familien- als auch im Gesellschaftsleben verbreitet sind. Dabei wurde der Versuch unternommen, die besonders wichtigen deutschen Kalenderbräuche und Feiertage zu beschreiben, wie z. B. Weihnachten, Fasching, Ostern usw., um so zur Wiederbelebung und Aufrechterhaltung der alten deutschen Traditionen in den deutschen Gemeinden in Rußland und Kasachstan beizutragen.

Nadja Wulff

[Galina I. Smagina (Hg.):] Nemcy v Rossii. Russko-nemeckie naučnye i kul'turnye svjazi = Die Deutschen in Russland. Russisch-deutsche wissenschaftliche und kulturelle Beziehungen. Redakcionnaja kollegija: C. N. Iskjul', N. V. Kolpakova,

G. I. Smagina (otv. red.), S. V. Smirnickaja, I. V. Čerkaz'janova. St. Petersburg / S.-Peterburg: Dmitrij Bulanin 2000. 424 S., Abb., russ. u. dt. Inhaltsverzeichnis. ISBN 5-86007-248-1.

Als Grundlage dieses von der Russischen Akademie der Wissenschaften herausgegebenen russischsprachigen Bandes dienen die Vorträge, die in den Jahren 1996 und 1997 auf Tagungen im Rahmen des Internationalen Seminars „Deutsche in Rußland: russisch-deutsche wissenschaftliche und kulturelle Beziehungen" gehalten wurden. Das Seminar wurde 1990 gegründet, unter anderem vom Institut für linguistische Forschungen der Russischen Akademie der Wissenschaften, der Bibliothek der Russischen Akademie der Wissenschaften und dem Museum für Anthropologie und Ethnographie, der sogenannten Kunstkammer. Im Mittelpunkt der Aufmerksamkeit stehen die russisch-deutschen Kontakte in den Bereichen Literatur, Kunstgeschichte, Wirtschaft und Bildung vom 17. bis zum 20. Jahrhundert. Die vierzig Aufsätze finden sich unter folgenden Rubriken: „Germanisten und germanistische Forschungen in Russland", „Russisch-deutsche literarische Beziehungen", „Der russisch-deutsche Dialog", „Die Deutschen in Russland: Menschen und Schicksale". Ein Personenregister ist vorhanden. Der Druck des Buches erfolgte mit Unterstützung des Lotman-Instituts für russische und sowjetische Kultur, der Ruhr-Universität Bochum und des Bundesministeriums für auswärtige Angelegenheiten der Bundesrepublik Deutschland.

Nadja Wulff

[Galina I. Smagina (Hg.):] Nemcy v Rossii. Peterburgskie nemcy = Die Deutschen in Russland. Petersburger Deutsche. Redakcionnaja kollegija: C. N. Iskjul', N. V. Kolpakova, G. I. Smagina (otv. red.). [Vorwort von Dieter Boden, Generalkonsul der Bundesrepublik Deutschland.] St. Petersburg / S.-Peterburg: Dmitrij Bulanin 1999. 620 S., Abb., russ. u. dt. Inhaltsverzeichnis. ISBN 5-86007-154-X.

Das von der Russischen Akademie der Wissenschaften herausgegebene russischsprachige Buch ist der Geschichte der deutschen Gemeinde in St. Petersburg und dem deutschen Anteil am geistigen Leben der Stadt gewidmet. In den über fünfzig Beiträgen, die im Rahmen des 1990 gegründeten Seminars „Deutsche in Rußland" entstanden sind, wird die Vielfalt der historischen Entwicklung jener wirksamen Zusammenarbeit von Deutschen und Russen sichtbar. Der mit einem Personenregister versehene Band gliedert sich in die Abschnitte „Die Deutschen und die Petersburger Akademie der Wissenschaften", „Die Deutschen im politischen und wirtschaftlichen Leben von Petersburg", „Die evangelisch-lutherische Kirche in Petersburg", „Die Deutschen im kulturellen Leben von Petersburg", „Gerhard Friedrich Müller: Akademiemitglied, Forscher, Pädagoge", „Petersburger Deutsche: Menschen und Schicksale".

Nadja Wulff

S. V. Smirnickaja, M. A. Barotov: Nemeckie govory Severnogo Tadžikistana [Die deutschen Mundarten Nord-Tadschikistans] ([Reihe] Jazyk rossijskich nemcev [Die Sprache der Rußlanddeutschen]). Sankt-Peterburg: ILI RAN 1997. 120 S. Keine ISBN.

Dieses von der Russischen Akademie der Wissenschaften herausgegebene Buch ist das erste einer neuen Reihe „Die Sprache der Rußlanddeutschen". Es befaßt sich zum ersten

Mal mit einer Region im Norden Tadschikistans, in deren demographischer und soziolinguistischer Struktur die Deutschstämmigen eine bedeutende Rolle spielen. Berichtet wird über die Geschichte der deutschen Siedlungen in Turkestan, über die deutschen Siedler in Tadschikistan und über die demographische Situation in der Hudžaner Region in Nord-Tadschikistan. Die vorliegende Arbeit untersucht die Sprachkompetenz und das Sprachverhalten der deutschen Aussiedler der Nachkriegszeit sowie das Spezifische der deutschen Mundarten in dieser Region als ein Resultat der innersprachlichen und zwischensprachlichen Kontakte wie der tadschikisch-deutschen und russisch-deutschen Sprachinterferenzen. Einen wichtigen Bestandteil des Buches bilden die biographischen Angaben zu den Informanten. Der Vergleich und die Untersuchung soziolinguistischer Angaben untermauern die These, daß die deutsche Sprache in der Hudžaner Region verdrängt wird.

Nadja Wulff

Berichte und Forschungen 10 (2002), S. 275–418.

WISSENSCHAFTLICHER INFORMATIONSDIENST

Dokumentation aktueller Forschungen
zu Kultur und Geschichte
Ost- und Westpreußens, Pommerns,
Ostbrandenburgs, Schlesiens
sowie der Deutschen
im östlichen Europa

2002

Redaktion: Kurt Dröge

Inhalt

Vorwort

Das Ziel dieser elften Folge des „Wissenschaftlichen Informationsdienstes“ (WID) besteht darin, aktuelle, in Entstehung begriffene und noch unpublizierte Forschungsarbeiten zur Kultur und Geschichte der historischen deutschen Ostprovinzen sowie der Deutschen und ihrer Nachbarn im östlichen Europa zu dokumentieren.

Auf der Grundlage einer zum Jahreswechsel 2001/02 durchgeführten Umfrage sowie der Auswertung einschlägiger wissenschaftlicher Fachorgane werden in Bearbeitung befindliche Editionen, Monographien, Aufsätze, Beiträge zu Sammelwerken und Lexika, Habilitationsschriften, Dissertationen, Magister- und Staatsexamensarbeiten nachgewiesen; unberücksichtigt bleiben Rezensionen, Nachrufe, Seminararbeiten sowie Exkursionsberichte. Titel, die mehrere Regionen betreffen, sind mehrfach aufgeführt, werden aber nur unter einer Nummer gezählt und im übrigen mit Sternchen (*) gekennzeichnet.

Die Aufnahme folgt einer Gliederung in drei Abschnitte (A: Geschichte/Volkskunde/Musik, B: Literatur und Sprache, C: Kunstgeschichte, letztere mit eigenem Gliederungsschema). Im Abschnitt B behandelte Autoren sind entweder in der entsprechenden Region geboren oder ihr literarisch verbunden.

Zur Förderung der Kommunikation, auch über Grenzen hinweg, werden Anfragen, die von interessierter Seite an das Bundesinstitut gerichtet werden, an die betreffenden Autor(inn)en zur Beantwortung weitergeleitet; Adressen können hingegen nicht direkt übermittelt werden. Die Resonanz auf die jährlich durchgeführte Umfrage darf seit nunmehr zehn Jahren als sehr positiv bezeichnet werden, nicht nur, aber vor allem auch in den Ländern Ostmitteleuropas. Dieser Trend mag, dies ist zu wünschen, dauerhaft anhalten.

Der „Wissenschaftliche Informationsdienst“ 2002 ist für alle Interessenten im Internet verfügbar: http://www.uni-oldenburg.de/bkge (e-mail: wid.bkge@uni-oldenburg.de). Der zugrundeliegende Fragebogen kann hier zwecks Beteiligung an zukünftigen Umfragen abgerufen werden. In diesem Zusammenhang sind auch Hinweise auf inzwischen erschienene Titel willkommen.

Im Bundesinstitut hat Helga Saul in kontinuierlicher Weise die umfängliche Datenerfassung vorgenommen. Dafür sei ihr herzlich gedankt, wie auch allen beteiligten Forscher(inne)n und Institutionen für das große Engagement.

A: Geschichte/Volkskunde/Musik

1 Regional übergreifende Arbeiten

1.1 Zeitlich übergreifende Arbeiten

1. **Bahlcke**, Joachim: Gotthold Rhode (1916–1990) (Beitrag zu: Neue Deutsche Biographie).

2. **Benz**, Ernst; **Grulich**, Rudolf: Handbuch des ostdeutschen Katholizismus (Monographie).

3. **Biskup**, Marian: Historia dyplomacji polskiej – dla lat 1370–1572 [Die Geschichte der polnischen Diplomatie in den Jahren 1370 bis 1572] (Monographie).

4. **Borkowska**, Urszula: The Jagiellonians as founders of ecclesiastical institutions in the Grand Duchy of Lithuania and Poland (Beitrag zu Nr. 2130).

5. **Bruch**, Christiane; **Esch**, Michael G.: Bibliographische Forschung zur Geschichte der Juden im östlichen Europa (Bibliographie).

6. **Dahlmann**, Dittmar; **Beer**, Matthias (Hg.): Binneneuropäische und transatlantische Migration im 18. und frühen 19. Jahrhundert.

7. **Garber**, Klaus; **Held**, Jutta (Hg.): Der Frieden. Rekonstruktion einer europäischen Vision. Band I–II.

8. **Hackmann**, Jörg: Geschichtsbilder und kognitive Karten der Ostseeregion. Einleitende Bemerkungen zur Betrachtung des „gemeinsamen Erbes" (Beitrag zu: Kulturlandschaft der südlichen Ostseeküste).

9. **Hackmann**, Jörg; **Schweitzer**, Robert (Hg.): Nordosteuropa als Geschichtsregion.

10. **Hackmann**, Jörg: Vom Objekt zum Subjekt. Kleine Nationen als konstituierender Faktor der Geschichte Nordosteuropas (Beitrag zu Nr. 9).

* **Harasimowicz**, Jan: Die Bedeutung der süddeutschen Reichsstädte für die bürgerliche Kultur der jagiellonischen Länder um 1500 (Beitrag zu Nr. 2130).

11. **Hecker**, Hans: Kulturbeziehungen in Ost- und Ostmitteleuropa seit dem 18. Jahrhundert (Beitrag zu Sammelwerk).

12. **Hecker**, Hans (Hg.): Ehe und Familie in Mittelalter und Renaissance.

13. **Hecker**, Hans (Hg.): Der Krieg in Mittelalter und Renaissance.

14. **Jonecko**, Antoni: Bursztyn w medycynie ludowej [Bernstein in der Volksmedizin] (Aufsatz).

15. **Koch**, Klaus-Peter: Robert Führer; Georg Rudolph; Franz Götz; Peregrinus Gravani; František Gregora; Paul Hallmann von Strachwitz (Lexikonartikel für: Die Musik in Geschichte und Gegenwart).

16. **Kras**, Paweł: Religious tolerance in the Jagiellonian policy in the age of the Reformation (The Polish-Lithuanian Commonwealth) (Beitrag zu Nr. 2130).

17. **Lambrecht**, Karen: Zentrum und Kommunikation – Kulturelle Metropolen in Ostmitteleuropa (ca. 1450–1550) (Monographie).

* **Madej-Anderson**, Agnieszka: Die Rolle der Bettelorden in der Vermittlung künstlerischer Formen und Motive am Beispiel der Krakauer Dominikaner. Probleme – Methoden – Perspektiven (Beitrag zu Nr. 2130).

18. **Mrozowicz**, Wojciech: Treści i funkcje monumentalnych przekazów annalistycznych [Inhalte und Funktionen der monumentalen annalistischen Überlieferung] (Aufsatz).

19. **Neubach**, Helmut: Bedeutende Frauen aus Ostdeutschland (Monographie).

20. **Orłowski**, Hubert: Fremdwahrnehmung und Nationerfindung. Historische Semantik und historische Stereotypenforschung. Zur Frage des „deutschen Polendiskurses" (Beitrag zu Sammelband, hg. von Wolfgang Bialas).

21. **Orłowski**, Hubert; **Lawaty**, Andreas (Hg.): Deutsche und Polen. Grundbegriffe.

22. **Pápay**, Gyula; **Krüger**, Kersten: Städtesystem und Urbanisierung im Ostseeraum in der Neuzeit (Internet-Projekt).

* **Piech**, Zenon: Herrscher und Staat in den ikonographischen Quellen im Zeitalter der Jagiellonen (Beitrag zu Nr. 2130).

23. **Rutkowski**, Ernst: Österreichische militärhistorische Forschungen (Aufsätze und Editionen) (mehrbändig).

24. **Schattkowsky**, Ralph; **Münch**, Ernst (Hg.): Studien zur ostelbischen Gesellschaftsgeschichte, Bd. 2: Adel in Ostmitteleuropa.

25. **Schweitzer**, Robert: Das Netzwerk der Deutschen im Ostseeraum (Beitrag zu Sammelwerk).

26. **Seifert**, Manfred: Technische Innovation und kulturelle Bewertung. Zum Wandel des Wohnverhaltens und der Wohnbedürfnisse am Beispiel Kachelofen (Habilitationsschrift).

27. **Teistler**, Gisela: Bibliographie in deutscher Sprache erschienener Fibeln (Erstlesernbücher) von den Anfängen bis 1945 (unter Einschluß von außerhalb Deutschlands herausgekommenen Titeln).

28. **Tuchtenhagen**, Ralph: Neuere Publikationen zur Geschichte des Ostseeraumes (Aufsatz).

1.2 Mittelalter

29. **Bakala**, Jaroslav: Evropanství svatého Vojtěcha v obzoru dvou jeho nejstarších životopisů [Die europäische Rolle des heiligen Wojtiech im Spiegel seiner ältesten Biographien] (Aufsatz).

30. **Biskup**, Marian: Historia dyplomacji polskiej do końca XX wieku [Geschichte der polnischen Diplomatie bis zum Ende des 20. Jahrhunderts]. Teil 1: Czasy Andegawenów i Jagiellonów [Das Zeitalter der Anjou und Jagiellonen 1370–1572] (Beitrag zu Sammelband).

31. **Buchholz**, Werner: Heidnische Relikte in der spätmittelalterlichen Volksfrömmigkeit. Das Bistum Lübeck als Beispiel (Beitrag zu Sammelband).

32. **Czaja**, Roman: Das Patriziat in den Ostseestädten im Spätmittelalter. Vergleichende sozialgeschichtliche Untersuchung zur Bildung der Führungsgruppen in den mittelalterlichen Hansestädten (Monographie).

33. **Eberhard**, Winfried: Der Ständestaat in Ostmitteleuropa im Spätmittelalter als Modernisierung (Aufsatz).

34. **Eberhard**, Winfried (Hg.): Die Entwicklung der Ständeverfassung im Spätmittelalter in Ostmitteleuropa (Polen, Böhmen-Mähren, Ungarn, Österreich).

35. **Eberhard**, Winfried; **Machilek**, Franz (Hg.): Kirchliche Reformimpulse des 14./15. Jahrhunderts in Ostmitteleuropa. Vorträge der 39. Arbeitstagung des Instituts für ostdeutsche Kirchen- und Kulturgeschichte.

36. **Ekdahl**, Sven: Die Schlacht auf dem Brunkeberg bei Stockholm im Jahr 1471 zwischen Anhängern und Gegnern der Kalmarer Union (Aufsatz für: Acta Archaelogica Lodziensia, Łódź).

37. **Elminowski**, Jacek: Niehanzeaci w miastach nadbałtyckich w średniowieczu [Ostseestädte außerhalb der Hanse im Mittelalter] (Dissertation).

38. **Hackmann**, Jörg; **Lübke**, Christian: Die mittelalterliche Ostsiedlung in der deutschen Geschichtswissenschaft (Beitrag zu Sammelwerk).

39. **Herbers**, Klaus: Kulturtransfer durch Reisende? Schlesische und andere Westeuropa-Reisende im 15. Jahrhundert (Beitrag zu Nr. 2130).

40. **Irgang**, Winfried: Libertas ecclesiae und landesherrliche Gewalt – Vergleich zwischen dem Reich und Polen (Beitrag zu Sammelwerk).

41. **Irgang**, Winfried: Aufbau und Entwicklung der Seelsorgsorganisation im östlichen Mitteleuropa (Beitrag zu Sammelwerk).

42. **Kraack**, Detlev: Pilgerfahrten und Reisen von West nach Ost und von Ost nach West. Beziehungsgeschichtliche Perspektiven adliger Mobilität im Spätmittelalter (Beitrag zu: Dieter Bauer; Klaus Herbers [Hg.]: Der Heilige Jacobus und Polen [Kolloquiumsband]).

43. **Machilek**, Franz: Strukturen und Repräsentanten der Kirche Polens im Mittelalter (Beitrag zu Nr. 2130).

44. **Mikulski**, K.; **Tandecki**, Janusz: Źródła do dziejów średniowiecznego Torunia [Quellen zur mittelalterlichen Geschichte Thorns. Mündelbücher aus den Jahren 1376–1429] (Edition).

45. **Mrozowicz**, Wojciech; **Żerelik**, Rościsław: Kronika polska i Kronika książąt polskich [Chronicon Polonorum und Chronicon principum Poloniae] (kommentierte Edition in polnischer Übersetzung).

46. **Pohl**, Dieter: Die deutsche Ostsiedlung des Mittelalters: Schlesien, Böhmen/Mähren und das Deutschordensland – eine Gegenüberstellung (Aufsatz).

47. **Potkowski**, Edward: Klasztory w kulturze piśmiennej średniowiecza [Die Klöster in der Schriftkultur des Mittelalters] (Monographie).

48. **Reimann**, Heike: Kirchliche Institutionen und weltliche Herrschaftsträger im hochmittelalterlichen Landesausbau der Germania Slavica.

49. **Rüther**, Andreas: Die Siedlung Deutscher im Osten Europas (Monographie).

50. **Schneider**, Manfred (Hg.): Klöster und monastische Kultur in Hansestädten.

51. **Wünsch**, Thomas: Politische Heiligenverehrung im Deutschen Reich und in Polen während des Spätmittelalters (Beitrag zu Sammelwerk).

52. **Wünsch**, Thomas: Die Slawen in der deutschen Geschichte des Mittelalters (Monographie).

53. **Zdrenka**, Joachim: Polskie i niemieckie badania nad rycerstwem średniowiecznym. Próba porównania [Stand und Perspektiven der Forschung zur mittelalterlichen Ritterschaft in Deutschland und Polen. Versuch eines Vergleichs] (Beitrag zu Sammelband: Genealogia).

54. **Zdrenka**, Joachim: Dokument poznańskiego rozejmu polsko-pomorskiego z 1409 r. w kontekście „Wielkiej Wojny“ [Urkunde des polnisch-pommerschen Waffenstillstands von Posen im Jahr 1409 im Kontext des „Großen Krieges“] (Beitrag zu Sammelwerk).

1.3 Frühe Neuzeit (1500 bis etwa 1800)

55. **Bahlcke**, Joachim; **Strohmeyer**, Arno (Hg.): Die Konstruktion der Vergangenheit. Geschichtsdenken, Traditionsbildung und Selbstdarstellung in den ostmitteleuropäischen Ständegesellschaften (1500–1800) (Sammelband).

56. **Bahlcke**, Joachim: Landesherrschaft, Territorien und Staat in der Frühneuzeit (Enzyklopädie Deutsche Geschichte) (Monographie).

57. **Bahlcke**, Joachim: Landtagsakten (Beitrag zu: Josef Pauser, Martin Scheutz, Thomas Winkelbauer [Hg.]: Die Habsburgermonarchie in der Frühen Neuzeit – eine exemplarische Quellenkunde).

58. **Bahlcke**, Joachim (Hg.): Glaubensflüchtlinge. Aspekte konfessioneller Migration im frühneuzeitlichen Mitteleuropa (Sammelband).

59. **Bahlcke**, Joachim: Historische Migrationsforschung im konfessionellen Zeitalter – Forschungsperspektiven und Methodik (Sammelband).

60. **Bahlcke**, Joachim: Vor der Josephinischen Toleranz: Protestanten im Habsburger Reich, Katholiken in Preußen.

61. **Bahlcke**, Joachim: Ostmitteleuropa 1500–1800 (Grundriß der Geschichte) (Monographie).

* **Bartetzky**, Arnold: Stadt und Königtum. Frühneuzeitliche Rathausdekorationen in Polen als politische Zeugnisse (Beitrag zu Nr. 2130).

62. **Bömelburg**, Hans-Jürgen: Ständisch-hochadelige Strukturen im Ostmitteleuropa des 17. Jahrhunderts (Habilitationsschrift).

63. **Bömelburg**, Hans-Jürgen: Aspekte des Jagiellonenkultes in der polnischen Frühneuzeit (Beitrag zu Nr. 55).

64. **Buchholz**, Werner: Das Reisetagebuch des Herzogs Philipp Julius von Pommern-Wolgast (1584–1625) von seiner Reise durch Deutschland, Frankreich, England, Italien und die Schweiz in den Jahren 1602–1603 (Edition).

65. **Chiari**, Bernhard: Das Kriegsbuch des Markgrafen von Brandenburg (deutsch-polnische Ausgabe einer frühneuzeitlichen Kriegsordnung (Edition).

* **Dmitrieva-Einhorn**, Marina: Zamość – eine Idealstadt? Italienrezeption am Ende der Jagiellonenzeit (Beitrag zu Nr. 2130).

66. **Dochhorn**, Hendrik: Die Orgeltabulatur „Kraków, Biblioteka Jagiellońska: Mus. ms. 40056“ (urspr. Berlin, Preußische Staatsbibliothek; sog. „Plotz'sche Orgeltabulatur“) als Zeugnis frühbarocker Organistenpraxis (Edition und Kommentar).

67. **Ferenc**, Marek: Die Ausländer am Hof Sigismund Augusts (mit einem Verzeichnis der am Hof Sigismund Augusts im Dienste stehenden Ausländer) (Beitrag zu Nr. 2130).

68. **Friedrich**, Karin: Kilka zagadnien nad historią miast w Prusach Królewskich i Prusach Hohenzollernów w XVIII wieku [Aspekte der Städtegeschichte im Königlichen Preußen und im Preußen der Hohenzollern im 18. Jahrhundert] (Beitrag zu Konferenzband: Między Wschodem a Zachodem [Zwischen Ost und West], Toruń).

69. **Goleman**, Wojciech: The Jagiellons and the model of the king in the Polish political thought in the reign of Sigismond August (1548–1572) (Beitrag zu Nr. 2130).

* **Harwell**, Gregory: The Sigismund chapel and the renaissance of mathematics (Beitrag zu Nr. 2130).

70. **Kaben**, Gisela: Die Jesuiten in den Ländern der Böhmischen Krone im Zeitalter der Konfessionalisierung – der Versuch des Hauses Habsburg, sein Erbland konfessionell zu integrieren (Aufsatz).

71. **Kaliszuk**, Jerzy: „Historia Trium Regum“ Jana z Hildesheim a Kult Trzech Króli w Polsce na przełomie średniowiecza i czasów nowożytnych [Die „Historia Trium Regum“ des Johannes von Hildesheim und der Kult der Hl. Drei Könige in Polen an der Wende des Spätmittelalters und der Frühen Neuzeit] (Dissertation).

72. **Kemlein**, Sophia: Zwischen Sarmatismus und Aufklärung: Geschlechterverhältnisse im polnischen Adel des 18. Jahrhunderts (Habilitationsschrift).

73. **Kersken**, Norbert: Voraussetzungen, Traditionen und Neuerungen im Geschichtsdenken Ostmitteleuropas in der frühen Neuzeit (Beitrag zu Nr. 55).

74. **Koch**, Klaus-Peter: Die Schütz-Quellen im südlichen Ostseeraum vor dem Hintergrund der Rezeption mitteldeutscher protestantischer Kirchenmusik (Beitrag zu Konferenzband).

75. **Koch**, Klaus-Peter: Die Quelle LT-Vn Ms. F. 105–60 und ihre Bedeutung für die Heinrich-Schütz-Rezeption (Beitrag zu Nr. 266).

76. **Liesenberg**, Carsten: Die Kolonisation des Oderbruchs – Planung, Ablauf und Ergebnisse eines absolutistischen Besiedlungskonzeptes aus städtebaulicher Sicht (Dissertation).

77. **Lottes**, Günther: Identität durch Geschichte(n). Identitätslegenden deutscher Reichsstädte in der frühen Neuzeit (Beitrag zu Nr. 55).

78. **Lövei**, Pál: Salzburg und Gran versus Krakau, Gnesen und Wilna: Die Lieferung des Rotmarmors im Fernhandel Mitteleuropas (Beitrag zu Nr. 2130).

* **Małkiewicz**, Adam: Die Einstellung der letzten polnischen Jagiellonen zur Kunst (Beitrag zu Nr. 2130).

79. **Małłek**, Janusz: Drei „Konfessionalisierungen" der Neuzeit: die katholische, die lutherische und die kalwinische. Forschungsstand und Perspektive (Aufsatz).

* **Meier**, Jörg: Städtische Kommunikation in der Frühen Neuzeit. Historische Soziopragmatik und Historische Textlinguistik (Habilitationsschrift Bochum).

80. **Mieck**, Ilja: Polen und die Compostela-Wallfahrt in der Frühen Neuzeit (Aufsatz).

81. **Mrozowski**, Przemysław: L´élite du pouvoir en tant que protectrice de l´art dans les pays des Jagellons au tournant des XVe et XVIe siécles (Beitrag zu Nr. 2130).

82. **Müller**, Michael G.: Das Königliche Preußen zwischen Polen-Litauen und Brandenburg-Preußen: Ständische Selbstdarstellung und Traditionsbildung im Vergleich (Beitrag zu Nr. 55).

83. **Namowicz**, Tadeusz (Hg.): Johann Gottfried Herder, Journal meiner Reise im Jahre 1769 (übersetzt von Magdalena Kurkowska) (polnische Edition).

84. **Pirożyński**, Jan: Der internationale Korrespondentenkreis der Herzogin Sophie aus dem Hause der Jagiellonen (1522–1575). Ein Beitrag zur kulturellen Vermittlung einer polnischen Prinzessin (Beitrag zu Nr. 2130).

85. **Roll**, Christine: Auswärtige Politik und politisches Weltbild. Das Moskauer Zarenreich und die Monarchie der österreichischen Habsburger in der europäischen Politik des 17. Jahrhunderts (Habilitationsschrift).

86. **Roszak**, Stanisław: Die Politiker und die Mäzene. Das Verhalten der Bischöfe in der Adelsrepublik gegenüber den kulturellen Wandlungen in der Zeit August des Starken und August III. (Beitrag zu Nr. 55).

87. **Schilling**, Michael; **Harms**, W.: Die Sammlungen der Zentralbibliothek Zürich. Wickiana 1 (= Deutsche illustrierte Flugblätter des 16. und 17. Jahrhunderts, Bd. VI) (Edition).

88. **Schilling**, Michael; **Pietrzak**, E.: Die Sammlung der Staatlichen Galerie Moritzburg zu Halle/S. (= Deutsche illustrierte Flugblätter des 16. und 17. Jahrhunderts, Bd. V) (Edition).

89. **Seggern**, Harm von: Der Export Nürnberger Metallwaren in den Ostseeraum (Beitrag zu Anzeiger des Germanischen Nationalmuseums).

90. **Smołucha**, Janusz: Die Ausländer am Hof Sigismund I. (Beitrag zu Nr. 2130).

91. **Stěpán**, Václav: Polsko – turecká válka v 1. 1672–1676 [Der polnisch-türkische

Krieg in den Jahren 1672–1676] (Monographie).

92. **Strohmeyer**, Arno: Höfisches und ständisches Geschichtsdenken in den österreichischen Ländern im Vergleich (Beitrag zu Nr. 55).

* **Suckale**, Robert; **Popp**, Dietmar (Hg.): Die Jagiellonen. Kunst und Kultur einer europäischen Dynastie an der Wende zur Neuzeit (Sammelband).

* **Suckale**, Robert: Einführung (Beitrag zu Nr. 2130).

93. **Thomsen**, Martina: Kriminalität und Strafrechtspflege im Königlichen Preußen im 18. Jahrhundert (Dissertation Kiel).

94. **Tuchtenhagen**, Ralph: Reformation im Ostseeraum (Monographie).

95. **Willoweit**, Dietmar: Das europäische ius commune als Element kultureller Einheit in Ostmitteleuropa (Beitrag zu: Wanderungen und Kulturaustausch im östlichen Mitteleuropa im 15. und 16. Jahrhundert) (Sammelband).

96. **Woźniak**, Michał: Zur Nürnberger Gold- und Silberschmiedekunst des 15. und 16. Jahrhunderts in Mitteleuropa (Beitrag zu Anzeiger des Germanischen Nationalmuseums).

1.4 19./20. Jahrhundert

97. **Alexander**, Manfred: Konflikt- und Zusammenwirkungsperioden in der deutsch-polnischen Beziehungsgeschichte. Teil II: Neuzeit und Neueste Zeit (Beitrag zu Sammelwerk).

98. **Alexander**, Manfred: Rechtfertigung und Entlegitimierung des Nationalstaatsgedankens am Ende des 20. Jahrhunderts (Beitrag zu Sammelwerk).

99. **Alexander**, Manfred: Die deutsch-tschechischen und die deutsch-polnischen Beziehungen im Vergleich (Aufsatz).

100. **Alheit**, Peter; **Bast-Haider**, Kerstin; **Drauschke**, Petra; **Ricker**, Kirsten: Identitäten im Grenzraum. Intergenerationale und interkulturelle Vergleiche individueller Verarbeitung historischer Umbrüche in einer europäischen Grenzregion. Eine qualitative Vergleichsstudie in Deutschland, Polen und der Tschechischen Republik (Monographie).

101. **Bade**, Klaus J.; **Oltmer**, Jochen (Hg.): „Hier geblieben“: Zuwanderung und Integration in Niedersachsen von 1945 bis heute.

102. **Barciak**, Antoni: Obraz Polaka w średniowiecznej historiografii czeskiej [Das Bild der Polen in der tschechischen Historiographie] (Aufsatz).

103. **Bendel**, Rainer: Die Vertriebenen und der deutsche Nachkriegskatholizismus (Habilitationsschrift).

104. **Bendel**, Rainer: Katholiken in den gesellschaftlichen Transformationen der Jahre nach dem Zweiten Weltkrieg. Innovatorische Potentiale aus Flucht und Vertreibung (Habilitationsschrift/Monographie).

105. **Białkowski**, Błażej: Herbert Ludat und der Nationalsozialismus. Ein Ostmitteleuropahistoriker zwischen politischem Arrangement und wissenschaftlicher Integrität (Aufsatz).

106. **Białkowski**, Błażej: Herbert Ludat (Beitrag zu: Fahlbusch, Michael; Haar, Ingo [Hg.]: Handbuch der völkischen Sozial- und Geisteswissenschaften 1920–1960: Ansätze, Institutionen, Biographien, Periodika).

107. **Blanke**, Horst Walter: Leistung und Grenzen eines strukturgeschichtlichen Ansatzes der Historiographiegeschichte (Beitrag zu Nr. 55).

108. **Böhler**, Jochen: Der „Polenfeldzug“ 1939. Die deutsche Wehrmacht und die polnische Bevölkerung (Dissertation).

109. **Borák**, Mečislav; **Valenta**, Jaroslav: Československo a Polsko v letech 1938–39.

Československé diplomatické dokumenty [Die Tschechoslowakei und Polen in den Jahren 1938–39. Tschechoslowakische diplomatische Dokumente] (Quellenedition).

110. **Borodziej**, Włodzimierz; **Lemberg**, Hans (Hg.): „Unsere Heimat ist uns ein fremdes Land geworden...". Die Deutschen östlich von Oder und Neiße 1945–1950. Dokumente aus polnischen Archiven, Bd. 2–4. Unter Mitarbeit von **Kraft**, Claudia; **Eser**, I.; **Jankowiak**, S.; **Kochanowski**, J.; **Stankowski**, W.; **Steffen**, K.

111. **Brämer**, Andreas: Der jüdische Lehrer in Preußen 1780–1933 (Habilitationsschrift).

112. **Brandes**, Detlef: Exil v Londýn [Exil in London] (Monographie/Übersetzung von: Großbritannien und seine osteuropäischen Alliierten, 1939–1943. Die Regierung Polens, der Tschechoslowakei und Jugoslawiens im Londoner Exil vom Kriegsausbruch bis zur Konferenz von Teheran. München-Wien 1988).

113. **Brandes**, Detlef: „Ethnische Säuberungen" im Europa des 20. Jahrhunderts (Beitrag zu Sammelwerk).

114. **Buchhofer**, Ekkehard: Die Wahrnehmung von Grenznachbarschaft zwischen Polen und Deutschen um 1930 und heute (Aufsatz).

115. **Buchholz**, Werner (Hg.): Flucht und Vertreibung im Ostseeraum im internationalen Vergleich: Finnland, Estland, Polen, Dänemark und Deutschland.

116. **Carmilly-Weinberger**, Moshe: Between the book and the sword. At the inauguration of the library of Dr. Moshe Carmilly Institute for Hebraic-Jewish Studies and the Holocaust (Beitrag zu Sammelwerk: Studia Judaica).

117. **Carmilly-Weinberger**, Moshe: Communal and spiritual resistance of Transylvanian Jews in the time of the Holocaust (Beitrag zu Sammelwerk).

118. **Corneließen**, Christoph (Hg.): Erinnerungskulturen. Instanzen und Formen der öffentlichen Erinnerung an Krieg, Diktatur und Vertreibung. Tschechien, die Slowakei und Deutschland seit 1945.

119. **Coudray**, Edgar: Studien zur Max Reger-Rezeption in Ost- und Ostmitteleuropa (Dissertation Marburg).

120. **Ekdahl**, Sven: Die Entstehungsgeschichte meines Buches über die „Banderia Prutenorum" (1976). Ein grenzüberschreitendes Forschungsprojekt aus der Zeit des Kalten Krieges (Beitrag zu Festschrift).

121. **Ekdahl**, Sven: The battle of Tannenberg – Grunwald – Žalgiris 1410 as refected in monuments of the 20th century (Beitrag zu Sammelwerk; The Military Orders).

122. **Esch**, Michael G.: Die historischen deutschen Ost- und Siedlungsgebiete in Forschung und Lehre an deutschen Hochschulen 1988/89–1996/97 (Monographie).

123. **Esch**, Michael G.: Sozialgeschichte der osteuropäischen Emigration in Paris 1880–1940 (Habilitationsschrift).

124. **Ewerke**, Stefanie: Von Auswanderern zu Einwanderern. Ein Phasenvergleich deutscher Nachkriegsmigration (Magisterarbeit Berlin).

125. **Farber**, Stefan: Verborgene Welten – Zur Bedeutung der Oral-History für die Volkskunde (Magisterarbeit Bonn).

126. **Fendl**, Elisabeth (Hg.): Zur Ikonographie des Heimwehs. Erinnerungskultur bei Heimatvertriebenen (Sammelband).

127. **Glettler**, Monika: Die Neuordnung Ostmitteleuropas: Die Pariser Vorortekonferenz und die Grenzziehung in europäischer Perspektive (Aufsatz).

128. **Glorius**, Marc: Die deutsche Polenpolitik während der Zeit der Weimarer Republik – Aspekte einer Konfliktgeschichte. Eine Unterrichtsreihe in einem Grundkurs

Geschichte in der Jahrgangsstufe 12 (Staatsexamensarbeit).

129. **Gojowy**, Detlef: Musiktheater des Sozialistischen Surrealismus: Edison Denisov: „L'écume des jours" und Alfred Schnittke: Leben mit einem Idioten (Beitrag zu Sammelwerk).

130. **Gornig**, Gilbert; **Blumenwitz**, Dieter; **Murswiek**, Dietrich (Hg.): Ein Jahrhundert Minderheiten- und Volksgruppenschutz (Sammelband).

131. **Gornig**, Gilbert: Die Definition des Minderheitenbegriffs aus historisch-völkerrechtlicher Sicht (Beitrag zu Nr. 130).

132. **Götz**, Norbert; **Hackmann**, Jörg (Hg.): Civil society in the Baltic sea region.

133. **Haas**, Hanns: Lebenswelten (Beitrag zum Band: Sozialgeschichte der Reihe: Die Habsburgermonarchie 1848–1918, hg. von der Österreichischen Akademie der Wissenschaften).

134. **Hackmann**, Jörg: Civil society against the state? Historical experiences of east central Europe (Beitrag zu Nr. 132).

135. **Hackmann**, Jörg: Window to the south: Poland (Beitrag zu Sammelwerk).

136. **Hackmann**, Jörg: Zugang zum Meer: Die Ostsee in der polnischen Historiographie (Beitrag zu Sammelwerk).

137. **Haslinger**, Peter (Hg.): Staatsgrenze und Identität.

138. **Haslinger**, Peter: Nationalismus und Regionalismus – Konflikt oder Koexistenz? (Beitrag zu: Philipp Ther [Hg.]: Die Grenzen der Nationen und Nationalstaaten: Regionalismus in europäischen Zwischenräumen von der Mitte des 19. bis zum Ende des 20. Jahrhunderts).

139. **Hausleitner**, Mariana: Ethnische Homogenisierung als Prinzip der Bevölkerungspolitik? (Beitrag zu Nr. 236).

140. **Hecker**, Hans; **Engel**, Walter (Hg.): Zwischen Symbiose und Traditionsbruch. Deutsch-jüdische Wechselbeziehungen in Ostmittel- und Südosteuropa (19.–20. Jahrhundert).

141. **Hecker**, Hans: Zwischen Symbiose und Traditionsbruch. Deutsch-jüdische Wechselbeziehungen in Ostmittel- und Südosteuropa (19.–20. Jahrhundert). Versuch einer Bilanz (Beitrag zu Nr. 140).

142. **Heumos**, Peter: Europäischer Sozialismus in den Anfangsjahren des Kalten Krieges. Dokumente zur Diskussion zwischen ost- und westeuropäischen Sozialisten 1944–1948 (Edition).

143. **Hirschfeld**, Michael: Katholisches Milieu und Vertriebene. Eine Fallstudie am Beispiel des Oldenburger Landes 1945–1965 (Monographie).

144. **Holzapfel**, Christoph: Katholisches Bekenntnis als Mittel der Integration? Der Beitrag der Bischöfe von Freiburg, Hildesheim und Rottenburg zur Integration der Vertriebenen (Beitrag zu Sammelwerk).

145. **Jajeśniak-Quast**, Dagmara: Die sozialistische Industrialisierung und der Übergang zur freien Marktwirtschaft. Die Transformationsprozesse in der zweiten Hälfte des 20. Jahrhunderts am Beispiel der Hüttenwerke in Eisenhüttenstadt, Kraków-Nowa Huta und Ostrava-Kunčice (Dissertation Frankfurt/Oder).

146. **Janatková**, Alena; **Koszinska-Witt**, Hanna (Hg.): Wohnen in der Großstadt 1900–1939: Wohnsituation und Modernisierung im europäischen Vergleich.

147. **Jansson**, Torkel: Lokalt självstyre och demokrati, demokrati och lokalt självstyre. Norden, Baltikum och Ryssland mellan Napoleonkrigen och första världskriget [Lokale Selbstverwaltung und Demokratie, Demokratie und lokale Selbstverwaltung. Skandinavien, das Baltikum und Rußland zwischen den Napoleonischen Kriegen und dem Ersten Weltkrieg] (Aufsatz).

148. **Kalinke**, Heinke: „...vielerlei Nationen und Religionen" – „...verschiedene Stände

und Sprachen". Interkulturelle Aspekte im Reisebericht eines Webergesellen vom Beginn des 19. Jahrhunderts (Beitrag zu Sammelwerk).

149. **Koch**, Klaus-Peter: Bemerkungen zum Ostseeraum als musikalische Euroregion (Beitrag zu Konferenzband).

150. **Koch**, Klaus-Peter: Wanderungsbewegungen in der Musik (Beitrag zu Sammelband).

151. **Koch**, Klaus-Peter: Osteuropäische Tänze in west-, süd- und mitteleuropäischen Lautentabulaturen (Beitrag für Zeitschrift).

152. **Kolago**, Lech: Zur Problematik der polnisch-deutschen Beziehungen in Literatur und Musik im 19. Jahrhundert (Beitrag zu Konferenzband: Polsko-niemieckie stosunki kulturowe i komunikacyjne [Polnisch-deutsche Beziehungen in Kultur und Kommunikation]).

153. **Kotzian**, Ortfried: Die Umsiedler. Die Deutschen aus West-Wolhynien, Galizien, der Bukowina, Bessarabien, der Dobrudscha und in der Karpatenukraine.

154. **Kowalski**, Krzysztof Maciej: Die Ansichtskarten aus den Sammlungen von Priester Stanisław Karol Roehle (1885–1966). Eine Studie zur Geschichte der Korrespondenzkultur (Monographie).

155. **Kraft**, Claudia; **Steffen**, Katrin: Die vergessenen Opfer: Deutsche Frauen in Polen nach 1945 als Problem der zeitgeschichtlichen Forschung.

156. **Kraft**, Claudia: Juristen in der Zweiten Polnischen Republik: Demokratie- und Gesellschaftsverständnis einer Profession (Dissertation).

157. **Kraft**, Claudia: Der Platz der Vertreibung der Deutschen im historischen Gedächtnis Polens und der Tschechoslowakei/Tschechiens (Beitrag zu Nr. 118).

158. **Krzoska**, Markus: „Ostforschung" (Beitrag zu: Handbuch der völkischen Wissenschaft).

159. **Krzoska**, Markus: Zygmunt Wojciechowski (1900–1955) als Historiker und Publizist (Dissertation FU Berlin).

160. **Krzoska**, Markus: Das deutsche Bild von den ehemaligen Ostgebieten in Reiseberichten der fünfziger und frühen sechziger Jahre des 20. Jahrhunderts (Aufsatz).

161. **Kühne**, Andrea: Entstehung, Aufbau und Funktion der Flüchtlingsverwaltung in Württemberg-Hohenzollern (Dissertation).

162. **Kurzynska-Bulicz**, Małgorzata: Zur Rolle kultureller und kirchlicher Institutionen im Integrationsprozeß von Polen in Kiel 1970 bis heute (Magisterarbeit Kiel).

163. **Loew**, Roswitha: Interkulturelle Kommunikation – Stereotype und Kulturstandards in den Geschäftsbeziehungen mit Osteuropa (Monographie).

164. **Loos**, Helmut: Tempel der Kunst – Kathedralen der Nation: Opern- und Konzerthäuser vor 1914 (veränderte Fassung).

165. **Loos**, Helmut: Zwei Beispiele für Nationalität als Richtlinie und Maßstab deutscher Musikgeschichtsschreibung (Aufsatz zu Tagungsband).

166. **Loos**, Helmut: Gestaltung und Bedeutung von Opern- und Konzerthäusern im 19. Jahrhundert.

167. **Loos**, Helmut: Carl Loewes Balladen nach Texten von Adam Mickiewicz (Aufsatz).

168. **Marek**, Michaela (Hg.): Bauen für die Nation: Selbstdarstellungsstrategien kleiner Völker zwischen nationaler Eigenart und politisch-sozialer Ambition (Tagungsband).

169. **Meyer**, Klaus: Eine Hansische Gotlandfahrt im Jahre 1955. Zur Erinnerung an meinen Doktorvater Professor Paul Johansen (Beitrag zu Sammelwerk).

170. **Mühle**, Eduard: Hermann Aubin (1885–1969), der „deutsche Osten" und die „Ostforschung". Eine historiographiegeschichtliche Biographie (Monographie).

171. **Mühle**, Eduard (Hg.): Germany and the european east in the twentieth century (Sammelband).

172. **Mühle**, Eduard: Weltkriegserlebnis und Geschichtsschreibung. Briefzeugnisse des Mediävisten, Landeshistorikers und „Ostforschers" Hermann Aubin aus der Zeit des Ersten Weltkriegs (Aufsatz).

173. **Mühle**, Eduard: Mental mapping of the „European East". Historical images and politics in the works of Hermann Aubin (Beitrag zu Nr. 171).

174. **Mühle**, Eduard: Hermann Aubin, der „Deutsche Osten" und der Nationalsozialismus – Nachkriegsperspektiven auf eine Karriere im Dritten Reich (Beitrag zu: Hartmut Lehmann; Otto Gerhard Oexle [Hg.]: Nationalsozialismus in den Kulturwissenschaften).

175. **Mühlen**, Heinz von zur (Hg.): Woldemar Hartmann (1874–1962). Erinnerungen. Als Jurist in Russisch-Polen, Dorpat und im Warthegau (Mit Kommentaren).

176. **Müller**, Michael G.; **Schattkowsky**, Ralph (Hg.): Identitätenwandel und nationale Mobilisierung in Westpreußen, Galizien und der Bukowina.

177. **Müller**, Uwe: Die wirtschaftliche Hebung des Ostens. Staatliche Versuche zur Beseitigung wirtschaftlicher Rückständigkeit in Ostmitteleuropa (Habilitationsschrift).

178. **Müns**, Heike (Hg.): Musik und Migration im Ostseeraum (Tagungsband).

179. **Müns**, Heike: Von Gottesgab nach St. Petersburg. Wandermusikanten im Ostseeraum (Beitrag zu Tagungsband).

180. **Müns**, Heike: „Ein Lied geht um die Welt...". Zur Konstruktion und Funktion von Weltmusik und Nationalmusik am Beispiel des Sängers Joseph Schmidt (Aufsatz für Tagungsband der Universität Toruń).

181. **Müns**, Heike: Zur Konstruktion regionaler Identität am Beispiel der Niederdeutschen Liederfeste (Beitrag zu Festschrift W. Schepping).

182. **Müns**, Heike: Dor wiren twei Königskinner. Plattdeutsches Kinderliedbuch für Mecklenburg/Vorpommern (Edition).

183. **Neubach**, Helmut: Ostdeutsche evangelische Geistliche als Parlamentarier (Aufsatz).

184. **Neubach**, Helmut: Entstehung und Wirkung des Schlagwortes „Man muß die Polen aufs Maul hauen" (Beitrag zu Sammelwerk).

185. **Omran**, Susanne: Diskursgeschichte der Assimilation. Jüdisch-deutsche Angleichungsprozesse und das Wissen vom Lebendigen 1780–1848 (Monographie).

186. **Orłowski**, Hubert: Legitimierungszwänge und Annäherungsängste. Der Widerstand im Dritten Reich auf dem Prüfstand polnischer (Teil-)Öffentlichkeiten (Beitrag zu Sammelband, hg. von Marek Zybura).

187. **Orłowski**, Hubert: Polnische Wirt(h)schaft. Von der Karriere eines Stereotyps (Beitrag zu Sammelband).

188. **Orłowski**, Hubert: Karl Dedecius (Beitrag zu Sammelband, hg. von Marek Zybury).

189. **Orosz-Takács**, Katalin: Heimatbuch – eine besondere Form der Erinnerung und der Heimatsuche der Vertriebenen (Dissertation Budapest).

190. **Overesch**, Manfred: Die Idee eines Nationaldenkmals in der Weimarer Republik (Monographie).

191. **Petter**, Wolfgang: Niemcy i Reichswehra w Wojnie Polsko – Sowieckiej 1919–1920 [Deutschland und die Reichswehr im polnisch-sowjetischen Krieg 1919–1920] (Beitrag zu Sammelband: Rok 1920, hg. von: Akademia Obrony Narodowej/ Wojskowy Instytut Historyczny, Warschau).

192. **Pierenkemper**, Toni (Hg.): Die Industrialisierung europäischer Montanregionen im 19. Jahrhundert.

193. **Prehn**, Ulrich: Max Hildebert Boehm (1891–1968). Ein deutscher Rechtsintellektueller im 20. Jahrhundert. Kontinuitäten und Wandlungen (Dissertation).

194. **Rak**, Romuald: Demokratie ohne Werte (Beitrag zu: Breuer, Clemens [Hg.]: „Festschrift Joachim Piegsa").

195. **Rautenberg**, Hans-Werner: „Für eure und unsere Freiheit" – Europäischer Liberalismus und polnisches Freiheitsstreben im 19. Jahrhundert (Beitrag zu Sammelwerk).

196. **Rautenberg**, Hans-Werner: Frankreich, der Deutsche Bund und die polnische Frage (1815–1867) (Beitrag zu Sammelwerk).

197. **Röder**, Annemarie (Bearb.): Zwischen Isolation und Integration. 50 Jahre Eingliederung in der Bundesrepublik Deutschland.

198. **Roß**, Signe: Flucht und Vertreibung: Lebenswege und -formen in Mecklenburg-Vorpommern (Dissertation Humboldt-Universität Berlin).

199. **Roth**, Harald: Bürokratie und Gesellschaft. Die Wahrnehmung des Beamtentums in Ostmitteleuropa im 19. Jahrhundert (Monographie).

200. **Rydel**, Jan: W służbie cesarza i króla. Generałowie i admirałowie narodowości polskiej w siłach zbrojnych Austro-Węgier 1868–1918 [Im Dienste des Kaisers und Königs. Generäle und Admirale polnischer Nationalität in den österreichisch-ungarischen Streitkräften] (Dissertation).

201. **Schapkow**, Carsten: „Mit stets neuer Bewunderung und neuem Staunen": Die Rezeption der iberisch-sefardischen Kultur im deutschsprachigen Judentum des 19. Jahrhunderts (Monographie).

202. **Scharf-Wrede**, Thomas: Katholische Kirche und Katholiken in Norddeutschland im 19. und 20. Jahrhundert (Monographie).

203. **Schattkowsky**, Ralph: Pommerellen und der „deutsche Osten" als Gegenstand historischer Betrachtung. Grundzüge der Entwicklung seit 1945 (Aufsatz für Sammelband).

204. **Schattkowsky**, Ralph: Die Oder-Neiße-Grenze und die sowjetische Deutschlandpolitik vor dem Hintergrund der deutschen Teilung (Aufsatz).

205. **Schattkowsky**, Ralph: Nationalismus in Ostmitteleuropa. Tendenzen und Aufgaben der Forschung (Beitrag zu Nr. 176).

206. **Scheller**, Mike: Reportage und ethnologische Feldstudie. Ein Vergleich (Magisterarbeit Berlin).

207. **Schlögel**, Karl: Umsiedlung und Vertreibung im Gedächtnis der europäischen Völker (Edition).

208. **Schlögel**, Karl: Kartenlesen. Augenarbeit (Monographie).

209. **Schulze**, Rainer: Heimat – Erinnerung – Identität. Zur Befindlichkeit der deutschen Flüchtlinge und Vertriebenen (Monographie).

210. **Schulze**, Rainer: The struggle of past and present in individual identities – the case of German refugees and expellees from the east (Beitrag zu: David Rock and Stefan Wolff [Hg.]: Ethnic German resettlers in contemporary Germany providence).

211. **Schulze**, Rainer: Forgotten victims or beneficiaries of plunder and genocide? The mass resettlement of ethnic Germans Heim ins Reich (Beitrag zu: Annali dell´Instituto storico italo-germanico in Trento).

212. **Schulze**, Rainer: „Wir leben ja nun hier". Flüchtlinge und Vertriebene in Niedersachsen: Erinnerung und Identität (Beitrag zu Nr. 101).

213. **Schulze**, Rainer: War and memory. German refugees and expellees from central and eastern Europe (Monographie).

214. **Schweitzer**, Robert: Bibliographie ostdeutscher Schulprogrammschriften.

215. **Schweitzer**, Robert: Nordosteuropa – Ergebnis unvollendeter Penetration oder korrekten Hegemonialstaatsverhaltens? (Beitrag zu Sammelwerk).

216. **Skriebeleit**, Jörg: Todesmärsche (Beitrag zu: Wolfgang Benz [Hg.]: Lexikon des Holocaust).

217. **Spenkuch**, Hartwin: Der Bundesrat an historischer Stätte. Herrenhaus und Staatsrat in der preußischen Verfassungsgeschichte (Aufsatz).

218. **Spenkuch**, Hartwin: Faktor Preußen. Politisches System und Strukturen Preußens als Kern des „deutschen Sonderwegs" (Aufsatz).

219. **Stiftung ostdeutscher Kulturrat** (Hg.): Vertreibungsgebiete und vertriebene Deutsche (Studienbuch).

220. **Stokłosa**, Katarzyna: Nachbarschaft an der Grenze. Eine Untersuchung der historischen Entwicklung der ostmitteleuropäischen Grenzregionen mit einer Fallstudie für die Oder-Neiße-Region (1945–1991) (Dissertation Frankfurt/Oder).

221. **Stöver**, Bernd: Liberation Policy. Entstehung, Karriere, Wahrnehmung und Wirkungen eines offensiven außenpolitischen Konzepts im Kalten Krieg 1947–1991 (Habilitationsschrift).

222. **Strauchold**, Grzegorz: Od Polskiego Związku Zachodniego do Towarzystwa Rozwoju Ziem Zachodnich. Ze studiów nad dziejami polskiej myśli zachodniej po II. wojnie światowej (1945–1970) [Vom Polnischen Westverband zur Gesellschaft für die Entwicklung der Westgebiete. Studien zur Geschichte des „polnischen Westgedankens" nach dem Zweiten Weltkrieg (1945–1970] (Habilitationsschrift).

223. **Strauchold**, Grzegorz: Wiek XX. – stulecie wypędzeń „odwiecznych" sąsiadów i wrogów: Polaków i Niemców [Das 20. Jahrhundert – Jahrhundert der Vertreibungen der „ewigen" Nachbarn und Feinde, der Polen und Deutschen] (Aufsatz).

224. **Strauchold**, Grzegorz: Między Poznaniem a Warszawą. Z dziejów krajowej myśli zachodniej lat 1945–1970 [Zwischen Posen und Warschau. Zur Geschichte des polnischen „Westgedankens" in den Jahren 1945–1970] (Aufsatz).

225. **Strauchold**, Grzegorz: Polskie badania zachodnie w drugiej połowie lat 40 [Die polnische „Westforschung" in der 2. Hälfte der 40er Jahre] (Aufsatz).

226. **Strauchold**, Grzegorz: Od niemieckości do polskości i na odwrót. Meandry polityki narodowościowej lat 40. na ziemiach zachodnich i północnych [Vom „Deutschtum" zum „Polentum" und zurück. Verschlungene Pfade der Nationalitätenpolitik der 40er Jahre in den polnischen West- und Nordgebieten] (Aufsatz).

227. **Strauchold**, Grzegorz: Byłe niemieckie ziemie wschodnie w granicach Polski. Pierwsze lata powojenne (1945–1949) [Die ehemaligen deutschen Ostgebiete innerhalb der Grenzen Polens. Die ersten Nachkriegsjahre (1945–1949)] (Aufsatz).

228. **Strauchold**, Grzegorz: Polskie mapy historyczne po 1945 r. jako forma indoktrynacji poliycznej [Polnische historische Landkarten nach 1945 als Mittel der politischen Indoktrination] (Aufsatz).

229. **Theilemann**, Wolfram G.: „Adel im grünen Rock". Adlige Lebenswelt, ländliches Bildungsbürgertum und der Elitenwandel in der preußischen Forstbeamtenschaft (vornehmlich der östlichen Provinzen) im späten 19. Jahrhundert (ca. 1866/1871–1914) (Dissertation TU Berlin).

230. **Vogt**, Gabriele: Der Aufbau der Diözesan-Flüchtlingsseelsorge in Westdeutschland 1945–1953, das Fallbeispiel Hildesheim (Beitrag zu Sammelwerk).

231. **Weber**, Matthias: Kultur und Geschichte der Deutschen im östlichen Europa. Ein Rückblick auf das „Preußenjahr" (Aufsatz).

232. **Weber**, Ursula: Der Polenmarkt in Berlin. Zur Rekonstruktion eines kulturellen Kontaktes im Prozeß der politischen Transformation Mittel- und Osteuropas (Dissertation).

233. **Wedemeyer-Kolwe**, Bernd: Die deutsche Körperkulturbewegung im östlichen europäischen Raum im ersten Drittel des 20. Jahrhunderts und ihr Einfluß auf mitteleuropäische Körper-, Sport- und Kulturentwürfe (Monographie).

234. **Wlaschek**, Rudolf M. (Hg.): Gedichte – Gedanken – Erinnerungen jüdischer Frauen zum Ghetto Theresienstadt.

235. **Wojciechowski**, Marian: O Rzeszy Niemieckiej w granicach 1937 roku [Das Deutsche Reich in den Grenzen von 1937] (Beitrag zu Sammelwerk).

236. **Zach**, Krista (Hg.): Migrationsbewegungen im südöstlichen Europa.

237. **Zinn-Thomas**, Sabine: Herausforderung Fremdheit: Zwischen Abweisung und Aneignung (Beitrag zu Konferenzband).

238. **Zwicker**, Stefan; **Rduch**, Robert: Artikel „Sport" (Beitrag zu Nr. 21).

2 Baltikum

2.1 Zeitlich übergreifende Arbeiten

239. **Andresen**, Andres: Riik ja kirik Eestimaal: kirikuhaldus 1710 – 1832 [Staat und Kirche in Estland: Kirchenverwaltung 1710–1832] (Dissertation).

240. **Angermann**, Norbert: Forschung und Lehre auf dem Gebiet der baltischen Geschichte an der Universität Hamburg (Monographie).

241. **Bartlett**, Roger: The British Community in Rīgā in the 18th and 19th century: A preliminary view (Beitrag zu Sammelwerk).

242. **Bartlett**, Roger: The life and times of Garlieb Merkel (Monographie).

243. **Gangnus**, Gustav: Von Deutschland nach Rußland, von Lettland zurück. Stammtafel und Geschichte Gangnus (Monographie).

244. **Gangnus**, Gustav: Die Hirschenhöfer in Riga (Aufsatz).

245. **Gangnus**, Gustav: Zwischen allen Stühlen? Historische Studien zu Migration und Integration am Beispiel der Hirschenhöfer Kolonisten Livlands (Dissertation Bochum).

246. **Garleff**, Michael; **Gündisch**, Konrad: Interethnische Beziehungen und regionale Identität. Das Baltikum und Siebenbürgen im Vergleich (Aufsatz).

247. **Garleff**, Michael: Weißrussen und Ukrainer im Großfürstentum Litauen (Beitrag zu Sammelwerk).

248. **Garleff**, Michael: Deutschbalten als Träger eines nordosteuropäischen Identitätsgedankens? (Beitrag zu Sammelwerk).

249. **Kaegbein**, Paul; **Pistohlkors**, Gert von (Hg.): Quellen und Studien zur baltischen Geschichte.

250. **Kaegbein**, Paul: Baltische Bibliographie 1999, 2000 und 2001. Schrifttum über Estland, Lettland, Litauen.

251. **Koch**, Klaus-Peter: Deutschsprachiges Lied in Riga bis um 1850 (Beitrag zu Sammelband).

* **Leistikow**, Annelore: Die Bedeutung der Städte für die Tätigkeit der Goldschmiede im Baltikum (Aufsatz).

* **Mentzel-Reuters**, Arno: Arma Spiritualia. Bibliotheken des Deutschen Ordens (Habilitationsschrift).

252. **Meyer**, Klaus: Riga und St. Petersburg. Zwei Ostseemetropolen im Vergleich, 1701–1917 (Aufsatz).

253. **Meyer**, Klaus: Die Universität Dorpat und die „Gründungswelle" der Universitäten in Rußland 1802/1804 (Beitrag zu Sammelwerk).

254. **Misāns**, Ilgvars; **Wernicke**, Horst (Hg.): Riga und der Ostseeraum (Sammelband).

255. **Mühlen**, Heinz von zur: Das deutsch-estnische Verhältnis in der Geschichte (Beitrag zu Tagungsband Tallinn).

256. **ühlen**, Heinz von zur: Paul Johansen und die sogenannten Undeutschen in Reval aus der Sicht eines Beteiligten (Beitrag zu Tagungsband Tallinn).

257. **Mühlen**, Heinz von zur: Die baltischen Lande, ihre Bewohner und ihre Geschichte (Beitrag zu Sammelwerk: Aufsätze zur baltischen Literatur- und Kulturgeschichte).

258. **Neitmann**, Klaus: Das Gutsarchiv Engdes im Archiv des Herder-Instituts (Aufsatz).

259. **Samerski**, Stefan: Baltische Kirchengeschichte. Die Katholische Kirche in den Ländern Estland, Lettland, Litauen von den Anfängen bis zur Gegenwart (Monographie).

260. **Spirģis**, Roberts: Das archäologische Material aus den Burbergen Lettlands als Zeugnis von der Rolle des Handelswegs der Daugava (Düna) in der Jüngeren Eisenzeit (Magisterarbeit).

261. **Spirģis**, Roberts: Die Daugava (Düna)-Liven – archäologische Erforschung und Hypothesen über die Herkunft im 19. und 20. Jahrhundert (Beitrag zu Sammelwerk).

262. **Tarvel**, Enn: Ajalugu kui kaunis muinasjutt [Die Geschichte wie ein schönes Märchen] (Aufsatz).

263. **Tuchtenhagen**, Ralph: Korff, Graf Modest von (1842–1933); Samson, Hermann (1579–1643); Plettenberg, Wolter von (um 1450–1535) (Artikel zu: Bautz, Traugott [Hg.]: Biographisch-Bibliographisches Kirchenlexikon).

264. **Wistinghausen**, Henning von: Geschichte der Revaler Freimaurer 1773–1820 (Monographie).

265. **Wittram**, Heinrich: Die Bedeutung der Kirche innerhalb der interethnischen Beziehungen im Baltikum im 18. und 19. Jahrhundert (Aufsatz).

266. **Žiūraitytė**, Audronė; **Koch**, Klaus-Peter: Deutsch-baltische musikalische Beziehungen: Geschichte – Gegenwart – Zukunft.

2.2 Mittelalter

267. **Angermann**, Norbert (Hg.): Der Deutsche Orden in Livland (Sammelband).

268. **Angermann**, Norbert: Städtisches Leben im Baltikum zur Zeit der Hanse (Beitrag zu Sammelwerk).

269. **Angermann**, Norbert: Russische und weißrussische Kaufleute im mittelalterlichen Livland (Beitrag zu Sammelwerk).

270. **Angermann**, Norbert: Rigas Stellung im Ost-West-Handel während der Hansezeit (Beitrag zu Sammelwerk).

271. **Angermann**, Norbert: Die Bursprakén des mittelalterlichen Livland (Beitrag zu Sammelwerk).

272. **Arnold**, Udo: Literatur und Kunst im Leben des Deutschen Ordens in Livland (Beitrag zu Sammelband).

273. **Brück**, Thomas: Riga in der ersten Hälfte des 15. Jahrhunderts: Das Verhältnis der Stadt zum Orden, zum Erzbischof und zur Hanse (Beitrag zu Sammelband: Städti-

sches Leben im Baltikum zur Zeit der Hanse).

274. **Brück**, Thomas: Ein Tagebuch (des Bürgermeisters von Riga Johann Schöning) aus dem Jahre 1487 (betrifft Aufzeichnungen über einen Hansetag) (Edition).

275. **Brück**, Thomas: Die Chronik des Hermann Helewegh über die Kirchholmer Verhandlungen (Edition).

276. **Brück**, Thomas: Zwischen Autonomie und Konfrontation – Bemerkungen zur Politik des Rates von Riga in der ersten Hälfte des 15. Jahrhunderts (Sammelband). (Beitrag zu Nr. 254).

* **Ekdahl**, Sven: Die Christianisierung Litauens als Dilemma des Deutschen Ordens (Beitrag zu Sammelwerk).

* **Jähnig**, Bernhart: Verfassung und Verwaltung des Deutschen Ordens und seiner Herrschaft in Livland (Beitrag zu: Norbert Angermann [Hg.]: Der Deutsche Orden in Livland).

* **Jähnig**, Bernhart: Der Entwicklungsstand der Deutschordensherrschaften in Preußen und Livland in der ersten Hälfte des 14. Jahrhunderts (Beitrag zu: Franz Felten und Kurt Wesoly [Hg.]: Festschrift für Knut Schulz zum 65. Geburtstag).

277. **Leimus**, Ivar: Ein neuer Münztyp aus der Mitte des 11. Jahrhunderts von Soest (?) (Aufsatz für Festschrift für Prof. Stanislaw Suchodolski).

278. **Leimus**, Ivar: Vom Münzgebrauch Livlands, insbesondere in Dorpat in der 2. Hälfte des 14. Jahrhunderts (Beitrag zu Sammelband).

279. **Leimus**, Ivar; **Molvõgin**, Arkadi: Sylloge der deutschen Münzen des 10. – 12. Jahrhunderts in estnischen Sammlungen (Monographie).

280. **Leimus**, Ivar: The monetary policy of the Vasas in Swedish possessions (Beitrag zu Sammelband über die sog. schwedische Zeit in Estland).

281. **Leimus**, Ivar: Einige Spekulationen über die münzberechtigte Autorität auf Gotland in der 2. Hälfte des 12. Jahrhunderts (Beitrag zu Sammelband: Riga und der Ostseeraum).

282. **Levāns**, Andris: Das Livlandbild der deutschen Chroniken des 13. und 14. Jahrhunderts (Dissertation Hamburg).

283. **Militzer**, Klaus: Weinhandel in Riga und im Baltikum (Aufsatz).

284. **Militzer**, Klaus: Der Handel livländischer Kaufleute mit Brügge und London (Aufsatz).

285. **Militzer**, Klaus: Die Rolle der Spitäler bei den Ritterorden (Aufsatz).

286. **Mühlen**, Heinz von zur: Schoßlisten der Stadt Reval 1369–1372. Ein Querschnitt durch die Bevölkerungsentwicklung der Stadt (Aufsatz und Edition).

287. **Neitmann**, Klaus; Thumser, Matthias (Hg.): Liv-, est- und kurländisches Urkundenbuch 1472–1494 (Edition).

288. **Neitmann**, Klaus (Hg.): Urkunden und Briefe aus dem Revaler Stadtarchiv 1474–1494 (Edition).

289. **Neitmann**, Klaus: „Jedem Meister der eigene Tisch". Der Hochmeister und der livländische Orden in der zweiten Hälfte des 15. Jahrhunderts (Aufsatz).

290. **Poelchau**, Lore: Geschichte des Zisterzienserklosters Dünamünde bei Riga (1205–1305).

291. **Põltsam**, Inna: Zur Geschichte der Kleidung in livländischen Städten ca. 1350–1550 (Aufsatz).

292. **Põltsam**, Inna: Das Alltagsleben in den Kleinstädten des estnischen Gebiets im Mittelalter (Aufsatz).

293. **Põltsam**, Inna: Armenfürsorge in Reval ca. 1350–1550 (Aufsatz).

294. **Põltsam**, Inna: Nahrung im mittelalterlichen Reval (Monographie).

295. **Sarnowsky**, Jürgen: Riga und Danzig im 15. Jahrhundert (Beitrag zu Sammelwerk).

296. **Schadewaldt**, Daphne: Kurländische Güterurkunden (1230–1561) (Edition).

297. **Selart**, Anti: Livländisch-russische Beziehungen im Mittelalter (13./14. Jahrhundert) [in estnischer Sprache] (Dissertation Tartu).

298. **Selart**, Anti: Zur Geschichte der Russen in Livland (1490er Jahre) (Aufsatz).

299. **Selart**, Anti: Der Erzbischof von Riga Albert Suerbeer und „Descriptionsterrarum" (in estnischer Sprache) (Aufsatz).

300. **Selart**, Anti: Baldwin von Alna, Dänemark und Rußland. Zur politischen Geschichte Livlands in den 1230er Jahren (Aufsatz).

301. **Selart**, Anti: Russen und Rus' in den livländischen Quellen um die Wende vom 13. zum 14. Jahrhundert (Aufsatz).

302. **Spirģis**, Roberts: Die Verbindungen der Daugava (Düna)-Liven mit ihren Nachbarn im 10.–12. Jahrhundert (Dissertation).

303. **Tarvel**, Enn: Die Interpretation der sozialhistorischen Terminologie in den livländischen Geschichtsquellen des 13. Jahrhunderts (Aufsatz).

304. **Tarvel**, Enn: Die Entstehung der grundherrschaftlichen und gutsherrschaftlichen Agrarstrukturen in Estland im 13. und 14. Jahrhundert (Aufsatz).

305. **Tarvel**, Enn: „Wenn Russin den Meister von Wenden als seinen Draugs anrief" (Aufsatz).

2.3 Frühe Neuzeit (1500 bis etwa 1800)

306. **Angermann**, Norbert: Dorpat/Tartu als Handelszentrum in der Zeit des Livländischen Krieges (1558–1582) (Beitrag zu Sammelwerk).

* **Bartlett**, Roger: Johann Georg Eisen als Kritiker der livländischen Verhältnisse (Beitrag zu Sammelwerk).

307. **Demel O. T.**, Bernhard: Ein Rekuperationsversuch des Deutschen Ordens auf Kurland und Semgallen 1732–1737 (Beitrag zu Festschrift).

308. **Dybaś**, Bogusław: Geschichtsdenken in Livland um die Mitte des 18. Jahrhunderts. Zur livländischen Geschichte im historischen Werk des Hochadeligen Jan August Hylzen (Beitrag zu Nr. 55).

309. **Elias**, Otto-Heinrich: Die „Undeutschen" in Reval – Vorproletariat oder deklassiertes Handwerk? (Aufsatz).

310. **Garber**, Klaus; **Klöker**, Martin (Hg.): Kulturgeschichte der baltischen Länder in der Frühen Neuzeit. Mit einem Ausblick in die Moderne.

311. **Grosmane**, Elita: Die Tätigkeit des Orgelbauers Heinrich Andreas Contius in Deutschland und Lettland (Aufsatz).

* **Hartmann**, Stefan: Herzog Albrecht von Preußen und Livland (1540–1551). Regesten aus dem Herzoglichen Briefarchiv und den ostpreußischen Folianten (Edition).

312. **Heyde**, Jürgen: Bauer, Gutshof und Königsmacht. Die estnischen Bauern in Livland unter polnischer und schwedischer Herrschaft 1561–1650 (Dissertation).

313. **Keller**, Volker: Herzog Friedrich von Kurland (1569–1642). Verfassungs-, Nachfolge- und Neutralitätspolitik (Dissertation Mainz).

314. **Keller**, Volker: Loyalitätsprobleme der frühen Herzöge Kurlands (Aufsatz).

315. **Keller**, Volker: Kurland und England 1607–1629 (Beitrag zu Sammelwerk).

316. **Kenéz**, Janos: Bürgerbuch der Stadt Reval in der Statthalterschaftszeit (1786–1796) (Edition).

317. **Koch**, Klaus-Peter: Telemann, Riga und die 1730er Jahre (Beitrag zu Festschrift).

318. **Koch**, Klaus-Peter: Musik aus den baltischen Ländern in deutschen Quellen außerhalb Preußens bis zum 18. Jahrhundert (Beitrag zu Nr. 266).

319. **Lux**, Markus: Die Rechte der Städte im Herzogtum Kurland unter besonderer Berücksichtigung der Schriften Ziegenhorns (Dissertation).

320. **Lux**, Markus: Riga und die Städte des Herzogtums Kurland 1561–1795 (Beitrag zu Sammelwerk).

321. **Melnikas**, Leonidas: Deutsch-baltische Musikbeziehungen in der zweiten Hälfte des 18. Jahrhunderts (Monographie).

322. **Melnikas**, Leonidas: Dietrich Ewald von Grotthuß und die Klaviermusik seiner Zeit (Aufsatz).

323. **Melnikas**, Leonidas: Dietrich Ewald von Grotthuß und sein Chor „Herr, höre meine Worte" (Aufsatz).

324. **Melnikas**, Leonidas: Dietrich Ewald von Grotthuß: Klavierwerke (Edition).

325. **Melnikas**, Leonidas: Dietrich Ewald von Grotthuß: Chor „Herr, höre meine Worte" (Edition).

326. **Müller**, Ulrich: Johann Lohmüller und seine livländische Chronik „Wahrhaftig Histori" (Monographie).

327. **Neitmann**, Sonja (Hg.): Hermann von Bruiningk: Livländische Güterurkunden 1546–1561 (Edition).

328. **Poelchau**, Lore: Humanistische Einflüsse im Bildungswesen und im Geistesleben des 16. und 17. Jahrhunderts im Baltikum und in Siebenbürgen (Aufsatz).

329. **Põltsam**, Inna: Geschichte der Stadt Pernau in der ersten Hälfte des 16. Jahrhunderts (Dissertation).

330. **Pullat**, Raimo (Bearb.): Die Nachlaßverzeichnisse der deutschen Kaufleute in Tallinn 1752–1775 (Edition).

331. **Selart**, Anti: Pernau als russisches Verwaltungszentrum während des Livländischen Krieges (1575–1582) (in estnischer Sprache) (Aufsatz).

332. **Tarvel**, Enn: Die staatsrechtliche Lage der Provinz Livland im 16. und frühen 17. Jahrhundert (Aufsatz).

333. **Tering**, Arvo: Die Matrikel der baltischen Studenten 1561–1800 (Nachschlagewerk).

334. **Tering**, Arvo: Die est-, liv- und kurländischen Studenten an den europäischen Universitäten in der Frühen Neuzeit (Monographie).

335. **Tering**, Arvo (Hg.): Konsistoriumsprotokolle der Universität Dorpat (Academia Gustaviana), Bd. 3. 1644–1648; Bd. 4. 1649–1652; Bd. 5. 1652–1656 (Edition).

336. **Tering**, Arvo: Gelehrte Kontakte der europäischen Universitäten zu Est-, Liv- und Kurland in der Frühen Neuzeit (Monographie).

337. **Tuchtenhagen**, Ralph: Zentralstaat und Provinz im frühneuzeitlichen Nordosteuropa (Habilitationsschrift Heidelberg).

2.4 19./20. Jahrhundert

338. **Bräuer**, Joost: Das Rußlandbild des Julius von Eckardt (1836–1908) und sein Einfluß auf die deutsche Außenpolitik (Dissertation).

339. **Brüggemann**, Karsten: Estland und das Ende des „Einen und unteilbaren Rußland". Die Petrograder Front des Russischen Bürgerkriegs 1918–1920 (Dissertation Hamburg).

* **Ciobanu**, Vasile: Beziehungen zwischen Siebenbürger Sachsen und Deutsch-

balten im ersten Jahrzehnt der Zwischenkriegszeit (Aufsatz).

340. **Elias**, Otto-Heinrich: Französische Revolution und Napoleonische Kriege als Wendepunkt der Geschichte. Baltische Reaktionen (Aufsatz).

341. **Erpenbeck**, Dirk-Gerd: Narvas wirtschaftliche Entwicklung in der Mitte des 19. Jahrhunderts (Aufsatz).

342. **Erpenbeck**, Dirk-Gerd: Lehrer und Schüler der Deutschen Schule in Narva 1919–1939 (Aufsatz für: Ostdeutsche Familienkunde).

343. **Erpenbeck**, Dirk-Gerd: „Vielleicht ist doch alles aus einem Guß?" – Zur Einordnung einer „baltischen" Neujahrsplakette auf das Jahr 1942 (Aufsatz).

344. **Garleff**, Michael: Julius von Eckardt. Politische Biographie (Monographie).

345. **Garleff**, Michael: Deutschbalten zwischen den Fronten in beiden Weltkriegen (Beitrag zu Sammelwerk).

346. **Hackmann**, Jörg: Nationsbildungsprozesse in den baltischen Ländern (Habilitationsschrift).

347. **Hackmann**, Jörg: Ethnos oder Region? Probleme der baltischen Historiographie im 20. Jahrhundert (Aufsatz).

348. **Hackmann**, Jörg: Architektur als Symbol. Nation-„building" in Nordosteuropa (Beitrag zu: Riga und der Ostseeraum in der Geschichte. Regionale Verbindungen und Multikulturalität).

349. **Hackmann**, Jörg: From object to subject. The contribution of small nations to region-building in North Eastern Europe (Aufsatz).

350. **Hackmann**, Jörg: Past politics in North Eastern Europe: the role of history in post-cold war identity politics (Beitrag zu Sammelwerk).

351. **Hatlie**, Mark: Riga at war: 1914–1920 (Dissertation Tübingen).

352. **Hatlie**, Mark: Riga zwischen den Fronten. Demographische Veränderungen in Riga 1914–1920 (Aufsatz).

353. **Hatlie**, Mark: Flags and bayonets. Mass celebrations in Riga 1914–1920 (Aufsatz).

354. **Henning**, Detlef: Die kulturelle Selbstverwaltung der Deutschen in Lettland und die deutsch-lettischen kulturellen Beziehungen (Monographie).

355. **Henning**, Detlef (Hg.): Dokumente der deutschen Minderheit in Lettland 1918–1940. Bd. 1: Die Protokolle der Delegiertentage, Hauptvorstands- und Präsidiumssitzungen der Deutschen Volksgemeinschaft in Lettland von 1923 bis 1939 (Edition).

356. **Henning**, Detlef: Die Schulautonomie in Lettland während der Zwischenkriegszeit (Beitrag zu: Carl-Schirren-Gesellschaft [Hg.]: Schulwesen im Baltikum).

357. **Hermann**, Arthur: Die Evangelische Kirche im Memelland des 20. Jahrhunderts (Aufsatz).

358. **Hermann**, Arthur: Zwanzig Jahre Litauisches Kulturinstitut, 1981–2001 (Aufsatz).

359. **Hiden**, John: Paul Schiemann: for defense of minorities (Monographie).

360. **Hirschhausen**, Ulrike von: Riga 1877–1914: Eine multiethnische Stadtgemeinde auf dem Weg in die Moderne (Habilitationsschrift).

361. **Jansson**, Torkel: Aufklärung, lokale Selbstverwaltung und freiwillige Vereine. Ähnliche Ideen in verschiedenen Staaten. Ein balto-skandinavischer Umriß des 19. Jahrhunderts (Beitrag zu Sammelwerk).

362. **Jansson**, Torkel: Minorities and majorities in time and space. Examples from the

Balto-Scandinavian area during the last 200 years (Aufsatz).

363. **Jansson**, Torkel: Stor och liten. Minoriteter och majoriteter i Norden [Groß und Klein. Probleme der Minderheiten und Mehrheiten im Norden] (Aufsatz).

364. **Jansson**, Torkel: Nationella, regionala och lokala aspekter på nationsbygget i Norden [Nationale, regionale und lokale Aspekte der Nationenbildung im Norden] (Aufsatz).

365. **Jansson**, Torkel: Peoples and borders - between and within states and societies. Minorities in Balto-Scandinavia (Aufsatz).

366. **Kenéz**, Janos: Bildungszentren neuer Staatsvölker nach dem Ersten Weltkrieg – das Beispiel Dorpat (Beitrag zu: Ferdinand Seibt und Peter Wörster [Hg.]: Tagungsband des J. G. Herder-Forschungsrates).

367. **Kõll**, Anu Mai (Hg.): The Baltic countries under occupation 1940–1991 (Anthologie).

368. **Kowalski**, Krzysztof Maciej: Paul Campe. Die Kirchenglocken Rigas und Lettlands (Edition).

369. **Loos**, Helmut: Bach-Rezeption in Riga (Aufsatz).

370. **Luts**, Marju: Briefwechsel: Friedrich Carl von Savigny (1779–1861) und Walther Friedrich Clossius (1795–1837) (Edition).

371. **Luts**, Marju: Das Privatrecht im Dienste des Vaterlandes (Aufsatz).

372. **Luts**, Marju: Über die Möglichkeiten des modernen Privatrechts in der Geschichte Estlands (Aufsatz, in estnischer Sprache).

373. **Luts**, Marju: Richteramt und Juristenausbildung in den Ostseeprovinzen im 19. Jahrhundert (Beitrag zu Sammelwerk).

374. **Lux**, Markus: Die Deutschen in Riga von der Mitte des 19. Jahrhunderts bis zum Ersten Weltkrieg (Beitrag zu Sammelband).

375. **Lux**, Markus: Das Tagebuch der Anni H. 1934–1939 (Edition).

376. **Maier**, Konrad: Geschichtsschreibung und Geschichtsforschung in Estland. Zwischenbilanz von 1988–2001. Ein Kommentar (Beitrag zu Sammelwerk).

377. **Maier**, Konrad: M. Lagerspetz: Das politische System Estlands (Beitrag zu Sammelwerk).

378. **Maier**, Konrad: Zwischen Deutschbalten und Russen. Die estnische Presse des nationalen Erwachens (Aufsatz).

379. **Meissner**, Boris: Die Kulturautonomie in Estland (Beitrag zu Festschrift).

380. **Meissner**, Boris: Die Einbeziehung der baltischen Staaten in die Europäische Union und die Probleme der Sicherheit und Zusammenarbeit im Ostseeraum (Sammelband).

381. **Meissner**, Boris: Die „Neobaltia“ im Wandel der Zeit (Beitrag zu Jahrbuch).

382. **Meissner**, Boris: Die baltischen Staaten im Umbruch (Beitrag zu Sammelwerk).

383. **Meissner**, Boris: Die baltischen Nationen und Europa (Beitrag zu Festschrift).

384. **Mühle**, Eduard; **Angermann**, Norbert (Hg.): Zwischen Nationswerdung und Modernisierung. Beiträge zur Geschichte Rigas im 19. und frühen 20. Jahrhundert (Sammelband).

385. **Mühlen**, Patrik von zur: Die reichsdeutsche Bevölkerung im Baltikum 1871–1940 (Beitrag zu Sammelband).

386. **Oberländer**, Erwin (Hg.): Riga 1860–1914. Portrait einer europäischen Handelsmetropole.

387. **Oberländer**, Erwin: Ein Russe entdeckt das „deutsche“ Riga. Jurij Samarins „Istorija Rigi“ von 1849 (Aufsatz).

388. **Pullat**, Raimo: Estnisch-Polnische Beziehungen 1918–1940 (Monographie).

389. **Sauer**, Candy: Nord, West oder Ost? Estland im Spiegel deutscher illustrierter Zeitschriften im 19. und 20. Jahrhundert (Magisterarbeit Kiel).

390. **Schwab**, Alexander: Die Schriften von Elmar Arro über die Musikkultur der ostbaltischen Völker und deren Brückenfunktion im Hinblick auf die deutsch-baltischen Musikbeziehungen (Beitrag zu Sammelband: Deutsch-baltische Musikbeziehungen: Geschichte – Gegenwart – Zukunft).

391. **Schweitzer**, Robert: Raumerfahrung und Geschichtsbewußtsein in Finnland im Vergleich mit den russischen Ostseeprovinzen (Beitrag zu Sammelwerk).

392. **Siitan**, Toomas: Choralbücher von Johann Leberecht Ehregott Punschel (1839) und Johann August Hagen (1844/45) für die baltischen Provinzen des Russischen Reichs.

393. **Tarvel**, Enn: Paul Johansen als Siedlungshistoriker Estlands (Aufsatz).

394. **Toop**, Christiane: Die Deutung von Kriegsereignissen in Vilnius 1939–1991 (Dissertation Tübingen).

395. **Tscherwonnaja**, Swetlana M.: Die gegenwärtige Baltikumforschung in Rußland (Beitrag zu Sammelwerk).

396. **Undusk**, Jaan: Mitteleuropa als Faktor der estnischen Kulturgeschichte: Ideologie und Realität (Aufsatz).

397. **Undusk**, Jaan: Hermann und Arnold Keyserling: Der Weg zum substantiellen Geist [in estnischer Sprache] (Aufsatz).

398. **Undusk**, Jaan: Was heißt baltische Geschichte postmodernistisch? (Aufsatz).

399. **Wilhelmi**, Anja: Die deutsche Frau in den baltischen Provinzen Rußlands im 19. Jahrhundert zwischen sozialer Rolle und Selbstidentität ausgewertet anhand ihrer Lebenserinnerung (Dissertation).

400. **Willoweit**, Dietmar: Im Schatten des Untergangs. Eine Kindheit in Memel (Aufsatz für: Nordost-Archiv).

401. **Wohlfart**, Kristine: Der Verein der Rigaer Letten und die lettische Nationalbewegung 1868–1905 (Dissertation).

3 Ost- und Westpreussen/ Danzig/Deutscher Orden

3.1 Zeitlich übergreifende Arbeiten

402. **Arnold**, Udo: Die Universität zu Königsberg und ihre Bedeutung für die Geschichte Ostmitteleuropas (Beitrag zu Sammelwerk).

403. **Arnold**, Udo: Der Deutsche Orden in den deutsch-polnischen Schulbuchgesprächen (Aufsatz).

404. **Arnold**, Udo: Georg im Deutschen Orden bis zur Regelreform im 17. Jahrhundert (Beitrag zu Sammelwerk).

405. **Barfod**, Jörn: Textile Volkskunst Ostpreußens (Aufsatz).

406. **Bartetzky**, Arnold; **Kraack**, Detlev: Bartel Ranischs „Beschreibung derer vornähmsten Gebäude in der Stadt Dantzig" als grundlegende Quelle zur Architektur- und Kulturgeschichte der Stadt Danzig (Beitrag zu Sammelband: Kirchengeschichtliche Probleme des Preußenlandes aus Mittelalter und früher Neuzeit).

407. **Böttcher**, Hans Viktor: Danzig im Rückblick (Monographie).

408. **Böttcher**, Hans Viktor: Danzig im Konflikt von Recht und Wirklichkeit (Aufsatz).

409. **Brandtner**, Gerhard: Die Salzburger Kirche in Gumbinnen/Ostpreußen 1740–1945 (Monographie).

410. **Bürger**, Klaus (Hg.): Altpreußische Biographie, Bd. V, 2. Lieferung.

411. **Fecker**, Carsten: Die ostpreußischen Bürgerbücher als Quellenart für geschichtswissenschaftliche Forschungen.

412. **Friedrich**, Karin: „Zwischen zwei Adlern“. Ideologische und kulturelle Einflüsse Polens auf das Herzogtum Preußen (Beitrag zu Nr. 433).

413. **Hackmann**, Jörg: Preußische Ursprungsmythen. Entstehung und Transformation vom 15. bis ins 20. Jahrhundert (Beitrag zu Nr. 433).

414. **Hackmann**, Jörg: Deutsche und polnische Geschichtsschreibung über das Königliche Preußen im Spannungsfeld der Beziehungsgeschichte (Beitrag zu Sammelwerk).

415. **Hackmann**, Jörg: Preußen und die Ostsee (Beitrag zu: Preußen-Almanach).

416. **Heling**, Reinhold: Altpreußisches evangelisches Pfarrbuch von der Reformation bis zur Vertreibung im Jahre 1945. Teil I: Die Kirchspiele und ihre Stellenbesetzungen (Neubearbeitung) Teil II: Biographischer Teil.

417. **Heling**, Reinhold: Quassowski. 350 Jahre altpreußischer Geschichte im Spiegel einer Familiengeschichte (Monographie).

418. **Hinrichs**, Ernst: Die Königskrönung vom 18. Januar 1701 – ein historisches und historiographisches Problem (Beitrag zu Nr. 433).

419. **Jähnig**, Bernhart; **Letkemann**, Peter: Ost- und Westpreußen (Historische Landeskunde).

420. **Jähnig**, Bernhart (Hg.): Neue Forschungen zur Geschichte des Preußenlandes von der Frühgeschichte bis zur Zeitgeschichte (Tagungsband).

421. **Karp**, Hans-Jürgen; **Poschmann**, Brigitte: Geschichte des Hochstifts und des Bistums Ermland 1243–1993 (Monographie).

422. **Komorowski**, Manfred: Eine Bibliographie Königsberger Drucke vor 1800 – Utopie oder reelle Chance? (Beitrag zu: Axel Walter [Hg.]: Königsberger Buch- und Bibliotheksgeschichte).

423. **Kowalski**, Krzysztof Maciej: Die archäologischen Entdeckungen in Lauenburg und Umgebung im Werk von Abraham Lissauer „Die prähistorischen Denkmäler der Provinz Westpreußen und der angrenzenden Gebiete (Leipzig 1887) (Aufsatz).

424. **Loew**, Peter Oliver: Danzig und Venedig. Beziehungsgeschichte und Vergleich (Aufsatz).

425. **Mentzel-Reuters**, Arno: Arma Spiritualia. Bibliotheken des Deutschen Ordens (Habilitationsschrift).

426. **Piskorski**, Jan M.: Hohenzollern und Preußen in der deutsch-polnischen Beziehungsgeschichte (Beitrag zu Nr. 433).

427. **Pospieszna**, Barbara; **Długokęcki**, W.; **Kuczyński**, J.: Młyny i urządzenia młyńskie w Muzeum Zamkowym w Malborku [Die Mühle und die Mühlgerätschaften im Schloßmuseum Marienburg] (Monographie).

* **Pospieszny**, Kazimierz: Die Konventsburg des Deutschen Ordens zu Marienburg in Preußen. Die bauarchitektonische Problematik und moderne konservatorische Interpretationen (Dissertation in polnischer und deutscher Sprache).

* **Pospieszny**, Kazimierz: Die Degradation der baugeschichtlichen Landschaft der Marienburg nach 1945 (Beitrag zu Sammelwerk).

428. **Ramm**, Helmut: Der Ort Justona und alte Flurbezeichnungen in Albrechtsdorf.

429. **Ramm**, Helmut: Albrechtsdorf betreffende Beiträge im Hausbuch der adlig Peistenschen Güter.

430. **Ramm**, Helmut: Über die Moral in Natangen in früherer Zeit.

431. **Ramm**, Helmut: Wie lebten die Bauern in Albrechtsdorf und Umgebung in der frühen Zeit.

432. **Rautenberg**, Hans-Werner: 300 Jahre Königreich Preußen und die Bedeutung bzw. der Einfluß des Preußisch-Holländer Adels im Zeichen dieses Jubiläums (Aufsatz).

* **Torbus**, Tomasz: Die Deutschordens-Ideologie in der polnischen und deutschen Kunst des 19. und 20. Jahrhunderts (Beitrag zu Nr. 433).

433. **Weber**, Matthias (Hg.): Preußen in Ostmitteleuropa. Geschehensgeschichte und Verstehensgeschichte (Tagungsband).

434. **Wróblewska**, Elżbieta: Die Geschützrohre im Zentralen Meeresmuseum Gdańsk als Geschichtsquellen (Aufsatz).

435. **Wróblewska**, Elżbieta: Die Glocken aus den Gießereien von Danzig und Thorn in den Sammlungen des Nationalmuseums Danzig (Aufsatz).

436. **Zernack**, Klaus: Preußenland und die Geschichte Preußens (Beitrag zu Nr. 433).

3.2 Mittelalter

* **Angermann**, Norbert (Hg.): Der Deutsche Orden in Livland (Sammelband).

437. **Arnold**, Udo (Hg.): Urkunden des Deutschen Ordens (Edition).

438. **Arnold**, Udo: Prusy w późnym średniowieczu [Preußen im Spätmittelalter] (Beitrag zu Sammelwerk).

439. **Arnold**, Udo (Hg.): Scriptores rerum Prussicarum, Bd. 7 (Edition).

440. **Arnold**, Udo (Hg.): Preußen und der Deutsche Orden (Sammelband).

441. **Arnold**, Udo; **Conrad**, Klaus: Falken im Dienste der Politik des Deutschen Ordens (Edition).

* **Arnold**, Udo: Literatur und Kunst im Leben des Deutschen Ordens in Livland (Beitrag zu Sammelband).

442. **Biskup**, Marian: Die Visitationen des Deutschen Ordens, Teil I (1236–1449) (Edition).

443. **Ekdahl**, Sven (Hg.): Das Soldbuch des Deutschen Ordens 1410/1411. Die Abrechnungen für die Soldtruppen. Teil II: Personengeschichtlicher Kommentar, Verzeichnisse und Register.

444. **Ekdahl**, Sven: Kriegsgeschichte und Wehrwesen des Deutschen Ordens in Preußen zu Beginn des 15. Jahrhunderts (Beitrag zu Sammelwerk).

445. **Ekdahl**, Sven: Die Christianisierung Litauens als Dilemma des Deutschen Ordens (Beitrag zu Sammelwerk).

446. **Freiwald**, Helmut; **Lückerath**, Carl August (Hg.): Preußen im Mittelalter.

447. **Heckmann**, Dieter: Das Wortzinsverzeichnis der Stadt Königsberg-Löbenicht von um 1455 (Beitrag zu Festschrift).

448. **Heckmann**, Dieter (Edition, Mitarb.): Preußisches Urkundenbuch im Internet.

449. **Hörner**, Petra: Der Sünden Widerstreit. Belege gegen eine Ordenszuweisung (Aufsatz).

450. **Jähnig**, Bernhart: Junge Edelleute am Hof des Hochmeisters in der Marienburg um 1400 (Beitrag zu: Erziehung und Bildung bei Hofe).

451. **Jähnig**, Bernhart: Herrschaft, Verfassung und Verwaltung (Beitrag zu Nr. 446).

452. **Jähnig**, Bernhart: Verfassung und Verwaltung des Deutschen Ordens und seiner Herrschaft in Livland (Beitrag zu: Norbert Angermann [Hg.]: Der Deutsche Orden in Livland).

453. **Jähnig**, Bernhart: Der Entwicklungsstand der Deutschordensherrschaften in Preußen und Livland in der ersten Hälfte des 14. Jahrhunderts (Beitrag zu: Franz Felten und Kurt Wesoly [Hg.]: Festschrift für Knut Schulz zum 65. Geburtstag).

454. **Jähnig**, Bernhart: Deutscher Adel und Deutscher Orden. Probleme der Familienidentifizierung und Verwandtenversorgung (Beitrag zu: Aequilibrium mediaevale. Symposion anläßlich des 65. Geburtstages von Carl August Lückerath).

455. **Jähnig**, Bernhart: Der Deutschordensstaat Preußen – die großen Hochmeister des 14. Jahrhunderts (Beitrag zu: Marc Löwener [Hg.]: Die „Blüte" der Staaten des östlichen Europa im 14. Jahrhundert).

456. **Jähnig**, Bernhart: Hochmeisterkaplan und Hochmeisterkanzler – Die Leiter der Hochmeisterkanzlei in Marienburg 1309–1457 (Beitrag zu: Janusz Trupinda [Hg.]: Kancelarie krzyżackie. Stan badań i problemy badawcze [Die Deutschordenskanzleien. Forschungsstand und Perspektiven]).

457. **Kopiński**, Krzysztof: Społeczne i gospodarcze kontakty Torunia z Wrocławiem w średniowieczu [Die sozialen und wirtschaftlichen Beziehungen Thorns und Breslaus im Mittelalter] (Dissertation).

458. **Kraack**, Detlev: Auf den Spuren spätmittelalterlicher Adliger unterwegs ins Preußenland. Fremdheit und Reisen im Spiegel von Rechnungsbuch und Reiseerzählung (Aufsatz).

459. **Militzer**, Klaus: Visitationen und Visitationsberichte im Deutschen Orden (Aufsatz).

460. **Militzer**, Klaus: Die Einbindung des Deutschen Ordens in das europäische Finanzsystem (Aufsatz).

* **Militzer**, Klaus: Die Rolle der Spitäler bei den Ritterorden (Aufsatz).

461. **Mühlen**, Heinz von zur: Der Deutsche Orden (in Livland) und die Bauern (Beitrag zu Nr. 267).

462. **Neitmann**, Klaus (Hg.): Quellen zu den Beziehungen zwischen Pommern und dem Deutschen Orden 1411–1466 (Edition).

463. **Neitmann**, Klaus: Ein Danziger Stadtbuch aus dem 15. Jahrhundert (Aufsatz).

464. **Neitmann**, Klaus: Die preußischen Handfesten der Hochmeister des Deutschen Ordens im 15. Jahrhundert (Edition).

465. **Neitmann**, Klaus: Handfestenbücher und Handfestenerneuerungen des Deutschen Ordens im 15. Jahrhundert (Aufsatz).

* **Neitmann**, Klaus: Der Deutsche Orden, die neumärkischen Stände und die ständischen Huldigungen (Aufsatz).

466. **Radzimiński**, Andrzej: Die Kirche im Deutschordensstaat Preußen 1243–1525 (Monographie).

467. **Rüther**, Andreas: Monastische Korrespondenz (Beitrag zu: Kommunikationsmedien als Wegweiser zum Selbst).

468. **Sach**, Maike: Hochmeister und Großfürst. Die Beziehungen zwischen dem Deutschen Orden in Preußen und dem Moskauer Staat um die Wende zur Neuzeit (Monographie).

469. **Sarnowsky**, Jürgen: Schuldbücher und Rechnungen der Großschäffer und Lieger des Deutschen Ordens, Bd. 1: Die Großschäfferei Königsberg (Edition).

470. **Sarnowsky**, Jürgen: Military orders and power. Teutonic knights, hospitallers, and their „Order State" (Beitrag zu Sammelwerk).

471. **Sarnowsky**, Jürgen; **Jenks**, Stuart: Das virtuelle preußische Urkundenbuch. Regesten und Texte zur Geschichte Preußens und des Deutschen Ordens (1382–1525) (Internet-Dokumentation).

472. **Sarnowsky**, Jürgen: Märkte im mittelalterlichen Preußen (Aufsatz).

473. **Sarnowsky**, Jürgen: Das virtuelle Preußische Urkundenbuch – neue Wege der Kooperation für Internet-Editionen (Beitrag zu Sammelwerk).

* **Sarnowsky**, Jürgen: Riga und Danzig im 15. Jahrhundert (Beitrag zu Sammelwerk).

474. **Schmidt**, Marc: Die Residenzen der geistlichen Landesherrschaften im Deutschordensland Preußen 1243–1525 (Dissertation).

475. **Wermter**, Ernst Manfred: Stände und Krone im königlich-polnischen Preußen – ein Streit um politische Grundauffassungen im Jahre 1485. Auszüge aus dem Bericht über die Tagfahrt der Räte und der gemeinen Lande und Städte des königlichen Preußen mit König Kasimir IV. von Polen, seinen Söhnen und seinen Kronräten zu Thorn, 6. März – 19. April 1485.

476. **Wermter**, Ernst Manfred: Politisch-juristische Termini in den Akten des Rates des königlich-polnischen Preußen als Ausdruck der Vorstellungs- und Handlungswelten im Gemeinwesen des späten Mittelalters (Aufsatz).

477. **Wermter**, Ernst Manfred: Regularkanonikerkonvente in Kathedral- und Kollegiatstiften – ihre Bedeutung für Bistumsverfassung und Seelsorge/Mission im 12. und 13. Jahrhundert (Salzburg, Halberstadt, Ratzeburg, Havelberg, Brandenburg, Riga, Dorpat, Kulm) (Aufsatz).

478. **Wermter**, Ernst Manfred: Das Domkapital des Bistums Kulm als Mittelpunkt eines Regularkanonikerverbandes (1251/1255) – Ein Auslaufmodell der Regularkanonikerbewegung des 12./13. Jahrhunderts.

479. **Zdrenka**, Joachim: Średniowieczne gdańskie księgi miejskie niewpełni wykorzystanym źródłem do dziejów miasta XIV–XV wieku [Mittelalterliche Stadtbücher aus Danzig – bislang unausgeschöpfte Quellen für die Stadtgeschichte des 14.–15. Jahrhunderts] (Beitrag zu Sammelwerk).

3.3 Frühe Neuzeit (1500 bis etwa 1800)

480. **Arnold**, Udo; **Nowak**, Zenon Hubert; **Pohl**, Annegret (Hg.): Das Schulprogramm des Grafen Abraham von Dohna für Mohrungen vom Jahre 1625.

481. **Biskup**, Marian: Protokolle des Landtags von Königlich Preußen 1526–1528, Bd. I (Edition).

482. **Biskup**, Marian: Über die Relation der Gebrüder von Waiblingen an den Administrator des Hochmeisteramtes Walter von Cronberg (1529–1531) (Aufsatz).

483. **Bömelburg**, Hans-Jürgen: Landesherrliche und dezentral-ständische Reformen – zwei Modernisierungspfade im Preußenland des 18. Jahrhunderts. Eine Neubewertung (Beitrag zu Nr. 433).

484. **Friedrich**, Karin: A history of the Prussian lands, 1466–1795, Bd. 1: From the partitions of Prussia to the partitions of Poland-Lithuania (Monographie).

485. **Friedrich**, Karin; **Smart**, Sara: The cultivation of monarchy in Brandenburg-Prussia and the rise of Berlin 1700–1701 (Monographie).

486. **Gerlach**, Horst: Ansiedlung, Wirken und Leben der Mennoniten in Preußen (1535–1789) (Aufsatz).

487. **Golec**, Izabella: Die Stadt Danzig und ihre Umgebung in den deutschsprachigen Reiseberichten des 18. Jahrhunderts (Monographie).

488. **Hartmann**, Stefan: Quellen zur Geschichte der Stadt Allenstein im 16.–18. Jahrhundert (Beitrag für: Zeitschrift für die Geschichte und Altertumskunde des Ermlands).

489. **Hartmann**, Stefan: Krasicki a Królowie pruscy [Krasicki und die Könige von Preußen] (Beitrag für Festschrift).

490. **Hartmann**, Stefan: Die Anfänge der preußischen Herrschaft in Löbau/West-

preußen (Aufsatz für: Westpreußen-Jahrbuch).

491. **Hartmann**, Stefan: Herzog Albrecht von Preußen und Livland (1551–1561). Regesten aus dem Herzoglichen Briefarchiv und den ostpreußischen Folianten (Edition).

492. **Hartmann**, Stefan: Herzog Albrecht von Preußen und Livland (1540–1551). Regesten aus dem Herzoglichen Briefarchiv und den ostpreußischen Folianten (Edition).

493. **Jähnig**, Bernhart: Die Umwelt von Johann Christoph Gottscheds Kindheit und Jugend im Pfarrhaus zu Juditten bei Königsberg (Beitrag zu Sammelband, hg. von Joseph Kohnen).

494. **Jähnig**, Bernhart: Zum Geschäftsgang bei der Berufung Königsberger Universitätsprofessoren im frühen 18. Jahrhundert (in russischer Sprache im: Jahrbuch der Kaliningrader Archivverwaltung, in deutscher Sprache leicht überarbeitet in: 450 Jahre Universität Königsberg, hg. von Bernhart Jähnig).

* **Kajdanska**, Alexandra: Eighteenth century european costumes in the drawings of Daniel Chodowiecki (Aufsatz).

* **Kajdanska**, Alexandra: Fashion in Gdansk in 1773 as bequeathed by Daniel Chodowiecki (Aufsatz).

495. **Kapahnke**, Walter: Die Bürgerbücher der Stadt Danzig 1710–1767, 1768–1814 (Aufsatz).

496. **Keßler**, Franz: Das Danziger Kapellmeisteramt (Beitrag zu: Festschrift Udo Arnold).

497. **Keßler**, Franz: Danziger Gesangbuchdrucke 1586–1793 (Monographie mit Edition).

498. **Keßler**, Franz: Christliche Religions-Gesänge. Ein Danziger Gesangbuch aus der Zeit der Aufklärung (Aufsatz).

499. **Koch**, Klaus-Peter: Die verschollenen Königsberger Bestände hinsichtlich der Überlieferung des geistlichen Liedes (Beitrag für Konferenzband „Geistliches Lied im Ostseeraum zwischen Reformation und 1900“).

500. **Komorowski**, Manfred: Das akademische Schrifttum Altpreußens: Königsberg, Danzig, Elbing, Thorn (Aufsatz zu Sammelband: Kulturgeschichte des Königlichen Preußen in der Frühen Neuzeit).

501. **Komorowski**, Manfred: Bibliographie Königsberger Dissertationen des 17. Jahrhunderts.

502. **Körber**, Esther-Beate: Die Königsberger Druckerei im frühen 17. Jahrhundert (1601–1650) als Vermittlerin öffentlicher Kommunikation (Beitrag zu Tagungsband).

503. **Körber**, Esther-Beate: Die preußische Krönung vom 1701 in Predigten zum Tage (Beitrag zu Sammelwerk).

* **Kowalski**, Krzysztof Maciej: Danziger Kirchenzeichen des 16. – 18. Jahrhunderts (Aufsatz).

504. **Małłek**, Janusz: Die Ständeverfassung und die politische Kultur in beiden Teilen Preußens in der frühen Neuzeit (Aufsatz).

505. **Małłek**, Janusz: Das Herzogtum Preußen und das Königreich Polen 1525–1701 (Aufsatz).

506. **Małłek**, Janusz: Większość i mniejszości religijne w Prusach w czasach nowożytnych [Die Mehrheit und die religiösen Minderheiten in Preußen in der Frühen Neuzeit] (Aufsatz).

507. **Ramm**, Helmut: Erbauseinandersetzungen nach dem Tode des Paul Lange in Kirschitten 1588/1590.

508. **Ramm**, Helmut: Die besonderen Aufzeichnungen des Pfarrers im Kirchenbuch von Borken (Edition).

509. **Rautenberg**, Hans-Werner: Die preußische Königskrönung vor dreihundert Jahren und ihre Auswirkung auf das westliche Preußenland (Aufsatz).

510. **Sach**, Maike: Gulden, Mark und grivenki. Zu Problemen der Berechnung von Subsidienzahlungen Vasilijs III. an den Deutschen Orden in Preußen (1517–1521).

511. **Salmen**, Walter (Hg.): Johann Friedrich Reichardt, Autobiographie (Edition).

512. **Salmonowicz**, Stanisław: Prusy Królewskie w XVII–XVIII w. Studia z dziejów kultury [Das Königliche Preußen im 17. und 18. Jahrhundert. Studien zur Kulturgeschichte] (Aufsatz).

513. **Salmonowicz**, Stanisław: Die Frühaufklärung in Preußen polnischen Anteils/Königliches Preußen (Aufsatz).

514. **Wermter**, Ernst Manfred: Danzig – Elbing – Thorn – Ermland. Spannungsreiche Beziehungen und Strukturen innerhalb des königlich-polnischen Preußens während der Jahrzehnte um 1500 (Aufsatz).

515. **Zientara**, Włodzimierz (Hg.): Das geistige Leben in Preußen in der Zeit der Frühaufklärung (Tagungsband).

3.4 19./20. Jahrhundert

516. **Arnold**, Udo: Die Marienburg als politisches Symbol in Deutschland in der ersten Hälfte des 20. Jahrhunderts (Beitrag zu Festschrift).

517. **Brodersen**, Per: Am weitesten im Westen. Das nördliche Ostpreußen im Bewußtsein seiner russischen Bewohner (1945–1970) (Dissertation).

518. **Bürger**, Klaus: Die Studenten der Universität Königsberg 1829–1921/22 (Edition).

519. **Cammann**, Alfred: Die Masuren – aus ihrer Welt, von ihrem Schicksal in Geschichte und Geschichten (Monographie).

520. **Cammann**, Alfred: Die Kaschuben – aus ihrer Welt, von ihrem Schicksal in Geschichte und Geschichten (Monographie).

521. **Engel-Braunschmidt,** Annelore: „Im Schatten des Schlosses“: Königsberg/Kaliningrad (Beitrag zu Sammelwerk).

522. **Fuchs**, Friedrich: Die Beziehungen zwischen der Freien Stadt Danzig und dem Deutschen Reich in der Zeit von 1920 bis 1939 unter besonderer Berücksichtigung der Judenfrage in beiden Staaten (Dissertation).

523. **Fuhrich-Grubert**, Ursula; **Mieck**, Ilja (Hg.): Theodor von Schön und Polen (Sammelband).

524. **Gerlach**, Horst: 1914: Als Elbing gerade noch mit dem blauen Auge davon kam. Flucht und Vertreibung in Ostpreußen auch schon im August 1914 (Aufsatz).

525. **Gerlach**, Horst: Auswanderung der Mennoniten von Preußen nach Rußland (1789–1870) (Aufsatz).

* **Göbel**, Sandra: Denkmalpflege in Deutschland und Frankreich zur Zeit des Zweiten Weltkriegs (Dissertation Bamberg).

526. **Gstrein**, Rainer; **Meier**, Andreas (Hg.): Schillers lyrische Gedichte in Musik gesetzt von Johann Friedrich Reichardt (Leipzig 1811) (Edition).

527. **Hackmann**, Jörg: Ostpreußen und Westpreußen in der deutschen Landesgeschichtsschreibung als beziehungsgeschichtliches Problem (1770–1970) (Aufsatz).

528. **Hackmann**, Jörg: Danzig und Stettin – zwischen Rekonstruktion, Moderne und Postmoderne. Der Wiederaufbau zweier historischer Stadtzentren in Nordpolen im Vergleich (Beitrag zu Sammelwerk).

529. **Hinkelmann**, Christoph: 100 Jahre Vogelwarte Rossitten (Aufsatz).

530. **Hinkelmann**, Christoph: Der populärste deutsche Ornithologe des 20. Jahrhunderts kam aus Thüringen – Johannes Thienemann (Aufsatz für: Thüringer ornithol. Mitt.).

531. **Hinkelmann**, Christoph: Trakehner Pferde – ein preußisches Vermächtnis (Aufsatz für: Almanach des Deutschen Kulturforums östliches Europa, Potsdam).

532. **Hinkelmann**, Christoph: Museumsornithologe in der Provinz. Falke (Aufsatz).

533. **Hoppe**, Bert: Die Last einer feindlichen Vergangenheit. Königsberg als Erinnerungsort im sowjetischen Kaliningrad (Beitrag zu Nr. 433).

534. **Jähnig**, Bernhart: Geschichtsverständnis und Preußenbild Theodor von Schöns (Beitrag zu Nr. 433).

535. **Jähnig**, Bernhart: 40 Jahre Copernicus-Vereinigung (Aufsatz für: Beiträge zur Geschichte Westpreußens).

536. **Kabus**, Ronny: Museum der Zukunft? Der Beitrag des Ostpreußischen Landesmuseums Lüneburg zur Erforschung, Pflege und Verbreitung von Geschichte und Kultur Ostpreußens (Beitrag zu Sammelwerk).

537. **Kämpfert**, Hans-Jürgen: Karl Georg Berendt als Arzt, Bernsteinforscher und Direktor der Naturforschenden Gesellschaft in Danzig (Aufsatz).

538. **Kämpfert**, Hans-Jürgen: Blumenkorso und Meeresmeisterschaften – 100 Jahre Stadt Zoppot (Aufsatz).

539. **Kämpfert**, Hans-Jürgen: Moritz Stumpf und Sohn – 200 Jahre Juweliergeschichte in Danzig (Aufsatz).

540. **Keßler**, Franz: Danziger Gesangbücher 1810 bis 1929 (Monographie und Edition).

541. **Kocka**, Jürgen; **Neugebauer**, Wolfgang (Hg.): Acta Borussica. Neue Folge, 1. Reihe: Die Protokolle des Preußischen Staatsministeriums 1817–1937/38. Bd. 7: 1879–1890; Bd. 8: 1890–1900 (unter Mitarbeit von Hartwin Spenkuch).

542. **Komorowski**, Manfred: Bibliographie der Königsberger Dissertationen und Habilitationsschriften 1800–1885.

543. **Komorowski**, Manfred: Das Promotionswesen an den Universitäten Königsberg und Duisburg im Vergleich (Beitrag zu: Rainer A. Müller [Hg.]: Promotionszeremoniell, -kosten, -ordnungen).

544. **Komorowski**, Manfred: Paul Schwenke in Königsberg (1893–1899). Seine Königsberger Zeit im Spiegel der Korrespondenz mit Karl Dziatzko (Beitrag zu Festschrift Klaus Garber).

545. **Konarska**, Ewa: Flucht und Vertreibung der Deutschen aus Ostpreußen und Schlesien. Eine Analyse politischer und literarischer Darstellungen (Dissertation).

546. **Körber**, Esther-Beate: Zur Schulpolitik Theodor von Schöns als Oberpräsident 1824–1842 (Aufsatz).

547. **Körber**, Esther-Beate; **Sösemann**, Bernd (Hg.): Edition der Tagebücher Theodor von Schöns, 3 Bde.

548. **Kossert**, Andreas: Die Masuren zwischen Preußen, Deutschland und Polen. Die Bevölkerung einer Grenzregion im Spannungsverhältnis nationaler Interessenpolitik 1848–1959 (Dissertation FU Berlin).

549. **Kowalski**, Krzysztof Maciej: Akten des Provinzial-Konservators der Kunstdenkmäler für Westpreußen betreffend die musikalische Untersuchung der Glocken angefangen 1ten März 1918 (Edition).

550. **Kowalski**, Krzysztof Maciej: Die Knöpfe Danziger Kleidungsfirmen aus der zweiten Hälfte des 19. Jahrhunderts (Aufsatz).

* **Leugers**, Antonia: Die Limburger Pallottinerprovinz 1892 bis 1932 (Monographie).

551. **Loew**, Peter Oliver: Danzig zwischen Deutschland und Polen. Studien zur lokalen Geschichtskultur zwischen 1793 und 1997 (Dissertation).

552. **Loew**, Peter Oliver: Cholera und Literatur. Danzig 1831 (Aufsatz).

553. **Loew**, Peter Oliver: Die Freie Stadt Danzig sucht eine Hymne (Aufsatz).

554. **Loew**, Peter Oliver: Konstrukcja i rekonstrukcja gdańskiego życia codziennego minionych czasów w XIX i XX wieku [Konstruktion und Rekonstruktion des historischen Alltagslebens in Danzig im 19. und 20. Jahrhundert] (Aufsatz).

555. **Loew**, Peter Oliver: Lexikon Danziger Komponisten (Mitte 19. bis Mitte 20. Jahrhundert). Ein Beitrag zur lokalen Musikkultur (Beitrag zu Sammelwerk).

* **Loew**, Peter Oliver: Danzig erinnert sich an Daniel Chodowiecki. Ein Beitrag zur Geschichte der lokalen Geschichtskultur im 19. und 20. Jahrhundert (Aufsatz).

556. **Neitmann**, Klaus: Ostpreußen im Zweiten Weltkrieg. Bemerkungen zu einer Quellenedition (Aufsatz).

557. **Obrycka**, Bożena: Gustaw Gisevius als masurischer Regionalforscher von Osterode und Umgebung (Monographie).

558. **Orłowski**, Hubert: Auf der Suche nach regionaler Identität. „Borussia" als Programm und Praxis (Beitrag zu Nr. 1557).

559. **Pfeiler-Breitenmoser**, Heike: Kinder in Ostpreußen 1945–1948 (Dissertation).

560. **Pletzing**, Christian: Nationalismus und liberale Bewegung in Ost- und Westpreußen während des Vormärz (Beitrag zu Sammelband).

561. **Pletzing**, Christian: Deutsche und Polen in der Provinz 1830–1871. Konfession – Staat – Nation (Aufsatz).

562. **Pletzing**, Christian: „Deutsche Kultur" und „polnische Zivilisation". Geschichtsbilder in West- und Ostpreußen zwischen Vormärz und Kulturkampf (Beitrag zu Nr. 433).

563. **Pospieszna**, Barbara: Odrodzenie form i zdobnictwa renesansowego w ceramice Pomorza Gdańskiego w XIX i na początku XX w [Die Wiederkehr von Renaissanceformen und Ornamenten in der Keramik Pommerellens um 1900] (Beitrag zu Sammelwerk).

* **Pospieszny**, Kazimierz: Konrad Steinbrechts „Kreation" der Marienburg am Beispiel des Hochschlosses (1882–1901) (Beitrag zu Sammelwerk).

564. **Rasmus**, Hugo: Zur Bewertung der September-Ereignisse 1939 in Polen, besonders in Bromberg (Aufsatz).

565. **Rasmus**, Hugo: Die Stadtbibliothek in Bromberg und ihre Leiter von der Gründung bis 1945 (Beitrag zu Sammelwerk).

566. **Rautenberg**, Hans-Werner: Nationalitätenprobleme an der unteren Weichsel im 20. Jahrhundert und das Ende der preußischen Provinz Westpreußen (Aufsatz).

567. **Rautenberg**, Hans-Werner: Vertreibung und polnische Nationalitätenpolitik im südlichen Ostpreußen nach dem Zweiten Weltkrieg (Beitrag zu Sammelwerk).

568. **Rautenberg**, Hans-Werner: Die Stimmung der Bevölkerung im masurischen Abstimmungsgebiet vor dem 11. Juli 1920 (Beitrag zu Sammelwerk).

569. **Richter**, Friedrich: Hans-Bernhard von Grünberg (Beitrag zu: Altpreußische Biographie).

570. **Richter**, Friedrich: Staatssekretär Dr. Ernst Posse (Beitrag zu: Altpreußische Biographie).

571. **Rohrer**, Christian: Nationalsozialistische Macht in Ostpreußen (1928–1939) (Dissertation Freiburg).

572. **Salein**, Kirsten: Auf der Suche nach einem neuen Kaliningrad. Lebensstile Ju-

gendlicher als Folie der Transformation in Osteuropa (Dissertation Frankfurt/Main).

573. **Salmen**, Walter: Herder und Reichardt (Aufsatz).

574. **Samerski**, Stefan: Das Bistum Danzig in Lebensbildern (1922/25–2000) (Monographie).

575. **Schattkowsky**, Ralph: Identitätenwandel und nationale Mobilisierung in Westpreußen und Galizien 1880 bis 1914. Ein Vergleich (Beitrag zu Nr. 176).

576. **Schüler-Springorum**, Stefanie: Biographie des Rechtsanwalts Hans Litten (Monographie).

577. **Sösemann**, Bernd; **Mieck**, Ilja (Hg.): Theodor von Schön. Der Kampf um Preußens permanente Reform. 10 Bde. (Edition).

578. **Spenkuch**, Hartwin (Bearb.): Die Protokolle des preußischen Staatsministeriums 1817–1934/38. Bd. 8: 1890–1900.

579. **Tietz**, Jürgen: Ostpreußisches „Stonehenge" – Das Tannenberg-Nationaldenkmal (Beitrag zu Nr. 433).

580. **Traba**, Robert: Identitätssuche im Grenzland. Mentalitätsgeschichtliche Faktoren der gesellschaftlichen Integration in Ostpreußen (Habilitationsschrift).

581. **Traba**, Robert: Kollektives, historisches Bewußtsein der Bevölkerung in Ostpreußen während der Zwischenkriegszeit (Beitrag zu Nr. 433).

582. **Vogelsang**, Ernst: Geschichte der Kopernikus-Schule in Allenstein (Monographie).

583. **Vogelsang**, Ernst: Die Tabellen der Konfirmanden des Kirchspiels Miswalde 1818–1847 (ohne die fehlenden Jgg. 1822–1824, 1829, 1830) (Beitrag zu: Altpreußische Geschlechterkunde, Neue Folge).

584. **Vogelsang**, Ernst: Hausbuch von der Stadt Mohrungen (Aufsatz).

585. **Vogelsang**, Ernst: Auszüge aus den Hauptregistern des Standesamtes Mohrungen 1874–1900 zur dortigen Synagogengemeinde (Beitrag zu Sammelwerk).

586. **Vogelsang**, Ernst: Das Buch des Schützenvereins Mohrungen 1824–1897 (Edition).

587. **Vogelsang**, Ernst: Der Leipski-Prozeß – ein Schuß gegen die Nationalkonservativen des Tannenberg-National-Denkmal-Vereins? (Aufsatz).

588. **Wenau**, Lutz: Die Konfirmandenlisten des Kirchspiels Tollmingkehmen 1813–1832.

589. **Zachciał**, Iwona: Książka polska w wolnym mieście Gdańsku [Das polnische Buchwesen in der Freien Stadt Danzig] (Dissertation Gdańsk/Danzig).

590. **Zdrenka**, Joachim: Biogramm: Groddeck von, Karol Michał (1764–1833) (Beitrag zu: Zbigniew Nowak [Red.]: Słownik Biograficzny Pomorza Nadwiślańskiego [Pommerellisches Biographisches Lexikon]).

* **Zdrenka**, Joachim: Biogramm: Groddeck von, Karol Michał (1764–1833) (Beitrag zu: Zbigniew Nowak [Red.]: Słownik Biograficzny Pomorza Nadwiślańskiego [Pommerellisches Biographisches Lexikon]).

4 Pommern

4.1 Zeitlich übergreifende Arbeiten

591. **Biewer**, Ludwig: Pommern als Preußische Provinz. Ein Überblick (Beitrag zu: Festschrift für Joachim Wächter zum 75. Geburtstag).

592. **Gaziński**, Radosław: Dzieje Darłowa XV–I poł XVII w [Die Geschichte von Rügenwalde vom 15. bis zur 1. Hälfte des 17. Jahrhunderts] (Monographie).

593. **Gaziński**, Radosław; **Szukała**, Maciej; **Gut**, Paweł (Bearb.): Przewodnik

po zasobie Archiwum Państwowego w Szczecinie (akta do 1945 roku) [Stettin-Staatsarchiv – Führer durch die Bestände bis 1945].

594. **Gaziński**, Radosław: Akta miast pomorskich przechowywane w Archiwum Państwowym w Szczecinie [Akten pommerscher Städte im Staatsarchiv Stettin] (Aufsatz).

595. **Gaziński**, Radosław; **Horoszko**, Genowefa: Gryf książęcy na monetach pomorskich [Der herzogliche Greif auf pommerschen Münzen] (Aufsatz).

596. **Gudden-Lüddeke**, Ilse (Hg.): Handbuch für Pommern (deutsch-polnisch).

* **Gwiazdowska**, Ewa: Widoki miast pomorskich od XV do XIX wieku. Źródła do historii Pomorza [Ansichten pommerscher Städte vom 15. bis zum 19. Jahrhundert. Quellen zur Geschichte Pommerns] (Monographie).

* **Gwiazdowska**, Ewa: Dawne widoki Sławna [Schlawe in alten Ansichten] (Beitrag zu: Sławno – historia i kultura I [Schlawe – Geschichte und Kultur]).

* **Gwiazdowska**, Ewa: Historyczne znaczenie ikonografii Bytowa od XVII od XX wieku [Die historische Bedeutung der Ansichten von Bütow aus dem 17. – 20. Jahrhundert] (Beitrag zu: Bytów – Życie dawnych Pomorzan II [Bütow – Leben im historischen Pommern, Bd. 2]).

* **Gwiazdowska**, Ewa: Średniowieczne cechy krajobrazu historycznego w ikonografii miast pomorskich XV–XIX wieku [Mittelalterliche Züge der Kulturlandschaft in Ansichten pommerscher Städte vom 15. Bis 19. Jahrhundert] (Beitrag zur: Terra Transoderana. Konferencja Oddziału Szczecińskiego SHS [Tagung „Transoderana“ der Stettiner Abteilung des Polnischen Kunsthistorikerverbandes]).

* **Gwiazdowska**, Ewa: Darstellungen von Klosteranlagen in der Ikonographie Stettins vom 16. bis zum 19. Jahrhundert (Beitrag zu: Klöster und monastische Kultur in Hansestädten) (Sammelband).

* **Gwiazdowska**, Ewa: Die Darstellung der Hansezugehörigkeit pommerscher Städte in ihrer Ikonographie (Beitrag zu: Kulturlandschaft der südlichen Ostseeküsten).

597. **Hackmann**, Jörg: Religion als Gegenstand der Historiographie über Pommern (Beitrag zu Sammelwerk).

598. **Hackmann**, Jörg: Dreifache Peripherie? Pommern als Problem der deutschen und polnischen Historiographie (Aufsatz).

599. **Horoszko**, Stanisław: Das königlich-schwedische Zeughaus in Stettin. Vom Kloster zum Arsenal (Aufsatz).

600. **Kowalski**, Krzysztof Maciej: Geschichte der Glocken in Belgard bei Lauenburg (Monographie).

* **Kowalski**, Krzysztof Maciej: Die archäologischen Entdeckungen in Lauenburg und Umgebung im Werk von Abraham Lissauer „Die prähistorischen Denkmäler der Provinz Westpreußen und der angrenzenden Gebiete“ (Leipzig 1887) (Aufsatz).

* **Lissok**, Michael: Die Geschichte der öffentlichen Grünanlagen und Friedhöfe in Greifswald (Beitrag zu Sammelband).

601. **Müns**, Heike: Kleine Geschichte der Volksmusik in Mecklenburg/Vorpommern (Monographie).

602. **Schleinert**, Dirk; **Werlich**, Ralf-Gunnar (Hg.): Loitz – Stadt an der Peene.

603. **Schoebel**, Martin (Hg.): Beiträge zur pommerschen Geschichte des 15. und 16. Jahrhunderts (Sammelwerk).

604. **Schwab**, Alexander: Der 29. Deutsch-Evangelische Kirchengesang-Vereinstag 1926 in Stettin (Beitrag zu Sammelband: Stettiner Komponisten vom 16. bis zum 20. Jahrhundert).

* **Vogel**, Gerd-Helge: Die Bildende Kunst in Greifswald von den Anfängen bis

zur Reichsgründung (Beitrag zu Sammelband).

605. **Wendt**, Eckhard: Bedeutende Stettiner (Pommersche Lebensbilder, Bd. 6) (Monographie).

606. **Werlich**, Ralf Gunnar: Die heraldische Ahnengalerie der Herzogin Sophia Hedwig in der Pfarrkirche St. Marien zu Loitz (Beitrag zu Nr. 602).

4.2 Mittelalter

607. **Böcker**, Heidelore: Barth und die Hanse (Beitrag zu Festschrift „750 Jahre Barth").

* **Brachmann**, Hansjürgen (†); **Foster**, Elżbieta; **Kratzke**, Christine; **Reimann**, Heike: Das Kloster Dargun bis zum Ende des 13. Jahrhunderts. Eine interdisziplinäre Studie (Monographie).

608. **Kozłowska**, Dorota: Osadnictwo z epoki brązu na obszarze Niziny Szczecińskiej – informatyczna baza danych [Siedlungen der Bronzezeit – eine Datenbank] (Beitrag zu Sammelwerk).

609. **Porzeziński**, Antoni: Wczesnośredniowieczne cmentarzysko szkieletowe na stanowisku 2a w Cedyni, woj. Zachodniopomorskie [Ein frühmittelalterliches Gräberfeld in Zehden – Wojewodschaft Westpommern] (Monographie).

610. **Porzeziński**, Antoni: Cmentarzysko średniowieczne w Cedyni, woj. Zachodniopomorskie [Ein mittelalterliches Gräberfeld in Zehden – Wojewodschaft Westpommern] (Monographie).

611. **Reimann**, Heike: Das Fürstentum Rügen als Teil des südlichen Ostseeraums im Mittelalter (Monographie).

612. **Schneider**, Manfred: Zur Infrastruktur in der Hansestadt Stralsund während des Mittelalters (Beitrag zu: Gläser, Manfred [Hg.]: Lübecker Kolloquium zur Stadtarchäologie im Hanseraum IV).

613. **Schneider**, Manfred: Die Hansestadt Stralsund – eine Seehandelsstadt im Mittelalter (Beitrag zu Ausstellungskatalog: Wege zur Backsteingotik – gebrannte Macht).

614. **Werlich**, Ralf Gunnar: Pommern / Greifen / Barth / Wolgast / Stettin / Rügenwalde / Stolp (Artikel zu: Fürstliche Höfe und Residenzen im spätmittelalterlichen Reich. Ein dynastisch-topographisches Handbuch, hg. von der Residenzenkommission der Akademie der Wissenschaften Göttingen).

615. **Zdrenka**, Joachim: Pommerscher Landbesitz in Unterfranken 1374–1400 (Aufsatz für: Jahrbuch für fränkische Landesforschung).

616. **Zdrenka**, Joachim: Das pommersch-bibersteinische Verhandlungsprotokoll aus dem Jahre 1425 (Edition) (Beitrag für: Jahrbuch für brandenburgische Landesgeschichte).

617. **Zdrenka**, Joachim: Udział książąt pomorskich w wyprawach do Ziemi Świętej [Teilnahme der pommerschen Herzöge an den Fahrten ins Heilige Land] (Beitrag zu Sammelband).

4.3 Frühe Neuzeit (1500 bis etwa 1800)

618. **Asmus**, Ivo: Carl Gustav Wrangels „Beambte". Vermittelte Gutsherrschaft in Schwedisch-Pommern am Beispiel der Güter des Generalgouverneurs in den Jahren 1649–1674 (Dissertation).

619. **Buchholz**, Werner (Hg.): Das Ende der Frühen Neuzeit im „Dritten Deutschland". Ein geschichtlich-landeskundlicher Vergleich (Bayern, Hannover [Braunschweig-Lüneburg] Mecklenburg, Pommern, das Rheinland und Sachsen).

620. **Buchholz**, Werner: Pommern am Ende der Frühen Neuzeit (Beitrag zu Nr. 619).

621. **Buchholz**, Werner: Das Ende der Frühen Neuzeit im „Dritten Deutschland". Vergleich und Synthese (Beitrag zu Nr. 619).

622. **Buchholz**, Werner: Schweden und die preußische Rangerhöhung von 1701 (Beitrag zu: Barmeyer-Hartlieb, Heide; Sösemann, Bernd [Hg.]: Preußens Rangerhöhung von 1701).

623. **Gaziński**, Radosław: Swinoujście – dzieje miasta i portu w XVII wieku [Swinemünde – Geschichte der Stadt und des Hafens im 18. Jahrhundert] (Aufsatz).

624. **Koch**, Klaus-Peter: Der polnische Fiedler Matthias Wantzke in Stettin 1606–1623. Zum Problem der polnischen Geiger in den pommerschen Herzogtümern (Beitrag zu Sammelband: Stettiner Komponisten vom 16. bis zum 20. Jahrhundert).

625. **Poelchau**, Lore: Edition einer deutschen Übersetzung von Johann Bugenhagens „Pomerania" (1518).

626. **Völker**, Eberhard: Die Reformation in Stettin in den politischen Konflikten zwischen Bürgerschaft, Rat und Landesherr (Dissertation).

627. **Weber**, Matthias: Zur Konzeption von Geschichtsbildern. Pommern und Schlesien in der Historiographie des 16. Jahrhunderts – ein Vergleich (Beitrag zu Nr. 55).

628. **Wendt**, Eckhard: Isaac Salingré (1717–1801), Industrieller in Stettin (Aufsatz).

629. **Werlich**,Ralf Gunnar: Denkmale der Greifendynastie; Grabmäler der 14. Generation (Aufsatz für: Pommern. Zeitschrift für Kultur und Geschichte).

4.4 19./20. Jahrhundert

630. **Buchholz**, Werner: Publiczna gospodarka finansowa i polityka reform z końcem Ancien régime w Niemczech 1799–1806 [Die öffentliche Finanzwirtschaft und die Reformpolitik am Ende des Ancien Régime in Deutschland 1799–1806] (Aufsatz für: Państwo i społeczeństwo na Pomorzu, Szczecin [1. Stettiner Pommernkolloquium]).

* **Cammann**, Alfred: Die Kaschuben – aus ihrer Welt, von ihrem Schicksal in Geschichte und Geschichten (Monographie).

631. **Csallner**, Heinz: Kriegerdenkmäler für 1870/71 in Pommern (Aufsatz).

632. **Dröge**, Kurt: Historische Sachkultur in Pommern zwischen Aneignung und Entfremdung (Beitrag zu Tagungsband).

633. **Ellwanger**, Karen; **Dröge**, Kurt (Hg.): Kritik der „ostdeutschen" Trachtenpflege. Die nationale Vereinnahmung der pommerschen Weizackertracht in Deutschland und Polen (Sammelband).

634. **Frankiewicz**, Bogdan: Der Zwangsverkauf des jüdischen Eigentums in Pommern (1933–1944) [in polnischer Sprache] (Aufsatz).

635. **Frankiewicz**, Bogdan: Die ausländischen Zwangsarbeiter in Stettin 1939–1945 [in polnischer Sprache] (Aufsatz).

636. **Frankiewicz**, Bogdan: Der Abwurf von Flugblättern durch alliierte Flugzeuge im pommerschen Raum [in polnischer Sprache] (Aufsatz).

637. **Gaziński**, Radosław: Szczecińska gospodarka morska na przełomie XVIII i XIX wieku [Der Seehandel in Stettin um 1800] (Aufsatz).

* **Gerlach**, Horst: Friedensschluß im Kriege: Pfarrer Emil Händiges besuchte 1915 rußlandmennonitische Kriegsgefangene im Lager Bütow in Hinterpommern (Aufsatz).

638. **Gudden-Lüddeke**, Ilse: Pommern. Küste, Schiffahrt, Häfen (Monographie).

639. **Gudden-Lüddeke**, Ilse (Hg.): Stettiner Oberschulen, Knaben-Gymnasien und Mädchen-Lyzeen.

640. **Gudden-Lüddeke**, Ilse (Hg.): Handels- und Berufsschulen, Privatschulen und sonstige Schulen in Stettin.

* **Gwiazdowska**, Ewa; **Dröge**, Kurt: Nauka rysunku w gimnazjach pomorskich w XIX w. [Der Zeichenunterricht in pommerschen Gymnasien im 19. Jahrhundert] (Beitrag zu: Materiały Zachodniopomorskie).

* **Hackmann**, Jörg: Danzig und Stettin – zwischen Rekonstruktion, Moderne und Postmoderne. Der Wiederaufbau zweier historischer Stadtzentren in Nordpolen im Vergleich (Beitrag zu Sammelwerk).

641. **Horoszko**, Stanisław: Historia i polityka jako uwarunkowania współpracy muzealnej na przykładzie Muzeum Narodowego w Szczecinie i Pommersches Landesmuseum Greifswald [Geschichte und Politik als Begleitbedingungen der musealen Zusammenarbeit, am Beispiel des Nationalmuseums Szczecin und des Pommerschen Landesmuseums Greifswald] (Beitrag zu Sammelband).

642. **Horoszko**, Stanisław; **Stępiński**, Włodimierz: Inauguracja Zachodniopomorskiego Muzeum Krajowego w Gryfii/Greifswaldzie i jej szerszy kontekst [Die Eröffnung des Pommerschen Landesmuseums Greifswald und ihr breiterer Kontext] (Aufsatz).

643. **Inachin**, Kyra: Der Pommersche Provinzialverband. Entwicklung, Aufbau, Aufgaben, Leistung (Habilitationsschrift Greifswald).

644. **Karwowska**, Iwona; **Dröge**, Kurt; **Kopczyński**, Waldemar: Dadow/Dziadowo. Ethnographie eines Dorfes in Pommern/Pomorze (Monographie).

645. **Koeller**, Hans Wolf von: Entwicklung und Leistung der Pommerschen Landwirtschaftskammer von ihrer Gründung [1894/1895] bis zum Ausbruch des Ersten Weltkrieges unter besonderer Berücksichtigung des produktionstechnischen Fortschrittes und der Arbeiterfrage (Dissertation Rostock).

646. **Koslik**, Peter M.: Die Entwicklung des Heimatbildes in Vorpommern in niederdeutschen und volkskundlichen Beiträgen der Heimatbeilagen von Zeitungen und anderen populären Schriften 1918–1945 (Dissertation Greifswald).

647. **Kozińska**, Bogdana: Rozwój przestrzenny Szczecina od początku XIX wieku do II wojny światowej [Die Raumentwicklung der Stadt Stettin vom Anfang des 19. Jahrhunderts bis zum 2. Weltkrieg] (Dissertation).

* **Kuz**; **Gwiazdowska**, Ewa; **Dahlenberg**, Birgit; **Lichtnau**, Bernfried: Geschichte des alten und neuen Pommerschen Künstlerbundes.

648. **Lissok**, Michael: Die ehemalige Staats- und Landwirtschaftsakademie in Eldena (b. Greifswald): ein Zentrum agrarischer Baukultur im 19. Jahrhundert (Beitrag zu: Protokollband der Hausforschertagung in Barth 1998).

* **Lissok**, Michael: Denkmalpflege als Stadtbildpflege im 20. Jahrhundert am Beispiel Stralsunds (Beitrag zu Tagungsband).

* **Lissok**, Michael: Die Prunkvase für den Direktor der Landwirtschaftsakademie Eldena Friedrich Gottlob Schulze (1795–1860) (Monographie).

* **Lissok**, Michael: Stadtplan und zugleich Staatsmodell? Überlegungen zu Friedrich Gillys „Grundriss einer Stadtanlage am Meer“ (Beitrag im Protokollband).

* **Lissok**, Michael: Das Denkmal des Fürsten Wilhelm Malte im Schloßpark von Putbus – ein Werk des Bildhauers Friedrich Drake (Aufsatz).

649. **Loew**, Peter Oliver; **Ellwart**, Jarosław: Auf Bismarcks Spuren durch Hinterpommern. Ein historisch-touristischer Leitfaden (Monographie).

650. **Maier**, Elke: Prof. Alfred Haas – Leben und Werk (Monographie).

651. **Maier**, Elke: Prof. Alfred Haas – Bibliographie.

652. **Matthiesen**, Helge: Greifswald in Vorpommern. Konservatives Milieu in Demokratie und Diktatur 1900 bis 1990 (Dissertation).

653. **Müns**, Heike: Verballhornungen geistlicher Lieder als Ausdruck von Mündigkeit (Aufsatz für Tagungsband: Lutz Winkler und Gerd Ochs [Hg.]: 400 Jahre geistliches Lied in Mecklenburg/Vorpommern).

654. **Müns**, Heike: Die Funktionalisierung der niederdeutschen Sprache durch die Kulturpolitik der DDR (Aufsatz für Tagungsband der Universität Rostock).

655. **Salmonowicz**, Stanisław (Hg.): Historia Pomorza. Band 4, Teil 2 (1850–1918): Politisches Leben und Kultur.

656. **Seemann**, Katinka: Die Rezeption der pommerschen Weizacker-Tracht in Polen. Ein Literaturbericht (Beitrag zu Nr. 633).

657. **Szukała**, Maciej: Akta Pomorskiego Muzeum Krajowego (Pommersches Landesmuseum) w zasobie Archiwum Państwowego w Szczecinie [Die Akten des Pommerschen Landesmuseums in den Beständen des Stettiner Staatsarchivs] (Aufsatz).

658. **Szukała**, Maciej: Powołanie i działalność Komisji Historycznej Pomorza (1910–1945) [Die Gründung der Historischen Kommission für Pommern (1910–1945)].

659. **Szukała**, Maciej: Martin Wehrmann i Otto Kunkel – ich znaczenie dla kultury i nauki Pomorza pod koniec 19. i w I połowie 20 wieku [Martin Wehrmann und Otto Kunkel – ihre Rolle in der Wissenschaft und Kultur Stettins] (Beitrag zu Sammelwerk).

660. **Szukała**, Maciej: Archiwisci niemieccy wobec badań w schodnich w okresie 1918–1939, ze szczególnym uwzględnieniem ośrodka szczecińskiego [Deutsche Archivare und die deutsche „Ostforschung" 1918–1939, unter besonderer Berücksichtigung des Stettiner Kulturlebens] (Aufsatz).

5 Lausitzen/Neumark

5.1 Zeitlich übergreifende Arbeiten

661. **Bahlcke**, Joachim: Entwicklungsphasen und Probleme der oberlausitzischen Historiographie vom 16. Jahrhundert bis zur Gegenwart (Beitrag zu: Neues Lausitzisches Magazin).

662. **Bahlcke**, Joachim: Die Stellung der Oberlausitz im böhmischen Länderverband während des Spätmittelalters und der frühen Neuzeit (Beitrag zu Festschrift).

663. **Hutter-Wolandt**, Ulrich: Geschichte der Evangelischen Kirchengemeinde Groß Radisch/OL (Aufsatz).

5.2 Mittelalter

664. **Neitmann**, Klaus: Der Deutsche Orden, die neumärkischen Stände und die ständischen Huldigungen (Aufsatz).

5.3 Frühe Neuzeit (1500 bis etwa 1800)

665. **Bahlcke**, Joachim (Hg.): Geschichte und Kultur der Oberlausitz im frühneuzeitlichen Mitteleuropa.

666. **Kraack**, Detlev: Interregionale und überregionale Horizonte einer ostmitteleuropäischen Adelsbiographie aus der zweiten Hälfte des 16. Jahrhunderts. Die autobiographischen Aufzeichnungen des Erich Lassota von Steblau (Beitrag zu: Welt – Macht – Geist. Das Haus Habsburg und die Oberlausitz [1526–1635]) (Aufsatz für Katalog).

* **Mieth**, Katja M.: Verflechtung östlicher und westlicher Elemente – Bemerkungen zur Ausstattung des Franziskanerobservantenklosters St. Anna in Kamenz (Oberlausitz) (Beitrag zu Nr. 2130).

* **Wäntig**, Wulf: „Exulanten" aus dem böhmischen Niederland in den angrenzenden Gebieten Kursachsens und der Oberlausitz (Beitrag zu: Víra nebo vlast? – Exil v českých dějinách raného novověku, Ústí nad Labem [Glaube oder Heimat? – Das Exil in der böhmischen Geschichte der Frühen Neuzeit]).

667. **Weber**, Matthias: Rechtliche, politische und konfessionelle Beziehungen zwischen der Oberlausitz und den schlesischen Territorien in Spätmittelalter und früher Neuzeit (Aufsatz).

5.4 19./20. Jahrhundert

668. **Höhne**, Britta: Von anderen Deutschen und Brückenmenschen. Bikulturelle Ehepaare in der ethnisch gemischten Lausitz (Magisterarbeit Bremen).

669. **Hutter-Wolandt**, Ulrich; **Wolandt**, Barbara (Hg.): Von der Muskauer Heide zum Rotstein. Heimatbuch des Niederschlesischen Oberlausitzkreises.

670. **Hutter-Wolandt**, Ulrich: Die Preußische Oberlausitz in der Zeit des Kaiserreiches (1871–1918) (Beitrag zu Nr. 669).

671. **Hutter-Wolandt**, Ulrich: Die Preußische Oberlausitz in der Weimarer Republik (1918–1933) (Beitrag zu Nr. 669).

672. **Hutter-Wolandt**, Ulrich: Von der Sowjetischen Besatzungszone (1945–1949) zur Deutschen Demokratischen Republik (1949–1990) (Beitrag zu Nr. 669).

673. **Hutter-Wolandt**, Ulrich: Die Zeit nach der Politischen Wende (Beitrag zu Nr. 669).

674. **Hutter-Wolandt**, Ulrich: Kirchen und Religionsgemeinschaften in der Oberlausitz (Beitrag zu Nr. 669).

675. **Jänicke**, Pauline: Sprache und Kultur bei den Sorben: Wandel und Transformation (Dissertation Berlin).

676. **Ketelsen**, Uwe-K.: Vom eigenen Blick auf das Fremde zum fremden Blick auf das Eigene: Hans Paasches Weg von Daressalam in die Neumark (Aufsatz).

677. **Neubach**, Helmut: Die politischen Parteien in der preußischen Oberlausitz während des Kaiserreiches (1871–1918) (Beitrag für Festschrift Karlheinz Blaschke).

678. **Neumann**, Ines: Ausstellungskonzept: Niedersorbische Identitätskonzepte (Magisterarbeit Berlin).

679. **Töpert**, Jens: Aussagen „sorbischer Künstler" zu Bedingungen einer heutigen „sorbischen Kultur". Eine Feldforschung (Magisterarbeit Bremen).

6 Schlesien/ Grafschaft Glatz

6.1 Zeitlich übergreifende Arbeiten

680. **Bahlcke**, Joachim: Konfessionalisierung und Schulwesen. Das Gymnasium Augustum zu Görlitz (Beitrag zu Sammelband).

681. **Barciak**, Antoni: Początki Gliwic [Die Anfänge der Stadt Gleiwitz] (Aufsatz).

682. **Barciak**, Antoni: Stan badań nad starszym okresem w dziejach ziemi pszczyńskiej [Zum Forschungsstand der älteren Geschichte des Raumes Pleß] (Aufsatz).

683. **Bok**, Antoni; **Trierenberg**, Heinrich: Rathäuser in Niederschlesien – deutsche Geschichte – polnische Gegenwart als europäische Kulturleistung.

684. **Chmiel**, Peter: Zwischen Reformation und Industrialisierung. Die konfessionellen Verhältnisse in Oberschlesien bis zur Mitte des 19. Jahrhunderts (Aufsatz).

685. **Chmiel,** Peter: Oberschlesien und das Bistum Breslau (Beitrag zum 1000jährigen Bestehen der schlesischen Diözese).

686. **Conrads**, Norbert; **Rabe**, Carsten (Hg.): Quellenbuch der Universität Breslau bis 1811.

687. **Conrads**, Norbert (Hg.): Ausgrenzung und Anerkennung. Zur Geschichte der Juden im neuzeitlichen Schlesien (Tagungsband).

688. **Cox**, Georg: Die Residenz des Deutschen Ordens in Freudenthal/Österreichisch-Schlesien am Ende des 18. und zu Beginn des 19. Jahrhunderts im Spiegel des örtlichen Schloßtheaters (Dissertation Bonn).

689. **Czapliński**, Marek: Wrocław jako stolica Śląska [Breslau als Hauptstadt Schlesiens] (Aufsatz).

690. **Drabina**, Jan (Hg.): Bytom. Wykopaliska – Zabytki – Dokumenty - Wspomnenia [Beuthen. Ausgrabungen – Kunstdenkmäler – Dokumente – Erinnerungen] (Sammelband).

691. **Drabina**, Jan (Hg.): Cmentarze bytomskie od średniowiecza do współczesności [Beuthener Friedhöfe vom Mittelalter bis in die Gegenwart].

692. **Drabina**, Jan (Hg.): Historia Tarnowskich Gór [Geschichte der Stadt Tarnowitz].

693. **Drabina**, Jan: Historia Bytomia 1254–2000 [Geschichte der Stadt Beuthen in den Jahren 1254–2000] (Monographie).

694. **Drabina**, Jan: Górny Śląsk [Oberschlesien] (Monographie).

695. **Gawrecki**, Dan u. a.: Dějiny Českého Slezska 1742–2000 [Geschichte Böhmisch-Schlesiens 1740–2000] (Monographie).

696. **Gołaszewski**, Janusz: Zasób kartograficzny Archiwum Państwowego we Wrocławu [Die kartographische Sammlung des Staatsarchivs Breslau] (Aufsatz).

697. **Gołaszewski**, Janusz: Powstanie i rozwój górnictwa węgla kamiennego na Dolnym Śląsku [Die Entstehung und Entwicklung des Kohlebergbaus in Niederschlesien] (Beitrag zu Sammelwerk).

698. **Herzig**, Arno: Die Juden in Breslau (Aufsatz).

699. **Herzig**, Arno (Hg.): Schlesische Lebensbilder, Bd. VIII.

700. **Hoffmann-Erbrecht**, Lothar (Hg.): Schlesisches Musiklexikon (Augsburg).

701. **Keil**, Gundolf; **Wolf**, Christine: Der Einfluß des altdeutschen ‚Salbeitraktats' auf den ‚Freywillig aufgesprungenen Granatapfel' der Eleonora Maria Rosalia, Herzogin von Troppau und Jägerndorf (Aufsatz für: Würzburger medizinhistorische Mitteilungen).

702. **Kracik**, Jörg: Die Schlonsaken (Šlonzáci/Ślązacy) im Teschener Land (Těšínsko/Śląsk Cieszyński). Entstehung und Entwicklung eines ethnisch-nationalen Konstruktes in einem gemischtnationalen Grenzland (1742–1947) (Monographie).

703. **Kumor**, Bożena: Starodruki o tematyce śląskiej w bibliotece Archiwum Państwowego we Wrocławiu [Alte Drucke zu schlesischen Themen in der Bibliothek des Staatsarchivs Breslau] (Aufsatz).

704. **Kysil**, Małgorzata: Parafia w Cieplicach Zdroju w latach 1403–1927 [Die Pfarr-

gemeinde in Bad Warmbrunn 1403–1927] (Aufsatz).

705. **Lindner**, Klaus: Landesaufnahmen deutscher Territorien. Beispiele der Militärkartographie und ihr historischer Quellenwert (Aufsatz).

706. **Lindner**, Klaus: Zur Entwicklung schlesischer Städte. Ihre kartographische Darstellung in den preußischen Landesaufnahmen von 1742 bis 1830 (Aufsatz).

707. **Lindner**, Klaus: Preußische und habsburgische Landesaufnahmen in Schlesien. 2. Teil (Beitrag zu Jahrbuch der Schlesischen Friedrich-Wilhelms-Universität zu Breslau).

* **Lissok**, Michael: Bezüge zur Landbaukunst im Schaffenswerk von Johann Wilhelm Krause (1757–1828) (Beitrag zu Sammelband).

708. **Loos**, Helmut: Opernhäuser in Breslau.

709. **Marsch**, Angelika: Itinerarien, Straßenkarten, Reiseführer – zum Reisen durch Schlesien in den vergangenen Jahrhunderten (Beitrag zu Nr. 731).

* **Mikuda-Hüttel**, Barbara: Zwischen erhabenem Schauder und romantischer Sehnsucht. Visuelle Reisen durch das Riesengebirge (Aufsatz).

710. **Mrozowicz**, Wojciech: Wrocławska annalistyka mieszczańska w średniowieczu. Ze studiów nad świadomością historyczną mieszczaństwa [Die Annalistik der Breslauer Bürgerschaft. Aus den Studien über das historische Bewußtsein der Bürgerschaft] (Aufsatz).

711. **Neß**, Dietmar (Bearb.): Schlesisches Pfarrerbuch.

712. **Olszar**, Henryk (Hg.): „Wypłyń na głębię" (Łk 5, 4). Świadectwa świętości ze Śląska [„Gehe aus der Tiefe hervor" (Lk 5, 4). Zeugnisse der Heiligkeit aus Schlesien].

713. **Pohl**, Dieter: Die Grafschaft Glatz in Reiseberichten des 18. und 19. Jahrhunderts (Aufsatz für: Schlesische Forschungen).

714. **Pohl**, Dieter: Glatz. Die Propstei der Regulierten Augustiner-Chorherren (Beitrag zu: Schlesisches Klosterbuch).

715. **Pohl**, Dieter: Entstehung, Entwicklung und Erforschung der Städte des Glatzer Landes (Aufsatz für: Schlesische Forschungen).

716. **Pohl**, Dieter: Die geschichtliche Entwicklung der Grafschaft Glatz zum Generalvikariat (1920) (Aufsatz).

717. **Rak**, Romuald: Die oberschlesischen Heiligen und Seligen (Beitrag zu Sammelband).

718. **Sachs**, Rainer: „Gottes Segen liegt bei Cohn" – die Spielkarten und ihre Geschichte in Schlesien (Monographie).

719. **Schellakowsky**, Johannes; **Schmilewski**, Ulrich (Hg.): Der Bauer in der schlesischen Geschichte (Wissenschaftliche Schriften des Vereins für Geschichte Schlesiens).

720. **Schmilewski**, Ulrich: Siegel und Wappen der Stadt Grünberg in Schlesien (Aufsatz).

721. **Schmilewski**, Ulrich (Hg.): Vorträge zur Geschichte Schlesiens (Wissenschaftliche Schriften des Vereins für Geschichte Schlesiens, Bd. 1).

722. **Schulz**, Eberhard G.; **Keil**, Gundolf (Hg.): Schlesische Beiträge zur Entwicklung der Wissenschaften (Tagungsband).

723. **Skibicki**, Klemens: Industrie im oberschlesischen Fürstentum Pless im 18. und 19. Jahrhundert. Zur ökonomischen Logik des Übergangs vom feudalen Magnatenwirtschaftsbetrieb zum modernen Industrieunternehmen (Dissertation).

724. **Stépán**, Václav; **Könighaus**, Waldemar: Geschichte des Dominikanerklosters und der Kirche St. Wenzel in Troppau.

725. **Szykuła**, Krystyna: Historyczne podstawy kolekcji kartograficznej Biblioteki Uniwersyteckiej we Wrocławiu i ich wpływ na dzieje jej udostępniania [Historische Grundlagen der Kartographischen Sammlungen der Universitätsbibliothek Wrocław/Breslau und deren Einfluß auf die Zugänglichkeitsgeschichte dieser Sammlungen] (Aufsatz für: Rocznik Biblioteki Narodowej).

726. **Szykuła**, Krystyna; **Okólska**, Halina; **Sobociński**, Wacław; **Wytyczak**, Roman: Wrocław na planach XVI–XX wieku [Breslau auf Plänen des 16. bis 20. Jahrhunderts. Red. Halina Okólska] (Ausstellungskatalog – Gesamtwerk).

* **Szykuła**, Krystyna: Mapy Galicji w zbiorach Biblioteki Uniwersyteckiej we Wrocławiu [Galizien-Karten in der Kartensammlung der Universitätsbibliothek zu Wrocław/Breslau] (Aufsatz für Galizienkartographie 1772–1918).

727. **Trierenberg**, Heinrich (Hg.): Niederschlesien im Wandel – deutsche und polnische Initiativen erwecken die Kulturgeschichte Schlesiens wieder zum Leben.

728. **Trierenberg**, Heinrich: Rathäuser in Oberschlesien.

729. **Unverricht**, Hubert: Geschichte Schlesiens (gesammelte Aufsätze) (Sammelband).

730. **Unverricht**, Hubert: Liegnitzer Lebensbilder des Stadt- und Landkreises Bd. 2: M-Z.

731. **Unverricht**, Hubert; **Keil**, Gundolf (Hg.): Reiseberichte als schlesische landeskundliche Quelle (Tagungsband).

732. **Walter**, Rudolf: Oberschlesische Beiträge zur Kirchenmusik im Bistum Breslau. Ein Überblick (Aufsatz für „Oberschlesisches Jahrbuch").

733. **Walter**, Rudolf: Orgelbau Gebrüder Rieger, Jägerndorf (Aufsatz).

6.2 Mittelalter

734. **Barciak**, Antoni: Studenci z terenów Górnego Śląska na Akademii Krakowskiej w XV wieku [Studenten aus Oberschlesien an der Krakauer Akademie im 15. Jahrhundert] (Aufsatz).

735. **Barciak**, Antoni: Contra patrem et regem. Bunt Przemysła Otokara II przeciw ojcu królowi Wacławowi I. [Die Rebellion Ottokars II. gegen seinen Vater, König Wacław I] (Aufsatz).

736. **Barciak**, Antoni; **Pietrzyk**, Iwona: Ikonografia pieczęci Przemyślidów opawskich [Die Ikonografie der Siegel der Troppauer Přemysliden] (Aufsatz).

737. **Dola**, Kazimierz: Statuta Capituli ecclesiae cathedralis Wratislaviensis ex anno 1482/83 – Statua wrocławskiej kapituły katedralnej z roku 1482/1483 [lateinisches Original und polnische Übersetzung] (Edition).

738. **Dola**, Kazimierz: Der schlesische Diözesanklerus im Mittelalter (Beitrag zu Sammelband: Tausend Jahre christliches Leben im schlesischen Raum).

739. **Drabina**, Jan: Historia miast śląskich w średniowieczu [Geschichte der schlesischen Städte im Mittelalter] (Monographie).

740. **Irgang**, Winfried: Aspekte der deutschen Historiographie zur Geschichte der Bauern im mittelalterlichen Schlesien (Aufsatz).

741. **Keil**, Gundolf; **Schmilewski**, Ulrich: Wege zu den Schätzen: Die schlesischen Walenbücher des 15. Jahrhunderts (Beitrag zu Sammelwerk).

742. **Keil**, Gundolf: Die hl. Hedwig und die medizinische Fachliteratur des deutschen Mittelalters (Beitrag zu Sammelband).

743. **Keil**, Gundolf; **Spranger**, Ruth: „Der Jüngling mit der Phiole". Zur Deutung der

Miniatur im initialen D des ‚Breslauer Arzneibuchs' (Aufsatz).

744. **Knopik**, Dariusz: Cysterska memoria Piastów śląskich do połowy XIV wieku [Zisterziensermemoria der schlesischen Piasten bis zur Mitte des 14. Jahrhunderts] (Dissertation).

745. **Könighaus**, Waldemar: Die Zisterzienserabtei Leubus im Mittelalter (Dissertation Düsseldorf).

* **Kopiński**, Krzysztof: Społeczne i gospodarcze kontakty Torunia z Wrocławiem w średniowieczu [Die sozialen und wirtschaftlichen Beziehungen Thorns und Breslaus im Mittelalter] (Dissertation).

746. **Krzoska**, Markus: Die Rolle Schlesiens in Leben und Werk Zygmunt Wojciechowskis (Aufsatz).

747. **Lambrecht**, Karen: Communicating Europe to the region. Breslau around the turn of the 15th century (Aufsatz für: German History).

748. **Mayer**, Johannes G.: Das schlesische „Circa instans" und andere medizinische Schriften des Leipziger Kodex 1224 (Habilitationsschrift).

749. **Mrozowicz**, Wojciech: Roczniki śląskie. Wydanie krytyczne [Die schlesischen Annalen – kritische Ausgabe] (Edition).

750. **Mrozowicz**, Wojciech: Dziejopisarstwo śląskie (do końca XIV wieku) [Die Geschichtsschreibung Schlesiens (bis zum Ende des 14. Jahrhunderts)] (Habilitationsschrift).

751. **Roth**, Gunhild: Peter Eschenloer, Geschichte der Stadt Breslau, deutsche Fassung (nach dem vermutlichen Autograph: Codex IV F 151a BU Wrocław/UB Breslau) (Edition).

752. **Roth**, Gunhild: Schlesische Geschichte in den Geschichten der Stadt Breslau des Peter Eschenloer: Der Chronist als Berichterstatter (Aufsatz).

753. **Roth**, Gunhild: Leobschützer Rechtsbuch, Edition (Monographie).

754. **Roth**, Gunhild: Zwischen Pflicht und Kür. Zu Amtserfüllung und Selbstdarstellung des Breslauer Stadtschreibers Peter Eschenloer (Aufsatz).

755. **Rüther**, Andreas: Die schlesischen Fürsten und das spätmittelalterliche Reich (Beitrag zu: Karl-Heinz Spieß [Hg.]: Principes. Dynastien und Höfe im späten Mittelalter).

756. **Rüther**, Andreas: Piasten; Podiebrad; Schlesien; Breslau (Beitrag zu: Paravicini, Werner [Hg.]: Fürstliche Höfe und Residenzen im spätmittelalterlichen Reich. Ein dynastisch-topographisches Handbuch, Bd. I: Dynastien, Könige, Reichsfürstentümer mit ihren Höfen).

757. **Rüther**, Andreas: Schlesien im späteren Mittelalter (1350–1500). Eine regionalhistorische und beziehungsgeschichtliche Studie (Habilitationsschrift Gießen).

758. **Rüther**, Andreas: Landesbewußtsein im spätmittelalterlichen Schlesien. Formen, Inhalte und Trägergruppen (Beitrag zu: Werner, Matthias [Hg.]: Spätmittelalterliches Landesbewußtsein in Deutschland).

759. **Rüther**, Andreas: Historische Grundlegung im späten Mittelalter (Beitrag zu Nr. 1676).

760. **Schmilewski**, Ulrich (Hg.): Schlesien im Spätmittelalter (Schriften zur Schlesischen Landeskunde).

761. **Stelmach**, Roman: Dokumenty do dziejów komendy joannitów w Kłodzku w Centralnym Archiwum w Pradze [Urkunden aus dem Zentralarchiv in Prag zur Geschichte der Johanniterkommende in Glatz] (Aufsatz).

762. **Stelmach**, Roman: Najstarsze wrocławskie dokumenty miejskie (do końca XIV wieku) [Die ältesten Breslauer Stadturkunden (bis 14. Jahrhundert)] (Aufsatz).

763. **Stelmach**, Roman: Dokumenty do dziejów Kamiennej Góry w zasobie Archiwum Państwowego we Wrocławiu i jego oddziału w Jeleniej Górze [Urkunden zur Geschichte der Stadt Landeshut in den Beständen der Archive Breslau und Hirschberg] (Aufsatz).

764. **Stelmach**, Roman: Dokumenty do dziejów komendy joannitów w Kłodzku w Centralnym Archiwum w Pradze [Urkunden zur Geschichte der Glatzer Johanniterkommende aus dem Zentralarchiv in Prag] (Aufsatz).

765. **Stelmach**, Roman: Kolegiaty na Opolszczyźnie w świetle zachowanych dokumentów: Niemodlin, Opole i Racibórz [Stiftskirchen des Oppelner Landes im Lichte der erhaltenen Urkunden: Falkenberg, Oppeln, Ratibor] (Aufsatz).

766. **Stelmach**, Roman: Zródła do dziejów joannitów na Ziemi opolskiej [Quellen zur Geschichte der Johanniter im Oppelner Land] (Aufsatz).

767. **Stelmach**, Roman: Co pozostało z rękopisów klasztoru radzkiego? [Was blieb von den Handschriften des Klosters in Wilhelmsthal?] (Aufsatz).

768. **Stelmach**, Roman: Regesty średniowiecznych dokumentów klasztoru trzebnickiego (do 1500 roku) [Die Regesten der mittelalterlichen Dokumente aus dem Trebnitzer Kloster (bis 1500)] (Edition).

769. **Stelmach**, Roman: Komenda joannitów w Strzegomiu w świetle zachowanych dokumentów [Die Kommende der Johanniter in Striegau im Licht der erhaltenen Dokumente] (Aufsatz).

770. **Wünsch**, Thomas: Der Bischof von Breslau als Landesherr im späten Mittelalter (Beitrag zu Sammelwerk).

771. **Wünsch**, Thomas: Jakob von Paradies und der polnische Konziliarismus im 15. Jahrhundert (Aufsatz).

772. **Wünsch**, Thomas: Ius Commune in Schlesien (13.–15. Jahrhundert) (Beitrag zu Sammelwerk).

6.3 Frühe Neuzeit (1500 bis etwa 1800)

773. **Bahlcke**, Joachim: Schlesien zur Zeit von Martin Opitz (1600–1640) (Beitrag zu Sammelwerk).

774. **Bahlcke**, Joachim: Religion, Politik und Späthumanismus im Schnittpunkt der schlesisch-böhmischen Beziehungen in der Zeit der Konfessionalisierung (Beitrag zu Sammelwerk).

775. **Bahlcke**, Joachim: Die schlesischen Landesordnungen im 16. und frühen 17. Jahrhundert (Beitrag zu: Karel Malý/Jaroslav Pánek [Hg.]: Die Wladislawsche Landesordnung und die verfassungsmäßige Ordnung in Mitteleuropa, Prag).

776. **Barciak**, Antoni: Problemy osadnictwa na terenie Katowic do czasów industrializacji [Die Besiedlung der Region Kattowitz vor der Industrialisierung] (Aufsatz).

777. **Baumgart**, Peter: Stationen der Adelsbildung an der Ritterakademie zu Liegnitz (von der Mitte des 17. bis zum Ausgang des 18. Jahrhunderts) (Beitrag zu Sammelwerk).

778. **Baumgart**, Peter: Preußische Provinzialminister in Schlesien (1742–1806) (Aufsatz).

779. **Behrisch**, Lars: Sozialkontrolle und Obrigkeit. Görlitz 1450–1600 (Dissertation).

780. **Conrads**, Norbert: Das schlesische Oberamt – Geschichte und personelle Zusammensetzung 1629–1740 (Monographie).

781. **Deventer**, Jörg: Gegenreformation in Schlesien. Die habsburgische Rekatholisierungspolitik in Glogau und Schweidnitz (1526–1707) (Habilitationsschrift).

782. **Deventer**, Jörg: Konfrontation statt Frieden. Die Rekatholisierungspolitik der Habsburger in Schlesien im 17. Jahrhundert (Beitrag zu Sammelwerk).

783. **Deventer**, Jörg: Bildung im Spannungsfeld zwischen Politik und Religion. Das Schulwesen in Schweidnitz im Zeitalter der Reformation und Konfessionalisierung (Beitrag zu Sammelwerk).

784. **Deventer**, Jörg: Die Juden in Glogau im frühneuzeitlichen Konfessionalisierungsprozeß (Aufsatz).

785. **Dola**, Kazimierz: Dzieje Kościoła na Śląsku, część II: 1520–1740 [Die Geschichte der Kirche in Schlesien, 2. Teil: 1520–1740] (Monographie).

786. **Friedrich**, Karin: Nationalbewußtsein in Schlesien in der Frühen Neuzeit (Beitrag zu Tagungsband Marburg: Die Nationen und ihre Grenzen: Identitätenwandel in Oberschlesien in der Neuzeit).

787. **Govil**, Usha Maria: Landbevölkerung und staatliche Katholisierungsversuche in den schlesischen Fürstentümern Brieg, Breslau und Neisse 1620–1740 (Dissertation Hamburg).

* **Haberland**, Detlef: Oberschlesien in der Frühen Neuzeit. Überlegungen zur Perspektive der Erforschung seiner Literatur- und Kulturgeschichte (Beitrag zu Nr. 1676).

788. **Herzig**, Arno: Schlesien und die Grafschaft Glatz im konfessionellen Zeitalter (Monographie).

789. **Hof**, Catharine: Holzkirchen in Schlesien. Untersuchungen an Holzkonstruktionen des 16.–18. Jahrhunderts in der Wojewodschaft Waldenburg (Dissertation).

* **Hutter-Wolandt**, Ulrich: Die Friedenskirchen in Schlesien (Monographie).

790. **Jonecko**, Antoni: Sezema syn Marcina ze Siedlec – pierwszy historycznie wymieniony ksiądz w Otmęcie [Sezema, Sohn des Martin aus Schedlitz – der geschichtlich ersterwähnte Geistliche zu Ottmuth] (Aufsatz).

791. **Keil**, Gundolf: Die Gesundheitskatechismen des Breslauer Stadtarztes Martin Pansa (Beitrag zu Sammelwerk).

792. **Koch-Schwarzer**, Leonie: Anna Katharina Garve (1716–1792). Ein Leben zwischen Pietismus und Popularphilosophie. Mit Edition eines Tagebuchfragmentes aus dem Jahr 1785.

793. **Komorowski**, Manfred: Silesia academica: Promotionen, Inauguraldissertation, Biographien schlesischer Ärzte und Juristen im 17. Jahrhundert (Beitrag zu Nr. 1676).

794. **Korbelářová**, Irena: Die Leibeigenen in der Stadt Troppau und im Fürstentum Jägerndorf 1648–1740. Wirtschaftliche und soziale Aspekte [in tschechischer Sprache] (Dissertation).

* **Kraack**, Detlev: Interregionale und überregionale Horizonte einer ostmitteleuropäischen Adelsbiographie aus der zweiten Hälfte des 16. Jahrhunderts. Die autobiographischen Aufzeichnungen des Erich Lassota von Steblau (Beitrag zu: Welt – Macht – Geist. Das Haus Habsburg und die Oberlausitz (1526–1635) (Aufsatz für Katalog).

795. **Kunicki**, Wojciech (Hg.): Aufklärung in Schlesien im europäischen Spannungsfeld. Tradition – Diskurse – Wirkungen.

796. **Lambrecht**, Karen: Stadt und Geschichtskultur. Breslau und Krakau im 16. Jahrhundert (Beitrag zu Nr. 55).

797. **Lambrecht**, Karen: Bischöfliche Zentren des Humanismus in Breslau und Olmütz (Beitrag zu Nr. 1676).

798. **Lambrecht**, Karen: Kommunikation und Kulturtransfer – der katholische Schulreformer Johann Ignaz von Felbiger (Habilitationsschrift).

799. **Lenz**, Rudolf u.a. (Bearb.): Katalog der Leichenpredigten und sonstiger Trauer-

schriften in niederschlesischen Bibliotheken und Archiven (Marburger Personalschriften – Forschungen).

800. **Lenz**, Rudolf: Schlesische Impressionen – Folge 7 (Beitrag zu: Orbis-Linguarum).

801. **Loos**, Helmut: Das Monodram „Sophonisbe“ von Christian Gottlob Neefe (Beitrag zu Nr. 795).

802. **Pohl**, Dieter: Joseph Kögler und seine Zeit. Der Geschichts- und Heimatforscher der Grafschaft Glatz 1765–1817 (Aufsatz für: Vierteljahresschrift Schlesien).

803. **Schmilewski**, Ulrich (Hg.): Pax Europaea. Der Westfälische Frieden und seine Bedeutung für Schlesien.

804. **Schmilewski**, Ulrich: Wallenstein als Landesherr und als Herzog von Sagan und Glogau (Aufsatz).

805. **Schort**, Manfred: Die Publizistik des Siebenjährigen Krieges (Dissertation Stuttgart).

806. **Szykuła**, Krystyna: Plany Wrocławia XVI–XVIII wiek [Die Pläne von Wrocław/Breslau vom 16. bis 18. Jahrhundert] (Aufsatz für Ausstellungskatalog – Gesamtwerk).

807. **Unverricht**, Hubert (Hg.): Briefe Carl Ditters von Dittersdorfs (Edition).

808. **Walter**, Rudolf: Der Reisebericht des Paters Johann Kugler, Abtei Leubus, nach Cîteaux von 1771 (Aufsatz).

809. **Walter**, Rudolf: Der Orgelbauer Michael Engler d. J., Breslau, seine Orgelbauten, besonders die Orgel für die Zisterzienserkirche Grüssau (Aufsatz für: Acta organologica, Berlin).

810. **Walter**, Rudolf: Carl Ditters von Dittersdorf, Messe von 1797 und Requiem von 1780 mit Vorwort und Kritischem Bericht (Edition).

811. **Walter**, Rudolf: Thomas Fritsch, Novum et insigne opus musicum, Breslau 1620. Vorwort und Kritischer Bericht (Edition).

812. **Walter**, Rudolf: Zur Musikpflege an der Alma Mater Leopoldina, Breslau, und an ihrem Gymnasium. Ein Überblick (Aufsatz für Ausstellungskatalog).

813. **Weber**, Matthias: Grundherrschaft oder Gutsherrschaft? Zur ländlichen Struktur Schlesiens im 16. und 17. Jahrhundert (Aufsatz).

* **Weber**, Matthias: Zur Konzeption von Geschichtsbildern. Pommern und Schlesien in der Historiographie des 16. Jahrhunderts – ein Vergleich (Beitrag zu Nr. 55).

* **Weber**, Matthias: Rechtliche, politische und konfessionelle Beziehungen zwischen der Oberlausitz und den schlesischen Territorien in Spätmittelalter und früher Neuzeit (Aufsatz).

6.4 19./20. Jahrhundert

814. **Abmeier**, Hans-Ludwig: Kardinal Bertrams Domvikare (Aufsatz).

815. **Abmeier**, Hans-Ludwig: Grafschafter und Beuthener: Dr. theol. Paul Reinelt (Aufsatz).

816. **Abmeier**, Hans-Ludwig: Veröffentlichungen von Dr. Paul Reichelt (Bibliographie).

817. **Alexander**, Manfred: Oberschlesien im 20. Jahrhundert – eine mißverstandene Region (Aufsatz).

818. **Andrzejewski**, Bolesław: Ernst Cassirer – Sprache und Symbol (Auswahl und Übersetzung von Texten – Übersetzung ins Polnische).

819. **Bahlcke**, Joachim: Sozialpolitik als Kulturaufgabe. Zu Leben und Wirken des schlesischen Politikers Arthur Graf Posadowsky-Wehner (1845–1932) (Beitrag für: Zeitschrift „Schlesien“).

820. **Borkowski**, Maciej: Leben in Oppeln 1816 bis 1945 (Monographie).

821. **Borkowski**, Maciej: Jüdische Spuren, deutsche Spuren. Skizzen aus der Vergangenheit Oppelns (Monographie).

822. **Borkowski**, Maciej: Die jüdische Gemeinde in Oppeln 1812–1944 (Dissertation).

823. **Borkowski**, Maciej: Oppeln im Dritten Reich 1933–1945 (Monographie).

* **Brämer**, Andreas: Rabbiner Zacharias Frankel. Wissenschaft des Judentums und konservatives Judentum im 19. Jahrhundert (Dissertation Hamburg).

824. **Carmilly-Weinberger**, Moshe: Similarities and relationship between the Jüdisch-Theologisches Seminar (Breslau) and the Rabbinical Seminary (Budapest) (Beitrag zu Sammelwerk).

825. **Chmiel,** Peter: Die katholische Kirche Oberschlesiens im Spannungsfeld nationaler Konflikte des 19. und 20. Jahrhunderts (Beitrag zu Sammelwerk).

826. **Chmiel,** Peter: Leo Scheffczyks Bericht über das Treffen schlesischer Theologen in Freising im Jahre 1946 (Edition für das Oberschlesische Jahrbuch).

827. **Conrads**, Norbert: Jüdischer Alltag im Dritten Reich. Die Breslauer Tagebücher Willy Cohns 1933–1941 (Edition).

828. **Conrads**, Norbert: John Quincy Adams: Letters on Silesia 1800–1801 (Edition).

829. **Czapliński**, Marek: Śląsk w latach 1806–1945 [Schlesien 1806–1945] (Beitrag zu Sammelwerk).

830. **Czapliński**, Marek: Rozwój Ziębic w XIX i XX wieku na tle rozwoju innych miast śląskich [Die Entwicklung der Stadt Münsterberg in Schlesien im 19. und 20. Jahrhundert im Vergleich zu anderen schlesischen Städten] (Aufsatz).

831. **Czapliński**, Marek: Pismo dawnego Przemkowa „Primkenauer Wochenblatt". Charakterystyka i ocena wartości jako źródła do dziejów miasta [Die Zeitung „Primkenauer Wochenblatt": Charakteristik und Bewertung als Quelle zur Stadtgeschichte] (Aufsatz).

832. **Dola**, Kazimierz: Matka Maria Franciszka Werner (1817–1885), współzałożycielka Kongregacji Szarych Sióstr św. Elżbiety [Mutter M. Franziska Werner, Mitbegründerin der Grauen Schwestern von der hl. Elisabeth] (Monographie).

833. **Dola**, Kazimierz: Kanony pokutne w praktyce pokutnej i spowiedniczej w diecezji wrocławskiej [Der Bußkanon in Bußwesen und Beichtpraxis im Bistum Breslau] (Aufsatz).

834. **Drabina**, Jan: Historia Chorzowa 1868–1945 [Geschichte der Stadt Königshütte (1868–1945)] (Monographie).

835. **Drabina**, Jan (Hg.): Dzielnice Bytomia na starych fotografiach [Beuthener Stadtteile auf alten Fotografien].

836. **Drabina**, Jan (Hg.): Bytom powojenny (1945–1990) we wspomnieniach i na fotografii [Beuthen nach dem Zweiten Weltkrieg (1945–1990) in Erinnerungen und in der Fotografie].

837. **Drabina**, Jan (Hg.): Die Opfer des Stalinismus im Beuthener Lande.

838. **Dröge**, Kurt; **Stemmer**, Daniela: Bilder einer überforderten Kultfrau: St. Hedwig von Schlesien (Beitrag zu Tagungsband).

839. **Eichner**, Karsten: Briten, Franzosen und Italiener in Oberschlesien, 1920–1922. Die Interalliierte Regierungs- und Plebiszitkommission im Spiegel der britischen Akten (Dissertation Mainz).

840. **Frede**, Ulrike: Schlesische Heimatbücher im Zeitraum 1945–2000 (Dissertation Münster).

841. **Fuchs**, Konrad: Das schlesische Sparkassenwesen bis 1945 (Beitrag zu: Regionalgeschichte der Sparkassen-Finanzgruppe).

842. **Fuchs**, Konrad: von Ruffer, Gustav Heinrich (1798–1844). Richter, Karl (1828–1893). Graf von Renard, Andreas Maria (1795–1874). Von Reden, Friedrich Wilhelm (1752–1815) (Beiträge zu: Neue Deutsche Biographie).

843. **Galik**, Elżbieta: Archiwum Państwowe we Wrocławiu – historia: zmiana funkcji po II wojnie światowej [Das Staatsarchiv Breslau – Geschichte und Funktionswandel nach 1945].

844. **Gawrecká**, Marie: Němci ve Slezsku 1918–1938 [Die Deutschen im tschechoslowakischen Schlesien 1918–1938] (Monographie).

845. **Gawrecki**, Dan: Školství na Frývaldovsku 1848–1918 [Das Schulwesen im Bezirk Freiwaldau 1848–1918] (Aufsatz).

846. **Gawrecki**, Dan; **Sopák**, Pavel: Troppau um das Jahr 1900 (Entwicklungstendenzen und Urbanisierung).

847. **Gawrecki**, Dan: Školství na Frývaldovsku mezi světovými válkami [Das Schulwesen im Bezirk Freiwaldau in der Zeit zwischen den Weltkriegen] (Aufsatz).

848. **Gawrecki**, Dan: Die Polen, Tschechen und Deutschen im Teschener Gebiet 1920–1938 (Aufsatz).

849. **Gawrecki**, Dan: Regionale und nationale Identitäten im österreichischen Schlesien im langen 19. Jahrhundert (Beitrag zu Sammelwerk).

850. **Gawrecki**, Dan: Otázky etnických, národních a kulturních identit – příklad Pavloviček [Fragen der ethnischen, nationalen und kulturellen Identitäten am Beispiel der Gemeinde Gnadenfeld (Oberschlesien)] (Beitrag zu Sammelwerk).

851. **Gawrecki**, Dan: Polské politické strany na Těšínsku do r. 1918 [Die polnischen politischen Parteien im Teschener Gebiet bis 1918] (Beitrag zu Sammelwerk).

852. **Gawrecki**, Dan: Polské politické strany v československém Těšínsku mezi světovými válkami [Die polnischen politischen Parteien im tschechoslowakischen Teil des Teschener Landes zwischen den Weltkriegen] (Beitrag zu Sammelwerk).

853. **Gerlich**, Hubert: Der Einfluß des Breslauer Historikers Richard Roepell auf die polnischen konservativen Bewegungen im 19. Jahrhundert (Dissertation).

854. **Gołaszewski**, Janusz: Kolejka Izerska [Die Iser-Bahn] (Aufsatz).

855. **Gołaszewski**, Janusz: Dzieje Kolejki Wrocławsko-Trzebnicko-Prusickiej w l. 1900–1939 [Die Geschichte der Eisenbahn Breslau-Trebnitz-Prausnitz 1900–1939] (Aufsatz).

856. **Gołaszewski**, Janusz: Zarys dziejów regulacji Odry w świetle XIX i XX wiecznych archiwaliów w zasobie Archiwum Państwowego we Wrocławiu [Abriß der Geschichte der Oder-Regulierungsmaßnahmen im Lichte der Archivalien aus dem 19. und 20. Jahrhundert aus den Beständen des Staatsarchivs Breslau] (Aufsatz).

857. **Gołaszewski**, Janusz: Dzieje Prusic w XIX i XX wieku (do 1945 r.) w świetle dokumentów przechowywanych w Archiwum Państwowym we Wrocławiu [Geschichte der Stadt Prausnitz im 19. und 20. Jahrhundert (bis 1945) im Licht der Archivalien im Staatsarchiv Breslau] (Aufsatz für: Rocznik Towarzystwa Miłośników Ziemi Trzebnickiej [Jahrbuch der Gesellschaft der Freunde des Trebnitzer Landes]).

858. **Gołaszewski**, Janusz: Kataster Pruski i Kataster Galicyjski – próba porównania [Der preußische Kataster und der galizische Kataster - Versuch eines Vergleichs] (Aufsatz für: Z dziejów kartografii Tom XIII [Zur Geschichte der Kartographie, Bd. 13]).

859. **Heid**, Ludger: Oskar Cohn – deutscher Sozialist – sozialistischer Zionist – politischer Anwalt (Monographie).

860. **Herde**, Peter (Hg.): Dokumente zur italienischen Politik in der oberschlesischen Frage 1919–1921. Bd. II (Edition).

861. **Hutter-Wolandt**, Ulrich: Der Briefwechsel zwischen dem Breslauer Neutestamentler Ernst Lohmeyer und dem Marburger Neutestamentler Rudolf Bultmann zwischen 1919 und 1935 (Beitrag zu Sammelwerk und Edition).

862. **Hutter-Wolandt**, Ulrich: Zwischen Praxis und Wissenschaft. Die Evangelische Theologische Fakultät Breslau in den Jahren von 1939 bis 1945 unter dem Dekan Herbert Preisker (1888–1952) (Aufsatz).

863. **Hutter-Wolandt**, Ulrich: Herbert Preisker (1888–1952). Leben und Werk (Aufsatz).

864. **Hutter-Wolandt**, Ulrich: Die Geschichte des Faches Neues Testament an der Breslauer Evangelischen Theologischen Fakultät in den Jahren 1811 bis 1945 (Aufsatz).

865. **Hutter-Wolandt**, Ulrich: Kirchengeschichtliche Forschung an der Breslauer Evangelischen Theologischen Fakultät in den Jahren von 1811 bis 1945 (Aufsatz).

* **Hutter-Wolandt**, Ulrich; **Wolandt**, Barbara (Hg.): Von der Muskauer Heide zum Rotstein. Heimatbuch des Niederschlesischen Oberlausitzkreises.

* **Ilkosz**, Jerzy; **Störtkuhl**, Beate: Breslauer Architektur 1900–1933 (Monographie).

866. **Irgang**, Winfried: Die Rolle der Historischen Kommission für Schlesien in der deutschen schlesienkundlichen Forschung des letzten Jahrzehnts (Aufsatz).

867. **Jonecko**, Antoni: Lekarz a pacjent w świetle pruskich edyktów medycznych dla Śląska [Arzt und Patient im Lichte preußischer Medizinal-Edikte für Schlesien] (Aufsatz).

868. **Keil**, Gundolf: Die Entwicklung der Neurochirurgie aus der Inneren Medizin: Carl Wernicke und seine Breslauer Kollegen (Aufsatz).

869. **Koch**, Klaus-Peter: Deutsche Gesangvereine in Österreichisch Schlesien bzw. Mährisch Schlesien (Beitrag zu Sammelband).

* **Komorowski**, Manfred: Paul Schwenke in Königsberg (1893–1899). Seine Königsberger Zeit im Spiegel der Korrespondenz mit Karl Dziatzko (Beitrag zu Festschrift Klaus Garber).

870. **Kotyńska**, Edyta: Spuścizna Profesora Josepha Klappera [Der Nachlaß von Joseph Klapper] (Aufsatz).

871. **Kraft**, Claudia: Województwo Wrocławskie. Rok 1945 (wstęp, wybór i opracwanie dokumentów) [Die Wojewodschaft Breslau. Das Jahr 1945 (Einleitung, Auswahl und Bearbeitung der Dokumente] (Beitrag zu: „Nasza ojczyzna stała się dla nas obcym państwem...“. Niemcy w Polsce 1945–1950. Wybór dokumentów. Tom 4: Województwo wrocławskie. Pomorze Gdańskie [„Unsere Heimat ist uns ein fremdes Land geworden...“. Die Deutschen in Polen 1945–1950. Dokumentenauswahl. Band 4: Wojewodschaft Breslau, Danziger Pommern].

872. **Kwaśny**, Zbigniew: Ludność Zachełmia w 1852 roku [Die Bevölkerung von Saalberg im Jahr 1852] (Aufsatz).

873. **Kwaśny**, Zbigniew: Ludność Komarna w 1840 roku [Die Bevölkerung von Kammerswaldau im Jahr 1840] (Beitrag zu Sammelwerk).

874. **Kwaśny**, Zbigniew: Ludność Sobieszowa w 1852 roku [Die Bevölkerung von Hermsdorf im Jahr 1852] (Beitrag zu Sammelwerk).

875. **Kwaśny**, Zbigniew: Die Entwicklung der Industrie in Niederschlesien in der

ersten Hälfte des 19. Jahrhunderts (Beitrag zu Sammelwerk).

876. **Kwaśny**, Zbigniew: Śląskie badania z zakresu demografii historycznej (Stan i potrzeby) [Schlesische Forschungen zur historischen Demographie (Stand und Desiderata)] (Beitrag zu Sammelwerk).

877. **Lempart**, Matthias: Der Breslauer Domvikar und Jugendseelsorger Gerhard Moschner als Organisator der vertriebenen katholischen Schlesier (Monographie).

878. **Leugers**, Antonia: Die Limburger Pallottinerprovinz 1892 bis 1932 (Monographie).

879. **Loew**, Peter Oliver: Wissenschaft und Gesellschaft. Das wissenschaftliche Vereinswesen in Schlesien vor dem Ersten Weltkrieg (Aufsatz).

880. **Marek**, Vladimir: Die Industrialisierung der mährisch-schlesischen Montanregion 1850–1914 (Dissertation Köln).

881. **Myszor**, Jerzy (Hg.): Listy kard. Augusta Hlonda do ks. Józefa Gawliny z lat 1923–1935 [Die Briefe Kardinal August Hlonds an Pfarrer Józef Gawlina aus den Jahren 1923–1935].

882. **Neß**, Dietmar: Walter Schwarz: Tagebuchaufzeichnungen 1941–1945 (Edition).

883. **Neß**, Dietmar (Red.): Die evangelische Kirche im Görlitzer Kirchengebiet im SED-Staat. Beobachtungen, Analysen, Dokumente (Folge 2, Sammelband).

884. **Neß**, Dietmar: Der Gau Schlesien der ‚Deutschen Christen'.

885. **Neß**, Dietmar: Lic. Ernst Moering. Ein schlesisches Pfarrerbild (Aufsatz).

886. **Neubach**, Helmut: Das Tagebuch des Grafen Franz von Ballestrem (2–3 Bd.) (Edition).

887. **Neubach**, Helmut: Franz Graf v. Ballestrem und Peter Spahn (zwei Beiträge zu: Lexikon der Christlichen Demokratie).

* **Neubach**, Helmut: Ein Briefwechsel zwischen dem Posener Reichstagsabgeordneten Josef von Kościelski und seinem oberschlesischen Kollegen Franz Graf von Ballestrem (Beitrag zu Sammelwerk).

* **Neubach**, Helmut: Die politischen Parteien in der preußischen Oberlausitz während des Kaiserreiches (1871–1918) (Beitrag für Festschrift Karlheinz Blaschke).

888. **Oliwa**, Theodor: Paul Löbe. Ein sozialdemokratischer Politiker und Redakteur. Die schlesischen Jahre (1875–1919) (Dissertation).

889. **Oliwa**, Theodor: Die Geschichte der Breslauer Sozialdemokratie 1890–1918. Ein Überblick (Aufsatz).

890. **Olszar**, Henryk: Rozwój sieci parafialnej na terytorium Katowic [Die Entwicklung des Pfarreinetzes in der Region Kattowitz] (Beitrag zu Sammelwerk).

891. **Olszar**, Henryk: Charyzmaty ks. Ewalda Kasperczyka [Das Charisma des Pfarrers Ewald Kasperczyk] (Beitrag zu Sammelwerk).

892. **Olszar**, Henryk: Polscy i niemieccy księża uchodźcy na Górnym Śląsku w okresie międzywojennym [Polnische und deutsche Flüchtlingsseelsorger in Oberschlesien in der Zwischenkriegszeit] (Beitrag zu Sammelwerk).

893. **Olszar**, Henryk: Duchowieństwo katolickie wobec przyłączenia do Polski Śląska Cieszyńskiego [Die Stellung der katholischen Geistlichkeit zur Angliederung des Teschener Schlesien an Polen] (Beitrag zu Sammelwerk).

894. **Olszar**, Henryk: Hasła: Knosała Józef, Kopyto Roman, Ligoń Leon, Lizura Wilhelm, Musialik Franciszek i Nowak Marian [Stichwörter: Knosała Józef, Kopyto Roman, Ligoń Leon, Lizura Wilhelm, Musialik Franciszek und Nowak Marian] (Beiträge für: Słownik biograficzny ducho-

wieństwa diecezjalnego i zakonnego represjonowanego w Polsce w latach 1944–1989 [Biographisches Wörterbuch der Kleriker der Diözese und der Orden, die 1944–1989 in Polen unterdrückt wurden]).

895. **Pohl**, Dieter (Hg.): Kögler, Joseph: Die Chroniken der Grafschaft Glatz. Band 5: Die Chroniken der Dörfer, Pfarreien und Herrschaften des Altkreises Neurode. Neuedition nach den Autographen vom Beginn des 19. Jahrhunderts (Edition).

896. **Pohl**, Dieter: 120 Jahre Glatzer Gebirgsverein (GGV) (Aufsatz).

897. **Radzikowska**, Katarzyna: Monographie der Frauenzeitschrift „Breslauer Hausfrau" – 1903–1918 (Dissertation).

898. **Rak**, Romuald: Die Marienwallfahrtsstätte in Deutsch-Piekar im Zeitalter der Industrialisierung (Beitrag zu Sammelwerk).

* **Rusinowska**, Jolanta: Wohnhäuser des 19. Jahrhunderts in Gliwice/Gleiwitz (Dissertation Bonn).

899. **Sachs**, Rainer: Von Kaiser Wilhelm bis Adolf Hitler. Bemerkungen zu Soziologie und Alltag von Kunst und Kunsthandwerk im Riesengebirge der Späten Neuzeit (Aufsatz).

900. **Sauermann**, Dietmar: Die Vertreibung der Bewohner der Grafschaft Glatz und ihr Einleben in einer neuen Heimat (Monographie).

901. **Sauermann**, Dietmar: Erinnern und Zeichensetzen. Zur Erinnerungskultur von Vertriebenenfamilien (Beitrag zu Sammelwerk).

902. **Schmilewski**, Ulrich: Franz Gramers „Chronik der Stadt Beuthen in Ober-Schlesien" (1863). Das Werk und seine Leser (Aufsatz).

903. **Schmilewski**, Ulrich (Hg.): Berlin und Schlesien. Neuzeitliche Wechselbeziehungen zwischen Oder und Spree.

904. **Šrajerová**, Olga: Školská problematika v sociologických výskumoch Slezského ústavu SZM 1967–2000 [Die Schulproblematik in der soziologischen Forschung des Schlesischen Instituts SZM 1967–2000] (Aufsatz).

* **Störtkuhl**, Beate: Das Fach Kunstgeschichte an der Universität Breslau vor 1945 (Aufsatz).

* **Störtkuhl**, Beate: Schulbauten der 20er Jahre in Breslau (Aufsatz).

905. **Strauchold**, Grzegorz: Rok 1945 we Wrocławiu [Das Jahr 1945 in Breslau] (Aufsatz).

906. **Strauchold**, Grzegorz: „Odra" rediviva? Obraz Wrocławia w miesięczniku społeczno-kulturalnym lat 1961–1971 [„Odra" rediviva? Das Bild der Stadt Breslau in der sozial-kulturellen Monatsschrift aus den Jahren 1961–1971] (Aufsatz).

907. **Strauchold**, Grzegorz: Wrocław głównym ośrodkiem uroczystości historyznych na Ziemiach zachodnich i Północnych (1945–1970) [Breslau als Hauptveranstaltungsort von historischen Jubiläen in den polnischen West- und Nordgebieten] (Aufsatz).

908. **Strauchold**, Grzegorz: Wizje i czyny badania nad historią Śląska od końca wojny po epokę „błędów i wypaczeń" [Visionen und Taten – Forschungen zur schlesischen Geschichte vom Kriegsende bis zur Zeit der „Fehler und Geschichtsverzerrung"] (Aufsatz).

909. **Szewczyk**, Grażyna Barbara: Kościół ewangelicki na Górnym Śląsku w latach 1933–1945 [Die evangelische Kirche in Oberschlesien 1933–1945] (Aufsatz).

910. **Thum**, Gregor: Der Wiederaufbau Breslaus nach 1945 (Dissertation).

911. **Trzebniak**, Przemysław: Die evangelische Kirche der Altpreußischen Union in

Niederschlesien nach dem zweiten Weltkrieg (Dissertation Wrocław/Breslau).

912. **Walter**, Rudolf: Der Cäcilianismus in Oberschlesien (Aufsatz für: Oberschlesisches Jahrbuch).

913. **Walter**, Rudolf: Die Bedeutung der Orgelbauwerkstätte Gebrüder Rieger, Jägerndorf, für Preußisch Schlesien (Aufsatz).

914. **Walter**, Rudolf: Die Kompositionen für und mit Orgel von Heino Schubert (Archiv für schlesische Kirchengeschichte) (Aufsatz).

915. **Walter**, Rudolf (Hg.): Gerhard Strecke (1890–1968): Über meine kirchenmusikalische Entwicklung (Beitrag zu: Oberschlesisches Jahrbuch).

916. **Walter**, Rudolf: Gerhard Strecke: Aus meiner Erinnerungsmappe (Beitrag zu: Jahrbuch der Universität Breslau).

917. **Wieclewska-Bach**, Anna: Das polnische katholische Kirchenlied in oberschlesischen Gesangbüchern von 1823 bis 1922. Studien zu Melodien und Texten (Dissertation Köln).

918. **Wilk**, Andrzej: Die Zuckerfabrik Klettendorf (Klecina) bei Breslau (Monographie).

919. **Wilk**, Andrzej: Die Zuckerfabrik Puschau/Hubertushof Pustków/Żurowski) (Monographie).

920. **Wilk**, Andrzej: Die Zuckerfabrik Puschkowa (Pastuchów) (Monographie).

921. **Wilk**, Andrzej: Die Zuckerfabrik Alt Jauer (Stary Jawor) (Monographie).

922. **Wilk**, Andrzej: Die Zuckerfabrik Weizenrodau (Pszenno), Architektur und Geschichte (Monographie).

923. **Wlaschek**, Rudolf M.: Zur Geschichte der Juden in Reichenberg (Aufsatz).

924. **Wlaschek**, Rudolf M.: Supplement zur Biographia Judaica Bohemiae (Beitrag zu Sammelwerk).

7 Deutsche in Polen und Posen

7.1 Zeitlich übergreifende Arbeiten

925. **Alexander**, Manfred: Kleine Geschichte Polens (Monographie).

926. **Brocke**, Michael; **Heitmann**, Margret; **Lordick**, Harald (Hg.): Zwischen Polen und Deutschland – Jüdische Geschichte in Posen.

927. **Ehrensvärd**, Ulla (Hg.): Katalog der Manuskript-Karten und -Pläne über Groß-Polen in schwedischen Archiven und Bibliotheken.

928. **Gehrke**, Roland: Der polnische Westgedanke bis zur Wiedererrichtung des polnischen Staates nach Ende des Ersten Weltkrieges. Genese und Begründung polnischer Gebietsansprüche gegenüber Deutschland im Zeitalter des europäischen Nationalismus (Dissertation Hamburg).

929. **Neubach**, Helmut: Posen, Preußens ungeliebte Provinz. Beiträge zur Geschichte des deutsch-polnischen Verhältnisses (Aufsatzsammlung).

930. **Szykuła**, Krystyna: Mapy Galicji w zbiorach Biblioteki Uniwersyteckiej we Wrocławiu [Galizien-Karten in der Kartensammlung der Universitätsbibliothek zu Wrocław/Breslau] (Aufsatz für Galizienkartographie 1772–1918).

7.2 Mittelalter

931. **Lückerath**, Carl August: Die Beziehungen zwischen dem spätmittelalterlichen Reich und der Krone Polens (Aufsatz).

7.3 Frühe Neuzeit (1500 bis etwa 1800)

932. **Gaziński**, Radosław: Urząd kata w Gorzowie Wielko polskim w II poł XVII i XVIII wieku [Das Henkersamt in Landsberg/Warthe in der 2. Hälfte des 17. Jahrhunderts und im 18. Jahrhundert] (Aufsatz).

933. **Heitmann**, Margret; **Brocke**, Michael (Hg.): Kscherim – Buch der jüdischen Gemeinde in Posen 1621–1837 (Edition).

934. **Lenz**, Rudolf u. a. (Bearb.): Katalog der Leichenpredigten und sonstiger Trauerschriften in Krakauer Bibliotheken (Marburger Personalschriften-Forschungen).

935. **Rexheuser**, Rex: Die Beziehungen zwischen Polen, Deutschen und Juden in der Stadt Posen 16.–18. Jahrhundert (Monographie).

7.4 19./20. Jahrhundert

936. **Bachmann**, Cordula: Kleidungsstile und Geschlechterkonzeption in Warschau und Berlin (Dissertation Humboldt-Universität Berlin).

937. **Białkowski**, Błażej: Das Historische Seminar an der Reichsuniversität Posen in den Jahren 1941–1945. Personen- und Institutionsgeschichte im deutsch-polnischen Beziehungsdiskurs (Dissertation Frankfurt/Oder).

938. **Białkowski**, Błażej: Herbert Ludat, die Reichsuniversität Posen und das deutsch-polnische historiographiegeschichtliche Beziehungsgeflecht vor und nach 1945 (Aufsatz).

939. **Białkowski**, Błażej: Reichsuniversität hungen zwischen dem spätmittelalterlichen Posen: eine Hochschule der völkischen Wissenschaften (Beitrag zu Sammelwerk).

940. **Białkowski**, Błażej: Die Philosophische Fakultät an der Reichsuniversität Posen (1941–1945) (Beitrag zu: Fahlbusch, Michael; Haar, Ingo [Hg.]: Handbuch der völkischen Sozial- und Geisteswissenschaften 1920–1960: Ansätze, Institutionen, Biographien, Periodika).

941. **Białkowski**, Błażej: Reichsstiftung für deutsche Ostforschung in Posen (1941–1945) (Beitrag zu: Fahlbusch, Michael; Haar, Ingo [Hg.]: Handbuch der völkischen Sozial- und Geisteswissenschaften 1920–1960: Ansätze, Institutionen, Biographien, Periodika).

942. **Caumanns**, Ute: Zwischen gesellschaftlicher Initiative und staatlicher Intervention. Öffentliche Gesundheit in Russisch-Polen, 1815–1914. Die Beispiele Warschau und Lodz (Habilitationsschrift).

943. **Chiari**, Bernhard (Hg.): Geschichte und Mythos der polnischen Heimatarmee (Armia Krajowa).

944. **Csallner**, Heinz: Kriegerdenkmäler für 1870/71 in der Provinz Posen (Aufsatz).

945. **Eckert**, Eike: Der Osteuropahistoriker Gotthold Rhode (Magisterarbeit).

946. **Esch**, Michael G.: Das deutsche Gesundheitswesen im besetzten Polen 1939–1944 (Monographie).

947. **Eser**, Ingo: Die Schulorganisationen der deutschen Minderheit in Polen 1918–1939 (in vergleichender Perspektive) (Dissertation Marburg).

948. **Eser**, Ingo: Die Schulorganisationen der deutschen Minderheit in Polen 1918–1939 – Ansatz einer Zivilgesellschaft? (Aufsatz).

* **Gołaszewski**, Janusz: Kataster Pruski i Kataster Galicyjski – próba porównania [Der preußische Kataster und der galizische Kataster – Versuch eines Vergleichs] (Aufsatz für: Z dziejów kartografii Tom XIII [Zur Geschichte der Kartographie, Bd. 13]).

* **Gerlich**, Hubert: Der Einfluß des Breslauer Historikers Richard Roepell auf die polnischen konservativen Bewegungen im 19. Jahrhundert (Dissertation).

949. **Grabowski**, Sabine: Der Oberpräsident der Provinz Posen Hugo von Wilamowitz-Moellendorff und die preußische Polenpolitik (Aufsatz).

950. **Hein**, Heidi: Anmerkungen zum Piłsudski-Kult in der polnischen Zweiten Republik (Beitrag zu Tagungsband: Nationalismus und Emotionen in Litauen und Polen im 19. und 20. Jahrhundert [in litauischer Sprache]).

951. **Hein**, Heidi: Józef Piłsudski (Persönlichkeit und Geschichte) (Monographie).

952. **Heitmann**, Margret: „... dass ich letztlich ein Jude aus Posen bin" – Historische Verwerfungen und deutsch-jüdisches Selbstverständnis (Beitrag zu Nr. 926).

953. **Heitmann**, Margret: Die Posener Heimatblätter 1926–1938 (Beitrag zu Nr. 926).

954. **Höger**, Katja: Frauen als Kombattanten der Armia Krajowa (Beitrag zu Nr. 943).

955. **Jockheck**, Lars: „Gazeta Żydowska" [Die jüdische Zeitung]. Eine deutsche Zeitung für die Juden im Generalgouvernement (Aufsatz).

956. **Jockheck**, Lars: Nationalsozialistische Pressepropaganda für Deutsche und Polen im Generalgouvernement (Dissertation).

957. **Jockheck**, Lars: Polnischer Widerstand und die Armia Krajowa in der offiziösen Presse des „Generalgouvernements" (Beitrag zu Sammelband: Auf der Suche nach nationaler Identität. Geschichte und Mythos der polnischen Heimatarmee [Armia Krajowa], hg. von Bernhard Chiari unter Mitarbeit von Jerzy Kochanowski).

958. **Kalinowski**, Dariusz: Das Polen-Bild in der deutschen Presse (1956–1970).

959. **Kiec**, Olgierd: Protestantyzm w Poznańskim 1815–1918 [Der Protestantismus im Posener Land 1815–1918] (Habilitationsschrift).

960. **Kłańska**, Maria: Zur Bewußtseinslage der Krakauer Juden zwischen 1868 und 1918 (Aufsatz).

961. **Kosmala**, Beate: Juden und Deutsche im polnischen Haus. Tomaszów Mazowiecki 1914–1939 (Dissertation).

962. **Lorenz**, Torsten: Staatspolitik und lokale Gesellschaft: „Deutsche" und „Polen" in Birnbaum/Międzychód 1871–1939 (Dissertation).

963. **Luft**, Edward David: The Jews of Posen Province in the nineteenth century: A selective source book, research guide, and supplement to: The naturalized Jews of the Grand Duchy of Posen in 1834 und 1835 (Monographie).

* **Marek**, Vladimir: Die Industrialisierung der mährisch-schlesischen Montanregion 1850–1914 (Dissertation).

964. **Meducki**, Stanisław: Stan badań nad regionem świętokrzyskim w czasach II wojny światowej [Zum Forschungsstand über die Region Świętokrzyże (zwischen Krakau und Kielce) während des Zweiten Weltkrieges] (Beitrag zu Sammelwerk).

965. **Moldenhauer**, Harald: Die sowjetische Polenpolitik und die innerpolnische Auseinandersetzung um die politische Neugestaltung des Landes am Ende des Zweiten Weltkrieges (1943–1947) (Dissertation Düsseldorf).

966. **Neubach**, Helmut: Jüdische Politiker aus der Provinz Posen (Beitrag zu Sammelwerk).

967. **Neubach**, Helmut: Der „Fall Carnap" in Opalenitza (1896), ein neuralgischer Punkt des deutsch-polnischen Verhältnisses (Beitrag zu Sammelwerk).

968. **Neubach**, Helmut: Eine Denkschrift des Posener Oberpräsidenten Hugo von Wilamowitz-Moellendorff zum deutsch-polnischen Verhältnis in der Provinz Posen (1896) (Beitrag zu Sammelwerk).

969. **Neubach**, Helmut: Bildungswesen und Pädagogik im Posener Lande (Beitrag zu Sammelwerk).

970. **Neubach**, Helmut: Die Posener Akademie (1903–1918), eine „Ersatzuniversität" zwischen Breslau und Königsberg (Beitrag zu Sammelwerk).

971. **Neubach**, Helmut: Die Oberpräsidenten der Provinz Posen (Beitrag zu Sammelwerk).

972. **Neubach**, Helmut: Die Erzbischöfe von Gnesen-Posen, Kirchenfürsten und Politiker (Beitrag zu Sammelwerk).

973. **Neubach**, Helmut: Die deutschen Reichstagsabgeordneten der Provinz Posen (Beitrag zu Sammelwerk).

974. **Neubach**, Helmut: Ein Briefwechsel zwischen dem Posener Reichstagsabgeordneten Josef von Kościelski und seinem oberschlesischen Kollegen Franz Graf von Ballestrem (Beitrag zu Sammelwerk).

975. **Ratecka**, Barbara: Das Bild der Lodzer Deutschen in der Literatur und Publizistik (Habilitationsschrift).

976. **Rogall**, Joachim: Die Deutschen in der Volksrepublik Polen 1945–1989 (Habilitationsschrift).

977. **Schattkowsky**, Ralph: Nationalisierungsprozesse in Galizien vor dem Ersten Weltkrieg (Beitrag zu Sammelwerk).

978. **Schattkowsky**, Ralph: Eine Autonomie mit Nachwirkungen. Regionale Identitäten in Galizien 1867–1914 (Beitrag zu: Philipp Ther u.a. [Hg.]: Die Grenzen von Nationen und Nationalstaaten).

979. **Schattkowsky**, Ralph: Unarodowienie społeczenstwa w Prusach Zachodnich i w Galicji na przełomie 19. i 20. w [Die nationalisierte Gesellschaft. Galizien und Westpreußen um die Jahrhundertwende] (Monographie).

980. **Steffen**, Katrin: Studien zur jüdischen Kultur und Identität der Polen in der Zwischenkriegszeit (Dissertation).

981. **Szarota**, Tomasz: Mord w Jedwabnem. Dokumenty, publikacje i interpretacje – czerwiec 1941–maj 2000 – [Der Mord in Jedwabne. Dokumente, Veröffentlichungen und Interpretationen vom Juni 1941 bis zum Mai 2000] (Sammelband).

982. **Szarota**, Tomasz: Prasa niemiecka o Jedwabnem [Die deutsche Presse und Jedwabne] (Beitrag für Festschrift Władysław Bartoszewski).

983. **Szarota**, Tomasz: Niemcy o Jedwabnem i polskiej debacie narodowej [Deutsche Berichte über Jedwabne und über die polnische Nationaldebatte zu diesem Thema] (Aufsatz für Zeitschrift „Dialog").

984. **Weger**, Tobias: Das jüdische Krakau und das jüdische Prag in deutschsprachigen Reiseführern (Aufsatz).

985. **Zloch**, Stephanie: Polnischer Nationalismus und internationale Friedensordnung nach dem Ersten Weltkrieg (1919–1923) (Magisterarbeit Humboldt-Universität Berlin).

986. **Zloch**, Stephanie: Nationalismus in der polnischen Gesellschaft 1918–1939 (Dissertation Humboldt-Universität zu Berlin).

8 Böhmen/Mähren/Tschechien/Slowakei

8.1 Zeitlich übergreifende Arbeiten

987. **Bahlcke**, Joachim: Geschichte Tschechiens. Vom 9. Jahrhundert bis zur Gegenwart (Monographie).

988. **Bahlcke**, Joachim (Hg.): Quellenlesebuch zur böhmischen Geschichte.

989. **Dolezel**, Stephan (Hg.): Beiträge zur Geschichte und Kultur Mährens.

990. **Eberhard**, Winfried: Das Bistum Olmütz 1000–1800 (Beitrag zu Sammelwerk).

* **Gawrecki**, Dan u. a.: Dějiny Českého Slezska 1742–2000 [Geschichte Böhmisch-Schlesiens 1740–2000] (Monographie).

991. **Glettler**, Monika: Die Monarchia Austriaca und die deutsche Musik (Beitrag zu Sammelwerk).

992. **Gottas**, Friedrich: Zur Geschichte der Deutschen in der Slowakei (Beitrag zum Sammelwerk „Kulturgeschichte der Deutschen in der Slowakei").

993. **Hochberger**, Ernst: Karpatendeutsche Bibliographie. Deutsche in der Slowakei. 1650–Gegenwart (2 Bde.) (Redaktion: Heike Drechsler).

994. **Iggers**, Wilma: Mythen der Nationen: Tschechien (Beitrag zu Sammelwerk).

995. **Karbusicky**, Vladimir: Geschichte des böhmischen Musiktheaters (Monographie).

996. **Komar**, Hans: Der Bergbau im Schönhengstgau und seine geologisch-landschaftsgeschichtlichen Voraussetzungen (Aufsatz).

997. **Komar**, Hans: Jansdorf, ein Dorf des böhmischen Anteils des Schönhengstgaus. Einführung in seine Geschichte (Aufsatz).

998. **Langer-Plän**, Martina: Entwicklung eines geschichtsdidaktischen Konzepts zur deutsch-tschechischen Beziehungsgeschichte (Habilitationsschrift).

999. **Loos**, Helmut: Musik zur Weihnacht in Böhmen und Mähren (Aufsatz).

1000. **Meier**, Jörg: Zur Geschichte der Leutschauer Druckereien (Aufsatz).

1001. **Meier**, Jörg (Hg.): Kulturgeschichte der Deutschen in der Slowakei. Von den Anfängen bis zum Zweiten Weltkrieg.

* **Meier**, Jörg: Zur Sprache und Geschichte der deutschsprachigen Presse in Oberungarn (Aufsatz).

* **Mentzel-Reuters**, Arno: Arma Spiritualia. Bibliotheken des Deutschen Ordens (Habilitationsschrift).

1002. **Samerski**, Stefan: Welche „Sprache" spricht ein Heiliger? Der Beatifikationsprozeß des Jan Sarkander (Aufsatz).

1003. **Schmitt**, Heinz: Deutsches Volksschauspiel und Laientheater in der Slowakei (Beitrag zu Nr. 1001).

1004. **Seibt**, Ferdinand; **Lemberg**, Hans; **Slapnicka**, Helmut (Hg.): Biographisches Lexikon zur Geschichte der böhmischen Länder (mehrbändig).

1005. **Stěpán**, Václav: Jana z Arcu a české země [Jeanne d'Arc und die böhmischen Länder] (Aufsatz für: Časopis Matice moravské).

1006. **Stěpán**, Václav; **Štěrbová**, Jarmila: Dějiny sklářství na panství Velké Losiny [Die Geschichte der Glasindustrie auf der Herrschaft Groß Ullersdorf] (Aufsatz für: Časopis Slezského zemského muza Opava).

1007. **Stěpán**, Václav: Dějiny sklárny v Olomučanech [Die Geschichte der Glashütte in Olomutschan] (Aufsatz für: Sborník Muzea v Blansku).

1008. **Wagner**, Undine: Das Wirken böhmischer Komponisten im Raum Berlin/Potsdam. Ein Beitrag zum Phänomen der böhmischen Musiker-Migration (Dissertation).

8.2 Mittelalter

1009. **Bujnoch**, Josef: Die Königsaaler Chronik des Abtes Peter von Zittau (Übersetzung aus dem Mittellatein).

1010. **Bujnoch**, Josef: Bilder aus der Königsaaler Chronik. Der fingierte Brief der personifizierten Kaiserkrone an den deutschen König Heinrich VII. aus dem Hause der Grafen von Lützelburg (Beitrag zu Sammelwerk).

1011. **Chalupecký**, Ivan; **Gündisch**, Konrad; **Zach**, Krista (Hg.): Von der Zips bis Siebenbürgen. Migration und Stadtentwicklung im 12.-15. Jahrhundert.

1012. **Eberhard**, Winfried: Gewalt gegen Königsherrschaft im Ausbau der Herrschaftspartizipation im spätmittelalterlichen Böhmen (Beitrag zu Sammelwerk).

1013. **Hlaváček**, Ivan: Vademecum pomocných věd historických [Vademecum der historischen Hilfswissenschaften] 4. Aufl. (Monographie).

1014. **Hlaváček**, Ivan: Codex Přemyslaeus. Regesten der Urkunden Wenzels IV. aus den Exzerpten seiner Register.

1015. **Hlaváček**, Ivan: Z pomocných věd historiockých XV. [Zu den historischen Hilfswissenschaften XV.] (Herausgabe und Aufsatz).

1016. **Hlaváček**, Ivan: Studien zur böhmischen Bibliotheksgeschichte im Mittelalter. Ausgewählte Aufsätze (Monographie).

1017. **Keil**, Gundolf; **Řihová**, Milada: Fünf Regimina Sanitatis für die Prager Luxemburger (Karl IV., Wenzel, Sigmund) (Edition).

1018. **Keil**, Gundolf: Die „Kleine Chirurgie" Lanfranks von Mailand (Aufsatz/Beitrag zu Tagungsband: Zur Erforschung des Frühneuhochdeutschen in Böhmen, Mähren und der Slowakei [Bilanz und Perspektiven]).

1019. **Kopičková**, Božena: Urozená paní [Die hochgeborene Frau] (Aufsatz für: Člověk českého středověku [Der Mensch des böhmischen Mittelalters]).

1020. **Kopičková**, Božena: Žena evropského středověku v zajetí své doby. (Několik úvah s důrazem na českomoravské prostředí [Die Frau des europäischen Mittelalters in der Befangenheit ihrer Zeit. (Einige Überlegungen am Beispiel des böhmisch-mährischen Milieus)] (Aufsatz für: Žena v českých dějinách [Die Frau in der böhmischen Geschichte]).

1021. **Kopičková**, Božena: „... quod mulieres, que sunt in Christo, in hoc tempore viros in virtutibus antecurrunt". Radikálně nový pohled českých reformátorů na ženy a manželství? (Od druhé poloviny 14. století do roku 1419) [Der radikal neue Blick der böhmischen Reformatoren auf Frauen und Ehe? (Von der zweiten Hälfte des 14. Jahrhunderts bis zum Jahr 1419] (Beitrag zu: The Bohemian reformation and religious practice).

1022. **Machilek**, Franz: Jan Štávka von Hodonitz und die Reform der mährischen Augustinerchorherren um 1500 (Beitrag zu Sammelband).

1023. **Machilek**, Franz: Die Rolle der Universität in der spätmittelalterlichen Kirche: die Beispiele Prag und Erfurt (Beitrag zu Sammelband: Universitäten zwischen Kirche, Staat und Nation. Sozialgeschichtliche und politische Entwicklungen im ostmitteleuropäischen Raum, hg. v. Ferdinand Seibt und Peter Wörster).

1024. **Machilek**, Franz: Jan Hus und die Deutschen (Beitrag zu Sammelband: Tschechen und Deutsche, hg. von Karl Möckl und Robert Zink).

1025. **Machilek**, Franz: Karl IV. und Karl der Große (Beitrag zu Sammelband).

1026. **Machilek**, Franz: Die Sonderentwicklung Mährens im Mittelalter (Beitrag zu Stephan Dolezel [Hg.]: Mähren [Sammelband]).

1027. **Meier**, Jörg: Stadtrechtslandschaften und Städtebünde in der Slowakei und in Siebenbürgen (Beitrag zu Nr. 1011).

* **Papsonová**, Mária: Das Magdeburger Recht im Silleiner Rechtsbuch. Wör-

terbuch zur deutschsprachigen Vorlage des Landrechts (1378) und zu ihrer Übersetzung (1473) (Habilitationsschrift Jena).

1028. **Piirainen**, Ilpo Tapani; **Gündisch**, Konrad: Stadt- und Bergrecht in der Slowakei und in Siebenbürgen (Beitrag zu Nr. 1011).

1029. **Richter**, Jörg: Die Gradualhandschriften für die Kuttenberger Pfarrkirchen (Beitrag zu Nr. 2130).

* **Stelmach**, Roman: Dokumenty do dziejów komendy joannitów w Kłodzku w Centralnym Archiwum w Pradze [Urkunden aus dem Zentralarchiv in Prag zur Geschichte der Johanniterkommende in Glatz] (Aufsatz).

* **Stelmach**, Roman: Dokumenty do dziejów Kamiennej Góry w zasobie Archiwum Państwowego we Wrocławiu i jego oddziału w Jeleniej Górze [Urkunden zur Geschichte der Stadt Landeshut in den Beständen der Archive Breslau und Hirschberg] (Aufsatz).

* **Stelmach**, Roman: Dokumenty do dziejów komendy joannitów w Kłodzku w Centralnym Archiwum w Pradze [Urkunden zur Geschichte der Glatzer Johanniterkommende aus dem Zentralarchiv in Prag] (Aufsatz).

1030. **Tischler**, Maria: Der „Böhmenschreiber" zu Bartfeld. Zum Sprachrecht der mittelalterlichen deutschen Siedlerstadt.

1031. **Tischler**, Maria: Kaschauer Rechtsordnung des Rates aus dem Jahre 1404 von Hanns Hebenstreyt (sog. Kaschauer Ratsordnung). Kommentierte kritische Edition der zehn Handschriften 1404–1681.

1032. **Tischler**, Maria: Stredoveká nemecká básen z Bardejova a jej autorstvo. S niekołkými poznámkami k stredovekému mestu [Die Stadtschreiber im mittelalterlichen Bartfeld. Mit einigen Bemerkungen zur mittelalterlichen Geschichte der Stadt] (Aufsatz für Tagungsband).

1033. **Tischler**, Maria: Hebenstreyt, Hans (Ratsherr und Stadtrichter von Kaschau 1402–1448) (Aufsatz für Verfasserlexikon).

1034. **Wetter**, Evelin: Die böhmische Mark Brandenburg (14. Jahrhundert) (Aufsatz).

8.3 Frühe Neuzeit (1500 bis etwa 1800)

1035. **Bahlcke**, Joachim: Konfessionalisierung der Außenpolitik? Die Rolle der Konfession für die Außenbeziehungen der böhmischen Stände im späten 16. und frühen 17. Jahrhundert (Beitrag zu Sammelwerk).

1036. **Bahlcke**, Joachim: „Böhmen 1618". Friedliche Intentionen – kriegerische Effekte (Beitrag zu Sammelwerk).

1037. **Bahlcke**, Joachim: Corona, corpus, constitutio, confoederatio. Verfassungsideen im spätmittelalterlich-frühneuzeitlichen Böhmen (Beitrag zu: Moraw, Peter [Hg.]: Verfassungserfindungen).

1038. **Bahlcke**, Joachim: Böhmen, Eger und das Reich in der Zeit des Dreißigjährigen Krieges (Beitrag für: Folia Historica Bohemica).

1039. **Bahlcke**, Joachim: Der Weg in die Offensive. Die katholische Geistlichkeit Mährens vom Episkopat des Olmützer Bischofs Stanislaus Pavlovský bis zum Ende des Dreißigjährigen Krieges (1579–1648) (Beitrag zu Sammelband).

* **Bahlcke**, Joachim: Religion, Politik und Späthumanismus im Schnittpunkt der schlesisch-böhmischen Beziehungen in der Zeit der Konfessionalisierung (Beitrag zu Sammelwerk).

* **Bahlcke**, Joachim: Ungarischer Episkopat und habsburgische Monarchie. Von der Partnerschaft zur Konfrontation (1686–1790) (Habilitationsschrift Humboldt-Universität Berlin).

1040. **Belzyt**, Leszek: Grupy etniczne w strukturze społecznej zespołów miejskich Krakowa i Pragi około 1600 roku [Ethnische Gruppen innerhalb der Gesellschaftsstruktur der Städte Krakau und Prag um 1600] (Habilitationsschrift).

1041. **Eberhard**, Winfried: Integration im Widerstreit. Gegensätze und Konsensbildung der evangelischen Stände – konfessionelle Polarisierung und Landesgemeinde in Böhmen und Mähren (1548–1620).

1042. **Eberhard**, Winfried: Die Religionsproblematik in der frühneuzeitlichen böhmischen Landesverfassung (16./17. Jahrhundert) (Aufsatz).

1043. **Eberhard**, Winfried: Art. „Marek Khuen, évèque d'Olomouc" und „Karl von Lamberg, archevéque de Prague" (Beitrag zu: Dictionnaire d'histoire et de géographie ecclésiastique) (DHGE).

1044. **Eberhard**, Winfried: Die Vertreibung der Böhmischen Brüder im 16. Jahrhundert und ihre Internationalisierung (Beitrag zu Sammelwerk).

1045. **Glettler**, Monika: Riegger, Joseph Anton v. (Edition und Lexikonartikel für Neue Deutsche Biographie).

1046. **Knoz**, Tomáž; **Winkelbauer**, Thomas: Adel und Geschichte. Grablegen und Grabdenkmäler österreichischer und mährischer Adeliger (15.–18. Jahrhundert) (Beitrag zu Nr. 55).

1047. **Koch**, Klaus-Peter: Die Migration deutscher und tschechischer Bläser im 18. Jahrhundert aus den böhmischen Ländern in das östliche Europa (Beitrag für Konferenzband „Wege der Bläsermusik im südöstlichen Europa").

1048. **Komar**, Hans: Bauernaufstand in Böhmen 1680: die Vorgänge auf der Grundherrschaft Leitomischl (Aufsatz).

1049. **Komar**, Hans: Entstehung und Entwicklung des politischen Lebens in der Schönhengster Sprachinsel - Zeit der Bauernaufstände 1550 bis 1775 (Aufsatz).

* **Lambrecht**, Karen: Bischöfliche Zentren des Humanismus in Breslau und Olmütz (Beitrag zu Nr. 1676).

1050. **Leininger**, Věra: Auszug aus dem Ghetto. Rechtsstellung und Emanzipationsbemühungen der Juden in Prag in der ersten Hälfte des 19. Jahrhunderts (Dissertation Köln).

1051. **Mat'a**, Petr: Geschichtsdenken, Traditionsbildung und Selbstdarstellung des höheren Klerus im 17. und 18. Jahrhundert: Böhmen und Mähren im historischen Vergleich (Beitrag zu Nr. 55).

1052. **Newerkla**, Stefan Michael: Maximilián Václav Šimek (1748–1798) – nejstarší česky psaný přírodopis, všeslovanská mluvnice, Hanáci, náboženství Rusů, česká literatura, bosenská historie a mj. i rakousko-rusko-turecký vojenský atlas [Maximilian Wenzel Schimek (1748–1798) – die älteste tschechisch abgefasste Naturlehre, eine allslavische Grammatik, Hannaken, die Religion der Russen, tschechische Literatur, bosnische Geschichte und u. a. ein österreichisch-russisch-türkischer Kriegsatlas] (Aufsatz für: Listy filologické).

1053. **Ohlidal**, Anna: Stadt und Konfessionalisierung: Träger und Strategien katholischer und protestantischer Formierung in den Prager Städten (1580–1630) (Dissertation Leipzig).

1054. **Pánek**, Jaroslav: Traditionsbildung und Selbstdarstellung beim böhmischen und mährischen Adel: Die Herren von Rosenberg, Hasenburg und Žerotín im historischen Vergleich (Beitrag zu Nr. 55).

1055. **Samerski**, Stefan: Intensivierung und Funktionalisierung katholischer Frömmigkeitsformen in Mähren und Kleinpolen: die Bischofsherrschaften und Städte Olmütz und Krakau im Vergleich (1570–1650) (Monographie).

1056. **Schinzel**, Horst: Die Folgen des Siebenjährigen Krieges für die Mission der Mährischen Brüder (Monographie).

* **Spáčilová**, Libuše: Die deutsche Chronik der Olmützer Bürgerfamilie Hobel aus den Jahren 1530–1629 (Aufsatz).

1057. **Wäntig**, Wulf: Konfession und Migration in der Frühen Neuzeit: Exulanten im böhmisch-sächsischen Grenzraum im 17. Jahrhundert (Dissertation).

1058. **Wäntig**, Wulf: „Exulanten" aus dem böhmischen Niederland in den angrenzenden Gebieten Kursachsens und der Oberlausitz (Beitrag zu: Víra nebo vlast? – Exil v českých dějinách raného novověku, Ústí nad Labem [Glaube oder Heimat? – Das Exil in der böhmischen Geschichte der Frühen Neuzeit]).

1059. **Wäntig**, Wulf: Im Brennpunkt der Frühneuzeitgeschichte – Exulanten im böhmisch-sächsischen Grenzraum des 17. Jahrhunderts (Beitrag zu: Deutsch-tschechische Beziehungen in der aktuellen Forschung) (Sammelband).

8.4 19./20. Jahrhundert

1060. **Ahonen**, Pertti: The expellee organizations and West German Ostpolitik, 1949–1969 (Dissertation Sheffield).

1061. **Alexander**, Manfred (Hg.): Deutsche Gesandtschaftsberichte aus Prag. Innen- und Minderheitenpolitik der Tschechoslowakei, Bd. 3: 1926–1932 (Edition).

1062. **Alexander**, Manfred (Mithg.): Deutsch-tschechische Beziehungen. Freiherr-vom-Stein-Gedächtnis-Ausgabe Reihe C: Die Beziehungen Deutschlands zu seinen Nachbarn im 19. und 20. Jahrhundert.

1063. **Alexander**, Manfred: Die Tschechoslowakei und das Deutsche Reich zwischen Versailles und München (Beitrag zu Sammelwerk).

1064. **Alte**, Rüdiger: Die Außenpolitik der Tschechoslowakei und die Entwicklung der internationalen Beziehungen 1946–1947 (Monographie).

1065. **Anders-Baudisch**, Freia: Nationalsozialistische Strafjustiz im „Reichsgau Sudetenland" 1938–1945 – Urteilspraktiken zwischen „justitieller Normalität", Okkupationspolitik und Kriegsalltag (Dissertation).

1066. **Bahlcke**, Joachim: Kamil Kroftas Konzeption der böhmischen und ungarischen Ständeverfassung vor dem Hintergrund der Ersten Tschechoslowakischen Republik (Beitrag zu Sammelband).

1067. **Bahlcke**, Joachim: Wissenschaft im sudetendeutschen Volkstumskampf. Zur hochschulpolitischen Tätigkeit des Prager Rechtshistorikers Wilhelm Weizsäcker in der Zeit vom Münchener Abkommen 1938 bis zum Ende des Zweiten Weltkrieges (Beitrag zu Sammelwerk).

1068. **Bahlcke**, Joachim (Hg.): Kirchliche Praxis und Sprachenproblematik in Böhmen und Mähren.

1069. **Borák**, Mečislav: Spisy mimořádných lidových soudů z let 1945–1948 v českých archivech a možnosti zkoumání židovské problematiky [Akten der Außerordentlichen Volksgerichte aus den Jahren 1945–1948 in tschechischen Archiven und die Möglichkeiten der Untersuchung der jüdischen Problematik] (Aufsatz).

1070. **Borák**, Mečislav: Československé „retribuční" soudnictví v letech 1945–1948 a německá problematika ve spisech mimořádných lidových soudů Moravská Ostrava, Opava a Nový Jičín [Tschechoslowakische „Retributionsjustiz" in den Jahren 1945–1948 und die deutsche Problematik in den Schriften der Außerordentlichen Volksgerichte in Mährisch Ostrau, Troppau und Neutitschein] (Aufsatz).

1071. **Brämer**, Andreas: Rabbiner Zacharias Frankel. Wissenschaft des Judentums und konservatives Judentum im 19. Jahrhundert (Dissertation Hamburg).

1072. **Brandes**, Detlef: Attentismus, Aktivismus, Verrat. Das Bild der Kollaboration im „Protektorat Böhmen und Mähren" in der tschechischen Historiographie seit 1989 (Beitrag zu Sammelwerk).

1073. **Brandes**, Detlef: Beneš' Politik im Exil 1939–1945 (Beitrag zu Sammelwerk).

1074. **Brandes**, Detlef: Vertreibung und Zwangsaussiedlung der Deutschen aus der Tschechoslowakei (Beitrag zu Sammelwerk).

1075. **Campbell**, Michael: Die Gründe für den Landesverrat: Der Kameradschaftsbund und der Sudetendeutsche Nationalismus (Monographie).

1076. **Dehnert**, Walter: „Der böhmische Knoten". Zum Filmschaffen von Pavel Schnabel [betr. Böhmen, Deutsche und Tschechen] (Aufsatz).

1077. **Dolezel**, Heidrun; **Dolezel**, Stephan (Hg.): Deutsche Gesandtschaftsberichte aus Prag. Teil 5: 1936–1938 (Edition).

1078. **Eisch**, Katharina: Archäologie eines Niemandslands. Ethnographische Untersuchungen bei den Deutschen in Böhmen (Monographie).

1079. **Eisch**, Katharina: „Die Glasmacher haben keine Grenze nicht anerkannt". Wanderung und Migration der Glasarbeiter im bayrisch-böhmischen Grenzraum (Aufsatz).

1080. **Emmrich**, Brigitte: Kommentierte Ausgabe der Folklore-Materialien (vornehmlich Sagen und Schwänke) aus dem Josef-Wagner-Nachlaß des ISGV.

1081. **Fendl**, Elisabeth: Pilze und Beeren. Sammelwirtschaft im Böhmerwald (Beitrag zu Sammelwerk).

1082. **Fendl**, Elisabeth: Der Egerländer Marsch. Zur Politisierung von „Volksmusik" (Aufsatz).

1083. **Fendl**, Elisabeth; **Kalinke**, Heinke: Fragen an Experten. Die nordwestböhmischen Antworten auf eine Umfrage zum „Bauernhaus der Sudeten- und Karpathenländer" aus dem Jahr 1930 (Aufsatz).

1084. **Franzen**, K. Erik: Der Freistaat Bayern als Schirmherr der vertriebenen Sudetendeutschen (Dissertation Köln).

* **Gawrecká**, Marie: Němci ve Slezsku 1918–1938 [Die Deutschen im tschechoslowakischen Schlesien 1918–1938] (Monographie).

* **Gawrecki**, Dan: Polské politické strany v československém Těšínsku mezi světovými válkami [Die polnischen politischen Parteien im tschechoslowakischen Schlesien zur Zeit zwischen den Weltkriegen] (Beitrag zu Sammelwerk).

* **Gawrecki**, Dan: Školství na frývaldovsku 1848–1918 [Das Schulwesen im Bezirk Freiwaldau 1848–1918] (Aufsatz).

* **Gawrecki**, Dan: **Sopák**, Pavel: Troppau um das Jahr 1900 (Entwicklungstendenzen und Urbanisierung).

1085. **Gebel**, Ralf: Konrad Henlein und der Reichsgau Sudetenland (1938–1945) (Dissertation Bonn).

1086. **Glettler**, Monika: Bratislava; Hlinka-Garde; Parteien: Slowakei; Revolution von 1848/49: Slowaken; Slowakei ab 1918; Slowaken; Stadt; Stadttypen; Historisches Ungarn, Zips (Beiträge zu: Lexikon zur Geschichte Südosteuropas).

1087. **Glettler**, Monika: Die Slowaken (Beitrag zu: Wandruszka, Adam; Urbanitsch, Peter [Hg.]: Die Habsburgermonarchie 1848–1918, Bd. VIII).

1088. **Glettler**, Monika: „Der Slowak" von Michal Miloslav Hodža im Vergleich mit József von Eötvös' „Über die Gleichberechtigung der Nationalitäten in Österreich".

1089. **Glettler**, Monika: Das tschechische Wien historisch (Beitrag zu: Christa Rothmeier [Hg.]: Die entzauberte Idylle, Wien).

1090. **Glettler**, Monika; **Lipták**; **Míšková,** Alena (Hg.): Das Schicksal der Tschechoslowakei in Hitlers Europa. Sudetengau, Protektorat, Slowakei 1938–1945 (Sammelband).

1091. **Gornig**, Gilbert: Völkerrecht und Völkermord. Definition – Nachweis – Konsequenzen (Monographie).

1092. **Gottas**, Friedrich: Zwischen Bekenntnis zur deutschen Sprache und Kultur und ungarischem Patriotismus. Aufgezeigt am Beispiel des Vereinswesens der Deutschen in der Zips in der zweiten Hälfte des 19. Jahrhunderts (Beitrag zu Sammelwerk).

1093. **Haas**, Hanns: Die Tiefenwirkung des Nationalismus in südmährischen Dörfern im 20. Jahrhundert (Beitrag zu: Tschechisch-Österreichische Historikerkommission [Hg.]: Zwei Wege zweier Nachbarn. Die Tschechoslowakei und Österreich 1945–1989).

1094. **Haas**, Hanns; **Mähner**, Peter (Hg.): Südmährische Dörfer. Zur Tiefenmischung von Ethnizität und Nationalität im 20. Jahrhundert.

1095. **Hahnova**, Eva; **Hahn**, Hans Henning: Sudetoněmecka zapomínání a vzpomínání [Sudetendeutsches Vergessen und Erinnern] (Monographie).

1096. **Haslinger**, Peter: Nation und Territorium im tschechischen nationalen Diskurs 1890–1939 (Habilitationsschrift).

1097. **Haslinger**, Peter: „The nation, the enemy, and imagined territories: Slovak and Hungarian elements in the emergence of a Czechoslovak national narrative during and after Word War I." (Beitrag zu: Wingfield, N.; Judson, P. [Hg.]: Creating the other. The causes and dynamics of nationalism, ethnic enmity, and racism in Eastern Europe).

1098. **Heerdegen**, Manfred: Zwischen Assimilationsdruck und Anpassungsbereitschaft. Die Aufnahme deutscher Vertriebener im Ostallgäu nach 1945 (Stadt Kaufbeuren, ehemalige Landkreise Kaufbeuren und Marktoberdorf) (Dissertation).

1099. **Heerdegen**, Manfred: Kaufbeuren-Hart oder Kaufbeuren-Neugablonz? Der Konflikt um die Benennung einer Vertriebenengründung im Regierungsbezirk Schwaben 1946–1952 (Beitrag zu: Reinhard Baumann; Paul Hoser [Hg.]: Kriegsende und Neubeginn in der Region).

1100. **Heumos**, Peter; **Brenner**, Christiane (Hg.): Rußland und die böhmischen Länder (Tagungsband).

1101. **Heumos**, Peter (Hg.): Die Tschechoslowakei und Ostmitteleuropa 1945–1948 (Tagungsband).

1102. **Höhne**, Steffen (Hg.): Sprachwandel – Kulturwandel. Bilingualismus, Bikulturalismus und Binationalismus in Mitteleuropa am Beispiel der Böhmischen Länder im 19. Jahrhundert.

1103. **Höhne**, Steffen: Havlíčeks Wirken als politischer Publizist im Vormärz (Beitrag zu: Brücken. Germanistisches Jahrbuch Tschechien – Slowakei).

1104. **Hořká**, Ludmila (Hg.): Národopisné paběrky z Hlučínska [Ethnographische Nachlese aus dem Hultschiner Ländchen] 2 Bde.

1105. **Iggers**, Wilma: Ethnische Gruppen im multikulturellen Prag (Aufsatz).

1106. **Iggers**, Wilma; **Iggers**, Georg: Gemeinsame Autobiographie.

1107. **Janák**, Dušan: Tábory nucené práce v ČSR 1948–1954 [Zwangsarbeitslager in der CSSR 1948–1954] (Dissertation).

1108. **Jandl**, Hans: Vor 50 Jahren wurde zum zweiten Mal ein Pfarrer aus Rothmühl vertrieben (Aufsatz).

1109. **Jandl**, Hans: Stiftungen der Pfarrei Greifendorf (Aufsatz).

1110. **Jandl**, Hans: Die Vertreibung im Spiegel von Pfarrgedenkbüchern des Schönhengstgaues (Aufsatz).

1111. **Kaben**, Gisela: Das Verhältnis von deutschem und tschechischem katholischen Klerus in der Zwischenkriegszeit und im Protektorat (Dissertation).

1112. **Koch**, Klaus-Peter: Musik aus den böhmischen Ländern und Galizien zu Beginn des 20. Jahrhunderts (Beitrag zu Sammelband).

* **Koch**, Klaus-Peter: Deutsche Gesangvereine in Österreichisch Schlesien bzw. Mährisch Schlesien (Beitrag zu Sammelband).

1113. **Komar**, Hans: Das Revolutionsjahr 1848/49 in Böhmen und Mähren. Ereignisse und Auswirkungen für die Schönhengster Sprachinsel (Aufsatz).

1114. **Komar**, Hans: Die Schönhengster Sprachinsel vom Zerfall der Monarchie bis zur Einverleibung in die Tschechoslowakische Republik (Aufsatz).

1115. **Komar**, Hans: Die Schönhengster Sprachinsel in der historisch-topographischen Literatur 1798–1937 (Aufsatz).

1116. **Komar**, Hans: Die Schönhengster Sprachinsel zwischen Revolution und Verfassungsstaat 1849–1867: Grundentlastung, Gemeindegesetz, Verwaltungsreform 1850–1867 und ihre Probleme (Aufsatz).

1117. **Komar**, Hans: Die Zeit des Nationalismus in der Habsburger Monarchie (1848–1918) und in der Tschechoslowakischen Republik (1918/38). Die politische Einstellung der Bevölkerung der Schönhengster Sprachinsel im Spiegel der Ergebnisse der Landtags- und Reichsratswahlen (1861–1911) und der Wahlen zum Prager Parlament (1920–1935).

1118. **Komar**, Hans: Eine Säule des (österreichischen) Liberalismus: Karl Giskra (Aufsatz).

1119. **Komar**, Hans: Vor 170 Jahren geboren: Oswald Ottendorfer (Aufsatz).

1120. **Komar**, Hans: Oskar Schindler (1908–1974) der „Industrielle“ aus Zwittau und Retter seiner jüdischen Belegschaft 1939–1945 (Aufsatz).

1121. **Kowalski**, Ines: Eduard Winter (1896–1982). Ein Beitrag zur Theologie- und Bildungsgeschichte des 20. Jahrhunderts (Dissertation).

1122. **Krömer**, Petr; **Stoklasa**, Herbert (Hg.): 80. let kopané v Kravařích (1921–2001) [80 Jahre Fußball in Kravaře (1921–2001)].

* **Kuret**, Primož: Kulturaustausch zwischen den südslawischen Ländern und Tschechien (Aufsatz).

1123. **Lozoviuk**, Petr: „Jednou to padne samo.“ K historii „nejmenšiho jazykového ostrova“ meziválečného Československa [„Irgendwann fällt das in sich selbst zusammen.“ Zur Geschichte der „kleinsten Sprachinsel“ der Zwischenkriegstschechoslowakei] (Aufsatz).

1124. **Lozoviuk**, Petr: Die Fersentaler in Südböhmen. Zum Hintergrund einer gescheiterten Umsiedlung (Aufsatz).

1125. **Luft**, Robert: Utilitarismus, Selektion und zerstörte Pluralität. Von Bibliotheken, Buchbeständen und Bibliothekaren in den böhmischen Ländern unter nationalsozialistischer Herrschaft (Beitrag zu Sammelband).

1126. **Luft**, Robert: Tschechische Parteien, Vereine und Verbände vor 1914 (Beitrag zu Sammelband).

1127. **Luft**, Robert: Mähren: Grenzen von Regionalismus und Nationalismus 1848–1918 (Beitrag zu Sammelband).

1128. **Luft**, Robert (Hg.): Regionen und Regionalismus in den böhmischen Ländern in Geschichte und Gegenwart.

* **Luft**, Robert (Hg.): Ungarn und die böhmischen Länder im 19. und 20. Jahrhundert. Zwei Nationen und zwei Länder im gesellschaftlichen und politischen Vergleich.

1129. **Machačová**, Jana; **Matějček**, Jiří (Hg.): Nástin sociálniho vývoje českých zemi 1781–1914 [Abriß der sozialen Entwicklung der böhmischen Länder 1781–1914] (Monographie).

1130. **Machačová**, Jana; **Matějček**, Jiří (Hg.): Studie k sociálnim dějinám [Studien zur Sozialgeschichte], Bde. 7 und 9 (Edition).

1131. **Machilek**, Franz: Cyrill, Method und Velehrad: „Katholische Slawophilie" – Brücke zur Orthodoxie – politische Ideologie (Beitrag zu Sammelband: Religion und Gesellschaft in den böhmischen Ländern, hg. v. Ferdinand Seibt).

1132. **Matter**, Max (Hg.): Nationales Selbstverständnis und der Umgang mit den „Anderen" im multiethnischen Staat. Die Deutschen in der Slowakei gestern und heute.

1133. **Matter**, Max: Zum Selbstverständnis der Deutschen in der Slowakei und ihrem Umgang mit anderen „Volksgruppen" (Beitrag zu Nr. 1132).

1134. **Morrissey**, Christof: Nationalsozialismus und Dissens in den ethnisch-deutschen Gemeinden der Slowakei, 1938–1945 (Beitrag zu Nr. 1132).

1135. **Morrissey**, Christof: National socialism and dissent in the ethnic German communities of Slovakia and Croatia, 1933–1945 (Dissertation).

1136. **Morrissey**, Christof: Das Institut für Heimatforschung in Käsmark (Slowakei) (Beitrag zu: Ingo Haar und Michael Fahlbusch [Hg.]: Handbuch der völkischen Wissenschaften).

1137. **Müns**, Heike: Zum Stereotyp des „Böhmischen" in der Musik (Beitrag zu Tagungsband Bratislava).

1138. **Müns**, Heike: Die Migrationsstrategien der böhmischen Musikanten im 18. und 19. Jahrhundert (Aufsatz für: Tagungsband der Fachkommission Volkskunde beim Herder-Forschungsrat).

1139. **Neumannová**, Jana: Kulturpolitik in der Tschechoslowakei 1945–1956 (Monographie).

1140. **Niedermeier**, Stephan: Wirtschaftsverhalten und Identifikationsprozesse, untersucht am Beispiel des Buchhandels in den böhmischen Ländern 1845–1914 (Dissertation Leipzig).

1141. **Niedermeier**, Stephan: Die Handelskammern in Böhmen. Zur regionalen Vertretung von Unternehmensinteressen unter Kaiser Franz Josef (Beitrag zu Nr. 1128).

1142. **Plyer**, Ségolène: Die Sudetendeutschen und Deutschland seit 1918: Wandlungen der Gruppenidentität (am Beispiel des Kreises Braunau i. B./Broumov) (Dissertation).

1143. **Puttkamer**, Joachim von: Die tschechoslowakische Bodenreform von 1919 (Aufsatz).

1144. **Reich**, Andreas: Die deutschen Konsumgenossenschaften in der Ersten Tschechoslowakischen Republik 1918–1938 (Monographie).

1145. **Reich**, Andreas: Die friedliche Spaltung der Tschechoslowakei. Bedingungen der kooperativen zwischennationalen Konfliktregulierung in der Tschechoslowakei bzw. in Tschechien und in der Slowakei (Monographie).

1146. **Reichel**, Walter: Die römisch-katholische Kirche und der Tschechoslowakische Staat 1918–1929 (Dissertation Wien).

1147. **Richter-Kovarik**, Katharina: Deutsch-Sein in Metzenseifen zur Zeit des Kommunismus (Beitrag zu Nr. 1132).

1148. **Rühmkorf**, Christian: Edvard Beneš als Staatspräsident 1935–1938. Grundüberzeugungen und Leitlinien seiner Politik (Dissertation Oldenburg).

1149. **Rutkowski**, Ernst (Hg.): Briefe und Dokumente zur Geschichte der österreichisch-ungarischen Monarchie unter besonderer Berücksichtigung des böhmisch-mährischen Raumes 1868–1918 (Edition) (mehrbändig).

1150. **Scheuermann**, Tanja: Die Entstehung und Entwicklung der Nauheimer Musikinstrumentenindustrie (Magisterarbeit Mainz).

1151. **Schmid**, Daniel C.: Schweizerisch-tschechische Beziehungen 1939–1945: Das „Protektorat Böhmen und Mähren", der „Reichsgau Sudetenland", die tschechoslowakische Exilregierung und die Schweizer Diplomatie im Zweiten Weltkrieg (Dissertation Zürich).

1152. **Schmid**, Daniel C.: Hopfen und Malz verloren? Zur „Arisierung" der jüdischen Malzfabriken im „Protektorat Böhmen und Mähren" (Aufsatz für: Theresienstädter Studien und Dokumente).

1153. **Skriebeleit**, Jörg: Identitätsdiskurse um ein ehemaliges Konzentrationslager – das Beispiel Flossenbürg (Dissertation).

1154. **Slapnicka**, Helmut: Die Prager Universität als bilinguale Lehr- und Forschungseinrichtung 1848–1882 (Aufsatz).

1155. **Slapnicka**, Helmut: Österreichische Beamte in der Slowakei 1853–1860 (Aufsatz).

1156. **Slapnicka**, Helmut: Die juristischen Fakultäten der Prager Universitäten 1900–1939 (Aufsatz).

1157. **Slapnicka**, Helmut: Der Lehrstuhl des Kirchenrechts an der Prager Universität im Vormärz (Aufsatz).

1158. **Sobieraj**, Silke: Die nationale Politik des Bundes der Landwirte in der Ersten Tschechoslowakischen Republik. Möglichkeiten und Grenzen der Verständigung zwischen Tschechen und Deutschen 1918–1929 (Dissertation Basel).

1159. **Šrajerová**, Olga: Identifikácia Slovákov v ČR s menšinovým postavením [Die Identifikation der Slowaken in der Tschechischen Republik mit dem Minderheitenstatus] (Aufsatz).

1160. **Šrajerová**, Olga: Otázky národní identity – determinanty a subjektivní vnímaní v podmínkách současné multietnické společnosti [Die Frage der Nationalidentität – Determinanten und Subjektivperzeption unter den Bedingungen der gegenwärtigen multiethnischen Gesellschaft] (Edition).

* **Šrajerová**, Olga: Školská problematika v sociologických výskumoch Slezského ústavu SZM 1967–2000 [Die Schulproblematik in der soziologischen Forschung des Schlesischen Instituts SZM 1967–2000] (Aufsatz).

1161. **Stoličná**, Rastislava: Kuchyňa naśich predov. Bratislava, Veda [Die slowakische Volksküche, mit deutscher Zusammenfassung] (Monographie).

1162. **Tischler**, Maria: 50. Jahrestag der Gründung des Archivstudiums an der Komensky-Universität Bratislava (Festrede, Aufsatz).

1163. **Tönsmeyer**, Tatjana: Die Wahrnehmung des deutschen Einflusses durch die slowakische politische Elite, 1939–1945 (Aufsatz).

1164. **Tönsmeyer**, Tatjana: Holocaust in der Slowakei (Beitrag zu: Wolfgang Benz, Holocaust-Lexikon).

1165. **Tönsmeyer**, Tatjana: Holocaust im „Protektorat" (Beitrag zu: Wolfgang Benz, Holocaust-Lexikon).

1166. **Tönsmeyer**, Tatjana: Der Vrba-Wetzler-Bericht (Beitrag zu: Wolfgang Benz, Holocaust-Lexikon).

1167. **Tönsmeyer**, Tatjana: Tiso (Beitrag zu: Lexikon für Theologie und Kirche).

1168. **Tönsmeyer**, Tatjana: Der Slowakische Staat im kollektiven Gedächtnis der Slowakei.

* **Tönsmeyer**, Tatjana: „Arisierung" in Ungarn, Rumänien und der Slowakei (Aufsatz).

1169. **Vařeka**, Josef: Ländliches Bauwesen im Lichte der Baupläne aus dem 19. Jahrhundert im böhmisch-sächsischen Grenzraum (Aufsatz).

1170. **Warta**, Karin: Deutsche volkskundliche Vereine in Böhmen und Mähren im 19. Jahrhundert (Dissertation Würzburg).

1171. **Weger**, Tobias: Sudetendeutsche Organisationen 1945–1960 zwischen Vertriebenenintegration, ‚Volkstumspolitik' und Kaltem Krieg (Dissertation Oldenburg).

1172. **Weger**, Tobias: Die katholische Rhetorik bei den vertriebenen Sudetendeutschen nach 1945 (Beitrag zu Sammelwerk).

1173. **Weger**, Tobias: Das „deutsche Prag" – von der Beständigkeit eines Mythos (Aufsatz).

1174. **Weger**, Tobias: „Tracht" und „Uniform" – Fahne und Wappen. Sudetendeutsche Symbolik nach 1945 (Beitrag zu Sammelwerk).

1175. **Weger**, Tobias: Analyse tschechischer Schulgeschichtsbücher (Beitrag zu Sammelwerk).

1176. **Weger**, Tobias: Die Sudetendeutsche Anstalt für Landes- und Volksforschung in Reichenberg (Beitrag zu Sammelwerk).

1177. **Weger**, Tobias: Hermann Raschhofer (Beitrag zu Sammelwerk).

1178. **Weger**, Tobias: Wandlungen eines Wissenschaftlers. Der Volkskundler Josef Hanika (Aufsatz).

* **Weger**, Tobias: Das jüdische Krakau und das jüdische Prag in deutschsprachigen Reiseführern (Aufsatz).

1179. **Welling**, Martin: „Von Haß so eng umkreist". Der Erste Weltkrieg aus der Sicht der Prager Juden (Dissertation Düsseldorf).

1180. **Wiedemann**, Andreas: Die neue Gesellschaft in den ehemaligen Sudetengebieten. Migrationsprozesse, Sozialstruktur, wirtschaftliche und kulturelle Entwicklung (Dissertation).

1181. **Winters**, Stanley B.: The development of research and writing on Czech history in the United States from 1945 to 2000 (Aufsatz).

1182. **Winters**, Stanley B.: Vzpomínky Bohumila Němce na českou vědu a kulturu [Erinnerungen an die tschechische Wissenschaft und Kultur von Bohumil Němec] (Beitrag zu Sammelwerk).

1183. **Wlaschek**, Rudolf M.: Juden in Böhmen. Beiträge zur Geschichte des europäischen Judentums im 19. und 20. Jahrhundert. 2. erweiterte Auflage (Monographie).

1184. **Zückert**, Martin: „Sicher wird das völkische Problem in der tschechischen Armee zu unseren Gunsten sprechen". Zur Loyalität deutscher Soldaten in der tschechoslowakischen Armee 1918–1938 (Beitrag zu Sammelband).

1185. **Zückert**, Martin: Wissenschaft und „Identitätsmanagement". „Sudetendeutsche" Volkskundler und ihr Verhältnis zur Slowakei am Beispiel der Zeitschrift „Karpathenland" (1928–1938) (Beitrag zu Sammelband).

1186. **Zückert**, Martin: Nationalstaatsarmee im multinationalen Staat. Militär und Gesellschaft in der Ersten Tschechoslowakischen Republik (Dissertation Freiburg).

1187. **Zwicker**, Stefan: Schlageter, Fučík und andere. Nationale Helden und Märtyrer im Europa des 20. Jahrhundert (Dissertation).

1188. **Zwicker**, Stefan: Ein Held für vieles. Albert Leo Schlageter – Realität und Mythos eines „nationalen Märtyrers" (Aufsatz für Mythologica).

9 DEUTSCHE IN SÜDOSTEUROPA (UNGARN, RUMÄNIEN, EHEM. JUGOSLAWIEN)

9.1 Zeitlich übergreifende Arbeiten

1189. **Arbeitskreis für siebenbürgische Landeskunde** (Hg.): Quellen zur Geschichte der Stadt Hermannstadt (Bd. 2).

1190. **Bahlcke**, Joachim; **Zach**, Krista (Hg.): Vergangenheit und Gegenwart des Katholizismus in Siebenbürgen.

* **Bahlcke**, Joachim: Kamil Kroftas Konzeption der böhmischen und ungarischen Ständeverfassung vor dem Hintergrund der Ersten Tschechoslowakischen Republik (Beitrag zu Sammelband).

1191. **Disconescu**, Marius; **Drăgan**, Ioan; **Érszegi**, Géza; **Pop**, Ioan Aurel: Diplomatarium Maramorosiense 1199–1556 (Edition).

1192. **Döpmann**, Hans-Dieter: Die Entwicklung des theologischen Denkens in Bulgarien von der Christianisierung bis zur Gegenwart (Beitrag zu: La Théologie byzantine, Bd. 2).

1193. **Döpmann**, Hans-Dieter: Christliche Existenz als Gratwanderung (Beitrag zu: Kirchengeschichte in Autobiographie).

1194. **Dordea**, Ioan: Die Geschichte des Salzwesens Siebenbürgens im 18. und 19. Jahrhundert (Beitrag zu Sammelwerk).

1195. **Dordea**, Ioan: Historiographie des Salzwesens Rumäniens (Beitrag zu Festschrift).

1196. **Fabini**, Hermann und Alida: Siebenbürgen in Wort und Bild (Monographie).

1197. **Fritz**, Johann: Eine Reise in die Vergangenheit (Beiträge zur Geschichte der Gemeinde Kakasd/Ungarn, Nr. 4).

* **Garleff**, Michael; **Gündisch**, Konrad: Interethnische Beziehungen und regionale Identität. Das Baltikum und Siebenbürgen im Vergleich (Aufsatz).

* **Glettler**, Monika: Bratislava; Hlinka-Garde; Parteien: Slowakei; Revolution von 1848/49: Slowaken; Slowakei ab 1918; Slowaken, Stadt, Stadttypen; Historisches Ungarn, Zips (Beiträge zu: Lexikon zur Geschichte Südosteuropas).

1198. **Gündisch**, Konrad (Red.): Ortsmonographie Heltau (Projekt).

1199. **Gündisch**, Konrad: Kultur und Geschichte der Siebenbürger Sachsen und Banater Schwaben in rumänischen Schulbüchern (Beitrag zu Sammelwerk).

1200. **Gündisch**, Konrad: Die Rechtsstellung Siebenbürgens im Mittelalter und in der Frühen Neuzeit (Beitrag zu: Dietmar Willoweit [Hg.]: Reiche und Territorien in Ostmitteleuropa).

1201. **Gündisch**, Konrad: Kontinuität in Siebenbürgen: Historiographische Auseinandersetzungen um territoriale Zugehörigkeiten (Beitrag zu: Hans Lemberg [Hg.]: Legitimationen durch Geschichte. Nationale Umdeutungen vergangener territorialer Abhängigkeitsverhältnisse in Ostmitteleuropa im 19. und 20. Jahrhundert).

1202. **Gyémánt**, Ladislau: The Jews of Transylvania in the XIV–XVIIIth centuries (Aufsatz).

1203. **Hausleitner**, Mariana: Stichwörter: Bessarabien. Bukowina. Czernowitz. Karpato-Ukraine. Kischinew. Maramuresch. Moldaurepublik. Ribbentrop-Molotov-Pakt, Transnistrien (Beiträge zu: Hösch, Edgar; Nehring, Karl; Sundhaussen, Holm [Hg.]: Lexikon zur Geschichte Südosteuropas).

1204. **Hausleitner**, Mariana: Publikationen zur Geschichte der Juden Großrumäniens (Aufsatz für: Zeitschrift für Siebenbürgische Landeskunde).

1205. **Herter**, Balduin: Die Familien „Millen-Mill-Müll“ in Zeiden (Aufsatz).

1206. **Heuberger**, Valeria: Tafelfreuden aus dem Orient. Der Einfluß des Osmanischen Reichs/der Türkei auf die europäische Eß- und Trinkkultur am Beispiel Österreichs (Beitrag zu Sammelwerk).

1207. **Heuberger**, Valeria (Hg.): Auf den Spuren osmanischer Geschichte in Österreich: Beiträge zu den politischen, militärischen und kulturellen Beziehungen zwischen dem Habsburgerstaat und dem Osmanischen Reich.

* **Hienz**, Hermann A.: Schriftsteller-Lexikon der Siebenbürger Deutschen. Bio-Bibliographisches Handbuch für Wissenschaft, Dichtung und Publizistik, Bd. 9.

1208. **Klein**, Christoph: Stadt der Kirchen – Kirchen der Stadt (Beitrag zu Sammelband „Hermannstadt – eine Stadtgeschichte in Rumänien“).

1209. **Kusdat**, Helmut; **Cordon**, Cécile (Hg.): Vielsprachenland am Pruth. Die Bukowina – Geschichte, Literatur, Verfolgung, Exil.

1210. **Metz**, Franz: Orgi istorice din Banat [Historische Orgeln des Banats] (in rumänischer Sprache) (Monographie).

1211. **Metz**, Franz: Die Orgel und das Kirchenlied im südöstlichen Europa. Die Kanntorenbücher der Donauschwaben (Beitrag zu: Die Entwicklung der Orgelbegleitung zum Kirchenlied und Gregorianischen Choral).

1212. **Metz**, Franz: Bedeutende Philharmonische Gesellschaften Südosteuropas. Ihre Rolle für Musik und Gesellschaft in multiethnischen Regionen (Beitrag zu: 300 Jahre Academia Philharmonicorum Ljubljana.

1213. **Metz**, Franz: Weiße Seiten europäischer Musikhistoriographien. Auf musikgeschichtlicher Spurensuche im Banat (Monographie).

1214. **Nussbächer**, Gernot; **Marin**, Elisabeta: Quellen zur Geschichte der Stadt Kronstadt (Bd. 10).

1215. **Puttkamer**, Joachim von (Hg.): Quellen zur Kirchengeschichte Siebenbürgens: Schulwesen.

1216. **Roth**, Harald (Hg.): Repertorium Transylvanicum. Eine Einführung in die wissenschaftliche Literatur über Siebenbürgen. Ergänzungslieferung.

1217. **Roth**, Harald (Hg.): Handbuch der Historischen Stätten Siebenbürgen.

1218. **Scherer**, Anton: Suevia Austriaca. Gesammelte Studien und Berichte zur Geschichte und Kultur der altösterreichischen deutschen Volksgruppen (Donauschwaben, Deutsch-Untersteirer, Gottscheer) sowie zu interethnischen Beziehungen (Teil 1–3) (Monographie).

1219. **Schuller Anger**, Horst: Gastland jenseits der Wälder. Siebenbürgen – Sehen und Wiedersehen (Aufsatz).

1220. **Slotta**, Reiner; **Wollmann**, Volker; **Dordea**, Ioan: Das Gold in Siebenbürgen, Band V–VI (Monographie).

1221. **Wien**, Ulrich A. (Hg.): Quellen zur Kirchengeschichte Siebenbürgens: Kirchenordnungen.

1222. **Zach**, Krista: Gormsens Bericht zur rumänischen Agrarwirtschaft 1939/1945

(Beitrag zu: Berindei, Dan; Zach, Krista [Hg.]: Deutsch-Rumänisches Kolloquium II).

1223. **Zach**, Krista: Der Balkan in der Vielfalt seiner Kulturen: Die religionsgeschichtliche Komponente (Beitrag zu Sammelband).

9.2 Mittelalter

1224. **Grabmayer**, Johannes: Die Grafen von Cilli in der Chronistik (1341–1456) (Monographie).

1225. **Gross**, Lidia Carmen: Confreriile medievale în Transilvania (secolele XIV–XVI) [Die religiösen Bruderschaften im mittelalterlichen Siebenbürgen, 14.–16. Jahrhundert] (Dissertation Cluj/Klausenburg).

1226. **Gross**, Lidia Carmen: Confreria capitlului din Sighişoara [Die Bruderschaft des Schäßburger Capitels] (Aufsatz).

1227. **Gross**, Lidia Carmen: Die Heilig-Geist-Orden und -Bruderschaften in Siebenbürgen (13.–16. Jahrhundert) (Aufsätze).

1228. **Gündisch**, Gustav (†); **Gündisch**, Konrad; **Nussbächer**, Gernot; **Zimmermann**, Harald: Urkundenbuch zur Geschichte der Deutschen in Siebenbürgen, Bd. 8 (1487–1495).

* **Meier**, Jörg: Stadtrechtslandschaften und Städtebünde in der Slowakei und in Siebenbürgen (Beitrag zu Nr. 1011).

1229. **Nussbächer**, Gernot: Documente privind istoria oraşului Braşov [Urkunden zur Geschichte der Stadt Kronstadt] (Edition).

* **Piirainen**, Ilpo Tapani; **Gündisch**, Konrad: Stadt- und Bergrecht in der Slowakei und in Siebenbürgen (Beitrag zu Nr. 1011).

1230. **Rüther**, Andreas: Königsmacherin und Kammerfrau im weiblichen Blick: Der Kampf um die ungarische Krone in der Wahrnehmung Helene Kottanners (Beitrag zu: Rogge, Jörg [Hg.]: Fürstin und Fürst. Rollenverständnis, Handlungsspielräume und Konfliktverhalten in den Geschlechterbeziehungen des hohen und fürstlichen Adels im Mittelalter und am Beginn der Frühen Neuzeit).

1231. **Thoma**, Gertrud: Die Grundherrschaft des Bistums Freising im Hoch- und Spätmittelalter (Habilitationsschrift).

1232. **Török**, Gyöngyi: Die Ursprünge der jagiellonischen Renaissance in Ungarn während der Regierungszeit des Königs Matthias Corvinus (1458–1490) (Beitrag zu Nr. 2130).

1233. **Vlaicu**, Monica u. a.: Comerţ şi meşteşuguri în Sibiu şi cele Şapte Scaune 1224–1579 [Handel und Gewerbe in Hermannstadt und den Sieben Stühlen, 1224–1579] (Edition).

9.3 Frühe Neuzeit (1500 bis etwa 1800)

1234. **Ardeleąn**, Livia: Evoluţia vieţii economice şi sociale în Maramureş în sec. XVII [Die Entwicklung des wirtschaftlichen und sozialen Lebens in der Marmarosch im 17. Jahrhundert] (Dissertation).

1235. **Bahlcke**, Joachim: Ungarischer Episkopat und habsburgische Monarchie. Von der Partnerschaft zur Konfrontation (1686–1790) (Habilitationsschrift Universität Leipzig).

1236. **Bahlcke**, Joachim: Catholic identity and ecclesiastical politics in early modern Transylvania (Beitrag zu: Graeme Murdock; Maria Craciun [Hg.]: Confessional identity in East-Central Europe).

1237. **Bahlcke**, Joachim: Die Autorität der Vergangenheit: Kirchlicher Traditionalismus und künstlerischer Modernismus beim ungarischen Episkopat im späten 18. Jahrhundert (Beitrag zu Nr. 55).

1238. **Bahlcke**, Joachim: Politische Funktionen kirchlicher Beziehungen: Ungarn und die Reichskirche (Beitrag zu: Willoweit, Dietmar [Hg.]: Reiche und Territorien in Ostmitteleuropa. Ihre rechtlichen und politischen Beziehungen vom 13. bis zum 18. Jahrhundert).

1239. **Bahlcke**, Joachim: Les titulaires ecclésiastiques en Hongrie au XVIIIe siècle (Beitrag zu: Christine Lebeau [Hg.]: Les élites en Europe Centrale).

1240. **Dordea**, Ioan: Aspekte des sozialen Lebens der Bergarbeiter in Siebenbürgen und Maramuresch in der zweiten Hälfte des 18. Jahrhunderts (Beitrag zu Sammelwerk).

1241. **Dordea**, Ioan; **Drăgan**, Ioan; **Gündisch**, Konrad; **Wagner**, Ernst (†) (Hg.): Urkunden-Regesten aus dem Archiv der Stadt Bistritz, Bd. 4 (1586–1602) (Edition).

1242. **Fritz**, Johann: Kakasd 1718–1767: Herkunft, Ansiedlung und Wanderbewegung der Kolonisten (Monographie).

1243. **Gyémánt**, Ladislau: Conscripţia fiscală a Transilvaniei din anul 1750 [Die Steuerkonskription Siebenbürgens von 1750] (Monographie).

1244. **Hiller**, István: Traditionsbildung und politische Praxis. Die Geschichtskultur der Familie Esterházy im 17. und 18. Jahrhundert (Beitrag zu Nr. 55).

1245. **Ittu**, Gudrun-Liane: Baronii von Brukenthal şi fundaţiile lor [Die Barone von Brukenthal und ihre Stiftungen] (Aufsatz).

1246. **Kuret**, Primož: Academia philharmonicorum Laibacensis. Musik für Hof und Kirche (Beitrag zu Sammelband: Internationales Symposion in Wien 1997).

1247. **Kuret**, Primož: Jesuitenschultheater (in slowenischer Sprache) (Aufsatz).

1248. **Mârza**, Iacob: O paralelă în epoca Luminilor: Ion Budai Deleanu şi Petrus Bod [Eine mögliche Parallele im Zeitalter der Aufklärung: Ion Budai Deleanu und Petrus Bod] (Aufsatz).

1249. **Mârza**, Iacob: Secvenţe istoriografice privind Unirea religioasă a Românilor ardeleni [Historiographische Fragmente bezüglich der kirchlichen Union der siebenbürgischen Rumänen] (Aufsatz).

1250. **Miladinović Zalaznik**, Mira: „Ein Geschichtsschreiber, der wissendlich Romanen für Historien ausgibt, beleidigt nicht allein die Leser seiner, sondern auch der folgenden Zeit..." Johann Weichard Freiherr von Valvasor (1641–1693), krainischer Polyhistor, und sein monumentales Werk „Die Ehre deß Herzogthums Crain (Beitrag zu Sammelwerk).

1251. **Mureşan**, Florin Valeriu: Satul românesc din nord-estul Transilvaniei la mijlocul secolului al XVIII–lea [Das rumänische Dorf in Nordwestsiebenbürgen im 18. Jahrhundert] (Dissertation).

1252. **Pálffy**, Géza: Türkenabwehr, Grenzsoldatentum und die Militarisierung der Gesellschaft in Ungarn in der Frühen Neuzeit (Beitrag zu: Historisches Jahrbuch der Görres-Gesellschaft).

1253. **Pálffy**, Géza: Der Preis der Verteidigung der Habsburgermonarchie in Mitteleuropa: Die Kosten der Türkenabwehr in der zweiten Hälfte des 16. Jahrhunderts (Beitrag zu: Friedrich Edelmayer; Maximilian Lanzinner; Peter Rauscher [Hg.]: Die kaiserlichen Finanzen in der zweiten Hälfte des 16. Jahrhunderts).

1254. **Pálffy**, Géza: Medien der Integration des ungarischen Adels in Wien im 16. und 17. Jahrhundert (Beitrag zu: Jahrbuch des Instituts für Ungarische Geschichtsforschung).

1255. **Pálffy**, Géza: Die Türkenabwehr in Ungarn im 16. und 17. Jahrhundert – ein Forschungsdesiderat (Beitrag zu: Sitzungsberichte, Österreichische Akademie der

Wissenschaften, Philosophisch-Historische Klasse).

1256. **Pálffy**, Géza: The border defence system in Hungary in the 16th and 17th centuries (Beitrag zu: Béla Király [Ed.]: A millennium of Hungarian military history).

1257. **Poelchau**, Lore: Georg Soterius, Cibinium – eine Darstellung Hermannstadts aus dem Anfang des 18. Jahrhunderts (Edition).

* **Poelchau**, Lore: Humanistische Einflüsse im Bildungswesen und im Geistesleben des 16. und 17. Jahrhunderts im Baltikum und in Siebenbürgen (Aufsatz).

1258. **Strohmeyer**, Arno: Das Widerstandsrecht bei den österreichischen und ungarischen Ständen und das Werden der Habsburgermonarchie (1550–1650) (Habilitationsschrift).

1259. **Szegedi**, Edit: Genealogia popoarelor în istoriografia săsească premodernă [Die Genealogie der Völker in der frühneuzeitlichen Historiographie der Siebenbürger Sachsen, 16.–18. Jh.] (Aufsatz).

1260. **Szegedi**, Edit: Tradiţia ca element al identităţii confesionale săseşti [Die Tradition als Element der konfessionellen Identität der Siebenbürger Sachsen, 16.–17. Jh.] (Aufsatz).

1261. **Szegedi**, Edit: Die Reformation in Klausenburg (Aufsatz).

1262. **Szegedi**, Edit: Die Religionspolitik des Fürstentums Siebenbürgen zwischen Toleranz und Intoleranz (1545–1646) (Aufsatz).

1263. **Szegedi**, Edit: Sächsische Identität im Klausenburg des 16. und 17. Jahrhunderts (Aufsatz).

1264. **Zach**, Krista: Reformation in Siebenbürgen (Beitrag zu: Lexikon zur Geschichte Südosteuropas).

1265. **Zach**, Krista: Politische Motive und Ursachen der Konfessionalisierung in Siebenbürgen (Beitrag zu Nr. 1857).

9.4 19./20. Jahrhundert

1266. **Baier**, Hannelore; **Ciobanu**, Vasile; **Roth**, Harald; **Wien**, Ulrich: Biographie des Minderheitenpolitikers Dr. Hans Otto Roth.

1267. **Bartesch**, Tönnies: Siebenbürger Identitäten und Brauchtum bei der Jugend (Magisterarbeit Humboldt-Universität Berlin).

1268. **Böhm**, Johann: Die Gleichschaltung der deutschen Volksgruppe in Rumänien und das Dritte Reich 1940–1945 (Edition).

1269. **Burger**, Ulrich: Bürgerliche Parteien in der Auseinandersetzung mit der sowjetischen Besatzungsmacht in Rumänien 1944/45 (Dissertation Düsseldorf).

1270. **Burger**, Ulrich: Von der Zusammenarbeit über die Konfrontation zur Auflösung. Die Strategie der Kommunisten in Rumänien zur Gleichschaltung des Parteiensystems zwischen 1944 und 1948 (Beitrag zu: Görtemaker, Manfred; Creuzberger, Stefan [Hg.]: Sowjetisierung und Volksdemokratie. Die Gleichschaltung der Parteien in Osteuropa 1944–1948).

1271. **Carmilly-Weinberger**, Moshe: Transylvanian jews in the 1848/49 Hungarian revolution (Beitrag zu Sammelwerk).

* **Carmilly-Weinberger**, Moshe: Similarities and relationship between the Jüdisch-Theologisches Seminar (Breslau) and the rabbinical seminary (Budapest) (Beitrag zu Sammelwerk).

1272. **Ciobanu**, Vasile: Reforma agrară din 1921 reflectată în presa săsească [Die Bodenreform im Jahre 1921 im Spiegel der siebenbürgisch-sächsischen Presse] (Aufsatz).

1273. **Ciobanu**, Vasile: Germanii din România şi unirea din 1918 [Die Deutschen aus Rumänien und die Vereinigung von 1918] (Monographie).

1274. **Ciobanu**, Vasile: „Deutsche Politische Hefte aus Großrumänien" (1921–1927) / o revistă sibiană uitată [Eine vergessene Zeitschrift aus Hermannstadt] (Aufsatz).

1275. **Ciobanu**, Vasile: Beziehungen zwischen Siebenbürger Sachsen und Deutschbalten im ersten Jahrzehnt der Zwischenkriegszeit (Aufsatz).

1276. **Cosma**, Ela: Presa săsească din Transilvania în anii 1848–1849. O cronică a revoluţiei [Die siebenbürgisch-sächsische Presse in den Jahren 1848–1849. Eine Chronik der Revolution] (Monographie mit Quellenanhang).

1277. **Cosma**, Ela: Fondul de documente 1848 de la Institutul de Istorie Cluj. Documente germane [Der Archivbestand 1848 am Institut für Geschichte in Klausenburg. Deutsche Dokumente] (Edition und Aufsatz).

1278. **Distler**, Rudolf: Die Schönborndörfer. Geschichte und Volkskultur einer Minderheit in Transkarpatien (Dissertation Bamberg).

1279. **Doering-Manteuffel**, Sabine: Anghel. Interkommunitäre Verhältnisse in Zabala – Kreis Kovasna/Rumänien (Monographie).

1280. **Döpmann**, Hans-Dieter: Vergangenheitsbewältigung in den Kirchen Ost- und Südosteuropas (Beitrag zu Festschrift).

1281. **Dordea**, Ioan; **Gündisch**, Konrad; **Schwob**, Anton; **Sienerth**, Stefan; **Vlaicu**, Monica (Hg.): Karl Kurt Kleins Briefwechsel mit deutschen Gelehrten (Edition).

1282. **Engel**, Walter (Hg.): Die „Rumänische Revue" (1885–1894). Eine Zeitschrift der Rumänen für den deutschen Sprachraum. Studie und Anthologie. Neuauflage der Erstausgabe von 1978.

1283. **Feischmidt**, Margit: Zwischen Abgrenzung und Vermischung: Ethnizität in der siebenbürgischen Stadt Cluj (Dissertation Berlin).

1284. **Förster**, Horst; **Wolf**, Josef: Entwicklung der ethnischen Struktur des Banats 1890–1992 (Monographie).

1285. **Fritz**, Johann: Das dörfliche Leben in den Gemeinden Kakasd und Belatz (Aufsatz).

1286. **Fritz**, Johann: Die Welt des Kindes in Kakasd (Aufsatz).

1287. **Fritz**, Johann: Die Volkstracht in Kakasd (Aufsatz).

1288. **Fritz**, Johann: Das deutsche Liedgut in Kakasd (Aufsatz).

1289. **Fritz**, Johann: Die Wassermühlen in Kakasd (Monographie).

1290. **Gabanyi**, Anneli Ute: Rumänien im Umbruch. Von der Transformation zur europäischen Integration.

1291. **Gabanyi**, Anneli Ute: Systemwechsel in Rumänien. Von der Revolution zur Transformation (Monographie).

1292. **Ganzenmüller**, Jörg: Die Motivation zur Vernichtung der ungarischen Juden (Aufsatz).

1293. **Glettler**, Monika: Grenzbilder und Grenzexistenzen: das ungarische Exil in Wien 1919–1934 (Aufsatz).

* **Glettler**, Monika: „Der Slowak" von Michal Miloslav Hodža im Vergleich mit József von Eötvös' „Über die Gleichberechtigung der Nationalitäten in Österreich".

1294. **Gottas**, Friedrich: Das Zusammenleben von Deutschen und Nichtdeutschen im Ungarn der zweiten Hälfte des 19. Jahrhunderts (Monographie).

1295. **Gottas**, Friedrich: Grundlagen und Grundzüge der Parteienentwicklung, des

Vereinswesens und der Interessenvertretungen in den Ländern der ungarischen Krone (Beitrag zu Sammelwerk).

1296. **Gottas**, Friedrich: Vereine, Parteien und Interessenverbände der Deutschen in Ungarn (Beitrag zu Sammelwerk).

1297. **Gyémánt**, Ladislau: Ten years in the life of a Transylvanian jewish community. Alba Iulia 1945–1950 (Aufsatz).

1298. **Gyémánt**, Ladislau: The Transylvanian jewish schooling system in the interwar period (Aufsatz).

1299. **Haslinger**, Peter: Ethnikum, Nation und Territorium in der ungarischen politischen Publizistik 1890–1918 (Beitrag zu: Förster, Horst [Hg.]: Ethnikum und Territorium).

1300. **Haslinger**, Peter: Im Schatten von Trianon: Konstruktionsversuche eines nationalen Territoriums und einer nationalen Wir-Gruppe in der ungarischen politischen Publizistik 1919–1939 (Beitrag zu Sammelband).

* **Haslinger**, Peter: „The nation, the enemy, and imagined territories: Slovak and Hungarian elements in the emergence of a Czechoslovak national narrative during and after Word War I." (Beitrag zu: Wingfield, N.; Judson, P. [Hg.]: Creating the other. The causes and dynamics of nationalism, ethnic enmity, and racism in Eastern Europe).

1301. **Hauler**, Ernst: Geschichte der Sathmarer Schwaben 1918–1997 (Beitrag zu: Donauschwäbische Geschichte, Bd. III).

1302. **Hauler**, Ernst: Scherz und Ernst aus der Region Sathmar für kleinere Schüler (Edition).

1303. **Hauler**, Ernst: Mündlicher Bruderkrieg der Sathmarschwaben um ihre Volkszugehörigkeit (Aufsatz).

1304. **Hauler**, Ernst: Heilige vom Herkunftsgebiet der Sathmarschwaben (Edition).

1305. **Hauler**, Ernst: Der Schatten der Sathmarschwaben (Edition).

1306. **Hausleitner**, Mariana: Wettlauf der Patrioten. Nationalismus in Rumänien 1985–1998 (Beitrag zu: Jahr, Egbert [Hg.]: Nationalismus, nationale Bewegungen und Nationalstaatsbildung in der spät- und postkommunistischen Gesellschaft, Mannheim).

1307. **Hausleitner**, Mariana: Concepts and consequences of romanization: Cernăuţi University 1919–1940 (Beitrag zu: Livezeanu, Irina [Hg.]: Culture and the politics of identity in modern Romania, Pittsburgh).

1308. **Hausleitner**, Mariana: Neue Institutionen in Rumänien zur Aufarbeitung des Kommunismus (Beitrag zu: Hans Georg Majer [Hg.]: Kennt Südosteuropa Südosteuropa? Aus der Südosteuropa-Forschung).

1309. **Hausleitner**, Mariana: Die rumänischen Juden und die Interventionen der Großmächte 1830–1919 (Aufsatz).

1310. **Hausleitner**, Mariana: Bessarabien und Bukowina (Beitrag zu: Benz, Wolfgang [Hg.]: Lexikon des Holocaust).

1311. **Hausleitner**, Mariana: Von der Diskriminierung zur Vertreibung. Nichtrumänen in der Bukowina zwischen 1918 und 1944 (Beitrag zu Nr. 1209).

1312. **Heppner,** Harald: Ethnodemographische Umbrüche in den Karpatenstädten 1918–1940 (Beitrag zu: Kleine Regionen in der großen Politik, große Politik in kleinen Regionen: Der Karpatenraum in der Zwischenkriegszeit).

1313. **Horváth**, Sándor: Aktivisten und Stachanovs: Konstruktion der Helden der Arbeit in Ungarn und in der DDR (Aufsatz).

1314. **Hösler**, Joachim: Nationale Differenzierung zwischen Slowenen und Deutschen in Krain und der Untersteiermark während des 19. Jahrhunderts (Habilitationsschrift).

1315. **Hösler**, Joachim: „... in der Wiege der Slowenzität". Zu den Anfängen der nationalen Differenzierung in Krain vom Ende des 18. bis Mitte des 19. Jahrhunderts (Beitrag zu Sammelwerk).

1316. **Ittu**, Gudrun-Liane: Din istoria muzeului Brukenthal – de la constituirea colecţiilor până la cel de – al doilea război mondial [Aus der Geschichte des Brukenthal-Museums. Von der Gründung bis zum Zweiten Weltkrieg] (Aufsatz).

1317. **Ittu**, Gudrun-Liane: O punte între etnii - Liga culturală a germanilor din România Mare [Eine Brücke zwischen Ethnien: Das Kulturamt der Deutschen in Großrumänien] (Aufsatz).

1318. **Ivan**, Paula: Rezistenţa armată anticomunistă din Munţii Apuseni în mentalitatea colectivă [Der bewaffnete antikommunistische Widerstand in den Siebenbürgischen Westgebirgen in der kollektiven Mentalität] (Dissertation).

1319. **Jakir**, Aleksandar: Sozialistischer Betrieb und nationale Ideologie in Jugoslawien 1953–1974. Investitionspolitik, Betriebsmanagement und die Durchsetzung des Nationalen auf lokaler Ebene (Habilitationsschrift).

1320. **Járosi**, Katalin: Ethnizität, Großstadt, Repräsentation. Strategien ethnischer Identitätsbildung bei in Berlin lebenden Ungarinnen und Ungarn (Dissertation Humboldt-Universität Berlin).

1321. **Kessler**, Hans-Günther; **Theilemann**, Wolfram G. (Bearb.): Evangelische Gemeindearchive in Siebenbürgen.

1322. **Klein**, Christoph: Die Bedeutung von Kultur und Bildung für die Theologie (Aufsatz).

1323. **Klein**, Christoph: Die protestantischen Minderheitskirchen unter kommunistischer Herrschaft (Aufsatz).

1324. **Klein**, Christoph: Am Schnittpunkt zwischen Abend- und Morgenland. Die Evangelische Kirche A. B. in Rumänien (Beitrag zu Sammelwerk: Evangelische Kirchen für Europa. Europaperspektiven der an der Leuenberger Kirchengemeinschaft beteiligten Kirchen).

1325. **Klein**, Christoph: Die Evangelische Kirche A. B. in Rumänien und ihr Beitrag zur lokalen und weltweiten ökumenischen Zusammenarbeit (Aufsatz).

1326. **Klein**, Christoph: Hat die Kirche der Deutschen in Rumänien eine Zukunft (Aufsatz).

1327. **Klein**, Christoph: Die Evangelische Kirche A. B. unter kommunistischer Herrschaft (Aufsatz).

1328. **Klein**, Christoph: Kirche, Volk, Staat, Nation (Aufsatz).

1329. **Kletečka**, Thomas: Die Protokolle des Österreichischen Ministerrates 1848–1867, II. Abteilung: Das Ministerium Schwarzenberg, Bd. 1 und 2 (Edition).

* **Koch**, Klaus-Peter: Musik aus den böhmischen Ländern und Galizien zu Beginn des 20. Jahrhunderts (Beitrag zu Sammelband).

1330. **Kuret**, Primož: Theodor Elze – ein protestantischer Pastor und Komponist in der Mitte des 19. Jahrhunderts in Ljubljana (Aufsatz).

1331. **Kuret**, Primož: Kulturaustausch zwischen den südslawischen Ländern und Tschechien (Aufsatz).

1332. **Kuret**, Primož: Probleme der zeitgenössischen slowenischen Musik (Aufsatz).

1333. **Kuret**, Primož: Standestheater in Ljubljana (Aufsatz).

1334. **Lengyel**, Zsolt K.: Autoritäre und totalitäre Machtstrukturen in Rumänien 1918–1989 (Aufsatz).

1335. **Loos**, Helmut: Rudolf Wagner-Régeny, ein DDR-Komponist aus Siebenbürgen (Beitrag zu Konferenzband).

1336. **Lückert**, Klaus: Exodus-Auswanderung der Deutschen (einer deutschen Minderheit) aus Rumänien (Magisterarbeit Humboldt-Universität Berlin).

1337. **Luft**, Robert (Hg.): Ungarn und die böhmischen Länder im 19. und 20. Jahrhundert. Zwei Nationen und zwei Länder im gesellschaftlichen und politischen Vergleich (Tagungsband).

1338. **Lungu**, Cornel; **Popovici**, Sivia; **Vlaicu**, Monica u. a. (Hg.): Românii în afara graniţelor [Die Rumänen außerhalb der Landesgrenzen].

1339. **Malfèr**, Stefan: Die Protokolle des Österreichischen Ministerrates 1848–1867, IV. Abteilung: Das Ministerium Rechberg, Bd. 1 (Edition).

1340. **Mândruţ**, Stelian (Hg.): Fritz Valjavecs Briefwechsel mit rumänischen Gelehrten (Edition).

1341. **Mândruţ**, Stelian: Lucrări apărute în limba română despre minoritatea germană din România (1990–2001). Bibliografie selectivă [Veröffentlichungen in rumänischer Sprache zur Deutschen Minderheit in Rumänien (1990–2001)] (Auswahlbibliographie).

1342. **Manherz**, Károly (Hg.): Möbelmalerei in Hartau/Harta (Beiträge zur Volkskunde der Ungarndeutschen).

1343. **Manherz**, Károly (Hg.): Beiträge zur Volkskunde der Ungarndeutschen, Bd. 18.

1344. **Marin**, Elisabeta: Karl Kurt Klein în relaţiile cu spaţiul cultural românesc [Karl Kurt Klein und seine Beziehungen zum rumänischen Kulturraum] (Habilitationsschrift).

1345. **Mârza**, Iacob: Cărţi de la polihistorul Vasilie Popp (Un document din 1842) [Bücher des Polyhistors Vasilie Popp. Eine Quelle von 1842] (Aufsatz).

1346. **Mârza**, Iacob: Sensibilităţi şi mentalităţi colective în lumea satului transilvănean (a doua jumătate a secolului al XIX–lea): anatomia unei atitudinei [Sensibilitäten und gemeinschaftliche Mentalitäten in der Welt des siebenbürgischen Dorfes in der zweiten Hälfte des 19. Jahrhunderts: Verhaltensstrukturen] (Aufsatz).

1347. **Metz**, Franz: Der Temeswarer Philharmonische Verein 1871. Eine Chronik südosteuropäischer Musikgeschichte 1850–1950 (Monographie).

1348. **Metz**, Franz (Hg.): Josef Angster (1834–1918) – Die Autobiographie eines ungarndeutschen Orgelbauers (Monographie).

1349. **Metz**, Franz: Musica Sacra Hungarica. Beiträge zur Musikgeschichte der Ungarndeutschen (Monographie).

1350. **Metz**, Franz: Die Renaissance der südosteuropäischen Kirchenmusikforschung (Aufsatz).

1351. **Metz**, Franz: „Banat" und „Rumänien" (Beitrag zu: The musicculture of the 18th and 19th century in the lower Danube region).

1352. **Metz**, Franz: Die Musikkultur der österreichischen Kolonie in Bukarest. Josef Paschill und die Bukarester Deutsche Liedertafel (Monographie).

1353. **Metz**, Franz: Heinrich Weidt. Opernkomponist und Kapellmeister in Temeswar und Cilli (Beitrag zu Sammelwerk).

1354. **Metz**, Franz: Limmer und Hölzl: das Schaffen zweier österreichischer Musiker in Ungarn (Aufsatz).

1355. **Metz**, Franz (Hg.): Die Kirchenmusik Südosteuropas. Historische und typologische Studien zur Musikgeschichte einer europäischen Region (Beitrag zu Sammelwerk).

* **Morrissey**, Christof: National socialism and dissent in the ethnic German communities of Slovakia and Croatia, 1933–1945 (Dissertation).

1356. **Muntean**, Adriana Florica: Evoluţia demograficâ a comitatelor Bihor, Maramureş şi Satur Mare în perioada 1850–1910 [Die demographische Entwicklung der Komitate Bihar, Marmarosch und Sathmar in den Jahren 1850–1910] (Dissertation).

1357. **Nagy**, Terézia: In Ungarn ein Deutscher zu sein... Eine generationsspezifische Untersuchung zur kulturellen Identität der Ungarndeutschen am Beispiel Himesháza (Nimmesch) (Magisterarbeit Freiburg).

1358. **Orosz**, László: Fritz Valjavec' Lebenswerk in deutsch-ungarischer Relation (Dissertation).

* **Protze**, Helmut: Siebenbürgisches und Zipser Tagebuch 1956–2000 (Monographie).

1359. **Puttkamer**, Joachim von: Schulalltag und nationale Integration in Ungarn. Slowaken, Rumänen und Siebenbürger Sachsen in Auseinandersetzung mit der ungarischen Staatsidee, 1867–1914 (Habilitationsschrift).

1360. **Reimann**, Reinhard: Die Deutschen in Slowenien (Monographie).

1361. **Reimann**, Reinhard: „Für echte Deutsche gibt es bei uns genügend Rechte". Die Slowenen und ihre deutsche Minderheit 1918–1941 (Beitrag zu Sammelwerk).

1362. **Reimann**, Reinhard: Die Deutschen in Triest 1880–1920 (Dissertation).

1363. **Roth**, Heike: Modernisierung als Strategie der Selbstbehauptung. Kommunalpolitik und Stadtentwicklung in Hermannstadt – Nagyszeben – Sibiu von 1867 bis 1918 (Dissertation TU Berlin).

1364. **Scherer**, Anton: Der „Kriegsverbrecherprozeß" gegen Branimir Altgayer, Volksgruppenführer der Deutschen Volksgruppe im USt Kroatien (Monographie).

1365. **Scherer**, Anton: Schlechter gestellt als Fremdarbeiter. Volksdeutsche Land- und Industriearbeiter im 3. Reich. Nach Geheimberichten des Reichssicherheitsdienstes und des VDA (Beitrag zu Sammelwerk).

1366. **Scherer**, Anton: Dr. Wilhelm Neuner – Abgeordneter im Belgrader Parlament und Kronzeuge des Völkermordes an Donauschwaben (Monographie).

1367. **Scherer**, Anton: Atombombe und Weltpolitik. Der deutsch-ungarische Jude Eduard Teller (Aufsatz).

1368. **Scherer**, Anton: Donauschwäbische Bibliographie 1965–1975. Teilband: Deutschland. Anhang: Frankreich (Monographie).

1369. **Scherer**, Anton: Fürsterzbischof Dr. Andreas Rohracher – Primas Germaniae – und sein Einsatz für die vertriebenen „Volksdeutschen" in Österreich (Aufsatz).

1370. **Scherer**, Anton: Dr. Josef Trischler, Abgeordneter in 3 Parlamenten: Belgrad, Budapest und Bonn (Aufsatz).

1371. **Scherer**, Anton: Unbekannte Dokumente über die von Jugoslawien 1945 angestrebte Vertreibung der Angehörigen der deutschen Minderheit (Aufsatz).

1372. **Scherer**, Anton: Der Attentatsversuch eines enttäuschten SS-Mannes auf drei Abgeordnete im ungarischen Reichstag: Franz Hamm, Dr. Josef Trischler, Ing. Spreitzer (Aufsatz).

1373. **Scherer**, Anton: Eine unbekannte Petition zweier Priester (Blaško Rajić und Peter Schröder) an Minister Adrija Hebrang (Belgrad), um 70.000 katholische Deutsche von der Internierung zu befreien (Aufsatz).

1374. **Schönherr**, Klaus: Die Rückzugskämpfe der Heeresgruppe Südukraine in

Rumänien und Ungarn zweite Jahreshälfte 1944 (Beitrag zu Sammelwerk).

1375. **Schreiber**, Wilfried: Zehn Jahre deutsche Kulturarbeit beim DFDK (Demokratisches Forum der Deutschen in Klausenburg/Cluj-Napoca) – 1990–2000 (Monographie).

1376. **Schreiber**, Wilfried: Minoritatea germană din România şi evoluţia numerică a acesteia [Die deutsche Minderheit in Rumänien und ihre demographische Entwicklung] (Aufsatz).

1377. **Schuster**, Gudrun Dagmar: Geschichts- und Gemeinschaftsbewußtsein der Siebenbürger Sachsen nach 1945 (Aufsatz).

1378. **Schuster**, Gudrun Dagmar (Hg.): Hans Schwarz: Versunkene Welt (Lebens-Erinnerungen, Kindheit und Jugend in der k. + k. Monarchie).

1379. **Spiegel-Schmidt**, Friedrich: Geschichte der Donauschwaben. Ungarn 1918–90 (Beitrag zu Sammelwerk).

1380. **Staedel-Schneider**, Gudrun: Rumänien als Mitglied des Völkerbundes (Dissertation Köln).

1381. **Staeheli**, Urban: Ungarn in der Schweiz: Akkulturation und Anpassung der 1956er Generation (Dissertation Zürich).

1382. **Stephani**, Claus: „Er bellte wie der Höllenhund...". Erzählformen und Erzählsituationen in Ostmarmatien und im südlichen Buchenland (Beitrag zu Sammelwerk).

1383. **Stephani**, Claus: Erinnerungen an die Ostjuden. Oral-History-Aufzeichnungen aus Marmatien und der Südbukowina (Edition).

1384. **Sterbling**, Anton: Migration als Forschungsparadigma – Wanderungsbewegungen in und aus Südosteuropa (Aufsatz).

1385. **Szegedi**, Edit: Regionalism and National-Socialism (Aufsatz).

1386. **Theilen**, Tatjana: Aspekte sozialer Kontinuität in Ungarn und Rumänien (Dissertation Humboldt-Universität Berlin).

1387. **Tönsmeyer**, Tatjana: „Arisierung" in Ungarn, Rumänien und der Slowakei (Aufsatz).

1388. **Umbreit**, Hans; **Schönherr**, Klaus: Aktenedition deutsch-rumänische Beziehungen 1939–1944 (Edition).

1389. **Varga**, Peter: „Man sprach deutsch und fühlte nichtmagyarisch...". Assimilationsprozesse in der deutschen und jüdischen Bevölkerung von Pest-Buda im 19. Jahrhundert (Aufsatz).

* **Varga**, Peter (Hg.): Literatur und Kultur in Grenzräumen (Tagungsband Budapest).

1390. **Vlaicu**, Monica (Hg.): Waldemar von Baußnern (1866–1931). Die Rezeption seines Werks in Deutschland und Siebenbürgen. Briefe, Bilder (mit einer einleitenden monographischen Studie von Karl Teutsch) (Edition).

1391. **Vlaicu**, Monica (Hg.): Jakob Rannicher – Briefe (1844–1875) (Edition).

1392. **Weber**, Georg (Hg.): Emigration der Siebenbürger Sachsen. Studien zu Ost-West-Wanderungen im 20. Jahrhundert (Monographie).

1393. **Weber**, Matthias: Literaturbericht: Donaumonarchie und Neuere Geschichte Österreichs (Aufsatz).

1394. **Werthan**, Maria: Deutsche Agrarverbände im Banat 1891–1940 (Dissertation Bonn).

1395. **Wild**, Beate: Bestickte Fellwesten und -mäntel im Siebenbürgischen Museum Gundelsheim (Bestandskatalog).

1396. **Wild**, Beate: Kirchenröcke im Burzenland (Aufsatz).

1397. **Zach**, Cornelius R.: Vom Vaterland zum Mutterland: die ideologische Rückwanderung der Deutschen Rumäniens, 1933 bis 1944 (Monographie).

1398. **Zach**, Cornelius R.: Zwischen Ideologie und Pragmatismus: die Auswanderung der Rumäniendeutschen im 20. Jahrhundert (Aufsatz).

1399. **Zach**, Krista (Hg.): Rumäniens Modernisierung auf Raten? Eine andauernde Diskussion. Institutionelle und kulturelle Vielfalt im 19. und 20. Jahrhundert.

1400. **Zückert**, Martin: Schlaglichter im Kontext deutscher Geschichte? Ungarn in deutschen Schulgeschichtsbüchern (Beitrag zu Sammelband).

10 Deutsche in Russland (und weiteren Nachfolgestaaten der Sowjetunion)

10.1 Zeitlich übergreifende Arbeiten

1401. **Bartlett**, Roger: Die Ansiedlung von Ausländern in Rußland zur Zeit Katharinas II und Projekte für die Befreiung der leibeigenen Bauern (Beitrag zu Sammelwerk, in russischer Sprache).

1402. **Benz**, Ernst; **Grulich**, Rudolf: Geschichte der Diözese Tiraspol (Monographie).

1403. **Beyer-Thoma**, Hermann: Wanderung deutscher Gelehrter nach Rußland im 18. und frühen 19. Jahrhundert (Aufsatz).

1404. **Beyer-Thoma**, Hermann: Netzwerke und Migration: Wanderung von Gelehrten aus dem evangelischen Franken nach Rußland im 18. und frühen 19. Jahrhundert (Aufsatz).

1405. **Bohn**, Thomas; **Neutatz**, Dieter (Hg.): Studienhandbuch Östliches Europa, Bd. 2: Russisches Reich und Sowjetunion.

1406. **Hecker**, Hans: Geschichte der deutsch-russischen Beziehungen (Monographie).

1407. **Ito**, Keiko: Geschichte der Rußlanddeutschen [in japanischer Sprache].

1408. **Ito**, Keiko: Die Rußlanddeutschen in den japanisch-russischen Beziehungen (Aufsatz).

1409. **Koch**, Klaus-Peter: Deutsche Musiker in St. Petersburg (Beitrag zu Sammelband).

* **Meyer**, Klaus: Riga und St. Petersburg. Zwei Ostseemetropolen im Vergleich, 1701–1917 (Aufsatz).

1410. **Schimke**, Alfred; **Isert**, Ingo Rüdiger: Halle (Alisowka). Eine deutsche Tochtersiedlung in Bessarabien.

1411. **Schlarb**, Cornelia: Die evangelisch-lutherischen Kirchspiele in Bessarabien von ihren Anfängen bis zur Umsiedlung der Bessarabiendeutschen 1940 (Aufsatz).

1412. **Schweitzer**, Robert: Das deutsche Element als Integrationsfaktor im Russischen Reich am Beispiel Finnlands (Beitrag zu Sammelwerk).

1413. **Schweitzer**, Robert: Eine Bruchzone: Wiborg und der karelische Isthmus in den Rollenverschiebungen Finnlands, Rußlands und Deutschlands (Beitrag zu Sammelwerk).

1414. **Schweitzer**, Robert: Am Gelenk zwischen zwei Grenzmarken: die St. Petersburger Deutschen im nordosteuropäischen Migrationskontinuum (Beitrag zu Sammelwerk).

1415. **Tuchtenhagen**, Ralph: Der Einfluß dynastischer Verbindungen auf das Migrationsverhalten: Das Beispiel Baden und Rußland (18./19. Jahrhundert) (Beitrag zu Sammelwerk).

10.2 Mittelalter

1416. **Harder-Gersdorff**, Elisabeth: Lübeck, die Kompagnie der Novgorodfahrer und der Rußlandhandel vor der Gründung St. Petersburgs (Aufsatz für: Hansische Geschichtsblätter).

10.3 Frühe Neuzeit (1500 bis etwa 1800)

1417. **Bartlett**, Roger: Johann Georg Eisen als Kritiker der livländischen Verhältnisse (Beitrag zu Sammelwerk).

1418. **Bartlett**, Roger: Utopians and projectors in 18th-century Russia (Beitrag zu Sammelwerk).

1419. **Bartlett**, Roger: Russia's first abolitionist. J. G. Eisen enligthenment and serfdom in Russia (Monographie).

1420. **Beyer-Thoma**, Hermann: Ein gelehrter „Rektor" des Ansbacher Gymnasium Carolinum im 18. Jahrhundert (Aufsatz).

1421. **Friedel**, Robert: Juden und Kosaken in der Ukraine in der ersten Hälfte des 18. Jahrhunderts. Ein Beitrag zur Geschichte der Judenverfolgung während der Kosakenaufstände (Dissertation).

1422. **Hausmann**, Guido: Geschichtsdenken und Traditionsbildung beim Adel in Rußland in der Frühneuzeit (Beitrag zu Nr. 55).

1423. **Ito**, Keiko: Kodaju in Petersburg (1791) – die Begegnungen mit den Rußlanddeutschen [in japanischer Sprache] (Monographie).

1424. **Markowa**, Galina A.: Die Nürnberger Goldschmiedewerke in der Zarenschatzkammer des Moskauer Kreml (Beitrag zu Anzeiger des Germanischen Nationalmuseums).

1425. **Meyer**, Klaus: Rußlands „erste" Universität. Zur Gründungsgeschichte der Universität Moskau, 1755 (Beitrag zu Sammelwerk).

1426. **Szykuła**, Krystyna: Badania nad nazewnictwem geograficznym mapy Rosji Jenkinsona z 1562 roku [Forschungen zur geographischen Namenkunde auf der Rußland-Karte von Jenkinson aus dem Jahre 1562] (Kommentar für Faksimile-Ausgabe).

1427. **Szykuła**, Krystyna: Die Jenkinson-Karte (Beitrag zu: History of cartography von D. Woodward).

1428. **Szykuła**, Krystyna: Próba badania dokładności dawnych map przy pomocy sieci trójkątów na przykładzie mapy Rosji Jenkinsona, 1562 [Versuch zur Erforschung der Genauigkeit alter Karten anhand des Dreiecksnetzes am Beispiel der Rußland-Karte von Jenkinson, 1562] (Aufsatz für: Czasopismo Geograficzne [Geographische Zeitschrift] und als Kommentar für eine Faksimile-Ausgabe).

1429. **Szykuła**, Krystyna: Further works connected with the preparation of Jenkinson's map of Russia (1562) to be published as a facsimile edition with the monographical commentary (Aufsatz).

10.4 19./20. Jahrhundert

1430. **Adler**, Harry: Aussiedler in Berlin (Magisterarbeit Berlin).

1431. **Baerwolf**, Astrid: Identitätsstrategien von jungen Russen in Berlin (Magisterarbeit Humboldt-Universität Berlin).

1432. **Becker**, Franziska: Ankommen in Deutschland. Einwanderungspolitik als biographische Erfahrung im Migrationsprozeß russischer Juden (Dissertation Humboldt-Universität Berlin).

1433. **Becker**, Winfried: Diplomaten und Missionare. Die Bedeutung der Deutschen Botschaften in Moskau und Rom für die russisch-vatikanischen Beziehungen 1921–1929 (Beitrag zu Sammelwerk).

1434. **Benz**, Ernst: Die Politik der russischen Regierung gegenüber der römisch-katholischen Kirche im Zarenreich 1772–1917 (Habilitationsschrift).

1435. **Bohn**, Thomas: Die Krise der Historisch-Philologischen Fakultäten in Rußland im letzten Viertel des 19. Jahrhunderts (Aufsatz).

1436. **Bohn**, Thomas: Bevölkerung und Sozialstruktur der Sowjetunion 1945–1991 (Beitrag zu: Plaggenburg, Stefan [Hg.]: Handbuch der Geschichte Rußlands, Bd. IV).

1437. **Bohn**, Thomas: Stadtplanung und Urbanisierung in Weißrußland nach dem Zweiten Weltkrieg – das „Phänomen Minsk" (Habilitationsschrift).

1438. **Bohn**, Thomas: Karl Lamprecht und Pavel Miljukov. Kulturgeschichtsschreibung in Deutschland und Rußland im Vergleich (Aufsatz).

1439. **Bohn**, Thomas: Paradigmawechsel in der russischen Historiographie? Sechs Thesen und drei Prognosen (Aufsatz).

1440. **Boysen**, Boy M.: Die Deutsch-Rußländische Gesellschaft (Dissertation Hamburg).

1441. **Brandes**, Detlef: Die Russifizierung der südrussischen Kolonien im Vergleich mit der Russifizierung der Randprovinzen, Germanisierung und Magyarisierung (Aufsatz).

1442. **Brandes**, Detlef: Was sollten die sowjetdeutschen Schüler in den 20er und 30er Jahren lesen? (Beitrag zu Sammelwerk).

1443. **Bräuer**, Joost: Das Schwarze Meer und die europäischen Großmächte 1853–1856 (Beitrag zu: Maier, Lothar [Hg.]: Expansion und Selbstbehauptung. Rußlands Großmachtpolitik im 19. Jahrhundert).

1444. **Bräuer**, Joost: Das Schwarze Meer in der Politik der europäischen Mächte 1853–1856 (Magisterarbeit Münster).

1445. **Bruhl**, Viktor: Die deportierten Völker in Sibirien von 1935 bis 1965. Eine vergleichende Analyse der specpereselency (Monographie).

1446. **Chiari**, Bernhard: Die Gesellschaften der besetzten Sowjetunion (Beitrag zu: Das Deutsche Reich und der Zweite Weltkrieg, Bd. 9).

1447. **Darieva**, Tsypylma: „Russkij Berlin" – Eine neue ethnische Community? (Dissertation Humboldt-Universität Berlin).

1448. **Dohrn**, Verena: Jüdische Aufklärung und staatliche Akkulturationspolitik im Zarenreich (Habilitationsschrift).

1449. **Dohrn**, Verena: Projekt zur Herausgabe der Erinnerungen von Simon Dubnow „Buch des Lebens", 3 Bde.

1450. **Dönninghaus**, Victor: Die deutschen Kolonien auf der Krim in der ersten Hälfte der zwanziger Jahre des 20. Jahrhunderts: politische, wirtschaftliche und kulturelle Aspekte (Beitrag zu Sammelband).

1451. **Dönninghaus**, Victor: Deutsche Kolonien auf der Krim während der Sowjetzeit (Beitrag zu: Nemcy Rossii. Ėnciklopedija [Die Deutschen in Rußland. Enzyklopädie]) Redaktion: V. Kareva. Bd. 2 (Moskau).

1452. **Dönninghaus**, Victor: „Hexenjagd" in Moskau: die antideutschen Pogrome vom 26.–29. Mai 1915 (Aufsatz).

1453. **Döpmann**, Hans-Dieter: Kirchliche Identität und „kanonisches Territorium" der Russischen Orthodoxen Kirche (Beitrag zu Sammelband der Osteuropa-Gesellschaft).

1454. **Eimermacher**, Karl (Hg.): Russen und Deutsche im 20. Jahrhundert.

1455. **Engel-Braunschmidt,** Annelore; **Neufeldt**, Susanne: Briefe aus St. Petersburg nach Schwansen. Ein schleswig-holsteinischer Lehrling im Geflecht der deutsch-russischen Wirtschaftsbeziehungen.

1456. **Fedorov**, Sergej: Der Generaldirektor des bayerischen Straßen- und Brückenbaus Carl Friedrich von Wiebeking und Rußland 1800–1840 (Monographie).

1457. **Ganzenmüller**, Jörg: Stalinistisches Regime unter Druck: die Blockade Leningrads im Zweiten Weltkrieg (Dissertation Freiburg).

1458. **Gerlach**, Horst: Griff in die Geschichte: Von beiden Seiten her gesehen und erlebt. Die südliche Ukraine im Zweiten Weltkrieg und die deutsche Volksgruppe, inklusive der Mennoniten (Aufsatz).

1459. **Gerlach**, Horst: Friedensschluß im Kriege: Pfarrer Emil Händiges besuchte 1915 rußlandmennonitische Kriegsgefangene im Lager Bütow in Hinterpommern (Aufsatz).

1460. **Gerlach**, Horst: Die Rußlandmennoniten. Ein Volk unterwegs (1789–1990), 4. Aufl. (Monographie).

* **Gerlach**, Horst: Auswanderung der Mennoniten von Preußen nach Rußland (1789–1870) (Aufsatz).

1461. **Gojowy**, Detlef: Musik in und seit der Stalinzeit (Beitrag zu Sammelband: Kultur im Stalinismus).

1462. **Gojowy**, Detlef: Deutsch-russische Musikbeziehungen 1850–1914 (Beitrag zu Sammelband).

1463. **Golczewski**, Frank: Deutsch-ukrainische Beziehungen 1914–1915 (Monographie).

1464. **Hecker**, Hans: Bismarck und Rußland (Monographie).

1465. **Hennings**, Ralph: Der Einfluß der „kanonischen" Predigtbücher auf die Frömmigkeit der lutherischen Rußlanddeutschen (Habilitationsschrift).

1466. **Hennings**, Ralph: Die Geschichte der Aussiedler (Beitrag zu: Gudrun Neebe; Gert Straßer [Hg.]: Soziale Arbeit mit Aussiedlern).

1467. **Hildebrandt**, Gerhard: Die Entstehung des „Verbandes der Bürger Holländischer Herkunft" und seine Bedeutung für das kulturelle und wirtschaftliche Leben der Rußlandmennoniten in den zwanziger Jahren (Aufsatz).

1468. **Hildebrandt**, Gerhard: Die Geschichte der Mennoniten in Rußland und in der Sowjetunion.

1469. **Hildebrandt**, Gerhard: Das Bildungswesen der Mennoniten in Rußland und in der Sowjetunion (Aufsatz).

1470. **Hildebrandt**, Gerhard: Die Wehrlosigkeit der Mennoniten in Rußland und in der Sowjetunion (Aufsatz).

1471. **Hildebrandt**, Gerhard: Der Selbstschutz der Mennoniten in Rußland (Aufsatz).

1472. **Hildebrandt**, Gerhard; **Eisfeld**, Alfred (Hg.): Die politischen Aktivitäten der Mennoniten nach der Februarrevolution.

1473. **Hildebrandt**, Gerhard: Die Rußlandmennoniten 1930–1999. Die Wende in der historischen Forschung (Aufsatz).

1474. **Hildebrandt**, Gerhard (Ed.): Archivmaterial, die Mennoniten in der UdSSR betreffend. Übersetzung aus dem Russischen und aus dem Ukrainischen, mit Kommentierung.

1475. **Hildebrandt**, Gerhard: Geschichte der Mennoniten in der Sowjetunion 1917–1941 (Monographie).

1476. **Hildebrandt**, Gerhard: Die Auswanderung der Mennoniten aus Sowjetrußland in den 20er Jahren des 20. Jahrhunderts (Aufsatz).

1477. **Hildebrandt**, Gerhard: 28. August 1941. Die Deportation der Wolgadeutschen (Aufsatz).

1478. **Ito**, Keiko: Ein Rußlanddeutscher, der den japanischen Akademikern Zivilisation brachte (Aufsatz).

1479. **Jakir**, Aleksandar: Das Bildungssystem in der Sowjetunion 1945–1991 (Beitrag zu: S. Plaggenborg [Hg.]: Handbuch der Geschichte Rußlands, Bd. V: 1945–1991, Teilband I).

1480. **Kestler**, Stefan: Betrachtungen zur kaiserlich deutschen Rußlandpolitik und ihrer Bedeutung für die Herausbildung des deutsch-russischen Antagonismus zwischen Reichsgründung und dem Ausbruch des Ersten Weltkrieges (1871–1914) (Habilitationsschrift).

1481. **Kłańska**, Maria: Shylock im Osten. Shylock-Interpretationen bei Nathan Samuely, Karl Emil Franzos und Alexander Granach (Aufsatz).

1482. **Krieger**, Viktor: Trudarmija. Die Rußlanddeutschen in der sowjetischen Arbeitsarmee und im stalinistischen Straflager 1941–1946 (Monographie).

1483. **Meissner**, Boris: Das Selbstbestimmungsrecht der Völker in den deutsch-sowjetischen und russischen Beziehungen (Beitrag zu Festschrift).

1484. **Meissner**, Boris: Die ersten deutsch-sowjetischen Verhandlungen im Herbst 1955 (Beitrag zu Sammelwerk).

1485. **Meissner**, Boris: Die zweiten deutsch-sowjetischen Verhandlungen 1957/58 (Beitrag zu Sammelwerk).

1486. **Meissner**, Boris: Auf dem Wege zur Wiedervereinigung Deutschlands und zur Normalisierung der deutsch-russischen Beziehungen (Beitrag zu Sammelwerk in russischer Sprache).

1487. **Meissner**, Boris: Die Deutschen in der föderativen Verfassung der Sowjetunion (Beitrag zu Sammelwerk).

1488. **Meissner**, Boris: Politische und Verfassungsentwicklung in den 30er Jahren (Beitrag zu Sammelwerk).

1489. **Meissner**, Boris: Die Deutschen in der sowjetischen Nationalitätenpolitik und ihre Stellung in den deutsch-sowjetischen Beziehungen (Sammelband).

1490. **Meyer**, Klaus (Hg.): Karl Stählins Rußlandreise im Jahre 1910. Nach Briefen an seine Frau.

* **Meyer**, Klaus: Die Universität Dorpat und die „Gründungswelle" der Universitäten in Rußland 1802/1804 (Beitrag zu Sammelwerk).

1491. **Mirow**, Peter: Die Ukraine in der deutschen Presse 1933–1945 (Dissertation Hamburg).

1492. **Müller**, Uwe: Der deutsch-russische Handelsverkehr und seine Auswirkungen auf die Wirtschaft in den östlichen Grenzgebieten des Kaiserreiches (Aufsatz).

1493. **Neufeld**, Olga: Aspekte der Wohnkultur rußlanddeutscher Aussiedler vor und nach der Ausreise (Magisterarbeit Münster).

1494. **Obertreis**, Julia: „Tränen und Sozialismus". Wohnen in Petrograd/Leningrad zwischen revolutionären Entwürfen, sowjetischer Wohnpolitik und der Beständigkeit häuslicher Lebenswelten, 1917–1937 (Dissertation FU Berlin).

1495. **Plaggenborg**, Stefan (Hg.): Handbuch der Geschichte Rußlands, Bd. 5 (1945–1985).

1496. **Rock**, Günther: Die Rechtsposition der Bewohner des Russischen Reiches 1870–1881 (Dissertation Düsseldorf).

1497. **Savin**, Andrej: Die Sibiriendeutschen. 1919–1928 (Dissertation).

1498. **Savin**, Andrej: Hinterlistige Tage. Freikirchen in Sibirien in den 1920er und 1930er Jahren (Monographie).

1499. **Schmidt**, Ute: Die Deutschen aus Bessarabien. Verlusterfahrungen und kulturelles Kapital (Monographie).

1500. **Schlarb**, Cornelia: Kirchenstreit in Bessarabien (Aufsatz für Zeitschrift).

1501. **Schlarb**, Cornelia: Bessarabiendeutsche Kirchengeschichte 1920–1940. Beobachtungen zur Physiogenese und Physiognomie eines Kirchengebietes (Dissertation).

1502. **Schlögel**, Karl: Wolga, Wolga (Monographie).

1503. **Schlögel**, Karl: Moskau 1937 (Monographie).

1504. **Schlögel**, Karl: Sankt Petersburg 1909–1921. Das Laboratorium der Moderne (erweiterte Neuausgabe).

1505. **Segschneider**, Ernst Helmut: Ins Netz gegangen. Drei Kriegsgefangenenschicksale im Kaukasus nach dem 2. Weltkrieg (Monographie).

* **Sittig**, Hendrik: Deutschsprachige Zeitungen in Rußland (Diplomarbeit).

1506. **Stricker**, Gerd: Diakonie in der „Evangelisch-Lutherischen Kirche in Rußland" vor dem Oktoberputsch von 1917.

1507. **Stricker**, Gerd: Die Überlebensstrategien der „Evangelisch-Lutherischen Kirche in Rußland" in den ersten zwei Jahrzehnten der Sowjetherrschaft.

1508. **Stricker**, Gerd: Die deutschen lutherischen Gemeinden in der Sowjetunion von der Ära der Stagnation bis zur Perestroika.

1509. **Stuckert**, Anna: Pädagogische Ausbildung im System der nationalen Schule der Wolgadeutschen (Dissertation Saratow).

1510. **Thaden**, Eduard: Marxist historicism and the crises of Soviet historiography (Aufsatz).

1511. **Tscherwonnaja**, Swetlana M.: Die Krimhalbinsel in den Flammen des Zweiten Weltkrieges (Aufsatz).

1512. **Tscherwonnaja**, Swetlana M.: Das Gesetz über die Rehabilitation der unterdrückten Völker unter der Bedrohung (Beitrag zu Sammelwerk, in russischer Sprache).

* **Tscherwonnaja**, Swetlana M.: Die gegenwärtige Baltikumforschung in Rußland (Beitrag zu Sammelwerk).

1513. **Tuchtenhagen**, Ralph; **Gassenschmidt**, Christoph (Hg.): Staat und Religion in der Sowjetunion 1941–1953 (Sammelband).

1514. **Tuchtenhagen**, Ralph: Aufgeklärter Absolutismus von Kaiserlichen Gnaden. Das politische Programm Friedrichs von Württemberg als Generalgouverneur von Altfinnland, deutscher Kurfürst und König von Württemberg 1782–1816 (Beitrag zu Sammelwerk).

1515. **Weidmann**, Olga: Alltag in sowjetischen Arbeitslagern 1941–1947. Interviews mit überlebenden Rußlanddeutschen (Staatsexamensarbeit).

1516. **Zetel**, Isaak: N. K. Medtner als Pianist. Schaffen, Interpretation, Pädagogik.

B: Literatur und Sprache

11 Regional übergreifende Arbeiten

11.1 Zeitlich übergreifende Arbeiten

1517. **Bradean-Ebinger**, Nelu: Mitteleuropa als Sprach- und Kulturraum (Aufsatz).

1518. **Fomina**, Sinaida: Emotionskonzepte und mentale Kulturen (aufgrund der Untersuchung deutscher und russischer literarischer Texte) (Monographie).

1519. **Fomina**, Sinaida: Deutsche Phraseologie und Parömiologie aus interkultureller Sicht (Monographie).

1520. **Fomina**, Sinaida: Metaphern in der semantischen Darstellung von Emotionen (am Beispiel deutscher literarischer und poetischer Texte).

1521. **Glück**, Helmut: Deutsch als Fremdsprache in Europa vom Mittelalter bis zur Barockzeit (Monographie).

1522. **Glück**, Helmut (Hg.): Volkssprachen als Lerngegenstände in Europa vom Mittelalter bis zur Frühen Neuzeit.

1523. **Greule**, Albrecht; **Janich**, Nina (Hg.): Handbuch zu den Sprachkulturen in Europa.

1524. **Kotorova**, Elizaveta: Das Problem der zwischensprachlichen Äquivalenz in der analytischen und synthetischen Sprachforschung (Beitrag zu: Analytische und synthetische Sprachforschung. Materialien des II. Ost-West-Kolloquiums).

1525. **Laur**, Wolfgang: Die ältesten Handelsplätze an der Ostsee und ihre Namen (Aufsatz).

1526. **Meier**, Jörg: Kanzleisprachenforschung im Kontext historischer Stadtsprachenforschung und historischer Soziolinguistik (Beitrag zu Sammelwerk).

1527. **Meier**, Jörg: Stadtbücher als Textallianzen (Beitrag zu Sammelwerk).

1528. **Meier**, Jörg; **Ziegler**, Arne: Kanzleisprachenforschung im 20. Jahrhundert. Eine Bibliographie.

1529. **Meier**, Jörg; **Ziegler**, Arne (Hg.): Aufgaben einer künftigen Kanzleisprachenforschung (Sammelband).

1530. **Meier**, Jörg: Städtische Kommunikation im Spätmittelalter und in der Frühen Neuzeit. Aufgaben für eine Historische Textlinguistik auf soziopragmatischer Grundlage (Beitrag zu Sammelwerk).

1531. **Meier**, Jörg: Stadtbücher als Untersuchungsgegenstand einer Historischen Textlinguistik (Beitrag zu Sammelwerk).

1532. **Stüben**, Jens: „Regionale Literatur" und „Literatur in der Region". Zum Gegenstandsbereich einer Geschichte der deutschen Literatur in den Kulturlandschaften Ostmitteleuropas (Beitrag zu Nr. 1557).

1533. **Udolph**, Jürgen: Mogyla, magura, Magdeburg – Neues zu alten Fragen (Aufsatz).

1534. **Udolph**, Jürgen: Namenforschung im slawisch-deutschen Kontaktgebiet zwischen Saale und Neiße (Gewässernamen) (Beitrag zu: Encyklopedia onomastyka słowiańska [Krakau]).

1535. **Udolph**, Jürgen: Nitra. Namenkundliches (Beitrag zu: Reallexikon der Germanischen Altertumskunde).

1536. **Udolph**, Jürgen: Oder. Namenkundliches (Beitrag zu: Reallexikon der Germanischen Altertumskunde).

11.3 Frühe Neuzeit (1500 bis etwa 1800)

1537. **Garber**, Klaus: Das alte Buch im alten Europa. Auf den Spuren verschollener Schätze einer versunkenen Welt (Monographie).

1538. **Garber**, Klaus (Hg.) unter Mitwirkung von Sabine Kleymann: Kulturwissenschaftler des 20. Jahrhunderts. Ihr Beitrag zur Erforschung der Frühen Neuzeit.

1539. **Meier**, Jörg: Städtische Kommunikation in der Frühen Neuzeit. Historische Soziopragmatik und Historische Textlinguistik (Habilitationsschrift Bochum).

1540. **Papiór**, Jan (Hg.): Eurovisionen der frühen Neuzeit (16.–18. Jahrhundert). Internationales Symposium in Poznań.

11.4 19./20. Jahrhundert

1541. **Andrzejewski**, Bolesław: Sprache – Denken – Handeln. Essays zur modernen und gegenwärtigen Sprachphilosophie (Monographie in polnischer Sprache).

1542. **Balzer**, Bernd (Hg.): Annäherungen. Polnische, deutsche und internationale Germanistik. Sammelband anläßlich des 70. Geburtstages von Norbert Honsza.

1543. **Bradean-Ebinger**, Nelu: Globalisierung und Sprachpolitik von DaF (Aufsatz).

1544. **Bradean-Ebinger**, Nelu: Bekenntnisse eines Mitteleuropäers (Monographie).

1545. **Bradean-Ebinger**, Nelu (Hg.): Zur Lage von Deutsch als Minderheitensprache in Ostmitteleuropa. Budapest (Tagungsband mit Edition).

1546. **Conter**, Claude D.: Europa-Inszenierungen im 19. Jahrhundert. Europabilder und Europavorstellungen zwischen 1815 und 1871 (Dissertation Bamberg).

1547. **Decloedt**, Leopold: Stefan Zweig im Spiegel der österreichischen Presse 1927–1940 (Aufsatz).

1548. **Garber**, Klaus: Nation – Literatur – Politische Mentalität. Zur Erinnerungskultur in Deutschland (Monographie).

1549. **Horváth**, Sándor: Das Bild der sozialistischen Städte in der Literatur (Brigitte Reimann, István Örhény, Boris Palotai) (Aufsatz).

1550. **Kersten**, Sandra: Heimatverbundenheit wider die Flucht? Erika Huhns „Mädchen heiraten sowieso“ (Aufsatz).

1551. **Kircher**, Hartmut; **Kłańska**, Maria; **Kleinschmidt**, Erich (Hg.): Avantgarden Ost und West um 1900.

1552. **Kolago**, Lech (Hg.): Studia Niemcoznawcze / Studien zur Deutschkunde (Sammelband).

* **Kolago**, Lech: Zur Problematik der polnisch-deutschen Beziehungen in Literatur und Musik im 19. Jahrhundert (Beitrag zu Konferenzband: Polsko-niemieckie stosunki kulturowe i komunikacyjne [Polnisch-deutsche Beziehungen in Kultur und Kommunikation]).

1553. **Kotte**, Eugen: Mythen und Stereotype im deutsch-polnischen Kontext (Beitrag zu Nr. 1557).

1554. **Kreuzer**, Helmut: Studien zu deutschen Hörspielen 1924–1933 (Monographie).

1555. **Kreuzer**, Helmut: Deutsche Literaturkritik 1870–1914 (mehrbändige Edition/Dokumentation).

1556. **Kreuzer**, Helmut: Deutschsprachige publizistische Diskussion über Radio und Hörspiel 1924–1933 (Edition/Dokumentation).

1557. **Lasatowicz**, Maria Katarzyna; **Joachimsthaler**, Jürgen (Hg.): Regionalität als Kategorie der Sprach- und Literaturwissenschaft.

1558. **Mehnert**, Elke (Hg.): Gute Nachbarn – schlechte Nachbarn? (Sammelband).

1559. **Mehnert**, Elke: Lodz in der deutschen Literatur (Anthologie).

1560. **Neuhaus**, Stefan: Literatur und nationale Einheit in Deutschland (Habilitationsschrift).

1561. **Ritter**, Alexander: Der Peipussee, ‚literarischer Volkstumskampf' und die philologische Kritik. Überlegungen zur Rezeption ‚Auslanddeutscher Literatur' im Kontext der NS-Ideologie (Beitrag zu Sammelband).

1562. **Wallas**, Armin A.: Jüdische Identität(en) in Mitteleuropa. Literarische Modelle der Identitätskonstruktion (Sammelband).

1563. **Wallas**, Armin A.: Jüdische Frauen in Religion, Kultur und Literatur (Sammelband).

1564. **Zimniak**, Paweł: Heimatverbundenheit und Weltläufigkeit (Beitrag zu: Convivium).

1565. **Zimniak**, Paweł: Lebenswelt und System (Beitrag zu: Sinnbildung. Zwischen Festlegung und Pluralität).

1566. **Zimniak**, Paweł: Geschlossenheit und Offenheit. Zur regionalen Optik bei der überregionalen Raumaneignung (Beitrag zu: Convivium).

12 Baltikum

12.1 Zeitlich übergreifende Arbeiten

1567. **Grudule**, Mara: Alexander Johann Stender (1744–1819). Leben und Werk (Monographie).

1568. **Klöker**, Martin: 450 Jahre Olaibibliothek in Reval (Beitrag zu Sammelwerk).

1569. **Klöker**, Martin: Das Revaler Bibliothekswesen bis zum Jahre 1658 (Aufsatz).

1570. **Klöker**, Martin: Literatur in Reval von den Anfängen bis zum Beginn des 17. Jahrhunderts (Monographie).

1571. **Laur**, Wolfgang: Niederdeutsche Spuren in den Orts-, Gewässer- und Straßennamen in und um Riga (Aufsatz).

1572. **Laur**, Wolfgang: Deutsche Orts-, Landes- und Gewässernamen in den baltischen Ländern (Monographie).

1573. **Laur**, Wolfgang: Personennamen als Ortsnamen (Aufsatz).

1574. **Polanska**, Ineta: Der Einfluß des Lettischen auf das Deutsche im Baltikum vom Mittelalter bis zum 20. Jahrhundert (Dissertation Bamberg).

1575. **Undusk**, Jaan: Estnisch als Göttersprache: Aspekte der Sprachverehrung (Beitrag zu Sammelwerk).

1576. **Undusk**, Jaan: Die deutschbaltische Literatur: ein Überblick (Beitrag zu Sammelwerk, in estnischer Sprache).

12.3 Frühe Neuzeit (1500 bis etwa 1800)

1577. **Frīde**, Zigrīda: Deutsche Dichtung des 18. Jahrhunderts in lettischen Übersetzungen (Dissertation).

1578. **Frīde**, Zigrīda: Die Rolle und Bedeutung G. F. Stenders (1714–1796) in der Entwicklung der lettischen Literatur (Monographie).

1579. **Garber**, Klaus: Humanistische Geselligkeit unter dem Stern Opitzens im Hohen Norden: Paul Flemings Schäferei auf die Hochzeit Rainer Brockmans in Reval (Beitrag zu Nr. 310).

1580. **Grudule**, Mara: The reflections of baroque in Latvian hymns translated by Christophor Fürecker (1615–1685?) (Aufsatz in englischer und lettischer Sprache).

1581. **Grudule**, Mara: Christophor Fürekker (1615–1685?) und seine geistlichen Lieder im 17. Jahrhundert (Monographie).

1582. **Klöker**, Martin: Literarisches Leben in Reval 1600–1657. Paul Fleming, die Gelegenheitsdichtung und das Gymnasium Revaliense (Dissertation).

1583. **Klöker**, Martin: Paul Fleming anonym in Riga. Der unbekannte Erstdruck von Oden IV, 32 (Beitrag zu Sammelwerk).

1584. **Undusk**, Jaan: G. H. Merkel als Dekonstrukteur (Beitrag zu Sammelwerk).

* **Undusk**, Jaan: Egozentrismus baltischer Literaten: K. J. Peterson und J. M. R. Lenz (Beitrag zu Sammelwerk).

12.4 19./20. Jahrhundert

1585. **Bittrich**, Burkhard: Eduard Graf Keyserling – ein baltischer homme de lettres von europäischem Rang (Beitrag zu Sammelwerk).

1586. **Erpenbeck**, Dirk-Gerd: Keyserlings „Geheimrat von Knospelius". Genealogische Anmerkungen zur Figur des „Gnoms" im Roman „Wellen" (Aufsatz).

1587. **Garleff**, Michael: Deutsche Dichter baltischer Herkunft über ihr Leben und Werk (kommentierte Dokumentation).

1588. **Garleff**, Michael: Stereotypen im wechselseitigen deutsch-baltischen Kulturtransfer (Beitrag zu Sammelwerk).

1589. **Garleff**, Michael: Formen der Erinnerung in deutschbaltischer Literatur (Beitrag zu Sammelwerk).

1590. **Garleff**, Michael: Baltische Bezüge in Heinrich Zillichs Novelle „Der baltische Graf" (Aufsatz).

1591. **Grudule**, Mara: Deutschbaltische Prosa in Lettland um 1900 (Aufsatz).

1592. **Kaegbein**, Paul: Das literarische Werk von Frank Thiess (Monographie).

* **Kosellek**, Gerhard: Holtei in Riga. Ein Beitrag zur Theatergeschichte (Beitrag zu: Thomas Taterka [Hg.]: Jacob Michael Reinhold Lenz und die deutsche Literatur im Baltikum des 18. und 19. Jahrhundert).

1593. **Kroll**, Frank-Lothar; **Hackelsberger**, N. Luise; **Taschka**, Sylvia (Hg.): Werner Bergengruen: ein deutsch-baltischer Dichter im Dritten Reich. Aus den autobiographischen Aufzeichnungen (Edition).

1594. **Lukas**, Liina: Eesti-saksa kirjanduslik opositsioonilisus sajanoli-vahetusel [Estnisch-deutsche literarische Gegensätze um die Jahrhundertwende] (Dissertation).

1595. **Undusk**, Jaan: Nationale Identität als Problem in einer multinationalen Gesellschaft: Sprachproblematik in der baltischen Gesellschaft des 19. Jahrhunderts (Beitrag zu Sammelwerk).

1596. **Undusk**, Jaan: Kristjan Jaak Peterson: eine rhetorische Biographie (Aufsatz in estnischer Sprache).

1597. **Undusk**, Jaan: Georg Julius Schultz-Bertram (Aufsatz in estnischer Sprache).

1598. **Undusk**, Jaan: Egozentrismus baltischer Literaten: K. J. Peterson und J. M. R. Lenz (Beitrag zu Sammelwerk).

1599. **Undusk**, Jaan: Die ideenlosen Esten: über die estnische Kriegsliteratur (Beitrag zu Sammelwerk).

1600. **Undusk**, Jaan: The space and time of the 20th century Estonian literature (Aufsatz).

1601. **Undusk**, Jaan: Der baltische Geist (Monographie, in estnischer Sprache).

1602. **Undusk**, Jaan: Are we the basques of the Baltic? The problem of how to be represented (Beitrag zu Sammelwerk).

1603. **Wulffius**, Wolf-Paul: „Das Inland". 1836–1863. Ausführliche Register zur baltischen Zeitschrift für „Geschichte, Geographie, Statistik und Literatur" mit kurzer Wertung.

13 Ost- und Westpreussen/ Deutscher Orden

13.1 Zeitlich übergreifende Arbeiten

* **Ramm**, Helmut: Der Ort Justona und alte Flurbezeichnungen in Albrechtsdorf.

1604. **Rankl**, Maximilian: Das Bild der Prußen und Litauer in der europäischen Literatur. Eine imagologische Studie (Habilitationsschrift).

13.2 Mittelalter

1605. **Päsler**, Ralf G.: Deutschsprachige Sachliteratur in Preußen bis 1500. Studien zu ihrer Überlieferung (Dissertation Oldenburg).

1606. **Päsler**, Ralf G.; **Klein**, Klaus: Neue Jeroschin-Fragmente (Aufsatz).

1607. **Päsler**, Ralf G.: Die Handschriftensammlungen der Staats- und Universitätsbibliothek, der Stadtbibliothek und des Staatsarchivs Königsberg. Mit einem Exkurs zur mittelalterlichen Bibliotheksgeschichte der Stadt und Anhängen (Beitrag zu Sammelband).

1608. **Päsler**, Ralf G.: Gutalag und Gutasaga deutsch. Ein Beitrag zur literarischen Interessenbildung im Deutschen Orden (Aufsatz).

13.3 Frühe Neuzeit (1500 bis etwa 1800)

1609. **Barniškienė**, Sigita: Semantische Opposition in der Dichtung von Simon Dach (Aufsatz).

1610. **Beckmann**, Sabine; **Garber**, Klaus (Hg.): Kulturgeschichte Preußens Königlich-Polnischen Anteils in der Frühen Neuzeit.

1611. **Gajek**, Bernhard (Hg.): Die Gegenwärtigkeit Johann Georg Hamanns. Acta des achten internationalen Hamann-Kolloquiums.

1612. **Gilmanov**, Wladimir: Theologie der Sprache im Werk J. G. Hamanns (Aufsatz).

1613. **Gilmanov**, Wladimir: Die Stellung J. G. Hamann`s in der geistigen Kulturgeschichte (Habilitationsschrift).

1614. **Grunewald**, Eckhard: Ambrosius Lobwasser: Der Psalter Davids. 1573 (Edition).

1615. **Knoll**, Renate: Hamann-Studien (Gesammelte Aufsätze).

1616. **Knoll**, Renate: Vauvenargues (1715–1747) in Deutschland (Aufsatz).

1617. **Knoll**, Renate: Forschungsperspektiven unter druck- und bibliotheksgeschichtlichen Aspekten zu Michael Lilienthal (Beitrag zu: Klaus Garber und Axel E. Walter [Hg.]: Königsberger Buch- und Bibliotheksgeschichte) (Tagungsband).

1618. **Knoll**, Renate: Kant's logic under Hamann's microscope (Beitrag zu: Transactions of the tenth international congress on the enlightenment, auch in deutscher Sprache).

1619. **Knoll**, Renate: Johann Georg Hamann in Osteuropa. Stand und Aufgaben von Forschungs- und Archivproblemen in Litauen, Polen und Rußland (Beitrag zu Sammelwerk).

1620. **Namowicz**, Tadeusz: Hamann, Wybór pism (Ausgewählte Schriften, in polnischer Sprache) (Edition).

1621. **Safronow**, Roman: Anfänge des ostpreußischen Romans im 18. Jahrhundert. Theodor Gottlieb von Hippel und Johann Timotheus Hermes (Dissertation).

1622. **Undusk**, Jaan: Inversion und Sprachmagie: ein Hamann-Thema in sprachphilosophischer Beleuchtung (Beitrag zu Sammelwerk).

1623. **Zimmermann**, Christian von: Regionale und soziale Identität in der Frühen Neuzeit. Ein Beitrag zur Casuallyrik von Daniel Bärholz (Beitrag zu Sammelwerk).

13.4 19./20. Jahrhundert

1624. **Barniškienė**, Sigita: Sprachliche Personencharakteristiken in den Erzählungen von Charlotte Keyser (Aufsatz).

1625. **Barniškienė**, Sigita: Textsortenspezifische Merkmale eines Tagebuchs in den Nachrichten und Bemerkungen aus den Feldzügen des Jahres 1813 und 1814, aus dem Tagebuche eines Feldgeistlichen in dem Preußischen Heere von Ludwig Rhesa (Aufsatz).

1626. **Braun**, Thomas: Die Wahrnehmung der Nachbarn in mundartlichen Redewendungen ost- und westpreußischer Provenienz (Aufsatz).

1627. **Bukauskaitė**, Dalia: Johannes Bobrowskis Bibliothek (Dissertation Frankfurt am Main).

1628. **Decloedt**, Leopold: Krachmacher und Wunderkind von Beruf. Günter Grass in den Niederlanden und in Flandern (Aufsatz).

1629. **Gorgs**, Andrea: Der europäische Osten im Werk J. Bobrowskis (Dissertation Halle/S.).

1630. **Knoll**, Renate: Fritz Kudnig (1888–1979) (Monographie).

1631. **Loew**, Peter Oliver: Gdańsk literacki 1793–1945 [Das literarische Danzig, 1793–1945] (Monographie).

1632. **Loew**, Peter Oliver: Pisanie dla prowincji: gdańscy autorzy w Teatrze Miejskim. O społecznym i kulturalnym znaczeniu lokalnej sceny od połowy XIX wieku do końca II wojny światowej [Schreiben für die Provinz: Danziger Autoren im Stadttheater. Über die soziale und kulturelle Bedeutung der lokalen Bühne von der Mitte des 19. Jahrhunderts bis zum Ende des Zweiten Weltkriegs] (Aufsatz).

1633. **Loew**, Peter Oliver: Danziger Dialektliteratur. Ein Überblick (Aufsatz).

1634. **Metzger**, Simone: Arno Surminski: Strategien literarischer Erinnerung (Dissertation Heidelberg).

1635. **Namowicz**, Tadeusz: Deutsche Literatur über Ostpreußen nach 1945 (Beitrag zu Sammelwerk).

1636. **Namowicz**, Tadeusz: Erinnerungen an Ermland. Zu Hubert Orłowskis Buch „Warmia z oddali. Odpominania“ [Das Ermland, aus der Ferne betrachtet] (Aufsatz).

1637. **Orłowski**, Hubert: Das Bild Ostpreußens in der deutschen Literatur des 20. Jahrhunderts (Beitrag zu Nr. 433).

1638. **Piotrowska**, Elżbieta: Księgozbiór Uphagena [Uphagens Buchsammlung] (Habilitationsschrift Gdańsk/Danzig).

1639. **Schiewer**, Gesine Lenore: Experimentelles Schreiben in der Tradition der Sprachtheorie J. St. Mills und der Gestaltkonzeption der Brentano-Schule: Arno Holz – Robert Musil – Oswald Wiener (Habilitationsschrift).

1640. **Schiewer**, Gesine Lenore: Poetische und erkenntnistheoretische Rezeption gestaltpsychologischen Denkens in der Literatur des 20. Jahrhunderts [u. a. Arno Holz] (Beitrag zu: Peter Wiesinger [Hg.]: Zeitenwende – Die Germanistik auf dem Weg vom 20. ins 21. Jahrhundert).

1641. **Schneider**, Gabriele: Fanny Lewald und Adolf Stahr in ihren Briefen. Korrespondenz aus den Jahren 1846–1852 (Edition).

1642. **Stüben**, Jens: Arno Holz/Johannes Schlaf. Edition und Interpretation ausgewählter Werke.

1643. **Stüben**, Jens: Arno-Holz-Bibliographie.

1644. **Stüben**, Jens: Willibald Omankowski/Omansen (Beitrag zu: Altpreußische Biographie).

1645. **Stüben**, Jens: Arno Holz' Machtkampf gegen Gerhart Hauptmann (Beitrag zu: Peter Wiesinger [Hg.]: Zeitenwende – Die Germanistik auf dem Weg vom 20. ins 21. Jahrhundert).

1646. **Stüben**, Jens: Walther Heymann, ein deutsch-jüdischer Dichter aus Ostpreußen (Aufsatz).

1647. **Tilitzki**, Christian: „Verwirrung und Lösung". Ernst Wiecherts letzte Monate am Königsberger Hufengymnasium (1929/1939) (Beitrag zu: Jahrbuch für die Geschichte Mittel- und Ostdeutschlands).

1648. **Wittenberg**, Małgorzata: Der Stellenwert von Literatur in den Danziger Zeitungen und Zeitschriften in der ersten Hälfte des 19. Jahrhunderts (Dissertation Poznań/Posen).

1649. **Wojtczak**, Maria: Franz oder Franciszek Sawicki – ein deutscher und polnischer Denker (Aufsatz).

* **Zachciał**, Iwona: Książka polska w wolnym mieście Gdańsku [Das polnische Buchwesen in der Freien Stadt Danzig] (Dissertation Gdańsk/Danzig).

14 Pommern

14.2 Mittelalter

1650. **Potkowski**, Edward: Buchgeschichte und Schriftlichkeit der Kartause Rügenwalde im Lichte des „Liber Beneficiorum Domus Coronae Mariae" (Beitrag zu: Bücher, Bibliotheken und Schriftkultur der Kartäuser).

14.4 19./20. Jahrhundert

1651. **Knütel**, Wioletta: Verlorene Heimat als literarische Provinz. Stolp und seine pommersche Umgebung in der deutschen Literatur nach 1945 (Dissertation Gdańsk/Danzig).

1652. **Schoss**, Katja: „Kummerow im Bruch hinterm Berge" – Ehm Welk und sein Romanzyklus (1937–1943) (Dissertation Siegen).

1653. **Stüben**, Jens: Pomorze – Polen am Meer. Über deutsche und polnische Selbst- und Fremdbilder in der Literatur und darüber hinaus (Aufsatz).

15 Lausitzen/Neumark

15.4 19./20. Jahrhundert

1654 **Brijnen**, Hélène B.: Die Handschriften des Hanso Nepila / Der Schleifer Dialekt (Dissertation).

1655. **Brijnen**, Hélène B.: Dokumentation der sorbischen Grenzdialekte (Monographie).

1656. **Grage**, Joachim; **Zimmermann**, Christian von: Klabund, Werke in acht Bänden. Bd. 8: Aufsätze, verstreute Prosa – Biographie (Edition, Aufsatz).

* **Jänicke**, Pauline: Sprache und Kultur bei den Sorben: Wandel und Transformation (Dissertation Berlin).

16 Schlesien/Grafschaft Glatz

16.1 Zeitlich übergreifende Arbeiten

1657. **Garber**, Klaus: Bücherhochburg des Ostens. Die alte Breslauer Bibliothekslandschaft

schaft, ihre Zerstörung im Zweiten Weltkrieg und ihre Rekonstruktion im polnischen Wrocław (Beitrag zu Nr. 1676).

1658. **Garber**, Klaus: Bibliographie der Biblioteka Uniwersytecka we Wrocławiu und der in sie eingegangenen namhaften schlesisch-lausitzischen Bibliotheken (Beitrag zu Nr. 1676).

1659. **Haberland**, Detlef: Schlesien (Beitrag zu: Lexikon des gesamten Buchwesens).

1660. **Haberland**, Detlef: Schlesien im Kontext der europäischen Kulturregionen. Literaturgeschichte als Geschichte des Wissens- und Ideentransfers (Monographie).

1661. **Kosellek**, Gerhard: Silesiaca. Literarische Streifzüge (Aufsatzsammlung).

1662. **Stüben**, Jens: Bilder und Stereotype von Polen in der deutschen Literatur. Mit besonderer Berücksichtigung von Autoren aus Schlesien (Aufsatz für Zeitschrift „Via Silesia").

1663. **Szewczyk**, Grażyna Barbara: Schlesien als deutsch-polnischer Kulturraum (Beitrag zu Sammelwerk).

1664. **Szewczyk**, Grażyna Barbara: Śląska literatura niemieckojezyczna [Deutschsprachige Literatur in Schlesien] (Aufsatz).

16.2 Mittelalter

1665. **Groß**, Hilde-Marie (Hg.): Die „Prager Wundarznei" des 14. Jahrhunderts (Edition).

1666. **Groß**, Hilde-Marie; **Keil**, Gundolf: The „Prager Wundarznei". A 14th century field-book of war surgery (Aufsatz).

1667. **Groß**, Hilde-Marie: Die „Prager Wundarznei" – ein Feldbuch der Kriegschirurgie als Beispiel frühneuhochdeutschen medizinisch-naturwissenschaftlichen Schrifttums im mährisch-schlesischen Raum (Beitrag zu Sammelwerk).

1668. **Keil**, Gundolf; **Spranger**, Ruth; **Groß**, Hilde-Marie; **Lehrmann**, Almut; **Wolf**, Christine: Wörterbuch zur schlesischen Fachprosa des 13. und 14. Jahrhunderts (Projekt Würzburg).

1669. **Keil**, Gundolf (Hg.): Das „Arzneibuch" Ortolfs von Baierland (Edition).

1670. **Keil**, Gundolf; **Spranger**, Ruth (Hg.): Das „Breslauer Arzneibuch" (Cod. Rhed. 291 der Univ.-Bibl. Wrocław) (Edition).

1671. **Keil**, Gundolf: mehrere Beiträge zur ostmitteldeutsch-schlesischen Fachprosa des Hoch- und Spätmittelalters in: Die deutsche Literatur des Mittelalters. Verfasserlexikon, Bd. XI (Nachträge).

1672. **Keil**, Gundolf; **Spranger**, Ruth: Studien zu den schlesischen Wunderdrogentraktaten des Mittelalters (Aufsatz).

16.3 Frühe Neuzeit (1500 bis etwa 1800)

1673. **Białek**, Edward; **Mrozowicz**, Wojciech: Abraham von Bibran und seine Autographensammlung (Aufsatz).

1674. **Finke,** Manfred; **Handschur**, Erna (Hg. und Bearb.): Christian Knorr von Rosenroth: De existentia animarum (1672). Text, Übersetzung und Kommentar.

1675. **Freytag**, Hartmut: Petrus Vincentius und Schlesien (Beitrag zu Nr. 1676).

1676. **Garber**, Klaus (Hg.): Kulturgeschichte Schlesiens in der Frühen Neuzeit.

1677. **Grunewald**, Eckhard: Zweimal Neubeginn: Martin Opitz und Otfrid von Weißenburg (Aufsatz).

1678. **Haberland**, Detlef: Oberschlesien in der Frühen Neuzeit. Überlegungen zur Perspektive der Erforschung seiner Literatur- und Kulturgeschichte (Beitrag zu Nr. 1676).

1679. **Haberland**, Detlef: Pietismus in Schlesien. Probleme der Forschung (Aufsatz).

1680. **Kersten**, Sandra: Gottverlassenheit und Gottvertrauen – Johann Christian Günthers Laubaner Klagedichtung (Aufsatz).

1681. **Kersten**, Sandra: Die Freundschaftsdichtung Johann Christian Günthers (Dissertation).

1682. **Kersten**, Sandra: Thematische und methodische Überlegungen zur Freundschaftsdichtung Johann Christian Günthers (Aufsatz).

1683. **Koppitz**, Hans-Joachim: Ein wichtiger Vermittler der Barockliteratur: der Verlag Fellgiebel in Breslau (Aufsatz).

1684. **Krzywon**, Ernst Josef: Die literarische Aufklärung in Oberschlesien (Aufsatz).

1685. **Lipińska**, Aleksandra: Boekenverzammeling von Jacob Rehdiger in de Collecie van Universteits Bibliotheek in Wrocław [Die Büchersammlung von Jacob Rehdiger in der Sammlung der Universitätsbibliothek in Breslau] (Magisterarbeit).

1686. **Müller**, Markus: Das politische Handeln schlesischer Barockdichter. Funktionseliten zwischen primordial-partikularer Praxis und transzendental-universalistischen Ideen (Dissertation).

1687. **Pietrzak**, Ewa: Höfische Literatur im Zeitalter des Barock. Die Piastenhöfe als kulturelle Zentren Schlesiens im 17. Jahrhundert (Habilitationsschrift).

1688. **Schilling**, Michael; **Pietrzak**, Ewa: Schlesische Autorenkataloge der Frühen Neuzeit. Regionale Identität – Kanonbildung – literarisches Programm (Aufsatz).

1689. **Schilling**, Michael: Handschrift und Druck. Anagramm und Emblem. Ein unbekanntes Emblembuch des Jakob von Bruck-Angermundt mit Stichen von Matthaeus Merian (Aufsatz).

1690. **Schilling**, Michael: Wencel Scherffer von Scherffenstein (Sammelband).

1691. **Seelbach**, Karl Ulrich (Hg.): Johann Christian Hallmann: Sämtliche Werke. Fortsetzung der Edition von Gerhard Spellerberg, Bd. IV und V: Leich-Reden, Toten-Gedichte, Kasualgedichte.

1692. **Seelbach**, Karl Ulrich (Hg.): Daniel Czepko: Sämtliche Werke. Realienband zu den erschienenen Bänden I-VI.

1693. **Seidel**, Robert: Melchior Adam: Vita des Theophrastus Paracelsus. Edition, Übersetzung, Kommentar (Beitrag zu: Joachim Telle [Hg.]: Documenta Paracelsica).

1694. **Seidel**, Robert: Melchior Adam: Vitae Germanorum jureconsultorum et politicorum, qui superiore seculo, et quod excurrit, floruerunt. Heidelberg 1611; Vitae Germanorum philosophorum ... Heidelberg 1615; Vitae Germanorum medicorum ... Heidelberg 1620; Vitae Germanorum theologorum ... Heidelberg 1620 (Faksimileausgabe mit Einleitung).

16.4 19./20. Jahrhundert

1695. **Białek**, Edward: Literarische Stellungnahmen der Logaubündler zur oberschlesischen Frage (Beitrag zu Sammelwerk).

1696. **Białek**, Edward: Storwarzyszenie Logaubund Liegnitz i czasopismo „Die Saat“ [Der Logaubund Liegnitz und die Zeitschrift „Die Saat“] mit deutscher Zusammenfassung (Beitrag zu Konferenzband).

1697. **Białek**, Edward: Literarisches Leben in Liegnitz nach dem Ersten Weltkrieg (Monographie).

1698. **Chmiel,** Peter: Problem języka w nauczaniu religii i w duszpasterstwie na Górnym Śląsku od połowy XIX wieku do czasów współczesnych [Das Problem der

Sprache im Religionsunterricht und in der Seelsorge in Oberschlesien von der Mitte des 19. Jahrhunderts bis in die Gegenwart] (Aufsatz für einen polnischen Sammelband).

1699. **Grunewald**, Eckhard: Joseph von Eichendorff und die Buchillustration seiner Zeit (Aufsatz).

1700. **Grunewald**, Eckhard: Joseph von Eichendorffs literarhistorische Schriften (Edition).

1701. **Haberland**, Detlef: Arthur Silbergleit, Werke (Edition).

1702. **Heitmann**, Margret: „Mein Leben begann also damit, dass ich zu Festung verurteilt wurde“. Arnold Zweig und seine Geburtsstadt Glogau (Beitrag zu Sammelwerk).

1703. **Hentschel**, Gerd: Die deutschen Lehnwörter in den polnischen Dialekten des Teschener Schlesiens (Wörterbuch).

1704. **Holtmeier**, Irmela: Eichendorff-Bibliographie. 2000/2001 und Nachträge aus früheren Jahren (Beitrag zu: Aurora. Jahrbuch der Eichendorff-Gesellschaft für die klassisch-romantische Zeit).

1705. **Koning**, Henk J.: Gerhart Hauptmann und Ödön von Horváth (Aufsatz).

1706. **Koning**, Henk J.: Leon de Winter (niederländischer Autor) und Eichendorff (Taugenichts) (Aufsatz).

1707. **Koppitz**, Hans-Joachim: Der Papiergroßhändler Heinrich von Schweinichen und der Alsatia Verlag im Zweiten Weltkrieg (Aufsatz).

1708. **Koppitz**, Hans-Joachim: Unveröffentlichte Briefe von Moritz Graf Strachwitz (Edition und Aufsatz).

1709. **Kosellek**, Gerhard: Holtei in Riga. Ein Beitrag zur Theatergeschichte (Beitrag zu: Thomas Taterka [Hg.]: Jacob Michael Reinhold Lenz und die deutsche Literatur im Baltikum des 18. und 19. Jahrhundert).

1710. **Krzywon**, Ernst Josef: Das Bistum Breslau als katholische Literaturlandschaft. Ortskirche und Regionalliteratur (Beitrag zu Sammelwerk).

1711. **Krzywon**, Ernst Josef: Regionales Bewußtsein im erzählerischen, lyrischen und essayistischen Werk von Alfred Hein (1894–1945) (Beitrag zu Nr. 1557).

1712. **Krzywon**, Ernst Josef: Joseph von Eichendorff (1788–1857) in seinen Wechselbeziehungen zum Diözesanklerus des Bistums Breslau (Aufsatz).

1713. **Krzywon**, Ernst Josef: Religiöse Literatur – milieustabilisierend? Das Beispiel des schlesischen Schriftstellers Hans Christoph Kaergel (1889–1946) (Beitrag zu Sammelwerk).

1714. **Mehnert**, Elke: Bunzlauer mit Sprüngen – zum Polen-Bild Harald Gerlachs (Aufsatz).

1715. **Menzel**, Thomas; **Hentschel**, Gerd: Die deutschen Lehnwörter in den polnischen Dialekten des Teschener Schlesiens (Monographie).

1716. **Mikuda-Hüttel**, Barbara: Gerhart Hauptmann und die bildenden Künste (Habilitationsschrift).

1717. **Ossowski**, Mirosław: August Scholtis und der kritische Provinzroman in der Weimarer Republik (Aufsatz).

1718. **Regener**, Ursula (Hg.): Joseph Freiherr von Eichendorff: Sämtliche Werke. Historisch-Kritische Ausgabe, hg. von Hermann Kunisch (†) und Helmut Koopmann,

Bd. 11: Tagebücher, hg. von Alfred Riemen (†) und Ursula Regener unter der Mitarbeit von Franz Heiduk.

1719. **Schuhmann**, Klaus: „Ich ging wie ich kam: arm und verachtet.“ Leben und

Werk Max Hermann-Neisses (1886–1941) (Monographie).

1720. **Steinsdorff**, Sibylle von (Hg.): Joseph Freiherr von Eichendorff, Sämtliche Werke. Historisch-kritische Ausgabe. Bd. XIII Briefe an Eichendorff, Bd. XIV Kommentar zu den Briefen (Edition).

1721. **Stroka**, Anna: Poezja Maxa Herrmanna-Neisse i jej związki ze Śląskiem [Die Dichtung Max Herrmann-Neisses und ihr Bezug zu Schlesien (Beitrag zu Sammelwerk).

1722. **Stroka**, Anna: Carl Hauptmann und seine freundschaftlichen Kontakte zu Polen (Beitrag zu Sammelwerk).

1723. **Stroka**, Anna: Waldenburger Bergland und Riesengebirge in Gerhart Hauptmanns frühen Dramen (Aufsatz).

1724. **Stroka**, Anna: Schlesien im Leben und Werk von Theodor Fontane (Aufsatz).

* **Stüben**, Jens: Arno Holz' Machtkampf gegen Gerhart Hauptmann (Beitrag zu: Peter Wiesinger [Hg.]: Zeitenwende – Die Germanistik auf dem Weg vom 20. ins 21. Jahrhundert).

1725. **Szewczyk**, Grażyna Barbara: Der Erlösungsgedanke im dramatischen Schaffen von Carl Hauptmann (Beitrag zu Sammelwerk).

1726. **Szewczyk**, Grażyna Barbara: Zwischen Stillstand und Bewegung. Die Geschichte Oberschlesiens in den Romanen von August Scholtis (Beitrag zu Sammelwerk).

1727. **Szewczyk**, Grażyna Barbara: Der Briefwechsel zwischen Karl Schodrok und Wilhelm Szewczyk (Aufsatz).

1728. **Szewczyk**, Grażyna Barbara (Hg.): W kręgu literatury niemieckiej na Śląsku. Twórczość Augusta Scholtisa [Deutsche Literatur in Schlesien. Das Werk von August Scholtis].

1729. **Szewczyk**, Grażyna Barbara: Tematy śląskie. Literatura niemiecka i polska na Gornym Śląsku 1870–1945 [Schlesische Themen. Deutsch- und polnischsprachige Literatur in Oberschlesien 1870–1945] (Monographie).

1730. **Tschörtner**, Heinz Dieter: Neue Gerhart-Hauptmann-Studien.

1731. **Tschörtner**, Heinz Dieter: Gerhart Hauptmanns Eckermann Joseph Chapiro (Beitrag zu Sammelwerk).

1732. **Tschörtner**, Heinz Dieter: Ein voller Erdentag – Carl Zuckmayer und Gerhart Hauptmann (Beitrag zu Sammelwerk).

1733. **Tschörtner**, Heinz Dieter: Max Reinhardt spielt und inszeniert Hauptmann (Beitrag zu Sammelwerk).

1734. **Tschörtner**, Heinz Dieter: Gerhart Hauptmanns größere dramatische Fragmente.

1735. **Tschörtner**, Heinz Dieter: Vom „Zauberberg" zum Nobelpreis. Mit Briefen Thomas Manns und Gerhart Hauptmanns (Beitrag zu Sammelwerk).

1736. **Tschörtner**, Heinz Dieter: Gerhart Hauptmann: Drei autobiographische Fragmente (Edition).

1737. **Tschörtner**, Heinz Dieter: Hohenhaus im Werk der Brüder Hauptmann (Beitrag zu Sammelwerk).

1738. **Zimniak**, Paweł: Niederschlesien als Erinnerungsraum. Der deutsche Literaturbeitrag zur polnischen Identitätsbildung (Aufsatz).

1739. **Zwicker**, Stefan: Literarische Identitätsarbeit im Teschener Schlesien nach 1945 (Beitrag zu Tagungsband „Verhandlungen der Identität. Schlesien nach 1945").

1740. **Zwicker**, Stefan: Die Dichter Petr Bezruč und Ondra Łysohorsky und ihre Konzepte nationaler und regionaler Identität der mährischen Schlesier (Beitrag zu Sammelwerk).

17 Deutsche in Polen und Posen

17.1 Zeitlich übergreifende Arbeiten

1741. **Seemann**, Katinka: Synonymien deutscher Lehnwörter im Polnischen als Schlüssel zum polnisch-deutschen Zusammenleben von den Anfängen bis ins 20. Jahrhundert. Eine soziolinguistische und sozialgeschichtliche Analyse (Dissertation Oldenburg).

17.3 Frühe Neuzeit (1500 bis etwa 1800)

1742. **Drewelowsky**, André: Die lateinisch-polnisch-deutschen Ausgaben der „Disticha Catonis" aus dem 16. Jahrhundert, gedruckt in Krakau bei Hieronymus Vietor und Mathias Wirzbięta (Beitrag zu: Michael Baldzuhn; Gutram Haag; Nikolaus Henk [Hg.]: Historische Mehrsprachigkeit im europäischen Mittelalter).

1743. **Henkel**, Nikolaus u. a. (Hg.): Disticha Catonis. Didaktische Diskursformen zwischen Latein und Volkssprache (Sammelband).

17.4 19./20. Jahrhundert

1744. **Kłańska**, Maria: Thaddäus Rittner – ein Dichter der polnischen und der Wiener Moderne (Aufsatz).

1745. **Kłańska**, Maria: Frankreich und Paris im Leben und Werk des polnischen Schriftstellers Józef Wittlin. Mit vergleichendem Blick auf Joseph Roth (Aufsatz).

1746. **Kłańska**, Maria: Ester und Esterke. Über einige Fassungen des polnischen Esterke-Stoffes in der Literatur des 19. Jahrhunderts (Aufsatz für Festschrift).

1747. **Kłańska**, Maria: Wielojęzyczność a kształtowanie się tożsamości żydowskiej w Galicji i później w Małopolsce [Die Multilingualität und die Ausprägung einer jüdischen Identität in Galizien und später in Kleinpolen] (Aufsatz).

1748. **Obruśnik**, Joanna: Jurek Beckers Begegnung mit Polen (Aufsatz).

1749. **Obruśnik**, Joanna: Jüdische Identität im Leben und Werk Jurek Beckers (Dissertation Wrocław/Breslau).

1750. **Obruśnik**, Joanna: Medizin und Judentum. Das Bild des jüdischen Arztes im Roman „Jakob der Lügner" von Jurek Becker (Beitrag zu Sammelwerk).

1751. **Stüben**, Jens: Joseph Roth als Exilautor (Beitrag zu Sammelwerk).

1752. **Werner**, Klaus: Die gekippte Idylle. Soma Morgensterns Feuilletons (Beitrag zu Tagungsband).

1753. **Werner**, Klaus: Revolution und Götzendienst. Zu den Romantrilogien „Wie eine Träne im Ozean" von Manès Sperber und „Die Ästhetik des Widerstands von Peter Weiss" (Beitrag zu Festschrift für Hubert Orłowski).

1754. **Werner**, Klaus: Ideen-Transfer in Europa am Beispiel deutsch-jüdischer Literatur- und Geistesschaffender aus Galizien und der Bukowina. Ein Resümee.

1755. **Werner**, Klaus: Noch einmal: Zum „Wunder" von Alfred Margul-Sperbers Zwischenkriegslyrik. Ein Diskussionsbeitrag (Beitrag zu Sammelband).

1756. **Wojtczak**, Maria: Ernst Tollers Geburtsstadt Samotschin und die Ostmarkenliteratur (Beitrag zu: Thorsten Unger und Maria Wojtczak: Ernst Tollers Geburtsort Samotschin).

1757. **Wojtczak**, Maria: Zur Erzählsituation in der Ostmarkenprosa (Aufsatz).

18 Böhmen/Mähren/Tschechien/Slowakei

18.1 Zeitlich übergreifende Arbeiten

1758. **Glück**, Helmut: „quamvis Slavonico sermone utitur...". Deutschlernen in den böhmischen Ländern vom 15. Jahrhundert bis 1918 (Beitrag zu: Forschungsforum der Universität Bamberg).

1759. **Glück**, Helmut; **Spačilová**, Libuše; **Klatte**, Holger; **Spačil**, Ludvik: Deutschlernen in den Böhmischen Ländern vom 15. Jahrhundert bis 1918: eine teilkommentierte Bibliographie.

1760. **Greule**, Albrecht; **Meier**, Jörg (Hg.): Deutsche Sprache in der Slowakei. Bilanz und Perspektiven ihrer Erforschung (Sammelband).

1761. **Kersten**, Sandra: Pragbilder in der deutschen Literatur des 18. – 20. Jahrhunderts (Aufsatz).

1762. **Meier**, Jörg: Deutschsprachige Literatur in der Slowakei von den Anfängen bis zum 2. Weltkrieg (Beitrag zu Sammelwerk).

1763. **Meier**, Jörg: Deutschsprachige Handschriften und Dokumente des Mittelalters und der Frühen Neuzeit in slowakischen Archiven. Bericht über ein interdisziplinäres Projekt (Beitrag zu Sammelwerk).

1764. **Meier**, Jörg: Sprachkultur und Sprach(en)kontakte. Geschichte und Gegenwart der deutschen Sprache in der Slowakei (Beitrag zu Sammelwerk).

1765. **Newerkla**, Stefan Michael: Entwicklung der sprachlichen Kontakte zwischen dem Tschechischen, Slowakischen und dem Deutschen im lautlichen und lexikalischen Bereich seit dem 8. Jahrhundert bis zum Beginn des 20. Jahrhunderts (Habilitationsschrift).

1766. **Newerkla**, Stefan Michael: Post factum nullum consilium - Die Sprachengesetzgebung in der Habsburgermonarchie und ihre Auswirkung auf die sprachliche Wirklichkeit an Böhmens Schulen am Beispiel Plzeň (1740–1918) (Aufsatz für: Österreichische Osthefte).

1767. **Short**, David: Beyond Beer and Bohemians: the Czech contribution to the English lexicon (Aufsatz).

1768. **Spáčilová**, Libuše: Deutsch-tschechische Lehrbuchtraditionen in den böhmischen Ländern von 1740 bis 1918 (Beitrag zu Konferenzband der Universität Bamberg).

1769. **Tischler**, Paul: Zipser Literaturgeschichte.

1770. **Tischler**, Paul: Zipser Schriftsteller-Lexikon.

18.2 Mittelalter

1771. **Heger**, Hedwig: Wenzelsbibel (Edition).

1772. **Papsonová**, Mária: Das Magdeburger Recht im Silleiner Rechtsbuch. Wörterbuch zur deutschsprachigen Vorlage des Landrechts (1378) und zu ihrer Übersetzung (1473) (Habilitationsschrift Jena).

1773. **Protze**, Helmut: Die Zipser im sprachgeographischen und sprachhistorischen Vergleich zu den Siebenbürger Sachsen (Beitrag zu Nr. 1011).

1774. **Protze**, Helmut: Das älteste Stadtbuch der Königlich freien Bergstadt Göllnitz/Gelnica in der Unterzips und seine Sprache (Edition).

1775. **Tischler**, Maria: Ein Kaschauer Gedicht aus der Zeit der „Reformatio Sigismundi". Zur Entstehungsgeschichte der

Kaschauer Handschrift des Schwabenspiegels um 1430 (Aufsatz).

18.3 Frühe Neuzeit (1500 bis etwa 1800)

1776. **Katona**, Tünde: Die Leichenpredigt über Stephanus Xylander (Aufsatz).

1777. **Katona**, Tünde: Das Testamentbuch aus Leutschau (Edition).

1778. **Meier**, Jörg: Im „böhmischen Zauberkreise". Goethes Reisen nach Böhmen (Aufsatz).

1779. **Spáčilová**, Libuše: Das Frühneuhochdeutsche in der Olmützer Stadtkanzlei (bis 1550). Eine textsortengeschichtliche Untersuchung unter linguistischem Aspekt (Habilitationsschrift Olomouc/Olmütz).

1780. **Spáčilová**, Libuše: Die deutsche Chronik der Olmützer Bürgerfamilie Hobel aus den Jahren 1530–1629 (Aufsatz).

1781. **Spáčilová**, Libuše: Wechselseitige Einflüsse des tschechischen und des deutschen Wortschatzes in der Stadtkanzlei Olmütz im 15. – 17. Jahrhundert (Aufsatz).

1782. **Spáčilová**, Libuše: Entlehnungen in frühneuhochdeutschen Texten der Olmützer Stadtkanzlei (Beitrag zu: Brücken – Germanistisches Jahrbuch Tschechien – Slowakei).

1783. **Spáčilová**, Libuše: Das deutsche und das tschechische Lexikon in Comenius's Werken „Ianua linguarum reserata" und „Orbis pictus" (Beitrag zu: Acta Universitatis Carolinae. Germanistica Pragensia).

1784. **Spáčilová**, Libuše: Zum Vokabular der Olmützer Gerichtsordnung aus dem Jahre 1550 (Aufsatz für: České Budějovice).

1785. **Spáčilová**, Libuše: Die Textsorte Eid im 15. und 16. Jahrhundert in der Olmützer Stadtkanzlei (Beitrag zu Festschrift für Prof. Metzner).

1786. **Spáčilová**, Libuše: Deutsche Schiedssprüche in der Olmützer Stadtkanzlei im 15. und 16. Jahrhundert (Aufsatz).

18.4 19./20. Jahrhundert

1787. **Abret**, Helga: Zu Josef Mühlbergers Erzählung „Asche" (Aufsatz).

1788. **Bachmann**, Armin: Die Quantitätsverhältnisse von Vokalen und Sonoranten im Nordbairischen (Deutschland und Tschechien) (Aufsatz).

1789. **Barota**, Mária: Zu Rilkes Rußlandbild auf Grund seiner russisch verfaßten Gedichte (Aufsatz).

1790. **Becher**, Peter: Die deutschsprachige Literatur Böhmens und Mährens 1938–1945 (Habilitationsschrift).

1791. **Born**, Jürgen; **Krywalski**, Diether: Deutschsprachige Literatur aus Prag und den böhmischen Ländern im Spiegel von Buch- und Plakatkunst 1900 bis 1939 (Aufsatz).

1792. **Dolezal**, Pavel: Deutsch-tschechisches Zusammenleben als Thema der deutschsprachigen Publizistik in der Tschechoslowakei (1918–1938) mit der besonderen Berücksichtigung des „Prager Tagesblattes". Was haben T. G. Masaryk und Max Brod zur deutsch-tschechischen Annäherung beigetragen (Dissertation Siegen).

1793. **Ehlers**, Klaas-Hinrich: Der Schrei nach Synthese. Studien zur Rezeption des tschechischen Strukturalismus in der deutschen Sprachwissenschaft 1926–1945 (Habilitationsschrift).

1794. **Ehlers**, Klaas-Hinrich: Prager Deutsche im Prager Linguistik-Zirkel (Beitrag zu: Nekula, Marek [Hg.]: Prager Strukturalismus. Methodologische Grundlagen und Desiderata).

1795. **Ehlers**, Klaas-Hinrich: Agonie und Nachleben einer deutschtschechischen Zeitschrift. Dokumente zum Ende der Germanoslavica aus den Jahren 1932 bis 1942 (Beitrag zu: Brücken. Germanistisches Jahrbuch Tschechien-Slowakei).

1796. **Ehrismann**, Otfrid (Hg.): Sudetendeutsches Wörterbuch, Bd. 3 und 4.

1797. **Esterhammer**, Ruth: Karl Kraus über Heine (Dissertation Innsbruck).

1798. **Esterhammer**, Ruth: Feuilletonforschung nach 1945 (Aufsatz).

1799. **Fackelmann**, Christoph: Kritische Neuedition des Briefwechsels von Josef Weinheber (1892–1945).

1800. **Fackelmann**, Christoph: Die Sprachkunst Josef Weinhebers und ihre Leser. Propädeutische Erörterung zur Rezeptions- und Interpretationsgeschichte (Dissertation).

1801. **Fritz**, Susanne: Das Bild der Stadt Prag in der Prager deutschen Literatur (Dissertation Dresden).

1802. **Greule**, Albrecht (Hg.): Atlas der historischen deutschen Mundarten in Tschechien.

1803. **Hainz**, Martin: Rilke – jenseits der „Art" (Aufsatz).

1804. **Höhne**, Steffen: Ethnische Diskurse in den böhmischen Ländern im Spannungsfeld von böhmischem Landespatriotismus und nationaler Desintegration. Ein Beitrag zur Entstehung der ‚deutsch-tschechischen Konfliktgemeinschaft' aus philologischer Perspektive (Habilitationsschrift).

1805. **Höhne**, Steffen: Der Bohemismus-Diskurs zwischen 1800 und 1848/49 (Beitrag zu: Brücken. Germanistisches Jahrbuch Tschechien – Slowakei).

1806. **Höhne**, Steffen: 1968, Prag und die DDR-Germanistik. Zur Verflechtung von Ideologie und Politik in der Kafka-Rezeption (Beitrag zu: Euphorion).

* **Höhne**, Steffen (Hg.): Sprachwandel – Kulturwandel. Bilingualismus, Bikulturalismus und Binationalismus in Mitteleuropa am Beispiel der Böhmischen Länder im 19. Jahrhundert.

1807. **Kłańska**, Maria: Cäsar Wenzel Messenhauser (Artikel für ein Lexikon deutsch-tschechischer Schriftsteller).

1808. **Kliems**, Alfrun: Schriftsteller zwischen den Kulturen. Deutschschreibende tschechische Exilschriftsteller unter den Aspekten Heimat, Identität und Sprache [Gruša, Moníková, Filip] (Dissertation).

1809. **Krywalski**, Diether: Die Darstellung der Protektoratszeit der böhmischen Länder im Jugendbuch (Aufsatz).

1810. **Krywalski**, Diether: Zum Beispiel: Olmütz – Eine Referenz (Aufsatz).

1811. **Krywalski**, Diether: „Johann von Michelsberg" der Heinrich von Freiberg und der böhmisch-mährische Landespatriotismus (Aufsatz).

1812. **Krywalski**, Diether: Beiträge zum Lexikon deutschsprachiger mährischer Autoren: Rainer Maria Rilke, Rudolf Kassner, Louis Fürnberg, Walter von Molo, Leo Slezak, Karl Norbert Mrasek, Benno Brehm, Ernst Weiß (Beitrag zu Sammelwerk).

1813. **Krywalski**, Diether: „Weit von hier wohnen wir, weit von hier". Beobachtungen und Gedanken zur deutschsprachigen Literatur in den böhmischen Ländern (Monographie).

1814. **Kyselá**, Miroslava: Literatur und Kunst in der deutschen Presse von Mährisch-Ostrau (Aufsatz).

* **Luft**, Robert: Utilitarismus, Selektion und zerstörte Pluralität. Von Bibliotheken, Buchbeständen und Bibliothekaren in den böhmischen Ländern unter nationalsozialistischer Herrschaft (Beitrag zu Sammelband).

1815. **Meier**, Jörg: Karl Julius Schröer (1825–1900) (Aufsatz).

1816. **Meier**, Jörg: „Zëpserscher Liederposchen“ und „Kesmarker Tutterhorn“. Leben und Werk des Zipser Dichters Ernst Lindner (1826–1902) (Beitrag zu Sammelwerk).

1817. **Meier**, Jörg: Die Situation der deutschen Dialekte in der Slowakei (Beitrag zu Sammelwerk).

1818. **Meier**, Jörg: Kalendergeschichten aus der Slowakei (Aufsatz).

1819. **Meier**, Jörg: Zur Sprache und Geschichte der deutschsprachigen Presse in Oberungarn (Aufsatz).

1820. **Newerkla**, Stefan Michael: Středoevropský jazykový areál a habsburská monarchie [Mitteleuropäisches Sprachareal und Habsburgermonarchie] (Beitrag zu: Setkání s češtinou. Sborník příspěvků ke konference konané 6. a 7. září 2001 v Praze [Treffen mit der tschechischen Sprache. Sammelband zur Konferenz vom 6.–7. 9. 2001 in Prag]).

1821. **Newerkla**, Stefan Michael: The seamy side of the Habsburgs' liberal language policy: intended and factual reality of language use in Plzeň's educational system (Beitrag zu: Rosita Rindler-Schjerve (Hg.): Explorations in historical sociolinguistics: language and power in the Habsburg empire).

1822. **Newerkla**, Stefan Michael: Čeština v monarchii a středoevropský jazykový areál [Tschechisch in der Monarchie und mitteleuropäisches Sprachareal] (Aufsatz für: Český jazyk a literatura).

1823. **Newerkla**, Stefan Michael: Sprachliche Konvergenzprozesse in Mitteleuropa (Beitrag zu: I. Pospíšil und J. Besters-Dilger [Hg.]: The crossroads of culture: central europe from the point of view of linguistics and literary criticism).

1824. **Newerkla**, Stefan Michael: Die Vermittlung deutscher Lehnwörter durch das Tschechische in das Polnische und Slowakische (Aufsatz).

1825. **Newerkla**, Stefan Michael: Das Leben, Wirken und Schaffen des Tschechischlehrers an der Theresianischen Militärakademie zu Wiener Neustadt P. Atanáš Spurný (Aufsatz).

1826. **Newerkla**, Stefan Michael: Lebensdauer und Verdrängung deutscher Lehnwörter aus dem Tschechischen und Slowakischen (Beitrag zu Sammelwerk).

1827. **Newerkla**, Stefan Michael: Toulka příspěvky vídeňských učitelů češtiny k národnímu obrození (k 225. výročí bohemistiky ve Vídni) [Streifzüge durch die Beiträge Wiener Tschechischlehrer zur tschechischen nationalen Erneuerung (aus Anlass des 225-jährigen Bestehens der Wiener Bohemistik)] (Beitrag zu: Listy filologické).

1828. **Polheim**, Karl Konrad: Die drehsymmetrischen Brüder. Zu Marie von Ebner-Eschenbachs Erzählung „Die Freiherrn von Gemperlein“ (Aufsatz).

1829. **Polheim**, Karl Konrad; **Kretschmann**, Carsten (Hg.): Marie von Ebner-Eschenbach. Kritische Texte und Deutungen (Edition).

1830. **Polheim**, Karl Konrad; **Stüben**, Jens (Hg.): Ferdinand von Saar. Kritische Texte und Deutungen (Edition).

1831. **Ritter**, Alexander: The Texan revolution and its reinterpretation as utopian writing: A contribution to the socio-political counter-concept in Charles Sealsfield's „The Cabin-Book“ (Aufsatz für: Southern Quarterly).

1832. **Ritter**, Alexander (Hg.): Charles Sealsfield – Karl Postl: Die Vereinigten Staaten von Nordamerika nach ihrem politischen, religiösen und gesellschaftlichen

Verhältnisse betrachtet. Stuttgart und Tübingen 1828. Textedition und Textrezeption.

1833. **Ritter**, Alexander: Sealsfield-Bibliographie 1945–2000 (Charles Sealsfield: Sämtliche Werke – Supplementreihe).

1834. **Ritter**, Alexander (Hg.): Sealsfield-Forschung 1945–2000. Charles Sealsfield: Sämtliche Werke – Supplementreihe. Bd. 28 / SR4.

1835. **Ritter**, Alexander (Hg.): Dokumente zur Rezeptionsgeschichte. Teil 2: Die zeitgenössische Rezeption in Amerika. Charles Sealsfield: Sämtliche Werke – Supplementreihe. Bd. 32 / SR 8.

1836. **Ritter**, Alexander: Identitätsneurose, Autordisposition, Literaturstrategie: Charles Sealsfields autobiographisch-politisches Schreiben gegen die eigene Krise, die amerikanische und die des Vormärz (Beitrag zu: Peter Wiesinger [Hg.]: Akten des X. Internationalen Germanistenkongresses Wien 2000).

1837. **Ritter**, Alexander: Louisiana – the new Egypt! Charles Sealsfield's report from the 1820s (Beitrag zu Sammelband).

1838. **Ritter**, Alexander: „... ließ sich in den Bürgerverein dieser Republic aufnehmen". Der Migrantenfall Carl Postl / Charles Sealsfield: Individualkrise als Krisensymptom der Vormärzzeit (Aufsatz).

1839. **Ritter**, Alexander: Charles Sealsfield – Vormärzliterat, American author und politischer Mittler (Monographie).

* **Rutkowski**, Ernst (Hg.): Briefe und Dokumente zur Geschichte der österreichisch-ungarischen Monarchie unter besonderer Berücksichtigung des böhmisch-mährischen Raumes 1868–1918 (Edition) (mehrbändig).

1840. **Schneider**, Vera: Auf der Schwelle: Grenzerfahrung und Grenzüberschreitung in der Stadtwahrnehmung der Prager Deutschen Literatur (Dissertation Berlin).

1841. **Short**, David (Hg.): Bohumil Hrabal (1914–1997): Papers from a Symposium.

1842. **Stüben**, Jens (Hg.): Ferdinand von Saar: Briefwechsel mit Dichtern und Schriftstellern – Bauernfeld, Pichler, Rosegger, Schnitzler u. a. / Briefwechsel mit Verlegern, Künstlern, Literaten (Polheim, Karl Konrad; Stüben, Jens [Hg.]: Ferdinand von Saar. Kritische Texte und Deutungen, Ergänzungsbände) (Edition).

1843. **Tóth-Zsigmond**, Anikó: Das Frauenbewußtsein einer österreichischen Aristokratin. Marie von Ebner-Eschenbach (Dissertation).

* **Winter**, Astrid: Metamorphosen des Wortes – Der experimentelle Übergang von der verbalen zur visuellen Poesie im Schaffen Jiří Kolářs. Eine Untersuchung zum Problem des Medienwechsels (Dissertation Göttingen).

1844. **Zwicker**, Stefan: „Landmädchen und Tückische Verführer". Zum Bild der Slowaken und Tschechen in den deutschen Spielfilmen „Anuschka" (1941) und „Die goldene Stadt" (1942) (Beitrag zu Tagungsband „Literatur und Hakenkreuz").

* **Zwicker**, Stefan: Die Dichter Petr Bezruč und Ondra Łysohorsky und ihre Konzepte nationaler und regionaler Identität der mährischen Schlesier (Beitrag zu Sammelwerk).

19 Deutsche in Südosteuropa (Ungarn, Rumänien, ehem. Jugoslawien)

19.1 Zeitlich übergreifende Arbeiten

1845. **Fritz**, Johann: Betrachtungen über den Ursprung der Hausnamen in Kakasd-Belatz und Ladomany/Ungarn (Aufsatz).

1846. **Haldenwang**, Sigrid; **Feßler**, Helga (Bearb.): Siebenbürgisch-sächsisches Wörterbuch, Bd. 9.

1847. **Hienz**, Hermann A.: Schriftsteller-Lexikon der Siebenbürger Deutschen. Bio-bibliographisches Handbuch für Wissenschaft, Dichtung und Publizistik, Bd. 9.

1848. **Janko**, Anton: Der deutsche Minnesang in slowenischen Übersetzungen (Aufsatz).

1849. **Kühlmann**, Wilhelm; **Schindling**, Anton (Hg.): Deutschland und Ungarn in ihren wechselseitigen Beziehungen während der Renaissance.

1850. **Protze**, Helmut: Das Siebenbürgisch-Sächsische in Geschichte und Gegenwart (Beitrag zu Katalog).

* **Protze**, Helmut: Die Zipser im sprachgeographischen und sprachhistorischen Vergleich zu den Siebenbürger Sachsen (Beitrag zu Nr. 1011).

1851. **Puchianu**, Carmen (Hg.): Kronstädter Beiträge zur Germanistik.

1852. **Richter** (†), Gisela; **Feßler**, Helga: Nordsiebenbürgisch-sächsisches Wörterbuch. Unter Mitarbeit von Ursula Galsterer aufgrund der nachgelassenen Sammlungen von Friedrich Krauß, Bd. 5 (Se–Z).

1853. **Seidel**, Robert: Der ungarische Späthumanismus und die calvinistische Pfalz (Beitrag zu Nr. 1849).

19.3 Frühe Neuzeit (1500 bis etwa 1800)

1854. **Balogh**, András F.: Informationsfluß und Textproduktion. Die Ungarnbezüge der deutschen Flugschriften des frühen 16. Jahrhunderts (Beitrag zu: Akten der Konferenz „Zeitenwende“ – Die Germanistik auf dem Weg vom 20. ins 21. Jahrhundert).

1855. **Freytag**, Hartmut: Das Theatrum mortis humanae Tripartitum des Johanes Weichardus Valvasor.

1856. **Freytag**, Hartmut: Johanes Weichardus Valvasor, Theatrum mortis humanae Tripartitum, Salzburg 1682. Faksimile-Ausgabe mit Vorwort (Edition).

* **Katona**, Tünde: Die Leichenpredigt über Stephanus Xylander (Aufsatz).

* **Katona**, Tünde: Das Testamentbuch aus Leutschau (Edition).

1857. **Leppin**, Volker; **Wien**, Ulrich A. (Hg.): Konfessionalisierung, Geistes- und Kulturgeschichte des 16. Jahrhunderts in Siebenbürgen.

1858. **Poelchau**, Lore: Gelegenheitsgedichte (lateinisch und deutsch) aus Siebenbürgen (Edition).

1859. **Poelchau**, Lore: Maximilianus Transsilvanus, „De Moluccis insulis – epistola“, 1522 (Edition).

1860. **Poelchau**, Lore: Christian Schesaeus’ Vita Leonhardi Stöckel (16. Jahrhundert) (Beitrag zu Festschrift).

19.4 19./20. Jahrhundert

1861. **Balogh**, András F.: Die Kontexte der ungarndeutschen Dramendichtung am Anfang des 19. Jahrhunderts (Beitrag zu Tarnói, László; Knipf, Erzsébet [Hg.]: Festschrift für Károly Manherz).

1862. **Balogh**, András F.; **Biechele**, Werner (Hg.): Die Zuordnungsfragen der deutschen Literaturen aus Südosteuropa (Tagungsband).

1863. **Bican**, Bianca Elena: Die Celan-Rezeption in Rumänien (Dissertation Sibiu/ Hermannstadt).

1864. **Brenner**, Koloman: Die Verwendungsbereiche von instrumentalphonetischen Methoden in der Sprachinselforschung (Beitrag zu Konferenzband).

1865. **Brenner**, Koloman: Die sprachliche Situation der deutschen Minderheit in West-Ungarn (Beitrag zu Konferenzband).

1866. **Brenner**, Koloman: Der Sprachgebrauch der Ungarndeutschen in Ödenburg und Agendorf (Beitrag zu Konferenzband).

1867. **Brenner**, Koloman: Affrikaten konfrontativ – ein Vergleich ungarndeutsch vs. ungarisch (Beitrag zu Festschrift).

1868. **Brenner**, Koloman: Plosive der deutschen Dialekte in West-Ungarn (Beitrag zu Konferenzband, Preßburg/Bratislava).

1869. **Brenner**, Koloman: Plosive der deutschen Dialekte in West-Ungarn (Dissertation Budapest).

1870. **Candida**, Silvia: Die Lyrik von Rose Ausländer (Dissertation Pisa/Rom).

1871. **Corbea-Hoisie**, Andrei; **Gutu**, George; **Hainz**, Martin (Hg.): Re-Lektüren zu Rose Ausländer, Paul Celan, Alfred Margul-Sperber und Immanuel Weißglas.

1872. **Engel**, Walter: Vom Sinn einer regionalen Literaturgeschichtsschreibung. Überlegungen zur Neubewertung Banater deutscher Literatur des 20. Jahrhunderts (Aufsatz).

1873. **Engel**, Walter: „Der Erfinder" von Otto Alscher. Studie zu einem Nachlaßroman des Banater Schriftstellers (Aufsatz).

1874. **Engel**, Walter: Behaust nur im Wort. Der Bukowiner Dichter Alfred Kittner (1906–1991) (Beitrag zu Nr. 1209).

1875. **Erb**, Maria: Ungarische Lehnwörter in den neueren deutschen Sprachinseln Ungarns bis 1945. Strukturlinguistische und soziopragmatische Untersuchungen (Dissertation Budapest).

1876. **Forgács**, Erzsébet: Zu den Übersetzungsschwierigkeiten äquivalentsloser phraseologischer Wendungen in literarischen Texten (Aufsatz).

1877. **Forgács**, Erzsébet: Einführung in die Sprachwissenschaft (Kontrastiv deutsch-ungarisch) (Monographie).

1878. **Fürnkäs**, Josef: Gedächtnisliteratur. Elias Canetti und die Moderne (Monographie).

1879. **Gehl**, Hans (Bearb.): Wörterbuch der donauschwäbischen Landwirtschaft.

1880. **Hainz**, Martin: Zwischentöne – zwei leise Poesien (zu Rose Ausländer und Hertha Kräftner) (Aufsatz).

1881. **Hainz**, Martin: Rose Ausländer und „Minderheitenliteratur" (Aufsatz).

1882. **Hainz**, Martin: Von „Ghettomotiven" und ihrem Ungenügen (Aufsatz).

1883. **Hainz**, Martin: „Wörter stellen mir nach / Ich stelle sie vor" (Tagungsbericht für: Zeitschrift der Germanisten Rumäniens).

1884. **Hainz**, Martin: „Lunovis ips'albumst" Christian Morgenstern als Unübersetzbar-Übersetzer bei Rose Ausländer (Aufsatz).

1885. **Hainz**, Martin; **Braun**, Helmut (Hg.): Rose Ausländers Morgenstern-Übertragungen.

1886. **Hainz**, Martin: Mystik und Ekel im Œuvre Rose Ausländers (Aufsatz).

1887. **Hainz**, Martin: „Entgöttertes Leid". Rose Ausländer–Lektüren mit Adorno, Szondi und Derrida (Monographie).

1888. **Hainz**, Martin: Das „Land des Lächelns"-Syndrom oder: Gibt es einen österreichischen Nationalhumor? (Aufsatz).

1889. **Hainz**, Martin: Interpretatorische Nekrophilie. Wie lebendig ist Rose Ausländer in der Sekundärliteratur? (Aufsatz).

1890. **Hainz**, Martin: Die Todesfuge – als Polemik gelesen (Aufsatz).

1891. **Hainz**, Martin; **Petculescu**, Daria: Celans Übersetzung von Ciorans Lehre vom Zerfall (Aufsatz).

1892. **Hainz**, Martin; **Petculescu**, Daria: Das rumänische Frühwerk Celans – ein Versuch seiner Übertragung (Aufsatz).

1893. **Hainz**, Martin: Rose Ausländer und ihr Platz in der Literaturgeschichte (Aufsatz).

1894. **Hvozdyak**, Olha: Inschomowna zapozytschena kulinarna leksyka z nimezjkym etymonom w ukrajinsjkych howirkach Zakarpatja [Fremdsprachige entlehnte kulinarische Lexik mit dem deutschen Etymon in den ukrainischen Mundarten Transkarpatiens] (Aufsatz).

1895. **Hvozdyak**, Olha: Morpholohitschna adaptazija njimezjkych zapozytschenj w ukrajinsjkych howirkach Zakarpatja [Morphologische Adaptierung der deutschen Entlehnungen in den ukrainischen Mundarten Transkarpatiens] (Aufsatz).

1896. **Hvozdyak**, Olha; **Melika**, Georg: Bestand und Perspektiven der deutschen Mundarten und ihrer Sprachträger im interethnischen Raum von Transkarpatien (Aufsatz).

1897. **Hvozdyak**, Olha: Semantytschna interferenzija nimezjkych zapozytschenj w ukrajinsjkych howirkach Zakarpatja [Semantische Interferenz der deutschen Entlehnungen in den ukrainischen Mundarten Transkarpatiens] (Aufsatz).

1898. **Janko**, Anton: Das Bild Walthers von der Vogelweide bei Edward Samhaber (1846–1927) (Aufsatz).

1899. **Janko**, Anton: Goethe bei den Slowenen nach 1945 (Aufsatz).

1900. **Javor-Briški**, Marija: Ksaver Meškos „Henrik gobavi vitez“. Ein Werk im Spannungsfeld zwischen Hartmanns von Aue Erzählung „Der arme Heinrich“ und Paul Claudels Mysterium, „L´Annonce faite á Marie“.

1901. **Kłańska**, Maria: „Ausgestorbene Wesen – Engel“. Zum Motiv des Engels in der Lyrik Rose Ausländers (Aufsatz).

1902. **Kłańska**, Maria: Der Kampf mit dem Antichrist. Zur antifaschistischen Publizistik Joseph Roths (Aufsatz).

1903. **Kłańska**, Maria: Das Symbol des Kreuzes im Schaffen Joseph Roths (Beitrag zu Festschrift).

1904. **Klein**, Christoph: Die „größere Wirklichkeit“. Über den Roman „Das Jüngste Gericht in Altbirk“ des siebenbürgisch-sächsischen Schriftstellers Erwin Wittstock (1899–1962) (Aufsatz).

1905. **Koning**, Henk J.: Ödön von Horváth und Johann Nestroy (Aufsatz).

* **Koning**, Henk J.: Gerhart Hauptmann und Ödön von Horváth (Aufsatz).

1906. **Kosellek**, Gerhard: Nikolaus Lenau, „Savonarola“, „Helena“. Text und Kommentar (Edition).

1907. **Kottler**, Peter: Das System der Verbalflexion in den Banater Mundarten rhein- und moselfränkischer Prägung (Dissertation).

1908. **Lazarescu**, Mariana: Vorwort zu: Karin Gündisch: Paradisul se afla in America [Das Paradies liegt in Amerika].

1909. **Lazarescu**, Mariana: Vorwort zu: Hans Bergel: Eseuri [Essays].

1910. **Maitz**, Péter: Der deutsch-ungarische Sprachkonflikt im Ungarn des 19. Jahrhunderts (Dissertation).

1911. **Mândruţ**, Stelian: Das Bukarester Deutsche Theater (1917–1918). Entwicklung und Folgen (Beitrag zu Sammelwerk).

1912. **Markel**, Kurt Arne: Deutschsprachiges literarisches Leben im Nachkriegsrumänien (Dissertation Bamberg).

1913. **Metz**, Franz: Worte wie Lieder. Nikolaus Lenau und seine vertonten Gedichte. Zum 200. Geburtstag des Dichters (Aufsatz).

1914. **Miladinović Zalaznik**, Mira: Die dunkle Seite des Mondes oder: „Alle Jahre im Kriege und nach ihm, wo ich mich mit meinem Volke sozusagen mystisch vereint habe, lebe ich in ihm wie sein Gefangener." Der Briefwechsel Edvard Kocbek – Heinrich Böll 1961–1977/78 (Beitrag zu Sammelwerk).

1915. **Miladinović Zalaznik**, Mira: Deutsch-slowenische literarische Wechselbeziehungen (Monographie).

1916. **Motzan**, Peter: Zwischen Pflichtübung und Kür, Opportunismus und Freundschaftsdienst. Zur Präsenz rumänischer Gegenwartsliteratur in der Zeitschrift „Banater Schrifttum"/„Neue Literatur" (1949–1989) (Beitrag zu Sammelwerk).

1917. **Motzan**, Peter: Die ausgegrenzte Generation. Voraussetzungen literarischer Produktion und Barrieren der Rezeption: Alfred Margul-Sperber und seine Weggefährten in der Bukowina (1919–1940) (Beitrag zu Sammelwerk).

1918. **Motzan**, Peter (Mithg.): Deutsche Literatur in Rumänien und das „Dritte Reich".

1919. **Motzan**, Peter: Hunger des Magens und Sehnsucht des Herzens. Welt- und Menschenbild in den Erzählungen Oscar Walter Ciseks (Beitrag zu Sammelwerk).

1920. **Motzan**, Peter (Hg.): Oscar Walter Cisek: Erzählungen (Edition).

1921. **Motzan**, Peter: Alfred Margul-Sperbers (1898–1967) – eine Portraitskizze (Beitrag zu Sammelwerk).

1922. **Pascu**, Eleonora: Das Deutsche Landestheater in Rumänien zwischen 1933 und 1944 und seine Gastspiele im Banat (Aufsatz).

1923. **Pascu**, Eleonora: Die Gleichschaltung des Deutschen Landestheaters in Rumänien (1938–1944) (Beitrag zu Sammelband).

1924. **Pascu**, Eleonora: Temeswar aus dem Blickpunkt der Literatur (Aufsatz).

1925. **Pascu**, Eleonora (Hg.): Timişoara între paradigmă şi parabolă [Temeswar zwischen Paradigma und Parabel] (mehrsprachiger Sammelband).

1926. **Predoiu**, Grazziella: Faszination und Provokation bei Herta Müller (Dissertation Sibiu/Hermannstadt).

1927. **Predoiu**, Grazziella: Die epischen Texte der Aktionsgruppe Banat (Aufsatz).

1928. **Predoiu**, Grazziella: Herta Müllers „Sprache der schonungslosen Bilder" (Beitrag zu Sammelwerk).

1929. **Predoiu**, Grazziella: Poetik des Schnittes: avantgardistische Verfahren in den epischen Texten Herta Müllers (Beitrag zu Sammelwerk).

1930. **Predoiu**, Grazziella: Herta Müller und Thomas Bernhard: Versuch eines Vergleichs (Beitrag zu Sammelwerk).

1931. **Predoiu**, Grazziella: Das Angstmotiv in Rilkes „Aufzeichnungen des Malte Laurids Brigge" und in den Texten Herta Müllers (Beitrag zu Nr. 1851).

1932. **Protze**, Helmut: Mundart und Umgangssprache im südsiebenbürgischen Unterwald (Monographie).

1933. **Protze**, Helmut: Siebenbürgisches und Zipser Tagebuch 1956–2000 (Monographie).

1934. **Ritter**, Alexander: ‚Auslanddeutsche Literatur' und nationalsozialistische Literaturpolitik: Adolf Meschendörfers Roman „Der Büffelbrunnen" (1935) (Beitrag zu Sammelband, hg. von Stefan Sienert).

1935. **Sass**, Maria: Rezeption deutschsprachiger Literatur in der Zeitschrift „Secolul XX" (Aufsatz).

1936. **Sass**, Maria: Schwierigkeiten in der Übersetzung von Kinderliteratur, am Beispiel der rumänischen Übertragung der „Geschichten über Astrid“ von Karin Gündisch (Beitrag zu Sammelwerk).

1937. **Scherer**, Anton: Geschichte der Literatur der Donauschwaben von 1848 bis 2000 (Beitrag zu Sammelwerk).

1938. **Scherer**, Anton: Wortkundliche Studien (Aufsatz).

1939. **Schlesak**, Dieter: E. M. Cioran, Briefe (Edition).

1940. **Schlesak**, Dieter: Lauter letzte Tage (Aufsätze).

1941. **Schlesak**, Dieter: Zeugen an der Grenze unserer Vorstellung. Porträts und Essays (Aufsätze).

1942. **Schuller Anger**, Horst: Siebenbürgisches Selbstverständnis der Sachsen im Spiegel der Zeitschrift „Klingsor“ (Aufsatz).

1943. **Schuller Anger**, Horst: Brauchgeprägtes Gruppenverhalten im Spiegel von Adolf Meschendörfers Roman „Die Stadt im Osten“ (Aufsatz).

1944. **Schuller Anger**, Horst: Zwischen den Zeiten – Heinrich Zillich und seine Zeitschrift „Klingsor” (Aufsatz).

1945. **Schuller Anger**, Horst: Adolf Schullerus (Artikel für: Internationales Germanistenlexikon 1800–1950).

1946. **Schuller Anger**, Horst: Erwin Neustädter und die Schrifttumskammer in Rumänien (Beitrag zu Sammelband).

1947. **Schuster**, Gudrun Dagmar: Der muttersprachliche Deutsch-Unterricht im Oberstufengymnasium unter den Zwängen kommunistischer Diktatur in Rumänien (Aufsatz).

1948. **Schuster**, Gudrun Dagmar: „An ihrer Sprache sollt ihr sie erkennen“. Sprachanalysen an Texten der Zeitschrift „Klingsor“ (1924–1939) (Aufsatz).

1949. **Sienerth**, Stefan: Siebenbürgischdeutsche Literaturgeschichtsschreibung und Zensur im kommunistischen Rumänien (Beitrag zu Sammelband).

1950. **Sienerth**, Stefan: Begegnung in Briefen. Adolf Meschendörfers (1877–1963) Beziehungen zu Banater Autoren (Beitrag zu Sammelwerk).

1951. **Sienerth**, Stefan: Adolf Meschendörfer und Heinrich Zillich im Literaturbetrieb des „Dritten Reiches“ (Beitrag zu Sammelwerk).

1952. **Sienerth**, Stefan: Rumäniendeutsche Literatur im Spiegel der „Südostdeutschen Vierteljahresblätter“ (1952–1989). Wahrnehmungsmuster und Rezeptionsphasen (Beitrag zu Sammelwerk).

1953. **Sienerth**, Stefan: Vermittlungsformen der rumäniendeutschen Literatur im 20. Jahrhundert (Beitrag zu Sammelwerk).

1954. **Sienerth**, Stefan: Alfred Margul-Sperbers (1989–1967) Briefwechsel mit siebenbürgisch-deutschen und banat-schwäbischen Autoren (Beitrag zu Sammelwerk).

1955. **Sienerth**, Stefan: Adreas Birkner: Der Brautschmuck des Sebastian Hann. Erzählungen (Edition).

1956. **Varga**, Peter: „Der Großpapa spricht mit dem lieben Gott!“ Grenzerfahrungen einer Esseker Jüdin: Vilma von Wukelich (Beitrag zu Tagungsband).

1957. **Varga**, Peter: „Du bist ein ehrlicher, guter Mensch, hast ein trefflisches Herz...“ Die Figur des „edlen Juden“ in einem ungarndeutschen Drama aus dem Jahr 1806 (Beitrag zu Festschrift Karl Manherz).

1958. **Varga**, Peter (Hg.): Literatur und Kultur in Grenzräumen (Tagungsband Budapest).

1959. **Wagner**, Udo-Peter: Alterität im literarischen Werk Hans Bergels (Aufsatz für: Germanistische Beiträge, Hermannstadt).

1960. **Wagner**, Udo-Peter: Formen und Funktionen des Fremdsprachenunterrichts im Rumänien des 20. Jahrhunderts (Beitrag zu: Lechner, Elmar [Hg.]: Formen und Funktionen des Fremdsprachenunterrichts im Europa des 20. Jahrhunderts).

1961. **Werner**, Klaus: Der törichte Geiger. Gregor von Rezzoris literarische Anfänge (Beitrag zu Sammelband).

1962. **Werner**, Klaus: Die Kafka-Rezeption deutsch-jüdischer Schriftsteller aus Galizien und der Bukowina (Aufsatz).

* **Werner**, Klaus: Ideen-Transfer in Europa am Beispiel deutsch-jüdischer Literatur- und Geistesschaffender aus Galizien und der Bukowina. Ein Resümee.

1963. **Wittstock**, Joachim; **Sienerth**, Stefan (Hg.): „... bitte um baldige Nachricht ...“. Südost-Korrespondenzen des 20. Jahrhunderts (Edition und Kommentar).

20 Deutsche in Russland (und weiteren Nachfolgestaaten der Sowjetunion)

20.1 Zeitlich übergreifende Arbeiten

1964. **Kirjuchina**, Ljubow: Schreiben als Grenzerfahrung: Das deutsche literarische Leben in St. Petersburg (1703–1917) (Monographie).

1965. **Udolph**, Jürgen: Kyïv/Kyjew/Kiev – eine Stadt und ihre Namen (Aufsatz für: Onomastica Slavogermanica).

20.3 Frühe Neuzeit (1500 bis etwa 1800)

1966. **Koch**, Kristine: Deutsch als Fremdsprache in Rußland im 18. Jahrhundert. Ein Beitrag zur Geschichte des Fremdsprachenlernens in Europa und zu den deutsch-russischen Beziehungen (Dissertation Bamberg).

20.4 19./20. Jahrhundert

1967. **Asfandiarova**, Dania: Deutsche Sprachinsel Prišib/Aleksejevka in Baschkirien (Russische Föderation) – Sprachgebrauch und Sprachmischung. Phonetischer Aspekt (Dissertation Frankfurt/Oder).

1968. **Kotorova**, Elizaveta: Das Problem der Äquivalenz bei der lexikographischen Darstellung des deutschen Wortschatzes in zweisprachigen Wörterbüchern (Beitrag zu Sammelwerk).

1969. **Kotorova**, Elizaveta: Antonymie im Wörterbuch und im Text: eine vergleichende Studie Deutsch-Russisch (Beitrag zu: Sprache des Ostens – Sprache des Westens).

1970. **Kotorova**, Elizaveta; **Veledinskaja**, S. B.; **Shevchuk**, A. V.: Typologie der Übersetzung (eine vergleichende Studie von sprachpaarspezifischen Translatvarianten) (Beitrag zu Sammelband).

1971. **Meyer**, Harald: Orthographietraining mit ausgesiedelten Jugendlichen mit Hilfe eines selbsterstellten Computerprogramms (Magisterarbeit).

1972. **Moritz,** Annette: Kleines Lexikon der rußlanddeutschen Literatur.

1973. **Rosenberg**, Peter: Sprachgebrauch und Sprachmischung bei deutschen Minderheiten in Rußland und Brasilien (Habilitationsschrift).

1974. **Sittig**, Hendrik: Deutschsprachige Zeitungen in Rußland (Diplomarbeit).

1975. **Stölting**, Wilfried: Selektion und Rücksprachung: die Deutschtests für Spätaussiedler (Aufsatz).

1976. **Zielke**, Oxana: Das Rußland-Bild in der deutschen Literatur 1900–1945 (Dissertation).

C: Kunstgeschichte

21 Übergreifend

1977. **Ābele**, Kristiāna (Hg.): Latvijas māksla tuvplānā: Materiāli mākslas vēsturei [Die Kunst Lettlands in Nahaufnahmen: Beiträge zur Kunstgeschichte (in lettischer Sprache, englische Zusammenfassung].

1978. **Ābele**, Kristiāna: Die Rigaer Kunstszene und ihre Protagonisten während der Zeit des Rigaer Kunstvereins (1870–1938) (Aufsatz für Zeitschrift).

1979. **Born**, Robert; **Janatková**, Alena; **Labuda**, Adam (Hg.): Ostmitteleuropäische Kunsthistoriographien und der nationale Diskurs.

1980. **Drabina**, Jan (Hg.): Bytomskie zabytki [Kunstdenkmäler in Beuthen].

* **Drabina**, Jan (Hg.): Bytom. Wykopaliska – Zabytki – Dokumenty – Wspomnenia [Beuthen. Ausgrabungen – Kunstdenkmäler – Dokumente – Erinnerungen] (Sammelband).

1981. **Grosmane**, Elita (Hg.): Bibliographie der Kunstgeschichte in Lettland (Anfang des 19. Jahrhunderts bis 1995).

1982. **Hüttel**, Barbara; **Hüttel**, Richard; **Kohl**, Jeanette (Hg.): Re-Visionen. Zur Aktualität von Kunstgeschichte (Sammelband).

1983. **Janatková**, Alena: Barockbezug und Barockbegriff in der Moderne (Beitrag zu: Václav Ledvina [Hg.]: Barockes Prag – barockes Tschechien. Documenta Pragensia).

1984. **Kębłowski**, Janusz Stanisław: Sztuka na Śląsku, X–XX wiek [Die Kunst in Schlesien, 10. – 20. Jahrhundert] (Monographie).

1985. **Kębłowski**, Janusz Stanisław: Die schlesischen Kollegiatsstifte in Breslau, Glogau und Brieg, und ihre politisch-kulturelle Funktionen im Licht der erhaltenen Kunstdenkmäler (Aufsatz).

1986. **Kowalski**, Krzysztof Maciej: Die Kunstdenkmäler der Stadt Żukowo (Zuckau) (Monographie).

1987. **Kowalski**, Krzysztof Maciej: Architektur und Ausstattung der Pfarrkirche in Iława (Deutsch-Eylau) im Lichte der Veröffentlichungen von Bernhard Schmid und Paul Waltz (Aufsatz).

1988. **Kuz**; **Gwiazdowska**, Ewa; **Dahlenberg**, Birgit; **Lichtnau**, Bernfried: Geschichte des alten und neuen Pommerschen Künstlerbundes.

* **Kyselá**, Miroslava: Literatur und Kunst in der deutschen Presse von Mährisch-Ostrau (Aufsatz).

1989. **Lichtnau**, Bernfried: Bildende Kunst zwischen 1860 und 1918 (Beitrag zu Sammelband).

1990. **Lissok**, Michael: Die Dorfkirchen im ehemaligen Kreis Greifenberg/Hinterpommern (Monographie).

1991. **Madej-Anderson**, Agnieszka: Die Rolle der Bettelorden in der Vermittlung künstlerischer Formen und Motive am Beispiel der Krakauer Dominikaner. Probleme – Methoden – Perspektiven (Beitrag zu Nr. 2130).

1992. **Nielsen**, Christine (Bearb.): Handbuch der Kunstdenkmäler. Schlesien. Hg. von Ernst Badstübner, Dethard von Winterfeld, Andrzej Tomaszewski, Dietmar Popp.

1993. **Polleroß**, Friedrich: Kunst und historische Legitimation. Zur Repräsentation der Stände in Österreich vom 16. bis zum 18. Jahrhundert (Beitrag zu Nr. 55).

1994. **Sachs**, Rainer: Der Zobten und die schlesischen Künstler (Monographie).

* **Szukała**, Maciej: Akta Pomorskiego Muzeum Krajowego (Pommersches Landesmuseum) w zasobie Archiwum

Państwowego w Szczecinie [Die Akten des Pommerschen Landesmuseums in den Beständen des Stettiner Staatsarchivs] (Aufsatz).

1995. **Torbus**, Tomasz: Die Deutschordens-Ideologie in der polnischen und deutschen Kunst des 19. und 20. Jahrhunderts (Beitrag zu Nr. 433).

1996. **Vogel**, Gerd-Helge: Die Bildende Kunst in Greifswald von den Anfängen bis zur Reichsgründung (Beitrag zu Sammelband).

1997. **Wisłocki**, Marcin: Darstellungen der Heiligen in der evangelischen Kunst Pommerns im 16. und 17. Jahrhundert (Beitrag zu Sammelwerk).

1998. **Wisłocki**, Marcin: Miejsce i rola Marii w ewangelickiej teologii, pobożności i sztuce Pomorza w XVI i XVII w [Die Gottesmutter Maria in der evangelischen Theologie, Frömmigkeit und Kirchenkunst Pommerns im 16. und 17. Jahrhundert] (Beitrag zu Sammelwerk).

1999. **Wisłocki**, Marcin: „Ad memoriam eorum inter homines conservandam." Upamiętnienie i gloryfikacja w ewangelickiej sztuce Pomorza w XVI i XVII wieku [Kommemoration und Glorifizierung in der evangelischen Kunst Pommerns im 16. und 17. Jahrhundert] (Aufsatz für „Rocznik Historii Sztuki").

2000. **Wittstock**, Manfred: Bildende Künstler und Kunsthandwerker der Siebenbürger Sachsen von den Anfängen bis zum Jahr 2000 (Lexikographische mehrbändige Zusammenfassung).

21.1 Architektur, Urbanistik, Gartenbau

* **Bartetzky**, Arnold; **Kraack**, Detlev: Bartel Ranischs „Beschreibung derer vornähmsten Gebäude in der Stadt Dantzig" als grundlegende Quelle zur Architektur- und Kulturgeschichte der Stadt Danzig (Beitrag zu Sammelband: Kirchengeschichtliche Probleme des Preußenlandes aus Mittelalter und früher Neuzeit).

* **Bok**, Antoni; **Trierenberg**, Heinrich: Rathäuser in Niederschlesien – deutsche Geschichte – polnische Gegenwart als europäische Kulturleistung.

2001. **Franke**, Arne: Handbuch zu den Burgen, Schlössern und Herrenhäusern in Schlesien. Eine Bestandsaufnahme von ca. 1500 Objekten auf polnischem Territorium (Monographie).

2002. **Jankowski**, Aleksander: Drewniany kościół w Starej Wiśniewce (Wielkopolska). Dzieje. Architektura [Die Holzkirche in Stara Wiśniewka (Großpolen). Geschichte und Architektur] (Monographie).

2003. **Kapustka**, Mateusz: Odwrócony porządek czyli jeszcze o ratuszowej balustradzie. Odpowiedź na głos polemiczny R. Kaczmarka [Die umgekehrte Ordnung, oder: nochmals zur Balustrade des Rathauses (in Breslau). Eine Antwort auf Romuald Kaczmarek] (Aufsatz).

2004. **Kos**, Jerzy Krzysztof: Schlesische Architektur 1740–1840 (Monographie).

2005. **Kowalski**, Krzysztof Maciej: Die Kollegiatkirche in Kartuzy (Karthaus) (Monographie).

2006. **Kysil**, Małgorzata: Katolicki kościół parafialny świętego Mikołaja w Wiązowie 1450–1942 [Die katholische Pfarrkirche St. Nikolai in Wiązów/Wansen] (Aufsatz).

2007. **Kysil**, Małgorzata: Pałac Bibranów i Ryttbergów w Modle [Das Schloß der Familien von Bibran und von Rittberg in Modlau].

2008. **Lissok**, Michael: Die Geschichte der öffentlichen Grünanlagen und Friedhöfe Greifswalds (Beitrag zu Sammelband).

2009. **Lissok**, Michael: Die Bemühungen zur Rettung und Erhaltung von Bauten der

Bettelorden in den Städten Pommerns während des 19. und frühen 20. Jahrhunderts (Aufsatz).

* **Loos**, Helmut: Opernhäuser in Breslau.

2010. **Machat**, Christoph (Hg.): Denkmaltopographie Siebenbürgen.

2011. **Pospieszny**, Kazimierz: Die Konventsburg des Deutschen Ordens zu Marienburg in Preußen. Die bauarchitektonische Problematik und moderne konservatorische Interpretationen (Dissertation in polnischer und deutscher Sprache).

2012. **Pospieszny**, Kazimierz: Die Degradation der baugeschichtlichen Landschaft der Marienburg nach 1945 (Beitrag zu Sammelwerk).

2013. **Pospieszny**, Kazimierz (Hg.): Die Marienburg – Denkmalrezeption und Denkmalpflege (in deutscher und polnischer Sprache).

2014. **Radowska-Gawor**, Anna: Die Pfarrkirche in Schotzow und die Frage ihrer Autorschaft (Magisterarbeit).

* **Roth**, Harald (Hg.): Handbuch der Historischen Stätten Siebenbürgens.

2015. **Schaaf**, Ulrich: Die Friedenskirche zur Heiligen Dreifaltigkeit in Schweidnitz – Ein Denkmal der sakralen Fachwerkarchitektur und seine denkmalpflegerische Problematik (Dissertation).

* **Szykuła**, Krystyna; **Okólska**, Halina; **Sobociński**, Wacław; **Wytyczak**, Roman: Wrocław na planach XVI–XX wieku [Breslau auf Plänen des 16. bis 20. Jahrhunderts. Red. Halina Okólska] (Ausstellungskatalog – Gesamtwerk).

* **Szykuła**, Krystyna: Plany Wrocławia XVI–XVIII wiek [Die Pläne von Wrocław/Breslau vom 16. bis 18. Jahrhundert] (Aufsatz für Ausstellungskatalog – Gesamtwerk).

* **Szykuła**, Krystyna: Plany Wrocławia XVI–XVIII wiek [Die Pläne von Wrocław/Breslau vom 16. bis 18. Jahrhundert] (Aufsatz für Ausstellungskatalog – Gesamtwerk).

* **Trierenberg**, Heinrich: Rathäuser in Oberschlesien.

2016. **Wilk**, Andrzej: Schloß Gohlau, Kreis Neumarkt (Galów) (Monographie).

2017. **Wilk**, Andrzej: Schloß Karlsburg (Dobra), Kreis Oels (Monographie).

21.2 Malerei, Buchmalerei, Grafik

2018. **Gwiazdowska**, Ewa: Die Rekonstruktion der Ausstellung „Das Stadtbild Stettins". Stettin 1936 (Monographie).

2019. **Gwiazdowska**, Ewa: Widoki miast pomorskich od XV do XIX wieku. Źródła do historii Pomorza [Ansichten pommerscher Städte vom 15. bis zum 19. Jahrhundert. Quellen zur Geschichte Pommerns] (Monographie).

2020. **Gwiazdowska**, Ewa: Dawne widoki Sławna [Schlawe in alten Ansichten] (Beitrag zu: Sławno – historia i kultura I [Schlawe – Geschichte und Kultur]).

2021. **Gwiazdowska**, Ewa: Historyczne znaczenie ikonografii Bytowa od XVII od XX wieku [Die historische Bedeutung der Ansichten von Bütow aus dem 17. – 20. Jahrhundert] (Beitrag zu: Bytów – Życie dawnych Pomorzan II [Bütow – Leben im historischen Pommern, Bd. 2]).

2022. **Gwiazdowska**, Ewa: Średniowieczne cechy krajobrazu historycznego w ikonografii miast pomorskich XV–XIX wieku [Mittelalterliche Züge der Kulturlandschaft in Ansichten pommerscher Städte vom 15. Bis 19. Jahrhundert] (Beitrag zu: Terra Transoderana. Konferencja Oddziału Szczecińskiego SHS [Tagung „Transoderana“ der Stettiner Abteilung des Polnischen Kunsthistorikerverbandes]).

2023. **Gwiazdowska**, Ewa: Darstellungen von Klosteranlagen in der Ikonographie Stettins vom 16. bis zum 19. Jahrhundert (Beitrag zu: Klöster und monastische Kultur in Hansestädten) (Sammelband).

2024. **Kapustka**, Mateusz: Epitafia naracyjne w XV–XVI w. na terenié Frankonii, Szwabii i Śląska [Bildepitaphien des 15. und 16. Jahrhunderts in Franken, Schwaben und Schlesien] (Beitrag zu: Dzieje Śląska w XVI–XIX w. w Świetle badan młodych historyków z Polski Czech i Niemiec [Geschichte Schlesiens vom 16. bis 19. Jahrhundert im Lichte neuer Forschungen junger Wissenschaftler aus Polen, Tschechien und Deutschland]) (Sammelband).

2025. **Kowalski**, Krzysztof Maciej: Danziger Kirchenzeichen des 16. – 18. Jahrhunderts (Aufsatz).

2026. **Kowalski**, Krzysztof Maciej: Die epigraphischen Denkmäler in den Klosterkirchen Danzigs des Mittelalters und der Neuzeit (Aufsatz).

2027. **Marsch**, Angelika: Grünberg – historische Ansichten (Aufsatz).

2028. **Wulffius**, Wolf-Paul: Ansichten der Stadt Dorpat. Abhandlung über die Druckgraphik von 1704 bis 1900 mit Abbildungen.

2029. **Wulffius**, Wolf-Paul: Ansichten der Stadt Reval. Abhandlung über die Druckgraphik von 1615 bis 1900 mit Abbildungen.

2030. **Wulffius**, Wolf-Paul: Narva – Stadt und Festung. Abhandlung über die Druckgraphik der Stadt von 1615 bis 1900 mit Abbildungen.

21.3 Plastik

2031. **Bek**, Aleksandra: Rzeźba kamienna lat 1560–1650 w środowisku artystycznym Legnicy [Die Steinplastik im Liegnitzer Kunstkreis (1560–1650)] (Dissertation Wrocław/Breslau).

2032. **Lenz**, Rudolf: Zur Restaurierung des Rybisch-Epitaphs in der Kirche St. Elisabeth in Breslau (Beitrag für: Orbis Linguarum).

2033. **Lipińska**, Aleksandra: Importy południowoniderlandzkiej rzeźby alabastrowej w Europie Środkowowschodniej 1550–1650 [Importe der südniederländischen Alabasterplastik in Ostmitteleuropa 1550–1650] (Dissertation).

2034. **Pospieszna**, Barbara: Konserwacja mozaiki na posągu Malborskiej Madonny w XIX i na początku XX w [Die Restaurierung des Mosaiks der Marienfigur der Marienburg um 1900] (Beitrag zu Sammelwerk).

2035. **Sachs**, Rainer: Die Bildhauer und Steinmetze der Stadt Brieg, ihr Leben und Werk (Aufsatz).

2036. **Wisłocki**, Marcin: Protestanckie epitafia XVI–XVII wieku w kościołach Greifswaldu, Stralsundu i Szczecina [Protestantische Epitaphien des 16. und 17. Jahrhunderts in Greifswalder, Stralsunder und Stettiner Kirchen] (Beitrag zu Sammelwerk).

21.4 Kunsthandwerk

2037. **Hartmann**, Idis B.: Schlesisches Eisen – Zum 250. Geburtstag von Friedrich Wilhelm von Reden.

2038. **Kowalski**, Krzysztof Maciej: Die Glocken aus den Gießereien des Ostseeraumes in Riga und Lettland (im Lichte der Sammlung von Paul Campe) (Aufsatz).

2039. **Leistikow**, Annelore: Die Bedeutung der Städte für die Tätigkeit der Goldschmiede im Baltikum (Aufsatz).

2040. **Leistikow**, Annelore: Kirchensilber aus baltischen Werkstätten (Aufsatz zu Sammelband: Sakrale Kunst im Baltikum).

2041. **Leistikow**, Annelore: Neu entdeckte Meisterstücke von Revaler Goldschmieden (Aufsatz).

2042. **Leistikow**, Annelore: Die Revaler Goldschmiedefamilie Dehio (Beitrag zu Festschrift zum 25jährigen Bestehen der Georg Dehio Gesellschaft).

2043. **Leistikow**, Annelore: Wieder entdeckte Teile einer Toilettengarnitur aus Riga (Beitrag zu Sammelband: De Stavelij met bijdragen van leden de Zilverclub).

2044. **Pittrof**, Kurt; **Luft**, Robert: Bibliographie des böhmischen Glases. Zur Kunst-, Wirtschafts-, Sozial- und Lokalgeschichte des Glases in Böhmen und in angrenzenden Regionen vom Mittelalter bis zur Mitte des 20. Jahrhunderts (Monographie).

2045. **Pospieszna**, Barbara: Homo viator – przyczynek do ikonografii sztuki kaflarskiej [Homo viator – ein Beitrag zur Ikonographie von Kacheln] (Beitrag zu Sammelwerk).

2046. **Pospieszna**, Barbara: Tendencje w zdobnictwie kafli średniowiecznych i wczcsnorenesansowych na ziemiach polskich [Tendenzen in der Gestaltung von Kacheln im Spätmittelalter und in der Frührenaissance in Polen] (Beitrag zu Sammelwerk).

2047. **Sachs**, Rainer: Figurka cynowana Śląsku [Die Zinnfigur in Schlesien] (Dissertation).

2048. **Woźniak**, Michał: Sakrale Goldschmiedekunst in Königlich Preußen (16.–18. Jahrhundert) (Habilitationsschrift).

21.5 Kunsttheorie, Ikonographie

2049. **Gwiazdowska**, Ewa: Die Darstellung der Hansezugehörigkeit pommerscher Städte in ihrer Ikonographie (Beitrag zu: Kulturlandschaft der südlichen Ostseeküsten).

2050. **Janatková**, Alena: Nationales Kunsterbe: Die Suche nach einer Definition der Kunsttradition.

22 Mittelalter

* **Arnold**, Udo: Literatur und Kunst im Leben des Deutschen Ordens in Livland (Beitrag zu Sammelband).

2051. **Bartlová**, Milena: Die Beziehungen zwischen der Kunst in Prag und Nürnberg um 1420 (Beitrag zu Sammelband: Franken und das östliche Europa).

2052. **Brachmann**, Hansjürgen (†); **Foster**, Elżbieta; **Kratzke**, Christine; **Reimann**, Heike: Das Kloster Dargun bis zum Ende des 13. Jahrhunderts. Eine interdisziplinäre Studie (Monographie).

2053. **Fajt,** Jiří (Hg.): Court chapels of the high and late middle ages and its artistic decoration (Sammelband).

2054. **Gerát**, Ivan: Hauptaltar der Heiligen Elisabeth in Kaschau (Košice, Slowakei, 1474–1478) (Beitrag zu Sammelwerk).

2055. **Hörsch**, Markus: Studien zum Bildgebrauch in Zisterzienser-Klöstern 1098–1400, unter besonderer Berücksichtigung der Filiation von Morimond und der Abteien im Deutschen Reich und in angrenzenden Gebieten (Habilitationsschrift Bamberg).

2056. **Kapustka**, Mateusz: Pojęcie imago w późnośredniowiecznej sztuce i liturgii – reprezentacja czy utożsamienie? [Der Begriff des „Imago" in der Kunst und Liturgie des Spätmittelalters – Repräsentation oder Identifikation?] (Beitrag zu: Obraz i Kult [Bild und Kult]).

2057. **Mazur-Keblowski**, Eva: Das Domkapitel des Bistums Ermland in Frauenburg. Die Domkirche und ihre Ausstattung: Das Boruschow Epitaph und der Watzenrodealtar (Aufsatz).

2058. **Miziołek**, Jerzy: The bishop Piotr Tomicki chapel in the Cracow cathedral, and its altarpiece with the „Adoration of the Magi“ (Beitrag zu Nr. 2130).

* **Schneider**, Manfred (Hg.): Klöster und monastische Kultur in Hansestädten.

* **Stelmach**, Roman: Kolegiaty na Opolszczyźnie w świetle zachowanych dokumentów: Niemodlin, Opole i Racibórz [Stiftskirchen des Oppelner Landes im Lichte der erhaltenen Urkunden: Falkenberg, Oppeln, Ratibor] (Aufsatz).

* **Török**, Gyöngyi: Die Ursprünge der jagiellonischen Renaissance in Ungarn während der Regierungszeit des Königs Matthias Corvinus (1458–1490) (Beitrag zu Nr. 2130).

2059. **Wetter**, Evelin: Die Länder der böhmischen Krone und ihre Nachbarn zur Zeit der Jagiellonenkönige (1471–1526). Kunst – Kultur – Geschichte (Tagungsband).

22.1 Architektur, Urbanistik, Gartenbau

2060. **German**, Kinga: Die Pfarrkirche in Birthälm (Magisterarbeit).

2061. **German**, Kinga: Die spätgotische Pfarrkirche zu Birthälm in Siebenbürgen. Überlegungen zur Bauchronologie (Beitrag zu Sammelwerk).

2062. **German**, Kinga: Sakramentshäuser und Sakramentsnischen in Siebenbürgen (Dissertation).

2063. **Grosmane**, Elita: Rīgās Sv. Jēkaba baznīcas būvvēsture [Die Baugeschichte der St. Jakobi-Kirche in Riga] (Aufsatz).

2064. **Herrmann**, Christofer: Die mittelalterliche Architektur im Deutschordensland Preußen und im Ermland (Habilitationsschrift).

2065. **Kowalski**, Krzysztof Maciej: Die Inschriften der Zisterzienserabtei Pelplin (Aufsatz).

2066. **Krantz-Domasłowska**, Liliana: Katedry ziem pruskich: Chełmża, Kwidzyn, Frombork i Królewiec [Die Dome im ehemaligen Ordensstaat Preußen: Kulmsee, Marienwerder, Frauenburg und Königsberg] (Dissertation Toruń).

2067. **Krantz-Domasłowska**, Liliana: Kościół parafialny św. Jana Chrzciciela i św. Jana Ewangelisty na Starym Mieście w Toruniu [Die Pfarrkirche St. Johann der Altstadt Thorn] (Monographie).

2068. **Kratzke**, Christine: Das Zisterzienserkloster Dargun in Mecklenburg-Vorpommern (Dissertation Kiel).

2069. **Lissok**, Michael: Baugebundene Schmuckmotive und Zierelemente in der mittelalterlichen Backsteinarchitektur Norddeutschlands (Aufsatz).

2070. **Mościcki**, Waldemar: Der Frauenburger Dom und die Wanderungen architektonischer Motive in der europäischen Baukunst des Mittelalters (Dissertation).

2071. **Pospieszny**, Kazimierz: Kunststeinverwendung in der Marienburg. Ein Beitrag zur Bautechnik der Backsteingebiet-Werkstätte der Hochgotik (Beitrag zu Sammelwerk).

2072. **Pospieszny**, Kazimierz: „Ueber den Gebrauch der gebrannten Erde zur Bildnerei.“ Warsztaty ceglarskie i plastyka archtektoniczna zmaku w Malborku w XIII i XIV w [Backsteinwerkstätten und Bauplastik der Marienburg im 13. und 14. Jahrhundert] (Beitrag zu Sammelwerk).

2073. **Schumann**, Dirk: Die frühen Hallenumgangschöre in der Mark Brandenburg (Dissertation TU Berlin).

2074. **Wenzel**, Kai: Der spätgotische Neubau der Bautzener Ortenburg (Oberlausitz, 1483 – ca. 1490) (Beitrag zu Sammelwerk).

2075. **Wenzel**, Kai: Die Kirche St. Nicolai zu Bautzen – Architektur und Funktion (Oberlausitz, 2. Hälfte des 15. Jahrhunderts) (Aufsatz).

22.2 Malerei, Buchmalerei, Grafik

2076. **Bartlová**, Milena: Tafelmalerei 1400–1470 (Beitrag zu: Kunst der Gotik in der Slowakei).

2077. **Bartlová**, Milena: Panel painting in Bohemia in the last third of the fifteenth century: The question of continuity (Beitrag zu Nr. 2130).

2078. **Fajt**, Jiří: Late gothic sculpture in Bohemia during the reign of Wladislaw II (1471–1516). The present state of knowledge and the questions of future research (Beitrag zu Nr. 2130).

2079. **Fajt,** Jiří: Der Meister von Okoličné und die Zipser Malerei um 1500 (Monographie).

2080. **Gerát**, Ivan: Hagiographische Bilderzyklen in der Zips vor der Reformation (Aufsatz).

2081. **Gerát**, Ivan: Schlüsselszenen der Bildhagiographie im spätmittelalterlichen Ostmitteleuropa (Monographie).

2082. **Gromadzki**, Jan: Die schlesische Buchmalerei der 2. Hälfte des 15. Jahrhunderts (Dissertation).

2083. **Jankowski**, Aleksander: Późnogotyckie malarstwo ścienne na Śląsku [Spätgotische Wandmalerei in Schlesien] (Dissertation).

2084. **Kaczmarek**, Romuald; **Kapustka**, Mateusz: Fryzy odnalezione. Onjginalne fragmenty późnogotyckiej dekorzecji fasady Kamiennego Domu w Kutnej Horze [Die wiedergefundenen Friese. Die originalen Teile der spätgotischen Fassadendekoration vom Steinernen Haus in Kuttenberg] (Aufsatz für Zeitschrift).

2085. **Kapustka**, Mateusz: Figura kultowa. Studium z pobożności obrazowej późnego średniowiecza [Die Kultfigur. Studium zur Bildfrömmigkeit des Spätmittelalters] (Dissertation Wrocław/Breslau).

2086. **Kapustka**, Mateusz: Die Kultfigur als Phänomen der spätmittelalterlichen Bildfrömmigkeit (Beitrag zu Sammelband: Das gemeinsame Erbe [Arbeitskreis deutscher und polnischer Kunsthistoriker]).

2087. **Madej-Anderson**, Agnieszka: Bildtafeln aus der Krakauer Dominikanerkirche. Selbstdarstellung und Kulturtransfer zur Zeit der spätmittelalterlichen Observanzbewegung (Dissertation Tübingen).

2088. **Mazur-Keblowski**, Eva: Einige Überlegungen zum Danziger Jüngsten Gericht von Hans Memling (Aufsatz).

* **Richter**, Jörg: Die Gradualhandschriften für die Kutenberger Pfarrkirchen (Beitrag zu Nr. 2130).

22.3 Plastik

2089. **Chamonikolá**, Kaliopi: Die spätgotische Bildhauerkunst in Mähren im internationalen Kontext (Beitrag zu Nr. 2130).

2090. **Fajt**, Jiří: Zur Prager Bildhauerei des dritten Viertels des 14. Jahrhunderts (Aufsatz).

2091. **Grosmane**, Elita: Smilšakmens Pietà no Rīgas Sāpje Dievmātes baznīcas [Pietà aus Sandstein von der Schmerzensmutterkirche in Riga] (Aufsatz).

2092. **Kębłowski**, Janusz Stanisław: Die Madonna an dem Westportal der Peter-und-Paul-Kirche in Liegnitz (Aufsatz).

2093. **Kierkus-Prus**, Małgorzata: Die Funktion der Figuren-Darstellungen in den mittelalterlichen Retabeln aus dem Ordensland Preußen (Habilitationsschrift).

2094. **Kowalski**, Krzysztof Maciej: Die Glocken der Pfarrkirche zu Osiek (Ossieck) (Aufsatz).

2095. **Marcinkowski**, Wojciech: Die spätgotische Skulptur in Kleinpolen im Kontext der süddeutschen Kunst (Beitrag zu Nr. 2130).

2096. **Ottová**, Michaela: Bildhauerkunst des 15. Jahrhunderts in Nord- und Nordwestböhmen (Dissertation Prag).

2097. **Szczepkowska-Naliwajek**, Kinga: Les statuettes reliquaires et les rapports entre la sculpture et l´orfèvrerie en Pologne au tournant du XVe siècle (Beitrag zu Nr. 2130).

22.4 Kunsthandwerk

2098. **Bartlová**, Milena: Der Znaimer Altar – österreichisch, deutsch, tschechisch oder mährisch? (Aufsatz).

2099. **Fajt,** Jiří: Der Meister des Wittingau Altars, ein Maler zwischen Kaiser und Erzbischof (Monographie).

2100. **Kowalski**, Krzysztof Maciej: Gotische Leuchter in der Jakobikirche in Lauenburg (Aufsatz).

2101. **Wetter**, Evelin: „Siebenbürgisches" oder „ungarisches" Drahtemail? Über ein kunsthistoriographisches Paradigma (Aufsatz).

2102. **Wetter**, Evelin: Wege und Rezeptionsformen siebenbürgischen Silbers der Jagiellonenzeit (Aufsatz).

2103. **Wetter**, Evelin: Die Goldschmiedekunst der Jagiellonenzeit im Kontext höfischer und bürgerlicher Repräsentationskultur (Monographie).

23 Renaissance

2104. **Bartetzky**, Arnold: Stadt und Königtum. Frühneuzeitliche Rathausdekorationen in Polen als politische Zeugnisse (Beitrag zu Nr. 2130).

2105. **Bredekamp**, Horst: Herrscher und Künstler in der Renaissance Ostmitteleuropas (Aufsatz).

2106. **DaCosta Kaufmann**, Thomas: Will the Jagiellonians again have their day? The State of Scholarship on the Jagiellonians and Art in the Hungarian and Czech Lands (Beitrag zu Nr. 2130).

2107. **Dmitrieva**, Marina: Case... molto simile all' italiane: Italienrezeption und Kulturtransfer in Ostmitteleuropa im 16. Jahrhundert (Aufsatz).

2108. **Dmitrieva**, Marina: Italienrezeption in Ostmitteleuropa im 16. – Anfang 17. Jahrhundert (Monographie).

2109. **Fajt,** Jiří: Hofkunst in Prag unter den Jagiellonen (1471–1526) (Beitrag zu Sammelwerk).

2110. **Fajt,** Jiří: Die Zipser Kunst unter den Jagiellonen (1490–1526) (Beitrag zu Sammelwerk).

2111. **Fajt,** Jiří: Die Zapolsky-Familie als Mäzen der Kunst (Beitrag zu Sammelwerk).

2112. **Farbaky**, Péter: „Dominus et nobis et regno pacem." Ein Mäzen unter den Jagiellonen: György Szatmári (1457–1524) (Beitrag zu Nr. 2130).

2113. **Gąsior**, Agnieszka: Jagiellonische Einwirkungen auf die Kunst im Herrschaftsgebiet der Hohenzollern im letzten Drittel des 15. Jahrhunderts an Fallbeispielen der Malerei und Skulptur (Dissertation TU Berlin).

2114. **Harasimowicz**, Jan: Die Kunst und Kultur der Reformationszeit in der Neumark (Monographie).

2115. **Harasimowicz**, Jan: Die Bedeutung der süddeutschen Reichsstädte für die bürgerliche Kultur der jagiellonischen Länder um 1500 (Beitrag zu Nr. 2130).

2116. **Harwell**, Gregory: The Sigismund chapel and the renaissance of mathematics (Beitrag zu Nr. 2130).

2117. **Herrmann**, Christofer: Überlegungen zu den kulturellen Beziehungen zwischen dem Deutschordensland bzw. Herzogtum Preußen und dem Jagiellonenreich (Beitrag zu Nr. 2130).

2118. **Hlobil**, Ivo: Zur öffentlichen und privaten Kunst in Mähren zu Beginn der Neuzeit (Beitrag zu Nr. 2130).

2119. **Hoffmann**, Claudia: Die Auswirkung der Reformation auf die Stralsunder Klöster (Beitrag zu: Stralsunder Beiträge zur Archäologie, Geschichte, Kunst und Volkskunde in Vorpommern V).

2120. **Imorde**, Joseph: Träumende Prälaten. Zu einer „invenzione" Andrea Sansovinos (Beitrag zu Nr. 2130).

2121. **Jarzewicz**, Jarosław: Die Kunst der neuen Eliten in Großpolen um die Wende des 15. und 16. Jahrhunderts. Einige Beispiele (Beitrag zu Nr. 2130).

2122. **Kaczmarek**, Romuald: Hans von Olmütz – ein offenes Problem (Beitrag für Konferenzband: Die Kunst der Jagiellonenzeit in der Oberlausitz).

2123. **Labuda**, Adam: Der Künstler im Osten um 1500. Ansichten und Forschungsmodelle (Beitrag zu Nr. 2130).

2124. **Langer**, Andrea: Weibliche Mitglieder des Jagiellonenhauses als Vermittlerinnen von kulturellen Strömungen an ostmitteleuropäischen Residenzen zur Zeit der Renaissance (Monographie).

2125. **Langer**, Andrea: Frauen – Kunst – Kulturtransfer. Forschungsstand und Perspektiven zur Rolle der weiblichen Mitglieder der jagiellonischen Dynastie im 15. und 16. Jahrhundert (Beitrag zu Nr. 2130).

2126. **Larsson**, Lars Olof: Katharina Jagiellonika in Schweden. Eine kunsthistorische Spurensuche (Beitrag zu Nr. 2130).

* **Lövei**, Pál: Salzburg und Gran versus Krakau, Gnesen und Wilna: Die Lieferung des Rotmarmors im Fernhandel Mitteleuropas (Beitrag zu Nr. 2130).

2127. **Małkiewicz**, Adam: Die Einstellung der letzten polnischen Jagiellonen zur Kunst (Beitrag zu Nr. 2130).

2128. **Mieth**, Katja M.: Verflechtung östlicher und westlicher Elemente – Bemerkungen zur Ausstattung des Franziskanerobservantenklosters St. Anna in Kamenz (Oberlausitz) (Beitrag zu Nr. 2130).

* **Mrozowski**, Przemysław: L´élite du pouvoir en tant que protectrice de l´art dans les pays des Jagellons au tournant des XVe et XVIe siécles (Beitrag zu Nr. 2130).

2129. **Royt**, Jan: Renovatio Regni. Zum Charakter der Kunst in Böhmen unter den Jagiellonen Wladislaw II. und Ludwig II. (Beitrag zu Nr. 2130).

2130. **Suckale**, Robert; **Popp**, Dietmar (Hg.): Die Jagiellonen. Kunst und Kultur einer europäischen Dynastie an der Wende zur Neuzeit (Sammelband).

2131. **Suckale**, Robert: Einführung (Beitrag zu Nr. 2130).

2132. **Walczak**, Marek: „The Jagiellonian saints". Some political, national and ecclesiastical aspects of artistic propaganda in Jagiellonian Poland (Beitrag zu Nr. 2130).

2133. **Wisłocki**, Marcin: Sztuka reformacji na Pomorzu 1535–1684 [Die Kunst der Reformation in Pommern 1535–1684] (Dissertation Wrocław/Breslau).

23.1 Architektur, Urbanistik, Gartenbau

2134. **Dmitrieva**, Marina: Zamość – eine Idealstadt. Italienrezeption am Ende der Jagiellonenzeit (Aufsatz).

2135. **Dmitrieva**, Marina: Die Dekorationen des Augenblickes: Temporäre Festarchitektur in Prag, Wien und Krakau im 16. – Anfang 17. Jahrhundert (Aufsatz).

2136. **Durdík**, Tomáš; **Chotěbor**, Petr: Der jagiellonische Umbau der Burg im Königlichen Tiergarten (Stromovka) in Ovenec bei Prag (Beitrag zu Nr. 2130).

2137. **Feld**, István: Die Bauten König Wladislaws II. und die Verbreitung der Renaissance-Architektur in Ungarn. Die Rolle und die Bedeutung der archäologischen Forschung und der zeichnerischen Rekonstruktion (Beitrag zu Nr. 2130).

2138. **Jakimowicz**, Teresa: Ratusz w Poznaniu – monografia [Das Rathaus zu Posen – Monographie].

2139. **Kuthan**, Jiří: Die Architektur des rosenbergischen Dominiums in der Jagiellonenzeit (Beitrag zu Nr. 2130).

2140. **Torbus**, Tomasz: Die Frührenaissance–Architektur in Ostmitteleuropa unter besonderer Berücksichtigung des Krakauer Wawel-Schlosses (Habilitationsschrift).

2141. **Torbus**, Tomasz: Anmerkungen zu den künstlerischen Beziehungen zwischen der Krakauer Renaissance-Architektur und der Baukunst Schlesiens (Beitrag zu Nr. 2130).

2142. **Wenzel**, Kai: Der Schloßbau des oberlausitzischen Adels vor dem 30jährigen Krieg (Oberlausitz, ca. 1530–1620) (Aufsatz).

2143. **Wenzel**, Kai: Renaissancearchitektur und Bauleute in Zittau (Oberlausitz, Nordböhmen, ca. 1530–1600) (Aufsatz).

2144. **Wenzel**, Kai: Die kirchlichen Stiftungen der Katharina von Redern (Nordböhmen, ca. 1580–1620) (Aufsatz).

23.2 Malerei, Buchmalerei, Grafik

2145. **Kapustka**, Mateusz: Retoryka Homiletyczna w obrazie. Ilustracje do „Das Schiff des Heils" Johannesa Geilera von Kaysersberg (wyd. 1512) [Homiletische Rhetorik im Bild. Illustrationen zum „Das Schiff des Heils" von Johannes Geiler von Kaysersberg (erschienen 1512)] (Beitrag zu: Marmor Dziejowy. Księga Pamiątkowa ku Czci Prof. Zofii Ostrowskiej-Kębłowskiej [Der Marmor der Geschichte. Festschrift für Prof. Zofia Ostrowska-Kębłowska]).

2146. **Kapustka**, Mateusz: Homiletische Rhetorik im Bild. Illustrationen zum „Das Schiff des Heils" von Johannes Geiler von Kaysersberg (erschienen 1512) (Beitrag zu: Literatur in Bayern).

2147. **Studničková**, Milada: „Sub serenissimo principe et domino Wladislao rege ungarie bohemie... vita regularis inducta est." Die Entwicklung der böhmischen Buchmalerei zur Zeit der Jagiellonen und ihr Verhältnis zu den Nachbarländern (Beitrag zu Nr. 2130).

23.3 Plastik

2148. **Gerát**, Ivan: Das Epitaph des jagiellonischen Diplomaten in Preßburg. Jagiellonische Bildproduktion und Marienverehrung (Beitrag zu Nr. 2130).

2149. **Kębłowski**, Janusz Stanisław: Die künstlerischen Werte der Plastik in Schlesien in der Zeit des „niederländischen" Manierismus (Aufsatz).

2150. **Wisłocki**, Marcin: Epitafia z Vilmnitz i Semlow jako przykłady recepcji niderlandyzmu w rzeźbie pomorskiej około

1600 r. [Epitaphien in Vilmnitz und Semlow als Beispiele von niederländischen Einflüssen in der Steinplastik in Pommern um 1600] (Beitrag zu Sammelwerk).

2151. **Wisłocki**, Marcin: Im übrigen erinnere ich mich / Das Vitruvius solche art zu bauen nennet formam jonicam – the dukes' chapel of the castle in Szczecin (Beitrag zu Sammelwerk).

23.4 Kunsthandwerk

2152. **Végh**, János: Ungarn unter den Jagiellonen – eine Glanzzeit der Altarbaukunst (Beitrag zu Nr. 2130).

23.5 Kunsttheorie, Ikonographie

2153. **Grosmane**, Elita: Reformation and changes of artistic values in Latvia (Aufsatz).

2154. **Harasimowicz**, Jan: Die „nahe" und „ferne" Vergangenheit in den ständischen Bildprogrammen der frühen Neuzeit: Schlesien und Großpolen im historischen Vergleich.

2155. **Piech**, Zenon: Herrscher und Staat in den ikonographischen Quellen im Zeitalter der Jagiellonen (Beitrag zu Nr. 2130).

24 Barock

2156. **Janatková**, Alena: Der Prager Barock im nationalen Wettstreit der Kunstgeschichte (Sammelband).

2157. **Kaczmarek**, Romuald: Wrocław – Wörlitz – Bukowiec. O wędrówce gotykkiego motywu w końcu XVIII wieku [Breslau – Wörlitz – Buchwald. Über die Wanderung des gotischen Motivs am Ende des 18. Jahrhunderts] (Beitrag für: Księga ku czci Prof. Zofii Ostrowskiej-Kębłowskiej [Festschrift für Prof. Zofia Ostrowska-Kębłowska]) (Aufsatz).

2158. **Kandt**, Kevin: Netherlandish artists in 17th century Danzig: new evidence from archival sources (Artikel für: Międzynarodową Konferencją naukową – Niderlandyzm na Śląsku i w krajach Ościennych [Internationale Wissenschaftliche Konferenz – Niederlandismus in Schlesien]).

2159. **Langer**, Andrea: Die Visualisierung der lutherischen Konfession in der Kunst der schlesischen Territorien (16.–18. Jahrhundert) (Beitrag zu Nr. 1676).

2160. **Langer**, Andrea: Eine Synthese zwischen protestantischem Klassizismus und römisch geprägtem katholischen Barock: die Gnadenkirche „Zum Kreuze Christi" in Hirschberg (Monographie).

* **Lenz**, Rudolf: Christoph Hackner und sein Epitaph an der Kirche St. Christophori in Breslau (Beitrag zu: Katalog der Ausstellung aus Anlaß der 300. Wiederkehr der Gründung der Universität Breslau).

2161. **Marchewka**, Karina: Kościół św. Jadwigi w Ząbkowicach-Sadlnie – architektura, wystrój i wyposażenie [Die St. Hedwigs-Kirche in Frankenstein-Zadel – Architektur und Ausstattung] (Magisterarbeit Wrocław/Breslau).

2162. **Marsch**, Angelika: Die Fresken im Treppenhaus der Breslauer Universität Leopoldina (Aufsatz).

2163. **Nitecka**, Izabela: Dawny kościół paulinów p.w. Wniebowzięcia NMP w Navá Paka k. Jicina – architektura i program ideowy [Die ehemalige Paulinerkirche Maria Himmelfahrt in Neupaka bei Jitschin – Architektur und Ikonographie] (Magisterarbeit Wrocław/Breslau).

2164. **Organisty**, Adam; **Laskowski**, Andrzej: Drewniany kościół p.w. sw. Michała Archanioła w Binarowej [Die Holzkirche des Heiligen Erzengels Michael in Binarowa] (Monographie).

2165. **Seidel-Grzesińska**, Agnieszka: Kościół Pokoju w Świdnicy. Architekura, wyposażenie i wystrój z lat 1652–1741 [Die Schweidnitzer Friedenskirche. Architektur, Ausstattung und Dekoration 1652–1741] (Dissertation Wrocław/Breslau).

2166. **Świtalla**, Fabiola: Kościół parafialny p.w. św. Walentego w Lubiążu – architektura, wystrój i wyposażenie [Die Pfarrkirche St. Valentin in Leubus – Architektur und Ausstattung] (Magisterarbeit Wrocław/Breslau).

2167. **Wrabec**, Jan: Rzym na Śląsku w czasach baroku [Rom in Schlesien in der Barockzeit] (Aufsatz).

2168. **Wrabec**, Jan: Barok śląski między Czechami, Austrią i Polską [Schlesischer Barock zwischen Böhmen, Österreich und Polen] (Beitrag zu Sammelband der Gesellschaft für Denkmalpflege/Towarzystwo Opieki nad Zabytkami).

2169. **Wyrzykowska**, Małgorzata: Nurt austriacki w sztuce baroku na Śląsku, a kształtowanie się postaw lojalistycznych względem Habsburgów po wojnie trzydziestoletniej (na wybranych przykładach) [Die österreichischen Einflüsse in der schlesischen Barockkunst und die Ausprägung einer habsburgtreuen Haltung nach dem Dreißigjährigen Krieg – ausgewählte Beispiele] (Dissertation Wrocław/Breslau).

24.1 Architektur, Urbanistik, Gartenbau

2170. **Derer**, Hanna: Barockarchitektur in Siebenbürgen: Stadt und Umgebung Hermannstadt [in rumänischer Sprache] (Dissertation).

2171. **Hüttel**, Barbara; **Hüttel**, Richard: Meeressterne, Hühnereier und Schildkröten. Zur Zeichenhaftigkeit barocker Grundrisse (Aufsatz).

2172. **Hutter-Wolandt**, Ulrich: Die Friedenskirchen in Schlesien (Monographie).

2173. **Jankowski**, Aleksander: Dzieje, architektura i wyposażenie XVI/XVII w. kościoła klarysek w Bydgoszczy [Geschichte, Architektur und Ausstattung des 16./17. Jahrhunderts der Klarissenkirche in Bromberg] (Monographie).

* **Liesenberg**, Carsten: Die Kolonisation des Oderbruchs – Planung, Ablauf und Ergebnisse eines absolutistischen Besiedlungskonzeptes aus städtebaulicher Sicht (Dissertation).

2174. **Mikuda-Hüttel**, Barbara: Im Schatten des Doppeladlers. Die protestantischen Friedens- und Gnadenkirchen (Beitrag zu: Pax Europaea. Ausstellungskatalog).

24.2 Malerei, Buchmalerei, Grafik

2175. **Brusewicz**, Lech: Zusammenhänge der Danziger Malerei des 17. Jahrhunderts mit der damaligen niederländischen Kunst (Habilitationsschrift).

2176. **Kaczmarek**, Romuald: Śląski malarz odwiedza Rubensa. Itinerarium Johanna Lichtensteina, malarza z Kątów [Ein schlesischer Maler bei Rubens. Itinerar von Johann Lichtenstein, dem Maler aus Kanth] (Beitrag zu Konferenzband).

2177. **Kaczmarek**, Romuald; **Witkowski**, Jacek: Dekoracja malarska Kaplicy Książęcej w Lubiążu. Najwcześniejsze prace freskowe Willmanna [Die Malereiausstattung der fürstlichen Kapelle in Leubus. Die frühesten Fresken von Michael Willmann] (Beitrag für Konferenzband).

2178. **Marsch**, Angelika: Breslau im Zeitalter des Barock aus der Sicht seiner Zeichner (Aufsatz).

24.3 Plastik

2179. **Grosmane**, Elita: Kurzemes tēlniecība baroka laikmetā [Die Bildhauerkunst des Barock in Kurland] (Monographie).

2180. **Grosmane**, Elita: Die Barockskulptur im Baltikum. Vergleichende Aspekte (Aufsatz).

2181. **Organisty**, Adam: Zespół rzeźb 14 Współmożycieli w kościele Cystersów w Kamieńcu Ząbkowickim oraz związane z nimi dzieła warsztatu Tomasza Weisfeldta [Die Gruppe der Skulpturen der 14 Nothelfer in der Zisterzienserklosterkirche in Kamenz und damit verbundene Werke aus der Werkstatt von Thomas Weisfeldt] (Magisterarbeit).

24.4 Kunsthandwerk

2182. **Seeger**, Siegmut: Papierabdrücke von geschnittenen Gläsern aus dem Hirschberger Tal/Schlesien (Dissertation).

2183. **Szmyt**, Dorota: Prospekt organowy z Kościoła św. Jana Chrzciciela w Gdańsku [Der Orgelprospekt in der St. Johannis-Kirche in Danzig] (Magisterarbeit Gdańsk/Danzig).

24.5 Kunsttheorie, Ikonographie

2184. **Baumgarten**, Jens Michael: Studien zur jesuitischen Kunsttheorie und Kunstpolitik im siebzehnten Jahrhundert am Beispiel der Grafschaft Glatz. Ein Diskurs über die visuelle Wahrnehmung zwischen Innovation und Restauration (Dissertation Hamburg).

25 19. Jahrhundert

2185. **Ambroż**, Michał: Wrocławskie życie artystyczne od końca XVIII do połowy XIX wieku [Breslaus Kunstleben vom Ende des 18. bis zur Mitte des 19. Jahrhunderts] (Dissertation Wrocław/Breslau).

* **Csallner**, Heinz: Kriegerdenkmäler für 1870/71 in der Provinz Posen (Aufsatz).

* **Csallner**, Heinz: Kriegerdenkmäler für 1870/71 in Pommern (Aufsatz).

* **Hackmann**, Jörg: Geschichtsbilder und kognitive Karten der Ostseeregion. Einleitende Bemerkungen zur Betrachtung des „gemeinsamen Erbes" (Beitrag zu: Kulturlandschaft der südlichen Ostseeküste).

2186. **Hartmann**, Idis B.: Friedrich Wilhelm von Reden und die Inszenierung des Fuchsstollens (Aufsatz).

2187. **Hartmann**, Idis B.: Die Besitzer von Buchwald (Aufsatz).

2188. **Lichtnau**, Bernfried: Geschichte des alten Pommerschen Künstlerbundes Stettin (Beitrag zu Sammelwerk).

2189. **Maier**, Konrad: Die Emanzipation der estnischen Kunst im 19. Jahrhundert (Aufsatz).

* **Mikuda-Hüttel**, Barbara: Gerhart Hauptmann und die bildenden Künste (Habilitationsschrift).

2190. **Mrázová**, Helena: Skupina výtvarných umělců v Brně a její postavení mezi uměleckými spolky [Die Vereinigung der bildenden Künstler in Brünn und ihre Stellung unter den Kunstvereinen] (Dissertation Wrocław/Breslau).

2191. **Sochor**, Vlastimil: Reprezentační schodištové prostory profánní architektury 2. poloviny 19. století na Moravěa ve Slezsku [Repräsentative Treppenhäuser in der mährischen und schlesischen Profanarchitektur der zweiten Hälfte des 19. Jahrhunderts] (Magisterarbeit).

25.1 Architektur, Urbanistik, Gartenbau

2192. **Barylewska-Szymańska**, Ewa: Die Herausbildung der Idee der Architekturdenkmalpflege in Danzig während des 19. Jahrhunderts und am Anfang des 20. Jahrhunderts (Dissertation).

2193. **Bednarek**, Andreas: Gerichtsbauten in der preußischen Provinz Schlesien zwischen 1815 und 1945 (Dissertation).

2194. **Börsch-Supan**, Eva: Karl Friedrich Schinkel – Lebenswerk Bd. 18: Die Provinzen Ost- und Westpreußen und Großherzogtum Posen (Monographie).

* **Drabina**, Jan (Hg.): Dzielnice Bytomia na starych fotografiach [Beuthen auf alten Fotografien].

2195. **Fedorov**, Sergej: Bayern und Rußland: Zur Entstehung und Entwicklung von Architekturbeziehungen, 1800–1850 (von Carl Friedrich von Wiebeking bis Leo von Kienze).

* **Fedorov**, Sergej: Der Generaldirektor des bayerischen Straßen- und Brückenbaus Carl Friedrich von Wiebeking und Rußland 1800–1840 (Monographie).

2196. **Grosa**, Silvija: Ķeniņa skolas ēka Rīgā un nacionālais romantisms [Das Gebäude der Ķeniņš-Schule in Riga und die Nationalromantik] (Beitrag zu Nr. 1977).

2197. **Häfner**, Bettina: Bauhistorische Untersuchungen zu frühen Industrieanlagen in Schlesien (Dissertation).

2198. **Janatková**, Alena: Moderne und Barock in Böhmen: die 1890er Jahre (Beitrag zu: Werner Oechslin [Hg.]: Barock und Moderne. Studien und Texte zur Geschichte der Architekturtheorie).

2199. **Lichtnau**, Bernfried; **Hartel**, Brigitte (Hg.): Architektur des 19. Jahrhunderts im südlichen Ostseeraum.

2200. **Lissok**, Michael: Die Architektur des Klassizismus in Mecklenburg und Vorpommern (1760–1840) (Edition).

* **Lissok**, Michael: Stadtplan und zugleich Staatsmodell? Überlegungen zu Friedrich Gillys „Grundriss einer Stadtanlage am Meer“ (Beitrag zu Protokollband).

2201. **Macura**, Karol: Historia protestankkich gmin i ich założeń architektonicznych na Śląsku austriackim 1781–1918 [Die Geschichte protestantischer Pfarrgemeinden und ihres Kirchenbaus in Österreichisch Schlesien 1781–1918] (Dissertation Katowice/Kattowitz).

2202. **Marsch**, Angelika: Das Hirschberger Tal und die Sommerschlösser der Hohenzollern (Aufsatz).

2203. **Pospieszny**, Kazimierz: Konrad Steinbrechts „Kreation“ der Marienburg am Beispiel des Hochschlosses (1882–1901) (Beitrag zu Sammelwerk).

2204. **Rusinowska**, Jolanta: Wohnhäuser des 19. Jahrhunderts in Gliwice [Gleiwitz] (Dissertation Bonn).

2205. **Ulbrich**, Maren: Neogotische Herrenhäuser in Ost- und Westpreußen (Dissertation Bonn).

* **Wilk**, Andrzej: Die Zuckerfabrik Klettendorf (Klecina) bei Breslau (Monographie).

* **Wilk**, Andrzej: Die Zuckerfabrik Puschau/Hubertushof (Pustków/Żurowski) (Monographie).

* **Wilk**, Andrzej: Die Zuckerfabrik Puschkowa (Pastuchów) (Monographie).

* **Wilk**, Andrzej: Die Zuckerfabrik Alt Jauer (Stary Jawor) (Monographie).

* **Wilk**, Andrzej: Die Zuckerfabrik Weizenrodau (Pszenno), Architektur und Geschichte (Monographie).

25.2 Malerei, Buchmalerei, Grafik

2206. **Gwiazdowska**, Ewa; **Dröge**, Kurt: Nauka rysunku w gimnazjach pomorskich w XIX w. [Der Zeichenunterricht in pommerschen Gymnasien im 19. Jahrhundert] (Beitrag zu: Materiały Zachodniopomorskie).

2207. **Lubos-Kozieł**, Joanna: Religiöse Malerei des 19. Jahrhunderts in Schlesien (Dissertation Wrocław/Breslau).

2208. **Mikuda-Hüttel**, Barbara: Zwischen erhabenem Schauder und romantischer Sehnsucht. Visuelle Reisen durch das Riesengebirge (Aufsatz).

25.3 Plastik

2209. **Hartmann**, Idis B.: August Kiss – Bildhauer (Aufsatz).

25.4 Kunsthandwerk

2210. **Lissok**, Michael: Die Prunkvase für den Direktor der Landwirtschaftsakademie Eldena Friedrich Gottlob Schulze (1795–1860) (Monographie).

* **Pospieszna**, Barbara: Odrodzenic form i zdobnictwa renesansowego w ceramice Pomorza Gdańskiego w XIX na początku XX w [Die Wiederkehr von Renaissanceformen und Ornamenten in der Keramik Pommerellens um 1900] (Beitrag zu Sammelwerk).

26 20. Jahrhundert

2211. **Ābele**, Kristiāna: Revealing a hidden life – landscape as a visual metaphor in Latvian art of the early 20th century (Beitrag zu: Sarapik, Virve u.a. [Hg.]: Place and location II: culture and landscape, Tallinn).

2212. **Barfod**, Jörn: Die Künstlerkolonie Nidden (Monographie).

2213. **Grosa**, Silvija: Jūgendstila dekoratīvā tēlniecība un glezniecība Latvijā [Dekorative Plastik und Malerei des Jugendstils in Lettland] (Dissertation).

2214. **Grosa**, Silvija: Tēlniecības firma „Otto & Wassil" un Rīgas agrīnā jūgendstila būvplastika [Die Bildhauerfirma „Otto & Wassil" und die Bauplastik des frühen Jugendstils in Riga] (Beitrag zu Sammelband).

2215. **Gwiazdowska**, Ewa: Herausragende Künstlerpersönlichkeiten in den 20er bis 40er Jahren (Beitrag zu: Geschichte des Pommerschen Künstlerbundes 1916–1945, 1979–2000) (Aufsatz).

* **Horoszko**, Stanisław: Historia i polityka jako uwarunkowania współpracy muzealnej na przykładzie Muzeum Narodowego w Szczecinie i Pommersches Landesmuseum Greifswald [Geschichte und Politik als Begleitbedingungen der musealen Zusammenarbeit, am Beispiel des Nationalmuseums Szczecin und des Pommerschen Landesmuseums Greifswald] (Beitrag zu Sammelband).

* **Horoszko**, Stanisław; **Stępiński**, Włodimierz: Inauguracja Zachodniopomorskiego Muzeum Krajowego w Gryfii/Greifswaldzie i jej szerszy kontekst [Die Eröffnung des Pommerschen Landesmuseums Greifswald und ihr breiterer Kontext] (Aufsatz).

2216. **Król**, Monika: Collaboration and compromise: women artists in polish-german Avant-Garde circles, 1910–1930 (Beitrag zu Ausstellungskatalog).

2217. **Król**, Monika: Women and modernity: in and around German expressionism. Selections from the Robert Gore Rifkind Center for German expressionist studies and Los Angeles public and private collections (Ausstellungskatalog).

2218. **Lichtnau**, Bernfried: Dr. Walter Riezler und Dr. Otto Holtze – zwei Stettiner Museumsdirektoren zwischen 1910 und 1945 (Aufsatz).

2219. **Lichtnau**, Bernfried: Tendenzen und Strömungen in der pommerschen Kunst 1910–1945. Zum Wechselverhältnis zwischen dem Kunstzentrum Stettin und der westpommerschen Region (Beitrag zu Tagungsband: Architektur und bildende Kunst in Stettin 1800–1945).

2220. **Lichtnau**, Bernfried: Bildende Kunst – ein Exkurs der Entwicklung ab 1945 bis in die Gegenwart (Beitrag zu Sammelband).

2221. **Lichtnau**, Bernfried: Geschichte der Sammlungen Stettin – Coburg – Kiel (Beitrag zu: Galerieführer des Pommerschen Landesmuseums Greifswald).

2222. **Lichtnau**, Bernfried: Galerieführer für die Sammlungsteile Pommersche Kunst ab 1880er bis 1950er Jahre (Beitrag zu: Galerieführer des Pommerschen Landesmuseums Greifswald).

2223. **Marek**, Michaela: Kunst und „Identitätspolitik". Studie zur Rolle von Architektur und Bildkünsten im Prozeß der tschechischen Nationsbildung (Habilitationsschrift).

2224. **Marks-Hanßen**, Beate: Künstler der „Inneren Emigration" in der Zeit des Nationalsozialismus (Dissertation).

2225. **Prügel**, Roland: Die Kunst der Avantgarde in Rumänien (Dissertation).

* **Sachs**, Rainer: Von Kaiser Wilhelm bis Adolf Hitler. Bemerkungen zu Soziologie und Alltag von Kunst und Kunsthandwerk im Riesengebirge der Späten Neuzeit (Beitrag zu Sammelwerk).

2226. **Störtkuhl**, Beate: Kunstgeschichte im Dienst der „Ostforschung" (Aufsatz).

2227. **Störtkuhl**, Beate: Dagobert Frey und die kunstgeschichtliche „Ostforschung" in Breslau 1931–1944 (Beitrag zu Nr. 1979).

2228. **Störtkuhl**, Beate: Das Fach Kunstgeschichte an der Universität Breslau vor 1945 (Aufsatz).

2229. **Tscherwonnaja**, Swetlana M.: Ostpreußen – Kaliningrader Gebiet: Welche Kultur haben wir dort verloren – was für eine neue Kultur versuchten wir dort zu schaffen (1945 – 2000) (Aufsatz).

2230. **Tscherwonnaja**, Swetlana M.: Zwischen der alten und der neuen Heimat (Wege und Schicksale der Künstler-Emigranten aus der ehemaligen Sowjetunion (Monographie).

26.1 Architektur, Urbanistik, Gartenbau

* **Bohn**, Thomas: Stadtplanung und Urbanisierung in Weißrußland nach dem Zweiten Weltkrieg – das „Phänomen Minsk" (Habilitationsschrift).

2231. **Göbel**, Sandra: Denkmalpflege in Deutschland und Frankreich zur Zeit des Zweiten Weltkriegs (Dissertation Bamberg).

2232. **Grzeszczuk-Brendel**, Hanna: System przestrzenny Poznania od przełomu XIX/XX wieku do 1945 roku [Die städtebauliche Entwicklung Posens von der Jahrhundertwende bis 1945] (Habilitationsschrift).

* **Hackmann**, Jörg: Architektur als Symbol. Nation-„building" in Nordosteuropa (Beitrag zu: Riga und der Ostseeraum in der Geschichte. Regionale Verbindungen und Multikulturalität).

* **Hackmann**, Jörg: From object to subject. The contribution of small nations to region-building in North Eastern Europe (Aufsatz).

* **Hackmann**, Jörg: Danzig und Stettin – zwischen Rekonstruktion, Moderne und Postmoderne. Der Wiederaufbau zweier historischer Stadtzentren in Nordpolen im Vergleich (Beitrag zu Sammelwerk).

2233. **Ilkosz**, Jerzy: Tereny Wystawowe na Szczytnickach dzieło Maxa Berga i Hansa Poelziga [Das Ausstellungsgelände am Scheitniger Park. Ein Werk Max Bergs und Hans Poelzigs] (Dissertation).

2234. **Ilkosz**, Jerzy: Hala Stulecia między tradycją a nowoczesnością [Die Jahrhunderthalle. Tradition und Modernität] (Monographie).

2235. **Ilkosz**, Jerzy; **Störtkuhl**, Beate: Breslauer Architektur 1900–1933 (Monographie).

2236. **Janatková**, Alena (Hg.): Arbeitshilfen zur Architekturgeschichte Böhmens und Mährens 1890–1939, bearb. von Andrea Koch.

2237. **Janatková**, Alena: Bau und Gegenbau in der Moderne. Vienna – Berlin – Prague: Modernity, minorities and migration between the wars (Beitrag zu Sammelwerk).

2238. **Janatková**, Alena: Großstadtplanung und die Expertenöffentlichkeit: Ansätze einer vergleichenden Untersuchung zu Architektur und Städtebau im Prag und Brünn der Zwischenkriegszeit.

* **Janatková**, Alena; **Koszinska-Witt**, Hanna (Hg.): Wohnen in der Großstadt 1900–1939: Wohnsituation und Modernisierung im europäischen Vergleich.

2239. **Jockheck**, Lars: „Krieg" und „Frieden" in Radom. Bauplastische Allegorien vom Programm des nationalsozialistischen Vertreibungs- und Vernichtungskrieges im Osten (Beitrag zu Sammelband: Der Krieg im Bild / Bilder vom Krieg).

2240. **Kumor**, Bożena: Willa Alberta i Toni Neisser. Zarys dziejów obiektu [Die Villa Albert und Toni Neisser. Die Geschichte des Bauwerks im Überblick].

2241. **Lichtnau**, Bernfried: Architektur in Greifswald 1900–1999 (Beitrag zu Sammelband).

2242. **Lissok**, Michael: Denkmalpflege als Stadtbildpflege im 20. Jahrhundert am Beispiel Stralsunds (Beitrag zu Tagungsband).

2243. **Marek**, Michaela: Staatsarchitektur in der Tschechoslowakei nach 1918 zwischen Geschichtsrekurs und Geschichtsdistanz (Beitrag zu Nr. 168).

* **Overesch**, Manfred: Die Idee eines Nationaldenkmals in der Weimarer Republik (Monographie).

2244. **Störtkuhl**, Beate: Der Aspekt des Nationalen in der Architektur und Architekturrezeption: Die großen Ausstellungen des späten 19. und des 20. Jahrhunderts in Ostmitteleuropa. Eine Vergleichsstudie.

2245. **Störtkuhl**, Beate: Wohnungsbau der Zwischenkriegszeit in Breslau im ostmitteleuropäischen Vergleich (Beitrag zu Nr. 146).

2246. **Störtkuhl**, Beate: Schulbauten der 20er Jahre in Breslauf (Aufsatz).

2247. **Szczypka-Gwiazda**, Barbara: Architektura i urbanistyka Trójmiasta Gliwice-Zabrze-Bytom w okresie międzywojennym [Architektur und Stadtplanung der Dreistädteeinheit Gleiwitz-Hindenburg-Beuthen in der Zwischenkriegszeit] (Habilitationsschrift Katowice/Kattowitz).

* **Thum**, Gregor: Der Wiederaufbau Breslaus nach 1945 (Dissertation).

26.2 Malerei, Buchmalerei, Grafik

* **Born**, Jürgen; **Krywalski**, Diether: Deutschsprachige Literatur aus Prag und den böhmischen Ländern im Spiegel von Buch- und Plakatkunst 1900 bis 1939 (Aufsatz).

2248. **Grosa**, Silvija: Pūķa motīs un Rīgas jūgendstila dekoratīvā tēlniecība [Das Drachenmotiv und die dekorative Jugendstilplastik in Riga] [in lettischer und englischer Sprache] (Monographie).

2249. **Ittu**, Gudrun-Liane: Arta plastică în publicistica germană din perioada interbe-

licǎ [Die Bildende Kunst in der expressionistischen Publizistik deutscher Sprache in der Zwischenkriegszeit] (Aufsatz).

2250. **Pujāte**, Inta: Lettische Pressegraphik am Ende des 19. und Anfang des 20 Jahrhunderts (Dissertation).

2251. **Pujāte**, Inta: Jūgendstila estētisko principu īstenojums žurnālā „Vērotājs" [Die Realisierung der Jugendstilästhetik in der Zeitschrift „Vērotājs" (Beobachter)] (Beitrag zu Nr. 1977).

2252. **Winter**, Astrid: Metamorphosen des Wortes – Der experimentelle Übergang von der verbalen zur visuellen Poesie im Schaffen Jiří Kolářs. Eine Untersuchung zum Problem des Medienwechsels (Dissertation Göttingen).

26.4 Kunsthandwerk

2253. **Kowalski**, Krzysztof Maciej: Bernhard Schmid als Erforscher der Geschichte der Glockengießerei in Preußen (Aufsatz).

26.6 Foto, Film, neue Medien

2254. **Cencora**, Arkadiusz: Die Geschichte der Photographie in Schlesien 1839–1939 (Dissertation).

27 Künstler/Künstlergruppen

Backer de, Johann Franz

2255. **Muła**, Arkadiusz: Język artystyczny Johanna Franza de Backera pa podstawie jego sygnowanych dzieł [Anmerkungen zur künstlerischen Sprache von Johann Franz de Backer anhand seiner signierten Werke] (Magisterarbeit Wrocław/Breslau).

Bömches, Friedrich von

2256. **Nussbächer-Stephani**, Brigitte: Ein siebenbürgischer Maler und Zeichner (Aufsatz).

Borchert-Schweinfurth, Eva Margarethe

2257. **Ābele**, Kristiāna: Eva Margarēte Borherte-Šveinfurte 20. gs. sākuma Rīgas mākslas dzīvē [Eva Margarethe Borchert-Schweinfurth im Rigaer Kunstleben am Anfang des 20. Jahrhunderts] (Beitrag zu Sammelband).

Brotze, Johann Christoph

2258. **Auns**, Muntis; **Brambe**, Rita; **Liepiņa**, Dzidra; **Straube**, Gvido; **Svarāne**, Melita (Bearb.): Johans Kristofs Broce. Zīmējumi un apraksti 4. sēj. [Johann Christoph Brotze. .Zeichnungen und deren Beschreibung, Bd. 4].

2259. **Auns**, Muntis; **Jakovļeva**, Mārīte; **Straube**, Gvido (Bearb.): Johans Kristofs Broce. Zīmējumi un apraksti 5. sēj. [Johann Christoph Brotze. Zeichnungen und deren Beschreibung, Bd. 5].

Chodowiecki, Daniel

2260. **Bernt**, Helmut: Daniel Chodowiekkis graphisches Oeuvre im Kontext der Zeit (Dissertation Graz).

2261. **Ehler**, Melanie: Daniel Nikolaus Chodowiecki. Ein Künstler im Spannungsfeld von Aufklärung und Hugenottentum (Dissertation).

2262. **Loew**, Peter Oliver: Danzig erinnert sich an Daniel Chodowiecki. Ein Beitrag zur Geschichte der lokalen Geschichtskultur im 19. und 20. Jahrhundert (Aufsatz).

2263. **Kajdanska**, Alexandra: Eighteenth century european costumes in the drawings of Daniel Chodowiecki (Aufsatz).

2264. **Kajdanska**, Alexandra: Fashion in Gdansk in 1773 as bequeathed by Daniel Chodowiecki (Aufsatz).

DANKWART, KARL

2265. **Ptak**, Anna: Działalność artystyczna Karola Dankwarta i początki barokowego malarstwa freskowego na Śląsku [Die Tätigkeit Karl Dankwarts und der Beginn der barocken Freskenmalerei in Schlesien] (Dissertation Wrocław/Breslau).

DOLLABELLA, TOMASO

2266. **Langer**, Andrea: Stichwort: Tomaso Dollabella (Beitrag zu: Allgemeines Künstlerlexikon).

DRAKE, FRIEDRICH

2267. **Lissok**, Michael: Das Denkmal des Fürsten Wilhelm Malte im Schloßpark von Putbus – ein Werk des Bildhauers Friedrich Drake (Aufsatz).

DUNCKER, ALEXANDER

2268. **Kaiser**, Stephan: Schlesische Schlösser im Ansichtenwerk von Alexander Duncker (Monographie).

FRIEDRICH, CASPAR DAVID

2269. **Grummt**, Christina: Caspar David Friedrich – das Handzeichnungsoeuvre (Monographie).

GAUSKE, BRICCIUS

2270. **Kapustka**, Mateusz: Das Problem der künstlerischen Tätigkeit von Briccius Gauske – einige Vorbemerkungen (Beitrag zu: Die Kunst in der Oberlausitz während der Jagiellonenherrschaft).

GILLY, FRIEDRICH

2271. **Lissok**, Michael: Stadtplan und zugleich Staatsmodell? Überlegungen zu Friedrich Gillys „Grundriß einer Stadtanlage am Meer" (Beitrag im Protokollband).

GROSWALD, JOSEPH

2272. **Kļaviņš**, Eduards: Džo. Jāzepa Grosvalda dzīve un māksla [Joseph Groswalds Leben und künstlerische Tätigkeit] (Monographie).

HACKNER, CHRISTOPH

2273. **Lenz**, Rudolf: Christoph Hackner und sein Epitaph an der Kirche St. Christophori in Breslau (Beitrag zu: Katalog der Ausstellung aus Anlaß der 300. Wiederkehr der Gründung der Universität Breslau).

HARTIG, HANS

2274. **Gwiazdowska**, Ewa: Hans Hartig (1873–1936) – pomorski pejzażysta, marynista i weducista, Cz. 2 – analiza twórczości [Pommerscher Landschafts-, Seestück- und Vedutenmaler. Teil 2 – Werkanalyse] (Aufsatz).

HERMANN, HANS

2275. **Nussbächer-Stephani**, Brigitte: Hans Hermann als Radierer und Zeichner (Aufsatz).

HOFFMANN, GOTTFRIED AUGUSTIN

2276. **Sachs**, Rainer: Der schlesische Barockbildhauer Gottfried Augustin Hoffmann (Aufsatz).

KARDORFF, KONRAD VON

2277. **Hartmann**, Idis B.: Konrad von Kardorff – Maler und Radierer (Aufsatz).

KERKOVIUS, IDA

2278. **Hadding**, Katharina: Ida Kerkovius, Die Pastelle. Mit einem Werkverzeichnis (Dissertation).

KOKOSCHKA, OSKAR

2279. **Barota**, Mária: Licht und Farbenregie (Kokoschka und B. Balázs).

KOLLWITZ, KÄTHE

2280. **Mattes**, Sabine: Käthe Kollwitz. Techniken und Gestaltungsprinzipien der Handzeichnungen (Dissertation).

KONNERTH, HERMANN

2281. **Ittu**, Gudrun-Liane: Hermann Konnerth: Cum l-am portretizat pe Nicolae Iorga [Hermann Konnerth: Wie ich Jorga malte] (Aufsatz).

KRASTIŅŠ, PĒTERIS

2282. **Ābele**, Kristiāna: Krastiņš, Pēteris (1882–1942/43) (Monographie, in lettischer Sprache).

KRAUSE, JOHANN WILHELM

2283. **Lissok**, Michael: Bezüge zur Landbaukunst im Schaffenswerk von Johann Wilhelm Krause (1757–1828) (Beitrag zu Sammelband).

LANGER, JOSEPH

2284. **Organisty**, Adam: Joseph Langer (1865–1918). Die künstlerische Tätigkeit eines schlesischen Kunstmalers (Dissertation Krakau).

2285. **Organisty**, Adam: Projekty Witraży śląskiego malarza Josepha Langera (1865–1918) [Entwürfe für Glasmalereien des schlesischen Kunstmalers Joseph Langer] (Beitrag zu: Sztuka witrażowa w polsce [Glasmalerei in Polen]).

2286. **Organisty**, Adam: Szkice witrażu na projektach dekoracja malarskich autorstwa śląskiego artysty Josepha Langera (1865–1918) [Glasmalereiskizzen und Wandmalereientwürfe des schlesischen Malers Joseph Langer] (Beitrag zu: Witraże na śląsku [Glasmalerei in Schlesien]).

MATTIS-TEUTSCH, HANS

2287. **Ittu**, Gudrun-Liane: Omul in opera artisticā şi teoreticā a lui Hans Mattis-Teutsch [Der Mensch im künstlerischen und kunsttheoretischen Werk von Hans Mattis-Teutsch] (Aufsatz).

2288. **Nussbächer-Stephani**, Brigitte: Die Neubewertung eines vergessenen Künstlers: Hans Mattis-Teutsch (1884–1960) aus Kronstadt/Siebenbürgen (Aufsatz).

2289. **Stephani**, Claus: Die Maler-Dynastie Mattis-Teutsch in Kronstadt (Siebenbürgen) (Aufsatz).

2290. **Stephani**, Claus: Der handschriftliche Nachlaß des Kunsttheoretikers und Malers Hans Mattis-Teutsch (1884–1960).

MENZEL, ADOLPH VON

2291. **Diener**, Michaela: Adolph von Menzels Nachruhm (1905–1910) (Dissertation Berlin).

MOST, LUDWIG AUGUST

2292. **Gwiazdowska**, Ewa: Motywy marynistyczne w szkicownikach Ludwiga Augusta Mosta (1807–1883) [Marinemotive in den Skizzenbüchern von Ludwig August Most (1807–1883)] (Beitrag zu Sammelwerk).

POSCH, LEONHARD

2293. **Forschler**, Anne: Leonhard Posch (1750–1831), Bildhauer und Medailleur, mit einem Werkverzeichnis (Dissertation).

RASTRELLI, FRANCESCO BARTOLOMEO

2294. **Skodock**, Cornelia: Barock in Rußland: Zum Oeuvre des Hofarchitekten Francesco Bartolomeo Rastrelli (Dissertation).

RIED, BENEDIKT

2295. **Habenicht**, Georg: Benedikt Ried und sein Umkreis. Eine prosopographische Studie (Habilitationsschrift).

ROSNER-KASOWSKI, TRUDE

2296. **Hartmann**, Idis B.: Trude Rosner-Kasowski – Ein Opfer der Politik (Aufsatz).

ROSSKOPF, WENDEL

2297. **Kaczmarek-Patralska**, Klara: Wendel Rosskopf – architekt Czech Śląska, Łużyc w pierwszej połowie XVI wieku [Wendel Roßkopf – ein Architekt in Böhmen, Schlesien und der Oberlausitz in der ersten Hälfte des 16. Jahrhunderts] (Dissertation Wrocław/Breslau).

2298. **Kębłowski**, Janusz Stanisław: Wendel Roßkopfs architektonisch-dekorative Fassadenkomposition (Aufsatz).

SCHEFFLER, FELIX ANTON

2299. **Marsch**, Angelika: Der Freskenmaler Felix Anton Scheffler (1701–1760) (Aufsatz).

SCHINKEL, KARL FRIEDRICH

2300. **Börsch-Supan**, Helmut: Schinkel als Maler. Karl Friedrich Schinkels Lebenswerk (Monographie).

2301. **Kiefer**, Franz Hermann: Schinkel und seine Tätigkeit in den preußischen Institutionen (Dissertation Marburg).

SCHLÜTER, ANDREAS

2302. **Hinterkeuser**, Guido: Andreas Schlüter und das Berliner Schloß (Dissertation Humboldt-Universität Berlin).

2303. **Hinterkeuser**, Guido: „Ad Nobilissimum SCHLVTERUM Gedanensem" – Andreas Schlüter und seine Stellung in der deutschen und polnischen Kunstgeschichtsschreibung (Aufsatz).

2304. **Kandt**, Kevin: Andreas Schlüter – sculptor: his life, works, and times (Dissertation Gdańsk).

2305. **Kandt**, Kevin: Andreas Schlüter und sein Kreis: neuentdeckte archivalische Quellen über die frühen Biographien von zwei Danziger Künstlern in Berlin um 1700 (Aufsatz auch in englischer Sprache).

2306. **Kandt**, Kevin: Some observations on the attributed and documented funerary monuments by Andreas Schlüter in Poland and Germany (Festschrift für Katarzyna Cieślak).

2307. **Kandt**, Kevin: A recently discovered archival source for the „Epitaph of Sambor II and Mestwin II at pelplin cathedral and some unknown biographical notes on Andreas Schlüter the elder (Beitrag zu: Barok. Historia-Literatura-Sztuka [Barock. Geschichte-Literatur-Kunst]).

STALLMEYER, TOBIAS FRANZ

2308. **Sachs**, Rainer: Der Schweidnitzer Bildhauer Tobias Franz Stallmeyer (Aufsatz).

ULBRICH, HUGO

2309. **Kaiser**, Stephan: Das graphische Werk von Hugo Ulbrich (1867–1928) (Aufsatz).

WALTER, JOHANN

2310. **Ābele**, Kristiāna: Jāņa Valtera stilistiskā evolūcija 19. gs. beigu un 20. gs. sākuma Latvijas un Eiropas mākslas kontekstā [Die Stilentwicklung Johann Walters im Kontext der lettischen und europäischen Kunst am Ende des 19. und Anfang des 20. Jahrhunderts] (Dissertation).

2311. **Ābele**, Kristiāna: Vom Impressionismus zur Moderne: die Stilentwicklung Johann Walters, 1900–1930 (Beitrag zu: Larsson, Lars Olof [Hg.]: Homburger Gespräche).

2312. **Ābele**, Kristiāna: „Peldētāji zēni" Jāņa Valtera glezniecībā [„Badende Jungen" in der Malerei Johann Walters] (Beitrag zu Nr. 1977).

2313. **Ābele**, Kristiāna: Jāņa Valtera dzīves un daiļrades liecības no Nānsenu ģimenes kolekcijas [Unterlagen über das Leben und Werk von Johann Walter aus der Sammlung der Familie Nahnsen] (Beitrag zu: Rožkalne, Anita [Hg.]: Meklējumi un atradumi [Forschungen und Entdeckungen]) (in lettischer Sprache).

2314. **Ābele**, Kristiāna: Jāņa Valters un latvišu nacionālā glezniecības skola [Johann Walter und die lettische nationale Schule der Malerei] (Beitrag zu: Kļaviņš, Eduard [Hg.]: Nacinālā skola 20. gadsimta Latvijas mākslā [Die nationale Schule in der Kunst Lettlands im 20. Jahrhundert]) (in lettischer Sprache, englische Zusammenfassung).

WERNER, FRIEDRICH BERNHARD

2315. **Marsch**, Angelika: Friedrich Bernhard Werner (1690–1776) – Biographie und Werkverzeichnis (Monographie).

WILLMANN, MICHAEL

* **Kaczmarek**, Romuald; **Witkowski**, Jacek: Dekoracja malarska Kaplicy Książęcej w Lubiążu. Najwcześniejsze prace freskowe Willmanna [Die Malereiausstattung der fürstlichen Kapelle in Leubus. Die frühesten Fresken von Michael Willmann] (Beitrag für Konferenzband).

2316. **Mikuda-Hüttel**, Barbara: Michael Willmann und die Anfänge der deutschen Deckenmalerei des Barock (Beitrag zu Nr. 1676).

D: Anhang

Autorenindex

A

B

N

Berichte und Forschungen 10 (2002), S. 419–420.

Mitarbeiterinnen und Mitarbeiter

Per Brodersen, Winsstr. 16, 10405 Berlin.

Prof. Dr. Annelore Engel, Christian-Albrechts-Universität, Slavisches Seminar, Leibnizstr. 10, 24098 Kiel.

Dr. Izabella Golec, Uniwersytet Marii Curie-Skłodowskiej, Zakład Filologii Germańskiej, pl. Marii Curie-Skłodowskiej 4, 20-031 Lublin, Polen.

Dr. Ewa Gwiazdowska, Muzeum Narodowe w Szczecinie, ul. Staromłyńska 27, 70-561 Szczecin, Polen.

Krisztina Kaltenecker, Eötvös Loránd Tudományegyetem, Germanistisches Institut, Ajtósi Dürer sor 19-21, 1146 Budapest, Ungarn.

Prof. Dr. Lech Kolago, Uniwersytet Warszawski, Instytut Germanistiky, ul. Browarna 8-10, 00-311 Warszawa, Polen.

Dr. Irma Kozina, Uniwersytet Śląski, Zakład Historii Sztuki, ul. Bankowa 11, 40-007 Katowice, Polen.

Mgr. Tadeusz Kubiak, ul. Brązowa 11/4, 70-781 Szczecin, Polen.

Dr. Peter Oliver Loew, Deutsches Polen-Institut, Mathildenhöhweg 2, 64287 Darmstadt.

Dr. Václav Maidl, Svornosti 33, 15000 Praha 5, Tschechien.

Dr. Stelian Mândruţ, Institutul de Istorie, Str. Napoca 11, 3400 Cluj, Rumänien.

Dr. Anna Mańko-Matysiak, Uniwersytet Wrocławski, Instytut Filologii Germańskiej, pl. Nankiera 15, 50-140 Wrocław, Polen.

Susanne Neufeldt, Halkettstr. 3, 30165 Hannover.

Dr. habil. Mirosław Ossowski, Uniwersytet Gdański, Instytut Filologii Germańskiej, ul. Wita Stwosza 55, 80-952 Gdańsk, Polen.

Rimvydas Petrauskas, Vilniaus Universitetas, Istorijos fakultetas, Universiteto 7, 2734 Vilnius, Litauen.

Dr. Małgorzata Ruchniewicz, Uniwersytet Wrocławski, Instytut Historyczny, Zakład historii gospodarczej, ul. Szewska 49, 50-139 Wrocław, Polen.

Dr. Krzysztof Ruchniewicz, Uniwersytet Wrocławski, Instytut Historyczny, ul. Szewska 49, 50-139 Wrocław, Polen.

Dariusz Rymek, ul. Długa 46, 07-401 Ostrołęka, Polen.

Prof. Dr. Horst Schuller Anger, Universitatea „Lucian Blaga" Sibiu, Facultatea de Litere, Istorie şi Jurnalistică, Catedra de Germanistică, B-dul Victoriei 5-7, 2400 Sibiu, Rumänien.

Dr. Josef Schwing, Kossuth u. 52, 7727 Palotabozsok, Ungarn.

Prof. Dr. Helēna Šimkuva, Nīcgales iela 20-53, 1035 Rīga, Lettland.

Dr. Izabela Surynt, Uniwersytet Opolski, Instytut Filologii Germańskiej, ul. Oleska 48, 45-052 Opole, Polen.

Dr. Maciej Szukała, Archiwum Państwowe w Szczecinie, ul. Św. Wojciecha 13, 70-410 Szczecin, Polen.

Kersti Taal, Tartu Ülikooli Raamatukogu (Universitätsbibliothek), Struve 1, 51003 Tartu, Estland.

Lea Teedema, Deutsches Kulturinstitut Tartu, Kastani 1, 50409 Tartu, Estland.

Dr. Maria Wojtczak, Uniwersytet im. Adama Mickiewicza, Instytut Filologii Germańskiej, al. Niepodległości 4, 61-874 Poznań, Polen.

Nadja Wulff, Ėntuziastov 40-II-276, 195279 Sankt-Peterburg, Rußland.

Maria Zwierz, Archiwum Budowlane Miasta Wrocławia, ul. Cieszyńskiego 9, 50-136 Wrocław, Polen.